知识产权与反垄断法

——知识产权滥用的反垄断问题研究

（第三版）

王先林　著

INTELLECTUAL PROPERTY
AND ANTIMONOPOLY LAW

Study on Antimonopoly Issues
of Abuse
of Intellectual Property Rights（3rd Edition）

法律出版社
LAW PRESS·CHINA

第三版前言

本书在2008年进行第一次修订时，正值《反垄断法》出台后、实施前，那次修订主要依据该法确立的基本制度框架及关于滥用知识产权的反垄断条款（第55条），对2001年第一版进行了比较大的修改，反映了当时这个领域国内外的立法、行政执法、司法和学术发展的最新情况。修订版面世后也得到了读者的广泛关注，继续被同行学者的论著和相关专业的博士、硕士论文大量引用，仅被CSSCI期刊收录论文的总引用量就已近百次，并被不少高校作为经济法学、民商法学等专业研究生的推荐参考书。继第一版获得相关学术奖励之后，本书修订版在2009年和2010年分别获得了司法部第三届全国法学优秀科研成果一等奖和上海市第十届哲学社会科学优秀成果二等奖。同时，本人自2009年以来先后接受国家工商总局、国家发改委和国务院反垄断委员会办公室的委托，研究起草了《关于禁止滥用知识产权排除、限制竞争行为的规定》和《关于知识产权领域的反垄断指南》等反垄断规章和指南草案，本书的相关研究成果在这些文件中得到了一定的体现。此外，本人作为国务院反垄断委员会专家咨询组成员，在参与相关的立法咨询和案件论证中也运用到了本书中的学术思想。

转眼间，本书第一次修订已过去十年了，这期间国内外的反垄断立法、行政执法、司法和学术都有了新的发展，知识产权与反垄断法的关系更加受到各方面的关注，尤其是近年来随着在欧盟、美国的微软、苹果与摩托罗拉等的垄断纠纷案以及在中国的华为诉美国IDC垄断案、国家发改委调查美国高通公司垄断案等一批典型案例的发生，知识产权领域的反垄断问题进一步成为国内外法律理论和实践中的热点问题。在这样的背景下，本书的很多内容需要进行相应的更新和补充。这次修订是结合本人承担的2015年国家社科基金重点项目"反垄断与保护知识产权协调发展的重大理论与实践问题"和教育部哲学社会科学研究重大课题攻关项目"经济全球化背景下中国反垄断战略研究"进行的，也算是这两个研究项目成果的一部分，其中前一个课题成果在2019年国家社科规划办组织的结项验收中被评为优秀等次。

本次修订的幅度是比较大的,主要体现在以下三个方面:第一,基于尽量与《中华人民共和国反垄断法》的结构安排和相关用语一致的考虑,这次修订将本书第三章和第四章的顺序进行了对调,同时也分别用"垄断协议"和"经营者集中"代替原来的"联合限制竞争"和"企业结合"(这在理论上未必是最合理的,主要是考虑到尊重现有立法和约定俗成从而方便理解和交流)。第二,对美国、欧盟、日本和我国台湾地区的反垄断法及其在知识产权领域适用的相关法律规范进行了必要的更新,反映了最新的发展情况。特别是对美国司法部和联邦贸易委员会2017年1月修订的《知识产权许可的反托拉斯指南》、欧盟委员会2014年第316号关于《欧盟运行条约》第101条第3款对技术转让协议类别的适用问题的规章以及我国台湾地区"公平交易法"2015年及以后的重要修订予以了足够的关注和体现。第三,对我国这10年来本领域的相关立法、行政执法和司法的发展情况以及本人的相关成果予以充分反映,这主要体现在对本书第六章的内容进行了大幅度的增补、充实,对原国家工商总局发布的《关于禁止滥用知识产权排除、限制竞争行为的规定》和国家发改委、商务部、各级人民法院以及新组建的国家市场监管总局的相关案例予以体现。特别是,结合参与《国务院反垄断委员会关于知识产权领域的反垄断指南》(2019年1月4日)制定过程中的讨论,对所涉及的相关内容进行了比较详细的介绍和分析探讨。

本次修订的部分工作是利用国家留学基金委"高级研究学者"项目在德国从事访问研究期间完成的,感谢国家的资助、单位的支持以及马普所在资料等方面提供的优越条件。经过本次修订,本书内容在深度和广度上都有所提高。但是,由于各种主客观因素的限制,这种提高仍然是比较有限的,并且也还会存在这样或者那样的问题,恳请读者继续予以批评指正。本人也将会继续对这一领域保持足够的关注和进一步的思考,期待今后的研究能更进一步深化。

王先林

2018年5月初稿完成于德国慕尼黑马克斯·普朗克创新与竞争研究所

2020年10月定稿于上海交通大学

再 版 前 言

或许是因为知识产权和反垄断法这两者都是当下中国的热门话题的缘故，本书初版问世以来在学界和实务界都产生了一定的影响。首先，本书在出版后不到一年的时间里就已脱销，因此近几年来出版社和笔者陆续接到询问哪里能够购买到本书的信函和电话。其次，相关资料显示，本书的被引用率是比较高的，并受到了较多的正面评价，特别是北京大学刘晓春博士（当时她还是硕士生）的《穿越概念交错的丛林》一文［载苏力主编：《法律书评》（第1辑），法律出版社2003年版］对本书做了全面且本身具有很高学术含量的评价。此外，本书还在2004年获得了中国法学会知识产权法研究会首届（1999～2004年）“红棉杯”知识产权优秀著作奖（三本获奖著作之一）和2001～2004年度安徽省社会科学文学艺术优秀成果奖著作类一等奖。

这并不是说本书真的就具有了很高的水平。我自己的评价是，本书的选题价值大于其内容的价值。作为我国知识产权法与反垄断法交叉领域的第一本专著，本书提出了以往没有引起应有关注和重视的两个问题：知识产权不仅有一个受保护的问题，而且还有一个行使行为的正当与否的问题，知识产权与竞争法的联系不仅是其受到知识产权的附加（补充或者兜底）保护的问题，而且还有其行使行为受到反垄断法规制的问题；反垄断法也不是笼统地将知识产权作为适用除外，而是将其与其他财产同等对待，既不特别严苛，也不特别优待，适用反垄断法的一般分析框架和方法。正是基于题材和核心观点的某种创新意义，读者就不特别苛求本书具体内容的深刻、精当和体系的合理、完整。但是，我自己不应以此作为漠视问题和怠于改进的借口。实际上，几年前我就有意对本书内容作出必要的修订。但由于中国《反垄断法》迟迟没有出台，相关国家和地区的知识产权滥用的反垄断规制的规则基本没有变动，加上自己不断有其他研究任务的插入，特别是2002～2004年在武汉大学从事博士后研究工作，因而这项工作迟迟没有进行。现在，我国《反垄断法》在起草、论证长达13年之后终于出台了,从2004年起欧盟、美国、日本和我国台湾地区对原有的知识产权领域反垄断执法的规则先后作出了调整或者有了新的发展,本人其他方面的研究工作也告一段落,因此本书的修订再版也就有了新的机会和条件。

这次的修订是在维持本书原有的基本框架下进行的,主要是对一些立法、执法和司法情况进行了更新,尽可能地反映本领域的最新发展动态,并结合自己这些年的研究积累对一些理论问题进行了深化。由于水平所限,这次的修订肯定还有许多问题与缺憾,这只能期待在将来进一步改进和提高。如果说本书是侧重从反垄断法的角度研究知识产权滥用问题的,那么《知识产权滥用及其法律规制》一书(王先林等著,中国法制出版社2008年版)则是侧重从知识产权法的角度研究知识产权滥用问题的。本人今后将着重关注我国《反垄断法》在知识产权领域具体适用的相关问题。

借此机会,我要感谢全国人大常委会法工委、国务院法制办、国家工商总局、科技部、商务部、国家知识产权局、国家知识产权战略领导小组办公室等单位为我提供了参与有关立法和相关活动的良好机会;感谢上海交通大学法学院的领导和同事对我研究工作的巨大支持;感谢国家留学基金委、美国富布赖特基金会、美国乔治·华盛顿大学法学院及Susan L. Karamanian副院长、Martin J. Adelman教授、Thomas D. Morgan教授、芝加哥—肯特法学院David J. Gerber教授以及巴尔的摩大学法学院Eric Easton教授为我提供了赴美从事富布赖特项目研究的机会或者在研究期间的支持、帮助;感谢中国人民大学法学院史际春教授、武汉大学法学院漆多俊教授、中国社会科学院法学所王晓晔教授和安徽大学副校长王源扩教授等多年来对我研究工作的一贯鼓励和支持;感谢博士生潘志成同学在翻译、分析美国、欧盟和日本最新的知识产权领域反垄断执法规范方面所提供的帮助;感谢法律出版社戴伟先生、孙慧女士对本书修订再版的支持和认真细致的编辑工作。当然,家人一如既往的支持和关爱也是我修订本书的重要条件和力量源泉。

本次的修订工作完成了,但本人对这一领域的关注和研究将不会结束。

王先林

2007年8月修订于上海交通大学

2008年5月定稿于乔治·华盛顿大学

目　录

导　论　知识产权领域的反垄断：知识经济时代反垄断法的一个重要课题

——从微软垄断案及其启示谈起

在20世纪行将结束之际，在被公认为现代反垄断法产生标志的美国1890年《谢尔曼法》（Sherman Act）实施一百周年后，正当人们用怀疑的目光审视一百多年前的工业经济时代的反垄断规则能否在即将到来的知识经济时代继续适用的时候，在美国发生了一场被称为跨世纪超级诉讼案——美利坚合众国和20个州[1]以及哥伦比亚特区（分别由联邦司法部和各州、特区的司法部作为代表）诉微软公司违反反托拉斯法的案件（以下简称微软垄断案）。这场诉讼可谓举世瞩目，案情发展令人目不暇接。与此同时，微软公司也在其他国家和地区（如欧盟、中国台湾地区、韩国、日本）受到反垄断机构的指控和调查，尤其是欧盟委员会2004年对微软垄断案的裁决和欧洲初审法院2007年对该案的最后判决备受关注。美国和欧盟的微软垄断案对于研究反垄断法，尤其是知识产权领域的反垄断问题具有非常重要的意义。

一、微软垄断案的基本情况、背景与意义

（一）微软垄断案的主要事实、发展过程及所涉的知识产权问题

1. 微软垄断案的缘起

美国微软公司作为信息产业的巨擘，是美国“新经济”的一面旗帜，也是为世界各国广泛关注的“知识经济”的杰出和典型代表。该公司在1975年起家，

---

[1] 这20个州包括加利福尼亚州、康涅狄格州、佛罗里达州、伊利诺伊州、爱荷华州、堪萨斯州、肯塔基州、路易斯安那州、马里兰州、马萨诸塞州、密歇根州、明尼苏达州、新墨西哥州、纽约州、北卡罗来纳州、俄亥俄州、南卡来罗纳州、犹他州、西弗吉尼亚州和威斯康星州。其中，南卡罗来纳州于1998年12月7日退出，因此后来有19个州。

年收入16 000美元,而到20世纪末其触角遍及全球各地,雇员3万多人,市值数千亿美元,成为世界软件业的“霸主”。该公司的发展使其创始人比尔·盖茨曾连续十多年成为世界首富,还造就了世界上最多、最年轻的亿万富翁、百万富翁,成为靠知识致富的“知本家”。微软能够如此超速成长,其原因无疑是多方面的,除了其用人方略、管理模式、市场战略等独特的成功秘诀〔1〕外,还有一个重要的因素是其得益于有效的知识产权保护,因为微软的产品都是靠着相应的知识产权(主要是软件著作权)的保护才得以在美国国内和世界各地大量销售(发放许可证),获得巨额利润的。有学者指出,“实践证明:比尔·盖茨的微软王国,离开知识产权法的保护,连一天都难以生存”。〔2〕 从软件技术的特点和微软的实际情况来看,这种说法并不为过。这使微软垄断案在不少方面与知识产权问题牵扯在一起。

微软的“视窗”(Windows)软件是计算机应用领域的一大贡献。微软凭借这一技术优势控制了全球个人电脑操作系统的绝大部分市场。20世纪末的几年里新出厂的个人电脑几乎都配用视窗操作系统,微软从每台电脑的销售中约可提取12%的收入,利润颇丰。微软还利用其在视窗软件上的绝对优势(支配或垄断地位),在发放该软件的著作权许可证时硬性规定使用视窗的电脑一定要搭配微软的因特网探索者浏览器Internet Explorer(以下简称IE)。这就把先开发成功,性能也不错,并且一度占有最大市场份额的网景公司导航者浏览器(Navigator)逼进了死角。在因特网和电子商务日新月异并将很快在经济中扮演主要角色的时候,微软的这种垄断地位越来越引起电脑业界的不安。主管公平竞争事务的美国联邦贸易委员会早在1990年就开始对微软与IBM关于PC操作系统的冲突对微软进行反托拉斯调查,指控微软的定价政策非法阻挠竞争,并在其操作系统中故意设置隐瞒代码,妨碍竞争对手应用程序的运行。该委员会在决定对微软采取行动两次受挫后,1993年8月终止了对微软的调查,而司法部则宣布接管这一案件。1994年7月美国司法部向哥伦比亚联邦地区法院提起反托拉斯民事诉讼,指控微软违反了《谢尔曼法》第1条和第2条,要求法院防止和限制微软以排他性的和反竞争性的合同销售其个人电脑操作系统。在1994年7月,微软与司法部在法庭上达成了一项和解协议,该协议要求

---

〔1〕 进行这方面分析的著作有很多,如《微软的秘密》《微软的诞生》《微软之路》《微软的成功》。

〔2〕 张乃根、陆飞主编:《知识经济与知识产权法》,复旦大学出版社2000年版,第3页。

微软改变一系列商业做法,包括修改与个人电脑制造商所签授权协议的许多关键条款。几经周折,地区法院法官托马斯·彭菲尔德·杰克逊(Thomas Penfield Jackson)于1995年8月批准了该协议,并据此作出了同意令(Consent Decree)。但在微软于1995年推出视窗95和因特网浏览器2.0,并把两者的使用权捆绑在一起之后,微软又把网景等对手置于不利地位。1997年微软推出浏览器4.0后,情况更甚。1997年10月20日美国司法部针对微软违反了1995年的协议,以不正当竞争手段垄断市场的行为,向哥伦比亚联邦地区法院提起民事诉讼,要求微软停止搭售(tying)浏览器的行为,否则将每天处以100万美元的罚款。随后,得克萨斯等州政府也对微软提起诉讼。1997年12月11日杰克逊法官作出预先禁止令,要求微软把IE从视窗中分离出来。在1998年5月12日哥伦比亚地区联邦上诉法院判决微软发行视窗98的计划不受正在被上诉的地区法院的预先禁止令[1]的影响后,联邦司法部和20个州司法部于1998年5月18日正式向联邦地区法院对微软提起反垄断诉讼。

司法部对微软的指控包括:试图与网景瓜分浏览器市场,引诱网景不与其竞争;与因特网服务商和内容服务商等签订排他性协议;在合同中限制电脑制造商修改和自定义电脑启动顺序和电脑屏幕;与视窗95和视窗98捆绑销售因特网浏览器软件等。针对司法部的指控,微软提出了多方面的抗辩理由,其中包括:政府与20个州的诉讼侵犯了联邦法律所保障的公司的知识产权,其视窗95和视窗98受到联邦知识产权法的保护。

2. 地区法院的审理和判决

经过漫长的法庭调查审理,1999年11月5日,美国联邦地区法院法官杰克逊就美国司法部和19个州控告微软公司实行垄断一案作出了举世瞩目的初步裁决。这份长达207页的事实认定书(Findings of Fact)[2]认为,微软非法利用了自己在操作系统市场上的垄断力量来排挤竞争对手,排除自己面临的潜在危险以继续维持自己的垄断。该公司的经营显示,如果有其他企业坚持生产可能会加剧与微软的任何核心产品相竞争的产品,微软公司"将利用其庞大的市场力量和巨额利润来打击任何一家这样的公司"。微软在个人电脑操作系统方面有利用其影响力惩罚竞争对手、阻碍科技创新的垄断行为,从而严重侵犯了消

〔1〕 该预先禁止令后来于1998年6月23日被该上诉法院撤销。

〔2〕 该事实认定书可在美国司法部等网站上查阅。中文可参见方兴东主译:《微软罪状——美国法院政府诉微软一案事实认定》,中国友谊出版公司2000年版。

费者的权利。

2000 年 4 月 3 日,在负责调解美国微软公司垄断案的法官波斯纳宣布原被告双方所进行的庭外调解谈判没有希望取得任何进展后,美国地区法院法官杰克逊作出法律裁决(Microsoft Conclusions of Law and Final Order),[1]认定微软滥用其在个人计算机操作系统方面的垄断地位,违反了美国反托拉斯法。其具体裁决结论如下:(1)微软以反竞争的手段维持其垄断。法院确认微软在世界范围内对 PC 操作系统发放许可的权利(占全球市场份额的 95%)构成在相关市场的垄断,使其得以持久地维持远远超出竞争水平的价格而无新的市场进入或竞争对手之虑。法院同时确认微软使用了反竞争的手段以维持其垄断地位,具体体现在:微软通过合同及技术限制迫使 PC 制造商预装微软视窗和互联网浏览器,限制其使用竞争对手的产品以及对视窗 95 和视窗 98 加以改进的权利,从而实现所有 PC 系统均须采用微软操作系统;以优惠的交易条件诱使网络供应商推销微软浏览器从而使其竞争对手的浏览器从市场上消失;通过实物交易和各种手段限制开发商协助开发其竞争对手网景公司等的平台应用软件。微软的行为并非出于任何合理的商业上的考虑(利润最大化),其目的纯粹是阻碍潜在的竞争者进入 PC 操作系统市场,这种行为具有明显的掠夺性,违反了《谢尔曼法》第 2 条。(2)微软 1995 年 6 月提出的要求网景公司放弃视窗浏览技术市场的建议具有明显的垄断浏览器市场的意图,在该建议遭到网景公司拒绝后微软的一系列反竞争的行为导致了微软垄断二级浏览器市场的"危险的可能性",这种垄断企图同样违反了《谢尔曼法》第 2 条的规定。(3)微软将网络浏览器与视窗捆绑销售(搭售)违反了《谢尔曼法》第 1 条关于禁止合谋限制贸易行为的规定。法院指出,操作系统与浏览器是两种不同的产品,市场上存在不同的消费需求,微软是唯一一家拒绝不附购买浏览器条件地许可销售操作系统的公司,微软利用其经济实力迫使 PC 制造商和消费者在购买视窗软件时不得不同时购买所搭售的浏览器,微软的捆绑销售行为并无技术或商业上的必要性,而仅仅是旨在扼杀竞争,导致网景公司的浏览器市场份额急剧下降。法院特别指出,微软公司所称消费者仅仅支付视窗 98 的单一价格而免费使用其浏览器的抗辩不成立,因为被许可方包括消费者被迫按整个软件的价格付款,网络浏览器的价格事实上包含在单一价格之内,并非"免费"服务。(4)微软与康

---

[1] 该裁决全文可在美国司法部等网站上查阅。

柏、美国在线、苹果公司等主要供应商之间的排他性交易安排构成纵向限制,尽管尚不足以完全剥夺网景公司在世界浏览器市场的供货机会,但仍属违反了《谢尔曼法》第2条的禁止性规定。(5)微软的反竞争行为同样违反了原告各州的反托拉斯法。但是,微软在为冻结竞争对手而与其他公司签订排他性协议(exclusive dealing)方面并不构成违法。美国司法部和19个州的律师曾指控微软通过与一些公司签署优先合同而在许多高科技市场排斥其他公司,因此确保了在许多软件领域的垄断地位。

在上述裁决中,杰克逊法官还专门针对微软的知识产权抗辩,即以联邦著作权法作为其对原始设备制造厂家进行各种限制的辩护,进行了较详细的分析。[1] 他通过引述其先前作出的事实认定(Findings of Fact)和有关判例、法典的有关条款,指出:这种抗辩既不能解释、也不能豁免微软违反谢尔曼法的行为。作为某种一般原则,微软辩称联邦著作权法授予软件的有效著作权人一项绝对权利,使其得以阻止被许可人(本案中即原始设备制造厂家)在没有明确许可情况下安装其产品的改动的版本。杰克逊则指出,视窗95和视窗98确实是受到著作权注册保护的,这“构成著作权有效性的表面证据”,但是微软著作权的有效性是从未受到质疑的,问题是这种著作权所保护的究竟是什么。微软没有提出任何证据证明其施加于原始设备制造厂家的改变视窗能力的种种协议性的(或者技术性的)限制,来自著作权法明确列举授予著作权人的权利。微软辩解道,这些限制只不过是重述了保护拥有著作权的软件的“完整性”不受任何“扭曲”、“删节”或者“更改”的一种扩张的权利。杰克逊指出,由于这是一种在著作权法所列举的独占权中没有任何地方提到的权利,因此它的存在产生了疑问。引述的有关判例、法典表明,并非对作品的所有使用都受著作权人的控制;权利限制于明确授予的“独占权”;侵权意味着侵犯了明确列举的权利;著作权人并不能依据著作权以直接威胁竞争的方式获取派生利益;如果销售商利用著作权之类自然的和法律上的优势,将其在某一市场上的支配地位扩展到另一市场上,就会引起法律责任;在著作权被用作垄断阴谋的一部分时,著作权并不能使权利人免受反托拉斯调查;“无论知识产权法的目的还是反垄断法,都不能使垄断者依靠借口的商业理由来掩盖反竞争行为成为正当”。杰克逊认定微软限制原始设备制造厂家背后的真正动力不是维持它称

---

〔1〕 本段内容可具体参见上述裁决原文中的第Ⅰ部分A节2a(ⅲ)。

之为视窗平台完整性的某种无形质量的愿望,甚至也不是为确保视窗为应用开发提供统一和稳定的平台。微软自己通过允许对桌面和引导序列作支持微软的修改,并且通过比发行视窗更为频繁地发行因特网浏览器的更新版本,造成或者至少支持了这种不稳定性和不一致性。除此之外,还应考虑以下事实,即原始设备制造厂家希望作出的修改不会消除或者更改任何视窗应用程序接口,从而也不会破坏视窗的任何功能特性,并且微软的行为显然可有效地解释为其预感到原始设备制造厂家预装和给“探索者”之类的中间设备以显著位置,这会吸引足够多的开发商的注意从而削弱应用软件业的进入障碍。总之,如果微软真正关心保护其在有价值产品上的可观投资与最大限度地满足消费者的需要,那么它就会更多地依赖极富竞争性的个人电脑市场的力量,而较少依赖其自身的市场力量来防止原始设备制造厂家作出消费者所不想要的更改。实际上,除了这里的对知识产权进行专门分析外,法院认定的微软其他方面的垄断行为也都直接或间接与知识产权有关,尤其是微软所拥有的知识产权是其在相关市场上支配或垄断行为的基础。

2000 年 6 月 7 日杰克逊法官作出最后判决(Microsoft Trial Final Judgement),〔1〕将微软公司分割为两家公司,以纠正该公司的反竞争行为。杰克逊的判决与指控微软的美国司法部和 17 个州〔2〕提出的处罚建议相同,即将微软按经营的产品划线分割为两家独立的公司,一家经营“视窗”操作系统,另一家经营“办公室”等应用软件和包括 IE 浏览器在内的网络业务。杰克逊给微软 4 个月的时间制订分割公司的具体计划。杰克逊的判决还对微软的商业行为制定了一些限制措施,如向其他软件开发商公布技术资料,以便后者编写能够在“视窗”上运行的软件,禁止微软与其他公司签订将阻碍竞争对手产品开发的排他性协议,微软无权决定“视窗”操作系统桌面上应该保留哪些图标等。分割计划将在上诉过程结束后执行,但限制微软商业行为的措施将在 90 天内采取。

3. 案件的上诉和最终结果

2000 年 6 月 13 日,微软公司向美国哥伦比亚特区联邦巡回上诉法院递交了上诉请求,同时请求延缓执行限制其商业行为的命令,这样就开始了本案的上诉程序。19 日,上诉法院拒绝了司法部要求该院否决微软上述申请的请求,

〔1〕 该判决的内容可在美国司法部等网站查阅。中文可参见孟军、陈建萍译:《微软垄断案判决书》,载《电子知识产权》2000 年第 9 期、第 10 期。

〔2〕 有两个州不同意建议中强迫接受结构性的补救措施,但完全支持该建议的其余内容。

但上诉法院同时表示,如果杰克逊直接将此案送交最高法院,该院提出的审理计划将自动中止。20 日,地方法院法官杰克逊根据司法部的请求,将微软垄断案的上诉官司直接送交美国最高法院审理,认为由最高法院直接审理此案符合美国公众的利益。[1] 与此同时,杰克逊出人意料地宣布同意暂缓执行他于 6 月 7 日作出的对微软公司的处罚判决。微软公司于 7 月 26 日向美国最高法院提出上诉,要求最高法院拒绝美国司法部提出的由该院直接审理微软垄断案的请求,同时要求将此案交由哥伦比亚特区上诉法院先行审理。美国最高法院于 9 月 26 日宣布,微软公司上诉案已被退回到哥伦比亚特区上诉法院,将由后者先行审理这一案件。[2]

2001 年 6 月 28 日,美国哥伦比亚特区联邦上诉法院 7 名法官以 7:0 的票数一致作出裁决,[3]驳回了联邦地区法院 2000 年 6 月作出的将微软公司一分为二的判决。但该上诉法院在裁决中对杰克逊有关微软违反反托拉斯法的事实予以认定(有部分的责任认定被撤销),并要求地区法院任命一名新法官重新审理此案。上诉法院在裁决中表示,尽管没有证据显示先前的判决具有“偏袒一方”的嫌疑,但上诉法院认为杰克逊法官在审理此案过程中,曾在媒体上发表了许多攻击微软的“不适当”言论,严重违反了地区法院的审理程序,使“司法公正”受到影响,也令外界对其作出的肢解微软判决的公正性产生“怀疑”。法院因此决定驳回杰克逊肢解微软的裁决。上诉法院的这一裁决与先前许多人分析、预测的结果基本一致,即上诉法院可能不会全部维持地区法院的判决,尤其是不会维持其分割微软的比较极端的制裁措施,但也不会全部推翻该判决。实际情况是:“地区法院的判决,部分得到维持,部分被撤销,部分被发回重审。”其中,地区法院关于微软公司利用反竞争手段维持在操作系统市场的垄断从而违反《谢尔曼法》第 2 条的判决被部分维持,部分撤销;地区法院关于微软公司非法企图垄断浏览器市场从而违反《谢尔曼法》第 2 条的认定被撤销;地区法院关于微软公司在其操作系统上非法搭售因特网浏览器从而违反《谢尔曼法》第 1

---

〔1〕 美国 1974 年通过的一项法律规定,如果是特别重要的反垄断案件,地方法院法官可以绕过上诉法院,直接将案件的上诉官司交由最高法院审理,最高法院可以受理或者退回给上诉法院,由后者先行审理。

〔2〕 新华网 2000 年 9 月 27 日消息。

〔3〕 该裁决(Appeals Court Ruling)原文可在美国哥伦比亚特区联邦上诉法院、美国司法部、微软公司等许多网站上查阅。

条的判决被发回重审。地区法院的包含肢解微软公司的补救命令的最后判决则被完全撤销,并被上诉法院发回指定另一名法官重新审理。[1]

后来,这一案件被移交给哥伦比亚特区联邦地区法院法官科琳·科拉尔·科特莉(Colleen Kollar - Kotelly)审理,由她来决定应当对微软公司采取什么样的制裁措施。2001 年 10 月科特莉法官任命了一名调解人,并敦促双方尽力协商就补救措施达成协议。而 2001 年 9 月,司法部就宣布其不再寻求肢解微软。2001 年 11 月,美国司法部与微软公司就该案达成了一项和解协议,提请地区法院批准。四天后,9 个州[2]也加入了这一和解方案。2002 年 3 月,科特莉法官开始审理加利福尼亚、佛罗里达、马萨诸塞等另外 10 个州和哥伦比亚特区有关针对微软的更严厉的补救措施的请求。作为微软执行与司法部和解协议的一部分,2002 年上半年微软宣布了其一些新的商业行为和产品的变化,包括允许用户移除 Windows 的某些项目如因特网浏览器,并只显示竞争者的产品。2002 年 11 月 1 日,科特莉法官宣布有条件地批准了微软与司法部和 9 个州达成的反垄断和解协议。2002 年 11 月 12 日正式作出确定判决(Final Judgment)。[3] 科特莉法官也同时驳回了另外 9 个州和哥伦比亚特区有关针对微软的更严厉的补救措施的请求。[4] 根据批准的和解协议,计算机厂商和用户可以在桌面上隐去一些微软公司的标志图标,使用微软公司竞争对手的软件。协议还禁止微软公司对使用竞争对手软件的计算机厂商进行报复,同时也禁止微软公司与计算机厂商签署专门支持某些微软公司软件的协议。尽管仍然可以根据许可数量打折,但微软公司必须以统一的协议向计算机厂商许可 Windows。向其他软件开发商开放部分内核技术,使微软的竞争者也能在视窗操作系统上编写应用程序。这就给了计算机厂商更大的自由。科特莉法官认为这个协议符合民众的利益。制裁措施将持续至少 5 年,并有可能会延长 2 年的期限,以削弱微软的垄断地位,增加行业竞争性。不过,科特莉法官也提出了一些修改意见,如要求

---

〔1〕 参见该上诉法院裁决的第一段即"Summary"部分和最后一段即"Conclusion"部分。

〔2〕 它们是纽约州、俄亥俄州、伊利诺伊州、肯塔基州、路易斯安那州、马里兰州、密歇根州、北卡罗来纳州和威斯康星州。

〔3〕 其全文可在以下地址查阅:http://www.justice.gov/atr/cases/f200400/200457.htm。

〔4〕 加利福尼亚州、康涅狄格州、佛罗里达州、爱荷华州、堪萨斯州、明尼苏达州、新墨西哥州、犹他州以及哥伦比亚特区于 2002 年 12 月 1 日表示,其将把重点转向严格监督微软遵守和解协议方面,而不再提起上诉。但西弗吉尼亚州和马萨诸塞州分别于 2002 年 11 月 29 日和 12 月 1 日提起上诉。西弗吉尼亚州于 2003 年 6 月 16 日也与微软达成和解协议,最后只剩下马萨诸塞州坚持上诉到底。

微软向竞争对手公开敏感技术的时间进一步提前;取消原来和解协议中要求建立技术委员会来评估微软是否履行协议的做法,改为成立一个包括微软董事会成员在内的由3个人组成的“公司服从委员会”,来负责监督微软执行协议的情况,并定期向司法部进行汇报。

2004年6月,联邦上诉法院全体一致地批准了司法部和多数州与微软达成的和解协议,同时驳回了马萨诸塞州有关对微软的制裁措施不适当的上诉。这样,这场在世纪之交闹得沸沸扬扬的美国微软垄断案就以当事人之间达成和解协议并经法院批准而最终了结。对法律界来说,这意味着失去了一次由高等级法院、特别是最高法院对知识经济条件下的这一典型的垄断争议(特别是涉及与知识产权的交叉问题)进行全面审查并作出标志性判决的机会。

按照法院批准的和解协议,微软的法律义务到2007年12月到期。2006年5月,司法部宣布微软公司已经自愿同意将经批准的和解协议中有关客户通信协议的条款的期限延长至2009年11月。2006年7月,微软采用了一套在和解协议大部分条款到期后指导公司未来开发视窗桌面平台的原则。2006年8月30日司法部和包括纽约州在内的6个州向法院报告称,和解协议的执行达到了目标。2007年10月16日,距和解协议期限届满不到一个月,以加利福尼亚州为首的7个州请求法院将协议的执行期限延长至2012年,理由是该协议的执行不成功。两天后,包括纽约州在内的另外4个州也加入了进来,要求协议的执行延长5年,但他们认为协议的执行是成功的,要求这种好处应当继续。2007年10月19日,司法部向法院报告称这种延长期限的标准并未满足,协议期限应当在11月届满。2007年10月30日,所有各方都同意临时延长协议的期限到2008年1月31日,以便科特莉法官有时间决定加利福尼亚等州提出了延长5年的请求。2007年11月9日,司法部向法院提出法律意见书,详细解释了为什么其认为和解协议已经达到了目的,并且不需要延期。同时,Visa和Weyerhaeuser公司也向法院提出了法庭之友陈述书,反对延长该期限。2008年1月29日,科特莉法官裁决将该协议的期限延长到2009年11月12日。

对于微软来说,它与司法部和有关州政府达成的和解协议得到美国法院的批准并得到执行,终于摆脱了被分割的命运,这应算是一大胜利,但是这场耗时持久的反托拉斯讼战还是在微软被认定有非法垄断行为并受到相应处罚后结束。但是,微软垄断诉讼并没有完全结束。事实上,微软此后几年在美国国内遭遇的反垄断私人(竞争者和消费者)诉讼不断,这些私人原告在诉讼中可以使用联邦政府与微软公司反垄断案中发现的证据,也就是可以以先前杰克逊法官的事实认定为基础,这对微软来说显然是不利的。微软已为此支付了大笔的赔偿金。例如,受杰克逊法官初步裁决的影响,1999 年 11 月 22 日,3 名律师代表加州几百万计算机用户,向微软公司提出集体诉讼,控告微软利用其垄断优势高价出售"视窗 95"和"视窗 98",赚取消费者过高利润。[1] 紧接着,在佛罗里达州又提起了另一起针对微软的集体诉讼,该州的消费者指责微软的经营行为违反了州《欺诈和不公平贸易法》和联邦反托拉斯法。他们在起诉书中写道,"微软利用其垄断优势非法制定垄断价格",特别表现在视窗 98 发行了以后,微软仍利用其垄断地位"人为地使视窗 95 的售价高居不下"。新奥尔良的一位律师代表美国数千万视窗 98 的用户对微软提出指控,认为微软利用胁迫手段减少消费者的选择权,提高微软产品的价格。纽约一家广告公司也代表该地区数十万消费者的利益对微软提起诉讼。到 2000 年 5 月,已有 120 多起这类私人诉讼。同时,微软的竞争者也不断就微软的垄断行为提起新的诉讼。在 30 个月的时间里,微软解决了 9 个垄断诉讼,将一些颇为坚定的微软劲敌包括 Sun 微系统、NetScape 和 Real Networks 化解,为此软件巨人付出了 38 亿美元的和解费用(不包括在美国各州政府集体诉讼中的 20 亿美元赔偿金),这意味着在这 9 个月中,微软每天赔偿的和解费用高达 420 万美元。其中,2004 年 4 月,微软和劲敌 Sun 微系统公司达成了 7 亿美元的诉讼和解;2005 年 4 月,微软和 Gateway 达成了 1.5 亿美元的和解协议;2005 年 7 月,微软和 IBM 达成了7.75亿美元的和解协议;2005 年 10 月,微软和劲敌 Real Networks 公司达成了诉讼和解,微软除了支付7.61 亿美元高额费用之外,Real Network 公司的音乐业务 Rhapsody 可以在 MSN 上运行,其游戏也在 MSN 游戏和 Xbox 360 Live 中获得一席之地。[2] 此外,微软还面临一些地方政府的起诉。例如,2004 年 8 月 27 日包括旧金山和洛杉矶在内的美国加利福尼亚州多个城市政府联合对微软公司提出起诉,控告其滥用在个人电脑操作系统领域的垄断地位,对商品制定不合理的价格。[3]

---

〔1〕 参见《法制日报》1999 年 11 月 24 日。

〔2〕 参见《微软现金瓦解反垄断诉讼案》,载 http://tech. sina. com. cn/it/2005 - 12 - 07/1058785020. shtml,最后访问日期:2007 年 5 月 12 日。

〔3〕 参见《微软反垄断案大事记》,载 http://finance. news. tom. com/1638/20051227 - 310116. html,最后访问日期:2006 年 6 月 10 日。

4. 微软在欧盟等地的反垄断调查和诉讼

微软不仅在美国国内,而且在其他国家和地区也受到反垄断的指控和调查。这尤其以欧盟微软垄断案为典型。此外,在韩国、日本以及中国大陆等地,微软也先后受到反垄断调查。

欧盟对微软的调查始于1998年12月。当时,原主要生产SUN系列工作站和网络产品的公司、JAVA语言的创始者——美国太阳微系统公司(Sun公司)向欧盟状告微软,指控微软拒绝提供有关视窗(Windows)操作系统的足够信息,认为这是通过不提供视窗操作系统源代码达到排挤竞争对手的手段之一,该做法使太阳公司的软件无法在视窗操作系统中有效运行,且已导致其不能参与公平竞争,违反了欧盟竞争法。最初,欧盟的调查仅限于这种微软涉嫌拒绝提供其不公开代码的指控方面。2000年年初,欧盟国家的一些公司也状告微软,指责其推出的"视窗2000"试图垄断和控制服务器软件市场。由于视窗操作系统应用极其广泛,据估计全球超过95%的个人电脑都安装了该系统,而"捆绑"方式则变相地打压他们开发的同类产品,已构成不正当竞争。欧盟就此在2000年2月开始对微软公司进行调查。2000年8月,欧盟委员会正式向微软公司提出指控,指责微软公司"滥用垄断地位,试图在个人电脑操作系统方面控制用于服务器的软件市场"。欧盟委员会当时负责竞争事务的委员马里奥·蒙蒂(Mario Monti)发表公报说:"欧盟不能容忍以保护著作权为借口,将垄断地位从一个市场扩展到更多市场。"随着2001年至2002年间微软与美国司法部就提供代码问题达成和解协议,欧盟开始要求微软披露该协议未涉及的更多代码。同时,自2001年以来,欧盟逐渐将目光转移到了微软将媒体播放器程序Media Player与视窗操作系统"捆绑"销售这一问题上。2001年8月,欧盟再次指控微软将媒体播放器程序捆绑在视窗中进行销售的行为违反了欧盟竞争法。如此一来,欧盟对微软的指控主要集中在两个方面:第一,微软把它的Media Player与其十分畅销的视窗操作系统捆绑在一起,致使其竞争对手Real Networks和苹果等公司的类似媒体播放器处于不利的竞争地位;第二,微软的视窗操作系统只和本公司服务器软件兼容,损害了使用Linux或Unix等操作系统的竞争者。

由于双方未能就调查中的问题达成和解协议,欧盟委员会于2004年3月24日裁定,微软公司滥用其在操作系统软件领域的垄断地位,将自己的媒体播放器和"视窗"操作系统捆绑销售,妨碍了正常竞争。因此,委员会决定对微软处以4.97亿欧元(相当于6.13亿美元)的罚款。除罚款之外,欧盟还要求微软采取两项改正措施,并将指定一位代理人监督这两项措施的落实。一是要求微软在120天内向竞争对手公开更多的软件代码,公布“完全、准确的”数据,以便使它们的产品能够与安装微软视窗操作系统的电脑“充分兼容”,能够在“视窗”操作系统中像微软的产品一样运行。并认为,如果微软公司披露接口信息,将有权基于知识产权获得“合理补偿”。欧盟强调,微软不仅要在这120天的时间内向对手软件厂商提供所需要的公平竞争信息,而且未来须继续提供此类信息。二是要求微软在90天内向电脑制造商提供不带自身媒体播放器的“视窗”操作系统版本。虽然允许微软公司继续销售带有媒体播放器的视窗操作系统,但在未来90天内,必须为欧洲电脑制造商提供不带捆绑式媒体播放器的视窗操作系统,即要求微软必须提供两套视窗操作系统,其中一套包括微软的视听软件,另一套则不包括该软件。欧盟将不允许微软再使用任何商业性、技术性或者合同条款等进行所谓的“未捆绑媒体播放器的视窗缺少吸引力”或“性能不佳会受影响”等攻击性宣传。欧盟尤其禁止微软向购买了捆绑媒体播放器的视窗的个人电脑厂商提供折扣优惠。显然,欧盟要求微软采取将其媒体播放器与“视窗”操作系统分开的这一“补救”措施是对微软一贯奉行的核心商业战略的严重打击,这一战略就是要提供一套满足用户所有需要的应用软件。

微软公司在2004年6月7日向欧洲初审法院提出上诉,要求该法院推翻欧盟委员会3月作出的针对微软的反垄断的裁决。但由于此案的上诉过程可能会持续很长时间,微软又于2004年6月25日正式请求欧洲初审法院批准暂缓执行裁决。2004年12月22日,欧洲初审法院(European Court of First Instance)作出裁决,判定微软应立即接受欧盟在2004年3月对其作出的反垄断惩罚措施,驳回其要求暂缓执行这项惩罚措施的上诉请求。

2005年6月15日,微软遵照欧盟的要求,开始上市销售不带媒体播放器的视窗XP系统。但欧盟对此并不满意,并专门指定一位教授来监督微软是否遵守欧盟的反垄断决定。同年12月21日,欧盟正式指责微软未执行欧盟的反垄断裁决,威胁将对其开出新的罚单。2006年2月22日,微软的一些竞争对手再次向欧盟举报,指责微软在办公软件方面存在垄断行为。7月12日,欧盟认定微软未执行欧盟的裁决,宣布对微软再罚2.8亿欧元,并警告微软,如拒不执行将继续提高罚款额。2007年3月初,欧盟委员会以微软公司提供兼容技术信息时收费过高为由,威胁对微软公司处以每天300万欧元的罚款。

2007 年 9 月 17 日,欧洲初审法院驳回微软的上诉,维持欧盟的裁决,责令微软支付罚款。10 月 22 日,微软公司宣布同意遵守欧盟 2004 年的裁决,依照合理和非歧视的条件向服务器行业的竞争对手开放"完全、准确"的技术信息,以便它们的软件产品能够与微软视窗操作系统"充分兼容"。微软公司还承诺,一是向开放源代码软件的开发者提供兼容技术信息;二是此类信息的特许费用仅为一次性支付 1 万欧元;三是包括专利在内的兼容技术信息的全球特许费率也由原先的 5.95% 减至 0.4% 。欧盟与微软之间的这场官司至此算是告一段落。无疑,欧盟委员会对微软垄断案的这一裁决具有非常重要的意义。

2008 年 2 月 27 日欧盟委员会对微软公司开出 8.99 亿欧元(约合 13.5 亿美元)的罚单,理由是微软公司拒不遵守欧盟反垄断决定。这是当时欧盟历史上对单个企业开出的最大单笔罚单。至此,欧盟对微软开出的罚单总金额已经达到 16.8 亿美元。欧盟委员会负责竞争事务的委员内莉·克勒斯在声明中说,微软是欧盟有关竞争政策执行 50 年来,第一家因拒不遵守反垄断决定而遭到罚款的企业。微软公司对此发表声明称,这些罚款所涉及的都是过去的问题,这些问题已经得到解决,微软公司正依据欧盟的新准则行事。不过,克勒斯警告说,欧盟仍在就另外两件诉讼案对微软展开调查。因此,微软在欧盟面临的反垄断困扰并未完全了结。[1]

在韩国,2001 年 4 月韩国 Daum 通信公司控告微软及其韩国子公司涉嫌在即时通信软件业务上有不公平的商业行为,2005 年 11 月两家公司达成协议,微软向 Daum 支付 1000 万美元现金和解反垄断起诉。2004 年 11 月,微软在媒体播放领域的竞争对手 Real Networks 公司在韩国指控微软在其视窗操作系统中捆绑 MSN 即时通信软件的行为违反了公平竞争的原则,韩国公平贸易委员会(KFTC)随即扩大调查范围。2005 年,KFTC 判定处以微软 3543 万美元的罚款,并在操作系统中取消对 MSN 即时通信软件的捆绑,微软当即对此提出上诉。2006 年 5 月,KFTC 驳回上诉,微软则向韩国高等法院提出上诉。2007 年 10 月,微软撤回上诉,最终接受 3543 万美元的罚款,并在视窗系列操作系统中解除对 MSN 即时通信软件的捆绑。微软在韩国的反垄断案落下帷幕。

在日本,2004 年 7 月,微软受到日本公正交易委员会指控,称微软与日本个

---

〔1〕 综合新华网快讯(http://news.xinhuanet.com/newscenter/2008－02/27/content_7681673.htm)和搜狐网详讯(http://it.sohu.com/20080227/n255402354.shtml),最后访问日期:2016 年 5 月 10 日。

人电脑销售商的部分许可协议不公正地限制了个人电脑制造商的权利,削弱了其在视听技术市场的创新积极性,损害了市场竞争,因而违反了日本禁止垄断法。大约自1993年开始,微软与日本个人电脑销售商签订的Windows许可合同中就包含了一种“不主张专利权条款”,禁止个人电脑销售商就专利侵权起诉微软、微软的子公司和受其许可使用微软软件的个人电脑制造商。虽然自2004年8月开始,微软从新的许可合同中删除了该条款,但坚持2004年7月前达成的该协议仍然有效。2008年9月16日,日本公正交易委员会发布裁决,认定微软行为违反了日本禁止垄断法并采取了相应的救济措施。[1]

在中国大陆,2013年6月,国家工商总局根据企业举报反映的微软公司存在对其Windows操作系统和Office办公软件相关信息没有完全公开造成的兼容性问题、搭售、文件验证等问题,涉嫌违反中国《反垄断法》的情况进行了核查。在核查中,国家工商总局先后约谈了微软公司和有关企业,微软公司就总局关注的问题提交了报告。其间,相关企业也不断向国家工商总局反映情况。国家工商总局认为,经过前期核查不能消除微软公司上述行为具有反竞争性的嫌疑。根据法律规定,国家工商总局已对微软公司涉嫌垄断行为立案调查。2014年7月28日,根据《反垄断法》的规定,国家工商总局专案组对微软公司在中国大陆的四个经营场所,即微软(中国)有限公司以及上海、广州、成都的分公司同时进行突击检查。[2] 由于此案重大复杂,截至2020年8月还没有最终的结果。

这说明微软不仅在其美国国内受到反垄断法的困扰,而且在国外也不断受到有关违反反垄断法的指控。这些指控也都是与其滥用知识产权的垄断行为有关。

(二)微软垄断案发生的背景与意义

微软垄断案不是偶然的,它只是美国历史上一系列反垄断诉讼活动的最新进展。美国是现代反垄断法的发源地,其1890年《谢尔曼法》是现代各国反垄断法的鼻祖。同时,尽管美国在实施反垄断法的过程中也因不同的经济形势、

---

〔1〕 参见日本公正交易委员会网站:http://www.jftc.go.jp/en/pressreleases/yearly-2008/sep/individual_000082.files/2008-Sep-18.pdf,最后访问日期:2016年6月10日。

〔2〕 参见http://news.xinhuanet.com/fortune/2014-07/30/c_126812631.htm,最后访问日期:2016年6月10日。

不同的政策主张和不同的法理依据等因素而在不同时期的宽严程度有所不同,但是美国仍然是世界上公认的实施反垄断法最严厉的国家,这尤其表现在其运用分割和解散大企业的制裁措施上。美国的一些著名大公司都曾受到过违反反垄断法的指控。例如,20 世纪初,标准石油公司被控通过收购对手公司、迫使铁路公司拒用其他公司石油等手段,垄断石油业 90% 的市场。1911 年,标准石油公司被判罪名成立,最终要分拆成 34 个公司,包括现在是全球最大石油公司之一的埃克森和美孚。美国烟草公司亦曾被指控以超低价及其他手段,垄断美国 95% 的烟草市场。它同样在 1911 年被认定指控成立,最后被强行分拆成 16 个公司。1982 年,美国电话电报公司(AT& T)被指控垄断电信行业,政府强制其解体,公司设在各地的业务部门纷纷独立,目前,该公司仅保有经营长途电话的权利。国际商用机器公司(IBM)也曾被控对电脑行业进行垄断,诉讼持续 13 年之久,是美国政府首次挑战电脑行业。不过,司法部在 1982 年决定撤销案件。另一家曾被政府起诉的电脑业公司是英特尔晶片(芯片)制造商(Intel)。政府指控它非法利用垄断力量,攫取三家对手公司的技术。1999 年 3 月,美国英特尔公司就其被指控垄断案与政府达成庭外和解,被迫与其他公司分享其技术。这次政府挑战微软,更是直接针对产品经营完全依赖于知识产权保护的软件公司。

引人瞩目的是,美国司法部对微软的反垄断行动是在政府对公司合并的管理日趋宽松的情况下发生的。近几年来,世界经济呈现出明显的企业大型化、集团化的趋向,企业合并甚至跨国合并的浪潮风起云涌,一大批超级企业在政府的默许或者鼓励下不断涌现。尤其在美国,政府为一系列巨型合并活动开了绿灯。例如,1996 年年底,美国允许了波音公司以 133 亿美元兼并了整个麦道公司,成立巨型航空企业,成为美国最大的出口商,在世界大型民用飞机市场上占据 2/3 的份额,这甚至一度引起了美国和欧盟的经济利益之争;1998 年,美国电信业的世界通信和微波通信合并,合并企业的资产超过了 370 亿美元,美国金融业的旅行者集团和花旗银行合并,合并规模超过了前者的一倍,德国戴姆勒—奔驰公司对美国克莱斯勒公司进行收购,合并后的新集团所涉及的股权交易金额高达 400 亿美元;1999 年年底,美国联邦贸易委员会批准了埃克森石油公司以 810 亿美元收购美孚石油公司兼并案,成立埃克森—美孚石油公司,使这对在 20 世纪初因违反反托拉斯法而被拆散的石油兄弟又结合到一起,并创造出当时市值仅次于通用电气和微软的世界第三大企业集团;2000 年年初,美国在线出资1600亿美元购买时代华纳公司的股票,成立美国在线—时代华纳公司,合并后的新公司的市值高达3000亿美元。这些还只是20世纪90年代中后期形成的世界第五次企业合并浪潮中几起较典型的事例。

相比之下,微软公司1998年的销售额为145亿美元,在美国500家大公司中仅排第109位。这表明美国政府在对一家公司进行反垄断时所考虑的并不只是其规模,更主要的是看它是否利用自身规模来限制竞争和损害消费者的利益。也就是说,美国反垄断法所要反对的并不是企业在市场上支配地位或垄断地位本身,而是非法地获得或维持该地位或者对该地位的滥用。

事实上,美国反垄断法对垄断的规制有一个从结构主义向行为主义转变的过程,在不同时期法院认定垄断构成的标准可能是不同的。如1945年的美国铝公司案和1964年美国诉格里内尔(Grinnel)公司案虽然均被判构成垄断,但前者依据的是结构主义,即基于美国铝公司当时占有铝铸块市场的90%的市场份额,而后者依据的则是行为主义,即该企业作出了取得和维持市场支配地位的种种积极行为,而不是仅基于其在市场中的占有份额及由此产生的市场力量。但是,既然美国反垄断法仍然保留分割和解散大企业的制裁措施(如这次微软垄断案中地区法院的最后判决所采取的),也就保留着改变市场结构的功能,其在注重市场行为的同时还带有结构主义的色彩,可以说是准结构主义。因此,美国现代反垄断法并未完全放弃结构主义的成分,更没有放弃反垄断法本身。正是在这样的背景下,微软垄断案极为引人关注。

美国反垄断法旨在保护自由公平的竞争秩序,保障合法经营者和消费者的利益避免因为他人的垄断行为而受损,维护市场竞争机制作用的正常发挥。正如国内报刊所评论的那样,微软财富固然值得珍惜,但与其他大企业的不同在于,微软以自己的实力损害了一种机制,一种能让更多的微软诞生的机制,那就是市场经济公平自由竞争的机制。正是这种机制造就了微软,美国人可能还想有更多、更大的微软,基于这种观念,忍痛牺牲一个微软也就没有什么可惜的了。[1]

虽然在美国,人们基于不同的价值取向、理论主张和集团利益等而对反托拉斯的态度不一致,有的催促加强反托拉斯实施,并怀旧地回忆沃伦

[1] 《中国经营报》1999年11月18日。

(Warren)[1]法庭时代,有的则对其进行攻击,一些批评者甚至将反托拉斯当作一种时代错误,并公开建议应将其废除,但是,"废除反托拉斯的呼吁即使不是无知的也是不成熟的"。[2] 本案作为非常引人关注的大案及其目前的结果,说明了诞生于工业经济时代的反垄断法的基本精神和基本原则在"新经济"时代并未过时,仍然能够适用。同时,本案也说明,美国反托拉斯实践由于种种原因在经历了自20世纪80年代中期以后的一段宽松期后,在世纪之交又趋向严厉,进入了一个新的阶段,因此本案还具有转折点的意义。当然,在地区法院判决微软构成非法垄断之后,仍有许多不同的意见,如《纽约时报》在2000年4月28日的社论就质疑:"用来控制19世纪末20世纪初出现的工业和自然资源垄断的法律还能够、还应当适用于21世纪的技术和知识产权的巨人吗?"[3]而作为美国执行反托拉斯法的两个机构之一的联邦贸易委员会的前主席罗伯特·皮托福斯克(Robert Pitofsky)则认为,按照类似的逻辑,前述结论的否定者就可以提出这样的论点,即早于《谢尔曼法》一百年的宪法第一修正案就不应影响各州对传媒的管制,因为因特网和有线电视已经与当年发行联邦党人文集的情况有了很大的不同。而后一种争辩却很少听到。实际上,在上述两种情况下,问题应是这些原则是否仍然有效,而不在于它们是在何时采用的。他认为,如同言论自由对美国民主的政治体制非常重要一样,竞争和反托拉斯政策对美国经济的继续增长也是根本的。虽然反托拉斯法在"新经济"时代适用于高技术部门受到一定的挑战,需要作出相应的调整,但其核心原则(主要关注卡特尔和以不正当手段获得或维持垄断力,反托拉斯的其他问题是附属于这两个原则的)仍然是有效的。[4] 而美国反托拉斯现代化委员会在2007年4月2日向总统和国会提交的"报告和建议"(Antitrust Modernization Commission Report and Rec-

[1] 曾任美国最高法院首席大法官,执行严格的反托拉斯政策。

[2] [美]奥利弗·E.威廉姆森:《反托拉斯经济学——兼并、协约和策略行为》,张群群、黄涛译,经济科学出版社1999年版,第392、393页。

[3] 原文是:"Can, and should, laws designed to manage the emergence of industrial and natural resource monopolies in the late 19th and early 20th Centuries be applied to the technology and intellectual property giants of the 21th Century?"

[4] See Robert Pitofsky, *Challenges of the New Economy: Issues at the Intersection of Antitrust and Intellectual Property*, June 15, 2000, http://www.ftc.gov/speeches/pitofsky/000615speech.shtm.

ommendations)[1]中也明确指出:为解决所谓的"新经济"问题,反托拉斯法不需要新的或者不同的规则,在这里区别对待是没有必要的,无论是否采取除外、豁免或者特殊的产业标准的形式。

如果说微软垄断案在美国的结果是雷声大、雨点小的话,那么其在欧盟则是雷声大、雨点更大。针对2004年欧盟委员会的裁决,很多评论就指出这是开创性的,它表明第一次有一个强有力的监管者,而且是美国以外的监管者真正向微软发出直接的挑战。而面对2007年欧洲初审法院的判决和微软的"服软",更多的人发出了这样的感慨。

在欧盟,与其致力于建立欧洲单一市场的目标相适应,竞争规则的制定和执行从一开始就受到重视。进入21世纪以来,随着欧盟一体化进程的加快,其竞争规则有进一步强化的趋势。[2] 作为欧盟反垄断执法机构,欧盟委员会在进入21世纪以来逐步加大了对企业市场垄断行为的打击力度,以维护市场竞争秩序和保护消费者权益。从2001年对8家参与非法卡特尔的维生素生产企业开出总额8.85亿欧元的罚单,到2004年对微软一家处以4.97亿欧元罚款,再到2007年2月对5家结成非法卡特尔的大型电梯公司处以9.92亿欧元罚款,2009年5月欧盟以阻挠竞争对手AMD市场竞争为由向英特尔课以高达10.6亿欧元(约合14.5亿美元)的罚款,欧盟委员会对企业处以的反垄断处罚金额纪录也一再被刷新。[3]

特别是这次微软垄断案在美国和在欧盟的不同处理结果更加深了人们的这种印象。分析人士指出,欧洲初审法院的判决,再一次确立了欧盟委员会在打击企业市场垄断行为方面的权威。在此基础上,欧盟委员会今后有可能更加严厉地打击企业的市场垄断行为。欧盟委员会负责竞争事务的委员内莉·克勒斯—斯米特目前还在推动欧盟建立一套类似美国的反垄断私人诉讼制度,以便让消费者直接起诉存在市场垄断行为的企业。如果欧盟委员会今后更加积极地打击企业市场垄断行为,这将对众多进入欧盟市场的跨国大企业带来冲

[1] 其全文可从以下网址获得:http://voluntarytrade.org/downloads/amc_final_report.pdf,最后访问日期:2007年12月15日。

[2] 有关欧盟竞争法的发展和内容,请见本书第二章第二部分。

[3] 近年来欧盟仍然不断加大对垄断行为的处罚力度。例如,2018年1月欧盟委员会对高通滥用市场支配地位行为罚款9.97亿欧元,2018年7月18日欧盟委员会对谷歌在安卓设备上滥用市场支配地位行为处以43.4亿欧元的罚款,而此前欧盟委员会曾于2017年6月对谷歌在通用搜索结果页面中偏向性地展示自有比较购物服务对其处以24.2亿欧元的罚款。

击。外界预计,继微软之后,还会不断有企业受到欧盟的反垄断处罚。甚至有评论认为,微软反垄断案可能会在欧盟掀起一波反垄断调查浪潮,使欧盟成为全球反垄断主战场。[1] 2007 年 10 月路透社的一篇评论文章的标题就是《在反托拉斯影响方面欧盟所得就是美国所失》。[2] 该文指出,就在美国执法机构表现得更谨慎和不够积极的时候,欧盟的竞争执法机构则变得更有影响。欧盟最近成功地迫使微软接受其裁决就凸显了这种差别。这使全世界的竞争执法机构都看着布鲁塞尔(欧盟总部所在地),如韩国就针对微软采取了行动。造成这种状况的一个原因是布鲁塞尔不受选举政治的影响。

事实上,欧盟竞争执法更为严格不仅体现在这次微软垄断案上,在这之前的很多案件的处理上就有体现。早在 2001 年,美国通用电器公司(General Electric Co.)并购霍尼韦尔国际公司(Honeywell International Co.)一案在获得美国司法部的批准后,却遭到欧盟委员会的否决。欧盟委员会反对该兼并案的主要理由是:通用电器与霍尼韦尔合并后将导致通用电器在不同市场的垄断地位,通用电器公司有可能利用飞机租赁事业部来垄断发动机和航空电子市场,严重阻碍航空工业的市场竞争,从而使消费者支付更高的价格。而在更早的 1997 年,欧盟委员会就曾对当时世界航空业的最大并购案——波音公司与麦道公司合并案作出强烈反应并威胁要制止这起交易,后在并购方案按其要求作出调整后才获得批准。

当然,对具有涉外因素的反垄断案件的处理难免掺杂不同国家或者地区利益的因素,也就是执法时除考虑案件本身的因素外,保护本国或者本地区的利益也可能是一个方面。[3] 对欧盟微软垄断案的处理,批评与欢呼的声音一直是同时存在的。值得注意的是,赞成与反对的理由也都是强调要鼓励创新和保护消费者的利益,并且都涉及知识产权的保护问题。微软一直是高举保护知识产权的大旗为自己的行为辩护,称欧盟的处理结果将影响整个软件业以及全体消费者,阻止科技进步与创新。美国政府的一些官员也认为欧盟过多干预了市

---

〔1〕《经济观察:从微软案判决看欧盟反垄断政策走向》,载 http://news3.xinhuanet.com/newscenter/2007-09/19/content_6752946.htm,最后访问日期:2008 年 3 月 15 日。

〔2〕参见 http://www.reuters.com/article/businessNews/idUSL2549299720071028?sp=true,最后访问日期:2007 年 12 月 15 日。

〔3〕但在欧盟微软垄断案和英特尔垄断案等案件中,最初的投诉者和被投诉者都是来自美国的竞争者。这也从一个侧面说明欧盟比美国的反垄断力度大,以至于竞争者在美国难以达到的目标转移到欧盟去实现。

场,影响了市场自由竞争。美国司法部主管竞争事务的官员曾指责道:“欧盟委员会的决定保护的是竞争对手,而不是公平竞争,最终会有害于消费者和产品的创新。”而欧盟委员会及其支持者则主张这样处理恰恰是为了鼓励创新,同时保护消费者的选择自由,而且认为保护知识产权不应成为从事非法垄断行为的借口。针对欧洲初审法院的判决,欧盟委员会主席巴罗佐在一份声明中说:“这份判决证明了欧盟竞争政策的客观性和可信度。欧盟竞争政策保护了欧洲消费者利益,确保了内部市场上企业之间的公平竞争。”欧盟竞争委员内莉·克勒斯认为,判决将让消费者在软件市场上拥有更多的选择。[1]

不管怎样,美国和欧盟的微软垄断案都是反垄断史上的重要一页,并以各自不同的方式对经济全球化和知识经济条件下如何定位竞争政策和执行反垄断法、特别是在知识产权领域如何反垄断的问题做了初步的回答。

二、微软垄断案对中国制定和实施反垄断法的启示

微软垄断案虽然早先发生在美国和欧洲,但它对于我们当时加深对反垄断法的认识以及当时加快中国反垄断立法的进程具有重要的启示意义。

一般认为,以维护自由公平竞争为己任的反垄断法是现代各国发展市场经济所不可缺少的,是现代经济法的核心,甚至被一些国家视为“经济宪法”“市场经济的基石”“自由企业大宪章”等。但在中国,人们对于反垄断法的认识并不一致,一些人呼吁尽快制定中国的反垄断法,而另一些人却基于种种理由认为中国不需要、至少现在不需要反垄断法,这是造成中国反垄断法经历了十几年的漫长过程才最终出台的重要原因。

事实上,在中国反垄断法出台前的很长一段时间里,中国现实经济生活中就面临着严重的垄断问题,除了中国作为经济体制转轨过程中尤为突出的行政性垄断外,纯粹由市场而产生的经济性垄断也有日益明显之势。面对微软这样的垄断者,美国如此强大的产业力量,如此众多的竞争对手都无可奈何,最后不得不靠政府依靠反垄断法来加以限制。由于中国当时没有反垄断法,因而面对微软在中国的明显的垄断优势(包括市场占有率、竞争进入壁垒及用户可选择的替代产品)远远高于美国市场的情况,面对微软在中国市场比在美国国内市

---

〔1〕 参见 http://news.xinhuanet.com/newscenter/2007-09/17/content_6742677.htm,最后访问日期:2007年12月15日。

场受到指控的价格还要高得多的垄断价格,我们似乎对其无能为力。有专家认为,国内法律的空白使微软可以拿起有利于微软的知识产权保护法来保护自己的利益,而消费群体和竞争群体却无法对微软的行为提出任何有效的质疑。微软中国公司总经理高群耀之所以敢说美国对微软的判决"对中国没有影响",正是看到了"你手中没有武器"。〔1〕 有趣的是,强大的微软至今不承认自己在搞垄断,而中国的长虹却公开宣称:要进入垄断。唯一的理由就是中国没有反垄断法。〔2〕 当然,依据多数国家的反垄断法,企业以正当合法的手段获得的垄断地位或者市场支配地位本身并不违法,但其对这种地位的滥用则是违法的,因此这类企业往往更多地受到反垄断法的特殊"关照"。

自 20 世纪 80 年代起,随着以市场为取向的改革的深入,关于中国应当制定反垄断法的呼声就日渐高涨,但由于种种原因,直到 2007 年 8 月 30 日中国才出台了《反垄断法》。微软垄断案自始就受到了中国的普遍关注,在一定程度上可以说,它起到了在中国传播反垄断法理念、普及反垄断法知识的作用,尽管不同的人在具体问题上的看法可能并不完全一致。因此,微软垄断案的发生、发展在促使人们了解美国反垄断法的同时,也促使人们深入思考中国的反垄断法问题,并对加快中国反垄断立法的进程起到了推动作用。

在中国社会主义市场经济条件下,制定和实施反垄断法的必要性和意义至少可以从以下几个方面来看:

第一,制定和实施反垄断法是现代市场经济的客观需要。市场经济是一种竞争性经济,市场经济的精髓即在于竞争。竞争构成了市场经济体制的内在要素,是市场经济的最基本的运行机制,是市场经济活力的源泉。但是,市场竞争在具有不可替代的优越性的同时,也存在限制竞争——垄断的倾向,市场主体往往通过滥用已经取得的市场优势地位、滥用"契约自由"以及不正当地、过度地扩大规模等手段来避免竞争带来的风险和压力。这种消极倾向人为地扭曲了市场竞争机制,破坏了自由公平的市场竞争秩序,使市场竞争的积极功能不能得到正常发挥。而这种消极倾向是不能通过市场本身来得到抑制和矫正的,相反,它们正是所谓"市场失灵"的表现。为维护自由公平的竞争,现代反垄断法应运而生,并以禁止非法限制竞争、维护自由公平竞争秩序和经济活力为基

---

〔1〕 段永朝:《微软判决对中国的影响》,载《光明日报》2000 年 5 月 17 日。

〔2〕 韦桂华:《同行竞争与长虹"垄断"》,载《中外管理》1999 年第 4 期。

本使命。反垄断法注重维护宏观的经济秩序,防止市场竞争不足,与国家产业政策的制定和执行关系密切,旨在提升本国企业和整个经济的竞争力,是现代各国发展市场经济所不可缺少的,也被视为现代经济法的核心。中国社会主义市场经济既然存在市场经济所共同具有的基本属性和要求,因而作为市场经济基本法律的反垄断法也为中国所必需。

第二,制定和实施反垄断法是中国现实情况的迫切需要。中国需要反垄断法,不仅仅是基于上述理论上的推导,而且更是中国现实情况的迫切需要。从现实情况来看,中国需要用反垄断法来规制的各种垄断行为已有较充分的表现,尤其是公用企业滥用独占地位、行政权力非法限制竞争以及市场主体之间达成卡特尔协议以联合限制产量、划分市场、固定价格等限制正常竞争的情形〔1〕更为突出,并随着市场竞争的加剧而呈现出愈演愈烈之势,其对经营者和消费者的损害、对市场竞争秩序的危害也越来越明显。从根本上说,这种垄断行为的严重存在将导致社会资源配置的不合理,市场竞争的内在机制不能正常发挥作用,这将严重阻碍中国开放的和统一的市场的建立,最终将妨碍中国社会主义市场经济体制的真正确立。而且,它还会妨碍中国经济与世界经济的接轨,不能适应中国已经加入世界贸易组织的需要。尽管有些垄断行为在中国原有的《反不正当竞争法》等法律法规中已有若干规定,但这远远不能满足实际的需要。制定和实施《反垄断法》是中国现实情况的迫切需要。

第三,制定和实施反垄断法还可以起到预防、遏制非法垄断行为产生的作用。反垄断法的作用不仅表现在通过实际的执行消除已有的非法垄断上,而且还表现在通过潜在的威慑防止产生新的非法垄断上。从长远来看,这后者还是主要的和根本的。正是基于此,美国有俗语说:“参议员谢尔曼的幽灵坐在每个大公司董事会桌边。”萨缪尔森指出:“反托拉斯法的部分功效起因于该法的随意性质:像一个皇帝随意从他的将军中挑出一个将之枪毙一样——‘为了杀鸡给猴看’——反托拉斯法像一柄尚方宝剑悬挂在每一个企业者的头上,可以限制企业者行使垄断力量的动机。”〔2〕历时 10 年诉讼的 AT&T 公司案之所以能在 1984 年以贝尔经理同意肢解 AT&T 公司而告终,与美国反托拉斯法的威慑力不无关系。米尔顿·费里德曼指出:“反托拉斯法的主要贡献是通过间

---

〔1〕 这种情况的垄断行为在中国当年的市场上表现得特别明显,尤其是在彩电、空调等家电行业。这方面的媒体报道也有很多,兹不一一列举。

〔2〕 [美]保罗·A. 萨缪尔森:《经济学》(中册),商务印书馆 1982 年版,第 212 页。

接作用体现出来的,而不是通过它们的直接执行来反映的。"凯维思(Caves)认为,"反托拉斯法的存在和实施与其说是针对被告发的少数人,不如说是对没有被发现的其他人的行为起到更大的预防作用"。[1] 德国联邦卡特尔局前局长沃尔夫先生曾在北京的一次研讨会上也形象地将反垄断法比喻为"停泊在港口的军舰"。中国社会主义市场经济也应有这样一艘"军舰"来保驾护航。

第四,制定和实施反垄断法也有利于规范外商在中国市场上的竞争行为。随着中国对外开放的不断扩大,尤其是中国加入了世界贸易组织,外国产品、技术、资本将会更多地进入中国市场。一些跨国公司在资金和技术方面较之中国国内企业占有很大的优势,从而很容易在中国市场上取得支配地位或者垄断地位。如果它们在中国市场上从事滥用市场支配地位的行为,或者实施垄断协议,或者不适当地对中国企业进行并购,就会对中国的竞争秩序造成不利的影响,也会对中国的民族经济带来严重的冲击。事实上,上述情况在一些方面已经有了较典型的表现。其中,微软公司在中国市场上的反竞争行为对中国消费者的利益和中国软件业的发展带来的不利影响早就引起了关注。例如,IT 业内人士指出了微软的价格歧视行为:视窗 98 在中国大陆市场零售价为 1980 元,在美国为 90 多美元,在日本为 600 ~ 1200 元人民币,在中国台湾地区为 1200 元人民币,在中国香港地区为 1600 元人民币。Office 2000 测试版在中国标价 200 元左右,在国外为免费赠送;微软给中国大厂商的视窗 98 预装许可费为 300 元左右,中小品牌 PC 厂商则达 690 元,而给 IBM 则不到 100 元。据保守估计,中国消费者因为微软公司的差别价格一年就要多支出 10 亿元。又如,微软公司为了剿灭中国国产软件 WPS 97,在 WPS 97 发布前夕,匆忙推出 97 元超低价格的 Word 97 版本。不管是 Word 97 的低价还是视窗 98 的高价,其目的都是相同的。也正是在此背景下,1999 年的微软诉亚都一案曾引起中国许多人的特别关注。[2] 此外,中国的一些产业形成了由那些掌握着高科技并且有雄厚资金的大跨国公司所控制的局面,原来的一些民族品牌被外商收购后又被弃之不用

---

〔1〕 转引自吴汉洪:《西方寡头市场理论与中国市场竞争立法》,经济科学出版社 1998 年版,第 97 页。

〔2〕 围绕该案,中国众多媒体进行了广泛报道,也引起激烈的争论。其主要原因是:中国 IT 业及消费者多年积聚的对微软价格歧视的怒火由此案而找到了发泄口。另外,此案涉及计算机软件保护中有争议的"使用盗版者侵权"问题,如微软胜诉,则其打击面将涵盖企业、个人和家庭用户。因此,社会各界反响强烈,几乎在全社会掀起反微软的浪潮,有人甚至提出了反"微软霸权"的口号。

等。然而,因为中国长期没有相关的反垄断法律制度,对外国企业在中国市场的垄断行为还不能依法加以规制。因此,除了要有规制外国企业和外国资本的专门的法律制度外,中国还需要相应的反垄断法。反垄断法可以在禁止国际卡特尔、禁止跨国公司滥用市场支配地位以及限制跨国公司的外部扩张等方面起到抵制外国垄断势力和维护市场竞争秩序的作用。这对在经济全球化的背景下,保护民族产业和国家经济安全,促进中国市场经济体制的建立和市场结构的完善是非常必要的。当然,中国制定和实施反垄断法不仅仅是对外商在中国市场上的垄断行为进行规制的问题,也存在一个为它们在中国市场的经营活动提供公平竞争环境的问题。因此,它虽然能起到保护中国经济贸易利益的作用,但它又不是单纯的贸易保护法,而是一种"公平贸易促进法"。

第五,制定和实施反垄断法与利用规模经济并不矛盾。在中国反对制定和实施反垄断法的意见中的一个重要理由是,制定反垄断法会妨碍国家正在鼓励的企业联合、合并,不利于组建一批经济上的"航空母舰",不利于增强中国企业的国际竞争力,不利于实现规模经济效益。其实,反垄断法并非一概地反对大企业,更不是反对规模经济,而只是反对那些实质性地限制和损害竞争且具有违法性的垄断行为。正如有人所概括的那样:"反垄断法反对的并非一般意义上的大企业,而是任何独占市场的企图;它所努力消除的并非简单的企业优势,而是借助该种优势对于竞争机制的扭曲与蹂躏;它所限制的并非企业通过先进的技术、优秀的策略等正当商业行为而获得的市场支配地位及高额利润,而是出于减灭竞争压力、长期轻松获取利润的目的,以非正当的方式对于该地位的维持与滥用;它所保护的并非弱小企业的弱小,而是保护它们获得平等的发展机会。"[1]尽管各国的反垄断法在立法模式和具体内容上都存在差异,但是现代反垄断法在基本的制度框架上则是大致相同的,其实体法规范主要由禁止垄断协议制度、禁止滥用市场支配地位制度和控制经营者集中制度三大支柱构成,当然其中还包括某些合法限制竞争的允许或者豁免的规定。尽管这些制度各有其具体的价值目标,它们在不同的国家、不同的时期的重要性和侧重点也有差异,但是它们又结合在一起实现反垄断法的整体目标。其中,反垄断法对规模经济效益的维护主要是通过其允许垄断状态或垄断地位本身和豁免某些垄断行为的规定来实现的。这种协调使反垄断法对自由公平竞争的维护不以

---

〔1〕 王旸:《论反垄断法一般理论及基本制度》,载《中国法学》1997 年第 2 期。

牺牲规模经济效益为代价，相反，可以在一定条件下和一定程度上实现两者的统一。反垄断法在保护自由、公平竞争的同时，也会促进规模经济的发展。当然，规模经济效益本身也并非意味着规模越大效益越好，它有自己的限度，企业规模大到一定程度后由于内部管理成本增大等原因可能出现效益下降的情况，形成所谓的规模不经济。而且，虽然大企业或垄断组织作为经济组织形式，其本身是中性的，但由于大企业更容易实施限制竞争的行为，对竞争秩序的影响也更大，因此它往往要更多地受到反垄断法的"关照"。反垄断法与国家发展规模经济的产业组织政策并不必然矛盾，两者可以相互配合、相互制约，既可以防止因片面强调产业组织政策而严重限制市场竞争，又可以防止过分反垄断而牺牲应有的规模经济效益。

第六，制定和实施反垄断法在中国目前也不存在为时尚早的问题。一个国家是否现实地需要反垄断法，是由其是否存在和需要市场机制以及其市场竞争的实际状况所决定的，而与国家的经济发展水平并没有必然的联系，因而不能借口中国当时的经济发展水平不高而认为中国制定反垄断法还为时尚早。从历史上看，美国在 1890 年制定《谢尔曼法》时，其经济发展水平也不能说已经很高，也只是因为其市场经济的正常发展迫切地需要这样的法律。其他国家的情况也大致如此。中国市场机制的作用和现实的市场竞争状况决定了中国目前迫切需要制定一部比较完善的《反垄断法》，以便对中国市场上的各种非法垄断行为进行有效的规制。

总之，反垄断法所维护的是竞争自由，完善的是有效竞争的市场结构，制止的是限制竞争行为。反垄断法对于维护中国的竞争秩序、促进经济发展可以发挥积极的作用。此外，对于中国这样一个由计划经济体制向市场经济体制转轨的国家来说，制定和实施反垄断法除了具有维护竞争自由和保护消费者利益的一般作用外，还具有促进经济体制转轨和完善市场结构的特殊作用，并在一定程度上是中国具有市场经济地位的一个证明。

三、微软垄断案所昭示的知识产权领域的反垄断问题

微软垄断案不仅向我们昭示了美国和欧盟等国家和地区反垄断法律制度的大致情况和中国制定和实施反垄断法的必要性，而且也向我们提出了知识产权在形成垄断中的作用以及在知识产权领域反垄断的问题。

(一)知识产权领域的垄断与反垄断问题

本来,知识产权作为一种合法的垄断,一般是作为反垄断法的适用除外而存在的。但是,知识产权这种独占权往往会使其拥有者在某一特定市场上形成垄断或者支配地位,限制了该市场的竞争,尤其是,在某些情况下拥有知识产权的人可能会滥用其依法获得的独占权,通过不正当的行使知识产权来非法限制竞争,从而构成对反垄断法的违反。尤其是在知识经济时代,知识产权在经济和社会发展中的地位和作用越来越重要,相应地,知识产权领域中的反垄断问题也将会越来越突出。尽管在西方国家,这种情况并非什么新问题,有关这方面的案件也出现过不少,有关机构还专门制定了相关的指南或规章,但是微软垄断案为我们更加清晰、直接地揭示出了这个问题。

作为全球软件业的巨人,微软身后拥有的巨大经济力量不容忽视。在美国微软垄断案中,哥伦比亚特区联邦地区法院杰克逊法官明确地认定微软在相关市场上具有垄断力量(monopoly power),哥伦比亚联邦巡回上诉法院支持了地区法院的见解,也认定微软在相关市场拥有市场力量(market power)。在欧盟微软垄断案中,欧盟委员会和欧洲初审法院都认定微软在相关市场上具有支配地位(dominant position)。而微软巨大经济力量的原动力即为知识产权,即知识产权在微软获得市场支配地位或垄断地位中是一个非常重要的因素。这里的关键问题是,微软依法获得的这种垄断地位本身并不违法,构成违法的是它对这种地位的滥用。从本案所揭示的材料看,微软在与全球经销商签订排他性协议时,条款中明文规定关于实施权的取得,是以被许可人(licensee)向许可人(licensor)或其指定之第三人购买实施著作权所必要的原料、零件或其他不在著作权授权范围内的无著作权或有著作权保护的物品为条件时,尤其是其利用视窗 95 的许可协议,要求个人计算机制造厂商必须附加安装微软的 IE 浏览器,作为微软继续供应视窗 95 的条件。此种著作权许可既有搭售的问题,由于搭售条款的约定,会使被许可人丧失选择的机会,因此一般认为,此属于"著作权的滥用"(copyright misuse)并且被认为不当,如因而产生抑制竞争的效果时,即构成对美国反垄断法的违反。所谓发生限制竞争的效果是指:搭售的产品(tying product)具有充分的经济实力(economic power),使被搭售的产品(tied product)的市场自由竞争显然受到抑制的情形。由于美国法院认为搭售产品享有专利权或著作权时,往往推定其具有经济实力,故而在专利权或著作权授权时要求搭售,便有违法的可能性。[1]

在知识产权领域的反垄断中的一个重要问题,就是如何正确划分合法垄断权的正当行使与鼓励创新同对合法垄断权的不正当行使之间的界限。在微软垄断案中,微软的辩护要点是强调竞争和科技进步,并提出其受到指控的行为是行使法律赋予的知识产权的结果。微软有今日之地位主要是因为其成功开发了先进产品(是受到严格的知识产权保护的),是优胜劣汰的结果。市场对微软的肯定使微软有充足的资源和动力去开发更先进的技术和产品。约束微软这样成功开发新技术的公司在市场上的自由运营,可造成阻碍科技发展的后果。同时,微软称其对作为被授权人即原始设备制造厂家(OEMs)的限制行为,是在行使宪法赋予它的著作权。但杰克逊法官指出:微软在个人电脑操作系统市场稳定占据的份额过大;微软对市场的占有是通过对参与竞争设置过高要求实现的;由于这种参与竞争的障碍,消费者缺少对个人电脑操作系统的可选择性。而阻碍竞争也就阻碍了创造发明。微软通过反竞争行为维持垄断、企图垄断浏览器市场以及将其浏览器与操作系统捆绑是违反美国反垄断法的,宪法赋予的著作权也不得被滥用。前文已较具体地论述了地区法院的分析意见。从这里我们可以看出,即使是合法获得的知识产权也不允许被滥用来非法限制正常的市场竞争,否则,就要受到反垄断法的追究。在欧盟委员会的裁决和欧洲初审法院的判决中也有类似的分析。

微软凭借其知识产权所从事的有关垄断行为,不仅在美国国内遭到追究,而且在欧盟等其他国家或地区也引发争讼。目前,除美国外,欧盟、日本、韩国和我国台湾地区等国家和地区不仅都有各自的反垄断法,而且也都在总结实践经验的基础上制定并修改完善了专门的有关知识产权反垄断执法的具体准则。[2] 同时,它们也有大量的有关知识产权反垄断的执法案例和法院判例。另外,世界贸易组织《与贸易有关的知识产权协议》(TRIPs)第 40 条第 2 款规定,各成员方可以在与该协议的其他规定相一致的前提下,根据该成员的有关法律和规章,采取适当的措施制止或者控制那些可能构成对知识产权的滥用、在市场上对竞争产生不利影响的订立许可合同的做法或者条件,并特别列举了独占

〔1〕 郭懿美:《美国微软反垄断案对 IT 业的省思》,载《北大法律周刊》(学术版)2000 年第 3 期。不过,现在法院一般不仅仅因为某产品享有知识产权就推定其所有人具有市场支配地位或者垄断地位,而需结合多种因素确定。

〔2〕 本书将在第二章对它们做比较具体的评介。

性回授条件、禁止对知识产权有效性提出质疑的条件和强迫“一揽子”许可三种情况。因此,对于像微软这样的行为,在有关国家或地区完全有可能受到相应的处理。

事实上,前文已经提到,微软利用知识产权从事的有关垄断行为在欧盟、中国台湾地区、日本、韩国以及中国大陆等地也已受到调查、起诉甚至已经形成了最终的判决。就我国台湾地区来说,其“公平交易法”第 45 条明文规定:“依照著作权法、商标法或专利法行使权利之正当行为,不适用本法之规定。”这虽然比较笼统,但若知识产权人的权利不正当行使即可能触法。以微软的搭售行为来看,其在我国台湾地区市场上完全有可能构成对“公平交易法”第 19 条第 6 款强制禁止规定的违反,即“以不正当限制交易相对人之事业活动为条件,而与其交易之行为”,“而有妨碍公平竞争之虞者,事业不得为之”。该条款所称限制,是指搭售、独家交易、地域、顾客或使用之限制及其他限制事业活动之情形。[1] 事实上,我国台湾地区 2001 年发布并经多次修订的“公平交易事务主管部门对于技术授权协议案件之处理原则”中就明确将类似上述情况列入了其“技术授权协议禁制事项之例示”中。

当然,微软垄断案所涉及的知识产权方面的垄断行为不限于上述情况,反垄断法中认定构成非法垄断行为的更不限于微软垄断案中所涉及的情况。[2] 但是,从这里我们就可以看到知识产权与反垄断法之间有既一致又冲突的复杂关系。本身合法的权利也存在被滥用的可能,禁止权利滥用是一项重要的法律原则。规范知识产权的行使行为,保障市场公平交易的竞争秩序,有的是在知识产权法律机制本身能够解决的,即通过知识产权法自身的权利限制规范(如著作权法中的合理使用、专利法中的强制许可以及著作权法、专利法和商标法中共有的经济权利穷竭原则等)来解决,有的往往需要与其他法律(尤其是反垄断法)的机制结合起来加以解决。在一些国家或地区,一方面法律明确规定知识产权的合法或者正当行使行为属于反垄断法的例外或者豁免行为,另一方面法律又专门规定某些应予禁止的与知识产权有关的反竞争行为,并纳入反垄断法中加以规制。因此,那种只看到知识产权作为垄断权的性质的一面,认为知识产权的垄断“是任何形式的反垄断法都不能干预的”,而没有看到这种垄断权

---

〔1〕 中国台湾地区“公平交易法”及其施行细则不断修订。这里所引的是 2002 年 6 月 19 日修正的“公平交易法施行细则”第 27 条第 1 项。这方面的最新变化请参见本书第 2 章第 4 节。

〔2〕 本书后面的主要任务就在于对各种具体情况进行分析、论述。

也会被滥用甚至将知识产权领域也存在反垄断问题的说法斥之为“无知”的观点,[1]不仅在理论上是站不住脚的,而且也与许多国家的立法和司法实际是不相符合的。这一点对于包括中国在内的发展中国家来说特别重要,经济全球化的趋势必然使中国的企业被更多地推向市场,它们可能会遇到对在国内市场上其他企业(包括跨国企业)的垄断行为束手无策,而它们在国外市场上的行为却往往要受到严格的反垄断法制约的问题。

发展中国家在建立知识产权制度的过程中,同样应采取均衡各方利益以及有利于竞争的方式,至少对滥用知识产权的行为有相应的限制措施。英国知识产权委员会《知识产权与发展政策相结合》的报告也指出,发展中国家的制度实施机制必须有权决定某些知识产权是否有效并抵制由诸如“策略性诉讼”(strategic litigation)之类的限制性经营行为对知识产权的潜在滥用。例如,发展中国家迫于压力成立了一些使禁止令容易获得的系统,但这样做的危险是知识产权持有者可能会滥用起诉权利,妨碍合法的竞争活动。该报告认为发展中国家应该更加重视加强竞争政策,并建议协助发展中国家制定知识产权法律的发达国家和国际机构应同时协助这些国家建立适当的竞争法律及执行体系。[2]

(二)在中国提出知识产权领域反垄断问题的意义

知识产权领域的反垄断法律问题不仅是西方反垄断法律制度中的一个重要问题,而且也是20世纪末以来反垄断法理论乃至知识产权理论研究中的一个重要问题。而在中国,知识产权与反垄断法之间的复杂关系长期没有引起中国经济法学界和知识产权法学界的足够重视。在很长一段时间里,有关反垄断法的论著一般不提知识产权领域的反垄断问题,而只是笼统地将知识产权作为反垄断法的适用除外;有关知识产权的论著也几乎不提反垄断法,而只是笼统地提及知识产权的独占性即垄断性;在立法上,中国长期没有基本的反垄断法律制度,更谈不上与知识产权有关的反垄断法律制度了。

基于此,在中国加强对知识产权领域的反垄断问题的研究,无论在理论上还是在实践上都具有重要意义。在理论上,对知识产权领域的反垄断问题进行深入、系统的研究,有利于反垄断法理论研究的深化和精细化,揭示知识产权与

---

〔1〕 杨继绳:《知识必须通过法制渠道进入经济——二谈知识经济》,载《经济参考报》1998年7月7日。

〔2〕 英国知识产权委员会:《知识产权与发展政策相结合》,伦敦,2002年9月,第147页。

反垄断法之间的复杂关系,跟踪和反映这一领域的国际理论前沿和立法动向,揭示在知识产权领域反垄断的必要性和应遵循的法律原则,从而丰富和完善反垄断法理论乃至于经济法理论,同时也从另一个方面丰富了知识产权法的理论。在实践上,对知识产权领域的反垄断问题进行深入、系统的研究,可以为中国的反垄断法的制定、实施特别是在知识产权领域的实施提供基本的理论依据和具体的参考意见。如何制定和实施一部既体现国际潮流又适合中国国情的《反垄断法》是中国经济法制建设中的一项重要课题,而如何认定、处理与知识产权有关的垄断行为,已成为其中的一个突出的难题。事实上,这也是21世纪知识经济时代,各国乃至国际反垄断立法与实施所面临的新课题之一。因此,深入、系统地研究这一问题有利于帮助解决中国反垄断立法及其实施中的这一难题。

经过13年的千呼万唤和反复酝酿,《反垄断法》终于在2007年8月30日第十届全国人大常委会第二十九次会议上获得通过,自2008年8月1日起施行。而且,该法在附则第55条明确规定:“经营者依照有关知识产权的法律、行政法规规定行使知识产权的行为,不适用本法;但是,经营者滥用知识产权,排除、限制竞争的行为,适用本法。”这就在中国建立起了基本的反垄断法律制度的同时,也确立了对知识产权行使行为进行反垄断法规制的基本原则和制度,具有非常重要的意义。因此,今后的主要问题就是如何使这样的基本原则和制度在实践中得到有效实施。

第一章　知识产权与反垄断法的一般分析

一、知识产权的一般分析

（一）必要的界定与说明：知识产权的概念、范围、性质和特点

改革开放以来，特别是进入20世纪90年代以来，随着中国有关知识产权法律的制定与修改，行政执法机关和司法机关对一批有影响的知识产权案件的严肃处理及其被广泛报道，在国际上知识产权被拉到关贸总协定的谈判桌上以及中美知识产权谈判的艰难进行，知识产权在中国越来越引起了人们的关注，以致曾出现过几次热点。事实上，知识产权问题也是当今世界各国所共同关注的热点问题之一。

尽管知识产权已成为国内外的热点问题，尽管知识产权与我们每个人的关系都很密切并且日益重要，但是当我们试图涉足这一领域时，就会发现它的一些最基本的问题，如知识产权的概念、范围和特点，无论在国内还是在国际上都尚没有一个完全一致的结论。虽然对知识产权的基本理论问题进行专门、深入的探讨并非本书的基本任务，但是本书在论及知识产权领域的反垄断问题之前，也需要对知识产权本身的一些最基本问题作出若干必要的界定与说明。

1. 知识产权的概念

"知识产权"一词是从英文 intellectual property〔1〕或者 intellectual property right 翻译过来的。在中国台湾地区一般译为"智慧财产权"，并且不少人认为这样的译法较之知识产权可能要更准确一些。在中国大陆，在《民法通则》（已废止）颁布前曾普遍使用"智力成果权"的概念，但现在"知识产权"的译法已经是约定俗成的了。

关于知识产权的概念，在外国有关知识产权的法律和国际公约方面，且不

---

〔1〕 在英文中 property 既有财产的意思，又有财产权的意思。

说绝大多数没有统一的知识产权法典而只是分别制定的有关知识产权单行法中没有关于知识产权的定义,即使是世界上第一个知识产权法典——1992年的《法国知识产权法典》(法律部分)[1]中也没有关于知识产权的一般定义。如下文所述,《建立世界知识产权组织公约》和世界贸易组织《与贸易有关的知识产权协议》(TRIPs)中也都没有关于知识产权的一般定义。

国外的不少著作往往也不给出一个明确的定义,只是给出知识产权的范围。美国的一本很具有代表性的、由西方出版公司出版的法学概要系列丛书之一的《知识产权》,其作者在导言中指出,知识产权传统上包括专利、商标和版权三个领域,“它们的共同之处在于,它们都具有无定形的特征,并且都是一种非常抽象的财产概念”。[2] 有的著作还指出了知识产权具有广义和狭义的不同含义。广义上的知识产权包括了工业的、商业的和知识的财产权,狭义上只包括版权和有关权,后者可从知识产权区别于工业的和/或商业的财产权或者与它们比较中推断出来。[3] 即使是在世界知识产权组织编写的专门介绍知识产权的书籍中,其在“知识产权的概念”标题下也仅是列举知识产权的组成范围,而没有关于知识产权的一般性定义。[4] 日本有学者认为知识产权包括人类所创造的所有事物,并指出:“所谓知识产权,是指保护技术开发或创造经营等正常进行的一种权利制度。它是和技术开发—产业—消费者组成的市场结构相对应的一种权利。”[5]这虽然有概括,但较笼统,尚不足以清楚地说明究竟什么是知识产权。

中国的学者对于知识产权的定义也没有完全统一的说法。一种有代表性的表述是:“知识产权指的是人们可以就其智力创造的成果所依法享有的专有权利。”[6]另一种有代表性的表述是:知识产权“是基于创造性智力成果和工商业标记依法产生的权利的统称”。[7] 与此相近的一种表述是:知识产权“是人

---

[1] 中译本可参见《法国知识产权法典》(法律部分),黄晖译,郑成思审校,商务印书馆1999年版。该法典由当时23个与知识产权有关的单行立法汇编整理而成,在此后经历了多次修改和增补。

[2] Arthur R. Miller & Michael H. Davis, *Intellectual Property*, West Publishing Co., 1990, p. 1.

[3] Dr Inge Govaere, *The Use and Abuse of Intellectual Property Rights in E. C. Law*, Sweet & Maxwell Limited, 1996, p. 1.

[4] 世界知识产权组织编著:《知识产权纵横谈》,张寅虎等译,世界知识出版社1992年版,第3~5页。

[5] [日]富田彻男:《市场竞争中的知识产权》,廖正衡等译,商务印书馆2000年版,第6页。

[6] 郑成思主编:《知识产权法教程》,法律出版社1993年版,第1页。

[7] 刘春田主编:《知识产权法》,中国人民大学出版社2000年版,第3页。

们依法对其在科技、文化、工商业中的智力成果及其他相关成就所享有的权利"。"知识产权的客体就是智力成果和其他相关的工商业成就,可简称为智力成果及相关成就。"[1]还有一种在分析比较有关不同表述基础上,将人类智力创造的知识财产及相关精神权益界定为知识产权所保护的客体,知识产权就是国家法律赋予智力创造主体并保障其创造的知识财产和相关精神权益不受侵犯的一种专有民事权利。[2] 由于上述不同的表述所指的实际范围是基本相同的,因此这里的差别似乎主要在于知识产权的客体或对象[3]是否可以用智力成果或知识财产来概括。

按照具体客体的不同特点,知识产权可以作"创作性成果权利"和"识别性标记权利"的划分,[4]商标、商号等识别性标记所体现的智力成果也的确不同于发明创造和作品等创作性成果所体现的个人化的智力创造、创作的特点,而且某个注册商标可能非常简单,且在未使用之前注册,也不明显包含在商业活动中的智力投入。有人认为这可能正是导致美国最高法院始终不承认美国商标法与美国宪法规定的知识产权条款(第 1 条第 8 节第 8 款和第 18 款)有直接关联。[5] 从这个角度来说,上述知识产权定义中的后三个似乎更全面一些。当然,基于约定俗成,在不需要特别精确的场合,还是可以用智力成果、知识财产或者知识产品[6]等概念来统一指代和概括知识产权的客体的。但与动产和不动产作为有形财产权的客体相对应,知识财产或者知识产品的概念似乎更适合用来概括各种知识产权的客体,其涵盖的范围比智力成果更广。尽管知识产权的客体表现为各种不同的形式(如作品、技术发明和标记),但是它们在实质上

---

[1] 韦之:《论不正当竞争法与知识产权法的关系》,载《北京大学学报》1999 年第 6 期。

[2] 参见蒋志培先生的博士学位论文,这部分可参见其主办的"中国知识产权司法保护"网站上的文章《论知识产权的概念、历史发展及其法律保护的含义》。

[3] 很多学者将知识产权的客体与对象等同使用,但有的学者认为应当严格区分知识产权的客体与知识产权的对象,认为知识产权的对象是"知识"本身,而知识产权的客体则是指基于对知识产权的对象控制、利用和支配行为而产生的利益关系或社会关系,它是法律所保护的内容。参见刘春田主编:《知识产权法》,中国人民大学出版社 2000 年版,第 6 ~ 7 页。本书仍采用通说,对两者不作严格区分。

[4] 郑成思主编:《知识产权法教程》,法律出版社 1993 年版,第 1 ~ 2 页。

[5] 张乃根:《论与知识产权有关的反垄断法》,载《中国工商管理研究》2000 年第 4 期。

[6] 有的学者认为,鉴于"创作活动的成果""智力成果""无形物"都不能准确地概括知识产权的客体,应当建立"知识产品"的理论范畴,即把知识产权的客体概括为"知识产品"。参见王利明、郭明瑞、吴汉东:《民法新论》(下),中国政法大学出版社 1988 年版,第 457 页。

都属于某种信息。正如世界知识产权组织所指出的,知识财产与各种各样的信息有关,人们把这些信息与各种有形物质相结合,并同时在世界不同地方大量复制。知识财产并不包含在这些复制品中,而是包含在这些复制品所反映出的信息中。但这些复制品并非财产,体现在这些复制品中的信息才是财产。[1]

总体来说,知识产权是特定的主体(个人或组织)对其创造成果依法所享有的一种专有权,即以特定的智力成果或者知识产品为客体的民事权利。无论各种知识产权的概念在表述上如何不同,它们至少可以统一于对知识产权的范围的界定上。

2. 知识产权的范围

知识产权的范围有广义与狭义之分。广义的知识产权,可以包括一切人类智力创作的成果,也就是 1967 年《建立世界知识产权组织公约》中所划的范围:(1)与文学、艺术及科学作品有关的权利;(2)与表演艺术家的表演活动、与录音制品及广播有关的权利;(3)与人类创造性活动的一切领域的发明有关的权利;(4)与科学发现有关的权利;(5)与工业品外观设计有关的权利;(6)与商品商标、服务商标、商号和其他商业标记有关的权利;(7)与防止不正当竞争有关的权利;(8)一切其他来自工业、科学或文学艺术领域的智力创作活动所产生的权利。狭义的或传统的知识产权,则包括工业产权与版权(著作权)两部分。其中,工业产权中又包含专利权、商标权、禁止不正当竞争权等,版权中则包括作者权与传播者权(邻接权)等。但随着科技、经济的发展,二者的界线已有些模糊,出现了一些混合的独特体系。

而现在对国际上知识产权保护发挥重要影响的世界贸易组织《与贸易有关的知识产权协议》(TRIPs)也在其第一部分第 1 条第 2 款界定它所指的知识产权的范围:(1)版权与有关权;(2)商标权;(3)地理标志权;(4)工业品外观设计权;(5)专利权;(6)集成电路布图设计(拓扑图)权;(7)未披露过的信息权。其中,有关权相当于邻接权,未披露过的信息则大致相当于通常所讲的商业秘密。TRIPs 明确将商业秘密列入知识产权的保护范围,这就对有关商业秘密能否作为一种财产权来对待的长期争论至少在国际贸易领域作出了肯定的回答。[2]由此可见,TRIPs 对知识产权所划定的范围,既不同于上述广义上的,也不同于

---

[1] 世界知识产权组织编著:《知识产权纵横谈》,张寅虎等译,世界知识出版社 1992 年版,第 4 页。

[2] 郑成思:《知识产权论》(第 3 版),法律出版社 2003 年版,第 58 页。

上述狭义上的,而是从其"与贸易有关的"这一基本特点与需要(在很大程度上是某些大国的需要)出发所做的划定。

虽然商业秘密是否属于专有权的客体在理论上尚存争议,但《民法典》第123条第2款规定:"知识产权是权利人依法就下列客体享有的专有的权利:(一)作品;(二)发明、实用新型、外观设计;(三)商标;(四)地理标志;(五)商业秘密;(六)集成电路布图设计;(七)植物新品种;(八)法律规定的其他客体。"

本书所讲的知识产权主要指专利权、商标权与著作权(版权)这三项在各国认识比较一致,也有更多共同特点的传统知识产权。当然,在有些地方也会涉及其他方面的知识产权,尤其是商业秘密。而且,由于专利权和技术秘密(know-how,商业秘密的一部分)与技术发明有最密切的关系,因此目前一些国家和地区在专门的与知识产权有关的反垄断法律规范中往往以这两者为重点或典型。[1]

3. 知识产权的基本性质和功能

关于知识产权的基本性质,在学术界已没有太大的分歧,即都承认知识产权属于民事权利。[2] 这是由于知识产权所反映和调整的社会关系也是平等主体的公民、法人和其他组织之间的财产关系和人身关系,这就具备了民事权利的最本质的特征。尽管作为知识产权的一项重要特点,多数知识产权的产生要经过国家主管机关的审批、注册、登记等依法授予或确认的程序,知识产权保护的行政主导性也较强(至少在包括中国在内的部分国家是这样),但是知识产权本身却是一种民事权利,通过权利人对侵权行为提起民事诉讼以获取损害赔偿仍然是知识产权法律保护的主要方式。知识产权的这种私权性质也决定了它的专有性。对于知识产权是私权的理解可以从以下三个方面进行:第一,它是私人的权利,即处于平等地位的民事法律关系主体所享有的权利;第二,它是私有的权利,即为特定民事主体所享有的私人权利;第三,它是私益的权利,即允

〔1〕 详见本书第二章。

〔2〕 对知识产权的本质和功能可以从不同的视角进行观察。作为一种民事权利,知识产权的界定和保护是实现激励创新和维护公正的重要形式;作为一种竞争工具,知识产权的掌握和利用是获取自身优势与打击对手的重要手段;作为一种国家战略,知识产权战略的制定与实施是维护国家利益与竞争优势的重要举措。参见王先林:《从个体权利、竞争工具到国家战略——关于知识产权的三维视角》,载《上海交通大学学报》(哲学社会科学版)2008年第3期。

许追求合法的个人利益的权利。[1]

知识产权属于民事权利,也就是私权。私权是属于具体的、特定的主体的权利,与不特定的、公众中的任何人均可行使的公权相对应。知识产权的这种私权性质也决定了它的专有性。TRIPs在序言中就明确强调全体成员承认知识产权为私权。当然,该协议也同时强调全体成员承认知识产权的诸国内制度中被强调的保护公共利益的目的,包括发展目的与技术目的。有的学者认为,版权的公共性较强,可视为公共性较强的私权。[2]

但是,知识产权并非一开始就属于民事权利、属于私权的。正如郑成思教授所分析的:"知识产权并非起源于任何一种民事权利,也并非起源于任何一种财产权。它起源于封建社会的'特权'。这种特权,或由君主个人授予,或由封建国家授予,或由代表君主的地方官授予。""知识产权正是在这种看起来完全不符合'私权'原则的环境下产生,而逐渐演变为今天绝大多数国家普遍承认的一种私权,一种民事权利。"[3]

目前在中国进一步明确知识产权的私权本质还是具有重要意义的。因为,在多数国家的法律中很久以来就承认知识产权在本质上是一种特定主体所专有的财产权;而中国曾一度不承认知识产权为私权,直到在1979年制定的《中外合资经营企业法》才重新以立法形式承认知识产权是一种私权,是一种可以在贸易中使用并获得收益的专有权。而那时是仅仅承认到工业产权为止。[4]中国1986年制定的《民法通则》(已废止)真正全面地、明确地将知识产权规定为民事权利的一类。中国先后制定的《商标法》《专利法》《著作权法》等也是基本符合知识产权属于民事权利、是私权这一原则的。但是,这并不意味着基本上诞生于由计划经济向市场经济转轨时期的中国现行知识产权法律在这方面就不存在任何问题。例如,在2000年修正《专利法》之前、2001年修正《商标法》之前,这些法律长期认可行政主管部门对某些知识产权享有不受司法审查的终局裁决权。对此,刘春田教授指出:"知识产权从属性上来说是财产权,是民事权,因而是私权。法律无论用什么手段来调整这一权利,无论将它归入哪一类,无论由谁来主管,也无论司法机关设置什么机构来保证权利的实现,都不

[1] 吴汉东:《知识产权本质的多维度解读》,载《中国法学》2006年第5期。

[2] 陈传夫:《高新技术与知识产权法》,武汉大学出版社2000年版,第6页。

[3] 郑成思:《知识产权论》,法律出版社2003年版,第2页。

[4] 郑成思:《世界贸易组织与贸易有关的知识产权》,中国人民大学出版社1996年版,第35页。

能改变其私权的本质属性。在民事权利领域，权利百分之百属于权利主体，而没有什么主管机关可以干预。因此，我们在立法时，必须凸显知识产权的私权本质，并围绕这一点来调整利益关系。”[1]当然，这里的干预应当理解为对知识产权的不正当的干预，与我们后文所谈的为防止知识产权的滥用所进行的必要干预（包括反垄断）应该不是同一概念。

在经济全球化和知识经济的背景下，知识产权的重要性空前提高。对于知识产权本质和功能的观察至少可以从以下三个不同的视角进行。[2]

作为一种民事权利，知识产权的界定和保护是实现激励创新和维护公正的重要形式。知识产权虽然在基本性质上属于私权，但又与社会公共利益密切相关。知识产权制度的基本目标是激励创新，即通过对特定知识产品在一定期限内的专有权的确认和保护来鼓励知识的生产、传播和利用。知识产权制度还要通过调节机制实现维护社会公正的目标。因此，知识产权在法律上应该得到合理的界定和保护。

作为一种竞争工具，知识产权的掌握和利用是获取自身优势与打击对手的重要手段。在知识经济时代，知识和信息的重要性比在以往任何时代都有了空前的提高，相应地，知识产权在财富中的地位也空前提高。对企业来说，既然知识产权是其竞争力的基础和核心要素，那么知识产权就不仅是单纯的民事权利，而且也是市场竞争的重要工具。在知识产权方面处于优势的跨国公司和大企业都十分重视运用知识产权这一重要的竞争工具来巩固和发展自身的竞争优势，打击竞争对手，并以此为手段抢占市场竞争的制高点。这体现在知识产权的取得、知识产权的利用和知识产权的诉讼等各个环节。站在企业的角度来看，在法律规定的界线范围内充分利用知识产权这一市场竞争的工具是很自然的事，无可厚非。不过，从社会角度考虑，将知识产权作为市场竞争工具的过度利用也会产生许多问题。

作为一种国家战略，知识产权战略的制定与实施是维护国家利益与竞争优势的重要举措。在现代社会，知识产权不仅从个体民事权利发展成为企业市场竞争的重要手段，而且与国家利益息息相关。知识产权已与科技竞争、经济贸易乃至综合国力直接挂钩，成为各国激烈竞争的焦点之一和国家公共政策的一

---

〔1〕《光明日报》2000年7月17日。

〔2〕参见王先林：《从个体权利、竞争工具到国家战略——关于知识产权的三维视角》，载《上海交通大学学报》（哲学社会科学版）2008年第4期。

个重要方面,并日益上升为国家发展战略的一个重要组成部分。这决定了知识产权政策就不仅仅是一个权利保护的问题,而是包括创造、管理、实施和保护的全方位的制度体系。在当代激烈的国际竞争中很多国家都重视从国家战略的高度对其加以充分的利用。进入21世纪以来,我国也开始从国家战略的高度上来看待知识产权问题,制定出并正在积极实施国家知识产权战略。这标志着我国对知识产权由被动应对到主动谋划的转变,是我国开始积极利用知识产权这一政策工具服务于国家发展和争取竞争优势的集中体现。

4. 知识产权的基本特征

知识财产(权)在现代社会往往被作为与动产、不动产相并列的三大类财产之一。[1] 与作为有形财产的动产、不动产相比,知识财产是一种无形财产。相应地,客体的无形性(非物质性)是知识产权区别于有形财产权的一个最基本的特点。[2] 由于知识产权的这一特点,法律上有关知识产权的保护、知识产权侵权的认定以及知识产权贸易等就比有形财产更为复杂,这也决定了知识产权的其他基本特点。

对于知识产权的特点,不同的学者从不同的角度有多种不同的概括,但一般都认为,由知识产权客体的无形性(非物质性)的这一最基本特点所决定,知识产权具有专有性、地域性和时间性三个基本特点。其中,专有性也称垄断性或独占性,[3]是指知识产权专属于权利人所有。“从本质上说,知识产权是为了不让竞争对手销售自己的产品或商品而拥有的一种垄断顾客的权利。”[4]知识产权人对其权利的客体享有占有、使用、收益和处分的权利。权利人有权许可或不许可他人使用其获得的知识产权。而他人未经知识产权人的许可,不得

---

[1] 世界知识产权组织编著:《知识产权纵横谈》,张寅虎等译,世界知识出版社1992年版,第3~4页。不过,严格来说,与动产、不动产相并列的似乎应当是无形财产,只是在现代社会,知识财产(权)逐渐成为无形财产中的最主要类型。

[2] 有人甚至认为客体的无形性是知识产权的唯一特征。参见程啸:《知识产权法若干基本问题之反思》,载《中国人民大学学报》2001年第1期。

[3] 在这个问题上可能有不同的看法。例如,在2001年年初《中国知识产权报》举办的“全国知识产权百题知识竞赛试题”中,第1题要求选择知识产权是一种什么性质的权利,所给备选答案分别为“专有”、“专用”和“垄断”。该参赛须知明确说明赛题答案具有唯一性,后来所给的标准答案是“专有”。这至少说明有些人不认为专有权是垄断权。基于后文对垄断的界定,笔者认为,知识产权的这种专有权也是一种垄断,只不过它是一种法定的垄断。英国1623年颁布的世界上第一部现代意义上的专利法,就是以“垄断”命名的——《垄断法规》(The Statute of Monopolies)。

[4] [日]富田彻男:《市场竞争中的知识产权》,廖正衡等译,商务印书馆2000年版,第13页。

制造、使用或销售[1]已获得专利权、商标权或者版权的知识产品，否则就构成法律上的侵权行为。知识产权这种专有性与其他各种民事权利都具有的排他性不同，因为后者并不排斥相同的财产为不同的主体所有。当然，不同类型的知识产权在专有性程度和表现形式上可能存在一定的差异。地域性是指知识产权的效力在空间范围上受到限制。它是与知识产权产生于封建特权相联系的，但知识产权在现代成为一种民事权利后，其地域性仍然存在。一个国家或地区所授予的知识产权仅在该国或地区的范围内受到保护，而对其他国家或地区并不必然发生法律效力。如果知识产权人希望在其他国家或地区也享有专有权，则应依照其他国家的法律另行提出申请。迄今为止，除某些实行知识产权一体化的地区外，专利权、商标权和著作权这些传统的知识产权，均只能依一定国家或地区的法律产生，又只在其依法产生的地域内有效。时间性是指知识产权的效力在时间上受到限制。知识产权都有法定的保护期限，如中国发明专利权的有效期是 20 年，实用新型和外观设计专利权的有效期是 10 年，著作权的有效期一般是作者的有生之年加死后 50 年。一旦保护期届满，该种专有权即自动终止，该种知识财产就回归社会，成为社会公有财产。这是为了平衡、兼顾知识产权人与社会公众之间的利益。当然，某些知识产权（如商标权）虽然也有保护期（中国为 10 年）的限制，但在期限届满前可以按法定手续续展，而且续展的次数不受限制。这是为维持商标所代表的权利人的产品或服务信誉以及为防止消费者的识别混淆所必要的，即在这种情况下维持其专有权反而是有利于社会的。

此外，有的学者认为知识产权还具有可复制性的特点，即知识产权被利用后，能够体现在一定产品、作品或其他物品的复制活动上。[2] 当然，也有学者不完全同意上述传统上所概括的知识产权的那些特点，认为知识产权的法律特征只有两个，即地域性和权利的受限制性，后者主要表现为权利的法定时间性和非专有性。并认为此外的如公开性、无形性和可复制性都不是知识产权的特征，因为权利无所谓公开与秘密，无论什么权利都是无形的，无形的东西无法复制。[3]

---

〔1〕 这里只是就一般情形的笼统说法，如果具体涉及专利权，那么无论是依据 TRIPs 还是中国现行《专利法》都至少还应包括“许诺销售”（offering for sale）和“进口”。

〔2〕 郑成思：《知识产权论》（第 3 版），法律出版社 2003 年版，第 75 页。

〔3〕 刘春田：《简论知识产权》，载《法治研究》（1997 年卷），第 336 ~ 340 页。

笔者认为,对知识产权的法律特征进行深入的探讨是有积极意义的,但任何事物的特征都是相对而言的。总体来说,前述知识产权客体的无形性(非物质性)及其所决定的知识产权专有性、地域性和时间性特点,作为整体就足以将传统的知识产权与客体为动产、不动产的有形财产权区分开来。显然,这里所概括的特点并不能够完全适合于某些特别类型的知识产权(如商业秘密)。

(二)知识产权:知识、经济和法律相结合的典型形式

正如有学者指出的,当今世界,科技进步、经济繁荣、法制弘扬,作为人类的共同追求,越来越紧密地联系在一起,成为衡量一个国家综合国力和文明程度的重要标志。[1] 在现代社会,知识(科技是其主要部分)、经济和法律这三者不仅在总体上密切联系、相互渗透,而且在一些具体的领域也有机统一、相互结合,其具体形式是多种多样的,知识产权则是其中比较典型的形式。

知识包括的范围很广泛,但科学技术无疑是其中的核心和主要部分。无论作为知识还是作为社会活动,科学与技术之间都有很大差异,但又有许多共同之处。在近代以前,科学与技术的联系较为松散,技术往往是实践经验的总结。但在近代以来,由于社会生产力的提高和经济制度的演变,也由于二者自身发展的逻辑,这种情况已有改变,新技术的发明往往依赖于某个科学原理,科学成为技术的先导,而技术则是科学原理的有目的的应用,两者相互促进、共同发展。现代的科学更加技术化,现代的技术也更加科学化,科学与技术逐渐一体化。

科学技术是生产力,而且是第一生产力。邓小平同志这一论断精辟地阐明了科技进步在经济发展和社会进步中的突出作用。科技是生产力诸要素中最活跃和最活泼的因素。在整个人类文明史中,科技一直扮演着非常重要的角色。人类社会的任何一次重大飞跃都是源于科技进步的重大突破。尤其是一次又一次的工业技术革命,使人类对客观世界的认识发生了重大的飞跃,改造世界的能力发生了革命性的发展。从第一次工业革命以来,社会生产力增长了100多倍,在20世纪由于科技的迅速进步和生产率的大幅度提高,全球经济总规模增长了20多倍,由1万多亿美元增加到近30万亿美元。而在全球经济高增长中,科技进步的贡献率已由20世纪初的5%左右上升到60%~70%。科技

---

〔1〕 赵震江、袁泳:《论科技和经济一体化的法律机制》,载《北京大学学报》1995年第1期。

进步已成为一个国家富强的源泉,成为人类文明的主要动力和源泉。尤其是现代高科技作为跨世纪竞争的制高点,作为新时期历史的火车头,作为未来经济增长、社会发展和文明进步的有力杠杆,已为整个人类所关注。经济发展的程度已越来越多地取决于科技进步的程度。

当前,在新技术革命浪潮的推动下,人类正在迈入知识经济社会。按照经济合作发展组织的解释,知识经济就是以现代科学技术为核心的,建立在知识和信息的生产、存储、使用和消费之上的经济。尽管在农业经济和工业经济时代创造财富也离不开知识,但知识经济把以现代科学技术为核心的知识作为最重要的经济资源和最重要的生产要素。可以说,知识经济典型地反映了科技与经济一体化的趋势。在知识经济时代,科技进步与经济发展的联系将更为密切,经济发展将主要建立在科技进步的基础上。事实上,有不少人包括著名科学家钱学森主张应当将“知识经济”更准确地称为“科技经济”。[1] 科技竞争尤其是高技术竞争将是未来国际竞争中最核心的内容。美国前总统克林顿在1997年2月发表的《国情咨文》强调“必须驾驶强大的科技力量”,在美国政府发表的文件中还指出:“科学是无穷的资源,技术是未来经济增长和国家繁荣的基础。”1998年6月,江泽民同志在会见部分院士时指出,当今世界,以信息技术为主要标志的科技进步日新月异,高科技成果向生产力的转化越来越快,初见端倪的知识经济预示人类的经济生活将发生新的巨大变化。世界各国都在抓紧制定面向新世纪的发展战略,争取抢占科技、产业和经济的制高点。面对这个态势,我们必须顺应潮流,乘势而上。[2]

面对科技竞争日益激烈以及科技进步与经济发展联系越来越密切的态势,作为社会关系调节器的法律应当充分发挥其能动作用。虽然法律本身不能直接带来科技进步、经济增长和社会发展,但它可以通过科学合理的制度设计(法律规定)为科技进步、经济增长和社会发展提供必要的条件和适宜的环境,从而去促进和保障科技进步和经济发展。在这方面的法律机制中,知识产权机制发挥着直接的和独特的作用。知识产权机制主要是指通过知识产权法律制度对人们就其特定的知识产品(主要是科技成果)在一定期限内的专有权的确认和保护,来鼓励知识产品的生产、传播和利用,从而刺激经济增长的机制。这就在

---

〔1〕《民主与科学》1999年第1期。

〔2〕参见光明网:http://www.gmw.cn/01gmrb/1998-08/10/GB/17780%5EGM1-1005.HTM,最后访问日期:2001年5月5日。

具体的领域中实现了知识、经济和法律的有机结合。

知识产权之所以是知识、经济和法律相结合的产物,是因为知识产权作为人们就特定的知识产品依法取得的专有权,是特定的知识产品、经济利益与法定权利的统一体。其客体主要是知识产品(科技成果、文学艺术成果等),其内容是法定权利,其核心是法律的确认和保护,其目的和后果是获得经济利益,促进经济增长和社会发展。在现代社会,知识除了具有文化功能外,更多地具有经济功能,与经济利益的联系更为密切。知识产权在实质上体现了"知识"作为资源的归属问题,是一种激励和调节等的利益机制。也正是在这个意义上知识经济与知识产权密切联系在一起。在一定意义上可以说,知识产权构成了知识经济的一个重要内容和特征。当然,知识经济中的所谓"知识"与知识产权中的所谓"知识"的含义不尽相同,前者比后者的范围要广泛得多,但后者作为受法律保护的特定知识产品(尤其是科技成果)无疑是前者的核心部分,其在知识经济的发展中起着龙头作用。没有特定的知识产品固然谈不上知识产权,但特定的知识产品若不能表现为依法取得的知识产权(尤其是专利权)也就不能得到相应的法律保护,知识产权内在的机制也就不能得到发挥。正如美国专利与商标局前副局长卡森斯基所言:"科技发展的速度已成为经济增长的主导因素,而知识产权则是经济发展的动力。"美国商务部副部长、专利与商标局前副局长托德·迪金森也指出:"美国是世界上技术领先的国家,技术领先的很大因素就是知识产权保护。美国从 1790 年就开始把知识产权写入宪法。由于有知识产权保护,才使技术创新和发明得到保护和促进,从爱迪生到比尔·盖茨,他们的发明都离不开知识产权的保护。"[1]随着各国关税壁垒的逐步拆除和世界统一市场的逐步形成,知识产权及其法律制度将更加受到各国的重视。在这样的国际环境中,综合国力的增强日益突出地表现为以专利为代表的科技创新、发明,提高整体的创新能力。有人甚至提出知识产权问题是一个国家的经济主权问题。这在一定意义上是对的,因为一个国家若在一些关键产业上没有自主知识产权(包括拥有科技成果本身和依法就其取得相应的知识产权),其经济的发展就要在很大程度上受制于人,在一定程度上就有丧失经济主权的危险。目前,知识产权领域内的争夺和保护也日益受到各国政府和利益团体的关注。总之,知识产权作为知识、经济与法律三者的有机统一体,是一种促进和保障科技进步、经

---

〔1〕 以上两句话均转引自《中国知识产权报》2000 年 10 月 20 日的报道。

济增长和社会发展的法律机制。

（三）助燃剂、调节器和保护神：知识产权法律机制的主要表现

知识产权作为一种法律机制，其内容和作用形式是多方面的，大致上可以概括为以下三个主要方面：

首先，知识产权的激励机制。这是知识产权机制的最基本、最主要的方面。"知识产权不是天赋、绝对的自然权利，而是政策与目的导向的权利。"[1]从现代经济理论来看，知识产权作为特定的知识财产创造者依法获得的一定的垄断权，实际上可以看作国家通过相应的法律制度来解决知识产品的外部性问题，从而避免出现无偿利用他人智力成果的"搭便车"行为。1993年诺贝尔奖得主、新制度主义经济学的代表人物之一的诺思指出，创新活动中存在个人收益与社会收益的巨大差距，这使个人的积极性大大降低。倘若产权未能得到界定和保护，则创新的积极性只能依赖于一点零星的自发性，因此，诺思认为社会的技术与知识存量决定了产量的上限，而实际产量还要受到制度的制约。我们可以用诺思的这种理论来说明知识产权及其法律制度的作用。

与有形的物质产品一样，无形的知识产品既具有使用价值，又具有价值，具有商品的基本属性，能够成为一种经济资源和生产要素，并且在知识经济时代将成为最重要的经济资源和生产要素。但是，相对于其他经济资源和生产要素来说，知识产品作为财产又具有自己明显的特点：(1)非消耗性。知识产品可经多次使用而自身并不减少，可以无损使用，而且使用越多，体现的价值越高。(2)可共享性。知识产品本身不具有排他性，可供许多人同时享有和使用。(3)非稀缺性与稀缺性并存。与物质资源绝对减少的情况不同，知识产品相对丰富，并能以很低的成本复制，还可在使用中产生更多的知识，因而知识产品在这个意义上具有非稀缺性的一面；但是，具有有用性的知识产品并非天然生成的和取之不尽的，其生产具有长期性、复杂性和高成本化以及创造者的数量稀少和价值珍贵等特点，因而它又具有稀缺性的一面。(4)易操作性。知识易于传播和处理，且传播越广，其成本、价格越低。从社会利益来看，作为智力创造成果的知识，其使用的人数越多、次数越多，其价值越大，对人类文明贡献越多，社会生产力也发展得越快。但是，知识的创造需要巨大的智力和物力投入，并

---

[1] 刘孔中：《解构知识产权法及其与竞争法的冲突与调和》，中国法制出版社2015年版，第5页。

伴随巨大的风险,尤其是现代高技术的开发需要付出更高的代价,如果别人可以任意地、无偿地利用他人的智力创造成果,那么知识创造者的利益就得不到保护,其继续智力创造的积极性就会受到抑制,最终会阻碍科技进步、经济增长和社会发展。正如诺思所说的:“人类在其整个过去都不断发展新技术,但速度很慢,而且时断时续。主要原因在于,发展新技术的刺激偶尔才发生。一般而言,创新都可以毫无代价地被别人模仿,也无须付给发明者或创新者任何报酬。技术变革速度缓慢的主要原因就在于,直到相当晚期都未能就创新发展出一整套所有权。”[1]波斯纳也认为,如果生产厂商预见到无法补偿其发明成本,他开始就不会去从事发明:如果他不能收获,他就不会播种。而且,在一个没有专利的世界里,发明活动也严重地偏向于可能被保密的发明,正像完全无财产权会使生产偏向预先投资最小化的产品。[2]

有证据表明,对发明者授予在有限期内利用其发明的专有权是对研究开发和创新的投资的必要刺激。虽然不是保证,但是它提供了奖励发明者的期望,因为它减少了“搭便车”者降低在研究开发方面投资的价值,并为知识产权人提供了比在完全竞争市场上以更高水平补偿投资的机会。而且,知识产权现在被认为是交换的财产。通过鼓励在研究开发和创新方面的投资,知识产权刺激经济增长和增强竞争力。近年来,许多对经济增长和在国际贸易中竞争力至关重要的产业——信息技术、电信、生物技术和新材料——已经显示出对知识产权保护投资的依赖。[3]

知识产权的激励机制就在于,基于知识创造活动的上述特点,知识产权法明确赋予知识创造者以某种专有权,让其对该智力成果享有在一定期限内的独占权,这就以利益驱动机制刺激这种智力创造活动持续地进行,促进技术进步,进而不断地为经济发展提供动力和燃料。知识产权正是依法为在交易中获利以弥补智力支出而设置的一定程度的垄断使用权。例如,作为知识产权基本组成部分的专利权正是国家代表社会以授予发明人在一定时期的独占权为代价来换得发明人将其发明创造成果向社会的公开,其结果正如美国前总统林肯所

---

〔1〕[美]道格拉斯·C.诺思:《经济史上的结构和变革》,厉以平译,商务印书馆1999年版,第161页。

〔2〕[美]理查德·A.波斯纳:《法律的经济分析》(上),蒋兆康译,中国大百科全书出版社1997年版,第47页。

〔3〕See Steven D. Anderman, *EC Competition Law and Intellectual Property Rights*, Clarendon Press Oxford 1998, pp. 5 – 6.

说的,是“给发明和创造新物品的天才火焰添加了利益的柴薪”。有人形象地说知识产权使人们合法地去“追名逐利”,这也反映了以利益刺激为标志的知识产权的激励机制。可以说,知识产权法律机制是技术进步、经济增长和社会发展的助燃剂。

其次,知识产权的调节机制。这种调节实际上也是一种利益的调节。知识产权的激励机制是以赋予社会个体(智力成果创造者)对特定知识产品的垄断权来实现的。但是,由于知识产品本身具有一定的继承性,任何新的知识成果的创造都离不开对前人创造出的知识成果的继承,并且知识产品在本质上还带有公共物品的属性,其消费或使用不具有排他性,因此,知识产权作为社会个体对特定的知识产品拥有的垄断权就不应是绝对的、无限制的,而应是有一定限度的,以调节社会个体与社会整体之间的利益平衡。这恰如法律经济学对信息产权提出的一个悖论:“没有合法的垄断就不会有足够的信息生产出来,但是有了合法的垄断又不会有太多的信息被使用。”[1]为解决这个悖论,知识产权在设定时除了应当具有激励机制外,还应当具有调节机制。这种调节机制主要表现在:知识产权在时间上有限制,即无论是专利权、商标权还是著作权都有一定的期限,其法定期限届满即不再受保护(仅商标权到期可以依法续展),成为社会公有的知识,使知识来源于社会,又最终回归于社会;知识产权在效力上有例外,即为了国家利益或者社会公共利益而使知识产权在一定条件下受到限制,如著作权要受到合理使用制度和法定许可制度的限制、专利权要受到强制许可制度的限制等。知识产权的这种时间、范围等方面的限制,有利于在保护知识创造者的利益的同时,又促使知识的广泛传播和有效利用,做到个人利益和社会利益的平衡,还有利于促使实现公平和效率的统一。知识产权的这种调节机制无疑也是有利于促进和保障科技进步和经济发展的,因为对于科技进步、经济增长与社会发展来说,激励与促进知识的大量生产与促使知识的广泛传播和有效利用同样重要,个人利益和社会利益的平衡以及公平和效率的统一则是其不可缺少的环境与条件。可以说,知识产权法律机制是科技进步、经济增长和社会发展的调节器。

最后,知识产权的规范与保障机制。规范与保障机制应该是任何法律机制

---

〔1〕[美]罗伯特·考特、[美]托马斯·尤伦:《法和经济学》,张平等译,上海三联书店、上海人民出版社 1994 年版,第 185 页。

都具有的,以起到规范行为、保障利益的作用。知识产权的规范与保障机制主要表现在,一方面,保护依法取得的知识产权,防止对他人知识产权的侵害行为。这是知识产权概念的题中应有之义,因为知识产权本身就是依法得到确认和保护的专有权。另一方面,规范知识产权的行使行为,防止依法取得的知识产权被不正当使用,维护市场公平交易的竞争秩序。本身合法的权利也存在被滥用的可能,禁止权利滥用是一项重要的法律原则。规范知识产权的行使行为,保障市场公平交易的竞争秩序也应是知识产权机制的一部分。当然,这方面的问题,有的是知识产权机制本身能够解决的,即通过知识产权法自身的权利限制规范(如上述的著作权法中的合理使用、专利法中的强制许可以及著作权法、专利法和商标法中共有的经济权利穷竭原则)来解决,有的往往需要与其他法律(尤其是反垄断法)的机制结合起来加以解决,这后者正是本书所要重点论述的问题。知识产权的这种规范与保障机制对于科技进步、经济增长和社会发展的作用也是显而易见的,因为只有知识产权得到有效保护,也只有合法的垄断权得到正当的行使,知识产权促进和保障技术进步、经济增长和社会发展的激励机制和调节机制才能发挥其应有的作用。可以说,知识产权法律机制是科技进步、经济增长和社会发展的保护神。

总之,知识产权具有的激励机制、调节机制以及规范与保障机制对于促进科技进步、经济增长与社会发展具有十分重要的作用,也正是这种作用使知识产权机制将成为知识经济时代的基本法律机制。

当然,知识产权的这些机制对于促进科技进步、经济增长和社会发展的作用只是从它的应然状态来说的,其实际作用的发挥状况要取决于多种因素。而且,就知识产权机制本身来说,它也是有局限性的,要受到其作用范围、调整角度等的限制。正如一些反对知识产权保护或者反对知识产权的过度保护的人所指出的,人类许多伟大的发明、不朽的巨著是在根本没有知识产权保护的情况下诞生的,而且在有知识产权保护的情况下,也有一些伟大的发明家并不是依靠知识产权保护才去从事发明创造的,如本杰明·富兰克林就将其全部发明成果都捐献给了大众,而根本就没有试图去获得专利。这些从一个侧面说明了知识产权机制的作用不是绝对的、万能的、孤立的,它应当被置于一个恰当的位置——知识产权机制只是促进和保障技术进步、经济增长和社会发展的一个方面(尽管是基本方面)的法律机制,它与其他法律机制都只是在各自的领域内发挥作用的。但是,这种情况不能成为从根本上反对知识产权制度的理由,不能够据以否定知识产权及其法律制度的必要性和积极作用,因为知识产权及其法律制度的主要功能不在于解决发明和创新活动及其应用的有无问题,而在于提供适当的制度设计来解决这种发明和创新活动及其应用的促进和推动问题。正如诺思所说:"发明和创新似乎是人类所固有的癖好。发明活动不是这里的争论之点,这里争论的问题是,什么在决定历史上发明活动的速度和方向。"〔1〕

(四)知识产权法律制度的完善:保护的有效、充分与保护的合理、适度

如前所述,应然状态的知识产权机制的实际作用的发挥要取决于多种因素。其中,知识产权法律制度本身是否完善是一个非常重要甚至是首要的因素,因为知识产权机制就是通过相应的法律规定及其实施来发挥作用的。为了有效地发挥知识产权机制在促进和保障科技进步、经济增长和社会发展中的作用,必须注意对知识产权法律制度加以及时与合理的完善。

任何法律制度都不是一成不变的,都要随着时代的前进而不断地发展和完善。以高新技术为核心的知识经济的到来给各种法律制度都不同程度地带来了冲击,提出了新的问题。知识经济与知识产权的特殊联系使知识产权法律制度受到的冲击将更大、更直接。实际上,现有的知识产权法律制度已经面临种种挑战,需要及时作出反应。显然,一个本身落后于科技、经济和社会发展情况的知识产权法律制度是无论如何也不可能充分有效地促进和保障技术进步、经济增长和社会发展的。由于科技、经济和社会的发展变化是无止境的,因此知识产权法律制度的发展与完善也将是无止境的,两者之间存在一种互动的关系。就现有的知识产权法律制度来看,其至少面临以下问题,并要求及时地得到相应的完善。

首先,知识产权的保护范围问题。随着知识经济的兴起,新的技术领域不断涌现,如生物技术、基因工程、计算机软件、半导体芯片、卫星传播、国际互联网上信息、网络域名等高新技术接连出现,这些技术领域都对现有的知识产权法带来了新的问题。这些技术应不应受到知识产权法的保护?应以何种方式保护?这些都需要认真地加以研究。尤其是有些技术如生物技术中的动物复制技术(克隆)本身在伦理道德上还有争议,其知识产权保护问题更为复杂一些。而且,知识经济中新技术的发展越来越快,更新换代的周期越来越短,且不

---

〔1〕［美］道格拉斯·C. 诺思:《经济史上的结构和变革》,厉以平译,商务印书馆1999年版,第17页。

少技术如多媒体和信息高速公路等技术往往结合在一起,知识产权的保护范围问题也显得越来越突出,情况也越来越复杂。这些问题无疑主要涉及专利法的问题,同时也会涉及版权法问题,还会涉及商标法上的问题,如网络域名注册就存在与现行商标权的冲突和协调问题。

其次,知识产权的保护期限问题。这主要是由现代科技发展带来的知识的快速更新的特点造成的。知识经济不仅带来知识总量的迅速扩大、知识传播的明显加快,而且也带来知识更新的愈益加速。技术的生命周期缩短,有人测算,技术每年的淘汰率是20%,这意味着技术的生命周期平均只有5年。英特尔公司的创始者戈登·莫尔在1965年就提出一条所谓的莫尔法则,即每18个月微处理器的能力翻一番,而其价格却不变,这为后来的事实所证明。这样,现行的知识产权法规定的有关专利权、版权等的保护期限就有重新考虑的必要,至少要考虑不同行业的不同情况。这既有在技术更新加快情况下过长保护的不必要的问题,也有防止对技术的过度垄断而阻碍科技进步、经济增长和社会发展的问题。例如,美国在1976年修订《版权法》把以往版权的固定期限改为可变期限,即作者有生之年加死后50年,公司作品(如迪士尼的米老鼠)的保护期限是发表之后75年或者创作完成之后100年(以首先届满者为准)。1998年又一次延长版权保护期限,自然人生前加死后70年,公司95年。这一立法在2002年被诉违宪,即Eldred v. Ashcroft案。包括阿克洛夫、阿罗、布坎南、科斯、弗里德曼等一批诺贝尔经济学奖获得者和支持自由市场的经济学家,联合提出法庭之友意见书,认为这一延长对人们创造新作品的激励很小,而造成的垄断的社会成本却很大,并且这一立法对利用现有材料创作新的创造性作品这一人类常见的创新方式,造成了很大的障碍。[1] 虽然美国最高法院在最终判决中认为国会的这一立法并不违反美国宪法,但是这里提出的问题值得关注。

最后,知识产权的保护力度问题。由于知识产权保护对于技术进步、经济增长和社会发展有着非常重要的意义,因而提高知识产权的保护水平、加大知识产权的保护力度就显得十分重要。这也是知识产权法律机制的核心问题。而知识经济条件下的高新技术的生产、传播和使用在为社会创造财富、促进社会进步的同时,也可以被一些人利用来从事侵犯他人知识产权的行为。而且,高新技术的运用还使侵犯知识产权的行为的成本极低,又可以大规模地进行,

---

〔1〕 赵晓力:《30年来美国知识产权法的扩张》,载《21世纪商业评论》2006年第1期。

利润相当丰厚，这对一些人产生了诱惑作用。随着高科技的发展，侵犯知识产权的活动日益呈现出智能化、集团化和国际化的趋势。实际上，即使在那些保护知识产权最有力的国家，侵犯知识产权的行为也是无孔不入的，使权利人的利益遭受了巨大的损失。因此，在知识经济条件下如何更有效地加强对知识产权的保护就是一个很急迫的课题。这既有法律制度本身的问题，也有实施操作中的问题。

面对这些新问题，知识产权法律制度必须适时地作出调整和变革。由于与知识经济相伴而生的不仅有科技、经济的一体化，而且还有经济乃至法律的全球化，因而这些问题不仅仅是某一个国家的问题，而是各国所共同面临的问题。为适应科技与经济发展的新要求，中国在已经建立起比较完整的知识产权法律体系的情况下，也在不断完善知识产权法律制度，如对《专利法》等法律进行多次修订，并制定有关知识产权的新的法律法规。从知识产权机制本身的特点及其与科技进步、经济增长和社会发展的关系出发，中国在完善知识产权法律制度的过程中，不仅应当注意知识产权保护的有效与充分的问题，而且也应当注意知识产权保护的合理与适度的问题。不解决保护的有效和充分问题，前述知识产权机制（主要是激励机制）就不能发挥实际作用；不解决保护的合理与适度问题，前述知识产权机制（主要是调节机制以及规范与保障机制）也难以发挥实际作用。就保护的有效和充分问题来讲，它要求在完善知识产权法律制度时扩大知识产权的保护范围，加大知识产权的保护力度；就保护的合理与适度问题来讲，它要求在完善知识产权法律制度时需要协调不同主体之间的利益关系，防止权利被不正当地利用。这后者着重表现为要处理好以下两个方面的关系。

第一，鼓励知识的生产与促进知识的传播和利用的关系。知识经济既要求知识的大量生产，又要求知识的快速传播与广泛应用。知识产权的调节机制正是要求这两者之间的协调兼顾。知识产权法通过授予和保护知识生产者的独占权来鼓励知识的生产，这是其基本的功能和宗旨，也是作为知识产权基本机制的激励机制的表现。但是，若这种独占权的授予和保护过度又可能妨碍知识的传播和应用。尤其是，在某些科技领域，只有少数掌握了相当资源的人才有可能获得有关“抽象物”（abstract object）的所有权。而在那些抽象物成为获取具有普遍意义的重要资源的手段后，抽象物的所有者就获得了巨大的威胁力量

(threat power)。[1] “保护知识产权的本来意义,在于在产品供应者(生产者)之间建立一种竞争秩序,但如果强调过头,就剥夺了消费者选择商品的自由。而消费者不能选择商品,那么生产商品的技术提高也就变得更难,其结果开发能力就更为降低。”[2] 而且,即使从鼓励生产的角度来说,知识产权的保护也应该适度,因为“如果强调了垄断权,那么垄断企业就不再去努力开发,其技术就会陈旧,企业本身也会变得孱弱”。[3] 因此,鼓励知识生产和促进知识传播与应用两者之间存在一定的矛盾,知识产权法律制度的完善应当从兼顾个人利益和社会利益的要求出发,实现这两者之间的平衡,不仅应当考虑到维持企业间的竞争秩序,而且还要进一步考虑到消费者的选择商品权利,使知识产权的各机制之间保持内在的协调。尤其在新的科技领域建立知识产权法律制度时,对某项知识产权的权利内容及其有效期限的设定等必须合理兼顾这两方面的关系。

对新技术的过度的知识产权保护会引起创新的激励与初始发明人和后继发明人之间潜在能力的不平衡。这种不平衡可能会引起各种涉及知识产权的商业行为,这些行为会引起反托拉斯的分析和实施的棘手问题。作为互联网专家的哈佛大学法学院劳伦斯·莱锡格教授,就反对过分的软件版权保护和软件概念专利权,说这已威胁到美国互联网的创新,在欧洲也会如此。他宣称知识产权保护应当适度,不能保护过头。他坚信知识产权的重要性,并不反对知识产权。但他认为,在软件专利和商务模式专利方面,我们应该问一问:某些形式的知识产权到底有多少好处?他提出,在我们制定法律,将软件专利和商务模式专利“产权化”之前,应该多花些时间研究这些法规的影响。如果欧洲不急于把互联网世界的一切都进行产权保护,某些软件项目会得益。资源开放的社区能做出更多的事,如果用不着担心专利特许问题,很多人便会更愿意扎根于欧洲。知识产权律师大多是不加批判地看待知识产权,尽力加强知识产权,反对在知识产权和知识经济之间实现一种平衡。这两者其实是相辅相成的。有些政府紧跟美国的知识产权观念走,许多知识产权律师也推波助澜。但很有意思的是,在程式设计人员中,存在反对知识产权保护的情形。他认为这值得重视,

---

〔1〕 See Peter Drahos, *A Philosophy of Intellectual Property*, Dartmouth Publishing Company Limited, 1996, p. 161.

〔2〕 [日]富田彻男:《市场竞争中的知识产权》,廖正衡等译,商务印书馆2000年版,第190页。

〔3〕 [日]富田彻男:《市场竞争中的知识产权》,廖正衡等译,商务印书馆2000年版,第186页。

应该鼓励。[1] 他的这些话虽然是针对欧洲来讲的，但是这种见解对中国也是有启发的，甚至中国比欧洲更应该注意这个问题，它促使我们应当全面、客观地看待知识产权。

第二，遵循国际规范与适当保护本国利益之间的关系。科技和经济的一体化是与经济乃至法律的全球化相伴而生的，这要求法律尤其是与科技、经济联系非常密切的知识产权法应当尽可能地向国际通行做法靠拢，以利于知识产品在国际范围内的有效流转。对发展中国家来说，这也是其从发达国家引进高新技术，加速本国经济发展的必要法律环境。但是，国际通行做法不等于某个大国的做法，而应主要依据有关国际公约等国际规范。而且，目前的知识产权国际规范是在发达国家占主导地位的情况下形成的，过多地考虑了发达国家的利益，而较少体现发展中国家的利益，没有考虑到发展中国家相对落后的科技和经济状况。可以说，现有的知识产权国际规范是旧的国际经济秩序的一部分。知识产权作为利益机制，不仅涉及国内的不同主体之间的利益关系，而且也涉及不同国家之间的利益关系。事实上，各国在选择知识产权保护策略时都是从其利益出发的。例如，当美国最先向各国提出以著作权保护计算机程序设计的要求时，最先给予支持的是德国马克斯·普朗克研究所这个与知识产权密切相关的机构。该机构致力于欧洲法制的统一。乍一看，好像该机构在充当美国的“马前卒”，但是实际上由于著作权只要求具有创造性，而不把新颖性作为权利的主要条件，因此对于计算机程序设计落后的德国来说，著作权是一种比专利权更适合的弱法制。将来，待到国内软件技术开发能力增强时期再行调整，向依靠专利权的方向转变。[2]

基于此，各国在知识产权保护方面存在激烈的斗争，一些发达国家为获得国际市场上的比较优势，在知识产权国际保护上极力推行强保护政策，其结果阻碍了知识、信息在全球的传播，不利于发展中国家的科技进步、经济增长和社会发展。正如江泽民同志1996年年底在广东考察工作时曾深刻地指出的，保护知识产权也是一场激烈的国际经济斗争。美国等西方发达国家在保护知识产权方面占有优势，他们强调保护知识产权，其目的就是要垄断市场和技术。江泽民同志2000年11月在亚太经合组织第八次领导人非正式会议上的讲话

---

〔1〕 ChinaByte综合消息，参见新浪网2000年6月1日新闻。

〔2〕 ［日］富田彻男：《市场竞争中的知识产权》，廖正衡等译，商务印书馆2000年版，第253~254页。

中又指出:“经济全球化不应仅仅是贸易和投资的自由化,更应注重科技知识的普及化。应根据新的形势,对知识产权等方面的国际规则作出适当的调整。在切实保护知识产权的同时,按照市场规律,使知识产权的保护范围、保护期限和保护方式,有利于科技知识的扩散和传播,有利于各国共享科技进步带来的利益。”[1]一些西方学者也指出,要警惕伴随全球化而来的知识产权规则的严格化可能出现的跨国公司垄断知识的危险。[2] 日本学者告诫道:“初看起来知识产权是一种先进制度,然而实际却是一种既能促进也能延滞国家产业的制度。因此,人们在进行技术转移时既应积极利用这一制度,又应对其加以适当限制,做出全面考虑。”“中国目前正在大力关注于技术转移和技术开发,能否有效利用这一制度将是决定中国发展至关重要的一环,应当像慎重利用药物一样,慎重利用这一必要制度。”[3]因此,一方面,中国遵行国际规范建立和完善知识产权法律制度绝不只是做样子给外国人看的,而是出于我们自身促进和保障技术进步和经济发展的客观需要;另一方面,我们的知识产权法律制度在向国际规范靠拢时,也要注意防止因过分保护发达国家的知识产权而给本国的科技进步和经济发展造成严重的障碍。要积极参与知识产权国际规范的制定与修改,并运用合理与适当的法律对策对付西方跨国公司不适当利用知识产权而对中国进行的市场和技术垄断行为。

二、反垄断法的一般分析

(一)垄断的一般界定与反垄断法所规制的垄断

1. 垄断一般意义与经济学分类

作为现代市场经济条件下政府干预市场的一项重要方式和手段,反垄断(或者竞争政策)可以从不同的维度进行理解和分析,至少存在经济理论、法律制度和国家战略三个不同的视角。反垄断作为经济领域的一种现象,首先是一种经济理论上讨论的主题,同时也是一种法律制度及其实施的活动,而在当今经济全球化的背景下它还是一种国家战略。[4] 本书主要从法律制度层面探讨

---

[1] 《光明日报》2000年11月17日,第1版。

[2] 《参考消息》1998年10月29日。

[3] [日]富田彻男:《市场竞争中的知识产权》,廖正衡等译,商务印书馆2000年版,中译本序。

[4] 参见王先林:《从经济理论、法律制度到国家战略——关于反垄断的三维视角》,载《南京大学学报》(哲学·人文·社会科学版)2018年第3期。

反垄断问题。可以说，反垄断既是一种经济理论及以其为基础的经济政策选择，又是一种建立在经济理性基础上的法律制度安排，因为按照现代法治原则的要求，反垄断作为一种政府干预市场的行为必须得到法律的确认和保障，这就必然要求有相应的法律制度——反垄断法。

谈到反垄断法，首先就涉及垄断问题本身。只有当某种垄断现象发展到一定程度造成社会危害时，法律才需要对其进行调整，予以禁止或者限制。而"垄断"一词虽然在现代的日常生活、学术研究以及官方文件等方面经常被使用，但其所指的具体含义往往并不一致。

从最一般的意义上来说，垄断是作为竞争的对立面而存在的，表现为对竞争的限制或者阻碍。我们现在所讲的垄断一般是指从资本主义社会开始的经济现象，主要是指在自由竞争中通过内部积累和外部扩张而形成的垄断。但垄断并不是资本主义社会所特有的经济现象。正如经济学家指出的，垄断问题是一个古老的经济学命题。从已记载的文献看，大约从古希腊的亚里士多德和中国的孟子时代起，学者们就已经开始议论垄断问题了。亚里士多德的《政治学》第一卷第十二章和孟子的《孟子·公孙丑下》就分别记载了时代大致相同的古希腊奴隶社会和中国封建社会初期（战国时期）的典型垄断情形，后者还伴随着政府对垄断行为的管理。[1] 此后，以工商业活动的官方垄断即国家垄断为主的中国封建社会的垄断和主要以行会和私人垄断形式出现的西方国家封建社会的垄断都以各自的形式发展着。因此，在资本主义社会的现代垄断产生之前就已经有其他形式的垄断存在。这正如马克思在《哲学的贫困》中指出的："蒲鲁东先生所讲的只是由竞争产生的现代垄断。但是，大家知道，竞争是由封建垄断产生的。可见，原来竞争是垄断的对立面，并非垄断是竞争的对立面。因此，现代垄断并不是一个单纯的反题，相反地，它是一个真正的合题。"[2] 事实上，资本主义社会的自由竞争也正是在打破各种形式的封建垄断枷锁的基础上才得以充分开展起来的。

尽管垄断作为经济学的核心概念之一，但是人们对它的具体理解和概括却并不一致。相对来说，以下表述是在对各种"垄断特殊"进行归纳的基础上所得出的较为一般性的概括，即垄断是指"特定经济主体为了特定目的通过构筑市

---

〔1〕 戚聿东：《中国现代垄断经济研究》，经济科学出版社1999年版，序和第21～22页。

〔2〕《马克思恩格斯全集》（第4卷），第177～178页。

场壁垒从而对目标市场所做的一种排他性控制状态”。[1] 如果说这里的“特定主体”“特定目的”“通过构筑市场壁垒”“目标市场”的运用都是为了最大可能地扩大垄断概念的涵盖面,避免以往垄断概念不能完全概括某些具体的特殊垄断的情形,那么“排他性控制状态”则是注重了垄断的结构(垄断状态)方面,而没有充分重视垄断概念对于垄断行为的概括,因为“垄断结构与垄断行为没有必然联系,而且,垄断行为与垄断者的行为也根本不是一回事”。[2] 这比较典型地体现了现代经济学关注垄断问题的侧重点,即主要关注垄断作为市场结构的方面,这是微观经济学的市场结构理论以及产业组织理论所要解决的问题。正是从这个意义上,微观经济学一般将市场类型或者市场结构分为完全竞争市场、完全垄断市场、不完全竞争市场(垄断竞争市场)和寡头垄断市场。[3] 垄断的意义在于市场主体的少数甚至唯一,对供给进而对价格的控制,[4] 竞争则呈现相反的情形。在马克思主义政治经济学(帝国主义部分)的理论中,垄断被看作现代资本主义的最深厚的经济基础和根本经济特征,它必然要引起停滞和腐朽的趋向。

经济学上的垄断可以进行不同的分类。马克思在资本论中提到三种垄断,即自然垄断、偶然垄断和人为垄断,其中,这里的人为垄断是指“资本主义生产方式本身造成的垄断”。[5] 有的学者将经济过程中的垄断分为自然的垄断、人为的垄断和必然的垄断三类。[6] 也有学者将经济学上的垄断分为以下三种类型:一是由生产技术上的规模导致的“自然垄断”(natural monopoly),二是由少数厂商的合谋行为导致的“行为垄断”(behavioral monopoly),三是由政府限制竞争的法令和政策导致的“法定垄断”(statutory monopoly)。法定垄断又分为增强效率的和损害效率的两类,前者又分为为了实现规模经济(在自然垄断行业)和为了外部经济的内在化(如专利权)两种情况。[7] 还有的学者从不同角度进行考察并据以对垄断进行更具体的分类。例如,按主体可以分为企业垄

〔1〕 戚聿东:《中国现代垄断经济研究》,经济科学出版社 1999 年版,第 10 页。

〔2〕 戚聿东:《中国现代垄断经济研究》,经济科学出版社 1999 年版,第 10 页。

〔3〕 马洪主编:《什么是社会主义市场经济》,中国发展出版社 1993 年版,第 23 ~ 24 页。

〔4〕 张伯伦认为,“垄断的普遍意义是对供给的控制,因之同时也就控制了价格”。参见张伯伦:《垄断竞争理论》,三联书店 1958 年版,第 5 页。

〔5〕 吴汉洪:《西方寡头市场理论与中国市场竞争立法》,经济科学出版社 1998 年版,第 183 ~ 184 页。

〔6〕 肖建华:《社会主义经济中的垄断》,载《中青年经济论坛》1987 年第 6 期。

〔7〕 张维迎、盛洪:《从电信业看中国的反垄断问题》,载《改革》1998 年第 2 期。

断、行会垄断和政府垄断,按性质可以分为经济集中型垄断和行政割据型垄断,按集中程度可以分为完全垄断、双头垄断、双边垄断、寡头垄断和垄断竞争,按组织形式可以分为卡特尔、辛迪加、托拉斯、康采恩以及混合联合公司,按成因可以分为自然垄断和人为垄断,按内容可以分为垄断结构和垄断行为,等等。[1] 对垄断进行具体的分类是非常必要的,它有助于我们从各个角度和方面深入了解和认识垄断的属性和性质,并区分不同垄断而采取不同的政策取向。

2. 对各国反垄断法所规制的垄断的简要考察

上述从经济学角度对垄断的一般界定和分类对我们全面把握垄断的基本含义有重要的意义,也是我们认识反垄断法的重要基础。但是,对于认识反垄断法来说,这只是第一步,仅仅停留在这个层面上还是远远不够的,因为反垄断法所规制的垄断与经济学中的垄断虽然有密切的联系,但又有着重要区别的。

那么,什么是反垄断法所规制的垄断呢?由于各国反垄断法中并没有关于垄断的一般性定义,而只是根据各自需要解决的主要问题侧重从某个方面或者角度对相关问题加以规定,并且各国因其具体国情、法律文化和垄断的主要表现等差异而对垄断有着不完全相同甚至完全不同的界定方法,因此这个问题也不能从各国法律中找到直接的答案。基于此,有学者认为"垄断无定义","作为反垄断法之规范对象的垄断,其唯一确定的特性是:垄断的违法性和应受处罚性"。并且认为,一方面,各国反垄断法对垄断有不同的规制方法,规定了垄断的不同构成要件,"这几乎使我们无法对垄断下一个统一的、精确的定义";另一方面,"克服困难为垄断硬下定义并非绝对不可能,而属不必要"。[2] 笔者认为,这虽然有一定道理,但基于定义对全面认识范畴的重要意义,因此试图为垄断下一个定义还是有必要的,能够在一定程度上反映研究者对垄断的总体认识。问题在于,由于任何定义都只能是相对地反映了事物的本来情况,故此不必、也不可能奢望自己的定义是绝对精确的。

各国反垄断法对其所要解决的垄断问题并非都冠以垄断的称谓,就如同反垄断法本身虽是通称,但相应的立法在许多国家并不都被称为反垄断法,而有反限制竞争法、反托拉斯法、竞争法、限制性商业行为法、公平交易法等多种称谓一样。美国对垄断的规定主要体现在《谢尔曼法》的前两条。其第 1 条是直

---

〔1〕 戚聿东:《中国现代垄断经济研究》,经济科学出版社 1999 年版,第 10 ~ 11 页。

〔2〕 曹士兵:《反垄断法研究》,法律出版社 1996 年版,第 83 ~ 84 页。

接针对联合或共谋限制贸易活动的,但未明确其具体构成,美国最高法院在长期的审判实践中确定了“本身违法原则”和“合理原则”。其第2条是针对垄断化或者图谋垄断化的,但也未明确界定其含义,而由法院来解释,法院在不同时期分别采取了“结构主义规制”和“行为主义规制”来加以判定。此外,在《克莱顿法》和《鲁宾逊—帕特曼法》等中还分别对企业合并、价格歧视等垄断行为作了规定。因此,在美国反托拉斯的立法和判例中,其所规制的垄断大致包括横向限制竞争行为、纵向限制竞争行为、滥用市场优势以及企业合并等具体种类。德国《反限制竞争法》则分别规定了卡特尔协议、控制市场的企业或交易中优势地位的企业滥用优势地位以及企业兼并等。其中,对卡特尔还明确规定了合法的卡特尔形式;对构成垄断状态(优势地位)的市场状态预先做了法律上的明文规定,并强调只有企业滥用垄断状态才构成对反垄断法的违反。日本《垄断禁止法》等反垄断法中则明确而详细地规定了私人垄断、不正当限制交易、垄断状态和不公正的交易方法等,采取了行为和结构的双重规制。

虽然各国反垄断法所规制的垄断的侧重点和具体形式不完全相同,但它们的重点一般均不放在市场结构上,而是放在市场行为上,并且主要着眼于其消极后果,因而受到法律禁止或限制的垄断要同时具备危害性和违法性的构成要件。前者是指某种行为或状态导致某一生产或流通领域的竞争受到实质性的限制和损害;后者则是指某种行为或状态违反了法律的明文规定。[1] 由此也决定了反垄断法并不反对所有的垄断(包括状态和行为),更不是一概地反对大企业,而有各自特定的对象或范围,即只是控制、反对那些实质性限制和损害竞争且具有违法性的垄断状态和垄断行为。

综观各国反垄断法的规定,其所规制的垄断可分为垄断状态和垄断行为两个基本方面。德国经济法学家费肯杰等也认为,市场竞争可能仅仅因为某种市场权力的存在而受到威胁甚至完全消失,也可能因为企业间的合纵连横而被人为地削弱和剥夺,因此防止限制竞争法规范的客体大致二分为“状态”(zustand)和“作为”(massnahmen)的限制竞争。[2] 与垄断状态的相关的称谓还有垄断结构、垄断规模、市场支配地位、市场优势地位等。对垄断状态进行规制就意味着,当一个企业或者少数几个企业在某种商品或服务领域的市场占有

---

〔1〕 张守文、于雷:《市场经济与新经济法》,北京大学出版社1993年版,第330页。

〔2〕 张世明:《经济法学的经济学基础探讨》,载史际春主编:《经济法学评论》(2000年第1卷),中国法制出版社2000年版,第383页。

率达到或者超过一定比例,使该领域的竞争受到实质限制,就被判定为构成垄断,按照反垄断法的规定,这种市场将要进行结构调整——分割垄断企业或者划出部分营业,以增加市场竞争主体,恢复有效竞争。值得注意的是,明确对市场状态本身进行直接规制的只有个别国家的反垄断法,日本《垄断禁止法》被认为是这种典型,属于纯粹结构主义的反垄断立法,但它关于垄断状态的规定迄今尚未真正被运用过。大多数国家的反垄断法则并不认为单纯的垄断状态或者市场支配地位本身违法,而只将对这种垄断状态或者市场支配地位的滥用规定为违法,这实际上已是垄断行为的问题了,只是这种垄断行为需要以一定的垄断状态为前提,即结构性垄断行为。有的国家如美国,对垄断状态的态度并非体现在专门法律的明确规定中,而是由法院或者专门机构根据不同时期的经济形势对"垄断化或图谋垄断化"加以认定、处理,因而其态度就非一贯的。如美国法院在1920年美国诉美国钢铁公司案和1945年美国诉美国铝业公司案中就采取了截然不同的态度。前者,法院宣称"法律不会仅因为企业的规模或具有尚未发挥的支配力而宣布该企业违法";后者,法院在判决中否定了被告作出的"企业具有大规模并非违法"的辩解,指出"没有一个垄断者不知道它自己所进行的是垄断行为"。[1] 但在1964年美国诉格里内尔(Grinnel)公司案中,美国法院又采取了与在1945年美国诉美国铝业公司案中不同的态度。虽然美国法院在此后的几十年来一般并不认为企业拥有垄断地位本身违法,并且有放松企业兼并控制的迹象,但是由于美国反垄断法的实施中保留了分割、解散大企业的制裁措施,因此美国反垄断法仍然带有"准结构主义"的色彩,被认为是实际上执行得最为严厉的反垄断法。垄断行为则是具备市场支配地位(垄断地位)的企业滥用其垄断地位的限制竞争行为,或者以谋求获得垄断利益为目的的限制竞争行为。前者主要包括搭售以及附加其他不合理交易条件、差别待遇、掠夺性定价、强制交易、限制转售价格、独家交易等;后者则主要包括订立固定价格、限制产量、划分市场等各种卡特尔协议以及企业兼并、股份保有、董事兼任等。有的学者进一步将垄断行为即限制竞争行为分为结构性行为和非结构性行为,结构性行为又包括利用市场支配地位的行为和利用市场优势地位的

---

〔1〕［美］马歇尔·C.霍华德:《美国反托拉斯与贸易法规》,孙南申译,中国社会科学出版社1991年版,第169~170页。

行为。[1] 显然,这里的垄断行为也不完全是垄断者的行为,但它们都统一于对竞争的限制这一共同基础上。从实际情况来看,垄断行为是各国反垄断法的主要规制对象,在多数国家还是唯一的规制对象。虽然各国反垄断法对垄断状态的态度差异很大,但对于垄断行为的态度则是基本一致的,尽管各自在具体范围、构成要件和宽严程度等方面也各有其特点。

3. 对反垄断法所规制的垄断的初步界定

对反垄断法中垄断概念的使用问题,有人主张不使用垄断行为的概念,而使用限制竞争行为的概念来加以代替,从而将垄断的概念严格限制在经济学意义上,即主要表示垄断结构或者垄断状态,以避免概念使用上的混乱;有的甚至据此进一步认为中国目前并不需要制定反垄断法,而只是需要制定反限制竞争法;有的虽然使用垄断行为的概念,但将其与限制竞争行为相并列,分别指代不同的情况。[2] 笔者认为,在反垄断法中,各种限制竞争行为也就是垄断行为。因为,从最一般的意义上来讲,垄断本来就是对竞争的排除或者限制,垄断与限制竞争两者的含义本来就是一致的。"就垄断而言,无论是促成垄断的扩张和联合过程,还是垄断造成独占的结果,都是对竞争的限制;限制竞争的行为,则无不是垄断性行为。""区分垄断和限制竞争在竞争法领域并无实际价值;相反,若人为地对此加以区分的话,反而会从理论上、逻辑上模糊垄断的性质。因为,垄断也是限制竞争,而且是典型的限制竞争的行为或状态。"[3] 因此,在反垄断法中没有必要人为地去区分垄断与限制竞争行为。使用垄断行为的概念既可以与垄断状态相区别、相对应,又与反垄断法的名称相一致。当然,名称怎么叫毕竟无关宏旨,关键还是要看其是否概括了反垄断法所调整的对象。不过,将各种实质性限制竞争的行为即垄断行为作为反垄断法所规制的主要的甚至是

---

〔1〕 陈爱斌:《结构与行为——论反垄断法的规制对象》,载漆多俊主编:《经济法论丛》(第 1 卷),中国方正出版社 1999 年版,第 446 页。

〔2〕 卢修敏、王家田:《垄断、限制竞争行为、不正当竞争行为的区分及其对立法的意义》,载《中外法学》1995 年第 4 期;陈芳:《试论垄断与限制竞争行为:两种不同的经济现象——兼论目前我国竞争立法的任务》,载《法学评论》1997 年第 5 期。实际上,自国家工商行政管理局条法司《现代竞争法的理论与实践》一书(法律出版社 1993 年版)将现代竞争法所规范的各种行为概括为垄断行为(简称垄断)、限制竞争行为和不正当竞争行为以来,有关论著大多将垄断与限制竞争行为并列,给人以垄断似乎不属于限制竞争的范畴的印象;或者在垄断行为之外还列举了其他限制竞争行为,这就将垄断行为仅仅等同于垄断者的行为。

〔3〕 史际春:《关于中国反垄断法的概念和对象》,载《法学前沿》(第 3 辑),法律出版社 1999 年版,第 130 页。

唯一的垄断形式，对于全面认识反垄断法的任务、功能，尤其是对于认识中国的垄断情况和制定中国的反垄断法是有重要意义的。它可以消除人们因对垄断概念本身的认识不一致而导致对是否有必要制定反垄断法问题上的分歧。当然，这里只是一种理论上分析，具体到哪种具体的垄断形式是反垄断法应当禁止、限制或者允许的，需要从立法上分别加以具体的界定和列举。

反垄断法所规制的垄断虽然可以分为垄断状态和垄断行为，但这两者并非截然分开的，相反，关系非常密切，两者常常互为因果。一方面，垄断状态是垄断行为所追求的目标；另一方面，垄断状态形成后又往往导致另一些垄断行为，如搭售、差别待遇（属于垄断地位滥用的情形）。因此，两者往往是结合在一起的，在确定某些垄断行为（结构性垄断行为）时需要对相关的垄断状态进行确定，如在确定市场支配地位滥用行为时首先就要确定其行为主体在特定市场上是否存在某种垄断状态或者市场支配地位，在对企业合并行为进行控制时也需要对合并后的市场垄断状态进行分析。当然，许多垄断行为，尤其是订立各种卡特尔协议的行为，并不一定都发生在具有垄断状态的企业之间，只是在具有垄断状态的企业之间发生的这种行为对竞争的限制更明显。因此，在反垄断法中垄断行为与垄断状态的联系未必是一一对应的，也并非是必然的。

综上所述，反垄断法所规制的垄断是指特定主体在经济活动中排除、限制竞争的状态或者行为，具体是指企业或其他组织单独或者联合地采取经济的或者非经济的手段，在特定市场实行排他性控制，从而排除、限制竞争的状态或者行为。它不仅表现为实质性排除、限制竞争的状态（垄断状态），而且更多地或甚至完全表现为各种实质性排除、限制竞争的行为（垄断行为）；它可以是单个企业的单独行为，也可以是两个或者两个以上企业之间的联合或者默契行为；它可以是企业或者其他市场经营主体以经济手段追求或滥用垄断地位的行为，即所谓的经济性垄断，也可以是非市场经营主体以非经济手段（超经济手段）从事的垄断行为，即所谓的行政性垄断。此外，由于反垄断法都有除外规定，因此广泛意义上的垄断除包括法律所禁止或者限制的非法垄断以外，还包括法律所允许和保护的合法垄断，这后者除了法律一般未予以明确规定的垄断状态外，还包括法律明确规定的某些垄断行为。可见，这里的垄断定义是对反垄断法中各种具体垄断的一般性的概括。当然，如果某个国家的反垄断法完全是采取行为主义的，则其反垄断法所规制的垄断就可以仅界定为垄断行为。中国《反垄断法》在第 1 条立法目的、第 2 条适用范围中都明确规定是“垄断行为”，并在第

3 条列举了该法规定的“垄断行为”的种类。

(二)反垄断法的基本性质和特征

1. 反垄断法的基本性质

反垄断法[1]作为反对限制竞争、维护自由公平竞争和经济活力的基本法律制度,它与禁止以违反诚实信用原则和公认的商业道德等不正当手段从事市场竞争行为、维护公平竞争秩序的反不正当竞争法共同构成完整的竞争法。反垄断法和反不正当竞争法既有密切的联系,又有明显的区别。它们都对市场竞争行为进行规制,都有利于维护竞争者和消费者的合法利益,对维护自由公平的市场竞争来说,二者都是必不可少的,因而两者在立法形式上往往存在交叉,在一些国家或地区甚至采取合并立法,并由同一的执法机构负责执行。但是,这两者的区别也是明显的,主要有:(1)目的不同。反垄断法是为了防止竞争不足,主要是维护宏观的竞争秩序,追求宏观目的;反不正当竞争法则是为了防止竞争过度,消除恶性竞争的影响,主要是维护微观的竞争秩序。(2)作用不同。反垄断法有利于实现动态的交易安全,主要不是为了维护个别主体的具体权益;反不正当竞争法有利于保障静态的财产权和人身权,可以说是商事或经济领域的侵权法。(3)规范方式不完全相同。反垄断法的规定和适用较笼统,灵活性和政策性较强;反不正当竞争法的规定和适用则较为具体。(4)调整方法和救济措施不同。反垄断法主要是事前管制,如调查市场结构、掌握和公布垄断情况及垄断企业名单、核准卡特尔,偏重行政手段,并辅以民事制裁和刑事制裁手段;反不正当竞争法主要是事后救济,以民事制裁手段为主,辅以行政和刑事制裁的手段。[2] 因此,多数国家采取将二者分开立法的模式。

尽管反不正当竞争法在法律体系中应当属于哪个部门法还有不完全一致的看法,但是反垄断法是被公认为属于作为独立部门法的现代经济法的范畴,而且一般还被认为是经济法中最典型的部分,在一些西方国家往往被认为是经

---

[1] 本书虽然主要从法律角度来看反垄断问题,但是反垄断问题有着不同的视角。至少存在经济理论、法律制度和国家战略三个不同的视角。反垄断作为经济领域的一种现象,首先是一种经济理论上讨论的主题,同时也是一种法律制度及其实施的活动,而在当今经济全球化的背景下它还是一种国家战略。参见王先林:《从经济理论、法律制度到国家战略——关于反垄断的三维视角》,载《南京大学学报》(哲学·人文·社会科学版)2018 年第 3 期。

[2] 这里的概括参考了史际春教授有关讲课的内容。

济法的核心和龙头,被称为"经济宪法""市场经济的基石""自由企业大宪章"等。作为经济法的一部分,反垄断法无疑也具有经济法的基本性质与特征。

由于从性质上将法律划分为公法和私法是法律的基本分类,因此经济法的性质,主要是指它在公、私法的基本分类中如何归类的问题。对于划分的标准,一种比较公认的说法是:公法调整非平等主体之间的社会关系,以确认公权并使其服从法律规制为根本任务;私法调整平等主体之间的社会关系,以确认私权并保证其实现为己任。〔1〕 对此,经济法学界都认为经济法具有公法的性质,但在是否仅具有公法性质的问题上则有不同的认识。有的认为经济法只具有公法的性质,它"属于传统的公法,具有公法的性质","并不是外在于公法和私法之外,也不是存在于交叉渗透的公法和私法之间,而是内在于公法之中"。〔2〕 似乎有更多的人则认为经济法在具有公法性质的同时,还具有一定的私法性质,但在具体的表述上不完全相同:有的表述为经济法"'是以公为主、公私兼顾'的法,是介于二者之间,对二者进行平衡协调的一种新型的法";〔3〕有的表述为"经济法是以公法性质为主,兼具私法的性质";〔4〕有的表述为"经济法应是介于公法和私法之间的法律部门";〔5〕有的表述为"经济法是以公法为主,私法为辅的社会法"。〔6〕 虽然这些不同表述之间还隐含经济法是否为公、私法之外的第三法域的差别,但都认为经济法横跨公、私两个领域。

反垄断法作为国家干预市场竞争行为的产物,它的公法性质是非常明显的,毋庸置疑。问题在于,它是否同时也具有一定的私法性质?答案应该是肯定的,因为"反垄断法调整的竞争关系是经济关系的一种,属于私法的调整对象,而反垄断法的调整方法却是公法的方法,如禁止、命令、承认、认可、指定等。用公法的方法调整原本由私法调整的领域,这正是反垄断法乃至整个经济法之所以具有公法性又具有私法性的主要原因"。〔7〕 借鉴经济学中所谓市场调节是第一次调节、政府调节是第二次调节的说法,反垄断法对竞争关系的调整也

---

〔1〕 王保树主编:《中国商事法》,人民法院出版社 1996 年版,第 10 页。

〔2〕 张守文、于雷:《市场经济与新经济法》,北京大学出版社 1993 年版,第 80 页。

〔3〕 潘静成、刘文华主编:《经济法》,中国人民大学出版社 1999 年版,第 68 页。

〔4〕 王保树主编:《经济法原理》,社会科学文献出版社 1999 年版,第 85 页。

〔5〕 李昌麒:《经济法——国家干预经济的基本法律形式》(修订本),四川人民出版社 1997 年版,第 246 页。

〔6〕 周林彬主编:《市场经济法》,兰州大学出版社 1994 年版,第 40 页。

〔7〕 曹士兵:《反垄断法研究》,法律出版社 1996 年版,第 10 页。

可以看作在民商法的基础性调整(以契约自由为特点)之后进行的第二次调整(以对契约自由加以必要限制、防止其被滥用为特点),应当是一种从社会公共利益出发的更高级的调整。当然,反垄断法中除了公法的调整方法以外,也有运用某些私法调整方法的情况,如美国反托拉斯法和我国台湾地区"公平交易法"允许受害的当事人提起三倍或不超过三倍的损害赔偿之诉。不过,这种私诉的目的主要是用以弥补公诉力量的不足,并以私人对损害的三倍求偿权作为威慑的一种利益机制来实现反垄断的公益目标。在这里,弥补受害人作为私人的损失只是一个相对次要的目标。这与一般民事侵权法中允许受害的当事人提起损害赔偿诉讼,在立法目的上是不同的。由此看来,反垄断法在性质上也是以公法性质为主,同时兼有某些私法性质的。日本的金泽良雄教授也就此做了类似的论述,他指出,禁止垄断法的规制已经超越了以私益为保护法益的市民法的限度,因此其保护的法益,非私益,应为公益,是作为公益的自由竞争秩序。对违反《禁止垄断法》者,采取公正交易委员会的排除措施,即行政处分,并科以刑罚。该法关于无过失损害赔偿责任的规定也并不能改变其保护法益是公益的基本性质。[1]

2. 反垄断法的基本特征

作为经济法的典型的一种,反垄断法也具有经济法的经济性或专业性、政策性、行政主导性和综合性等一般特征。[2] 当然,反垄断法在体现经济法的这些一般特征时又有自己的方式,从而形成了其在经济法中的一些特殊性。反垄断法的基本特征大致可以概括为以下几个方面:

第一,国家干预性。如果说用国家干预或政府干预可能尚难以完全概括现代经济法调整的丰富而深刻的内涵,[3]那么用它概括作为经济法的典型部分的反垄断法的调整还是比较适当的。反垄断法在本质上就是现代国家为适应弥补民商法调整的不足而自觉地干预市场,以维护自由、公平的竞争秩序和经济活力而产生的。尽管笼统地说,国家对经济生活或者市场的干预是伴随着国家的产生而产生的,但是这种干预的前提和出发点在不同国家、不同时期是各不相同的。这里所说的国家干预是以市场经济作为共同的基础的,因而它与在自

---

[1] [日]金泽良雄:《经济法概论》,满达人译,甘肃人民出版社1995年版,第184页。

[2] 关于经济法特征的有关论述,可参见史际春、邓峰:《经济法总论》,法律出版社1998年版,第55～66页;王保树主编:《经济法原理》,社会科学文献出版社1999年版,第70～76页。

[3] 史际春、邓峰:《经济法总论》,法律出版社1998年版,第159页。

然经济和计划经济基础上的国家经济统制完全不同。而在市场经济的基础上所进行的国家干预也呈现出不同的情形，大体上可以分为干预不足、干预过度和干预适度三种情形。反垄断法反对非法垄断、保护有效竞争，是促进和保证国家适度干预的重要力量。显然，这种国家干预不应是为干预而干预，不是为了限制、扼杀经济自由而干预，恰恰相反，是为了扫除对经济自由的不正当限制以实现自由、公平的竞争而干预。E. 博登海默认为，“任何自由都容易为肆无忌惮的个人和群体所滥用，因此为了社会福利，自由就必须受到某些限制，而这就是自由社会的经验……无限制的经济自由也会导致垄断的产生。人们出于种种原因，通常都乐意使他们的自由受到某些对社会有益的控制”。[1] 霍华德也认为，“只要存在对竞争的不正当限制或者对消费中、购买中合理判断的严重障碍，那么实际的政府干预就是必要的。这种社会的控制与其说是对自由企业体制本身进行限制，还不如说是用来扩大企业在市场上的总体自由。作为基本的指南，反托拉斯与贸易法规为企业的（市场）进入、扩展和存在提供了有效的便利，并为消费者的有效决策提供了充分的帮助”。[2] 反垄断法所体现的国家干预不是对民商法所确认的营业自由和契约自由的否定，而是为了更好地确保这种自由，是立足于社会整体利益而进行的调整。反垄断法的国家干预性具体体现了经济法的行政主导性。

第二，社会本位性。法的各个部门在处理社会整体和个体的关系方面，有不同的主旨和调整方式，对国家和非公共组织、个人的保护和制约也有不同的侧重，从而区分出不同的法律调整模式。一般来说，行政法以权力为本位，民法以个人权利为本位，包括反垄断法在内的经济法具有明显的社会性，并且以社会为本位。经济法的社会本位，是指它对经济关系的调整中立足于社会整体，在任何情况下都以大多数人的意志和利益为重。[3] 在经济法的社会本位方面，反垄断法表现得尤为明显，它保护的既不是单纯的国家利益，也不是完全的社会个体的利益，而是同这两者既有密切联系又有明显区别的社会公共利益，即广大人民群众所享受的利益。反垄断法对社会公共利益的维护是通过对自由

---

〔1〕［美］E. 博登海默：《法理学：法律哲学与法律方法》，邓正来译，中国政法大学出版社 1999 年版，第 281～282 页。

〔2〕［美］马歇尔·C. 霍华德：《美国反托拉斯与贸易法规》，孙南申译，中国社会科学出版社 1991 年版，第 4 页。

〔3〕潘静成、刘文华主编：《经济法》，中国人民大学出版社 1999 年版，第 64 页。

和公平的市场竞争秩序的维护来实现的。它对垄断状态和垄断行为的规制是以社会公共利益为出发点和目的的,其实际效果亦应如此。王保树教授认为,“从严格意义上说,竞争法乃至整个经济法的着眼点,并不在于对单个竞争者利益的保护,而在于实现社会公平正义。”[1]在国外的许多判例和著作中也都特别强调区分反垄断法所着重保护的是“竞争”,而不是“竞争者”。[2] 笔者认为,尽管反垄断法维护自由公平竞争本身与保护竞争者的合法权益往往是一致的,但是在总体上明确反垄断法直接保护的是代表社会整体利益的竞争机制和竞争秩序,而不是代表具体的个别利益的竞争者,是很有必要的。反垄断法的这一特征实际上是对其主体(国家和各类市场参与者)行为的引导和限制,无论是国家还是各类市场参与者在竞争问题上都必须对社会共同尽责。

第三,经济政策性。相对于其他部门法来说,经济法具有较强的政策性,而其中反垄断法的政策性更加明显。这不仅表现在反垄断法的制定、修改本身与国家的经济政策密切相关,而且其执法和司法活动也带有很强的政策性,从而具有较大的灵活性,同样的法条在不同的国家以及不同国家的不同时期的执行情况可能有很大的差异。正如史际春教授所指出的:“条文大同小异的反垄断法,在美国被执行的力度就比在诸如日、韩等国要严厉得多;在美国,不同时期对反垄断法的执行力度也是不一样的。”[3]正是由于反垄断法的政策性明显,因此它在很多国家往往被称为竞争政策法。英国的约翰·亚格纽认为竞争法或反托拉斯法“是与经济政策紧密相关的法律领域,因而并不是特别适合于司法推理”。[4] 反垄断法的经济政策性及由此而派生的灵活性使其适用的难度较大,因为“公平交易法几乎不可避免地充满概括条款或不确定法律概念,例如竞争、独占、市场、市场占有率、景气等‘法律’名词皆是,再加上随着经济现象的不断变化,经济学理论的不断更新,公平交易法的运作很难像一般法律一样,依

---

〔1〕 王保树:《适应建立社会主义市场经济法律体系的要求 积极推进民法学经济法学研究》,载《法学与实践》1993 年第 4 期。

〔2〕 如在 Brown Shoes Co. v. U. S. (1962)案中,首席大法官 Warren 就指出该法(指 Clayton Act 第 7 条)保护竞争,而非竞争者。里根政府司法部反托拉斯司重要官员斯坦福大学教授巴克斯特尔的著名口号就是:“反托拉斯法是为保护竞争而不是保护竞争者而制定的”。波斯纳曾批评事实上是保护竞争者而不是保护竞争的一些反托拉斯法判决。

〔3〕 史际春、邓峰:《经济法总论》,法律出版社 1998 年版,第 59 页。

〔4〕 [英]约翰·亚格纽:《竞争法》,徐海等译,南京大学出版社 1992 年版,第 18 页。

传统的法律解释方法得出合理的结果”。[1] 德国的闵策励认为,在反垄断法里,黑白之间即合法不合法之间的明晰区别往往是没有的,几乎全部都是昏暗不明的灰色区域。“同一形式和内容的法律行为由于各种情况可能是合法的,也有可能是非法的。例如,签订买卖合同和建立公司(或联合、协作关系)的合同,是市场经济条件下最普通的法律行为,保护签订合同的自由就是保护竞争法的一个内容。但是这样的合同也有可能是套购合同或建立垄断组织的合同,亦即破坏竞争的合同。”[2]美国的 Hovenkamp 认为,“反托拉斯法基本上是一种授权立法(enabling legislation),要求法院体察市场及厂商行为,并发展出一套准则,使之有利于社会。法则的标准因此将不可避免地随着意识形态、科技及美国的经济环境而改变”。[3] 反垄断法的这一特点就对有关执法者的经济理论素养和政策水平提出了更高的要求。

(三)反垄断法的基本价值目标

1. 反垄断法的基本价值与保护竞争

法律价值是法学的基本范畴之一。张文显教授将法律价值界定为“在人(主体)与法(客体)的关系中体现出来的法律的积极意义或有用性”。“只有当法律符合或能够满足人们的需要,在人与法之间形成价值关系,法律才有价值(有用性)可言”。[4] 并且认为“秩序、自由、正义和效益应作为法律的基本价值”。[5] 史际春教授认为,“法的价值在于实现由一定的社会经济条件所决定的正义、自由和秩序要求”。同时,“效益也日益成为法的价值之一”。“经济法的价值表现为实质正义、社会效益、经济自由和经济秩序的和谐,他们在本质上是统一的,但又表现为不同的方面。”[6]漆多俊教授认为,“经济法的法律价值是着重于维护社会总体效率、社会(实质)公平和建立在这样基础上的社会秩序”。[7] 反垄断法作为法律暨经济法的一类,无疑也应当具有上述基本的价

---

[1] 苏永钦:《经济法的挑战》,台北,五南图书出版有限公司 1994 年版,第 125 页。

[2] [德]闵策励:《联邦德国的反垄断法》,载《法学研究》1986 年第 6 期。

[3] 赖源河编审:《公平交易法新论》,月旦出版股份有限公司 1997 年版,第 27 页。

[4] 张文显:《法学基本范畴研究》,中国政法大学出版社 1993 年版,第 254 页。

[5] 张文显:《法学基本范畴研究》,中国政法大学出版社 1993 年版,第 256 页。

[6] 史际春、邓峰:《经济法总论》,法律出版社 1998 年版,第 152 页。

[7] 漆多俊:《市场、调节机制与法律的同步演变》,载漆多俊主编:《经济法论丛》(第 1 卷),中国方正出版社 1999 年版,第 10 页。

值。当然,反垄断法在总体上体现上述法律暨经济法的基本价值时又不能不具有自己的特点。有学者认为,由于竞争是当今各国反垄断法所共同宣示的保护对象,是反垄断法各基本价值的集中体现,是反垄断法判断规范对象的永恒尺度,因此竞争构成反垄断法的特有的法价值。[1] 有学者具体指出,社会整体效益是反垄断法的根本价值,竞争秩序是反垄断法的基本价值,这种基本价值又包含着丰富的内容,体现了自由、效率、公平等具体价值。[2] 有学者主张,站在建立和发展社会主义市场经济体制和保护竞争、发展社会生产力的立场上,理应将建立、健全和维护社会主义市场竞争秩序作为反垄断法的价值判断标准。[3]

确实,竞争是反垄断法中最核心的概念,其在反垄断法中具有独特的、重要的意义。由于垄断被界定为对竞争的某种形式的排除、限制,因此反垄断法无疑就是以保护竞争为直接目标的。从这个角度来说,反垄断法的基本价值也的确蕴含在保护竞争之中。问题就在于,竞争本身到底指的是什么?

经济学意义上的竞争是指经济主体在市场上为实现自身经济利益和既定目标而不断进行的角逐过程。竞争作为伴随市场经济而存在的体制要求和体制现象,构成了市场经济体制的内在要素,市场经济运行过程自始至终表现为竞争过程。[4] 尽管"竞争是经济学家的主要范畴,是他最宠爱的女儿,他始终爱抚着她",[5]但是她在西方经济学家心目中的理想模式及相应的政策主张却并非一致和一贯的。西方经济学中的竞争理论本身也经历了一个发展和演变的过程,从亚当·斯密的古典自由竞争理论到马歇尔、奈特等的新古典完全竞争理论和琼·罗宾逊、张伯伦等的不完全竞争或垄断竞争理论,从克拉克的可行性竞争理论到他的有效竞争理论,从梅森、贝恩、谢勒等的产业组织理论的可行竞争或有效竞争理论(竞争理论的哈佛学派)到芝加哥学派的竞争理论,从康岑巴赫的最佳竞争强度理论到霍普曼的竞争自由理论,还有鲍莫尔的可竞争理论,等等。[6] 不同的竞争理论流派都有各自的理论模型和政策主张,它们从静

---

[1] 曹士兵:《反垄断法研究》,法律出版社1996年版,第24页。

[2] 游钰:《反垄断法价值论》,载《法制与社会发展》1998年第6期。

[3] 吴汉洪:《西方寡头市场理论与中国市场竞争立法》,经济科学出版社1998年版,第233页。

[4] 陈秀山:《现代竞争理论与竞争政策》,商务印书馆1998年版,第1、4页。

[5] 《马克思恩格斯全集》(第1卷),人民出版社1956年版,第611~612页。

[6] 陈秀山:《现代竞争理论与竞争政策》,商务印书馆1998年版,第二、三章。

态到动态,从理想到现实,从规范到实证,对竞争进行了深入、细致的探讨,为经济学作出了不同程度的贡献,也对各国在不同时期竞争政策和反垄断法的制定和执行产生了直接或者间接的影响。

由于前述反垄断法具有很强的经济政策性和相应的灵活性特征,因此反垄断法受各个时期的主流经济理论及相应的国家竞争政策的影响就很大。“关于促进竞争、保护竞争的法规(主要是公平竞争法、反垄断法)是以产业组织分析为直接理论基础的。”[1]正统的产业组织理论以哈佛学派为代表,它依照结构—行为—绩效的分析框架,首先分析市场结构的状况,包括市场份额、进入壁垒、集中程度等,然后分析市场结构对市场行为的影响,包括企业的生产行为、定价行为、广告行为等,进而分析上述各类行为的经济绩效,如企业的创新强度、利润率水平和资源配置状况。认为市场结构决定市场行为,进而决定市场绩效,有什么样的市场结构,就有什么样的企业行为和经济绩效。20 世纪 60 年代至 70 年代初,美国联邦最高法院的若干判例就充分体现了哈佛学派的这种结构主义反垄断理论。1968 年美国司法部颁布的企业合并指南就全盘接受了哈佛学派的理论。但在 20 世纪 70 年代后,这种正统的产业组织理论得到了一定的修正和补充,形成了新的产业组织理论。新理论建立了双向和动态的分析框架,不仅考虑市场结构对市场行为的影响,也分析企业行为对市场结构的反作用。同时,产业组织理论从重视市场结构的研究转向重视对企业行为的分析,即由结构主义转向行为主义。从 20 世纪 70 年代起,以芝加哥学派为代表的行为主义学派认为,企业行为是企业决策者基于自己的组织结构和经营目标而作出决策和实施决策的结果,与企业所处的市场结构状况没有太大关系。因此,与正统产业组织结构主义学派重在分析市场结构对企业行为的影响不同,行为主义学派重在分析企业内部产权结构、组织形式、经营目标和预期对企业行为的影响。受其影响,美国以及其他西方国家的反垄断法也从主要指向企业的市场份额和市场集中度逐渐转向主要反对损害竞争和消费者利益的企业行为。在该学派经济学家的影响下,美国司法部 1982 年和 1984 年颁布了新的企业合并指南,1992 年司法部与联邦贸易委员会联合发布了《横向合并指南》(1997 年、2010 年做了修订),放宽了判定商业活动反竞争的标准,美国的立法、司法和执法机关对企业并购采取了比较宽松的立场。这在美国司法部在 1997

---

〔1〕 马建堂:《结构与行为——中国产业组织研究》,中国人民大学出版社 1993 年版,第 10 页。

年对波音公司与麦道公司的合并案和2001年通用电器公司与霍尼韦尔国际公司的并购案予以批准就可以窥见一斑。[1]

在反垄断法中,虽然不同国家、不同时期的反垄断法都以保护竞争为基本使命,但是各自所具体指代的含义及其所要达到的具体目标也是不完全一致的。“如果说各个法域的竞争法均以规范经营行为、维护市场竞争的基本内容为其共同特征的话,那么,在保护竞争的名义下,其所保护的利益和实现的功能却各有不同,从而使其规则的内容、解释和适用表现出种种差异。例如,竞争法保护竞争,可以是指保护公民的经济自由,并维护政治民主的经济基础;可以是指保护竞争者,如中小企业,从而维持具体经济交往中的利益平衡;可以是指保护特定或不特定的消费者的利益;也可以纯粹是指保护竞争过程本身,从而确保市场机制发挥其资源高效配置作用和对生产效率的促进作用;还可以是指打破区域或市场之间的资源流动壁垒,推动更广大市场的一体化,等等。”[2]因此,对于反垄断法所保护的竞争本身,还需要根据一个国家或者地区的特定时期的经济、社会条件进行具体分析,在政策上也就有一个优先取舍的问题了。例如,美国在战后反垄断法发展完善的过程中,反垄断法在宗旨上逐步摒弃强调国家干预财富分配的“收入再分配说”、片面压抑大企业的“中小企业保护说”和“政治权利分散说”、倾向于地方保护主义的“社区对经济事务控制说”等,最终确立了反垄断法的目的是维护正常、适当的市场竞争,使社会资源尽可能达到得以最佳配置的Pareto Optimality(帕累托最优状态),发挥最大的社会效益。[3] 关于欧盟竞争法的目标也有多种多样的表述,但其直接目标可概括为提高经济效率、维护交易公平和保护共同市场的完整统一。[4] 这里,保护共同市场的完整统一这一目标是由欧盟作为旨在实现一体化的特殊国际组织的性质和任务所决定的。波斯纳认为,反垄断法旨在通过维护市场竞争机制和自愿交换或重现市场,确保整个社会的经济效益、公平竞争和民主程序。[5]

综合上述理论和实际情况,可以认为,反垄断法的基本价值在总体上是通过保护竞争或维护竞争秩序这种特定方式来体现的,而在保护竞争或维护竞争

---

〔1〕 前者在合并双方按要求对并购协议作出修改后才得到欧盟的批准,而后者则遭到了欧盟的否决。

〔2〕 王源扩:《我国竞争法的政策目标》,载《法学研究》1996年第5期。

〔3〕 刘绍梁:《从意识形态及执行实务看公平交易法》(上),载《工商杂志》1992年第1期。

〔4〕 阮方民:《欧盟竞争法》,中国政法大学出版社1998年版,第63页。

〔5〕 张文显:《二十世纪西方法哲学思潮研究》,法律出版社1996年版,第224页。

秩序时所要实现的具体目标在不同国家、不同时期则是不完全相同的。但是,总体来说,它都要体现公平和效率的要求。而自由、平等、秩序都已经包含在这两者之中了,因为竞争的自由、平等本身就是公平竞争的题中应有之义,而有效率的竞争也必须以自由开展为前提;竞争秩序作为竞争的行为规范或准则以及相应形成的有序状态,它主要关注反垄断法的形式结构,而公平和效率则是强调反垄断法的内容与结果,因此,反垄断法所维护的竞争秩序也应当以公平和效率为内容和结果,也就是说,这种竞争秩序应当是体现了公平和效率的秩序。在这里,反垄断法所体现的公平是实质公平,它所体现的效率是社会整体的效率。因此,可以说,反垄断法的基本价值就是通过保护竞争或维护竞争秩序来实现实质公平和社会整体效率。

2. 反垄断法与实质公平

反垄断法应当体现实质公平的价值。正义与公平、公正所表达的意思基本相同,都是人类所追求的一种理想。[1] "公平是正义的核心。"[2]因此,对于公平、正义、公正三者往往并不做严格区分。尽管"正义有一张普洛透斯似的脸(a Protean face),变化无常、随时可呈不同形状并具有极不相同的面貌",[3]但公平正义作为法的灵魂和根本价值成为历史上各不相同的法律制度的共同基础,它都应当体现自由和平等的固有要求。可以说,任何法律都应以维护一定的公平正义为目标,正义是法律的首要价值,以致"无论在中国或西方语言中,法律都是正义的同义语"。[4] "法即正义,正义乃法的本质。"[5]不过,不同的法律所要强调和体现公平正义的具体方面和侧重点又是不同的。反垄断法所体现的公平正义是社会的公平正义,是实质的公平正义。这是相对于对相同情况作相同法律调整要求的形式正义而言的。当然,反垄断法也应当体现这种基本要求,但又在此基础上加以了扬弃,它还要求对不同的情况、不同的人做不同的法律调整,对那些形式上、表面上公平而实质上不公平的情况加以矫正。"现代私法保障的形式的自由和平等,在现实中对经济的社会的弱者带来不自由和不平

---

[1] 孙国华主编:《法理学教程》,中国人民大学出版社 1994 年版,第 106 页。

[2] 张文显:《二十世纪西方法哲学思潮研究》,法律出版社 1996 年版,第 602 页。

[3] [美]E. 博登海默:《法理学:法律哲学与法律方法》,邓正来译,中国政法大学出版社 1999 年版,第 252 页。

[4] 徐国栋:《民法基本原则解释》,中国政法大学出版社 1992 年版,第 325 ~ 326 页。

[5] 刘得宽:《民法诸问题与新展望》,台北,三民书局 1979 年版,第 553 页。

等。经济法(中心部分是垄断禁止法)就具有纠正这种不自由和不平等,而实现实际的自由和平等的一面。”[1]反垄断法无论是对垄断状态的控制还是对垄断行为的禁止,也无论是对经济性垄断的调整还是对行政性垄断的规制,都是以促进和保障在自由、平等基础上开展竞争为目标和使命的。正如有学者针对微软垄断案所分析的:微软实力强大,95%的电脑开机时都在闪烁微软的logo,司法部没有管,但是,微软利用Windows和IE的捆绑来排挤对手,甚至1995年它还直接要求网景停止开发Netscape,就违反了法律。我们需要的是平等和自由的竞争,任何人在市场竞争中不能凌驾他人之上,这才是正义的根本。这种正义观念,从亚里士多德开始就是法律追求的目标。而且,法律追求的目标不仅如此。微软想收购Lotus,不行,司法部干预让IBM来实施;收购Intuit,不行,司法部让这个计划“破产”。那么多的兼并,那么多的收购,为什么要偏偏微软不能做呢? 在平等和自由的竞争之外,除了这种形式上的正义之外,法律还要追求实质上的正义。[2]

同时,包含自由和平等的竞争秩序得到维护也就使竞争者(尤其是中小企业)和消费者的合法权益得到保护。尽管反垄断法的着眼点并不在于对单个竞争者利益的保护,而在于实现社会公平正义,尽管有竞争就会存在胜利者和失败者——这也正是优胜劣汰的竞争机制发挥资源配置作用的形式,但是,如果竞争者(特别是中小企业)的失败是因其他竞争者(往往为大企业)的非法垄断行为所致,那么这些竞争者的平等、自由的竞争机会和条件就被限制、剥夺。同样,如果消费者因为非法垄断行为而选择机会减少并支付更高的价格,那么这些消费者就失去了自由、平等的竞争所带来的实惠,这种受到人为破坏和扭曲的竞争也是不公平的。反垄断法的介入就是要矫正那些形式上公平(借助于经营自由、契约自由)而事实上不公平的结果。美国反托拉斯法的政策目标重点虽然几经变化,但强调作为整体的消费者福利的目标则是一贯的。20世纪80年代初,美国联邦法院对美国电话电报公司(AT& T)强制实施反垄断法,将其一分为八。半年后,美国的电话费大幅度下降,受益的是老百姓。作为欧盟竞争法重要内容的《欧盟运行条约》第101条,[3]在规定可豁免的某些限制竞争

[1] [日]丹宗昭信、厚谷襄儿编:《现代经济法入门》,谢次昌译,群众出版社1985年版,第50页。

[2] 邓峰2000年的评论文章《为什么偏偏是微软——我们需要什么样的法律》,当时曾登载于“亿络网”。

[3] 即原《罗马条约》第81条、原《欧共体条约》第85条。

行为的条件时，其中重要的一条就是必须使消费者能从该行为所带来的效率及所生的利益中获得公平的一份。日本《禁止垄断法》的保护法益，是作为公益的自由竞争经济秩序，而这种法益只要由《禁止垄断法》加以维护和促进，消费者就有了选择商品和服务的自由。这种自由正是《禁止垄断法》给予消费者的自由。[1] 因此，保护自由、平等的竞争机会、条件和作为整体的消费者福利，是反垄断法体现实质公平价值的必然要求。

3. 反垄断法与社会整体效率

反垄断法应当体现社会整体效率的价值。虽然公平正义是法律的基本的首要的价值，但是公平正义价值并不能完全涵盖法律的全部价值，植根于经济生活中的法律还应当具有效益或效率的基本价值。反垄断法作为直接调整经济关系的法律，其更应该将效率作为自己的基本价值目标。在市场经济条件下，效率主要通过竞争来实现，因为竞争是市场经济活力的源泉，通过竞争，市场在资源配置中的基础性作用得到发挥；通过竞争，市场主体在优胜劣汰的竞争动力和压力双重作用下不断地改善经营管理，提高技术水平，提高质量，改善服务，从而促进国民经济发展，也使消费者从中得到实惠。因此，反垄断法通过对人为地破坏竞争的非法垄断行为的禁止，维持合理的市场结构，保证有效的竞争行为，从而促进和保障市场竞争机制功能的充分有效发挥，最终促进社会整体效率的提高。这样，反垄断法的效率价值也就是基于其对竞争的保护。例如，美国经济中的基本商业政策是促进和维护竞争，以此作为最理想的资源分配手段，而《谢尔曼法》“基于的前提是，无限制的竞争力的相互作用将产生最佳的经济资源分配、最低的价格、最高的质量和最大的物质进步。由此所提供的环境将有助于保持我们民主的政治和社会制度”。[2] 受法律经济学和芝加哥学派产业组织理论的影响，美国反垄断法越来越强调经济效率，其负责反垄断事务的司法部副部长威廉巴克斯特尔在 1981 年甚至宣布“反垄断法的唯一目标就是经济效率”；其继任者保尔麦格拉斯也声称，施行反垄断政策的唯一基础，应当建立在经济效率的概念之上。[3] 当然，也不能就此断定美国反垄断法完全就是以经济效率为唯一目标了。“就法院的判决而言，显然的并没有依照

〔1〕［日］金泽良雄：《经济法概论》，满达人译，甘肃人民出版社 1995 年版，第 185 页。

〔2〕美国最高法院的布莱克法官在反托拉斯判决中指出的，参见［美］马歇尔·C. 霍华德：《美国反托拉斯与贸易法规》，孙南申译，中国社会科学出版社 1991 年版，第 1 页。

〔3〕王源扩：《我国竞争法的政策目标》，载《法学研究》1996 年第 5 期。

Chicago School 的规范经济学,作为判决的唯一准绳。相反地,许多判决内容都明白地表示了反托拉斯法具有非经济效率的政策目标,而且这些非效率的目标往往凌驾在效率目标之上。”“虽然后来美国政府执行反托拉斯法的态度,已经渐趋缓和,但是法院对反托拉斯法的规范标准,并没有因此转而完全接受 Chicago School 的理念。”[1]这应当被认为是反垄断法价值目标本身的非唯一性特点所决定的。

就从美国司法部对微软的起诉和联邦地区法院的判决来看,恐怕它们也没有完全接受唯效率的理论。美国司法部和地区法院对微软公司施以处罚之严厉,为 20 世纪 80 年代初分割美国电话电报公司以来之最。恢复和促进软件业的竞争和创新、保护消费者的利益应当是这次美国政府和地区法院分割微软的主要目的。杰克逊在 1999 年 11 月认定:微软一再滥用其对个人电脑操作系统市场的垄断力量来阻碍竞争和创新,从而损害了消费者的利益。当时的司法部部长雷诺说,对微软采取反垄断行动是为了创造竞争环境,使消费者还有别的选择。她说,对消费者选择权和技术创新至关重要的是竞争,而不是公司规模。她强调:“美国成为世界工业巨人,靠的不是那些强盗王,而是竞争,是鼓励新的开发,鼓励年轻的企业家们打入市场。”美国司法部特别法律顾问大卫·博伊斯说,美国电话电报公司被分割为 8 家公司后,每一家公司都想方设法打入对手的领地。微软分割后形成的两家公司也将如此。他说,经营“办公室”和“探险家”浏览器的公司将会去做网景公司没能做成的事,即让“办公室”充当其他软件的“平台”。他认为,当软件开发者开始编写在“办公室”上运行的应用软件时,“视窗”公司将会推出自己的应用软件。同时,“办公室”公司还会编写在其他非“视窗”操作系统上运行的软件。这样一来,软件业的竞争将加剧,从而有利于推动技术创新。[2]

笔者认为,强调反垄断法的效率价值是很有必要的,但不能走极端,不能唯效率是从,它还有一个与其他价值的平衡的问题。而且,由反垄断法的社会本位性所决定,这里的效率不仅指个别主体的效率,而且还着重强调整体的效率;不仅强调经济的效率,而且还强调社会的效率,因而是社会整体的效率。这当然要依靠保护有效竞争来实现,即实现竞争活力与规模经济效益的统一。“反

---

〔1〕 赖源河编审:《公平交易法新论》,月旦出版股份有限公司 1997 年版,第 27 ~ 29 页。

〔2〕 《中国经济时报》2000 年 6 月 9 日。

垄断立法的关键问题之一就是要掌握这里的‘度’,既要克服过度垄断造成的弊端,又要防止在反垄断的同时因过度竞争或盲目竞争而损害规模经济效益和社会公共利益。这样,运用竞争的活力抵制垄断的停滞性,利用垄断的组织性克服竞争的无序性,真正实现‘有效的竞争’。”[1]这也就决定了在反垄断法的具体制度设计以及制度实施中应当把握好其政策性和灵活性。

4. 反垄断法中公平与效率的协调

实质公平正义与社会整体效率共同作为反垄断法的基本价值,它们在本质上是一致的。只有建立在公平正义基础上的效率才是有意义、值得追求的效率,也只有在能够实现社会整体效率基础上的公平正义才是更高层次的公平正义。“反垄断法通过对一般的、不合理的垄断行为和垄断状态的禁止和对特殊的、合理的垄断行为和垄断状态的适用除外,既可以通过禁止垄断来保障有效竞争,以实现提高经济效率,保障经济公平的目的;又可以通过对特殊的垄断的鼓励,来防止过度竞争,以实现保护社会公共利益的目的。”[2]但是,只要价值目标不是唯一的,就有可能存在冲突,就存在优先的问题。无论在公平正义内部还是在其与效率之间,都存在冲突的可能。在公平正义价值内部就存在平等与自由之间的冲突。“在经济领域,反托拉斯法所考虑的是维护竞争的平等,但它却对商业企业吞并或协作的自由起着限制作用。再从反面来看,一项授权创设联合企业和大型联合企业的法规显然会增进商业活动的自由和自主性,但与此同时却会扩大经济上的不平等。”[3]在公平正义与效率之间,也可能存在矛盾或冲突的情况,如为了体现包含自由、平等的公平正义,有时就需要对企业单纯追求效率的行为加以限制,可能会妨碍产业结构的适度集中和规模经济效益;而有时为了鼓励实现效率目标,又需要对企业的自由、平等竞争加以某种限制,竞争者和消费者的利益可能要受到一定影响。这就存在一个更优先的价值目标的选择问题。对此,基于不同的价值取向,当然就有完全相反的选择结果。

笔者认为,反垄断法的这两个方面的价值目标应当尽可能协调兼顾,而且基于其社会本位性,从社会根本的整体的利益和需要出发,它们之间也完全可

---

〔1〕 王先林:《论我国反垄断立法的两个基本问题》,载《中外法学》1997 年第 6 期。

〔2〕 张守文、于雷:《市场经济与新经济法》,北京大学出版社 1993 年版,第 99 页。

〔3〕 [美]E. 博登海默:《法理学:法律哲学与法律方法》,邓正来译,中国政法大学出版社 1999 年版,第 297 页。

以实现协调兼顾。在特定情况下确实需要选择出一个更优先的价值目标时,更能体现法律本质的公平正义目标应当优先于效率目标。这是因为,“公正目标不仅仅与我国经济体制的过渡性特点、大众的心理特点以及由此产生的对稳定的客观要求有关,也是由我国政治、法律和经济制度的社会主义本质所决定和要求的。社会主义法律的生命力,也就在于能够在各种利益冲突中保持合理的平衡,从而充分地保护所有人的利益。在我国,虽然党和国家的有些政策文件曾使用过‘效率优先、兼顾公平’的提法,但它只适用于特定时期内某一国民收入再分配政策领域,既不应当不适当地扩大其适用范围,也不应渲染其一般价值意义或普遍指导意义,更不能以此作为我国社会主义法律的价值目标或政策目标。对社会公正本身的追求,应当永远是社会主义法律的根本目标”。[1]

(四)反垄断法的基本制度框架

尽管各国的反垄断法在立法模式和具体内容上都存在差异,但是它们在基本的制度框架上则是大致相同的。德国联邦卡特尔局局长 D. 沃尔夫先生指出:“一部现代竞争法的基础支柱一般包括规范合同性的限制竞争即卡特尔、对占市场支配地位企业的滥用监督以及企业合并控制的规范。”[2] 王家福教授也认为:“反垄断法的传统任务是预防市场势力,禁止经济垄断,其实体法规范主要是禁止卡特尔、控制企业合并和对占市场支配地位企业的滥用监督等三大支柱。”[3] 他们都用简略的语言大致勾画出了现代反垄断法实体方面的基本制度框架,比较准确地反映了各国反垄断法共同的基本内容。其他各种概括,无论是经济学界的还是法学界的,无论是国内学者的还是国外学者的,实际上也都是以此为核心的。

经济学界有人根据竞争限制产生的原因,可以将它们区分为三种形式:通过协议和协调市场行为形成的竞争限制,它的具体表现形式主要是具有独立法律地位的竞争者之间形成的各种卡特尔组织和实际存在的各种协调市场行为;以市场权力为基础形成的竞争限制,它的具体表现形式是,占有市场统治地位

---

〔1〕 王源扩:《我国竞争法的政策目标》,载《法学研究》1996 年第 5 期。

〔2〕 [德]D. 沃尔夫:《德国竞争法的经验》,载王晓晔编:《反垄断法与市场经济》,法律出版社 1998 年版,第 258 ~259 页。

〔3〕 王家福:《建立反垄断法是市场经济本能的要求》,载王晓晔编:《反垄断法与市场经济》,法律出版社 1998 年版,第 304 页。

的企业利用具有的市场权力，通过合同或非法手段剥削排挤、阻碍歧视和约束其他竞争者；企业集中形成的竞争限制，它的具体表现形式主要是，竞争者之间通过横向、纵向和混合合并，实现企业集中，从而减少竞争者数量，形成寡头或垄断市场。[1] 相应地，规范、控制竞争限制行为的反垄断法也就主要由这些方面的基本法律制度构成。

法学界有人将反垄断法的制度系统归纳成两大块四项制度内容。两大块即关于市场支配地位控制的制度和关于限制竞争行为控制的制度。四项制度即垄断控制制度，规范垄断状态、控股、营业转让、股份保有、垄断化、垄断力滥用等；经济力量过度集中阻却制度，规范企业的外部增长——企业结合和一般控股；横向限制和纵向限制，前者规范卡特尔、共谋、胁迫、联合一致等行为，后者规范零售价格固定、搭售、独家经营、销售约束等行为；不公正交易方法与歧视规制，规范各种价格和非价格歧视行为。[2]

英国竞争法学家理查德·维西(Richard Whish)在其所著的《竞争法》一书中主张，竞争法如果以有效竞争为保护对象就必须做到四点：禁止限制竞争的协议；制止垄断力的滥用；在寡头市场维持适于有效竞争的市场结构；控制企业结合，防止市场集中。[3] 这也构成了现代反垄断法的核心内容。另一位英国学者约翰·亚格纽认为竞争法可以明确划分为三大类，虽然有些重叠的部分，即控制单个企业处于垄断地位或主导地位或者在某种程度上占有市场的竞争法；行使控制兼并行为权力的竞争法；与限制性贸易协议有关的竞争法。[4]

因此，现代各国反垄断法的实体规范一般是由禁止联合限制竞争制度、禁止滥用市场支配地位制度和控制企业结合制度这三个最基本的方面组成。[5] 其他一些具体制度都是附属于由这些基本制度或由这些基本制度派生出来的，例如，豁免与例外制度是反垄断法中的一个重要内容，但它们往往是分别附属

---

〔1〕 陈秀山：《现代竞争理论与竞争政策》，商务印书馆 1998 年版，第 103 页。

〔2〕 曹士兵：《反垄断法研究》，法律出版社 1996 年版，第 52～53 页。

〔3〕 曹士兵：《反垄断法研究》，法律出版社 1996 年版，第 30～31 页。

〔4〕 [英]约翰·亚格纽：《竞争法》，徐海等译，南京大学出版社 1992 年版，第 10 页。

〔5〕 它们在中国《反垄断法》中分别体现为第二章“垄断协议”、第三章“滥用市场支配地位”和第四章“经营者集中”所规定的相关法律制度。尽管这里的相关概念使用并非最合理，但为了减少不必要的理解上的差异，本书后面尽量使用与中国现行《反垄断法》的表述相一致的概念。这样，反垄断法的三大实体制度就分别是禁止垄断协议制度、禁止滥用市场支配地位制度和控制经营者集中制度。

于前面三个制度的,构成它们各自的有机组成部分,因而一般可不作为独立的基本制度存在。当然,这些基本制度在不同国家其侧重点可能不完全相同,而且,少数国家还有一些特别的制度,如日本反垄断法中的垄断状态规制制度。总体来说,这些规定各有其具体的价值目标,但又结合在一起实现反垄断法的整体目标。其中,反垄断法对规模经济效益的维护主要是通过其允许垄断状态或垄断地位本身和豁免某些垄断行为的规定来实现的。这种协调使反垄断法对自由公平竞争的维护不以牺牲规模经济效益为代价,相反,可以在一定条件下和一定程度上实现两者的统一。

在中国,反垄断法律制度的实体内容除了上述各国所共同具有的基本内容以外,还有一个重要方面的内容,即对行政性垄断规制的规定。行政性垄断或行政性限制竞争行为,是中国学者在研究垄断或限制竞争行为时,为与传统的市场经营主体的垄断或限制竞争行为(所谓的经济性垄断)相区别而提出来的。曾经有不少学者认为行政性垄断是中国的特色,为中国所独有,但随着认识的深化,越来越多的人认识到行政性垄断不仅存在于中国,在其他经济体制转型的国家也大量存在,甚至在西方市场经济发达国家也同样存在[1],只不过这个问题在中国由传统计划经济体制向社会主义市场经济体制转轨过程中显得非常突出。行政性垄断虽然具有不同于一般经济性垄断的特点,但它们在本质上都是对竞争的限制,其结果都破坏了自由公平的市场竞争秩序,因而应当受到同样的规制。而且,既然行政性垄断在中国表现得更为严重和突出,那么中国也就更有理由和必要对其进行有效的规制。概括来说,行政性垄断是指行政主体滥用行政权力排除、限制市场竞争的行为,包括行业垄断、地区垄断和其他滥用行政权力实施的垄断。行政性垄断的主体不是一般的市场经营主体,而是除中央政府以外的行政主体,包括地方政府和中央与地方政府部门及其授权的组织;其行为也不是经营市场主体自身的经济行为,而是行政主体滥用其行政权力的行为,并由此导致对市场竞争的实质限制。1993 年《反不正当竞争法》和国务院在 2001 年 4 月 21 日发布的《关于禁止在市场经济活动中实行地区封锁的规定》等有关法律法规中包含有禁止行政性垄断的规范。

长期以来,中国法学界和实务部门对于行政性垄断的一些问题看法并不一

---

〔1〕 近几年,德国和其他西方国家的多位反垄断法专家和官员来中国参加有关研讨会时,都在发言中强调指出各自国家存在我们所谓的行政性垄断现象。实际上,有关国家的反垄断法通过解释或明确规定也适用于政府所为的限制竞争行为。

致。一些人主张中国反垄断法不应规定行政性垄断问题,因为行政性垄断主要不是一个法律问题,而是一个体制问题,其最终解决主要依靠经济和政治体制改革的深化。似乎有更多的人主张中国反垄断法应当规定行政性垄断,甚至断言中国目前最突出的、危害最严重的垄断就是行政性垄断,如果反垄断法不规定这个问题,那么反垄断立法就失去了现实意义。而就那些主张中国反垄断法应当规定行政性垄断的意见来说,在一些具体问题上也还有分歧。例如,许多人都主张应对行政性垄断的行为表现及其法律责任作出专门的规定(设立专章),但也有学者不同意这样做,主张不以主体来对垄断行为进行分类,而应按照垄断行为本身的不同形态作出列举规定,并认为这样不是弱化而是强化了对行政性垄断的规制。有学者主张在反垄断立法中,只要规定了政府行政机关在实施垄断限制竞争时与企业实施垄断限制竞争时处于同等的法律地位,同样地受反垄断法律的调整,违法时同等地接受法律制裁,也就是说,政府行政机关在限制和排斥竞争方面除非有国家特别授权外,不享有特权。最后通过的《反垄断法》对此的处理是,既在总则第 8 条原则禁止行政性垄断,又在第 5 章专章规定了"滥用行政权力排除、限制竞争"。具有特殊意义的是,2016 年 6 月 1 日国务院印发了《关于在市场体系建设中建立公平竞争审查制度的意见》(国发〔2016〕34 号),要求建立公平竞争审查制度,防止出台新的排除限制竞争的政策措施,并逐步清理废除已有的妨碍公平竞争的规定和做法。这是预防行政性垄断、确立竞争政策基础性作用的重大举措。尤其具有重要意义的是,党的十九大报告明确提出,深化商事制度改革,打破行政性垄断。

由于行政性垄断与本书后面所要着重探讨的知识产权领域中的反垄断问题没有直接的联系,因此本书对其将不再赘述,而着重就前文所述的构成现代反垄断法基础的三大实体制度展开论述。

反垄断法基本制度框架除了实体方面的内容以外,还应当包括程序方面的内容,并且后者在整个反垄断法律制度中占有重要的地位,发挥着重要的作用。但由于它在本书分析知识产权领域的反垄断问题时没有特殊的地方,因此本书将不对其进行专门的探讨。

三、知识产权与反垄断法:冲突的可能性与协调的必要性

(一)知识产权与反垄断法之间的一致性与潜在冲突

从前文的分析可以看出,知识产权的基本特点之一即是其专有性,也被称

为独占性或者垄断性,它表明知识产权在本质上是法律赋予的一种合法垄断;而反垄断法的基本使命就是反对垄断,保护自由公平的竞争,但同时也有例外,而且,一般来说,知识产权就是属于这种例外中的一种情况。如此看来,两者之间必然存在复杂的关系,它们既具有某些方面的一致性,又可能存在潜在的冲突。

1. 知识产权与反垄断法的一致性

就知识产权与反垄断法的一致性来说,首先,它们统一于与竞争的联系和对竞争的促进、从而推动创新和促进经济发展的目的和功能上。

知识产权本身虽然具有某种垄断性,是一种法定的垄断权,但是"作为知识产权客体的智力成果,常常是初始权利人为竞争目的或在竞争过程中的创造。对这种成果的知识产权保护,可以使经营者能够事先根据法律将会赋予的独占程度,比较确定地预期其技术开发和创新投资的经济回报,从而鼓励其通过技术创新增强市场竞争力,更好地释放其竞争潜能。而每个企业的技术水平和竞争力的提高,也必将通过由此激化的竞争,推动整个国民经济素质和国际竞争力的提高"。〔1〕 从日本学者对专利权和交易限制的分析中也可以看出知识产权对竞争和创新的促进作用:在专利制度下,不允许没有专利权者以无权限的形式实施专利发明,在这个意义上,作为交易限制的一种要素而带入市场。但是,从唤起研究开发竞争这种竞争政策的观点来看专利制度,其内在的良好效果是不应忽略的。这就是在专利制度下,由于不允许原样模仿他人的专利发明,事业者就不能不亲自进行独立的研究开发,据此以对抗先进企业。其结果,就会产生与先进企业已有的成果不同的代替发明和改良发明。作为先进企业,要对抗后进企业着手进行的研究开发竞争,就不能在完成了的技术上安居,而必须为进一步创造代替发明和改良发明而进行研究开发活动。与所有权制度提供竞争经济的普遍基础一样,专利制度可以说创造了启动和维持研究开发竞争的一个条件,即把投资创造出的成果作为私有的这种愿望和竞争的压力启动并维持着竞争的进行。〔2〕 而从前文关于反垄断法的一般分析中可以看出,反垄断法正是以保护自由公平的竞争并以此来促进创新和经济发展作为其要达到的目的和要实现的功能。一个有效的反垄断机制,可以通过减少进入市场的障

〔1〕 王源扩:《试论与知识产权有关的反竞争行为及其法律控制》,载《政法论坛》1996年第4期。

〔2〕 [日]丹宗昭信、厚谷襄儿编:《现代经济法入门》,谢次昌译,群众出版社1985年版,第205页。

碍,来促进竞争;而一个富有活力的竞争机制,又可以激发创新能力,进而推动技术创新。在1994年7月加利福尼亚的一次会议上,当时的美国司法部反垄断局局长宾格曼(Bingaman)针对有关美国的反垄断机制挫伤了技术创新活动的观点指出,技术创新活动绝不是靠允许卡特尔活动来推进的。20世纪以来,美国经济之所以充满活力,形成高水平的创新能力,主要是由于这个国家长期执行了强有力的卓有成效的反垄断机制,这对于促进技术创新,推动经济增长,是必不可少的。强有力的且合理的反垄断机制,是保持美国在国际领域以及在高科技市场上竞争力的一个关键性因素。[1]

正因为两者有这样的关系,因此有人用比喻来形象地说明反垄断法与知识产权在鼓励创新方面的殊途同归:反托拉斯法用竞争性市场的"大棒"(不创新的企业就要遭淘汰)来促进鼓励初始创新的市场结构;知识产权法则用有限专有性及由此获得的利益的"胡萝卜"来鼓励初始创新。反托拉斯法通过保护在专有性的知识产权以外的竞争机会来促使后续创新,知识产权法则通过要求初始创新的公开(至少对专利而言)以及为后续创新者提供"合理使用"和不受知识产权"滥用"的权利来促使后续创新。[2] 宾格曼也曾分析指出:"强大的知识产权与有力的反托拉斯政策在促进创新的共同目的上是同一枚硬币的两面。"[3]简单地说,知识产权通过授予重要但有限期的市场力量(垄断力)来奖酬在创新上的投资,反垄断法保证企业之间开展竞争并通过竞争寻求新的创新之路,同时防止取得支配地位的企业损害和阻碍创新。

其次,知识产权与反垄断法可以统一于对消费者的保护上。知识产权无论是通过鼓励创新、促进经济发展来在总体上增加消费者福利,还是通过对具体市场上的假冒等侵犯知识产权行为的制止和制裁来使消费者免遭交易中的损害,都可达到保护消费者的目的。而反垄断法无论在哪个国家、哪个时期,也无论是更加突出公平还是更加突出效率,在保护消费者利益、增进消费者福利方面则是完全一致的。因此,可以说,知识产权与反垄断法都具有推动创新和增

---

〔1〕 陈晓波等:《美国反垄断法及其政策述评》,载《江苏社会科学》1996年第5期。

〔2〕 See Debra A. Valentine, *Abuse of Dominance Relation to Intellectual Property: U. S. Perspectives and the Intel Cases*, Before The Israel International Antitrust Conference, November 5, 1999. 资料来源于美国联邦贸易委员会网站:http://www. ftc. gov/speeches/other/dvisraelin. shtm。

〔3〕 See Anne K. Bingman, *The Role of Antitrust in Intellectual Property*, Addressed before the Federal Circuit Conference, June 14, 1994. 资料来源于美国司法部网站:http://www. usdoj. gov/atr/public/speeches/0112. htm,最后访问日期:2012年4月6日。

进消费者福利的共同目的。正如在 1990 年的 Atari Games Corp. v. Nintendo of America,Inc. 案中法官指出的:“专利权和反托拉斯法的目标乍看起来似乎是完全不同的。然而,两者实际上是相互补充的,因为两者的目标都在于鼓励创新、勤勉和竞争。”[1]知识产权法通过为新的有用的产品、更有效的方法和原创的作品确立有效的产权,为创新及其传播和商业化提供刺激。在没有知识产权的情况下,模仿者不支付补偿就可以利用创新者和投资者的努力成果。快速的模仿能够减少创新的商业价值,并侵蚀对投资的刺激,最终将损害消费者的利益。反垄断法通过禁止那些可能损害有关服务消费者的现有的或新的方式的竞争的行为,推动创新和增进消费者福利。美国联邦贸易委员会在 2003 年 10 月发布的《促进创新:竞争与专利法律及政策的适当平衡》报告指出:“反托拉斯法承认专利权所产生的垄断力是为取得对消费者有利的更多的财富所必需的。”[2]

从上述分析中可以看出,虽然主要作为私法的知识产权法和主要作为公法的反垄断法对竞争的关注与调整的角度和方式不同,但是它们在促进竞争、推动创新和保护消费者方面存在一致性,可谓殊途同归。正如 1985 年一位美国反托拉斯官员指出的:“反托拉斯部门早期对知识产权保护的敌对似乎是一种基本上不正确的认识的结果,即认为在反托拉斯法的目标和保护知识产权的法律目标之间有一种内在的经济冲突。”“当对竞争作出更完全的经济分析时,很明显知识产权保护会推动竞争,它可以鼓励公司通过发展新技术而促进竞争,并为消费者提供更多的选择,提供更新更好更便宜的产品。”[3]美国司法部和联邦贸易委员会 2007 年的《反托拉斯执法与知识产权:促进创新和竞争》的报告[4]在前言中也指出:经过近几十年的司法实践,反托拉斯执法机构与法院已认识到知识产权法与反托拉斯法拥有共同的基本目标,即改善消费者福利和促进创新。知识产权法和反托拉斯法前后相继地(in tandem)共同发挥作用,以更低的价格带给消费者更新、更好的技术、产品和服务。两者是具有互补功能的法律机制,共同发挥作用以给消费者带来创新:反托拉斯法保护市场中的活跃

---

〔1〕 William C. Holmes, *Intellectual Property and Antitrust Law*, Clark Boardman Company, Ltd., 1996, pp. 5 – 76.

〔2〕 Federal Trade Commission, *To promote Innovation: The Proper Balance of Competition and Patent Law and Policy*, 2003, pp. 2 – 3. 资料来源于美国联邦贸易委员会网站:http://www.ftc.gov/os/2003/10/innovationrpt.pdf,最后访问日期:2012 年 4 月 6 日。

〔3〕 转引自刘茂林:《知识产权法的经济分析》,法律出版社 1996 年版,第 94 页。

〔4〕 详细内容请见本书第二章第一部分。

的竞争,而知识产权法保护对创新的投资可以获取回报。两者均刺激竞争对手之间展开竞争,争相成为消费者所期待的技术、产品或服务之市场的最新进入者。

2. 知识产权与反垄断法之间的潜在冲突

但是,我们又不能因为知识产权与反垄断法之间的上述一致性方面而否定它们之间可能存在的矛盾和冲突的方面。事实上,这种矛盾和冲突是完全可能存在的。笼统和抽象地说,"知识产权在本质上是完全的或有一定限制的垄断的创造物"。"相反,竞争政策都是关于自由的,是反垄断的。"[1]

首先,知识产权本身虽然是合法的垄断权,但它毕竟在一定范围内限制了竞争,因此允许这种对竞争的限制是法律权衡利弊的结果,知识产权的存在本身并不能说明它没有任何消极后果,只是这种消极后果是在可容忍的范围之内。这种在法律规定范围内对竞争的限制可以看作国家实施知识产权制度以激励创新的必要的代价。

其次,由于拥有知识产权这种独占权往往会使企业在某一特定市场上形成垄断地位或者支配地位,至少是加强了这种地位,因此如果有关企业的这种垄断地位或者支配地位被用来实施非法限制竞争的行为,如不正当地拒绝许可他人利用其知识产权以消除或减少自己在特定市场上的竞争压力、在许可他人利用其知识产权的过程中附加了某种明显限制正常竞争的条件以获取垄断利益等,那么这种对合法垄断权的不正当行使行为就违背了自由公平竞争的原则,同样会构成对反垄断法的违反。在欧盟迈吉尔(Magill)一案中,布鲁塞尔上诉法院指出:"尽管作者原则上可以自由地授予或者拒绝授予许可证,但是这种权利能够被滥用并且与属于经济公共秩序的竞争法形成冲突。"[2]在美国和欧盟微软垄断案中,执法机构和有关法院也都认为微软的著作权等知识产权应受保护是没有问题的,但是当其知识产权行使行为超出法律的界限,严重限制市场竞争,就会为反垄断法所不容。

因此,无论是从知识产权的性质来看,还是从其经济功能和行使的具体情况来看,反垄断法的要求与知识产权都可能发生冲突。[3] 这种冲突主要表现

---

〔1〕 Tina Hart and Linda Fazzani, *Intellectual Property Law*, Macmillan Press Ltd., London, 1997, p. 197.

〔2〕 Jan Corbet, Copyright and Competition Law: Difficult Neighbours, *Intellectual Property and Information Law*, Kluwer Law International, The Hague, The Netherlands, 1998.

〔3〕 王源扩:《试论与知识产权有关的反竞争行为及其法律控制》,载《政法论坛》1996 年第 4 期。

为,权利主体在行使知识产权财产权的过程中不适当地扩张了垄断权的范围,或凭借合法垄断进一步谋求非法垄断或优势竞争地位的目的,从而直接触犯了反垄断法。[1] 前述美国《反托拉斯执法与知识产权:促进创新和竞争》的报告在前言中同时指出:尽管反托拉斯法与知识产权法的基本目标一致的观点已获得广泛的认同,但在反托拉斯法适用于涉及产生市场支配力的知识产权的特定行使行为时,就会产生疑难问题。例如,适用于整个行业的制造标准或治疗特殊疾病的唯一方法包含有专利技术,或在研发、发明、制造或分销不存在良好替代品的产品或工艺方法的过程中涉及专利技术的许可,则在上述情形中疑难问题就会产生。日本公正交易委员会2007年《知识产权利用的反垄断法指南》[2]在序言中则更明确地指出:在知识产权制度下,如果知识产权权利人拒绝授权其他企业使用技术,或虽授权其他企业使用,但对于被许可方的研发、生产、销售或其他任何商业行为进行限制,则技术或产品的竞争就有可能受到损害,当然是否发生损害的结果取决于该拒绝授权或限制(与技术使用有关的限制)发生的具体情形以及权利人采用的具体限制措施。因此,在适用反垄断法时,要使技术和产品的竞争不受各种背离知识产权制度目标的限制行为所造成的负面效果的影响,充分发挥其促进竞争的作用,这对于竞争政策来说非常重要。

(二)协调知识产权与反垄断法之间冲突的必要性

既然知识产权与反垄断法之间在具有一致性的同时也存在潜在的矛盾和冲突,那么按照一定的原则和方法来协调和避免这种矛盾和冲突就是非常必要的,以维护法治系统内在的和谐统一,维护竞争与知识产权之间的平衡,以达到既维护竞争又激励创新的目标。这里的实质问题就是反垄断法既要承认和尊重知识产权法所赋予的合法垄断权,又要对知识产权的行使行为进行必要的规制,防止其滥用。

由于知识产权的基本性质是民事权利,是私权,尽管它也有公益目标,但主要和直接的还是为了私益目标,而反垄断法则是经济法,是以社会为本位、以"公"的因素为主导的,主要为了社会公益目标,因此,两者的潜在冲突在实质上反映了个体权利与社会整体利益之间在特定情况下可能存在的冲突。尽管市

---

[1] 缪剑文等:《知识产权与竞争法》,载《法学》1999年第6期。

[2] 详细内容请见本书第二章第三部分。

场经济要求遵行民事权利的充分和一体保护的原则，但在社会个体行使民事权利与社会整体利益发生现实的冲突时，则要求这种个体的民事权利应当受到一定的限制。因此，一般来说，当权利人在行使知识产权超出法定范围，与反垄断法通过保护竞争所要实现的社会整体目标（实质公平和社会整体效率）相冲突时，反垄断法应当予以适用，以对知识产权的行使行为加以必要的限制。“……然而，这并不意味着反托拉斯法不会或不应约束知识产权的范围。就像很容易假定知识产权授予垄断一样，将知识产权与不动产等同并因而假定其不会产生任何市场支配力也是错误的。知识产权只授予唯一的产品，而且在某些方面专利法特别授予专利所有人的权利远远大于不动产法授予的权利。完全有可能利用知识产权来获得某种市场支配力或者以各种形式来妨碍竞争，因而反托拉斯法就应当介入这种行为。”[1]正如在前述的微软垄断案中，微软公司提出的一个重要抗辩就是微软的行为受到美国联邦知识产权法（主要是著作权法）的保护，是合法的知识产权许可交易，微软的这一抗辩未被地区法院所接受，法院认定微软将版权作为非法垄断的手段，故须适用反托拉斯法。这是符合反垄断法作为经济法的性质和宗旨的。因为，包括反垄断法在内的经济法的调整“所要达到的主要目标就是通过运用各种调整手段来弥补传统民商法调整的缺陷，以不断解决个体的营利性和社会公益性的矛盾……调控和促进经济与社会的良性运行和协调发展。”[2]

当然，反垄断法在特定情况下适用于知识产权的行使行为，并不意味着对知识产权本身作为垄断权的基本性质的否定，而是在承认和保护这种权利的同时，防止和控制其被滥用。这是符合法律设定任何权利的目的的，因为任何权利都不可能是绝对的，它都有一条自身正当与合法行使的界限，防止和控制权利和权力的滥用是法律的重要原则，也是实现法治的必然要求。这正如E. 博登海默所言：“我们必须得出这样一个结论，即每个社会秩序都面临着分配权利、限定权利范围、使一些权利与其他（可能抵触的）权利相协调的任务。‘共同福利’或‘共同利益’（common good）这一术语是一个不无用处的概念工具，它意味着在分配和行使个人权利时决不可以超越的外部界限，否则全体国民就会蒙受严重损害。在个人权利和社会福利之间创设一种适当的平衡，乃是有关正

---

〔1〕 Herbert Hovenkamp, Mark D. Janis & Mark A. Lemley, *IP and Antitrust: An Analysis of Antitrust Principles Applied to Intellectual Property Law*, Aspen Publishers, 2004, pp. 1 – 13.

〔2〕 张守文、于雷：《市场经济与新经济法》，北京大学出版社 1993 年版，第 96 页。

义的主要考虑之一。"[1]埃尔曼也指出:"今天,大多数法律制度都在试图对不受约束的个人主义表现加以控制,控制的方式是通过法院判决或立法发展出一种广泛而略失雅致地称作'滥用权利'的概念。这种概念认为一项权利,即使是被合法地取得,也不能够用来满足与其原始目的相悖的目的。"[2]这说明,在协调知识产权与反垄断法的潜在冲突时,为防止知识产权的滥用,反垄断法应当从其社会本位性出发,对知识产权的行使行为进行必要的规制。只要反垄断法本身不被滥用,就不会对知识产权的正当行使构成威胁,更不是对知识产权基本性质的否定。因为"反托拉斯不会干预政府授予的知识产权的合法行使,只是干预那些将其权利范围扩大到新产品、延长权利期限或者规定限制竞争的获取权利的条件的行为"。[3] 而且,如后文所述,反垄断法在对知识产权滥用进行限制的时候,还有一个具体的分析、权衡的过程。

正如经济合作与发展组织(OECD)在1989年的报告中指出的,今天许多(如果不是大多数的话)法律制度控制知识产权的行使是在竞争政策的框架中进行的。[4] 即使知识产权的行使已经受到了知识产权立法的规制,竞争法还要对其加以另一层次(tier)的规制,以确保知识产权立法所授予的专有权不被结成卡特尔、划分市场的协议或市场进入的垄断行为所滥用。在这一层次的规制中,竞争当局试图将维护市场竞争的目标与知识产权法奖励创新投资的目标之间加以平衡。过去有一段时期,美国和欧共体/欧盟都假定知识产权的专有性本身就产生了市场垄断力,并假定所有的知识产权许可都产生竞争者之间的共谋,这导致了司法和行政当局的竞争规则没有足够地注意到它们对研究开发和创新的投资的影响。然而,对创新的足够刺激的需要并不能证明将知识产权完全豁免为保护市场有效竞争而设计的规则是正当的。虽然现在不再假定知识产权政策和竞争政策之间具有内在的冲突,但是某些行使知识产权的形式,包括某些类型的许可协议,产生了对竞争的实际的危险。确实,许多有助于刺激投资的行为也被用作从事反竞争行为的工具。例如,授予以专利权、著作权、外

---

〔1〕 [美]E. 博登海默:《法理学:法律哲学与法律方法》,邓正来译,中国政法大学出版社1999年版,第298页。

〔2〕 [美]埃尔曼:《比较法律文化》,贺卫方、高鸿钧译,三联书店1990年版,第76页。

〔3〕 Herbert Hovenkamp, Mark D. Janis & Mark A. Lemley, *IP and Antitrust: An Analysis of Antitrust Principles Applied to Intellectual Property Law*, Aspen Publishers, 2004, pp. 1–14.

〔4〕 See OECD Report on Competition Policy and Intellectual Property Rights(Paris, 1989),资料来源于OECD网站:http://www.oecd.org/dataoecd/8/44/2376247.pdf,最后访问日期:2012年6月6日。

观设计权、特别是商标权为形式的知识产权以专有权，的确不一定产生垄断。只要存在该受保护产品或方法的足够替代，它们就并未授予市场力量。然而，在有些情况下，知识产权人确实拥有实际的市场力量，在这种情况下，如果许可人试图利用知识产权扩展其市场力量，如通过以专利产品搭售非专利产品，或者阻止第三人进入依赖该知识产权的产品市场，那么这就产生了反垄断法所关注的竞争问题。类似地，现在的多数许可协议被视为有利于竞争的，特别是在许可人和被许可人不是现有竞争者的情况下。它们将新的竞争者引入市场，并且有助于发明在经济活动中的普及。然而，许可协议可以被用来掩盖划分市场的协议或者被用来合谋阻止新技术进入市场。因此，今天的竞争政策的任务在于确保区分两种利益时运用适当的平衡机制。[1]

欧洲法院经常重申知识产权的行使必须原则上与《罗马条约》第 85 条和第 86 条[2]的竞争规则相协调。但法院多次指出，条约中的竞争规则并不干预知识产权的正常行使行为。在麦克斯卡（Maxicar）案中，法院指出，仅仅获得法律授予专有权的好处的事实以及能够阻止受保护的产品被（未被授权的）他人所生产和销售的效果，都不能被认为是消除竞争的滥用方法。在沃尔沃（Volvo）案中，法院也指出，要构成滥用，在消除了受保护产品的其他生产者的竞争外，还要有某些“另外的因素”（additional factor），因为这符合受保护权利的实质。在迈吉尔（Magill）案中，法院裁决，在知识产权的行使行为能够被判定违反条约条款之前，必须裁定有“特别的情况”（exceptional circumstances）。法院经常裁定，在知识产权的行使与竞争法相冲突时，前者必须服从后者。[3]

有些国家的反垄断法虽然没有明确规定其适用于知识产权领域，甚至还规定有知识产权的除外条款，但是这并不影响其对涉及知识产权的非法限制竞争行为的适用。例如，日本《禁止垄断法》第 21 条（原第 23 条）规定：“本法的各项规定不适用于被认定为是根据著作权法、专利法、实用新型法、外观设计法或商标法的权利行使行为。”但是，学界和执法机构都指出，该法仍然适用于知识

---

〔1〕 See Steven D. Anderman, *EC Competition Law and Intellectual Property Rights*, Clarendon Press Oxford, 1998, pp. 5 – 6.

〔2〕 即后来的《欧洲共同体条约》第 81 条和第 82 条，《欧盟运行条约》第 101 条和第 102 条。详细内容请见本书第二章第二部分。

〔3〕 See Steven D. Anderman, *EC Competition Law and Intellectual Property Rights*, Clarendon Press Oxford, 1998, p. 9.

产权领域,只要知识产权的行使行为不正当地限制了竞争。日本公正交易委员会2007年《知识产权利用的反垄断法指南》在第2章"反垄断法适用的基本原则"部分对该条的解释是:"这条规定说明反垄断法仅适用于与技术使用有关且在本质上不被认为是权利行使行为的限制行为。"并指出:技术的权利人阻止其他企业使用其技术或限定其他企业技术使用范围的限制行为,在表面上看与权利行使行为一致,但若该限制行为在本质上不能被视为权利行使行为,则将适用反垄断法进行规制。换句话说,按照前述第21条的规定,任何在表面上看似权利行使的行为,如果与知识产权制度的基本目标——激励企业努力创新和使用技术——相偏离或相冲突,则根据该行为的目的和方式以及该行为对竞争的影响程度,可能不被确认为权利行使行为。反垄断法适用于此类行为。

因此,反垄断法对知识产权行使行为进行规制的必要性是显而易见的。问题的关键是,反垄断法应当按照何种原则和在何种程度上进行规制。而在这方面,理论上的观点和实践中的做法都并不完全一致。在美国,反托拉斯部门和法院在根据谢尔曼法对知识产权行使行为进行规制时,在不同时期的宽严程度差异很大。在谢尔曼法实施的早期,法院的判决认可"依据美国专利法享有在使用权或者销售权方面的绝对自由",因为"这些法律的目的就是垄断"。基于这个原则,最高法院允许知识产权人横向固定价格和维持最低转售价格,而在涉及有形财产时这些行为本身是被视为违法的。而从20世纪30~70年代,情况发生了相反的变化。法院继续将知识产权尤其是专利权看作授予了一种"垄断",但是判决倾向于集中在知识产权人的行为是否"在法定的排他权的范围之内"。而对专利法和版权法授予的权利又做严格的解释。联邦反托拉斯执法人员也向被其认定为非常扩张专利权的行为按照违反《谢尔曼法》第1条的本身违法原则进行打击。但是,从20世纪80年代开始,联邦执法机构和部分法院开始不再强调知识产权与反托拉斯之间的明显冲突,而认为两者是互补的,拥有共同的基本目标。特别是在2006年的Illinois Tool Works v. Independent Ink, Inc.案的判决中,最高法院正式放弃了知识产权授予市场力量或垄断力的推定,否定了涉及知识产权的搭售协议应受到比涉及有形财产的搭售更为严苛对待的观点。[1] 由于知识产权和反垄断法有共同的目标,两者之间的冲突并非必然

〔1〕 See ABA Section of Antitrust Law, *Antitrust Law Developments (Sixth)*, American Bar Association, 2007, pp. 1080-1082.

的,因此在处理两者在特定情形下的冲突时就要强调维护竞争与激励创新之间的平衡。“如果谴责了涉及知识产权的有效率的行为,则可能破坏对创新的激励,并使带动美国经济发展主要部分的发动机减速。然而,如果未能对涉及知识产权以及其他形式财产权利的非法合谋或排他性行为提出挑战,也会给消费者带来严重的负面影响。”〔1〕为此,一方面要求反垄断法容忍知识产权的正常行使对竞争的合法限制,另一方面也要求在知识产权的行使行为超出正当界限构成对竞争的非法限制时反垄断法的介入,并且在具体处理时将涉及知识产权的与涉及其他类型财产的问题同等看待,适用相同的反托拉斯原则进行分析,尽管也要考虑知识产权本身具有的某些特殊性。

四、知识产权滥用与反垄断法在规制知识产权滥用中的特点及意义

(一)知识产权滥用及其法律规制体系

1. 知识产权滥用的概念、特征与要件

知识产权滥用是民事权利滥用的一种表现形式。权利作为人们为或者不为一定行为、要求他人为或者不为一定行为以及请求国家强制力给予协助的可能性,其在行使的过程中必然会对他人或者社会公共利益产生一定的影响。如果权利人在行使权利时超过法律所确定的界限或者法律设定权利的目的,给他人利益或者社会公共利益造成一定的损害,就存在权利滥用(misuse of right or abuse of right)的问题。因此,权利滥用的提出是针对权利行使的,而不是针对权利本身的,它实际上构成了对权利行使行为的限制和正当界限的确定。权利滥用就意味着对权利行使行为正当界限的逾越或者法律设定权利正当目的的违背,就应承担相应的法律后果。

尽管古罗马有“行使自己的权利,无论于何人皆非不法”的法谚,〔2〕但是一般认为大陆法系的权利滥用禁止原则就渊源于古罗马的自然法理念。其在法律上的表现就是对于具体权利的行使加以某些限制,如行使所有权要受到相邻关系的限制。到了自由资本主义时期,受个人主义与自由主义思潮的影响,对民事主体行使民事权利的方式基本没有限制,但是权利行使的限制仍然没有完全被遗忘。例如,1804 年的《法国民法典》就首次明确规定了特定情形下权利

---

〔1〕 美国 2007 年《反托拉斯执法与知识产权:促进创新和竞争》前言部分的第 6 段。

〔2〕 [美]埃尔曼:《比较法律文化》,贺卫方、高鸿钧译,上海三联书店 1990 年版,第 76 页。

滥用的法律后果,即该法典第 618 条规定:“用益权人因滥用其用益权和不动产毁损,或不予维修任其灭失时,用益权亦得因而消灭。”进入垄断资本主义时期后,由于私权绝对所滋生的弊端日益严重,法权观念开始由个人本位向社会本位转变,对权利行使施加必要的限制更成为社会的普遍观念。1900 年《德国民法典》第 226 条进而使其成为一般法律义务:“权利行使不得专以损害他人为目的。”1919 年《魏玛宪法》则开将禁止权利滥用上升为宪法义务之先河:“所有权负有义务,其行使应同时有益于社会公共利益。”1907 年《瑞士民法典》更明确规定了权利滥用的概念,即其第 2 条中规定:“任何人在行使权利或履行义务时都必须遵守诚实信用原则,权利的明显滥用,不受法律保护。”随后,禁止权利滥用这一规定几乎成了各个国家宪法和法律规定的通例。[1] 在大陆法系国家,权利不得滥用原则是诚信原则的当然内容,或者说是诚信原则的反面规范,即权利之行使有违诚信原则者,是为权利滥用。[2]

在英美法中虽然不像大陆法系那样很早就明确规定了禁止权利滥用的原则,但是其衡平法中同样有“权利滥用”的观念。权利滥用观念出现的原因系因权利人在行使其权利时,并未依据正当的方式行使,反而以不公平、不适当的方式行使其权利,为了对于此种不当行使权利的方式予以处罚,衡平法乃规定权利人无法完全享受其权利。除了“权利滥用”原则之外,衡平法上限制权利人不当行使其权利的规定还有“不洁之手”(unclean hand)和“禁反言”(estoppel)原则。前者要求任何人在诉讼中有所主张时,必须其本身的行为无瑕疵,如果行为人本身就有不当行为,则其无权主张他人的行为不当;后者系指被告之行为系部分由原告所造成,或原告的行为诱使被告从事不当行为,则就原告本身不当的部分,不得要求被告赔偿。由于这两项原则在适用上有较多的限制,在涉及侵害专利权和著作权等知识产权的诉讼中最常为被告所提出的抗辩是“权利滥用”原则。[3] 而且,在英美现代的成文法中也越来越多地包含禁止权利滥用的规范。

总的来看,禁止权利滥用经历了从法律观念到判例再到成文法规定的发展演变过程。在现代社会,它既是一种普遍的、基本的法律观念,也是各国法律乃

---

〔1〕 范进学:《权利冲突与权利滥用》,载《法制日报》2002 年 3 月 17 日。

〔2〕 陈锐雄:《民法总则新论》,三民书局 1982 年版,第 920 页。

〔3〕 陈家骏:《“公平交易法”中行使专利权之不正当竞争行为》,载《法令月刊》第 45 卷第 1 期(1994 年 1 月)。

至宪法所普遍规定的基本法律原则。中国《宪法》第 51 条、《民法通则》(已废止)第 7 条和第 58 条,以及《民法典》第 132 条等法律规定也同样包含了禁止权利滥用原则。

任何权利(权力也如此)都有被滥用的可能性,而其实际的表现和后果则要取决于多种因素。从理论上来说,由于知识产权在性质上属于民事权利,因此其与任何其他民事权利一样,也有被滥用的可能。而且,知识产权客体的无形性特点使权利的范围和侵权行为的认定相对于有形财产权要更为复杂,知识产权在法律上还具有更强的排他性,这使权利人在行使权利的过程中越出其应有边界或者违背法律设定这种权利的目的的可能性要更大;同时,知识产权在性质上与社会公共利益的关系更为密切,特别是知识产权在以经济全球化和知识经济为特征的现代社会的地位和作用又显得越来越重要,因此,虽然知识产权相对于其他财产权利来说产生较晚,其滥用问题也相应地产生较晚,但是知识产权滥用一旦出现,所带来的影响和后果比其他财产权滥用所带来的要更大,也因此其更加受到关注。

简单地说,知识产权滥用是指知识产权的权利人在行使其权利时超出了法律允许的范围或者正当的界限,导致对该权利的不正当利用,损害他人利益和社会公共利益的行为。在这里,知识产权的获得与知识产权的行使是两个问题,不能因为知识产权是合法获得的权利就忽视甚至否认其也有滥用的问题,就如同在行使合法的所有权或者其他权利的过程中可能存在滥用一样。

需要说明的是,权利意味着得到法律肯定和保障实现的利益,因此,严格说来没有不合法权利的说法,权利滥用中的权利本身也应是合法的。当然,有时也将不正当获得的专利权、商标权等知识产权这种表面上的"权利"或者根本就不应获得的"权利"的行使行为也称为权利滥用。例如,美国司法部和联邦贸易委员会于 1995 年 4 月 6 日联合发布的《知识产权许可的反托拉斯指南》就指出,实施或者企图实施以欺诈方法从专利商标局或者版权局获得的专利权等知识产权,可能违反《谢尔曼法》第 2 条的规定(如果能证明符合该条的其他要件)或者《联邦贸易委员会法》第 5 条,这也往往被视为知识产权的滥用(但反过来未必成立,即知识产权滥用不一定是违反反垄断法的行为)。在中国的司法实践中,也将专利权人采取规避法律或者其他不正当手段,明知其申请不应当获得专利而申请并且获得了专利权,据此行使权利的行为称为专利权滥用,被控侵权人可以提出滥用专利权的抗辩。

总体来说,知识产权滥用具有以下特征:首先,知识产权滥用具有行使知识产权的表象,或者说与知识产权的行使有关,这使知识产权滥用行为区别于发生在其他领域的行为;其次,知识产权滥用是违背法律设定知识产权的宗旨或者超越权利正当界限的行为,这是知识产权滥用在实质内容上具有的特征;最后,知识产权滥用在法律后果上是一种违法行为,要受到法律的否认性评价和相应的处理。因此,知识产权滥用的实质在于知识产权的权利人以不公平、不适当的方式行使其权利,不适当地扩张了其所享有的权利。也就是说,知识产权滥用在表面上虽属于行使权利的行为,但实际上它却是超越知识产权的合法界限或者背离法律设定知识产权的宗旨的违法行为。相应地,禁止知识产权滥用的目的和功能就在于对权利行使行为的限制,具体来说,是将权利的行使行为控制在权利的界限范围内或者法律设定权利的目的范围内。

关于构成权利滥用的标准,各国先后一共确立过故意损害、缺乏正当利益、选择有害的方式行使权利、损害大于所取得的利益、不顾权利存在的目的、违反侵权法的一般原则 6 个标准,并且呈现由主观化向客观化发展(以解决主观恶意难以证明的问题)和严格化的趋势(故意的和过失的、损害已经造成和可能造成)。[1] 不过,现在一般很少纯粹采用单一的主观或者客观标准,而是将两者结合起来考虑。在中国,学者大都主张将主观标准和客观标准结合起来考虑,如滥用权利应该根据权利是否存在、行使权利是否损害他人或社会的利益、行为人主观上是否有过错等来确定。前文主张界定权利滥用主要从权利行使行为超越法律的界限或者违背了法律设定权利的目的,实际也是综合考虑主观和客观两方面的因素。

对于权利滥用的具体构成要件,有的学者认为有四个要素:主体是正在行使权利的权利人;客体是社会的、国家的、集体的或其他公民的合法的自由和权利;主观方面是权利人存有故意的心理状态;客观方面是有危害他人权利和利益后果的行为。[2] 这种关于权利滥用构成要件的分析也完全适用于知识产权的滥用。这里结合知识产权的特点,简要分析知识产权滥用行为的构成要件:

第一,知识产权滥用的主体是正在行使知识产权的权利人。这一要件就将知识产权滥用与单纯的违法行为区分开来。知识产权滥用虽是一种违法行为,

---

〔1〕 徐国栋:《民法基本原则解释——成文法局限性之克服》,中国政法大学出版社 1992 年版,第 94 ~ 97 页。

〔2〕 杨春福:《权利法哲学研究导论》,南京大学出版社 2000 年版,第 184 ~ 185 页。

但它与一般违法行为有着阶段性区别。知识产权滥用的主体首先是拥有合法权利的权利人,至少在形式上是依照法律取得某种知识产权的人,当其处于正当权利行使的阶段,不存在滥用的问题,只有在行使权利的行为超过了法律允许的界限或者设定权利的目的时才构成权利滥用,构成这里的违法。

第二,知识产权滥用的客体是国家的、社会的利益和他人的合法的权利与利益。知识产权是一种利益机制,涉及不同主体间权利和利益关系,知识产权的界定和保护体现了一定时期法律对这种权利和利益的平衡和协调。如果权利人在行使知识产权的过程中超出了正当的界限,就会破坏这种平衡,致使国家的、社会的和他人(如消费者、竞争者)的权利和利益受损。

第三,知识产权滥用的主观方面是权利人损人利己的故意。尽管过失也是行为主体主观过错的一个方面,但是在知识产权滥用行为中一般不存在过失的问题,而存在明显的损人利己的故意。当然,在很多情况下这种故意是通过其行使知识产权过程中的一些客观表现去推定的。

第四,知识产权滥用的客观方面是有危害或者可能危害他人权利和利益后果的行为。已经造成现实危害的行为当然包括,那些虽然尚未造成现实危害但可能造成危害的行为也应当包括在内。

这四个方面的要件结合起来也就是我们判断知识产权行使行为正当与否的法律上的标准。但故意的主观过错的标准使其在很多情况下实际上又是与道德因素密切相关的。

2. 知识产权滥用的主要类型与法律规制体系

知识产权滥用行为在理论上可能的类型和在实践中现实存在的类型都是多种多样的。对知识产权滥用行为的任何具体列举都很难穷尽,难免会挂一漏万,也难以形成对知识产权滥用的整体概念。因此,从理论上对知识产权滥用作出类型化的分类还是必要的。这种分类可以从不同的角度出发,如可以从知识产权本身种类的不同,将其分为专利权滥用、商标权滥用、版权滥用和商业秘密权滥用[1]等;也可以根据行为本身特点和违反的法律的性质的不同,将知识产权滥用行为分为违反知识产权法本身的知识产权滥用、违反反不正当竞争法

---

〔1〕 相对于专利权、商标权、版权来说,商业秘密明确作为法定的知识产权的一种类型的历史还比较短,再加上其本身的许多特殊性,因此目前国内外很少就商业秘密权滥用问题进行探讨。但是,基于知识产权滥用的一般原理,商业秘密既然具有知识产权的一般性质,其也就存在被滥用的可能性。

的知识产权滥用和违反反垄断法的知识产权滥用等。

如果说"滥用所有权并非对存在于所有权外部的法律的违反,而是对所有权本身的违反",[1]那么至少可以说滥用知识产权也构成了对知识产权法自身的违反(尽管还不能说它不是对知识产权外部的其他法律的违反)。实际上,知识产权滥用首先违反了知识产权法本身的原则和规范,因为知识产权法并非单纯地保护知识产权的权利人利益,其根本目的是鼓励创新,促进知识的传播和应用,实现个体权利人与社会公众利益的平衡。"知识产权制度包含一个内在的控制知识产权滥用的机制。这种机制是衡平法上对专利权或新近的其他知识产权滥用的抗辩。"[2]如果权利人在行使其知识产权的过程中超出法律规定的界限或者设定权利的目的,如自己不实施,也不允许别人实施其专利,超出知识产权的范围行使权利,在知识产权到期后仍然行使权利,以明显不正当的手段取得知识产权而加以行使等,就构成权利滥用。这些行为表面上是在行使其作为独占权的知识产权,但实际上却超出了知识产权法的基本目的,即促进创新,鼓励知识的传播和应用,因而构成了对知识产权法本身的违反。

由于知识产权是市场竞争的工具,因此知识产权滥用行为常常与不正当竞争联系在一起。这类知识产权滥用行为违反了反不正当竞争法所维护的诚实信用和公平等公认的商业道德和市场竞争的基本原则。当然,这种行为往往与违反知识产权法本身的知识产权滥用行为存在交叉之处。例如,行为人采取不正当手段,明知其不应当获得而申请并且获得了有关知识产权,据此行使权利、妨碍他人的行为,表面上是在获取和行使知识产权,但在实际上其既与知识产权法本身的规定不符,也属于不正当竞争。不仅在行使知识产权的过程中滥用诉权的行为可能构成不正当竞争,而且知识产权人滥发警告函的行为也可能构成不正当竞争。知识产权人滥发警告函的行为在商誉和经济上都可能给竞争对方造成很大损失,对正常的市场竞争也会造成扭曲和妨碍,因此滥发警告函无正当理由指控他人侵犯其知识产权也可构成不正当竞争的知识产权滥用。

虽然知识产权滥用并不必然构成反垄断法意义上的非法行为,但是知识产权本身明显的独占性特点决定了其滥用往往与限制竞争或者垄断行为联系在

---

〔1〕 徐国栋:《民法基本原则解释——成文法局限性之克服》,中国政法大学出版社 1992 年版,第 93 页。

〔2〕 Herbert Hovenkamp, Mark D. Janis & Mark A. Lemley, *IP and Antitrust: An Analysis of Antitrust Principles Applied to Intellectual Property Law*, Aspen Publishers, 2004, pp. 3 –2.

一起。实际上,知识产权滥用引起的关注也主要是在竞争政策或者反垄断法层面的。知识产权滥用构成违反反垄断法的行为表现为各种限制竞争行为,包括在知识产权许可中缔结达成卡特尔或者垄断协议,在知识产权行使中滥用市场支配地位,在知识产权获得中从事不正当的并购(经营者集中)等。其中,由于知识产权往往会加强或者维持权利人的市场支配地位,因此知识产权人的滥用行为更多地表现为滥用市场支配地位。

为防止知识产权的滥用,知识产权的行使行为就要受到相应的规制。一般认为,对权利的限制有内部限制和外部限制两种,前者认为权利本身包含义务,权利应为社会目的而行使;后者则是在承认并保障权利的不可侵犯性、权利行使的自由性的前提下,以公法的措施适当限制权利的不可侵犯性,以民法上的诚实信用原则、权利滥用之禁止原则及公序良俗原则限制权利行使的自由权。[1] 这同样适用于对知识产权滥用的法律限制。"个体知识产权的行使,不仅与有效竞争的理念存在冲突,而且也极易与民法上的公平、诚信和公序良俗等基本原则发生背离,与知识产权法自身维持社会整体效益的目标之间也有抵触。"[2] 相应地,知识产权的滥用要受到知识产权法自身的规制,同时还要受到民法的基本原则以及体现了公平和诚实信用等民法原则的反不正当竞争法的规制,特别是要受到反垄断法的规制。它们从各自特有的角度出发,确保知识产权这一合法垄断权的行使不背离法律设定的基本宗旨。

就知识产权法自身的规制来说,知识产权除了其所固有的地域和时间的限制以外,为了国家利益或者社会公共利益,有关的知识产权法还通过一些具体的制度使知识产权在一定条件下受到限制,如著作权要受到合理使用制度和法定许可制度的限制、专利权要受到强制许可制度的限制。甚至还有直接的有关权利不得滥用的条款,如中国《著作权法》第 4 条规定,著作权人行使著作权,不得违反宪法和法律,不得损害公共利益。中国《专利法》(2008 年修订)第 48 条还规定了滥用专利权的强制许可:"有下列情形之一的,国务院专利行政部门根据具备实施条件的单位或者个人的申请,可以给予实施发明专利或者实用新型专利的强制许可:(一)专利权人自专利权被授予之日起满三年,且自提出专利申请之日起满四年,无正当理由未实施或者未充分实施其专利的;(二)专利权

[1] 梁慧星:《民法总论》,法律出版社 1996 年版,第 251 ~ 252 页。

[2] 缪剑文等:《知识产权与竞争法》,载《法学》1999 年第 6 期。

人行使专利权的行为被依法认定为垄断行为,为消除或者减少该行为对竞争产生的不利影响的。”知识产权法本身的有关权利限制的规定,正是知识产权的调节机制的体现,目的在于尽可能实现个人利益与社会整体利益的协调以及公平与效率的统一。为防止知识产权的滥用,世界贸易组织《与贸易有关的知识产权协议》(TRIPs)第一部分(一般性规定和基本原则)第 7 条制定了如下的目标:“知识产权的保护和执法应当有助于技术创新以及技术转让和传播,有助于技术知识的创作者与使用者相互受益并且是以增进社会和经济福利的方式,以及有助于权利和义务的平衡。”第 8 条第 2 款规定了如下的原则:“为了防止权利所有人滥用知识产权,或者采用不合理地限制贸易或对技术的国际转让有不利影响的做法,可以采取适当的措施,但以这些措施符合本协议的规定为限。”这也包含了在知识产权法内部来解决的情形,如在有关知识产权专门法律中设置禁止权利滥用的条款,使被控侵权人可以以滥用知识产权来进行抗辩,提起反诉,甚至另行提起诉讼。

知识产权滥用还要受到民法基本原则以及体现了公平和诚实信用等民法原则的反不正当竞争法的规制。公平、诚实信用、禁止权利滥用等既是民法的基本原则,也是反不正当竞争法的基本原则,后者是前者在市场竞争领域的具体体现。中国《民法通则》(已废止)第7 条也规定了民事权利不得滥用的原则:“民事活动应当尊重社会公德,不得损害社会公共利益,扰乱社会经济秩序。”中国《民法典》第 132 条进一步明确规定:“民事主体不得滥用民事权利损害国家利益、社会公共利益或者他人合法权益。”从事一切民事活动,包括行使知识产权的行为都不得违反这一原则。“民事活动是行使民事权利和履行民事义务以满足个人需要的活动,权利不得滥用原则的要旨,就是要求民事活动的当事人在行使权利及履行义务的过程中,实现个人利益与社会利益的平衡。”[1] 同时,中国《宪法》第 51 条也明确规定:“中华人民共和国公民在行使自由和权利的时候,不得损害国家的、社会的、集体的利益和其他公民的合法的自由和权利。”法人和其他组织同样也应当遵守这一基本原则。因此,权利不得滥用也应当是所有法律的共同的原则。按照学者的看法,民法上权利滥用禁止之机能包括侵权行为机能(使某种权利之行使构成不法侵权行为而负损害赔偿责任)、权利范围

---

[1] 徐国栋:《民法基本原则解释——成文法局限性之克服》,中国政法大学出版社 1992 年版,第 89 ~ 90 页。

明确化机能(使制定法欠缺时权利内容及范围加以明确化)、权利行使范围缩小化机能(使某一权利范围缩小)和强制调停机能(强制权利所有人参与调停,但以涉及公共利益者为限)。[1] 在作为制定法的知识产权法对有关权利行使的界限没有规定或者规定不明确时,运用权利不得滥用等民法基本原则可以对一些知识产权滥用行为加以一定程度的控制。这只能是在特定情况下起漏洞补充的作用,而不能成为主要的适用依据。实际上,这些民法的基本原则同时也是《反不正当竞争法》的基本原则。中国《反不正当竞争法》(2019 年修正)第 2 条第 1 款规定:"经营者在生产经营活动中,应当遵循自愿、平等、公平、诚信的原则,遵守法律和商业道德。"因此,在具体的法律适用时就可以依据反不正当竞争法的相关条款。即使中国现有的《反不正当竞争法》缺乏严格意义上的一般条款,但根据合理解释原则,在认定民事违法行为时,仍然可以将包含前述原则的该法第 2 条解释为一般条款,对构成不正当竞争的知识产权滥用行为进行规制。

无论是知识产权法自身规范对知识产权滥用的限制还是民法基本原则对知识产权滥用的规制,都属于在民商法范围的规制,这种规制受到民法自身性质和手段的局限,因此还不足以解决知识产权滥用的更深层次的问题。反不正当竞争法兼具公私法的性质,其对市场竞争行为的调整相对于民法的调整向前迈进了一步,但是其与同属竞争法范畴的反垄断法在调整手段、调整目标等方面还存在很大的差别。而主要具有公法性质的反垄断法对知识产权滥用的规制可以在此基础上进行更高层次[2]的规制。虽然并非所有知识产权滥用都涉及反垄断法上的问题,但是由于竞争政策是各国基本的公共政策,而且知识产权的垄断行为也决定了其滥用行为往往会造成对竞争政策的破坏,因而现代各国主要是在反垄断法的框架中来解决知识产权滥用问题的。

虽然前述知识产权与反垄断法冲突的可能性与协调的必要性,说明为防止知识产权的滥用,反垄断法应当对知识产权的行使行为进行必要的规制。正如有学者提出的,知识产权滥用的抗辩表现了知识产权与反托拉斯法之间的连接点。[3] 但实际上,知识产权的滥用不只是涉及反垄断一个方面的问题,甚至也

---

〔1〕 林诚二:《民法理论与问题研究》,中国政法大学出版社 2000 年版,第 10 ~ 11 页。

〔2〕 这里的所谓高层次不涉及不同法律部门的优劣与重要程度的判断问题,只是从对经济关系进行的第一次调节与第二次调节的意义上来说的。

〔3〕 ABA Publication 对 *Intellectual Property Misuse*:*Licensing and Litigation* 一书内容的简要介绍。

不是反垄断方面的问题。专利权滥用“不仅仅涉及专利法,因为滥用法定的垄断权容易受到反托拉斯法的禁止。但是,在合法地利用权利和违反反托拉斯法之间还有许多行为,它们虽然不足以构成违反反托拉斯法的行为,但却足以构成滥用专利权的行为,为此要受到临时失去专利权的惩罚”。[1] 一般认为,判断知识产权滥用成立的标准是行使权利的行为是否违背知识产权所要实现的相关公共政策。知识产权滥用原则是美国司法判例中基于公共政策所形成的原则。知识产权滥用原则所体现的公共政策包括创新政策、竞争政策、表达自由政策等。[2] 从前文关于知识产权与反垄断政策的一致性的分析中可知,创新政策和竞争政策既蕴涵在知识产权法本身所要实现的公共政策中,也蕴含在反垄断法的公共政策中。当然,相对来说,创新政策主要由知识产权法来体现,竞争政策则侧重由反垄断法来体现。

在日本学者富田彻男所著的《市场竞争中的知识产权》一书中,引用、介绍了刊于《日经计算机》中的一幅漫画,它是出版于1992年关于计算机知识产权专集上的标题画,画的是一些角色对垒的场面。在进入最深处取得知识财产的路上,据守着专利、著作权和企业秘密等“怪兽”。作为与其对垒的“战士”一方,企业生产者有专利作为武器,软件公司也有某些武装(著作权),而用户手中则只有一把袖珍小刀,因而处于惶恐的状态。笔者就此设问:有没有帮助用户的手段呢?接着做了肯定的回答:“那就是以民法中关于禁止滥用权利的法理和禁止垄断法为代表的一套反垄断法规。”[3] 并在后文中进一步指出,要保护《日经计算机》漫画中那个用户(消费者),基本的手段在于禁止滥用权利的法理,而在实际上则必须求助于反垄断法规。在知识产权被无限制地强调的世界上,的确必须将能与之对抗的手段加以强化。[4]

当知识产权的行使违反反垄断法时,必然存在知识产权的滥用,但是,反过

---

〔1〕 Arthur R. Miller & Michael H. Davis, *Intellectual Property*, West Publishing Co., 1990, p. 137.

〔2〕 郑友德、陶双文:《美国知识产权滥用》,载《知识产权》2001年第2期。

〔3〕 [日]富田彻男:《市场竞争中的知识产权》,廖正衡等译,商务印书馆2000年版,第125~127页。

〔4〕 [日]富田彻男:《市场竞争中的知识产权》,廖正衡等译,商务印书馆2000年版,第139~140页。

来并不一定成立,即有些(甚至多数)滥用并不违反反垄断法。[1]“一般来说,如果根据《谢尔曼法》第一条有违反反托拉斯法的行为,则法院就会很正常地发现曾有专利权的滥用,这样法院就宣判不予执行。然而,这种逆反推论并非总是正确的,因为无论什么时候,当专利权人试图超出许可范围扩大垄断,不管竞争是否有实质性的减少,或者有其他必要的影响来说明有无违反反托拉斯法的行为,都可能有专利权的滥用。”[2]由于滥用在本质上要求法院不对反竞争行为提供支持——是盾而不是矛——因此它可能包括但不限于反托拉斯的禁止问题。按照第九巡回上诉法院的看法,“虽然违反反托拉斯法的试图利用版权的行为可能会引起版权滥用的抗辩,但反过来未必是正确——为了构成对侵权诉讼的衡平法上的抗辩,版权滥用不必是违反了反托拉斯法的行为”。[3] 在这里,知识产权法自身的规范的限制属于内部限制,且既有对权利内容的限制,也有对权利人权利行使的限制;而民法的基本原则和反垄断法的限制则属于外部限制,且一般属于对权利人权利行使的限制。当然,后两者在限制知识产权滥用时是有很大不同的。

有学者在分析知识产权与竞争政策(其核心是反垄断法)时指出,两者关系有三个重要的维度:第一个是知识产权滥用行为源于知识产权自身,解决办法也在专利法等知识产权法自身;第二个是垄断(知识产权)滥用行为源于知识产权自身,但解决办法具有(矫正)反竞争的意义;第三个是专利(知识产权)垄断

---

〔1〕 不过,在美国人们对于知识产权滥用与反垄断违法之间关系的认识并不完全一致,在司法实践中往往也没有明确对两者加以区分。“法院常常将滥用主张和反托拉斯主张当成可以互换的。在许多案件中一个违反反托拉斯法的裁决也导致一个滥用的裁决,没有进行进一步的讨论。有时候,相反的情形也会成立,尽管仅仅证明滥用成立就推定违反了托拉斯法似乎是不合理的。”参见 Herbert Hovenkamp, Mark D. Janis & Mark A. Lemley, *IP and Antitrust: An Analysis of Antitrust Principles Applied to Intellectual Property Law*, Aspen Publishers, 2004, pp. 3 – 2。

〔2〕 [美]约翰·理查兹等:《产品进入美国市场的法律问题》,侯国云等译,中国政法大学出版社 1991 年版,第 215 ~ 216 页。

〔3〕 See Debra A. Valentine, *Abuse of Dominance Relation to Intellectual Property: U. S. Perspectives and the Intel Cases*, Before The Israel International Antitrust Conference, November 5, 1999. 资料来源于美国联邦贸易委员会网站:http://www.ftc.gov/speeches/other/dvisraelin.shtm,最后访问日期:2012 年 3 月 9 日。

的利用行为超越了排他性的范围,需要通过竞争政策来解决。[1] 这与我们分析知识产权滥用与反垄断法的关系也是基本一致的。

(二)反垄断法在限制知识产权滥用中的特点及意义

1. 反垄断法限制知识产权滥用的前提和特点——维护有效竞争

知识产权的滥用受到反垄断法的限制,主要体现了反垄断法通过维护有效竞争来使社会个体的知识产权的行使行为不致破坏了社会整体利益(实质公正和社会整体效率)。这里的知识产权的滥用就主要表现为在行使知识产权的过程中不正当地限制竞争的行为。这是由反垄断法的社会本位性和保护竞争的特点和调整角度所决定的。这既不同于知识产权法针对权利本身进行的限制,也不同于民法的权利不得滥用原则从更为广泛的角度考虑社会公共利益而并不特别关注竞争所受到的限制。尤其是,反垄断法作为典型的经济法,其所进行的限制必然主要运用不同于民法的公法的方法,有专门机关的主动介入,即反垄断法对限制竞争行为的控制主要是采用政府干预的方式。

仅有专有权的行使并不自动构成反垄断法意义上的权利滥用。欧洲法院指出,要构成对欧盟竞争法的违反,知识产权的行使必须以某种方式与依《罗马条约》第 81 条和第 82 条的规定自身构成违法的行为相联系。正如法院在霍夫曼(Hoffman La Roche)案中指出的,知识产权要构成对条约第 82 条规定的违法行为,它必须被用作滥用市场支配地位的工具。类似地,依条约第 81 条,知识产权许可甚至是独占性许可要构成违法,它必须有助于产生因限制竞争而受到该条禁止的协议、决定或联合行为,或者作为它们的手段。因此,只有在非常的情况下,知识产权的行使才会依条约第 81 条和第 82 条的规定受到限制。但是,如果知识产权的行使与依条约第 81 条和第 82 条构成违法的商业行为相联系时,它不能被依成员国国内法为合法的事实所挽救。[2]

反垄断法对知识产权的滥用进行限制,这不仅是反垄断法与知识产权法进行协调的一种结果和表现,而且也是两者进行协调的一个过程。其目的是使自

---

〔1〕 See Daya Shanker, *Competition Policy and Prevention of Abuses in the TRIPS Agreement*, in Roberto Cellini and Guido Cozi (ed.), Intellectual Property, Competition and Growth, Palgrave Macmillan, 2007, p. 210.

〔2〕 See Steven D. Anderman, *EC Competition Law and Intellectual Property Rights*, Clarendon Press Oxford, 1998, p. 13.

由公平的竞争得到维护的同时，也使知识产权法律制度得到正确的实施，使其内在机能得以实现。例如，日本学者认为，某企业的多数专利权如果是通过收买及其他方法集中的话，对这些专利权就不妨碍适用禁止垄断法。只有通过这样的适用，来抑制因收买造成的专利权的集中，才不至于出现妨碍企业研究开发活动的危险。但是，当这些专利权是从该企业自身研究开发行为中产生出来的时候，把专利权的行使看作私人垄断而认定为违法，就很可能造成与命令该企业停止研究开发活动相同的效果。因此，日本《禁止垄断法》第 23 条[1]在贯彻竞争政策时，不侵犯专利制度的目的，就不应该从禁止垄断法一边干涉从自己开发中产生出来的专利权的行使。并且认为，同样的结论，即使没有该条的规定，从禁止垄断法的解释本身也是能够引出的。但专利发明在被许可实施的场合，在判定许可契约中包含的限制竞争条款的违法性的时候，应该适用该条。日本和其他国家的判例和大多数学说都认为，为了保障专利制度的机能，对包含专利许可在内的限制条款应该适当加以顾及，适用某种合理原则。[2] 日本公正交易委员会在 1999 年颁布的《专利和技术秘密许可协议中的反垄断法指南》[3]中也明确指出，《禁止垄断法》第 23 条的规定被认为是为以下目的而作出的：被认为是依据专利法行使权利的行为，不受禁止垄断法的约束，因此不会构成对禁止垄断法的违反；但另一方面，即使行为被认为是依据专利法行使权利，如果该行为在其他方面被认为与知识产权制度鼓励创新的目的相背离或相对立，那么该行为就不再被认为是依专利法行使权利，并要适用禁止垄断法。如果在依《禁止垄断法》第 23 条的规定对某一行为进行评估后，认为应适用禁止垄断法，那么将根据该指南第三部分和第四部分的观点对该行为进行评估，以确定它应属于不合理贸易限制、私人垄断还是不公正的交易限制。该指南被 2007 年 9 月 28 日颁布的《知识产权利用的反垄断法指南》（新指南，以后又有少量修改）所取代。新指南指出，根据对《禁止垄断法》第 21 条的理解，反垄断法仅适用于与技术使用有关且在本质上不被认为是权利行使行为的限制行为。新指南也表明，并非所有与知识产权基本目标相偏离的权利行使行为均须适用

---

〔1〕 该法于 2005 年修改后变为了第 21 条。其规定是："本法的各项规定不适用于被认定为是根据著作权法、专利法、实用新型法、外观设计法或商标法的权利行使行为。"

〔2〕 [日]丹宗昭信、[日]厚谷襄儿编：《现代经济法入门》，谢次昌译，群众出版社 1985 年版，第 208 页。

〔3〕 具体可参见本书第二章第三部分。

反垄断法。这类行为还需考察其目的和方式以及该行为对竞争的影响程度,决定是否适用反垄断法来进行规制。

美国关于反托拉斯法的判例遵从报酬论的专利制度的经济机能主张,认为适用反垄断法的结果,在不能确保专利权人应该取得的"通常而合理的报酬"的场合,应该停止适用反垄断法。另外,基于许可制可以起到减少专利制度成为垄断契机的效用,因此在决定对有关许可包含限制竞争条款是否适用反垄断法时,就要把因许可不被授予而形成垄断的危险(将来的竞争限制)和伴随该契约条款的竞争限制的效果(现在的竞争限制)加以比较,在认为附加限制条款维持的许可热情在竞争政策上好处大的场合,就不一定要求删去该条款。[1] 由于在商标问题上不能承认竞争政策上应该维持许可热情的特别理由,因此根据经济合作发展组织 1978 年《关于与商标有关的限制商事惯例的报告书》,一些国家在解释上,对商标的许可有一种比专利的许可更严格适用反垄断法的倾向。[2] 美国学者认为,专利与反托拉斯法的结合要求不断的调节和妥协;通常,作出的选择是哪种价值应当优先。法院有时通过声称国会已经确定而回避自己在作出这种选择上的责任。让专利价值优先的裁决(如法院裁决集中足够的专利而成为垄断者并不违反《谢尔曼法》第 2 条)也许被解释为其是基于专利法的要求,而不承认反托拉斯法的不同的要求。相反,法院也可能理解了反托拉斯法的意义,而忽视了专利法的要求。这两种"简单的论断"(easy answers)都不能令人满意。[3] 但是,现在在涉及知识产权滥用时,有反托拉斯法优先于专利法适用的趋势。美国若干联邦法院在近年中强烈主张,在"专利权滥用"的诉讼中应以反托拉斯法之法则予以判决。[4] 当然,在不同的时期、不同的法院,进行这种权衡后的结果是不完全相同的。这在前文和后文的有关分析中可以看出。

2. 中国运用反垄断法规制知识产权滥用行为的意义

加强对知识产权滥用的反垄断规制是许多国家和地区反垄断法律制度和反垄断法理论中的一个重要问题,许多国家和地区已有相应的法律制度对这种

---

〔1〕[日]丹宗昭信、[日]厚谷襄儿编:《现代经济法入门》,谢次昌译,群众出版社 1985 年版,第 211 ~ 213 页。

〔2〕[日]丹宗昭信、[日]厚谷襄儿编:《现代经济法入门》,谢次昌译,群众出版社 1985 年版,第 216 页。

〔3〕See Lawrence Anthony Sullivan, *Antitrust*, West Publishing Co., 1977, p. 505.

〔4〕陈家骏:《"公平交易法"中行使专利权之不正当竞争行为》,载《法令月刊》第 45 卷第 1 期(1994 年 1 月)。

滥用行为予以制裁。一些国家和地区不仅适用其反垄断法中的有关规范对知识产权滥用行为进行规制，而且还在具体的行政执法和司法实践中形成了一些可操作性较强的专门性规范，主要有：美国司法部和联邦贸易委员会 1995 年联合发布的《知识产权许可的反托拉斯指南》（2016 年 8 月 12 日就该指南的修订征求意见）和 2007 年 4 月联合发布的《反托拉斯执法与知识产权：促进创新和竞争》的报告；欧盟委员会 2014 年 3 月 21 日《关于〈欧盟运行条约〉第 101 条第 3 款对技术转让协议类别的适用问题的规章》，其取代了 2004 年欧共体《对各类技术转让协议适用条约第 81 条（3）的规章》（EC No. 772/2004 号）[其取代了 1996 年欧共体委员会《技术转让规章》（EC No. 240/96）]；日本公正交易委员会 2007 年 9 月 28 日发布的《知识产权利用的反垄断法指南》（取代了 1999 年重新颁布的《专利和技术秘密许可协议中的反垄断法指南》，2016 年 1 月修订）；我国台湾地区 2001 年制定、2016 年最新修订的公平交易事务主管部门关于技术授权协议案件之处理原则”。具有重要意义的是，TRIPs 第 40 条第 2 款规定，各成员方可以在与该协议的其他规定相一致的前提下，根据该成员的有关法律和规章，采取适当的措施制止或者控制那些可能构成对知识产权的滥用、在市场上对竞争产生不利影响的订立许可合同的做法或者条件，例如，独占性回授条件、禁止对知识产权有效性提出质疑的条件、强迫“一揽子”许可。

在一些国家和地区，虽然在有关反垄断法中没有明确对涉及知识产权的垄断行为的规制，也没有这方面的专门执法规范（或者在有这方面的专门规范之前），但在解释上均认为反垄断法适用于在知识产权领域的垄断行为。例如，虽然韩国《反垄断法》[1]第 59 条规定该法不适用于行使依据著作权法、专利法、实用新型法、外观设计法或商标法规定的权利的行为，但韩国学者一般认为，对买进多数知识产权，在一定领域内形成垄断并滥用的行为或不正当利用知识产权的行为适用该法。[2] 又如，中国台湾地区“公平交易法”第 45 条明文规定：“依照‘著作权法’、‘商标法’或‘专利法’行使权利之正当行为，不适用本‘法’之规定。”对此，即使在其主管机构制定具体执法规范之前的长时间里，学者和有关机构一般也都认为，对该条做反面的解释就可使知识产权人不正当行使权

---

〔1〕 即 1980 年 12 月颁布、1981 年 4 月 1 日起施行的《关于独占规制及公平交易法律》（“限制垄断及公平交易法”，简称“反垄断法”），后经多次修订完善。

〔2〕 韩国忠北大学教授卢秉昊提交给 2000 年在重庆召开的全国经济法理论研讨会论文《韩国的反垄断法》。该文也是引用韩国另一位学者李基秀书中的观点。

利的行为(滥用行为)适用该法。当然,如果有这方面的专门执法规范,就有利于更集中、更明确地对此问题作出了正面的回答,从而有利于具体执法,也便于当事人遵守。例如,上述我国台湾地区的"关于技术授权协议案件之处理原则"就明确指出:对涉及专利授权、专门技术授权或专利与专门技术混合授权等授权协议,先依"公平交易法"第45条规定检视之;形式上虽为依照"专利法"等行使权利之正当行为,唯实质上逾越专利权等正当权利之行使范围,违反"专利法"等保障发明创作之"立法"意旨时,仍应依"公平交易法"及该原则处理。

中国真正建立知识产权制度仅四十年的时间,在这一初创时期,主要强调对知识产权的保护是必要的,但只强调权利的行使而没有确立相应的约束机制,就会导致滥用权利。其中,反垄断法的建立是约束知识产权行使的一个非常重要的方面。在当今激烈的国际科技、经济竞争中,许多国外大企业在中国市场上的垄断行为都同知识产权的不正当行使分不开的,因此建立与知识产权有关的反垄断法律制度对于保护中国的经济利益具有重要的意义。正如有专家所分析的:"在与TRIPs中有关强化知识产权保护的规定相比,我国知识产权法律还存在不少差距;与TRIPs中有关对限制竞争的行为进行控制的规定相比,我国的法律法规也存在差距。这两种差距的不同之处在于:对于前一种差距,如果我们不设法弥补,就会导致发达国家的指责,有可能因此而产生纠纷,遭受报复;对于后一种差距,即使我们没有制定有关法律法规,外国人也不会有什么意见。例如,在我国与美国政府进行的知识产权谈判中,美国就从来不指责我国没有进行反垄断控制。"[1]因此,无论出于维护国内的自由公平的竞争秩序还是为在国际经济交往中维护中国的利益,我们都要尽快制定《反垄断法》,并且相应地建立起与知识产权有关的反垄断法律制度。

实际上,随着中国知识产权法律制度的不断完善,知识产权保护的力度在不断加大,滥用知识产权的行为时有发生,借此实施的排除、限制竞争行为也日益突出。早在2005年度国家软科学研究计划重点委托研究课题成果《在华跨国公司知识产权滥用情况及其对策研究报告》[2]中,就列举了跨国公司在中国滥用其优势地位实施限制竞争行为的几种典型表现,主要包括拒绝许可、搭售、

---

[1] 尹新天:《TRIPs协议与制止知识产权滥用》,载《专利工作动态》2000年第11期。

[2] 软科学研究计划编号为2005DGS2D053,安徽大学法学院、上海交通大学法学院联合研究课题组,王先林主持,2015年。《商务周刊》2005年第21期以《跨国公司在华知识产权滥用》为题刊发了该报告的主要内容。

价格歧视、掠夺性定价和过高定价等，同时还附上了微软公司、思科公司、DVD专利联盟、英特尔公司和通用汽车公司等涉嫌滥用知识产权排除、限制竞争的实例。

基于此，中国在继续加强知识产权保护的同时，也在探索对滥用知识产权进行法律规制。2008 年 6 月 5 日国务院公布的《国家知识产权战略纲要》在“序言”部分指出，中国目前的“知识产权滥用行为时有发生”，其所规定的战略重点之一就是“防止知识产权滥用”，并要求“制定相关法律法规，合理界定知识产权的界限，防止知识产权滥用，维护公平竞争的市场秩序和公众合法权益”。这就从国家战略的高度提出了在重视保护知识产权的同时，还要重视防止知识产权滥用的问题。好在中国终于在 2007 年 8 月出台了《反垄断法》，并且该法在第 55 条还专门规定了知识产权滥用适用反垄断法的基本原则，经营者依照有关知识产权的法律、行政法规规定行使知识产权的行为，不适用本法；但是，经营者滥用知识产权，排除、限制竞争的行为，适用本法。这表明了中国对滥用知识产权进行反垄断规制的基本态度。为细化这方面的规定，国家工商总局于 2015 年 4 月 7 日发布《关于禁止滥用知识产权排除、限制竞争行为的规定》，国务院反垄断委员会于 2019 年 1 月 4 日发布《关于知识产权领域的反垄断指南》。

有鉴于此，本书在后面的部分拟对知识产权领域的反垄断问题进行专门的探讨，以期对中国形成知识产权利用中的良好的竞争秩序有所裨益。

第二章 知识产权领域反垄断问题的宏观考察与探讨

一、美国反托拉斯法及其对知识产权领域垄断行为的规制

（一）美国反托拉斯法的基本框架

旨在反对非法垄断、保护自由公平竞争的反垄断法在美国通常被称为反托拉斯法。美国 1890 年通过的《谢尔曼法》（Sherman Antitrust Act），[1]被认为是现代各国反垄断法的鼻祖，其核心条款是第 1 条和第 2 条，即“任何契约、以托拉斯形式或其他形式的联合、共谋，用来限制州际间或与外国之间的贸易或商业，是非法的。任何人签订上述契约或从事上述联合或共谋，是重罪”。“任何人垄断或企图垄断，或与他人联合、共谋垄断州际间或与外国间的商业和贸易，是重罪。”

除了《谢尔曼法》外，美国反托拉斯法还包括 1914 年的《联邦贸易委员会法》和《克莱顿法》、1936 年的《罗宾逊—帕特曼法》（Robinson Patman Act）等。《联邦贸易委员会法》除了规定设立具有准司法性质的联邦贸易委员会行使反对贸易限制和保护消费者的权力外，其最重要的条款是第 5 条，它规定“对于商业活动中的各种不正当的竞争方法，均就此宣布为非法”。[2] 该条的管辖范围涉及许多限制贸易的行为，有人称该法是联邦贸易委员会的谢尔曼法。[3]《克

---

〔1〕 其全称为“An Act to Protect Trade and Commerce against Unlawful Restraints and Monopolies”。

〔2〕 1938 年美国国会这一法律的修正案《惠勒—利法》（Wheeler Lea Act），将原第 5 条修订为“对于商业中的各种不公平的竞争方法和不公正或欺骗性的行为或做法，均就此宣布为非法”。1975 年，该条再次被修改为“对于商业中和影响商业的各种不公平的竞争方法和不公正或欺骗性的行为或做法，均就此宣布为非法”。

〔3〕 [美]马歇尔 · C. 霍华德：《美国反托拉斯法与贸易法规》，孙南申译，中国社会科学出版社 1991 年版，第 35 页。

莱顿法》则又指出了四种可能构成托拉斯行为的做法：价格歧视、独家交易、合并和连锁董事会，这些行为在“其结果……可能实质性地削弱竞争或有助于在任何商业部门形成垄断时”，便构成违法。[1] 该法确立了“早期原则”(doctrine of incipiency)，即不必等到实际的损害已经发生，也不必以已经发生的事实来证明对竞争产生的有害影响，根据预期会发生的结果，便可将前述行为认定为违法。这一原则表明了《克莱顿法》与《谢尔曼法》的基本区别。有人用枪支法来比喻这两个法：根据谢尔曼法型的枪支法，一个人可以携带枪支而不必担心因此被逮捕，只要他不对某人或某物射击；根据克莱顿法型的枪支法，只要认为这个人是危险的——如果认为他很可能对某人或某物射击，那么法警就可以没收这个人的枪支。[2] 《罗宾逊—帕特曼法》主要扩大了《克莱顿法》中价格歧视条款的适用范围，并对此作出了更具体的规定，着重体现了对小企业的保护。

除了国会立法外，美国作为判例法国家，法院的有关判例也是反托拉斯法的重要组成部分。由于反托拉斯的规定大多比较笼统，因此法院在审理案件所确立的带有一般性的原则和规则更具有特别的意义。例如，在判断某种行为是否触犯反托拉斯法时，美国法院在审判实践中形成了的两种不同的原则。一种是“合理原则”(rule of reason)，按照这一原则来判断是否构成触犯反托拉斯法的行为，需要对行为的具体情况进行分析，如在合同中订立有关限制性条款的目的、合同双方的市场力量(market power)、合同条款对相关市场产生的实际影响等。另一种是“本身违法”原则(rule of *perse* illegal)，也就是某些行为只要发生就可以认定触犯了反托拉斯法，不需要对其具体情况进行分析。典型的“本身违法”行为包括固定价格、搭售、联合抵制、划分市场等。本身违法原则是针对严重的触犯反托拉斯法的行为而制定的。由于适用这一法则时不需要进行复杂的分析判断，因而可以简化对有关案件的审理，有利于尽快地制裁性质恶劣、产生重大影响的违法行为。

经过多年立法和判例的发展，美国反托拉斯法的核心内容主要有以下三

---

〔1〕 由于该法第7条只针对合并本身，不能控制实践中一些公司通过以各种手段取得竞争对手的股份，再利用股份表决权来实现合并目的的情况，1950年通过的《塞勒—凯弗维尔修正法》(Celler - Kefauver Act)对此进行了补充，规定禁止取得竞争对手的股份和财产的行为。1980年通过的《反托拉斯诉讼程序改进法》还将该法的“公司”扩大到“人”，将“在任何商业部门”扩大到“在任何商业部门和/或在任何影响商业的活动中”，从而进一步扩大了该法的适用范围。

〔2〕 [美]马歇尔·C.霍华德：《美国反托拉斯法与贸易法规》，孙南申译，中国社会科学出版社1991年版，第39页。

项:禁止反竞争的合同、协议、决议或者协同行为(联合或者共谋);禁止以不正当方式获取或者维持独占(垄断)地位,或者滥用独占(垄断)地位;禁止反竞争的企业合并以及对企业合并申报的控制。

美国反托拉斯法的执行机构有司法部(其专设有反托拉斯司)和联邦贸易委员会。这些部门的职责就是密切注视公司企业的商业经营行为,当出现问题时,通常首先由它们对有可能触犯反托拉斯法的行为进行调查;调查后认为有必要的,则提起诉讼,或者责令停止违法行为。这两个执法机构往往在总结执法经验的基础上,分别[1]或者共同[2]发布一些执法指南或规则,有利于有关企业判断自己的行为是否可能触犯有关反托拉斯法。此外,法人和自然人也有权针对触犯反托拉斯法的行为向法院提起民事诉讼。对于被认定触犯了反托拉斯法的行为,法院可以发出禁令;可以宣布所涉及的合同,包括所涉及的专利权不可实施;将一个公司分解成几个公司(解散),强迫母公司收回其在子公司的股份而使后者独立为一个新的竞争者(放弃或分离),使某些所有权(如专利权和专有技术)能为其他竞争者所使用;可以判处最高达三倍的损失赔偿;还可以追究刑事责任,判处罚金或者监禁等。其中,违反《谢尔曼法》第 1 条和第 2 条的,如果参加人是公司,将处以不超过 1000 万美元的罚金;如果参加人是个人,将处以 35 万美元以下的罚金,或 3 年以下的监禁,也可由法院酌情并用两种处罚。根据 2004 年《反托拉斯刑事处罚加强与改革法》的规定,对公司的最高罚金提高到 1 亿美元,对个人的最高罚金提高到 100 万美元,对个人的最长监禁期限提高到 10 年。美国是世界上公认的实施反垄断法最严厉的国家。这尤其体现在它在百年来的反托拉斯实践中对某些构成非法垄断行为的大企业采取了分割、解散的制裁措施上。[3]

美国于 20 世纪 90 年代中后期以来对一些新兴自由竞争产业如金融、电信、航空运输等制定了特别的反托拉斯规则,还额外设立了专门的管理机构以协助传统的反托拉斯当局(联邦司法部及联邦贸易委员会)实施反托拉斯法。

---

〔1〕 如美国司法部在 1968 年发布并于 1982 年、1984 年两次修订的《横向合并指南》,联邦贸易委员会于 1967 年发布《水泥业的纵向合并指南》《食品供应行业的合并指南》等。

〔2〕 如美国司法部和联邦贸易委员会于 1992 年和 2010 年联合发布了《横向合并指南》,于 1995 年联合发布了《国际经营活动中的反托拉斯实施指南》和《知识产权许可的反托拉斯指南》。

〔3〕 不过,如导论部分所述,近年来欧盟的竞争执法力度很大,在一些个案的处理中表现出比美国更严厉。

法律责任(包括刑事责任)的适用方面亦明显趋严。例如,1999 年 5 月,美国司法部向达拉斯地区法院对一家生产维他命的欧洲卡特尔组织提起刑事诉讼,指控其共谋垄断国际维他命市场,损害消费者利益,违反了《谢尔曼法》第 1 条的规定,涉案的一家瑞士企业即被处以 5 亿美元的刑事罚金。该次反托拉斯刑事罚金打破了美国司法部的所有刑事诉讼纪录。

进入 21 世纪以后,美国也在讨论其反托拉斯法的改革问题。2002 年美国国会通过专门法律设立了"反托拉斯现代化委员会"(Antitrust Modernization Commission)。经过三四年的研究、讨论,包括召开多次的听证会,该委员会在 2007 年 4 月 2 日向美国总统和国会提交了"反托拉斯现代化委员会报告和建议"(Antitrust Modernization Commission Report and Recommendations)。[1] 报告全文长达 500 多页,其基本结论是:自由市场原则应当指导反托拉斯政策;总体来说,反托拉斯的原则和政策的现状是"良好的"(sound);为解决所谓的"新经济"问题,反托拉斯法不需要新的或者不同的规则。该报告相关的建议中还包括废除《罗宾逊—帕特曼法》,通过立法推翻 Illinois Brick 案的判决等。

(二)美国反托拉斯法对知识产权领域垄断行为的规制

1. 美国知识产权滥用原则与反托拉斯规制的发展简况

美国在协调知识产权法与反托拉斯法的关系以及依据谢尔曼法对知识产权的行使行为进行反托拉斯控制方面,立法、判例和执法实践都有一个发展的过程。

在美国,知识产权滥用原则主要是通过判例发展起来的作为有关知识产权侵权诉讼或者追索许可费诉讼中的一种抗辩依据。但在美国的成文法和判例法中很少在一般概括意义上使用"知识产权滥用"的概念,而是分别表现为专利权滥用、版权滥用和商标权滥用等具体的权利滥用情形。其中,专利权滥用的概念产生最早,使用得最多,相关理论也最丰富,这可能与专利权是知识产权中最典型、最重要的一种类型并且其独占性最明显有很大的关系。不过,20 世纪末以来,版权滥用、商标权滥用等概念也使用得越来越多,相关问题在法律实践中也受到越来越多的关注。

---

[1] 其全文可从以下网址获得:http://voluntarytrade.org/downloads/amc_final_report.pdf,最后访问日期:2012 年 8 月 6 日。中文译文请参见王先林、丁国峰译:《美国反托拉斯现代化委员会致总统与国会的信》,载《经济法论丛》2009 年上卷(总第 16 卷),第 311 ~ 322 页。

在涉及知识产权人不正当行使其权利的问题上,美国联邦最高法院在20世纪初就发展出“专利权滥用”(patent misuse)原则。最高法院在1917年电影(Motion Picture)案中首次承认“专利权滥用”可以作为侵害专利权诉讼中的抗辩,而且首次判定当原告的行为构成“专利权滥用”时,专利权人不得控告被告侵害其专利。虽然美国国会在1914年的《克莱顿法》中就明文禁止以享有专利的产品为搭售协议的一部分,但美国法院在其后的20年中,对于涉及专利产品的搭售协议案件中,却始终未引用该法的规定,反而引用专利权滥用的原则,引起了反托拉斯法与专利权滥用观念的混淆。这种情况直到1942年的莫顿盐业(Morton Salt)案时才有所改变。在该案中,美国联邦最高法院首次清楚表示专利权滥用原则不仅可以作为侵害专利权诉讼中的抗辩,而且相关行为与是否同时构成反托拉斯法所禁止之行为无关。尤其是在1944年的水银开关(Mercoid)Ⅱ案中,美国联邦最高法院认为,专利权滥用原则不仅代表专利权人有意扩充其由专利法所无法获得的保障,且代表专利权人不当限制市场竞争;故一旦法院由被告之举证中发现专利权人的行为构成专利权滥用,则其行为亦应被视为违反有关反托拉斯法的规定。由于此后美国联邦各法院在涉及专利权滥用的案件中大多依本案的判决,若干美国议员认为这对专利权人过分严苛,因此试图利用立法的方式予以修改。在美国参议院于1987年所提出的《知识产权反托拉斯保护法》(The Intellectual Property Antitrust Protection Act)法案中,专利权滥用的原则在适用上便受到相当大的限制。但在美国众议院方面,则不同意参议院所提出的法案。众议院提出的法案,经两院达成妥协之后,遂成为《专利权滥用修正法》(Patent Misuse Reform Act of 1988)的规定。该法的规定成为修改专利法第271条的规定,在其中增加(d)款[1](4)、(5)两项[2],即不可仅因某项产品为享有专利的产品,便直接推定该项产品在市场上具有一定的

---

〔1〕 美国《专利法》第271条(d)是1952年增加的,其内容为:“当专利权人进行下列一种或者多种行为时,不能视为是滥用专利权或者是非法延伸专利权的范围,从而剥夺专利权人对直接侵权行为或者间接侵权行为所应当获得的救济:(1)对这样的行为收取提成费,即如果他人在未经专利权人同意的情况下进行该行为,就会构成间接侵犯专利权的行为;(2)许可或者准许他人进行这样的行为,即如果他人在未经专利权人同意的情况下进行该行为,就会构成间接侵犯专利权的行为;(3)对侵权行为或者间接侵权行为行使其专利权。”

〔2〕 这两项内容为:“(4)拒绝订立许可合同或者拒绝转让专利权;(5)提出订立专利许可合同或者购买专利产品的条件是订立有关另一项专利权的许可合同,或者购买另外的单独产品,除非是专利权人在相应的市场上对后一专利权或者后一产品拥有市场力量。”

力量;因此在涉及享有专利的产品搭售合同案件中,法院必须决定该项产品是否有足够的市场力量,以迫使买方或被授权人接受被搭售产品(tied product),而不会再如同以往那样仅因搭售产品(tying product)为享有专利的产品,就直接推定其已具有市场力量。[1]

总体来说,在美国主要判例和国会立法方面的最新发展在朝着融合反托拉斯和专利权滥用分析的路上已经走了很长一段。虽然某一行为被认定为专利权滥用不需要上升到违反反托拉斯法的高度,但是任何可能构成扩大专利权的行为越来越可能依照反托拉斯的合理原则进行分析。专利权滥用原则的历史清楚地表明,该原则形成于三个相关领域的公共政策:防止反竞争影响、保护被许可人不被许可人欺诈取胜、保证专利法的目的得以实现。首先,在早期的辅助侵权案、Morton Salt 案和 Mercoid 案的判决中所表达的一个关切是,试图将专利权的排他性影响扩展到狭窄的专利权利要求之外可能会导致在该专利所覆盖的商品市场的反竞争影响。这也正是判决专利不可实施而不是仅仅受到质疑的条款无效的基本原理。其次,法院也认为,允许专利权人将其专利的范围扩展到非专利项目,就会在协商许可条款时为专利权人提供对将来的被许可人产生的一种杠杆作用,它允许专利权人获取与在专利权利要求中所包含的技术贡献无关的利益。最后,允许专利权人通过合同扩展其特权会让他们回避专利局的程序。限制被许可人制造、使用、销售或者购买产品的能力会阻碍创新和可取得专利的改进发明,而创新和专利的改进却正是专利法所要鼓励的。[2]

在著作权方面,为平衡著作权法所给予著作人"垄断"的权利,以及市场中公平竞争的良性存在,美国法院依据反托拉斯法与衡平法的规定,要求著作权人在行使其权利时,不可以破坏市场中的竞争结构。在 1948 年,美国法院在 M. Witmark & Sons v. Jensen 案中首次承认"著作权滥用"原则的存在。在此后的近 40 年中,有关著作权滥用原则的适用范围即其适用上是否独立于反托拉斯法,则一直存在争议。在 20 世纪 80 年代之前,法院一贯推定具有著作权的产品,便一定具有市场力量。但在此后,这种态度有了变化,开始采取合理原则的方式,比较著作权授权限制所带来的有利与不利两方面的影响。1990 年美国联邦第四巡回上诉法院在 Lasercomb America, Inc. v. Reynolds 案件中,不仅承

---

〔1〕 陈家骏:《公平交易法中行使专利权之不正当行为》,载《法令月刊》第 45 卷第 1 期(1994 年 1 月)。

〔2〕 See ABA Section of Antitrust Law, *Intellectual Property Misuse: Licensing and Litigation* (2000), pp. 33 – 35.

认著作权滥用原则的适用,而且判定该原则在适用时与反托拉斯法无关。本案以及其他相关案件表明,著作权滥用原则在适用范围上并不以著作权人本身是否有足够的市场力量为依据。在这种发展趋势之下,著作权人在授权合同中所为的不当限制,即使不构成反托拉斯法所禁止的行为,也可能会构成著作权滥用,使著作权人不仅无法充分享受著作权的保障,反而必须忍受被授权人无偿使用著作权,甚至必须忍受其他人侵害其著作权的行为。[1] 美国滥用著作权原则除与反垄断相联系,具有促进竞争的功能外,还与表达自由相联系,是促进思想的自由传播的一个有力工具。

版权滥用原则源于在专利侵权诉讼中发展起来的观念,但是,在专利与版权之间的很多重要区别就提出了专利法中滥用的概念应在多大程度上适用于版权诉讼的问题。美国最高法院在 1984 年的 Sony Corp. of Am. v. Universal City Studios,Inc. 案中认为,尽管专利法和版权法之间具有“历史的相似性”(historic kinship),但是这两个法律领域并非“全卵双生”(identical twins),因而在将一个领域形成的原则适用于另一个领域时,自然就应该非常小心。在 1987 年的 Saturday Evening Post Co. v. Rumbleseat Press,Inc. 案中,波斯纳法官指出:版权禁止未经版权人许可复制其版权作品,但它并不禁止近似的替代作品的产生……专利比版权更容易形成垄断的危险……专利授权其拥有者禁止任何其他人制造、使用其发明,而版权仅授权其拥有者禁止他人复制其选择表达的特定的、口头的、绘画的或者听觉的形态。由此授予的经济力要小得多。[2] 由此可见,版权滥用原则在美国司法中有渐渐接受和适用的趋势,但是其中涉及的很多问题还没有定型,还处于发展的过程之中。

早在 Morton Salt 案中的专利权滥用原则产生之前的 1883 年,最高法院在 Manhattan medicine Co. v. Wood 案中就基于商标权人的行为拒绝为其商标提供救济。后来也有类似的判例。近期,适用于反竞争行为的商标滥用原则已经发展成不仅仅是侵权诉讼中的抗辩。在利用商标搭售不受保护的产品或服务构成所谓的商标滥用的情况下,这种行为也构成了反托拉斯诉讼的基础。特别是,特许经营人不仅提出搭售要求作为对特许权人追索合同赔偿金或者在特许

---

〔1〕 陈家骏、罗怡德:《著作权之行使与不公平竞争——以美国反托拉斯法及权利滥用为中心》,载《法学丛刊》第 40 卷第 4 期(1995 年 10 月)。

〔2〕 See ABA Section of Antitrust Law, *Intellectual Property Misuse: Licensing and Litigation* (2000), pp. 191 - 192.

协议期满后试图禁止使用商标行为的抗辩，而且也作为阻止特许协议终止的确认诉讼的抗辩。当然，对于商标滥用原则，不同时期、不同的法院的态度也是不同的。[1]

除了法院判例和国会立法的发展外，作为执行反托拉斯法的美国司法部和联邦贸易委员会也提出了一些原则或者发布了相关的指南。在20世纪70年代初期，美国联邦司法部对于知识产权授权行为的审查是以著名的“九不”（the “Nine No－Nos”）原则为基础，即（1）要求被许可人从许可人处购买非专利材料是非法的；（2）专利权人要求被许可人在许可协议执行后向专利权人转让任何应属被许可人的专利为非法；（3）企图限制专利产品购买者转售该产品是非法的；（4）专利权人不应限制被许可人经营专利范围以外的产品或劳务的自由；（5）在没有被许可人同意的情况下向其他任何人进一步转让许可为非法；（6）强制性“一揽子”许可的做法是非法的专利转让扩大；（7）专利权人作为许可条件坚持让被许可人支付与被许可人出售专利产品的销售无合理关系的专利使用费是非法的；（8）制造方法专利权人企图对被许可人用专利方法生产的产品的销售加以限制是非法的；（9）专利权人要求被许可人销售其专利产品时必须遵守指定价格或最低价格是非法的。这种原则在其后被正式纳入行政规则（1977年《国际经营活动中的反托拉斯实施指南》）之中，成为正式的审查标准。但到80年代，受芝加哥学派的影响，司法部便逐步放弃了“九不”原则。当时负责反托拉斯事务的司法部部长助理巴克斯特向国会作证说，他看不出有任何理由禁止专利权人在保证专利许可方案不压制专利技术和该技术的替代者间竞争的条件下，按其认为最有效的方式来利用他们的权利。[2] 在司法部1988年《国际经营活动中的反托拉斯实施指南》中就专门有“知识产权许可协议”的内容，其中便已放弃了“九不”原则。在该原则中，司法部并不认为知识产权与反托拉斯的目的有所冲突，也不同意专利权必然会赋予相关市场的垄断权，并主张即使由于授予专利权而导致赋予某一企业垄断力量，也并不必然属于违法。知识产权的许可在相当程度上有益于消费者，即使知识产权人为了扩大其收益而在其许可中设有某些限制竞争的条款。该原则设置了一个较广泛

---

〔1〕 See ABA Section of Antitrust Law, *Intellectual Property Misuse: Licensing and Litigation* (2000), p. 197.

〔2〕 ［美］约翰·理查兹等：《产品进入美国市场的法律问题》，侯国云等译，中国政法大学出版社1991年版，第216～217页。

的衡量基准:当司法部的分析表明知识产权许可有可能造成、导致或促成企业实施超过知识产权本质所应含有的市场力量时,司法部必须进一步认定因增加竞争所产生的效率价值是否足以超过其所造成的反竞争的危险。因此,司法部对于知识产权人单纯为了获取其知识产权充分价值而为的许可协议,不致给予取缔;也不要求技术的拥有者在技术之内创造竞争关系。基于此,司法部在认定时,一般按合理原则进行分析,除非其认定许可协议的目的纯粹在于作为竞争者之间违法协议的掩护。

不过,集中反映美国反托拉斯法在这一领域的丰富经验和最新发展动向的是美国司法部(DOJ)和联邦贸易委员会(FTC)于 1995 年 4 月 6 日联合发布、2017 年 1 月 12 日修订的《知识产权许可的反托拉斯指南》(Antitrust Guidelines for the Licensing of Intellectual Property)和 2007 年 4 月 17 日联合发布的《反托拉斯执法与知识产权:促进创新和竞争》(Antitrust Enforcement and Intellectual Property Rights:Promoting Innovation and Competition)的报告。后者并没有完全取代前者,而是在体现前者指导思想和主要内容的基础上的进一步发展和完善。

根据 DOJ 与 FTC 在 2016 年 8 月 12 日联合发布的《知识产权许可的反托拉斯指南》修订案并公开征求意见时的说明,20 多年来该指南在帮助企业和公众认识知识产权领域的反垄断问题方面发挥了积极作用。时至今日,从反托拉斯法与经济学的角度来看,指南三项基本原则仍未改变,但修订指南也势在必行,以准确反映成文法与判例法的发展。前者如,国会近期颁布了 2016 年《商业秘密保护法》,首次为商业秘密滥用规定了联邦诉讼程序;当指南于 1995 年颁布时,1994 年《乌拉圭回合协议法》要求将 17 年的专利保护期延长至 20 年的变革还未正式生效;类似地,现在的版权保护期也比指南颁布时长一些。指南最新修订需要考虑这些法律进展。后者如,最高法院在 Illinois Tool Works v. Independent Ink 一案中的判决,法院支持指南的立场,即专利不一定给专利权人带来市场支配力;法院在 Leegin Creative Leather Products, Inc. v. PSKS 案中指出,应当适用"合理分析原则"而非以往的"本身违法原则"来分析固定转售价格案件,两机构认为这一判例同样适用于知识产权许可领域中的固定转售价格行为。两机构还更新了关于指南基本原则的讨论,以反映 FTC《2011 年知识产权市场变革报告》中的研究。两机构一直坚持的观点是:"反垄断法不会因某公司单方拒绝帮助竞争对手而让其承担法律责任,因为在某种程度上此举会削弱投资与创新动力。"另外,两机构对受许可协议影响的市场做进一步分析,对待创新市场的方式也将得以更新,以反映两机构对这种分析模式掌握的实际经验,保留了"创新市场"的概念,但将它们称为"研发市场",以更准确反映这些市场在执法中的定义。这次的修订方案既不打算改变两机构在知识产权领域反垄断执法的方法,也不将该指南扩大到处理其他领域的问题,如两机构 2007 年报告中涉及的问题。[1]

从 2017 年 1 月 12 日修订的《知识产权许可的反托拉斯指南》的结果来看,其实质上也仅仅是将两机构的联合政策顺应 1995 年以来反垄断及知识产权许可领域的一些(并非全部)重大发展,而对标准必要专利(SEP)许可及诉讼和解协议等受到关注的新问题并未涉及。新修订的指南与 1995 年版本的区别主要在于文体风格上的不同,二者在一些重要领域仍采取一致政策。除了上面说明中提到的问题以外,还指出,如果一项限制性要求表面上看似合理或者不合理,两机构会转而采用"浮动"分析的方法,不再"详细分析"市场支配力(对于一项限制性要求或者特定行业环境有所谓的正当理由),而是接受支撑其最初合理性评估的次优证据。另外,该指南阐明了两机构对无效及无法执行的知识产权所采取的立场也有一些变化,实现的具体方式如下:将美国联邦巡回上诉法院为查明不公平行为而采取的高标准加以整合,并将可能对竞争有利的特许使用费延期支付模式与执行无效知识产权的行为区分开来。[2]

2.《知识产权许可的反托拉斯指南》[3]的主要内容

该指南就知识产权[4]许可行为可能引起的反托拉斯法问题,系统地说明了其在执法中将采取的一般态度、分析方法和法律适用原则,并以举例的方式作了详细说明。虽然该指南只是执法部门的咨询性政策说明文件,既不能约束

---

[1] 参见美国司法部网站的官方说明,https://www. justice. gov/opa/pr/doj - and - ftc - seek - views - proposed - update - antitrust - guidelines - licensing - intellectual - property,最后访问日期:2018 年 3 月 6 日。

[2] 参见 https://www. perkinscoie. com/en/news - insights/updated - antitrust - guidelines - for - ip - licensing - address - new - laws. html,最后访问日期:2018 年 3 月 6 日。

[3] 2017 年修订后的英文全文可在美国司法部反托拉斯局网站和联邦贸易委员会网站查阅、下载,网址分别是:https://www. justice. gov/atr/IPguidelines/download;https://www. ftc. gov/system/files/documents/public_statements/1049793/ip_guidelines_2017. pdf。中文译文请参见李慧颖、黄蕴华、卢文涛、臧安臻译:《知识产权许可的反托拉斯指南》,载《竞争政策研究》2017 年第 1 期。

[4] 尽管适用于其他形式知识产权的反托拉斯一般原则也同样适用于商标,但该指南只适用于涉及与技术转让和创新有关的专利、版权、商业秘密(trade secrets)和技术秘密(know - how)的许可协议,而不涉及因商标引起的产品区别问题。

当事人提起自诉,也不能约束法官审判,[1]但它较好地总结了执法部门和判例中在这一领域积累的丰富经验,简明地阐释了两部门对知识产权许可合同方面反托拉斯违法行为的追究原则,使以往有关认识上的分歧和实践中的不同做法渐趋统一,也为公众判断其许可合同行为是否会触犯反托拉斯法提供了指导。

(1)知识产权法与反托拉斯法的关系。

该指南首先分析了知识产权法和反托拉斯法的关系。指出,它们有共同的目的,这就是促进创新、增进消费者福利。知识产权法通过确认新的有用的产品、更有效的方法以及原创作品为财产权,为之提供法律保护,起到鼓励创新、鼓励新技术传播及商业化的作用。没有知识产权的保护,模仿者就会更为迅速地占有创新者和投资者的成果而不付出任何代价,其结果是降低创新的商业价值,挫伤为创新而投资的积极性,最终也将损害消费者的利益。反托拉斯法通过禁止某些会对竞争产生危害作用的行为,达到促进创新、增进消费者福利的目的。

(2)该指南包含的三个一般原则。

第一,在确认是否触犯反托拉斯法时,反托拉斯部门将知识产权与其他财产同样对待。尽管知识产权与其他形式的有形或无形财产相比具有重要的不同特性,但是在涉及反托拉斯的问题上,知识产权与其他任何有形和无形财产一样适用相同的原则。反托拉斯一般不会对企业单方面拒绝行为施加责任,部分原因是这么做可能损害投资和创新的动力。知识产权既不特别地免于反托拉斯法的审查,也不特别地受到怀疑,而是应适用统一的标准和法律原则;至于知识产权易受侵害性的特点,以及不同形式知识产权法律保护的目的、程度及期限方面的特点,只需在实践中结合具体案情和特定市场情况予以考虑,这些特点并不要求对知识产权适用根本不同于适用于其他财产权的反托拉斯法原则;这种处理方式,与反托拉斯法实践对具体案件中各种有形财产之间的差别也予以考虑一样。此外,该指南中的反托拉斯分析原则也同样适用于国内的和国际的许可证协议。[2]

第二,反托拉斯部门并不假定知识产权产生反托拉斯意义上的市场力量,

---

〔1〕 但它往往还是为法院分析有关案件所采用。如微软垄断案的地区法院判决表明,杰克逊法官也运用了该指南中的分析方法。

〔2〕 当然,美国司法部和联邦贸易委员会于1995年联合发布的《国际经营活动中的反托拉斯执法指南》(已被2017年1月13日修订的《国际执行和合作的反托拉斯指南》所取代)中也考虑了国际业务活动中许可证协议的特殊性,如管辖权和礼让问题。

即知识产权作为垄断权本身并不能导致其权利所有人具有市场力量的结论。反托拉斯部门一般不会仅仅因某企业拥有知识产权即认定其拥有市场力量,因为很可能存在作为这些知识产权标的的专利、版权作品或者技术秘密等的替代物;这类替代技术、替代产品的存在,会使知识产权人难以支配市场。即使某项专利或者其他形式的知识产权的确使其权利主体拥有市场力量,这种市场力量的存在本身也并不构成违法。如同在使权利人获得超竞争利益的其他有形或无形财产权领域一样,仅因优质产品、经营才能和历史偶然性而获得的市场力量(甚或是垄断),一般就不会违反反托拉斯法。该市场力量也不能强加于知识产权所有者许可该财产权给他人使用的义务。但是,与其他反托拉斯情形一样,知识产权所有者可能非法获取或者维持市场力量。另外,即使合法取得或者维持了该力量,所有者仍可能从事与该财产权有关的反竞争行为。

第三,反托拉斯部门承认知识产权许可行为让企业将各种生产要素结合起来,因而一般是有利于竞争的。与知识产权人自己直接利用其权利标的相比,与他人订立许可合同,是推进新技术传播、促进知识产权与其他生产要素广泛结合的更有效率的方式。通过许可合同将新技术运用于生产和流通过程,可以大规模地降低生产成本,向市场推出新产品,从而使消费者获益。同时,通过许可合同使知识产权人获得可靠的、较高的投资回报,有利于鼓励创新,刺激对研究和开发的更多投入。此外,在实践中有些技术是相互关联的,使用其中的一项要求同时使用另外一项或者几项相关技术;通过许可合同作出安排,可以更好地协调相关技术的利用关系,取得最佳技术经济效益。即使是那些对竞争有一定限制性影响的许可条款,如许可标的使用领域、使用地域或其他方面的限制条款,也可能会产生一些有益的结果。这些形式的排他性限制可以鼓励被许可人更大胆地投资于该技术的商业化生产和销售,并对该技术进行新的应用开发。这些限制通过保护被许可人的投资以防止其他被许可人或许可人自己在该地域内的"免费搭车"行为而达到同样的目的。这些限制还可使许可人不致因担心被许可人的竞争会损害其先期投资回报而从一开始就不愿许可他人使用其新技术。因而,一般来说知识产权的许可行为具有促进而不是限制竞争的效果。

(3)对知识产权许可合同进行反托拉斯法分析、评估的方法和原则。

该指南指出,虽然知识产权许可安排通常是增加福利和有利竞争的,但反托拉斯问题仍可能出现。执法机构将关注安排的实际或可能影响,而不是形式上的条款。执法机构通常不会要求知识产权所有者在其自己的技术上创造竞争。但是,如果不存在许可情况时本来在相关市场上实际或者潜在竞争的实体(处于"横向关系"中的实体)间的竞争由于许可安排受到损害,这时就可能产生反托拉斯问题了。

首先,分析、评估许可协议可能影响的市场领域。这一点是判断的核心所在。该指南指出,有可能受到知识产权许可行为不利影响的市场有三种类型,即"商品市场"(goods markets)、"技术市场"(technology markets)和"研发市场"(research and development markets)。在商品市场领域,知识产权许可既有可能影响使用许可技术生产的中间产品或最终产品市场上的竞争,又有可能影响使用许可技术所需要的原料产品市场上的竞争。在这方面,执法机构将根据《横向合并指南》第4条和第5条进行相关市场的界定和市场份额的衡量。技术市场包括被许可的知识产权("许可技术")及其相近的替代品即足够相近的替代技术或者商品,以至于有效限制与被许可知识产权相关的市场力量的行使。如果知识产权与使用该知识产权的商品是分别被交易的,执法机构可能在技术市场中分析许可安排对竞争的影响。如果某许可需要可能对开发新型或者改进商品或者方法的竞争造成负面影响,则执法机构将在单独的研发市场分析该影响,并将其作为一项竞争效果。研发市场由如下相关的资产构成:涉及确定可商业化产品或者指向特定新型或者改进商品或者方法的研发,以及该研发的相近替代品。在研发指向特定新型或者改进商品或者方法时,相近替代品可能包括有效地限制行使与相关研发有关的市场力量的研发努力、技术及产品,如可以阻止假定垄断者降低研发进展的能力和动力。执法机构将仅在进行相关研发的能力能够与特定企业的特定资产或者特性相联系时,才确定研发市场。

其次,分析、评估许可合同当事人之间关系的性质。即横向关系还是纵向关系。纵向关系,是指当事人在相邻或者相关的市场层次上互补或者相互衔接的关系,即合同各方在不同的市场上或者在同一市场的不同水平层次上从事经济行为,如技术开发商与该技术应用商之间的关系,以及专利产品制造商和销售商之间的关系。横向关系,是指许可方与被许可方在没有订立许可合同的情况下,就是同类市场上的实际或者潜在的竞争关系,如同一专利产品的几个制造商之间的关系。一项许可合同的各方有可能既存在横向关系,也存在纵向关系。一般来说,横向关系中各方之间订立的许可合同触犯反托拉斯法的可能性相对更大一些,因此,认定许可合同各方之间的关系,对于最终结论的得出有一定的关系。不过,存在横向关系本身并不意味着该合同具有限制竞争的性质,纵向关系也不意味着合同不存在反竞争的效果。

最后,分析、评估许可协议限制条款的原则架构。该指南指出,对大多数涉及知识产权的许可合同中的限制条款应当采用合理原则进行分析、评估。为此,反托拉斯部门要查明许可合同中的这种限制性条款是否会对所涉及市场中的竞争产生不利影响,当回答是肯定时,还需要进一步判断这些限制性条款是否是实现有关知识产权的价值所必需,它产生的积极影响是否能够抵消上述对竞争的不利影响,从而从整体上看具有促进竞争的效果。但是,在某些情况下,法院认为某一限制的性质和必然结果是非常明显地反竞争的,就直接适用本身违法原则,而无须再进一步详细查明这种限制可能对竞争的影响。适用本身违法原则的限制条款主要有纯粹的固定价格、限制产量、在横向关系的当事人之间划分市场以及某些联合抵制。因此,为确定许可"需要中的特定限制是否适用本身违法"原则还是合理原则,执法机构将评估该限制能否有利于提高经济活动整合的效率。

该指南还指明了反托拉斯部门在运用合理原则对知识产权许可合同进行分析、评估时的一般原则。包括:反竞争效果分析,市场结构、协调和排斥,涉及排他性的许可协议,效率与正当理由,反托拉斯的"安全区"。当许可协议对处于横向关系的各方产生影响时,该需要中的限制可能会提高协同定价、产量限制以及取得或保持市场力量的风险。如果需要可能显著增加阻止或限制开发新技术或改进商品及工艺的风险,则也可能对竞争产生损害。竞争损害发生的可能性取决于相关市场的集中度、进入的难易程度和供求关系对价格变化的反应。许可人和被许可人处于纵向关系时,执法机构将分析该许可安排是否可能损害与许可人或被许可人处于同一层次的企业之间的横向竞争,或者损害在另外一个相关市场处于横向关系的企业之间的竞争。许可协议不能仅仅因为行业中部分或全部被许可人选择使用许可技术、弃用其他技术而被认为构成排斥竞争。如果某许可限制可能促使横向关系的实体在相关市场上协同提高价格或限制产量,则纵向许可安排中的限制也可能造成竞争损害。在相关市场集中度较高或难以进入时,反竞争的协同行为的风险就增加了。但是,在某些行业中,类似的许可限制可能是普遍并有利于竞争的,因为它们有利于高效使用许可财产。

一项许可安排可能在两个不同的方面涉及排他性。第一,许可人可能授予排他性许可,或者一个或多个部分排他性许可(如地域或使用领域许可),限制许可人许可他人或者自己使用该技术的能力或可能性。一般来说,该排他许可只在许可人之间,或被许可人之间或许可人与其被许可人之间有横向关系时才可能引起反垄断关切。不包含对许可人或被许可人竞争行为任何限制的非排他性知识产权许可一般不会引发反垄断关切。该原则即使对处于横向关系的各方仍适用,因为非排他性许可通常不会消除不存在该协议时本应存在的竞争。排他性许可的第二种表现形式是排他性交易,即许可人阻止或者限制被许可人许可、出售、分销或者使用竞争性技术。排他性可通过许可中明示的排他交易条款或者其他条款,如报酬条款或者其他经济激励来实现。该限制可能反竞争地阻止竞争者取得重要投入或者提高竞争者的取得成本,或者有利于协同提高价格或者降低产量。但是,它们也可能存在促进竞争的影响。适用于许可人与其被许可人之间以及被许可人之间不同形式的排他安排的反垄断原则,类比适用于诸如专属地域和排他交易的纵向限制安排的处理原则。但是,知识产权在某些情况下比其他形式的产权更易于被侵犯的事实,可能使某些在其他情况下具备反竞争影响的限制,在知识产权领域变成正当的。

基于知识产权许可合同一般具有促进竞争作用的基本估计,为了便于公众预测美国反托拉斯部门的立场,正确地订立许可合同,该指南给出了反托拉斯法的"安全区"。除了许可合同中不包括通常被认为是"本身违法"行为的限制性条款,因此从其表面来看不具有限制竞争的性质这一共同的条件外,对于涉及产品市场的许可合同来说,位于安全区的条件还包括许可人与被许可人在受限制性条款影响的相关市场中共同占有不超过20%的份额;对于涉及技术市场的许可合同来说,位于安全区的条件还要求,除了许可合同所涉及的技术之外,相关市场上还存在至少四个以上不受合同方控制的技术,这些技术能够以可比的价格替代许可合同涉及的技术;对于涉及研发市场的许可合同来说,位于安全区的条件还要求,除了许可合同的各方之外,相关市场上还至少有四个以上的实体,它们具有从事能够替代的研究开发工作所需要的特定资源或者能力,能够开发出可替代的技术。凡在安全区标准内的许可行为,反托拉斯部门一般不予追究;当然,这并不意味着,超出安全区标准的许可行为都会受到追究或者构成违法。

(4)对许可合同中典型的限制性条款适用反托拉斯法的分析。

第一,关于横向限制(horizontal restraints)。影响横向关系中各方的许可协议限制(横向限制)并不必然导致该协议具有反竞争性。与横向竞争者之间成立合资企业的情况一样,此类竞争者之间的许可协议,如果带来整合性效率,很有可能促进而非阻碍竞争。例如,该效率有可能通过规模经济以及整合互补性研发、生产和营销能力而实现。执法机构通常将根据合理原则评估横向限制。另外,某些限制可能适用本身违法原则,包括价格固定、市场划分或者消费者划分、降低产量协议和特定联合抵制。

第二,关于转售价格维持(resale price maitenance)。与美国最高法院的最新判例[1]相一致,修订后的指南指出,与适用于商品销售的转售价格维持协议一样,执法机构将适用合理原则分析知识产权许可协议中的价格维持。执法机构将在个案基础上分析许可协议中的纵向价格限制,评估此类协议的竞争效益和损害。但是,构成横向卡特尔的协议将被认为本身违法。

第三,关于搭售协议("tying" or "tie - in" or "tied - sale" arrangement)。搭售协议被定义为"一方以买方同时购买不同(或者搭售)产品或者至少同意不向其他供应商购买该(搭售) 产品为条件……出售某产品的协议"。被许可人在许可一项或者多项知识产权时设定该被许可人必须购买其他知识产权或者商品或服务的协议已经在多起案例中被判定为构成非法搭售[但部分已被 Tool Works, Inc. v. Indep. Ink, Inc. , 547 U. S. 28 (2006)案所废除]。虽然搭售协议可能导致反竞争效果,但此类安排也能带来明显的效率和促进竞争的效益。在行使其起诉裁量权时,执法机构将综合考虑反竞争效果和可归于搭售的促进竞争的效率。如果出现以下情况,执法机构将很可能质疑搭售协议:卖方在被搭售产品市场上有市场力量,该安排对被搭售产品或者搭售产品的相关市场的竞争有负面影响,且该安排所带来的效率未超过其导致的反竞争影响。执法机构不会推定专利权、版权或商业秘密的所有人必然拥有市场力量。"一揽子"许可(在一个许可或者一组许可中许可多项知识产权)可能构成搭售安排(如果某项知识产权的许可是以接受另一项单独知识产权的许可为条件)。"一揽子"许可在某些情况下可能会促进这种效率。例如,在多个许可需要使用任一单项知

---

〔1〕 美国最高法院在 2007 年 6 月 28 日就 Leegin Creative Leather Products, Inc. v. PSKS, Inc. 一案以 5:4 作出判决中,不再认为维持最低转售价格为"本身违法",也要适用"合理分析"。

识产权时,"一揽子"许可可以提高效率。如果"一揽子"许可构成搭售安排,执法机构将根据与适用于其他搭售相同的原则评估其竞争效果。

第四,关于排他性交易(exclusive dealing)。排他性交易是指在许可合同中限制被许可人不得许可、出售、扩散或者使用对被许可技术构成竞争的其他技术。该指南指出,对这样的许可合同适用合理原则。判断时,反托拉斯部门将着重分析:这样的协议是否会促进对许可方的技术的实施和进一步发展,是否会封闭(foreclose)相竞争技术的实施和发展,或者限制这些技术之间的竞争。排他交易可能产生的反竞争效果与相关市场中的封锁程度、排他交易安排的持续期间以及投入和产出市场的其他特性相关,如集中度、市场进入的困难程度和相关市场中供求关系对价格变化的反应。如果执法机构认定某排他交易安排可能产生反竞争效果,则它们将评估该限制鼓励被许可人的开发和营销许可技术(或该技术的特定应用)、提高许可人开发或者优化许可技术动力和以其他方式提高相关市场竞争或者提高产出的程度。

第五,关于交叉许可与联营协议(cross licensing and pooling arrangement)。[1] 该指南指出,交叉许可和专利联营(专利池)协议是指两个或多个不同知识产权的所有人相互许可或者许可给第三方的协议。这些安排可能通过整合互补技术、降低交易成本、清除封锁和避免昂贵的侵权诉讼来促进竞争。通过促进技术传播,交叉许可和专利联营协议通常是有利于竞争的,但在特定情况下可能产生反竞争效果。涉及知识产权交叉许可的和解是可以避免诉讼的有效途径,但在此类交叉许可涉及横向竞争者时,执法机构将考虑该和解的效果是否减少了在没有该交叉许可时相关市场中实际或潜在竞争者的实体之间的竞争。在没有相应提高效率的情况下,该和解可能被作为非法商业限制而受到质疑。专利联营协议一般不必向所有愿意加入者开放,但是,共同拥有市场力量的当事方之间的交叉许可和专利联营协议的排他性在某些情况下可能损害竞争。如果某一协议阻止或不鼓励参与者进行研发(因此妨碍创新),则专利联营协议可能出现反竞争效果,但也可能产生有利于竞争的效果。

第六,关于回授(grantbacks)。该指南指出,回授条款在某些情况下也具有积极意义,特别是非排他性回授。该条款为被许可人和许可人提供了一种分担风险的方式并鼓励许可人根据许可技术进行可能的再创新,且两者都有利于促

---

〔1〕 也有将两者分别译为交互授权与权利共享的。

进创新和促成创新成果的连续许可。但是,如果回授降低了被许可人进行研发的动力并因此限制了竞争对手,则可能对竞争产生负面影响。执法机构将根据合理原则评估回授条款,在许可协议的整体结构以及相关市场条件的基础上考虑其可能的影响。

第七,关于知识产权的取得(acquisition of intellectual property rights)。该指南指出,某些知识产权的转让是非常适合通过并购审查的原则和标准来分析的,特别是2010年《横向合并指南》中的分析原则和标准。针对知识产权所有人对该知识产权的完全出售和某人通过授权、出售或者其他转让方式取得知识产权独占许可(阻止所有其他人,包括许可人使用许可知识产权的许可)的交易,执法机构将适用并购分析的原则和标准。该交易可以根据《克莱顿法》第7条,《谢尔曼法》第1条、第2条以及《联邦贸易委员会法》第5条进行评估。

此外,该指南还分析了无效的或者不可执行的知识产权问题,指出:执法机构可能会质疑实施无效知识产权违反了反托拉斯法。如果所有违法要素都被证实,则行使或者尝试行使通过欺诈专利商标局而取得的专利,可能违反《谢尔曼法》第2条或《联邦贸易委员会法》第5条。起诉至专利商标局的不公正行为不构成第2条主张的基础,除非该行为还涉及知情和故意欺诈且存在其他第2条的要素。在某些情况下,实际或试图行使通过不正当行为,但不存在欺诈的情况下取得的专利可能违反《联邦贸易委员会法》第5条。另外,涉及知识产权的虚假诉讼也可能构成违反《谢尔曼法》的要素。

3.《反托拉斯执法与知识产权:促进创新和竞争》报告的出台背景和主要内容

尽管上述指南在1995年出台后对于指导在知识产权领域的反托拉斯执法发挥了较好的作用,反托拉斯执法机构也在知识产权领域的反托拉斯执法中不断吸收最新的经济学理论,并日益向鼓励创新倾斜,但在美国国内(包括法院),对于反托拉斯法与知识产权之间关系的认识仍不统一,一些法院对于二者之间冲突的判决明显滞后于执法机关的政策。自20世纪90年代后期以来,涉及知识产权权利行使的反托拉斯诉讼大量增加,而判决结果却不统一。在此背景下,如何协调好知识产权保护与反托拉斯执法之间的关系,如何定位适合知识经济要求的竞争政策,是各界迫切关注的问题。为更好地发挥知识产权和竞争机制对于经济的共同推动作用,协调好反托拉斯执法与知识产权保护之间的关系,执法机构从2002年起组织了名为“知识经济时代的竞争和知识产权法律和政策"的一系列听证〔1〕,广泛听取了来自企业界、学术界和法律实务界的300多名代表的意见。这些人士所提供的意见,代表范围广泛的不同主体的利益,包括生物技术、计算机硬件与软件、因特网、制药行业、独立投资人、在反托拉斯法和知识产权法以及经济学方面有造诣的有影响的学者和执业律师。此外,还收到100多份书面评论意见。在大规模听证、参考前沿法学和经济学文献以及相关实践经验的基础上,执法机构于2007年4月17日联合发布了《反托拉斯执法与知识产权:促进创新和竞争》报告〔2〕(本节以下简称《报告》〔3〕)。

《报告》包括六章,分别是:第一章,许可的策略性利用:单方拒绝许可专利;第二章,将专利包含于合作制定的标准对竞争的影响;第三章,专利组合的交叉许可协议与专利联营的反托拉斯法分析;第四章,知识产权许可中的各种限制性条款;第五章,知识产权搭售和捆绑的反托拉斯问题;第六章,超过专利法定有效期延伸市场力量的竞争问题。

(1)《报告》的基本立场和原则。

《报告》的基本立场为:知识产权法和反托拉斯法共同的目标是促进创新和改善消费者福利;同时,知识产权保护与反托拉斯法对于创新和竞争的保护具有互补性,两者协同作用,以更低的价格带给消费者更新更好的技术、产品和服务。

根据《报告》的观点,知识产权权利人被授予排除、限制权利,对于保障权利人收回创新投资和实现利益以激励权利人进行创新、防止其他竞争者非法利用创新成果以及促进权利人对成果进行商业化推广和进行公开都十分必要。因此,在对知识产权权利人的排除、限制行为进行反托拉斯分析时,需要针对知识

〔1〕 在下文中,除非特别注明为其他听证之外,听证均指该系列听证。

〔2〕 U. S. Department of Justice & Federal Trade Commission, *Antitrust Enforcement and Intellectual Property Rights: Promoting Innovation and Competition* (2007). 其英文原文可在美国司法部网站(http://www.usdoj.gov/atr/public/hearings/ip/222655.htm)和联邦贸易委员会网站(http://www.ftc.gov/reports/innovation/P040101PromotingInnovationandCompetitionrpt0704.pdf)查阅。有关中文介绍和评析材料可参见王先林、潘志成:《反垄断执法与知识产权保护之间的平衡——美国〈反托拉斯执法与知识产权:促进创新和竞争〉报告述评》,载《知识产权》2007年第6期。

〔3〕 美国联邦贸易委员会于2003年10月发布了《促进创新:竞争与专利法律及政策的适当平衡》报告,侧重从专利保护制度角度讨论专利保护制度如何与竞争进行协调。而美国司法部和联邦贸易委员会于2007年4月发布的《反托拉斯执法与知识产权:促进创新和竞争》的报告,侧重从反托拉斯执法角度讨论反托拉斯制度如何与知识产权保护制度进行协调。前者又被称为《IP报告1》,后者又被称为《IP报告2》。这里主要讨论后者。

产权自身的特点以及其对创新的影响,进行合理分析。

《报告》关于在知识产权领域进行反托拉斯执法的基本原则包括:

第一,对于知识产权与其他财产权利同等对待,适用相同的反托拉斯法原则。知识产权的权利行使行为既不应享有免于反托拉斯法审查的特别优惠,也不应受到特别的怀疑。这一原则并非意味着知识产权与一般财产权利没有区别,区别无疑是存在的,但尽管有区别,相同的反托拉斯法分析原则也适用于知识产权。《报告》也列举了知识产权与其他财产权利的主要区别:①相比其他财产权利,知识产权更容易被其他未经授权的竞争者非法利用,更容易被复制且在被侵权的同时不会影响其他人的使用;②产生知识产权的固定成本往往非常高,而使用知识产权的边际成本往往非常低;③知识产权的界限不像其他财产权利那样清楚,往往需要执法机构和法院进行裁决;④知识产权的价值实现往往需要与其他生产要素或其他知识产权进行结合;⑤知识产权的权利具有期限性,尽管有少数类型的知识产权可以无限延续。区分这些知识产权的特征,对于执法机构在知识产权领域执行反托拉斯法具有重要的指导意义。为此,执法机构需要在知识产权权利行使行为中区分具有促进竞争效果的排除、限制行为(合法的行为)与不具有促进竞争效果的排除、限制行为(非法的行为),既要规制知识产权领域中非法的排除、限制行为,以防止对竞争、社会福利和消费者的损害,同时也要避免不当限制知识产权领域中促进效率的行为,造成对创新的负面影响并减缓经济的发展。

第二,拥有知识产权不应被假定为具有市场力量。在该指南颁布之前的一些判例中,法院存在一种观点,认为"买者无法从其他地方购买知识产权产品的情形给予了卖者市场力量,这样的假设是合理的"。[1] 该指南纠正了这一观点,认为拥有受保护的知识产权并不当然具有市场力量。《报告》重申,尽管在理论上部分知识产权可以形成垄断,但在现实中很少有知识产权能够真正形成垄断,因为在一般情况下知识产权所保护的技术或产品总是存在可替代的技术或产品。因此,仅仅具有知识产权这一事实不能推导出权利人具有市场力量的结论。

对于获得市场力量或垄断地位的知识产权权利人而言,《报告》引用波斯纳法官的话指出:"通过合法手段获得垄断地位不违反反托拉斯法,这些合法手段

---

〔1〕 Jefferson Parish Hospital District No. 2 v. Hyde, 466 U. S. 2, 16(1984).

包括利用知识产权法防止竞争以保护创新。"同时《报告》认为,受知识产权保护的技术或产品的替代物将阻止知识产权权利人行使市场力量。另外,《报告》承认,执法机构对于知识产权权利人的确具有市场力量的情况下的一些权利行使行为需要关注。例如,整个行业的制造标准或某种疾病的唯一治疗方法中的专利,或不存在替代技术的技术研发、发明以及其生产和分销的许可行为,仍然可能会产生知识产权权利行使超越合法界限,进入反托拉斯法规制范围的问题。

第三,知识产权许可总体上具有促进竞争的效果。知识产权许可在总体上具有促进竞争的效果,因为通过知识产权许可,可以将知识产权与其他制造、生产设施、人力等生产要素相结合,实现知识产权的价值。另外,知识产权与其他财产权利具有不同特征(如前所述),因而在知识产权的权利行使过程中的合理、必要的排除、限制行为,对于保护知识产权权利人收回创新投资并获得创新回报以激励创新、阻止其他竞争者的非法利用、促进商业化应用等方面都具有重要的作用,因此合理的、必要的排除、限制行为在实质上是保护创新,也是促进竞争的行为。

基于上述基本立场和原则,《报告》主张对知识产权权利行使过程中的排除、限制行为,运用合理原则分析其对促进创新、改善效率是否合理、必要。

(2)许可的策略性利用:单方拒绝许可专利。

《报告》首先讨论了有关单方拒绝许可行为的两个实际案例,即 1997 年美国第九巡回法院上诉法庭判决的 Image Technical Services, Inc. v. Eastman Kodak Co. 案[1](以下简称柯达案)和 2000 年联邦巡回上诉法院判决的 In re Independent Service Organizations Antitrust Litigation 案[2](以下简称 CSU 案)。这两个案件中,原告都是独立服务提供商,而被告都是原始设备制造商。在两案中原告均起诉被告拒绝向原告出售具有专利和著作权的零部件以及拒绝许可原告专利和著作权,违反了《谢尔曼法》第 2 条。

在柯达案中,被告被判须承担违反《谢尔曼法》的法律责任。该法院在判决中指出,尽管拒绝销售受专利和著作权保护的零部件被假定为由权利人自主决定的商业行为,但这种假定会因案件的具体情形而改变。而在 CSU 案中,被告则被判决无须承担违反《谢尔曼法》的法律责任。该法院认为权利人拒绝销售

[1] Image Technical Services, Inc. v. Eastman Kodak Co., 125 F. 3d 1195 (9th Cir. 1997).

[2] In re Independent Service Organizations Antitrust Litigation, 203 F. 3d 1322 (Fed Cir. 2000).

或许可其专利产品的主观动机，属于权利人对其商业行为自主决定的内容。而法院在判决附带意见中进一步表示，除非具有非法搭售、欺诈专利商标局或恶意诉讼的情况之外，专利权人通过行使专利权排除、限制他人使用专利技术无须承担违反反托拉斯法的责任。

尽管判决结果迥异，但柯达案和CSU案的判决却都受到了广泛的批评。对于柯达案，批评意见认为，法院试图通过分析被告主观方面是否具有限制竞争的动机或者意图，来确定被告拒绝许可行为是否违反谢尔曼法，与反托拉斯法根据行为的客观经济结果进行分析的传统相背离。并且认为，这样的分析进路会导致相同的行为，因为主观动机不同而具有不同的法律后果：假设在柯达案中如果被告为了确保收回研发成本而拒绝许可，按照这种分析进路则无须承担违反反托拉斯法的责任。而对于CSU案，主要的批评意见认为，法院在判决附带意见中关于无须承担反托拉斯法责任的专利权行使范围的界限过于宽泛，同时这种界限划定的做法也与反托拉斯法根据行为的客观经济效果进行分析的传统相背离，而且按照这一逻辑附加条件的拒绝许可行为也会被视为无须承担反托拉斯法责任的行为。

执法机构对单方拒绝许可行为提出了初步意见。首先，专利制度中的专利权滥用与反托拉斯制度中的滥用垄断地位行为不同。专利权滥用是超越专利权利范围而行使独占使用权利，而滥用权利的行为能否构成反托拉斯法规制的滥用垄断地位行为，还需要看是否同时具备其他条件。专利权滥用并不必然构成垄断地位的滥用。反言之，权利人行使专利权利的行为，如单方拒绝许可，即便不属于专利权滥用（根据美国《专利法》第271条d款第4项规定），仍然可能属于滥用垄断地位的行为。其次，单方拒绝许可行为是专利权人行使专利权的核心。法院长期以来对单方拒绝许可行为持支持的态度。在柯达案之前，法院从未判令权利人行使单方拒绝许可行为而承担反托拉斯法责任。在专利权与反托拉斯法保护之间的相互关系中，对单纯的单方且无条件拒绝许可行为追究反托拉斯责任将不会具有多少意义。而对拒绝授予竞争对手许可追究反托拉斯法责任将迫使企业去帮助竞争对手，这一结果“与反垄断法的内在目的相冲突”。[1] 最后，与单方拒绝许可行为相比，有条件地拒绝许可行为往往会造成对竞争的损害，从而需要进行反托拉斯法审查。

---

〔1〕 Verizon Commc'ns Inc. v. Law Offices of Curtis v. Trinko, LLP, 540 U. S. 398. 407(2004), at 407 – 408.

(3)将专利被包含于合作制定的标准中对竞争的影响。

关于行业标准对竞争的影响,《报告》指出,行业标准不仅可以降低制造商的生产成本、促进创新、提高效率、增加消费者的选择,还可以保障社会公众健康和安全,同时也是国际贸易的重要基石。[1] 另外,行业标准具有网络经济的性质,通过行业标准的设定,更多功能不同的产品可以相互结合应用,从而增加整个网络对消费者的价值。执法机构认为,如果被标准制定组织选定为标准的一项专利技术缺乏有效的替代技术时,或使用替代技术增加的成本过高时,专利技术的所有人可以通过设定比该专利被选定为标准前更高的许可费用或更为苛刻的许可条件,来阻止其他公司使用标准。在此情况下,加入技术的标准制定行为就可能会与反托拉斯法发生冲突。

《报告》还讨论了降低标准制定的反竞争风险的措施,包括要求标准制定组织参加人公开所有标准可能涉及的知识产权,以及由标准制定组织在事前制定"合理且非歧视性许可条款"。事前制定许可条款的做法被认为可以降低标准制定组织成员阻止其他公司使用的风险,但也有专家提出,类似的谈判会增加反托拉斯法所禁止的合谋确定价格的风险,而谈判和监督成本的存在以及事前制定过程造成的延缓,使对这种措施的效率后果需要认真考虑。

执法机构表明了关于标准制定的基本态度。首先,执法机构确认标准制定组织成员间事前制定许可合同条款的措施是有利于竞争的。因此,标准制定组织成员共同事前制定许可合同条款不会构成反托拉斯法上的本身违法行为,执法机构会适用合理原则来审查受许可方与知识产权权利人之间协商确定许可条款的行为可能会产生的阻止其他公司使用标准的效果。就知识产权权利人在事前制定许可条款的谈判过程中宣布许可条款和价格条件的行为,执法机构认为,任何知识产权权利人单方宣布许可条件的行为不违反《谢尔曼法》第1条,而任何知识产权权利人单方宣布价格条件,如果没有其他违反反托拉斯法的行为,也不违反《谢尔曼法》第2条。对于由标准制定组织成员与标准制定组织成员范围之外的知识产权权利人之间开展的事前制定许可条款的谈判,执法机构认为,如果不存在其他违反反托拉斯法的行为,无须由执法机构进行特别的反托拉斯法审查,因为这种谈判仍然应当视为是知识产权权利人与个别被许

---

[1] Amy A Marasco, Standards – Setting Practices: Competition, Innovation and Consumer Welfare, at http://www.ftc.gov/opp/intellect/020418marasco.pdf.

可方之间的许可谈判。

(4)专利组合的交叉许可协议与专利联营的反托拉斯法分析。

在许多行业,拥有将产品投入商业化生产所需要的专利通常由众多不同的专利权人分别拥有,这种专利分散的状态使产品在进入市场的过程中因专利谈判和多重许可费用而产生了过高的交易成本,因此交叉许可和专利联营具有减少交易费用、增加社会福利的一面。与此同时,交叉许可和专利联营与分散的专利拥有状态相比,可以降低总的许可费用,同时可以减少被许可方被阻止使用专利的风险。另外,有专家还注意到,交叉许可和专利联营可以更好地保障专利权人获得回报,从而激励专利权人进行新的研发和创新。另外,如果交叉许可和专利联营导致了竞争者之间的价格固定、联合限制产出、阻碍创新等后果,则交叉许可和专利联营具有反竞争的一面。例如,具有横向竞争关系的专利权人之间通过交叉许可和专利联营达成的协作关系,可能导致原本具有竞争关系的技术之间的价格竞争减弱,并导致下游产品的产量降低。而在要求每个成员向其他成员按最低收费标准许可现有的和未来开发的专利的交叉许可和专利联营中,由于每个成员均须分享自己的研发成果,为每一成员提供了“搭便车”的可能性,因此会降低成员的研发动力。

执法机构关于交叉许可和专利联营的基本态度。执法机构会继续按照该指南的分析框架,根据合理原则来分析交叉许可和专利联营对竞争的影响。执法机构认为由互补性的专利组成的专利联营总体上是有利于竞争的,而将可替代的专利并入专利联营的行为也并不当然具有反竞争的效果,其对于竞争的影响将根据个案的具体情况进行分析。对于专利联营中许可专利的条款对竞争的影响,将在个案的基础上结合有利于竞争的因素和反竞争效果进行分析。而对于专利联营确定的许可费用收费标准,执法机构一般不去评估其合理性。执法机构的主要精力将集中于分析专利联营的专利组成以及这样的组成是否使专利联营参加者具有损害竞争的可能性方面。

(5)知识产权许可中的各种限制性条款。

第一,禁止主张权利条款(non – assertion clause)。这是指缔结许可协议的一方不得就其所拥有的任何专利或其他知识产权向另一方主张权利,即便另一方对专利或其他知识产权的使用属于侵权使用。禁止主张权利条款在以下几个方面可以增加效率、促进竞争:首先,可以降低达成许可协议的交易成本;其次,可以鼓励许可方与被许可方之间分享信息,避免任何一方隐瞒阻止性专利的开发;最后,还有利于减少对于专利权人所授权的其他被授权人的阻却。在反竞争效果方面需要考虑的因素包括:禁止范围过于宽泛、期限过长的禁止主张权利条款会降低对被许可方自行研发的激励;而在相关市场上具有寡头地位的两个缔约方之间相互禁止主张权利的约定往往会帮助两者维持寡头地位。

第二,回授条款(grantbacks clause)。这是指许可合同的被许可方同意将对被授权使用专利的改进返授权给许可方的约定。回授条款一般具有以下几个方面的增加效率、促进竞争的作用:首先,可以使权利人获得被许可方通过研发、改进产生的新的知识产权,并获取知识产权未来产生的价值,从而激励权利人通过授权许可使用知识产权;其次,可以作为支付高额许可费的替代,在未来的研发和改进不确定时可以便利许可方与被许可方达成许可协议;最后,与禁止主张权利条款一样,该条款可以降低许可方与被许可方之间的谈判成本,并且鼓励双方就技术研发交换信息,可以打消许可方对于被许可方将来通过技术改进设置阻止性专利的顾虑。同时,回授条款在以下几个方面可能存在反竞争效果:独占性的回授条款使许可方可以获取被许可方研发、改进产生的知识产权,这将降低被许可方进行研发和技术改进的激励。还有专家指出,具有市场力量的权利人通过独占性回授条款不断获得新的专利和改进专利,从而使权利人将自身的市场力量延伸到原知识产权的保护期限以后。

第三,商业回报分享协议(reach - through licensing agreements)。这是指许可方许可被许可方使用其获得专利保护的研究方法,被许可方将使用该研发方法获得的商业化开发的产品的收益部分分配给许可方的协议。商业回报分享协议在制药行业和生物科技行业应用得比较多,通常情况下被许可方使用许可方的研究方法,但约定通过分享获得药品的商业回报,来替代支付许可费用。商业回报分享协议在以下几个方面具有增加效率、促进竞争的效果:首先,可以降低许可方与被许可方的谈判成本,尤其在双方对研究方法的估价和对获得产品的判断不一致时,可以促使双方达成协议,从而促进研究方法使用的推广;其次,可以在许可方与被许可方之间合理分配风险,从而提供风险配置的效率。商业回报分享协议在以下方面具有影响竞争的可能性:有专家认为,在生物科技和药品研发过程中,制药企业往往需要大量、综合使用不同的研发工具和研究方法,才能获得新药产品。当这些研究工具和研究方法分别属于不同的权利人所有时,就会造成“许可费叠加”的后果,导致制药企业研发的激励降低,形成新药研发领域中的“反公地悲剧”(稀缺资源上存在过多的私有权利主体导致对该稀缺资源的利用效率降低）。

第四，执法机构的基本态度。《报告》指出，对于前述的禁止主张权利条款、回授条款、商业回报分享协议等不同形态的限制性条款和排除、限制行为，执法机构今后仍将采取该指南所确立的合理原则和分析模式，结合具体案件中的因素进行反托拉斯法分析。

（6）知识产权搭售和捆绑的反托拉斯问题。

第一，搭售（tying）和捆绑（bundling）。《报告》将搭售和捆绑销售放在一起进行了讨论，也同时指出二者的区别：搭售是指卖方或出租方通过合同条款或技术条件，要求购买或租赁产品或服务的买方或承租方同时购买或租赁另外的（在购买时往往无须固定搭配）产品或服务，如打印机和墨盒；而捆绑是指产品只以固定搭配的方式进行的销售，如鞋和鞋带、有许多版面的报纸。

第二，搭售和捆绑的经济分析。《报告》指出，许多经济学家认为搭售和捆绑可以改善效率，因此更有可能有利于竞争，而不是不利于竞争。有专家指出，相比较分别单独销售而言，知识产权产品通过搭售和捆绑的销售边际成本更低，而消费者也通常更愿意购买搭售和捆绑的知识产权产品。

在分析搭售和捆绑的反竞争效果方面，传统的理论认为搭售和捆绑可以向被搭售产品的市场传导市场力量以及可以被用于价格歧视，因此具有反竞争效果。但是这些观点一直存在争议。《报告》也指出，与其他财产权利相比，当搭售和捆绑涉及知识产权产品时，更加难以被轻易断定具有反竞争效果。也有专家认为知识产权产品的搭售和捆绑，可能会降低接受方对知识产权提出异议的积极性。

第三，法院对搭售和捆绑的态度。比较经济学理论普遍承认搭售和捆绑具有改善效率、有利竞争的一面，法院在对搭售和捆绑的认识和态度仍然比较保守，尽管这种将搭售和捆绑视为本身违法的保守传统已经随着对搭售和捆绑更为全面的理解而有所改变。《报告》指出，根据目前的判例法，对于搭售和捆绑案件，包括知识产权产品的搭售和捆绑案件，法院适用的原则仍然是附条件的本身违法原则，即只要卖方在搭售品市场具有市场力量并符合其他条件的情况下，搭售和捆绑构成违法。当然，法院的这一做法在逐步改变，在适用这种附条件的本身违法原则时会更多考虑市场分析。[1] 而联邦最高法院在最近的判例

---

〔1〕 Nat'l Collegiate Athletic Ass'n v. Bd. of Regents of the Univ. of Okla., 468 U. S. 85, 104 n. 26 (1984). 在该案中法院在判决中指出，当法院在搭售案件中讲到本身违法原则时，也认识到搭售可能具有的有利竞争的合法性，因此如果不对搭售进行市场分析而一味谴责是不合适的。

中也承认可竞争的市场与搭售协议并不是不相容的。[1]

第四,执法机构的总结。《报告》指出,执法机构将继续适用该指南中的原则和分析方法,对搭售和捆绑的有利竞争的因素和反竞争效果进行分析。只有在"1.卖方在搭售品市场具有市场力量;2.搭售和捆绑的安排对于被搭售品的相关市场中的竞争具有不利的影响;3.搭售和捆绑在效率改善方面的效果不超过反竞争的效果"的情况下,才会对搭售和捆绑行为提起反托拉斯审查。

(7)超过专利法定有效期延伸市场力量的竞争问题。

第一,超过法定有效期实施专利对竞争的影响。《报告》的最后一章首先讨论了超过专利权保护期限继续行使专利权、收取许可费的情形。经济学界认为,超过保护期限收取专利许可费的行为具有以下促进竞争、改善效率的后果:首先,通过延长收费期限使许可费用的年平均缴纳额降低,有利于专利的实施,使专利权人的研发投入得以收回。因此,延长收费期限并不使被许可方增加付出的许可费用,但是可以增加专利的实施量,从而减少了专利研发的无谓损失(deadweight loss)。其次,有专家认为,专利制度的目的是为创新提供激励,因此如果允许专利权人从专利中充分获利,可以更为有效地激励创新。最后,有专家认为超过专利保护期限收取许可费用,还可以帮助许可方克服合同的不完全性,使许可方在许可费用等条款不能充分反映专利价值的情况下,可以按专利的真正价值收取许可费用。如果超过专利权保护期限收取许可费用的行为与其他方面的因素结合,如专利权人本身在相关产品市场或技术市场具有市场力量,通过超过专利权保护期限收取许可费用,可能会将自身的市场力量向下游延伸,并有可能阻碍新的产品或技术在下游市场使用。

第二,具有独占性限制的长期合同的竞争效果分析。《报告》第六章还讨论了具有独占性限制的长期合同的竞争效果分析。《报告》首先指出,独占性专利许可合同对于改善效率具有重要作用。被许可方被授予独占性许可,可以增加被许可方将专利进行商业化投入的激励以及进行创新投入的激励,而不会担心许可方或者其他方会"搭便车"。另外,长期合同可能会有反竞争的效果。如果许可方与多数被许可方签订长期合同,使市场上剩余的未签约的被许可方较少,不足以达到新的进入者能够进入的生存规模,则长期合同会产生阻碍进入的效果。如果竞争对手进入的可能性减少,则许可方有更多的空间为长期许可

---

[1] Illinois Tool Works Inc. v. Independent Ink, Inc. ,126 S. Ct. 1281(2006).

索取更高费用。

第三，专利与技术秘密捆绑。《报告》第六章最后讨论了专利与技术秘密捆绑的混合许可合同。在许可合同中若将专利和技术秘密捆绑授权，有可能使专利的市场力量在专利保护期限到期后继续延伸。有专家提出，因技术秘密的保护没有期限限制，因此捆绑的专利和技术秘密的保护期限也是永久的。但是，当此类混合合同中的专利保护期限到期后，或技术秘密只占很小的部分，则此类合同可以形成限制，并成为卡特尔。例如，United States v. Pilkington plc.〔1〕案，司法部认为该案被告的技术秘密的许可完全是虚假的掩饰，而该许可则变为实施卡特尔的工具。

第四，执法机构的初步结论。执法机构将根据合理原则，对超过保护期限实施专利延伸市场力量的可能性进行分析。首先，仍然是要分析专利是否会赋予专利权人市场力量。其次，在专利权人具有市场力量的情况下，再分析专利权人是否具有不合理延伸市场力量的行为，将专利权延伸到专利权保护期限到期后；在审查此项内容时，执法机构将考虑专利权人将市场力量延伸到专利权保护期限到期后，是否会限制市场上已有的竞争者的扩张，是否会阻碍新的产品和技术的进入。

二、欧盟竞争法及其对知识产权领域垄断行为的规制

（一）欧盟竞争法的基本框架

在欧盟，〔2〕反对垄断、维护自由公平竞争的反垄断法通常被称为竞争法。

---

〔1〕 No. 94 – 345, 1994 – 2 Trade Cas. (CCH)// 70, 842, 1994 WL 750645 (D. Ariz. Dec. 22, 1994), at http:// www. usdoj. gov/atr/cases/f0000/0014. pdf，最后访问日期：2012 年 9 月 6 日。

〔2〕 在以前的很多场合尤其是在涉及竞争法的场合，许多人将欧洲共同体（简称欧共体）与欧洲联盟（简称欧盟）交替使用。如邵景春所著《欧洲联盟的法律与制度》（人民法院出版社 1999 年版）在“自序”中就明确指出，“欧盟法”与“欧共体法”或“共同体法”是通用的。但是，目前对于“欧盟竞争法”与“欧共体竞争法”的称谓问题，一些专家有不同的看法，在英文论著中也有不同的使用情况。欧共体是欧盟三根支柱中最大、最重要的一个，其管辖权事项限于经济领域，主要包括共同市场、共同农业政策和共同商业政策，在这些领域共同体拥有某些超国家权力；而其他两根支柱即“共同安全与外交政策”和“司法与内务合作”，其权力仍保留在成员国手中，欧盟没有超国家权力。竞争法属于商业政策，属于欧共体范围，因此严格说来，目前称欧盟竞争法还不是很妥当，在竞争法领域还是称欧共体竞争法比较合适。不过，使用欧盟竞争法的称谓也不会引起大的误解，欧洲学者也有混用的情况。（参见许光耀：《欧共体竞争法通论》，武汉大学出版社 2006 年版，第 2 页）不过，随着《里斯本条约》于 2009 年 12 月 1 日开始生效，原来的“欧共体”称谓被“欧洲联盟”所取代，原来的《欧共体条约》也更名为《欧盟运行条约》（The Treaty on the Functioning of European Union），这样现在就只需要使用欧盟竞争法和欧盟委员会的称谓了。

“二战”结束后,西欧百废待兴,为振兴经济,加深民族间的经济联系以彻底杜绝战争,并实现欧洲联合,一些有远见的西欧政治家提出了一系列密切经济和政治联系的主张。现在的欧盟是由 20 世纪 50 年代西欧六国的三个共同体(欧洲煤钢共同体、欧洲原子能共同体和欧洲经济共同体),经 1957 年的《欧洲经济共同体条约》(《罗马条约》)和 1965 年的《布鲁塞尔条约》(自 1967 年将 3 个共同体的机构合并统称欧洲共同体)发展而来,其成员国由最初的 6 个发展到 2013 年的 28 个(但 2016 年 6 月 23 日英国通过公投决定脱欧)。虽然 2004 年的《欧盟宪法》在 2005 年法国和荷兰的全民公决中遭否决,但 2007 年 12 月的欧盟峰会上签署了“里斯本条约”(2009 年 12 月 1 日生效),进一步促进了欧洲一体化的进程。在条约形式上,它采取欧盟传统的修订条约的方式,修订了《欧洲联盟条约》与《欧洲共同体条约》,并将后者重新命名为《欧洲联盟运行条约》。

欧盟竞争法作为欧盟经济一体化最终目标的战略手段之一,其主要是为了保护欧盟市场的完整统一与良好运转,保证企业间充分有效竞争,维护自由公平交易,努力建成一体化的欧洲内部大市场。与此相适应,欧盟竞争法在法律效力问题上突出了“影响成员国间贸易”的要求。欧盟竞争法具有超国家性,具有优先于成员国〔1〕竞争法适用的效力。欧盟竞争法的实体规定主要是禁止垄断协议的行为(通谋行为)、禁止滥用市场支配地位的行为、限制与共同市场相抵触的企业集中行为等,这些行为的主体都是企业,行为都是扭曲竞争的,并造成了具有共同市场影响力的结果。同时,为维护“经济平等原则”,欧盟竞争法还规定了适用于成员国的“国家帮助与国家贸易垄断”的内容。作为一种效力高于国内法又具有某些国际公法性质的法律体系,欧盟竞争法的超国家性质为区域性国际竞争法提供了一个典范。在立法体例上,欧盟竞争法实现了两大法系特点的融合。

为保证欧盟竞争法在内的法律的实施,欧盟建立了相应的机构,主要机构有欧洲议会、欧盟理事会(1993 年前称部长理事会)、欧盟委员会和欧盟法院,

〔1〕 欧盟成员国经过了 6 次扩大,由最初的 6 个扩大到 2013 年 7 月 1 日的 28 个,分别是:法国、德国、意大利、荷兰、比利时、卢森堡、英国、丹麦、爱尔兰、希腊、葡萄牙、西班牙、奥地利、瑞典、芬兰、马耳他、塞浦路斯、波兰、匈牙利、捷克、斯洛伐克、斯洛文尼亚、爱沙尼亚、拉脱维亚、立陶宛、罗马尼亚、保加利亚、克罗地亚。但是,2016 年 6 月 23 日,英国举行脱欧公投,结果是赞成脱离欧盟的选民胜出,这意味着英国在加入欧盟 43 年后成为决定退出欧盟的第一个独立国家。经过与欧盟的艰难谈判和国内的府院之争,英国“脱欧”进程一再推迟,最终于 2020 年 1 月 31 日正式“脱欧”,结束了其 47 年的欧盟成员身份。

它们分别行使立法权、执行权、司法权、审计以及金融监管权。其中,欧盟委员会为欧盟的常设执行机构,下设若干总局(Directorates - General),其中第四总局专管竞争政策及执法(DG VI);欧盟法院(Court of Justice of the European Union)为欧洲联盟的法院系统之总称,根据欧盟条约第19条,由三种法院组成:(1)(欧盟)普通法院:为了减轻原欧洲共同体法院(原欧洲法院)的负担而于1989年1月1日成立,原名为"初审法院"(Court of First Instance)。随着2009年12月1日里斯本条约的生效,改名为"普通法院"(General Court),掌理一般案件的一审。(2)专门法庭(specialized courts):目前只有一个即欧盟公务员法庭。(3)欧洲法院:1952年时设立,目前英文的正式名称为"Court of Justice",为欧盟法院系统的最高法院,掌理对普通法院裁判的救济案,以及解释欧盟诸条约,统一会员国内国法院对条约的解释适用,并通过其司法裁判促进欧盟的整合。

欧盟竞争法主要是《欧盟运行条约》第101条禁止限制竞争的协议、协同行为与决议、第102条禁止滥用市场支配地位的行为[1]以及欧盟《经营者集中条例》规定的限制竞争的经营者集中行为等,这些行为的主体都是企业,行为都是扭曲竞争的,并造成了具有共同市场影响力的结果。同时,为了防止成员国采取限制竞争的经济干预政策,《欧盟运行条约》还在第106条、第107条以及第110条等规定了"国家援助与国家贸易垄断"制度。欧盟竞争法通过欧盟委员会的行政执法与法院的司法裁判机制来实施。

1. 欧盟禁止垄断协议和滥用市场支配地位的制度

《欧盟运行条约》第101条第1款规定,禁止与共同市场不相容的下列事项:企业之间订立的协议、企业联合组织作出的决定和协同一致的行为,可能影响成员国之间的贸易并具有阻碍、限制或者扭曲共同市场内的竞争目的或者效果的;尤其禁止下列事项:(a)直接或者间接地限定购买或销售价格或者任何其他贸易条件;(b)限制或者控制生产、销售、技术开发或者投资;(c)划分市场或者供应来源;(d)对与其他贸易方的相同交易施以不同的条件,从而使其处于不利的竞争地位;(e)要求对方当事人接受在性质或者商业惯例上与合同涉及的项目无关的附加义务作为签订合同的条件。

---

[1] 原为《罗马条约》第85条和第86条。根据1997年《阿姆斯特丹条约》第12条,原来《罗马条约》第85条和第86条的重新编号分别为第81条和第82条。根据2009年《里斯本条约》修改后的《欧洲联盟运行条约》,该两条的编号相应地变为第101条和第102条,但其内容没变。

《欧盟运行条约》第101条第2款规定,依照本条规定而被禁止的协议或者决定自动无效。

《欧盟运行条约》第101条第3款则规定,第1款不适用于如下经营者之间的协议或者某种类型协议、经营者联合体的决议或者某种类型决议、经营者之间或者经营者联合组织之间的协同行为或者某种类型协同行为,当它们有助于改善产品生产或者销售,或者促进技术或经济进步,且消费者分享当中形成的利益,同时a)参与其中的经营者没有受到为实现上述目的所不必要的限制,b)上述行为也没有排除经营者之间就相关产品的重大部分竞争的可能性。

《欧盟运行条约》第102条规定,一个或者多个在共同市场或者其相当部分具有支配地位(dominant position)的企业滥用这种地位的任何行为,凡可能影响成员国之间贸易的,则因与共同市场不相容而予以禁止;尤其禁止下列滥用行为:(a)直接或者间接地施加不公平的购买或销售价格或者其他不公平的贸易条件;(b)限制生产、销售或技术开发,损害消费者利益;(c)对与其他贸易方的相同交易施以不同的条件,从而使其处于不利的竞争地位;(d)要求对方当事人接受在性质或者商业惯例上与合同涉及的项目无关的附加义务作为签订合同的条件。

《欧盟运行条约》第101条与第102条之间的区别点在于:前者主要涉及两个独立经营者之间的协议、协同行为或者企业联合体的决议,其目的是防止通过订立协议来不合理地限制共同市场内的竞争;而后者主要涉及(但不限于)单个企业的市场行为,防止滥用其支配地位来不合理限制共同市场内的竞争。但两者在特定情形下可以同时适用,如经营者之间订立限制竞争的协议因而适用第101条规定,又因为该协议导致了市场支配地位,且滥用这种限制竞争的协议时,也同时适用第102条。即便根据第101条第3款豁免的卡特尔的参与者利用该卡特尔协议形成市场支配地位并滥用时,也适用第102条的规定。

原来的《欧共体条约》中并没有关于控制与共同市场相抵触的企业集中行为的明确规定。在早期,欧共体委员会也是适用《欧共体条约》第81条与第82条对有关企业集中行为加以处理。1989年12月21日欧共体理事会制定了一个专门规定企业集中的第4064/89号条例。该条例后被欧共体理事会1997年关于企业集中的第1310号条例所修改。这一条例后又在2004年被《关于企业集中控制的理事会第139/2004号条例》所取代。同时,欧共体委员会还颁布了《横向合并评估指南》《合并调查最佳做法指南》《执行理事会第139/2004号条例的委员会第 802/2004 号规章》等,均自 2004 年 5 月 1 日开始执行。欧共体委员会于 2007 年 11 月 28 日又颁布了《非横向合并指南》。这就形成了控制与共同市场相抵触的企业集中行为的比较具体、完整的规定。根据这些规定,在欧盟竞争法上的反竞争性集中的构成要件为:各自独立的企业或者已经控制了至少一个企业的个人;实施了合并或者获得对其他企业控制的行为;具有"共同体意义";与共同市场不相容。对有关企业集中行为,根据不同情况有申报、责令修改协议、解散或者终止履行和罚款等处理措施。

为了实施有关竞争法的实体规范,欧共体理事会还制定了有关的程序规范,第 17/62 号法规是其中的重要规范。它规定对实质不违反《欧盟运行条约》第 101 条、第 102 条行为的违法否定(negative clearance)的申请认定程序和对根据《欧盟运行条约》第 101 条第 3 款规定申请豁免的批准程序。获得《欧盟运行条约》第 101 条第 3 款所述的豁免有两种方式:第一种是个案申报(individual notification)方式,由有关方面就协议向欧共体委员会主管机构提出一份申请,请求委员会认定所申报的协议是否会触犯竞争法。申报应当在协议实施之前提出,所提交的文件应当包括一份请求获得豁免的请求书、协议的文本以及相关信息。第二种是整批豁免或集体豁免(block exemption)方式,它不是应有关方面的申请,而是由欧共体委员会主动作出的一种公告。这样的公告从总的特点和类型方面告知公众,哪些协议是不必申报的,哪些协议会引起欧共体委员会的关注,最好予以申报。整批豁免建立了三种类型的清单(list),分别称为白色清单、灰色清单和黑色清单。

通过一般禁止之下的个别和集体豁免机制来实现保护竞争的原则要求与合理商业需要之间的平衡,并由此增强法律的确定性,曾经是欧共体竞争法体制的鲜明特色。为适应经济全球化和欧盟扩大的需要,应对更加一体化的市场,保证对欧共体市场竞争秩序的有效监管,并尽可能简化行政管理,欧共体理事会于 2002 年 12 月 16 日颁布《执行条约第 81 和 82 条竞争规则的 1/2003 号条例》[1](以下简称 1/2003 号条例),取代了 1962 年的第 17 号条例,作为实施《欧共体条约》第 81 条、第 82 条的程序法。1/2003 号条例简化了欧共体竞争法的实施程序,通过建立起有效的竞争法实施机制,使欧共体委员会、成员国竞争

---

[1] 英文全称为:Council Regulation(EC)No. 1/2003 of 16 December 2002 on the Implementation of the Rules on Competition Laid down in Articles 81 and 82 of the Treaty。

主管机构以及成员国法院合理、有效地分担实施共同体竞争法的任务。由于彻底改革了原有的竞争法实施机制,标志着欧共体竞争法整体的现代化,因此1/2003号条例被称为欧共体竞争法的"现代化条例"。[1] 该条例废除了事前申报制度,欧共体竞争法的实施非集权化(成员国主管机关和法院在实施中占有越来越重要的地位),并加强了执法机关的调查权。其中,1/2003 号条例废除了过去要求包括"灰色清单"协议条款的当事人向欧共体委员会申报,由欧共体委员会事前审查并确定是否适用豁免的"集权式"的竞争法执行机制,改为采用当事人自行评估适用豁免规章,而由成员国的法院或竞争法主管机构主动或根据申诉,事后对与欧共体相抵触的技术转让协议要求终止、采取临时措施、要求提供保证或处以罚款(第 5 条)。

欧盟委员会对违反竞争法的企业给予的处罚往往是很严厉的。例如,在2004 年 3 月的微软垄断案中,欧盟委员会更是对微软公司作出了高达 4.97 亿欧元(约 6.13 亿美元)的罚款,2008 年 2 月 27 日欧盟委员会对微软公司开出8.99 亿欧元(约合 13.5 亿美元)的罚单;2009 年 5 月 13 日欧盟委员会又对英特尔公司处以 10.6 亿欧元(约 14.5 亿美元)的创纪录反垄断罚款;2016 年 7 月欧盟对 MAN、沃尔沃/雷诺、戴姆勒、依维柯以及 DAF 等多家卡车生产商串通操纵卡车价格总共罚款 29.3 亿欧元;2017 年 6 月,欧盟委员会由于谷歌在搜索结果中偏袒自家服务 Google Shopping 决定对其处以 24.2 亿欧元的罚款。2018年 1 月欧盟委员会对高通滥用市场支配地位行为罚款 9.97 亿欧元。

2. 欧盟控制经营者集中的制度

由于欧盟与成员国之间在经营者集中控制是以竞争政策为主还是产业政策为主的问题上存在激烈的争论,因此直到 1989 年欧共体《并购条例》,并不存在经营者集中的控制制度。当时的法院试图通过适用《欧共体条约》第 81 条与第 82 条(现在分别为《欧盟运行条约》第 101 条、第 102 条)的条款来弥补这一漏洞:当时欧盟法院首先在 1973 年涉及股权收购的 Continental Can 一案[2]中,利用禁止滥用市场支配条款来对经营者集中进行控制,进而在 1987 年的"Philipp Morris/Rothmanns"[3]判决中确认,除了禁止滥用市场支配条款外,禁止限制竞争协议的条款也可以对经营者集中予以规制。欧盟委员会在 Conti-

---

〔1〕 许光耀:《欧共体竞争法通论》,武汉大学出版社 2006 年版,第 423 页。

〔2〕 EuGH Slg. 1973,215(244 f.) – Continental Can.

〔3〕 EuGH Slg. 4487(4584) – BAT u. Reynold's Philip/Morris.

nental Can 判决后提出了第一个制定经营者集中控制的动议，但被欧洲理事会拒绝。经过欧盟与成员国经过长期的协商以及德国政府的强烈要求后，终于在1989 年通过了《欧共体委员会关于经营者集中的条例》，该条例为 2004 年颁布的《关于经营者集中控制的理事会第 139/2004 号条例》所取代。

目前，欧盟经营者集中控制的法律规范基础是以 2004 年《关于经营者集中控制的理事会第 139/2004 号条例》、2004 年 4 月 30 日颁布的《执行理事会第139/2004 号条例的委员会第 802/2004 号条例》为主，《欧盟运行条例》第 101 条与第 102 条为辅。另外，欧盟委员会结合行政实践制定了一系列指南，如 2004年 5 月 1 日开始执行的《横向合并评估指南》《合并调查最佳做法指南》、2007年 11 月 28 日颁布的《非横向合并指南》。指南不是正式的法律渊源，因而不具有规范上的法律效力，因此法院没有义务予以遵守，但由于是其实践的总结，因而对于对欧盟委员会的执法具有自我约束力，对经营者而言是具有事实上的效力。

根据《关于经营者集中控制的理事会第 139/2004 号条例》第 21 条第 1 款的规定，卡特尔的程序（适用第 101 条与第 102 条的程序）并不适用于并购条例第 3 条意义上的经营者集中，其目的在于排除对经营者集中同时根据《关于经营者集中控制的理事会第 139/2004 号条例》与《欧盟运行条约》第 101 条与第102 条进行双重适用。但这并不排除在特定条件下第 101 条与第 102 条适用于经营者集中的控制。一方面，从法律位阶上看，《欧盟运行条约》属于欧盟基础性、“宪法性”的条约，而《关于经营者集中控制的理事会第 139/2004 号条例》属于由欧盟委员会制定的条例；另一方面，如同 Continental Can Philipp Morris/Rothmanns 两个判决所显示的那样，确实存在同时适用第 101 条与适用《关于经营者集中控制的理事会第 139/2004 号条例》的情形。尤其是多个经营者建立合营企业，一方面可以构成经营者集中，另一方面可以同时构成经营者之间的限制竞争的协议从而符合第 101 条的规定。

欧盟经营者集中最重要的规范是《关于经营者集中控制的理事会第 139/2004 号条例》。欧盟委员会的改革举措是试图将少数股权纳入经营者集中控制以及经营者集中的简化程序改革。《关于经营者集中控制的理事会第 139/2004号条例》由条文达 46 条的立法理由书以及条文达 26 条的正文组成。正文中第1 条至第 3 条属于核心条款，分别规定了经营者集中的申报标准、审查标准与定义。

《关于经营者集中控制的理事会第 139/2004 号条例》第 1 条第 1 款规定,该条例只管辖具有欧盟市场意义的经营者集中。第 2 款定义了具有欧盟市场意义的经营者集中,即 a)当所有参与集中的经营者在全球范围内的年总营业额之和超过 50 亿欧元,且参与集中的经营者中至少有两家在欧共体内的年营业额均各自超过 2.5 亿欧元;但参与集中的经营者的营业额各自在一个成员国内取得的例外。第 3 款规定,不符合第 2 款的经营者集中也具有欧盟市场意义,当 a)所有参与集中的经营者在全球范围内的年总营业额之和超过 25 亿欧元;b)所有参与集中的经营者在至少 3 个成员国中的年总营业总额之和各自超过 1 亿欧元;c)所有参与集中的经营者至少有两家在 b)中所指的至少 3 个成员国中各自的年营业额均各自超过 2500 万欧元;而且 d)所参与集中的经营者中至少有两家企业在欧盟的年营业额均各自超过 1 亿欧元;但所参与集中的经营者在欧盟境内的 2/3 以上的年营业额是在相同的一个成员国中实现的例外。

第 2 条则规定了经营者集中的判断标准。与 1989 年欧共体《并购条例》相比,其采取了德国《反限制竞争法》对经营者集中的否决标准,即"形成或者强化了市场支配地位"的标准。2004 年的《并购条例》则改采"严重妨碍有效竞争标准"(Significant Impediment of Effective Competition,SIEC)。第 2 条第 1 款规定,本条例的经营者集中根据本条例的目标以及下列规定对与共同市场的相容性进行审查。欧盟委员会在审查中顾及下列因素:a)维护与促进在共同市场内的有效集中的必要性,尤其是估计到所有相关市场的结构与来自共同市场内外经营者的现存或者潜在竞争;b)参与集中的经营者的市场地位与经济势力以及财务实力,供应商与采购商可选择的空间及其进入采购与销售市场的难易,法律或者事实上的市场准入限制,各自产品与服务供需的发展趋势,中间商、消费者的利益,有利于消费者且不会阻碍竞争的技术、经济的进步发展。

第 2 款规定,经营者集中,尤其是其导致形成或者强化市场支配地位,不会严重阻碍共同体全部或者相当部分市场有效竞争时,该经营者集中与共同体市场相容。

第 3 款规定,经营者集中,尤其是其导致形成或者强化市场支配地位,会严重阻碍共同体全部或者相当部分市场有效竞争时,该经营者集中与共同体市场不相容。

第 4 款规定,第 3 条规定的通过建立合营经营者的集中形式旨在或者导致协调独立经营者之间竞争行为后果的,则根据条约第 81 条第 1 款和第 3 款(现在的《欧盟运行条约》第 101 条第 1 款、第 3 款)进行审查,以确定其是否与共同市场相容。

第 5 款规定,在进行该项审查时,欧盟委员会应当顾及,设立合营企业的经营者是否在合营企业的市场或者在与该市场上、下游市场或者在相邻市场或者与其紧密相关的市场上完全地同时从事业务;以及是否通过建立合营企业增强的企业协调行为使合营企业的建立者有可能在相关产品或者服务市场上排除竞争。

第 3 条则规定了经营者集中的控制形态。经营者集中是指能引起控制权的长期性变更的行为,尤其是通过 a)两个或者两个事前独立的经营者或者集中的部分进行合并;或者 b)一个或者多个以及至少控制 1 个经营者的人,或者一个或多个经营者通过取得股权或者取得资产,通过合同或者其他方式,直接或者间接取得了对一个或者多个经营者的全部或者部分的控制(第 3 条第 1 款)。控制权可以通过权利、合同或者其他方法取得;控制权可以在顾及所有的事实或者法律情形下,能单独或共同对另一个经营者的行为产生决定性的影响,尤其是通过 a)企业的全部或者部分资产的所有权或者使用权;b)能对另一个经营者的机构的组成、咨询或者决议或者产生确定性影响(第 3 条第 2 款)。控制权的取得人或者经营者是指,a)基于权利或者合同直接享有权利的人,或者 b)虽然本身不是权利人或者根据合同享有权利的人,但有权行使这些权利的人(第 3 条第 3 款)。设立的合营企业持久地行使自主从事活动的经济单位的所有功能时,属于第 3 条第 1 款 b)意义上的经营者集中(第 3 条第 4 款)。

第 4 ~ 26 条进一步规定了经营者集中的程序、权限分配、处罚措施等内容。

(二)欧盟竞争法对知识产权领域垄断行为的规制

1. 欧盟竞争法适用于知识产权领域的概况

为平衡协调竞争法和知识产权法的冲突,欧共体有关机构一直在进行着尝试。由于欧盟条约将政治经济目标注入欧盟竞争政策,因此欧盟竞争法被认为有三个目标:第一是维持有效的竞争;第二是适用公平竞争原则,特别是采取特殊保护中小企业的形式;第三是利用竞争规则促使单个成员国的国内市场形成单一的欧洲市场。每个目标都对解释条约第 81 条和第 82 条有影响,而这反过来又对欧盟竞争法与知识产权之间的交叉领域产生影响。[1] 在长期的实践中,欧盟竞争法发展确立了关于运用知识产权的三大基本原则:知识产权的所有权中"存在权"与"使用权"相区别的原则;权利耗尽原则;同源原则。对于第一个原则,欧洲法院在判例中指出,条约第36条所保护的只是知识产权所有权的"存在",而对所有权的"使用",则应受到条约有关禁止性规范的约束。[2] 在现阶段,欧洲法院已在欧盟竞争法与知识产权之间的交界地带划分出三个法律范畴。第一类是"存在",它是成员国当局确定授予知识产权的条件。这是条约第81条和第82条所不涉及的领域。第二类是得到允许的知识产权行使形式,它要结合知识产权立法所授予的权利和条约第81条和第82条所施加的限制来加以确定。第三类是受到禁止的知识产权行使形式,它要由条约第81条和第82条的禁止条款加以确定。[3] 如果知识产权的行使与依第81条和第82条构成违法的商业行为相联系时,它就不能被依成员国国内法为合法的事实所挽回。自20世纪末以来,欧盟竞争法已明显地表现出其规制知识产权行使行为的能力。1988年的沃尔沃(Volvo)案、1995年的迈吉尔(Magill)案和2004年的MS Health案都涉及利用竞争法来规制知识产权的拒绝许可问题。在Magill案中,欧洲法院确认欧盟委员会有权通过实施强制性的著作权许可来处理滥用拒绝许可的行为。在近期的其他案例中,法院裁定《欧共体条约》中的竞争规则可以被用作防止知识产权人取得拥有相似技术的竞争对手公司、运用掠夺性的折扣和价格策略以及产品捆绑的基础。另外,欧盟委员会已发展出一系列整体(整批)豁免,包括对知识产权许可协议中条款加以详细规定的技术转让新规章。这些发展表明知识产权人的权利受到欧盟竞争法所规定的第二层次(second tier)的规制。[4]

关于欧盟对知识产权许可协议中条款的整体豁免规定,它也有一个发展、完善的过程。早在1984年6月23日欧共体委员会就颁布了关于对若干类型的专利使用许可协议适用第85条第3款的2349/84号规章,自1985年1月1日

---

〔1〕 See Steven D. Anderman, *EC Competition Law and Intellectual Property Rights*, Clarendon Press Oxford 1998, p. 16.

〔2〕 阮方民:《欧盟竞争法》,中国政法大学出版社1998年版,第282~283页。

〔3〕 See Steven D. Anderman, *EC Competition Law and Intellectual Property Rights*, Clarendon Press Oxford 1998, p. 11.

〔4〕 See Steven D. Anderman, *EC Competition Law and Intellectual Property Rights*, Clarendon Press Oxford 1998, p. 3.

起生效。后来又在1988年11月30日颁布了关于对若干类型的技术秘密使用许可协议适用条约第85条第3款的556/89号规章,自1989年4月1日起生效;在1988年11月30日颁布了关于对若干类型的特许专营协议适用条约第85条第3款的4087/88号规章,[1]自1989年2月1日起生效。

进入20世纪90年代以来,欧洲发现其在雇用、出口市场的份额、研究开发和创新方面的竞争地位相对于美国和日本来说受到了削弱。为改变欧洲的企业在全球贸易中的不利地位,欧洲委员会在1994年的一份文件指出,欧洲有必要采取措施促进科学技术的研究开发工作,并为企业之间,特别是中小企业之间的技术转让提供便利条件。在此背景下,欧共体委员会于1996年1月31日颁布了《关于对若干类型的技术转让协议适用条约第85条第3款的第240号规章》[2],一般称为《技术转让规章》(the Technology Transfer Regulation,以下简称《240/96号规章》)。该规章自1996年4月1日起施行,至2006年3月31日止。它部分地替代了已于1995年12月31日期满失效的专利许可协议豁免的2349/84号规章,并且同时废止了尚未期满失效的技术秘密许可的556/89号规章,将涉及专利、技术秘密和其他知识产权的技术许可协议统一予以规范。它明确规定了《欧共体条约》中的竞争法条文对与知识产权有关的各种技术转让合同条款的禁止、限制和豁免,扩大了原先的"白色清单"的范围,同时缩小了"黑色清单"的范围。这反映了在新技术革命和产业革命的条件下,以及在世界贸易组织《与贸易有关的知识产权协议》(TRIPs)生效之后,欧盟在平衡竞争法和知识产权法的冲突方面的一种尝试。该《规章》已经被2004年的《技术转让协议成批豁免规章》即《欧共体委员会对各种类型技术转让协议适用条约第81条第3款的规章》(第772/2004号规章)所取代,并有与其配套的具体实施指南,即《欧共体条约第81条适用于技术转让协议的指南》[3]。而第772/2004

---

〔1〕 特许专营协议中要涉及不少知识产权问题。

〔2〕 即Commission Regulation(EC)No. 240/96 of 31 January 1996 on the application of Article 85(3) of the Treaty to certain categories of technology transfer agreement。其英文原文可在欧盟委员会网站查阅,也可参见Steven D. Anderman, *EC Competition Law and Intellectual Property Rights*, Clarendon Press Oxford, 1998, pp. 258 – 275。有关中文介绍和评析材料可参见王源扩:《试析欧共体对知识产权许可的竞争法控制及对我国的借鉴意义》,载《法学家》1996年第6期;尹新天:《TRIPs协议与制止知识产权滥用》,载《专利工作动态》2000年第11期;王晓晔:《欧共体竞争法中的知识产权》,载《环球法律评论》2001年夏季号(总第23卷)。

〔3〕 即Guidelines on the application of Article 81 of the EC Treaty to technology transfer agreement。

号规章和2004年指南又分别为欧盟委员会2014年3月21日发布的《关于〈欧盟运行条约〉第101条第3款对技术转让协议类别的适用问题的规章》(以下简称《316/2014号规章》)[1]和《〈欧盟运行条约〉第101条适用于技术转让协议的指南》(以下简称2014年指南)[2]取代。以下对这些规章的主要内容加以介绍,以便了解欧盟这方面规则的大致演变情况。

2.《240/96号规章》的主要内容

《240/96号规章》的正文部分共13条,其中,第1条为基本豁免条款,规定集体豁免适用的条件和基本范围,凡符合规定条件并在豁免范围内的技术许可协议,不受《欧共体条约》第81条第1项的禁止;第2条为"白色清单"条款,[3]列举了一般不影响竞争、不妨碍获得豁免的许可合同条件;第3条为"黑色清单"条款,规定凡包含了本条列举的限制性条款的许可合同,皆不予豁免,而且不适用合同无效的可分性规则,以防当事人规避法律;第4条为"灰色清单"和通知异议程序条款,规定既不在基本豁免和白色清单之内,又不在黑色清单之内的限制性许可合同条件,尤其是本条列举的合同条款,其当事人可将许可合同事项通知欧共体委员会,如后者在四个月以内未提出异议的,即视为已获得豁免。

(1)关于集体豁免的适用条件。

在主体方面,集体豁免只适用于两方当事人之间的技术交易。如果合同或协议虽只有两方当事人,但他们之间处于业务上的竞争关系,且在同一合资企业中享有权益,并拥有较大市场份额的,则此类许可协议及其当事人与上述合资企业间的技术交易均不适用集体豁免的规定。这类交易,以及涉及多数当事人的技术交易,对市场影响较大,常常比较复杂,而且可能被企业用作集体协调

〔1〕 即 Commission Regulation(EU)No. 316/2014 of 21 March 2014 on the application of Article 101(3) of the Treaty on the Functioning of the European Union to categories of technology transfer agreements (Text with EEA relevance)。英文版全文可在以下网址获得:http://eur - lex. europa. eu/legal - content/EN/TXT/PDF/? uri = CELEX:32014R0316&from = EN。中文译文可参见许小凡译本,载《竞争法律与政策评论》(第1卷),上海交通大学出版社2015年版;韩伟译本,载韩伟主编:《美欧反垄断新规选编》,法律出版社2016年版。

〔2〕 即 Guidelines on the application of Article 101 of the Treaty on the Functioning of the European Union to technology transfer agreements。英文版全文可在以下网址获得:http://eur - lex. europa. eu/legal - content/EN/TXT/PDF/? uri = CELEX:52014XC0328(01)&from = EN。中文译文可参见韩伟译本,载韩伟主编:《美欧反垄断新规选编》,法律出版社2016年版。

〔3〕 也有的中外文著作认为该规章第1条为"白色清单",第2条为"灰色清单"。从其原文的内容来看,这种主张不够准确。

活动以限制竞争的掩护，故不予集体豁免。

在标的方面，本规章适用于只涉及专利或技术秘密或者同时涉及二者的许可协议；同时，对其他知识产权的交易，如商标、外观设计、版权（尤其是软件保护）等的使用许可，如果它们以辅助专利或技术秘密交易为目的，则可以与主标的的交易同时予以豁免。但是，独立的版权、商标或外观设计的使用许可，不适用《规章》的规定。按照《规章》第 8 条的规定，“专利”一词在规章中包括专利申请权、实用模型及其申请权、半导体芯片设计、注册设计及其申请权、医疗产品的保护证书以及植物育种者证书等多项权益，因而是一个含义十分广泛的概念，不同于其在专利法上的严格定义。

在交易类型方面，本规章适用于专利和技术秘密的许可和再许可。至于专利和技术秘密的转让，如果出让方仍全部或部分承受转让标的开发利用风险的，特别是转让报酬取决于受让方利用标的收益情况的，本规章亦适用。但是，对只涉及产品销售的许可合同、专利或技术秘密联营协议，[1] 以及竞争者之间就竞争领域内的专利或其他标的进行交叉许可的协议，规章均不适用。这类协议，有的对推广新技术并无直接促进作用，有的对市场和竞争过程影响较大，故不宜予以集体豁免。

（2）关于集体豁免的基本范围。

按照本规章第 1 条的规定，凡符合上述条件的，下列类型的限制性许可协议可受一定期限的豁免：

①要求许可人不在许可地域内再许可其他企业利用同一标的技术的；

②要求许可人自己也不在其许可地域内利用同一标的技术的；

③要求被许可人不在许可人在共同市场范围内为自己保留的地域内利用被许可标的技术的；

④要求被许可人不在共同市场范围内已许可给其他被许可人的地域内利用同一标的技术的；

⑤要求被许可人不在共同市场范围内已许可给其他被许可人的地域内积极促销利用标的技术生产的产品的，特别是不进行针对该地域的广告宣传、建立任何分支机构或者保持该地域内的分销点；

---

〔1〕 Patent or Know－How Pools，即多数当事人将其同一领域内的专利或技术秘密集合经营并相互予以许可的协议。

⑥要求被许可人不得根据不经请求而得到的订单将被许可的产品投放到共同市场内许可给其他被许可人的地域范围内;

⑦要求被许可人在许可的生效期间内只使用许可人的商标或特有装潢,以区别被许可的产品,只要许可合同不禁止被许可人在其制造的被许可产品上表明自己是该产品的制造者;

⑧要求被许可人只能将被许可产品的产量限定在制造自己的产品所要求的数量范围内,或者要求被许可人只能将被许可产品作为其自己的产品的一部分或者其替换件,只要被许可人得自由决定其产品的产量。

以上八种限制性许可条件,人为地造成了技术和产品的流动壁垒,限制了许可人与被许可人之间以及多数被许可人相互之间的生产、销售竞争,或是限制了产品的用途、产量或推销方法,本应受到《欧共体条约》第 81 条第 1 项的禁止。另外,这类限制性许可条件通过限制竞争,也显著地降低了商业投资风险,满足了企业获得确定的投资回报的合理期望,从而有利于鼓励和推动新技术的传播和利用;同时,这类许可条件虽会使竞争在某一个方面受到限制,但也常常会迫使当事人专注于致力某项技术在某一特定市场的开发,并刺激该项技术及有关产品与其替代技术和替代产品的相互竞争。因此,《规章》对这八类限制性的许可条件,予以限期内的集体豁免。根据情况的不同,豁免期限一般是参照专利的有效期和技术秘密是否公开等因素,以 5 年或 10 年为期。

(3)关于白色清单条款。

白色清单条款,是指本规章第 2 条中所列、一般不限制竞争的许可合同条款。依据《规章》的规定,这类条款无论是单独使用,还是与基本豁免范围内的条款同时使用,即使在某些情况下有可能限制竞争的,也都予以豁免,故称为白色条款。这类条款共有下列 18 种:

①要求被许可人在合同期内和期满后为许可人的技术秘密保密的;

②禁止被许可人进行再许可或转让其被许可的;

③要求被许可人在合同期满后,如专利权仍有效或技术秘密仍处于秘密状态中,不得使用被许可标的的;

④要求被许可人就其对许可标的作出的改进和新应用给予许可人非排他性的许可、同时许可人也就其后续改进技术给予被许可人许可的;

⑤要求被许可人遵守最低质量要求,包括要求其遵守某种产品技术指标、或为达到普遍适用的技术要求须从指定企业购取某种产品或服务的;

⑥要求被许可人在许可标的上的权益受侵害时,协助许可人保护其权益的;

⑦要求被许可人在合同有效期内,即使技术秘密已因不可归责于许可人的事由而公开,仍应就其支付使用费的,或基于支付上方便的考虑,要求被许可人在专利失效后继续支付约定使用费的;

⑧要求被许可人只能在限定的技术领域或产品市场利用被许可技术的;

⑨要求被许可人支付的许可使用费不得少于一定的最低数额,或要求其遵守最低产量要求或其他最低经营指标的;

⑩要求许可人给予最惠待遇,即不低于已经或即将给予其他被许可人的待遇的;

⑪要求被许可人在有关产品上表明许可人身份或许可标的专利权情况的;

⑫要求被许可人不利用被许可技术为第三人建造生产设施的;

⑬要求被许可人在某一特定顾客自己可以利用被许可技术或能从其他被许可人处获得被许可产品时,只对其限量供应被许可产品的;

⑭许可人保留权利,以便当被许可人在许可地域外利用标的技术时得提出异议的;

⑮许可人保留权利,以便在许可人对许可标的的有效性或秘密性提出质疑时得解除合同的;

⑯许可人保留权利,以便在许可人对某一专利在经济和技术运用上的必要性提出质疑时得解除合同的;

⑰要求被许可人尽最大努力利用被许可技术和推销被许可产品的;

⑱许可人保留权利,以便当被许可人在研究、开发、生产或销售方面与其竞争时,得不受原订合同排他性的约束,也不再许可后续改进技术,并要求被许可人证明其未将许可标的用于许可领域之外的。

上列 18 种白色清单条款,因《规章》认为其一般不限制竞争,而且即使限制竞争也可受豁免,因此是欧盟技术交易实践中法律上最安全的标准合同条款。

(4)关于黑色清单条款。

黑色清单条款是本规章第 3 条中所列、因严重影响竞争而不予豁免的许可合同条款。此类条款之所以被称为“黑色”,不仅因为它们本身不能受集体豁免,还因为如果将其中任何一项列入许可合同中时,该合同整体就不能再享受集体豁免的利益。在这里合同可分性的原则不适用,主要是为了防止当事人规

避法律或利用法律规定的空隙。黑色清单条款有下列7种:

①限制合同一方自由确定许可产品价格、价格组成或折扣比例的。

②限制合同一方在共同市场上与合同对方或与其相关的企业就相互竞争的产品在研究、开发、生产和销售方面进行竞争的,但在此种情况下,许可人解除原合同的排他性和不再许可后续改进技术的除外。

③没有客观上正当的理由,要求一方或双方拒绝接受在各自地域内而有可能向共同市场其他地域销售产品的用户或转售商提出的订单,或使用户或转售商难以从共同市场上的其他转售商处获得许可产品的,特别是行使知识产权或采取其他措施,妨碍用户或转售商从某一许可地域外获得许可产品,或在某一许可地域内销售其从共同市场上合法获得许可产品的;也就是说,对限制第三人跨地域销售许可产品的,不予豁免,这与欧洲法院关于权利耗尽的判例法是一致的。

④相互竞争的制造商之间订立的许可合同,限制一方只能与特定的或某一种类的顾客交易,或只能采用特定销售形式,或为分配顾客只能采用特定产品包装的。

⑤除基本豁免范围以内和白色清单条款所列的情形以外,限制一方生产或销售许可产品的数量或限制利用标的技术的其他经营指标的。

⑥要求被许可人将其就许可标的所作的后续改进技术或新应用方法上的权利全部或部分转让给许可人的;对此不予豁免,意在防止许可人获得对新技术的垄断性控制。

⑦直接或间接地要求一方或双方在超出规定的豁免期限后仍受地域限制约束的。

上列7种黑色清单条款,虽然在实践中并非总是会严重影响竞争而违法,但因其不能享受集体豁免,故其当事人须自己承担违法遭到追究的风险。

(5)关于灰色条款及通知异议程序。

灰色条款是指既不在基本豁免范围以内又未列入白色或黑色清单内的许可合同条款。本规章第4条特别列举了两项灰色条款:一是要求被许可人接受与许可产品技术指标或产品质量无关的技术限制、其他技术许可或某种产品或服务的;二是禁止被许可人对许可标的的有效性或秘密性提出质疑的。对这两种以及其他未列举的灰色条款,本规章规定对其适用通知异议程序,即当事人可将合同内容及有关情况通知欧共体委员会,如后者在4个月内未提出异议的，即视为已获得豁免；如果该委员会提出异议并予禁止的，对当事人在通知期间依合同进行的行为一般也不予处罚。这一程序，既使当事人能在较大范围内根据情况灵活安排合同内容并降低法律上的风险，又使执法机关得以了解情况并保持一定的控制，是一种较好的平衡机制。

(6)关于豁免的撤销。

根据本规章第 7 条的规定，一个得到豁免的协议，如果其后果与欧共体条约第 81 条第 3 款中取得豁免的前提条件是不一致的，欧共体委员会可以撤销豁免。这些情况特别是指：

①合同地域内的许可产品与那些根据其特性、价格和用途被消费者视为替代品的相同产品或者服务之间不存在有效竞争，这尤其是指被许可人的市场份额超过了 40% 的情况。

②被许可人在没有重大理由的情况下，拒绝其他被许可人合同地域的用户或者转售商提出的供货请求。

③当事人在没有正当理由的情况下，拒绝向那些在共同市场其他地域销售该产品的用户或者转售商供货，或者阻止这些用户或者转售商从共同市场其他转售商得到这种商品，特别是通过行使知识产权或者采取措施，阻止转售商或者用户在合同地域外取得该产品，或者阻止他们在合同地域内销售该产品，而该产品事实上已经在共同市场经许可人本人或者经其同意进入合法的销售。

④在许可人订立协议时已经存在竞争者的情况下，协议要求被许可人必须在生产数量上达到最低标准，或者必须尽最大努力使用所转让的技术，目的是使被许可人不使用其他处于竞争中的技术。

除了以上专门针对专利和技术秘密的许可协议的集体豁免规定外，欧共体也有关于其他方面知识产权如商标权和著作权转让的规范，尤其是欧洲两级法院这方面的判例法。例如，根据前文提到的"同源原则"，如果两个或者两个以上位于不同成员国的企业合法地持有商标专有权，而且这些商标均来自同一渊源，任何一个企业都不得利用其商标专有权阻止另一家企业的产品进入本国市场。这方面的一个重要判决是 1994 年的 Ideal - Standard 商标案。[1] 这些判例，尤其是其中的迈吉尔案（Magill），本书将在第三至第五章的有关具体论述中加以援引、分析。

---

〔1〕 王晓晔：《欧共体竞争法中的知识产权》，载《环球法律评论》2001 年夏季号。

3.《772/2004 号规章》的出台背景与主要内容

尽管《240/96 号规章》颁布的目的是促进技术在欧共体市场进一步的传播、维护创新和竞争之间的平衡,但是其采取根据条款类型区分是否适用豁免的方式受到了广泛的批评。主要的批评观点认为,《240/96 号规章》以条款类型区分协议是否能够获得豁免,调整的范围过窄,而且这种形式主义分析方法给技术转让协议套上了"枷锁"(strait jacket)。[1] 其所采用的根据技术转让协议条款类型区分适用豁免的分析模式缺乏对技术转让协议各方的市场力量的分析,也缺乏对技术转让协议各方之间市场结构关系、相关市场的界定以及对竞争影响效果等要素的经济分析,因而对知识产权与竞争法之间冲突的认识过于简单化,并在分析方法上教条化。

《240/96 号规章》所存在的缺陷事实上是欧共体竞争法在各个领域的分析模式、调整机制所存在问题的一个缩影。随着经济学理论的发展以及对于竞争问题研究的深入,欧共体立法机关认识到从协议(限制竞争条款)对竞争的影响效果出发,而不是从协议条款的形式出发来分析协议对竞争的影响,能够更真实地反映相关市场的实际竞争情况。而根据效果分析是否适用欧共体竞争法的相关豁免条款,不仅可以更准确地规制垄断行为,而且更能保护对竞争没有实质性影响的协议,从而鼓励技术传播,到达知识产权保护与竞争的平衡。为此,欧共体委员会于 1999 年制定的《纵向协议成批豁免规章》《纵向限制指南》,2000 年修订的《专业化协议成批豁免规章》(以下简称《2658/2000 号规章》)、《研究与开发协议成批豁免规章》(以下简称《2659/2000 号规章》)以及 2001 年修订的《横向合作协议指南》均采用了这一新的分析模式。其中 2000 年 11 月 29 日修订的《2658/2000 号规章》鉴于部分第 5 条明确指出:"以前将须豁免的条款列举出来,这种方式已经不宜采用,而更应该着重界定哪些类型的协议,只要市场力量未达到一定水平,即可以豁免,同时着重指明这些协议中不能含有哪些条款或限制条件。这种分析方法更符合经济学的分析方法,即注重分析协议对相关市场的影响。"而《2659/2000 号规章》鉴于部分第 7 条则做了完全相同的表述。在此背景下,欧共体委员会于 2001 年 10 月 20 日公布了对《240/96 号规章》的评估报告,更使公众对该《规章》产生争论,欧共体成员国普遍赞成废

[1] Commission adopts new safe harbor for licensing of patents, know - how and software copyright, Commission Press Release, IP/04/470 of April 7, 2004.

除《240/96 号规章》,并对有关技术转让协议的欧共体竞争政策进行改革。[1]

经过广泛征求意见,欧共体委员会于 2004 年 4 月 27 日颁布了新的《技术转让协议成批豁免规章》(《欧共体委员会对各种类型技术转让协议适用条约第 81 条第 3 款的第 772/2004 号规章》,以下简称《772/2004 号规章》)。《772/2004 号规章》的内容包括鉴于部分及定义、豁免、市场份额门槛、核心限制、被排除的限制性条款、个案中的撤销、不适用本规章的事项、市场份额门槛的适用、废止、过渡期、有效期等 11 个条款。欧共体委员会于同日还颁布了具体解释《772/2004 号规章》适用的《关于技术转让协议的指南》[2]。下文将结合该指南介绍《772/2004 号规章》的主要内容。

(1)指导思想。

《772/2004 号规章》的鉴于条款部分阐述了《772/2004 号规章》的指导思想。

第一,《772/2004 号规章》改变了《240/96 号规章》根据协议条款形式的分析模式,采用根据效果分析的、更为灵活的经济分析模式。《772/2004 号规章》废除了《240/96 号规章》的"白色清单条款""灰色清单条款",吸收了美国司法部和联邦贸易委员会《知识产权许可的反托拉斯指南》中许多比较成熟的分析方法。《772/2004 号规章》指出:"本规章必须满足两个要求,即保障有效竞争,并为企业提供充分的法律安全。为追求这些目标应考虑简化分析框架及其适用机制的必要性。因此不再列举可以豁免的条款,而更强调对那些市场力量低于一定水平、可以予以豁免的协议的类型进行界定,并更强调这类协议中应不得含有哪些限制或条款,这种做法是适宜的。这种做法符合分析协议对相关市场的影响的经济学方法,也符合对竞争者之间协议和非竞争者之间协议加以区分的方法。"[3]《772/2004 号规章》除列举了核心限制条款之外,对于技术转让协议是否与欧共体竞争法相抵触,或是否能得到《欧共体条约》第 81 条第 3 款的豁免,不再根据条款约定内容来分析判断,而是在界定相关市场的基础上,通过考察和评价相关产品和技术的性质、协议各方当事人的市场地位、竞争者的

---

[1] 《772/2004 号规章》"鉴于"部分(3)。

[2] Commission Notice Guidelines on the Application of Article 81 of the EC Treaty of Transfer Agreements (2004/C 101/02). 全文可在欧盟委员会网站(http://ec.europa.eu/index_en.htm)下载。这里的翻译材料主要是依据上海交通大学法学院博士生潘志成同学在 2008 年 3 月完成的译本。

[3] 《772/2004 号规章》"鉴于"部分(4)。

市场地位、购买方的市场地位、潜在竞争者的存在和进入障碍等分析要素,来考察协议(中限制竞争条款)对竞争的影响。[1]

第二,通过市场力量分析区分出真正需要适用欧共体竞争法进行审查的协议,同时解放大量对相关市场竞争不会产生实质性影响的技术转让协议,推动技术传播。《772/2004 号规章》指出:"技术转让协议涉及技术的许可。这类协议通常会改善经济效率,并且因可以减少重复的研发成本、增强原创性研发的动力、激励更多的创新、促进技术传播和形成产品市场的竞争而是有利竞争的。""而这些效率改善和有利竞争的效果能否超过技术转让协议中所包含的限制条款所带来的反竞争效果,取决于技术转让协议相关各方的市场力量,因此也就取决于该等各方在多大程度上面临来自拥有可替代技术的企业或能生产可替代产品的企业的竞争。"[2]《772/2004 号规章》进一步指出:"对于竞争者之间订立的技术转让协议,如果各方当事人在相关市场的份额合计不超过20%,而且协议中不含有某些严重的反竞争限制,则可以推定这些协议会改善生产和销售,并且会使消费者公平地分享由此产生的利益。""对于非竞争者之间订立的技术转让协议,如果每一当事人在相关市场的份额均未超过30%,而且协议中不含有某些严重的反竞争限制,则可以推定这些协议会改善生产和销售,并且会使消费者公平地分享由此产生的利益。"[3]

由此可见,市场力量分析的引入,可以将大量对相关市场竞争不会产生实质性影响的技术转让协议纳入依据《欧共体条约》第 81 条第 3 款进行豁免的范围("安全港")之内。此举将从欧共体竞争法的规制中解放大量的技术转让协议,推动技术研发和传播,同时也将欧共体竞争法对技术转让协议规制的重点放在少数能够对相关市场竞争产生实质性影响的技术转让协议上,进行有效的规制。

(2)适用范围。

《772/2004 号规章》第 1 条定义条款和《关于技术转让协议的指南》中关于成批豁免规章适用范围的解释,明确了《772/2004 号规章》的具体适用范围,包括适用的技术类型、协议类型以及协议当事人个数等。

第一,关于技术类型。《772/2004 号规章》适用的技术包括:专利、专利申

---

[1] 《关于技术转让协议的指南》第 16 段。
[2] 《772/2004 号规章》"鉴于"部分(5)、(6)。
[3] 《772/2004 号规章》"鉴于"部分(10)、(11)。

请、实用新型、注册实用新型的申请、外观设计、植物培育者的权利、半导体产品的设计图、医药产品或其他产品的补充保护证书、软件版权和专有技术。[1] 而对于商标和版权等其他知识产权,《关于技术转让协议的指南》认为:"与技术许可相比,商标许可通常更类似于销售协议……"而"表演权和其他与版权有关的权利许可,会引起特殊的问题,不一定能根据本指南的原则进行评价"。因此,《772/2004号规章》和《关于技术转让协议的指南》所阐述的分析模式和原则一般不适用于商标和版权(不包括软件版权),而只有在商标和版权与许可技术直接相关,且不构成协议的主要目的时,方可适用《772/2004号规章》。

第二,关于协议类型。首先,《关于技术转让协议的指南》中指出,技术转让协议的"转让"通常采用的是"许可"的方式。[2] 因此,在《772/2004号规章》和《关于技术转让协议的指南》中的"转让"主要是指"许可",而未将"转让"和"许可"进行区分。《772/2004号规章》适用的技术转让协议类型包括各种专利、专有技术或软件版权的许可协议或者包含专利、专有技术或软件版权的混合许可协议。而且,《772/2004号规章》只适用于以定义中的技术为主要目的的协议,而不适用于以购买货物和服务,或以许可其他类型的知识产权为主要目的的协议。如果协议中涉及利用专利、专有技术、软件版权生产的产品(合同产品)的购买和销售或者涉及其他类型知识产权的许可或者转让知识产权,但这些条款不构成协议的主要内容,并且与生产合同产品直接相关,则仍然可视为技术转让协议。对于转让专利、专有技术、软件版权或其组合的技术转让协议,如果转让方仍需承担部分与技术利用有关的风险,尤其是在为转让技术所支付的转让费用须取决于受让方所获取的转让技术所生产产品的销售所得、该等产品的数量或者使用该等转让技术完成操作的次数时,该等技术转让协议也应被视为技术转让协议。[3] 其次,《772/2004号规章》适用的许可协议必须是涉及合同产品生产的协议,包括以生产合同产品为主要目的,同时允许被许可方将许可技术向第三人再许可的许可协议,以及许可方向被许可方许可技术,而被许可方使用许可技术专门为许可方生产合同产品的"转包协议"。但《772/2004号规章》而不能适用于与合同产品生产无关的、以技术研究和开发为主要目的的协议,对于该等协议欧共体竞争法有不同的分析模式和评价原则,并在《2659/

---

〔1〕《关于技术转让协议的指南》第46段。

〔2〕《关于技术转让协议的指南》第48段。

〔3〕《772/2004号规章》第1条(b)。

2000号规章》中有专门规定。同时,《772/2004号规章》也不适用于技术联营协议,但《772/2004号规章》和《关于技术转让协议的指南》中的分析模式和原则可以对技术联营协议类推适用。

第三,关于协议当事人个数。《772/2004号规章》还有一个限制,即仅适用于"两个企业之间"的技术转让协议,两个以上企业之间的技术转让协议则不能适用。这与前述《19/65号条例》中欧共体理事会对欧共体委员会的授权有关。《19/65号条例》仅授权欧共体委员会对两个企业之间的技术转让协议适用成批豁免规章,对于超过两个以上企业之间的技术转让协议,不能适用成批豁免,而只能个别评价。但《关于技术转让协议的指南》中亦指出,对两个以上企业之间的技术转让协议,欧共体委员会在进行个别评价时,《772/2004号规章》所阐述的原则可以类推适用。[1]

(3)分析模式。

《772/2004号规章》第2条(豁免)、第3条(市场份额的门槛)、第4条(核心限制)、第5条(被排除的限制性条款)、第6条(个案中的撤销)、第8条(市场份额门槛的适用)共同构成了一个对技术转让协议是否适用成批豁免的完整的分析框架。下面将按照协议当事人根据《772/2004号规章》所确立的分析框架和原则,自行评估技术转让协议是否适用成批豁免时的顺序来分别介绍这些条款。

①关于豁免(第2条)。

《欧共体条约》第81条禁止以限制竞争为目的和有此效果的协议。但是,符合第81条第3款的协议可以豁免。《772/2004号规章》第2条明确规定,前述《欧共体条约》第81条不适用于两个企业之间订立的允许生产合同产品的技术转让协议。该等协议如含有违反《欧共体条约》第81条的竞争限制,则依据《772/2004号规章》予以豁免。"只要许可技术中的知识产权没有期满、终止或被宣告无效,或者对于专有技术而言,只要专有技术仍然属于秘密,豁免都将适用。若由于被许可方行为导致专有技术为公众所知悉,则豁免将在该协议有效期限内适用。"[2]这一宣告性规定给所有技术转让协议当事人一个原则性的预期,即在符合《欧共体条约》第81条第3款和《772/2004号规章》相关规定的情

[1] 《关于技术转让协议的指南》第40段。

[2] 《772/2004号规章》第2条。

况下,技术转让协议可以获得豁免。

②关于核心限制(第4条)。

《欧共体条约》第81条禁止以限制竞争为目的和有此效果的协议。技术转让协议当事人因此可以分别从协议的目的和效果两个方面来分别判断是否能适用豁免。因具有限制竞争目的的协议比较容易判断,所以技术转让协议当事人又可以首先对照《772/2004号规章》第4条规定,查看技术转让协议是否含有核心限制条款。以限制竞争为目的,是指协议从性质上看限制了竞争。根据欧共体竞争法所追求的目标,这些限制对竞争产生的消极影响非常大,以致不必证明其对市场产生的任何实际影响,即可被《欧共体条约》第81条禁止。而对于技术转让协议,欧共体委员会认为《772/2004号规章》第4条核心限制清单中所列的限制,就具有限制竞争的目的。[1]

关于核心限制,《772/2004号规章》第4条规定:"1. 如果协议当事人是竞争企业,则具有以下目的的协议,无论是在直接或间接、单独或与当事人控制的其他因素相结合的情况下,第2条规定的豁免均不予适用:

"(a)限制当事人向第三方销售产品时决定价格的能力;

"(b)限制产量,但不包括在非相互协议中对被许可方或者在相互协议中只对其中一个被许可方生产合同产品的产量进行限制;

"(c)划分市场或消费者,但不包括:

"①要求被许可方只能在一个或多个技术使用领域,或只能在一个或多个产品市场内使用许可技术进行生产;

"②在非相互协议中要求许可方和/或被许可方,不得在一个或多个技术使用领域,或者一个或多个产品市场,或者一个或多个为对方当事人保留的排他性地域,使用许可技术进行生产;

"③要求许可方在特定地域内不得将许可技术向其他方授予许可;

"④在非相互协议中要求被许可方和/或许可方,不得在为对方当事人保留的排他性地域,或向为其保留的排他性客户群进行主动和/或被动销售;

"⑤在非相互协议中,要求被许可方不得向许可方分配给另一被许可方的排他性地域或排他性客户群主动销售,只要后一被许可方订立其许可协议时不是许可方的竞争企业;

---

〔1〕《关于技术转让协议的指南》第14段。

“⑥在被许可方能自由地将合同产品作为其产品的配件主动和/或被动销售的情况下,要求被许可方只能为其自己使用而生产合同产品;

“⑦在非相互协议中,在授予许可的目的就是为特定客户提供替代性供应来源的情况下,要求被许可方只能为特定客户生产合同产品。

“(d)限制被许可方利用其自己技术的能力,或限制任何协议当事人研究和开发的能力,除非后一项限制是为防止向第三方泄露被许可的专有技术所必需。

“2. 如果协议当事人不是竞争企业,则具有以下目的的协议,无论是在直接或间接、单独或与当事人控制的其他因素相结合的情况下,第2条规定的豁免均不予适用:

“(a)限制当事人向第三方销售产品时确定价格的能力,但不影响施加最高限价或提出建议价格,只要这不会由于任何一方当事人的压力或鼓励,而构成固定价格或最低价格;

“(b)对被许可方被动销售合同产品的地域范围或客户群进行限制,但不包括以下情况:

“①不许向许可方保留的排他性地域或排他性客户群进行被动销售;

“②对许可方分配给另一被许可方的排他性地域或排他性客户群,在该另一被许可方向该地域或客户群销售合同产品的第一个两年内,不许其他被许可方进行被动销售;

“③在被许可方能自由地将合同产品作为其产品的配件主动和/或被动销售的情况下,要求被许可方只能为其自己使用而生产合同产品;

“④在授予许可的目的就是为特定客户提供替代性供应来源的情况下,要求被许可方只能为特定的客户生产合同产品;

“⑤不许批发环节的被许可方向最终消费者销售;

“⑥要求选择性分销体系的成员,不得向未经授权的销售商进行销售。

“(c)要求选择性分销体系中经营零售业务的被许可方不得向最终消费者从事主动或被动销售,但不影响禁止该体系成员在未经授权的地方从事经营的权利。

“3. 如果在协议订立时当事人不是竞争企业,但订立协议后成为竞争企业,则在整个合同期内,应适用第2款而不是第1款的规定,除非此后协议进行了任何实质性修改。”

对比《240/96 号规章》中的“黑色清单条款”,《772/2004 号规章》中的核心限制条款尽管也是直接通过条款内容来区分,但最大的差别是区分了竞争者和非竞争者,从而使分析更加灵活和准确。《关于技术转让协议的指南》中给出了当事人如何区分竞争者和非竞争者的基本方法:竞争者包括使用相同技术的企业(技术内部的竞争)和使用竞争性的企业(技术之间的竞争)两种。一般情况下,如果许可方和被许可方都活跃在相同的产品市场或相同的技术市场上,并且一方或双方互不侵犯对方的知识产权,他们就是该市场上的实际竞争者。如果协议的当事人在没有该协议的情况下,当产品价格小幅度且持续上涨时,有可能会进行必要的额外投资以进入相关市场而不侵犯对方的知识产权,那么就可以认为双方当事人是该产品市场上的潜在竞争者。[1]

③关于“安全港规则”(第 3 条、第 8 条)。

技术转让协议的当事人在评估、排除技术转让协议中的核心限制条款之后,还要进一步评估技术转让协议是否会产生限制竞争的效果。《772/2004 号规章》第 3 条市场份额门槛规定了一个“安全港规则”,即除含有核心限制条款之外,只要市场份额不超过一定的门槛,技术转让协议的限制性条款就可以获得成批豁免。“安全港规则”的理论基础实质上就是市场力量的分析,技术转让协议当事人可以通过以下几个环节评估技术转让协议的市场力量,以及是否适用“安全港规则”。

首先,界定市场。欧共体委员会于 1997 年 12 月 9 日发布《关于相关市场界定的委员会通告》,规定了界定相关市场的方法。对于技术转让协议当事人而言,一般需要界定产品市场、技术市场,并在少数情况下界定创新市场。《关于技术转让协议的指南》中指出,产品市场是按照地理和产品的范围来界定相关货物和服务的市场;技术市场由许可技术及其替代技术(由于技术的特性、使用费及其用途,在被许可方看来可以与许可技术互换或替代的其他技术)构成;欧共体委员会一般情况下仅考察现存产品和技术市场内协议对竞争的影响,但在少数情况下,协议可能会影响创新市场的竞争、延缓产品的改进或新产品的出现,在这种情况下,欧共体委员会在评估协议对产品和技术市场的影响的同时,也会考虑创新(从事研究和开发的力量)作为潜在竞争的来源。[2]

---

〔1〕《关于技术转让协议的指南》第 26 段、第 28 段、第 29 段。

〔2〕《关于技术转让协议的指南》第 25 段。

其次,评估市场力量。市场份额可以显示市场成员的相对市场力量。[1]《772/2004 号规章》第 3 条第 3 款规定:"一方当事人在相关技术市场上的份额,由该被许可技术在相关产品市场的份额确定。许可方在相关技术市场的市场份额,应是许可方及其被许可方生产的合同产品在相关产品市场上所占份额的总和。"《772/2004 号规章》第 8 条第 1 款第 2 段进一步规定:"市场份额应依据市场销售额计算。如果市场销售额数据无法获取,则可以根据其他可靠的市场信息,包括市场销售量,进行评估,以确定该企业的市场份额。"而对于技术市场而言,评估的方法是依据每一项技术占全部使用费收入的份额来计算市场份额(市场力量),或者依据下游产品市场中结合了许可技术的产品的销售额来计算市场份额。

最后,市场份额门槛。《772/2004 号规章》第 3 条第 1 款和第 2 款规定:

"如果协议当事人是竞争企业,若在受协议影响的相关技术和产品市场上,双方当事人的市场份额合计不超过 20%,则应适用第 2 条规定的豁免。如果协议当事人不是竞争企业,若在受协议影响的相关技术和产品市场上,每一当事人的市场份额均不超过 30%,则应适用第 2 条的豁免。"

正如前文介绍的鉴于部分第 10 条和第 11 条指出,欧共体委员会认为不具有市场力量且不包含核心限制条款的协议,通常会改善生产和销售,并且会使消费者公平地分享由此产生的利益,因此在市场份额门槛以下的技术转让协议处于"安全港"之内。

④关于对"安全港"之外的技术转让协议的评估(《关于技术转让协议的指南》部分)。

如果技术转让协议当事人通过评估确定技术转让协议处于"安全港"之外,根据《1/2003 号条例》的规定,当事人不再向欧共体委员会申报获得审批豁免,而是依据《772/2004 号规章》和《关于技术转让协议的指南》确定的分析框架和原则自行评估对竞争的影响。

《772/2004 号规章》鉴于部分第 12 条规定:"并不是说,当事人市场份额超过这些门槛,就一定违反第 81 条(1)。例如,互不竞争的企业之间订立的独占许可协议,通常不会违反第 81 条(1)。也不能推定超过了市场份额门槛的,并违反第 81 条(1)的技术转让协议就不能满足豁免条件。但是,也不能认为,它

[1] 《关于技术转让协议的指南》第 23 段。

们通常产生的利益,就其性质与大小而言,足以弥补其对竞争的损害。"《关于技术转让协议的指南》第130段进一步指出:"尤其不能认为,仅仅因为超过了市场份额门槛,就适用第81条(1)。该等协议需要根据本指南规定的原则进行个别评价。"

同时,《关于技术转让协议的指南》第24段中指出:"市场份额可能并不能总是很好地反映各种可利用技术之间的相对力量。因此,除了双方当事人控制的、对于使用者而言价格相当并且可能替代被许可技术的技术之外,欧共体委员会还应特别考虑被他人独立控制的可用技术的数量。"《关于技术转让协议的指南》第131段规定:"对于《772/2004号规章》适用范围之外的协议,为了增强其可预见性,并且为了能只对那些可能真正引起竞争问题的案件才进行详细分析,委员会认为,如果除了协议当事人控制的技术之外,还有四个或四个以上被独立控制的技术,消费者能以同等价格,以这些技术来替代当事人的技术,那么这些协议只要不包含核心限制,则不会违反第81条。"

《关于技术转让协议的指南》第132段进一步给出了协议对竞争影响效果的评价因素,即协议的性质、当事人的市场地位、竞争者的市场地位、许可产品买方的市场地位、进入壁垒、市场的成熟程度以及其他因素。

⑤关于应被排除的限制性条款(第5条)。

一些限制性条款,其不会导致协议本身不适用豁免,但这些条款无论是被包含在"安全港"之内的协议之中,还是包含在"安全港"之外的协议中,将被排除在适用豁免的范围之外。

《772/2004号规章》第5条规定:"技术转让协议中包含的下列限制性条款,将不适用第2条规定的豁免:

"(a)直接或间接要求被许可方,就被许可方对许可技术所做的可分离的技术改进或许可技术的新的运用方法,向许可方或许可方指定的第三方授予排他性许可;

"(b)直接或间接要求被许可方,就被许可方对许可技术所做的可分离的技术改进或许可技术的新的运用方法,向许可方或许可方指定的第三方全部或部分转让;

"(c)直接或间接禁止被许可方,不得对许可方在共同市场上持有的知识产权的有效性提出质疑。但可以规定,如果被许可方对一项或多项被许可的知识产权的有效性提出质疑时,技术转让协议终止。

"如果协议当事人不是竞争企业,则直接或间接限制被许可方利用自己技术的能力,或者限制协议任何一方当事人实施研究和开发的能力,将不适用第2条所规定的豁免,除非后一项限制是为防止被许可的专有技术被泄露给第三方所必需。"

⑥关于个案中的撤销(第6条)。

如前所述,根据《1/2003号条例》的规定,欧共体委员会不再依据技术转让协议当事人的事前申报进行审批豁免,而是在事后发现任何适用成批豁免的技术转让协议具有与《欧共体条约》第81条(3)不相容的效果时,将技术转让协议撤销。

《772/2004号规章》第6条规定:"根据欧共体理事会《第1/2003号条例》第29条(1)规定,委员会在任何特定案件中如果发现本规章第2条所豁免的技术转让协议具有与条约第81条(3)不相容的效果时,则可以将豁免撤销,尤其在下列情形中:

"(a)例如由类似的禁止被许可方使用第三方技术的限制性协议所组成的平行网络,其累积效果限制了第三方技术进入市场;

"(b)例如由类似的禁止许可方向其他被许可方授予许可的限制性协议所组成的平行网络,其累积效果限制了潜在的被许可方进入市场;

"(c)没有任何客观的正当理由,当事人对被许可技术不予利用。

"成员国竞争主管机关如果发现本规章第2条所豁免的技术转让协议,在其全部或部分管辖区域内,或在具有特定地域市场特征的区域内产生与条约第81条(3)不相容效果,则该国竞争主管机关可以根据根据欧共体理事会《第1/2003号条例》第29条(2)以及本条第1款对于相同情形的规定,在该地域范围内撤销本规章的豁免。"

至此,《772/2004号规章》的上述条款和《关于技术转让协议的指南》中的分析方法和分析原则,构成了一个完整的技术转让协议对竞争影响效果的分析框架。

(4)其他条款。

《772/2004号规章》第7条规定了不适用本规章的事项:根据理事会《第19/65号规章》第1条a的规定,委员会可以通过制定规章的方式宣布,如果由类似的技术转让协议组成的平行网络覆盖相关市场50%以上,则对于含有与该市场有关的特定限制的技术转让协议,本规章将不予适用。根据本条第1款制定的规章,在其颁布6个月后方可生效。

《772/2004号规章》第9条规定了废止事项:《240/96号规章》即日起废止。对该被废止规章的援引应理解为对本规章的援引。

《772/2004号规章》第10条规定了过渡期:自2004年5月1日至2006年3月31日过渡期间,对2004年4月30日前已生效且不满足本规章规定之豁免条件的技术转让协议,只要该协议于2004年4月30日前满足240/96号规章规定之豁免条件,则不受条约第81条(1)禁止。

《772/2004号规章》第11条规定了有效期限:本规章自2004年5月1日起生效。有效期限将于2014年4月30日截止。

4.《316/2014号规章》及2014年指南在内容上的主要变化

在上述《772/2004号规章》有效期即将届满前,世界各主要法域(包括中国)都在加大知识产权领域反垄断执法力度的背景下,欧盟委员会于2014年3月21日发布了《关于〈欧盟运行条约〉第101条第3款对技术转让协议类别的适用问题的规章》,即《316/2014号规章》,并相应地发布了《〈欧盟运行条约〉第101条适用于技术转让协议的指南》,即"2014年指南"。

《316/2014号规章》是在总结《772/2004号规章》的整体经验和实施以来取得的进一步经验的基础上制定的,目标是确保对竞争的有效保护及为企业提供充分的法律保障。对这些目标的追求也应尽最大程度地考虑简化行政监督的需要和立法框架。

在结构上,与《772/2004号规章》类似,《316/2014号规章》除了鉴于条款外,由第1条(定义)、第2条(豁免)、第3条(市场份额门槛)、第4条(核心限制)、第5条(被排除的限制性)、第6条(个案中的撤销)、第7条(不适用本规章的事项)、第8条(市场份额门槛的适用)、第9条(与集体豁免规章的关系)、第10条(过渡期)和第11条(有效期)组成。在内容上,《316/2014号规章》也没有对《772/2004号规章》作出大的修改。为避免重复,以下仅介绍其主要的变化之处。

(1)《316/2014号规章》在内容上的主要变化。

①关于独占性回授条款。

独占性回授条款使许可人具有独占性地利用被许可人对许可技术作出的改进的权利。根据以前的规章,只有对可分割的技术改进作出独占性回授的安排才不适用集体豁免。在《316/2014号规章》中,其第5条第1款(a)规定,含有"直接或间接要求被许可人,就其自己对许可技术所做的可分离的技术进行改进,或就其自己运用许可技术的新方法,向许可人或许可人指定的第三人授予专有许可"的技术转让协议,不适用第2条规定的豁免。这意味着所有的独占性回授(无论针对可分割的技术改进还是不可分割的技术改进)都将不再适用集体豁免,而需要进行个案分析。欧盟委员会这种更加谨慎的处理方法是为了能对独占性回授条款对竞争的影响进行具体分析,并不表示该类条款会被一般推定为违法。

②关于不质疑条款。

在技术转让协议中,往往包含被许可方质疑许可知识产权的有效性时可以终止协议的条款。在《316/2014号规章》中,其第5条第1款(b)规定,含有"直接或间接要求被许可人,不得向许可人在共同市场上持有的知识产权的有效性提出质疑"的技术转让协议,不适用第2条规定的豁免。但是,"可以规定在排他许可的情形下,如果被许可人对一项或多项被许可的知识产权的有效性提出质疑时,技术转让协议终止"。这意味着,非排他性许可合同中的不质疑条款不属于集体豁免范围,要求对其进行个案分析;而排他性许可中的不质疑条款仍被包含在集体豁免范围内(如果其他方面符合要求)。相对于先前的征求意见稿中所有的"质疑即终止"条款均拟被排除出集体豁免范围,这里的最终文本中对排他性和非排他性许可进行了区别对待。在与最终修改方案一同发布的新闻中,欧盟委员会指出,这一区别"将尤其支持中小企业的创新者对其技术进行排他性许可,同时又不会导致这些中小企业对排他性许可的被许可方产生依赖性"。欧盟委员会的这一区别对待与其在三星等案中的主张是一致的,该类案件中欧盟委员会主张一个愿意在公平合理无歧视(FRAND)条款下接受标准必要专利许可的被许可方应当有权利质疑许可专利的有效性。

③关于原材料或设备的购买条款。

《316/2014号规章》第2条第3款规定:"如果涉及技术许可协议中被许可人购买产品的条款,或涉及向被许可人许可或转让其他知识产权或专有技术的条款,达到了与合同产品的生产和销售直接相关的程度,则也适用第1款中规定的豁免。"这表明,其对技术转让协议中与买卖原材料或设备相关的条款是否包含在其规制范围内的判断标准进行了修改。原来的判断标准为该等条款相比实际的技术许可是否是"不那么重要的",这一标准比较难适用。现在,这一标准变更为该等条款是否与用许可技术生产的合同产品的生产或销售"直接相关”。这意味着即使从许可方买进的原料(并与许可技术一并使用)比许可技术的许可费多得多,与该购买相关的规定仍将适用于本规章。这一变化应该有利于许可方。

④关于消极销售的限制条款。

根据原先的规定,许可方既可以限制对排他性保留给单个被许可方的地域或客户群的积极销售,又可以限制对其的消极销售(接受未经招揽而获得订单),限制期限可以为受保护的被许可人开始销售的前两年。为使本规章与其纵向限制的集体豁免规定保持一致,欧盟委员会现在将对消极销售的限制排除出规章的集体豁免范围。这种类型的限制目前需要进行个案分析。然而,欧盟指南指出,如果这类消极销售限制对被许可方进入新市场具有客观上的必要性,则仍将被允许。2014 年指南还指出:“在个案中,对被许可方进行长期的保护可能是必要的,因为这将使被许可方得以弥补产生的成本。”现实中,这一变动预期不会造成很大影响。这是因为,原有的对两年消极销售限制的集体豁免在商业上并无太大用处。首先,这是因为涉及的期限太短;其次,这一限制并不取决于受限制的被许可方所知的一个时点(如其获得许可的时点或者开始销售的时点),而取决于其他许可方在欧洲范围的各自地域内开始销售的多个时点,这些时点可能是不确定的,因而也难以管理。[1]

(2)2014 年指南的主要变化。

①关于和解协议。

和解协议是指几方之间为结束有关知识产权侵权或有效性争议的合同性决议。2014 年指南明确指出,导致被许可方推迟在一个市场上推出产品或限制其这方面能力的和解协议均被《欧盟运行条约》第 101 条第 1 款(规制横向协议条款)所禁止。该指南指出,“以支付换限制”(pay - for - restriction)或者“以支付换推迟”(pay - for - delay)类型的和解协议通常不涉及技术权利的转让,然而涉及一方向另一方转让金钱以换取对另一方进入或扩展市场的限制,这类协议可能违反第 101 条第 1 款的。欧盟委员会认为,其将“特别注意分割市场的风险”。这一说明反映了欧盟委员会在处理医药领域转移纠纷和解协议中采取的观点。该指南还指出,和解协议中的不质疑条款一般不违反第 101 条第 1

[1] Christopher Thomas、孙艺铭:《简析欧盟知识产权领域反垄断规定的新修订——兼论我国反垄断与知识产权领域的立法情况》,载《电子知识产权》2014 年第 5 期。

款。但是,和解协议中的不质疑条款可能在“知识产权是在提供不正确或误导性的信息后授予的”情况下中触犯第101条第1款。“如果许可方除许可技术权利之外,通过财务或其他手段引诱被许可方同意不对技术权利的有效性提出质疑”,则该类条款也有必要进行审查。

②关于技术专利联营(专利池)。

与欧盟委员会在标准专利领域的最新经验一致,欧盟委员会明确规定针对必要专利联营的指南不但适用于生产某一特定产品所需的必要专利,还适用于符合某一特定标准所需的必要专利。欧盟委员会为此提出了一个全面的安全港,这将为有助于促进有利竞争的专利联营的形成。

此外,欧盟委员会表明,专利联营与第三方之间的许可协议继续不能适用技术转让集体豁免规章范围之内。[1]

三、日本禁止垄断法及其对知识产权领域垄断行为的规制

(一)日本禁止垄断法的基本框架

在日本,反垄断法通常被称为禁止垄断法。它“是在高度发达的自由经济体制下,为了防止和消除经济力集中的弊害,使经济机能得以健康运转而制定的法律。认为该法在经济法体系中占有基本的或核心的地位,这是日本经济法学说一致的看法”。[2] 日本禁止垄断法有统一的法典,即于1947年制定并经多次修改的《禁止私人垄断及确保公正交易法》。该法的制定是与美国占领军推行经济民主化政策分不开的,因此它受美国反托拉斯法的影响很大,可以说从规制对象到执行机构的设置都仿效了美国的做法。该法的目的在于“通过禁止私人垄断、不正当的交易限制以及不公正的交易方法,防止事业支配力的过度集中,排除因联合、协议等方法形成的生产、销售、价格、技术等的不正当限制以及其他的对事业活动的不正当约束,促进公正而自由的竞争,发挥事业者的创造性,繁荣经济,提高工资及国民实际收入水平,以确保一般消费者的利益并促进国民经济民主、健康地发展”(第1条)。该法也设立了专门的执行机构——公正交易委员会。当然,由于日本有大陆法系法典化的传统,并有较完

---

〔1〕 Christopher Thomas、孙艺铭:《简析欧盟知识产权领域反垄断规定的新修订——兼论我国反垄断与知识产权领域的立法情况》,载《电子知识产权》2014年第5期。

〔2〕 [日]丹宗昭信、[日]厚谷襄儿编:《现代经济法入门》,谢次昌译,群众出版社1985年版,第75页。

整的经济法理论作为基础，因此日本禁止垄断法又有自己的特色。

从广义上讲，日本禁止垄断法除了上述法典外，还包括其他与禁止垄断有关的法律和大量的行政法规、规章，如公布于1947年并经多次修改的《关于〈禁止私人垄断及确保公正交易法〉的适用除外等的法律》，制定于1953年并于1982年进行了全面修改的《禁止私人垄断及确保公正交易法施行令》、1982年的《不公正的交易方法》等。

日本禁止垄断法颁布以来进行过多次修改，以适应日本经济的发展变化。它在50多年中的两次重大修改是在1953年和1977年进行的。前一次的修改趋向于缓和，其重点是：删除了典型性卡特尔的禁止条款；放宽了对企业结合（股票持有、干部兼任、合并等）的规制；将不公正竞争方法的规制扩大为不公正交易方法的规制；扩大了适用除外（维持转售价格合同、不景气卡特尔和合理化卡特尔）等。而后一次修改则趋向于加强，主要内容是：对不正当交易限制等新设了课征金制度；新设了作为结构规制的对垄断状态控制的制度；规定了同步提高价格的报告义务；新设了限制大型公司股票持有总额的制度，强化了金融公司持有股份的限制等。

在1977年修改的禁止垄断法实施之后，公正交易委员会同时着手对已然的违法行为的严厉处罚和对未然的违法行为的事先预防，1979年出台了“禁止垄断法关于事业者团体活动的指南”。该指南将参考例分为“原则违法行为”“有违法可能的行为”“原则上不违法的行为”三类。由于同时设有事前交谈制度，产业界和公正交易委员会的关系，由过去敬而远之，转变为为了遵守禁止垄断法而将其作为行政机关而加以利用。此后，还制定、公布了一系列的有关指南，发挥了对违法行为的事先预防作用。[1]

从日本禁止垄断法所规制的对象来看，它包括以下的行为或状态：私人垄断、不当交易限制、垄断状态、不公正交易方法、特定国际性协定或合同、事业者团体的一定行为、股份持有量、公司干部的兼任、公司合并、相当于公司合并的一定行为、价格的协调性提高。其中，私人垄断，即广义的托拉斯，就是事业者单独或与其他事业者结合或通谋，并排斥或支配另一事业的活动，而实质性地限制某些交易领域内的竞争。不当交易限制，即卡特尔，它是几个事业者共同互相制约事业活动，从实质上限制某些交易领域内的竞争。这两者可称之为禁

---

〔1〕《日本禁止垄断法》，王长河、周永胜、刘风景译，法律出版社1999年版，序言部分第18页。

止垄断法中行为规制的两大支柱。前述的不公正交易方法以及所谓卡特尔预防措施有关的股份持有量、主要干部兼任以及合并等规制,都可称之为主要为预防私人垄断的规制;而前述的国际性协定、合同和事业者团体的规制,可称之为主要对不当交易限制的规制。[1] 垄断状态则是在超过一定的年国内总销售额(原为500亿日元,现为1000亿日元)商品和服务事业领域内,一个事业者的市场占有率超过1/2,或者两个事业者市场占有率的合计超过3/4,并使新设企业有难以进入等某些市场结构以及产生市场弊害等情况。这里的垄断状态的要件包括规模要件、结构要件和弊害要件,其中弊害是指价格、利润或者一般性支出长期处于较高水平。存在垄断状态时,公正交易委员会可以命令事业者转让部分营业或采取其他恢复该商品或者劳务的竞争所必要的措施。为防止构成垄断状态,大企业可以通过压低价格的方法来逃脱弊害要件的要求,从这个方面来说,关于垄断状态的规定能起到间接地控制价格的作用。垄断状态规制属于典型的结构规制。

当然,日本经济法学界也有对禁止垄断法的上述实体内容进行其他方式的概括、分类的,如将其分为竞争限制规制法、结构规制法和妨害公正竞争的规制三个部分。其中,竞争限制规制法的对象是私人垄断和不当交易限制、补充不当交易限制的事业者团体的特定行为以及把事业者不当交易限制作为内容的国际协定、契约和价格的共同上涨,并且认为私人垄断在经济学上相当于托拉斯和辛迪加,不当交易限制则相当于卡特尔;结构规制法大体上可分为三类,即禁止控股公司、大企业的股份所有的总量规制以及金融公司的股份保有规制,合并、营业转让、股份所有、干部兼任的规制,垄断状态的规制。禁止垄断法通过禁止不公正的交易方法,而促进"公正而自由的竞争"。[2] 总体来说,除了对垄断状态的规制带有明显特色并体现了立法的严格性以外,日本禁止垄断法在基本的实体制度上与前述美国、欧盟的相应法律制度有许多类似的地方。

应该说,日本禁止垄断法的规定是很完整的,也是很严厉的,尤其是关于垄断状态的规制在各国反垄断法中独树一帜。作为执法机构的日本公正交易委员会也为实施该法做了大量的工作,对违法行为采取了严厉的措施。但是,日本禁止垄断法的实施情况在国内外都并未得到普遍的认可。由于关于垄断状

---

〔1〕[日]金泽良雄:《经济法概论》,满达人译,甘肃人民出版社1985年版,第203页。

〔2〕[日]丹宗昭信、[日]厚谷襄儿编:《现代经济法入门》,谢次昌译,群众出版社1985年版,第82~84页。

态的规定几乎没有实施过，因此有人戏称它是日本禁止垄断法上的“装饰品”。1989 年 9 月 16 日英国《经济学家》杂志上的一篇文章在评价日本禁止垄断法及其实施情况时甚至指出：“该法本身长满牙齿，而问题是它所指定的执行机构已经训练成不能咬人。”[1] 文章说，日本公正交易委员会执行禁止垄断法缺乏热情，以致违法者并不在意委员会的意见。此后，“一只从来不叫也不咬人的看门狗”（a – watchdog – that – never – barks – and – bites）就成为常被日本国内外引用来嘲讽日本公正交易委员会的一个短语。但日本公正交易委员会委员 Shogo Itoda 于 2000 年 2 月 22 日在英国皇家国际学院组织的一次会议上不同意这种说法，认为日本禁止垄断法并不软弱，日本公正交易委员会的业绩也表明了它会大声叫并狠咬违法者[2]（barks loudly and bites violators hard），而并非不叫也不咬。他指出，该委员会每年大约要调查 200 个案件，对 30 个左右的案件采取行政处理措施。

在 1989 年以后，日本禁止垄断法受经济全球化和积极推行竞争政策的影响，进一步进行调整、完善。首先，1989 年开始的日美结构问题协议，从更加开放日本市场的角度出发，就日本流通、交易习惯等所进行的范围广泛的讨论，对日本后来的竞争政策的内容和方向产生了重大的影响。同时，欧盟也要求日本强化实施禁止垄断法、废止适用除外卡特尔制度等。其次，日本政府进一步放松管制，经济上实施竞争政策已被定位为基本政策。在这样的背景下，日本禁止垄断法主要发生了以下变化：第一，进一步遏制违反禁止垄断法的行为，于 1991 年再次对禁止垄断法进行了修改，其重要内容是将课征金的比率提高到原来的四倍。1992 年对禁止垄断法进行了修改，强化了刑事处罚。将两罚规定中企业和经营者等行为者的罚金刑的联系分开，并在此方针下立案。第二，公正交易委员会的审查体制也进一步完善、强化，处理的违法案件总量增加，大案、要案也屡见不鲜。同时，制定了一系列的执法指南和推行预防性行政。其中，公正交易委员会于 1991 年制定、公布了《禁止垄断法关于流通、交易习惯的指南》，全面而具体地明确了禁止垄断法的管制内容及执行方针。第三，日本还进一步放松政府管制和修改禁止垄断法适用除外制度。日本内阁会议于 1995 年

---

[1] 原文是“The law itself has teeth in plenty; the problem is that its designated watchdog has been trained not to bite.”

[2] 他的发言题目为 Japan Fair Trade Commission Barks—Yesterday, Today and Tomorrow : Competition Policy of Japan。

通过了《放松管制推进计划》,根据此计划,由特别法规定的适用除外制度中,就20部法律规定的35个制度,1997年2月向国会提出"一揽子"修改法案,该法案于同年6月13日经国会通过,该法于6月20日公布,7月20日起施行。此外,还进行了非特别法规定的适用除外制度的修改。第四,对持股公司解禁等的制度改造。在放松管制推进计划方面,添加了禁止垄断法上制度的改造的内容,国会于1997年6月修改了大型公司持有股份总额的限制、废止国际合同的申报制度等内容。第五,对执法机构进行了改革,强化、扩充了禁止垄断法的执法体制,向国内外表明了进一步强化执法的方针。[1]

1999年对《禁止垄断法》进行修改,废止《禁止垄断法适用除外法》,对《海上运输法》《航空法》中有关适用除外的规定进行修正,还废止了在经济不景气时期适用的、被称为日本典型的豁免制度的不景气卡特尔制度,并与美国政府签订了关于在反竞争行为方面合作的协议。2000年日本废止了自然垄断行业适用除外制度,并加强民事损害赔偿制度。2002年5月对企业合并制度进行修正,企业合并后总资产达到100亿元以上和参加合并的单个企业资产超过10亿元以上应当在合并前向公正交易委员会进行申报,并将对法人罚款上限由1亿元提高到5亿元。

2005年对《禁止垄断法》又进行了重要的修改(2006年1月4日生效)。这次修改的主要内容是:修改了课征金制度(包括增加了征缴课征金的计算比例),引入了宽恕制度和在刑事调查中采取强制措施的制度,并修改了听证程序。加强对核心卡特尔(包括国际核心卡特尔)的制裁和将宽恕制度引入日本是国际反垄断趋同的一个里程碑。此外,为加强禁止垄断法的执行,日本还进一步提高公平交易委员会的预算和人员编制。[2]

2009年6月对《禁止垄断法》进行的修改(2010年1月生效)中,调整了企业集中的申报标准,加重了不正当交易限制罪的刑事制裁以及修改了有关损害赔偿诉讼法院向公正交易委员会征求意见的义务性规定等内容。

对《禁止垄断法》最近一次修订是在2013年(2015年4月开始实施),这次修订的一个重大变化是令人意外地废除了自1948年开始施行的公正交易委员

---

〔1〕 以上参见《日本禁止垄断法》,王长河、周永胜、刘风景译,法律出版社1999年版,序言部分第20~26页。

〔2〕 [日]林秀弥:《日本禁止垄断法的最新发展》,王先林等译,载《上海交通大学学报》(哲学社会科学版)2007年第4期。

会的审判制度,在反垄断法适用上扩大了法院的职责。[1]

此外,日本还通过修订其他法律和制度,使其与《禁止垄断法》联动,达到共同规范企业行为的目的。如2002年制定实施的《行政机关操纵投标防止法》规定,如果公务员参与操纵投标的行为,发标方可以提出损害赔偿请求。2006年5月修改实施的《公司法》规定,企业有义务建立内部管理系统。这一规定旨在迫使企业经营者提高公平竞争的意识。另外,还有《公共工程质量保证法》《低投标价格调查制度法》《投标合同公平化法》等,均是对《禁止垄断法》的补充。

总体来说,日本《禁止垄断法》制定于"二战"后美国占领下的民主化改革时期,既有仿效美国《反托拉斯法》的特点,也因历史文化、政治经济等因素而具有与美国不同的特色,如条款规定相对宽松、执行体制行政色彩较浓。进入21世纪,为适应新形势,日本多次修改《禁止垄断法》,揭示了日本竞争政策的发展方向,即更多地运用于以往的规制领域、增加和强化法律执行手段、提高执行机构的公正性和公开性、加强部门之间的协调和国民监督、与普遍认可的竞争规则接轨。[2]

(二)日本《禁止垄断法》对知识产权领域垄断行为的规制

日本《禁止垄断法》在协调与知识产权法的关系方面,一开始就设有专门的条款,该法第21条(原为第23条)规定:"本法规定,不适用于被认为是行使著作权法、专利法、实用新型法、外观设计法或商标法规定的权利的行为。"这就明确将行使知识产权的行为纳入了禁止垄断法的适用除外领域,尽管这种垄断权利的正当行使也必然限制了该领域的一定范围的竞争。这种限制应视为实行知识产权制度的必要代价。正如日本学者所说的,同样的结论,即使没有该条的规定,从禁止垄断法的解释本身也是能够引出的。[3] 但是,如果对该条进行反面的或者扩充的理解,那么通常得出的结论则是,有关知识产权的权利人行使权利超出了正当的范围,滥用了权利,不正当地限制了市场竞争,就仍然要受到禁止垄断法的约束。在有关知识产权被许可实施的场合,在判断这种合同条

---

〔1〕 参见[日]稗贯俊文:《日本反垄断法的修订及其最新发展》,张广杰译,载《华东政法大学学报》2016年第4期。

〔2〕 参见徐梅:《战后日本〈禁止垄断法〉的发展轨迹及特点》,载《日本学刊》2017年第2期。

〔3〕 [日]丹宗昭信、[日]厚谷襄儿编:《现代经济法入门》,谢次昌译,群众出版社1985年版,第208页。

款的违法性的时候,应该适用禁止垄断法的规定。这不仅是日本经济法学界通行的看法,而且也是日本公正交易委员会正式解释中的观点。如何认定一项与知识产权有关的行为是否属于正当的权利行使行为成为判断该行为是否违反反垄断法的关键,为此,日本公正交易委员会结合不同时期的情况,对与知识产权有关的行为在反垄断法上的适用问题提出自己的政策主张。以下介绍的四个指南中的前三个都已被废止,但从历史分析和比较借鉴的角度还是有一定的价值。

1. 1968 年《国际许可协议的反垄断指南》

1968 年 5 月 24 日,日本公正交易委员会发布了《国际许可协议的反垄断指南》。这一指南是根据《禁止垄断法》第 6 条的规定颁布的。该条规定,事业者不得签订其内容含有不正当交易限制和不公正交易方法事项的国际协定或国际合同。而且,按照当时该条第 2 款的规定,事业者在签订国际协定或国际合同时,必须按照公正交易委员会规则的规定,从该协定或合同成立之日起 30 日内,附上该协定或合同的抄件,呈报公正交易委员会。[1] 上述指南适用于涉及日本的专利、实用新型和技术秘密的国际许可证协议,主要是技术引进合同。

该指南规定,不公正的国际许可证协议限制条款主要有:(1)限制被许可方出口产品地区的。但以下情况不在此限:许可方在所限制的地域内拥有专利权;许可方在所限制的地域内从事正常的销售活动;许可方在所限制的地域内已向第三方出售了独占性销售许可证。(2)限制被许可方的出口价格、出口数量,或限制出口经销人。(3)限制被许可方在制造、使用或出售与专利项目相竞争的产品或采用与专利项目相竞争的技术。但以下情况不在此限:被许可方得到的是独占性许可证,该许可证对于已经制造、使用或出售的产品或技术未加限制。(4)限制被许可方原材料和零部件来源。(5)限制被许可方产品的经销人。(6)限制被许可方在日本的转售价格。(7)被许可方的"回授"条款。但许可方承担类似的义务和双方的义务基本上均衡的不在此限。(8)对未使用许可证技术生产的产品收取提成费。(9)限制原材料、零部件等或专利产品的质量。但对于为维持注册商标的信誉或保证许可证技术的有效性所必需的限制不包括在内。

该指南规定,在国际许可证协议中的下列限制条款将不被视为不正当的限

〔1〕 该法第 6 条第 2 款这一关于国际协定或合同需要申报的规定已于 1997 年 6 月被废止。

制:(1)将制造、使用和销售等的许可证分开出售。(2)只出售专利权有效期的某一段时期的或专利权等整个覆盖地区内的某一部分地区的许可证。(3)对于专利产品的制造限制在一定技术范围之内或对销售限制在一定销售范围之内。(4)对于专利方法的使用限制在一定的技术范围之中。(5)对于专利产品的产量和销售量加以限制或对专利方法的使用次数加以限制。

对于具有反竞争性的许可协议条款,日本公正交易委员会有权要求当事人予以修改。根据日本公正交易委员会的资料,在1975~1980年,该委员会修改了15.7%的提交其审查的合同,在1980~1987年,该委员会修改了7.3%的提交其审查的合同。在后一期间内,大约43%的要求修改的合同属于不公平的回授条款,而另外43%属于不公平限制使用竞争性技术或产品的条款。

2. 1989年的《关于管制专利和技术秘密许可协议中的不公正交易方法的指南》

1989年2月15日,日本公正交易委员会颁布了《关于管制专利和技术秘密许可协议中的不公正交易方法的指南》,[1]同年4月6日实施。该指南提出了公正交易委员会分析许可协议时的适用标准。在某些方面,它明显借鉴了美国法和欧盟法。它在将限制条款分为白色条款、灰色条款和黑色条款三类方面,明显类似于欧盟的整批豁免或整体豁免制度。另外,它在对特定类型限制的必要性与它对竞争不利影响的可能性之间进行权衡方面,又表现出与美国的合理分析原则的类似。该指南规定了三种类型的限制条款,并解释了公正交易委员会可能认为限制条款或多或少地具有反竞争性的情况。

并非不公平的限制条款("白色清单")。下列类型的限制条款通常是公平的:(1)将制造、使用和销售等的许可证分开出售。(2)只出售专利权有效期的某一段时期的或专利权在整个覆盖地区内的某一部分地区的许可证。(3)限制使用于特定的技术领域。(4)要求最少的生产或销售数量。(5)对改进技术的相互的非排他性的回授。(6)为技术上所需要的或者为维持许可方的商标信誉所需要的对于原料或者专利产品的质量标准的限制。(7)对许可方拥有专利权、销售产品或已向第三方出售了独占性销售许可证的地域限制出口。(8)运用制成品的生产数量、销售数量或价格来计算许可费。(9)搭售为技术所需要

〔1〕 其英文翻译名称为"Guidelines for the Regulation of Unfair Trade Practices with respect to Patent and Know - how Licensing Agreements"。本处资料来自 Fenwick & West LLP, International Distribution, Strategy for High Technology Companies,"Foreign Antitrust Law"。

的两种或两种以上的技术。(10)为方便计算而将许可费延长到专利的有效期以后收取。(11)终止被许可方对于专利的质疑。(12)要求被许可方尽全力利用经许可的专利。

可能是不公平的限制条款("灰色清单")。下列类型的限制条款可能是不公平的,但这种结论需要对市场上许可方和被许可人的地位、市场状况以及限制的期限进行具体的分析。(1)在合同期间内的不竞争;(2)限制顾客选择和销售渠道;(3)改进技术对许可方的非相互、非排他的"回授";(4)要求在商品上使用许可方的商标;(5)非技术上或非为维持注册商标的信誉所必需而对原材料的质量或来源或专利产品的质量进行限制;(6)限制被许可方出口专利产品的能力或者限制其价格或数量,上述受到允许的情况除外;(7)基于专利产品以外的产品或服务来计算许可费,除非是为了计算上的简便;(8)搭售非为技术上所需要的两种或两种以上的专利;(9)不公正的终止条款,如未经适当通知就终止;(10)禁止被许可方质疑专利的有效性。

极可能属于不公平的限制条款("黑色清单")。下列类型的限制条款极可能是不公平的,将会受到禁止,除非有某些特定的理由:(1)维持转售价格;(2)终止后的不竞争条款;(3)专利终止后仍然限制技术的利用或者要求支付许可费;(4)限制被许可方的研究开发;(5)将改进技术排他性的回授或转让给许可方。

3. 1999年《专利和技术秘密许可协议中的反垄断法指南》

1999年7月30日,日本公正交易委员会又颁布了《专利和技术秘密许可协议中的反垄断法指南》[1](以下简称1999年指南),1989年2月15日颁布的《关于管制专利和技术秘密许可协议中的不公正交易方法的指南》被废止。新指南根据20世纪90年代以来的日本国内和国际的新情况,尤其是前述的经济全球化和日本国内放松政府管制的新情况,对在知识产权领域适用禁止垄断法的问题提出了全面、系统的指导意见。这有利于提高在这一领域政策的透明度,便于当事人在经营活动中把握相关的政策法律界限,预防违法行为的产生。

(1)1999年指南第一部分说明了在专利和技术秘密转让活动中适用禁止垄断法的基本问题。

---

〔1〕 其英文翻译名称为"Guidelines for Patent and Know - how Licensing Agreements under the Antimonopoly Act"。其英文全文可在日本公正交易委员会网站(http://www.jftc.go.jp)英文版上查阅。

关于知识产权制度与禁止垄断法之间的关系，新指南指出：知识产权制度具有促进竞争的作用，因为它鼓励企业从事研究开发活动，因而会成为开发新技术及其产品的推动力。而且，技术转让通过不同技术的结合促进技术的有效运用，创造新的技术及其产品市场，促进竞争主体的增加，也基本上会产生推动竞争的效果。因此，尊重知识产权制度的基本目的，确保技术交易的顺利进行是非常重要的。但是，许可人有时会寻求对被许可人的经营活动（如研究和开发、生产和销售）施加某些限制，在某些情况下，这些限制还可能对特定技术和产品市场的竞争产生不利的影响。而且，在从事技术交易的过程中，如果许可人和被许可人背离知识产权制度的目的，相互限制研究、开发、生产、销售等活动，或者订立具有排除第三方效果的协议，那么这会对特定技术和产品市场的竞争产生不利的影响。因此，在技术交易领域适用禁止垄断法时，以下两方面都是很重要的：推动取得保护知识产权制度和技术交易所期望的促进竞争的效果，同时，确保这种保护采取的方式不会背离知识产权制度的基本目的或者对技术和产品市场的竞争产生不利的影响。

基于上述基本看法，1999 年指南反映了公正交易委员会对作为典型的技术交易的专利和技术秘密许可协议适用禁止垄断法的全面观点。该指南第一部分介绍了整个指南的内容要点。第二部分阐述了公正交易委员会对于专利许可协议与《禁止垄断法》第 23 条关系的观点。第三部分以具体的事例从不合理贸易限制和私人垄断的角度阐明了公正交易委员会对有关专利或技术秘密许可协议的观点。第四部分从不公正交易方法的角度阐述了公正交易委员会对有关专利和技术秘密许可协议的观点，并归纳出了三种主要的限制类型：第一，原则上属于不公正交易方法并违法的限制；第二，在某些情况下属于不公正交易方法并违法的限制；第三，原则上并不属于不公正交易方法的限制。第一类限制条款，由于其对市场竞争有非常不利的作用，所以一旦施加了这种限制条款，就会原则上被认为构成了不公正交易方法。第二类限制条款，将依它们的具体情况进行评估。某些限制条款妨碍公平竞争的程度将依其对相关市场上竞争的影响来逐案确定。而对相关市场上竞争的影响则依据限制的内容以及诸如在相关技术和产品市场上许可人和被许可人的地位、总体的市场状况和限制的期间等因素加以确定。第三类限制条款，是那些由于其对市场竞争的影响可以忽略不计，即使施加这种限制也原则上不被认为构成不公正的交易方法。它们分别属于“黑色清单”“灰色清单”“白色清单”。

除了技术交易中的竞争外,技术开发中也存在竞争。关于技术开发中的竞争,问题产生于作为研究开发成果的技术的交易,或者产生于对在应用该技术的产品市场[1]上竞争的影响。因此,伴随专利和技术秘密许可协议的限制竞争的效果,将取决于对经适当定义的该产品或技术市场的影响。由于相关市场与效果取决于在专利和技术秘密许可协议中限制的内容,因此市场受许可限制的问题将逐案确定,取决于具体许可合同中的限制情形。

关于适用范围,1999 年指南规定它适用于专利和技术秘密许可协议,也适用于互惠的许可协议或者三方或多方当事人之间的专利和技术秘密许可协议以及作为合营企业合同一部分的专利和技术秘密许可。该指南不直接适用于其他形式的知识产权的许可。由于专利和技术秘密的排他性质不同于其他形式的知识产权,新指南中所表述的观点经适当变通后可适用的程度取决于那些知识产权的性质。新指南适用的范围并不以它所明确列举的典型行为为限。该指南同样地适用于日本国内和国外的许可协议,但它适用于日本企业与外国企业之间或者外国企业之间的许可协议的程度取决于该限制对日本市场的影响程度。这实际上也是采取了所谓的"效果原则"。

(2)1999 年指南第二部分对有关专利许可协议的《禁止垄断法》第 23 条进行了解释,阐述了公正交易委员会对于专利许可协议与《禁止垄断法》第 23 条关系的观点。

关于专利许可协议中的限制,有些行为被认为是依据专利法行使权利的行为,如对许可的地域、时间或应用领域进行限制。然而,那些行为也常常能对其他当事人或企业的经营行为进行限制。因此,首先必须根据《禁止垄断法》第 23 条的规定对这种行为进行评估。同时,也必须对依专利法规定行使权利的其他行为进行评估,如作出许可或不许可的决定,或者提起诉讼要求停止侵害许可人的权利。

《禁止垄断法》第 23 条的规定被认为是为以下目的而作出的:被认为是依据专利法行使权利的行为,不受禁止垄断法的约束,因此不会构成对禁止垄断法的违反;但是,即使行为被认为是依据专利法行使权利,如果该行为在其他方面被认为与知识产权制度鼓励创新的目的相背离或相对立,那么该行为就不再被认为是依专利法行使权利,并要适用禁止垄断法。如果在依据《禁止垄断法》

---

[1] 本指南所讲的产品市场包括相关的服务市场。

第 23 条的规定对某一行为进行评估后，认为应适用禁止垄断法，那么将根据 1999 年指南第三部分和第四部分的观点对该行为进行评估，以确定它应属于不合理贸易限制、私人垄断还是不公正的交易限制。

同时，在确定依专利法行使权利时，也需要考虑该权利是否穷竭。也就是说，专利权人在利用专利发明时，不仅有制造、使用专利发明的专有权，而且也有销售专利产品的专有权。当未分别获得专利权人许可的当事人销售专利产品，该行为在形式上似乎也属于侵犯专利权的行为。然而，就专利产品而言，当专利产品按照专利权人的意愿在国内合法地进行销售时，这被解释为专利权已经达到了其目的，该产品的专利权就穷竭了。因此，对曾按专利权人的意愿合法出售的专利产品的销售进行限制，就按照禁止垄断法以对一般产品销售进行限制的同样的方式进行处理。

此外，如同其他产权或有价值的商品，技术秘密也受禁止垄断法的约束。但是，由于技术秘密是带有秘密性质的知识产权，因此在依禁止垄断法考虑有关技术秘密自身的使用、利润和销售行为或者涉及技术秘密的特定行为问题时，必须顾及其性质。与专利相比，技术秘密具有技术范围的不确定性、弱的专有保护以及保护期间的不确定性特点。因此，在确定技术秘密许可协议对市场竞争的影响时，需要考虑它的这些特性。

（3）1999 年指南第三部分以具体的事例阐明了公正交易委员会从不合理贸易限制和私人垄断的角度对有关专利或技术秘密许可协议的观点。

在专利许可协议中，那些依专利法行使权利的行为，由于包含了对地域或使用领域的限制，可能成为属于不合理贸易限制和私人垄断行为的一部分，或者可用作达到这种反竞争结果的手段。当事人双方达成的专利许可协议，如果被用以相互限制商业行为，那就会引起不合理贸易限制的问题，可能会构成对《禁止垄断法》第 3 条的违反。同时，当事人双方达成的专利许可协议采取交叉许可的形式时，就会容易被用来相互限制商业行为。而且，专利许可协议采取三方或多方当事人之间达成的专利联营协议时，它也会容易被用来相互限制商业行为。同样，这也明显需要从不合理贸易限制的观点出发对该协议进行评估。1999 年指南还分别以具体事例对交叉许可（cross - licensing）、多重许可（multiple licensing）和专利联营（patent pools）进行了具体的分析。此外，当贸易协会组织专利联营以及贸易协会许可联营专利给其成员时，如果特定产品或技术市场的竞争受到实质性的限制,那么它依据《禁止垄断法》第 8 条第 1 款[1]就会是有疑问的。同时,当合营公司是建立来达成专利联营,并将联营专利许可给其投资的公司,如果特定产品或技术市场的竞争受到实质性的限制,那么它依据《禁止垄断法》第 10 条第 1 款[2]就会是有疑问的。

如果依专利法行使权利的行为用于排除或控制其他企业的经营活动,并且特定产品或技术市场的竞争受到实质性的限制,那么这些行为依禁止垄断法就是违法的(违反《禁止垄断法》第 3 条)。1999 年指南还分别以事例对专利联营、专利权的集中(concentration of patents)和在许可协议中的限制进行了具体的分析。

(4)1999 年指南第四部分非常具体细致地阐述了公正交易委员会从不公正交易方法的角度对有关专利和技术秘密许可协议的观点。

当专利许可协议中的限制并不被认为是依专利法行使权利的行为,或者即使它们经过了依据《禁止垄断法》第 23 条进行的审查,并且被认为是依专利法行使权利的行为,但是当禁止垄断法被认为可适用于这些限制时,那么这些限制将依据指南中的具体观点进行审查以确定其是否属于不公正的交易方法。技术秘密许可协议中的限制也要接受类似的审查。上述限制条款还需要从滥用优势谈判地位的观点进行审查。[3]

1999 年指南分别就专利和技术秘密许可协议中的限制和义务从以下主要方面进行了细致分析,提出了具体的指导意见:

对于许可范围的限制,该指南首先提出了基本观点:在专利许可协议中,许可人在有些情况下会为限制被许可人利用技术的目的对被许可人进行限制,其手段诸如分开授予制造、使用、销售等的许可、限定在专利权有效期的某一段期

---

[1] 其内容是:事业者团体不得有下列任何一项行为:(1)在一定交易领域实质上限制竞争;(2)签订第 6 条规定的国际协定或国际契约;(3)在一定事业领域内限制现在或将来的事业者数;(4)不当限制事业者成员(指组成事业者团体的成员事业者)的机能或活动;(5)迫使事业者进行属于不公正交易方法的行为。

[2] 其内容是:因公司取得或持有国内公司的股份,将导致在一定交易领域实质上限制竞争时,不得取得或持有该股份。不得用不公正的交易方法取得或持有国内公司的股份。

[3] 许可人在以下情况下被认为具有优势谈判地位:如果许可人的要求对被许可人过分不利,而被许可人仍不得不接受,由于许可人拒绝或中止技术交易会给被许可人的经营造成主要的障碍。在进行这样的判断时,需要考虑各种因素,被许可人对该专利的依赖程度、许可人和被许可人在产品或技术市场上所处的地位、被许可人改变许可人的可能性、该产品或技术市场的状况以及许可人和被许可人在企业规模上的差异等。

间、限定在日本境内的某一区域或者限定专利在某一特定的技术领域中利用。这些行为被认为是依专利法规定行使权利，其对市场竞争的影响很小，因此被认为不会引起禁止垄断法上的问题。相应地，那些不被认为是依专利法规定行使权利的许可范围的限制或者是技术秘密许可协议一部分的许可范围的限制，对其适用禁止垄断法是理所当然的事，并且上述限制影响公平的程度将根据其对市场竞争的影响逐案加以确定。在此基础上，该指南还分别就上述问题进行了进一步的具体分析。

对于附随的许可限制和义务，1999 年指南首先提出了基本观点：在专利或技术秘密许可协议中，许可人在有些情况下会对被许可人的经营活动施加限制，如要求依特定产品的生产数量支付许可费、限制被许可人在专利权期限届满后利用该技术、要求被许可人接受两项或多项专利或技术秘密的"一揽子"许可、禁止专利权人对专利的有效性提出质疑、限制被许可人的研究开发活动或者要求被许可人许可或转让改进的技术给许可人。在专利许可协议中的许多限制不被认为是依专利法规定行使权利，因此这些限制妨碍公平竞争的程度依照其对市场竞争的影响程度来确定。这一点也适用于在技术秘密许可协议中的限制。在此基础上，该指南还分别就上述问题进行了进一步具体的分析。

对于制造专利产品的限制和义务，1999 年指南首先提出了基本观点：在专利或技术秘密许可协议中，许可人在有些情况下会对被许可人制造专利产品施加限制，如限制制造竞争性产品、限制被许可人获取原料的渠道以及关于被许可人生产的专利产品质量的义务。在专利许可协议中的许多限制不被认为是依专利法规定行使权利，因此这些限制妨碍公平竞争的程度依照其对市场竞争的影响程度逐案确定。对在技术秘密许可协议中的限制，其影响公平竞争的程度，同样将依照其对市场竞争的影响程度逐案确定。关于产品数量的限制，将依照《禁止垄断法》第 23 条的规定进行评估，如果禁止垄断法被认为可适用，该限制影响公平竞争的程度将依据限制的目的和形式及其对市场竞争影响的重要性程度逐案加以确定。在此基础上，该指南还分别就上述问题进行了进一步的具体分析。

对于专利产品销售的限制和义务，1999 年指南首先提出了基本观点：在专利或技术秘密许可协议中，许可人在有些情况下会对被许可人销售专利产品或技术秘密产品施加限制，如限制转售价格、限制销售价格、限制销售数量、限制顾客、限制销售竞争性产品以及使用商标的义务。在专利许可协议中的许多限制不被认为是依专利法规定行使权利,因此这些限制妨碍公平竞争的程度将依照其对市场竞争的影响程度逐案确定。对在技术秘密许可协议中的限制,其妨碍公平竞争的程度,同样将依照其对市场竞争的影响程度逐案加以确定。依照禁止垄断法对这些限制的一般观点在《关于销售和经营活动指南》的第二部分已经阐明,这要考虑到发生在产品从离开生产者到为消费者所拥有的销售过程。这里所包含的观点也基本上适用于专利产品的销售。在这些限制中,关于价格的限制,企业根据市场情况自主决定其销售价格是企业经营活动中的最基本的问题,只有这样才能确保企业之间的竞争和消费者的选择。因此,许可人限制被许可人产品的转售价格或销售价格,那就原则上属于不公正交易方法,构成对禁止垄断法的违反。非价格限制,如限制销售数量、限制顾客、限制销售竞争性产品以及使用商标的义务,它们依许可人和被许可人在市场上的地位而对市场竞争有不同的影响,因此其妨碍公平竞争的程度基本上将依照其对市场竞争的影响逐案加以确定。此外,在专利或技术秘密许可协议中,许可人在有些情况下会对被许可人出口的地区、出口价格或者被许可人出口的数量施加限制,或者规定必须由许可人指定的人出口。这些对出口活动的限制按照指南中的相关规定进行审查,该限制妨碍公平竞争的程度将依照其对日本市场竞争的影响逐案加以确定。在这种情况下,将要考虑的因素有:许可人在出口地区是否已取得该专利产品的专利权,许可人自己是否在该地从事持续的销售活动,或者许可人是否已将该出口地区指定为第三方排他销售的地区。在此基础上,1999 年指南还分别就上述问题进行了进一步的具体分析。

4. 2007 年《知识产权利用的反垄断法指南》(2016 年修订)的出台背景和主要内容

进入 21 世纪以来,随着知识经济、网络经济的发展,保护知识产权以促进技术创新和恢复日本经济的竞争力显得日趋重要。日本政府于 2002 年发表了《知识产权战略大纲》,尔后又由国会通过了知识产权基本法,在世界范围内率先提出了“知识产权立国”的国家战略,并将其作为“一项基本国策”。而在另一方面,在知识产权权利行使(包括专利和技术秘密许可)的过程中不断出现与反垄断法维护自由公平竞争的目标相冲突的情况。日本《知识产权战略大纲》第一章在强调了保护知识产权的重要性的同时,也明确提到了竞争政策的重要性和对表达自由等问题的重视,其中专门谈到:强化知识产权是信息时代的必然,作为国家我们应当努力推动,但强化权利也会带来负面效果,如因为垄断或滥用优势地位阻碍了竞争的原则，并与主张自由表达等现代社会的基本价值观相抵触。这些强化知识产权带来的负面效果必须消除。《禁止垄断法》等法律的主要目标是消除竞争中阻碍，因此必须强化。在美国，反托拉斯法也同样严格适用于知识产权领域中的垄断。这种适用催生了竞争，并推动了新产业的发展。日本也应该制定出平衡和适当的应对措施。[1] 作为竞争执法机构，日本公正交易委员会面临在新形势下既要保护知识产权以激励创新，又要通过反垄断法的实施确保竞争机制不被扭曲的难题。在此背景下，日本公正交易委员会经过广泛征求意见（包括日本知识产权协会的意见），[2]于2007年9月28日颁布了《知识产权利用的反垄断法指南》[3]，1999年颁布的《专利和技术秘密许可协议的反垄断法指南》同时废止。《知识产权利用的反垄断法指南》在2010年1月1日和2016年1月21日经过两次修订，[4]但修订的幅度都不大。其中，在2010年1月1日的修订中正文内容没有变化，只是引用的《不公平交易方式一般指定》以及《禁止垄断法》的条款有所变化；2016年1月21日的修订主要在第三章第1条第1款中增加“e”项，在第四章第2条中增加第4款，内容都涉及标准必要专利和FRAND（公平、合理、无歧视）承诺的问题。

《知识产权利用的反垄断法指南》的内容包括四个部分：第一章序言概述了竞争政策与知识产权制度的相互关系、该指南的适用范围和主要内容；第二章阐明了反垄断法适用于与知识产权有关的限制行为的基本原则；第三章从私人垄断和不合理交易限制的角度分析了公正交易委员会对拒绝许可、限定许可范

---

[1] See Strategic Council on Intellectual Property of Japan, Intellectual Property Policy Outline, http://www. kantei. go. jp/foreign/policy/titeki/kettei/020703taikou_e. html. ，最后访问日期：2018年3月6日。

[2] See Japan Intellectual Property Association, Opinions on the "Guidelines for the Use of Intellectual Property under the Antimonopoly Act", http://www. jipa. or. jp/content/english/opinion/doc/070607. pdf，最后访问日期：2018年3月6日。

[3] 英文名称为“Guidelines for the Use of Intellectual Property under the Antimonopoly Act”，全文可在日本公正交易委员会网站下载，网址为：http://www. jftc. go. jp/e－page/legislation/ama/070928_IP_Guideline. pdf。中文译本可参见《知识产权利用的反垄断法指南》，潘志成、王先林译，载《经济法论丛》（第14卷），中国方正出版社2008年版。中文评介文章可参见王先林、潘志成：《反垄断法适用于知识产权领域的基本政策主张——日本〈知识产权利用的反垄断法指南〉介评》，载《电子知识产权》2008年第1期。

[4] 2016年修订后的中文全文请参见孙海萍的译本《日本关于知识产权利用的反垄断法指南（2016年修订）》，载《竞争法律与政策评论》（第2卷），上海交通大学出版社2016年版。

围以及专利联营、多重许可安排和交叉许可的基本观点;第四章从不公正交易行为的角度分析了公正交易委员会对拒绝许可以及许可中各种限制行为的基本观点。

该指南适用的知识产权类型不仅仅包括1999年指南所涉及的专利和技术秘密,还包括其他各种与技术有关的知识产权,如受专利法、实用新型法、半导体电路布图设计保护法、种苗法、著作权法、外观设计法保护的技术;同时,适用的权利行使方式也不仅仅包括技术许可,还包括其他与技术使用有关的限制行为,如阻碍其他主体使用技术的行为、对被许可方的商业行为施加限制的行为等。

(1)该指南的基本原则。

在第一章简要分析竞争政策与知识产权制度的相互关系基础上,指南在第二章阐述了公正交易委员会在知识产权领域中适用反垄断法时所遵循的基本原则。

第一,区分权利行使行为和违反反垄断法的行为。

知识产权权利行使行为,本身属于《禁止垄断法》的适用除外领域。该法第六章(适用除外)第21条对此有明文规定。而知识产权领域的违反反垄断法的行为,在本质上与权利行使行为不同。此类行为虽然在表面上与权利行使行为一致,但是其主观目的与知识产权制度的基本目标——激励企业努力创新和使用技术——相偏离或相冲突。因此,该指南指出,根据对《禁止垄断法》第21条的理解,反垄断法仅适用于与技术使用有关且在本质上不被认为是权利行使行为的限制行为。同时,在确定具体行为是否可以被确认为权利行使行为时,须注意权利的穷竭。在技术权利人依法自主决定将使用其技术生产的产品在日本市场分销后,任何其他主体再在日本市场上就其进行交易不构成侵权。但指南中也表明,并非所有与知识产权基本目标相偏离的权利行使行为均须适用反垄断法。这类行为还需考察其目的和方式以及该行为对竞争的影响程度,决定是否适用反垄断法来进行规制。

第二,界定受限制行为影响的相关市场。

该指南指出,适用反垄断法对与技术有关的限制行为进行评价时,作为一项基本原则,首先要考虑哪些交易活动会受到这些限制行为的影响,也就需要界定该技术或任何含有该技术的产品交易的市场,并评估限制行为对于这些市场上竞争的影响。

界定一般产品或服务市场的方法同样适用于界定技术交易的市场(以下简称技术市场)和任何含有技术的产品交易的市场(以下简称产品市场)。从根本上讲,每一案件中的市场将根据对于消费者的可替代性来界定。同时,界定市场时要考虑技术和技术产品的特点。技术交易通常不受运输的限制,而且非常可能从现有的商业应用领域转移到其他商业应用领域。考虑到这些可能性,界定的技术市场可以包括那些技术没有实际进行交易的领域。而在特定情况下,如果该技术被许多企业应用于特定的商业应用领域,且很难通过其他技术达到商业应用目的或进行替代,则技术市场被界定为该技术的商业应用领域。

第三,分析限制行为对竞争的效果。

在对受限制行为影响的技术市场和产品市场进行界定之后,需要审查限制行为是否使被界定的市场中的竞争受到减弱。审查时需综合考虑以下因素:限制的内容、施加限制的方式、技术在商业行为中的应用以及对商业行为的影响、与限制相关的主体是否为竞争者、这些竞争者的市场地位、市场整体竞争情况、是否存在施加限制的合法理由以及限制对于研发和授予许可的激励等。

该指南指出,对于竞争受到减弱的效果不仅可以从竞争受到实质性的抑制的角度来判断,还可以从不公正交易行为的角度来判断。从不公正交易行为的角度进行判断时,主要看限制行为是否构成不公正的竞争方式或对自由竞争基础的侵犯。指南的第四章具体探讨了这些观点。

该指南还指出,受限制行为影响的主体之间是否存在竞争关系以及技术本身是否具有影响力,对于判断对竞争的减弱效果具有重要影响。与技术使用有关的限制发生于竞争者之间较之于非竞争者之间,更有可能导致竞争者之间的竞争被规避,或更有可能被用于排除其他竞争者。此类限制行为相较而言被认为对竞争具有影响。同时,如果技术具有影响力,则较之技术不具有影响力而言,与技术使用有关的限制有可能对竞争产生更大的影响。

另外,该指南指出,如果在商业行为中使用技术的企业在相关产品市场的份额(以下简称产品份额)等于或者低于20%,或者在产品份额无法获得,或产品份额不能满足审查对技术市场的影响效果时,在至少有四家企业拥有可替代的技术且不存在相关商业行为的妨碍的情况下,则该企业对与技术有关的限制可以被视为对竞争产生微弱的影响。但是,对于销售价格、销售量、市场份额、销售区域、含有技术的产品的顾客的限制,或者对研发活动的限制,或者要求企业转让改进技术或授予独占性许可的限制,将不适用前述观点。

(2)该指南关于私人垄断和不合理交易限制的观点。

第一,关于私人垄断的观点。

该指南指出,与技术使用有关的限制如果"排除或控制了其他企业的商业行为",则须根据《禁止垄断法》中有关私人垄断的条款进行审查(《禁止垄断法》第 2 条第 5 款)。但是,关于与技术使用有关的限制是否属于"排除"或"控制"不能仅根据行为的方式一概而论,而应该通过审查具体案件中行为的目的和效果来进行判断。

对于阻止技术使用的行为,如果技术权利人不授予某一企业使用技术的许可(包括要求的许可费用过高,以至于许可方的行为在效果上等同于拒绝许可),或对未经授权而使用技术的企业提起诉讼寻求禁令,这被视为权利行使行为,在一般情况下不构成违法。但是,如果任何限制被认定与知识产权制度的目标相偏离或相冲突,则该限制不能被视为行使权利的行为。如果这种限制行为实质性地限制了特定商业领域中的竞争,则构成私人垄断。在原先列举的 4 种情形之外,2016 年修订时增加了第 5 种情形即涉及标准必要发明专利的特定情况。

对于限定技术使用范围的行为,如果技术权利人授权被许可方在限定的范围内使用技术,可以视为权利行使行为,一般情况下不会成为问题。但是,任何确定和强制要求被授权的技术在限定范围内使用的行为可以构成控制被许可方商业行为的限制。如果此类行为与知识产权制度的基本目标相违背或相冲突,则不能被认定为权利行使行为。在此类行为实质性地限制了特定商业领域的竞争的情况下,则构成私人垄断。

对技术使用施加条件的行为,如果技术权利人在向其他企业许可技术时设定条件,则可能构成控制被许可方商业行为的限制,或排除其他企业商业行为的限制,具体视所设定条件的细节而定。在施加条件的行为实质性地限制了特定商业领域的竞争的情况下,则构成私人垄断。

第二,关于不合理交易限制的观点。

该指南指出,如果一家企业"与其他企业合作,相互限制或协同从事商业行为"(《禁止垄断法》第 2 条第 6 款),则与技术使用有关的限制将根据《禁止垄断法》中规制不合理交易限制的条款进行审查。依不合理交易限制的观点对审查前述行为非常必要,尤其是在与技术有关的限制所涉及的各方之间存在竞争关系的情形下。可能的例子包括竞争者之间的专利联营和交叉许可以及众多竞争者均是同一专利的被许可方的多重专利许可安排。

关于专利联营。专利联营有利于促进商业行为所需要的技术的有效利用，建立专利联营不会自动构成对交易的不合理限制。但是，如果在一个特定的技术市场中，拥有替代性技术的各方设定一个专利联盟，共同制定使用该替代技术的许可条件（包括技术的使用范围）并实质性地限制与这些技术有关的交易的竞争，则该行为构成对交易的不合理限制。如果这些企业限制联营各方对许可给专利联营的技术的任何改进，或共同限制被许可方，则在实质性地限制了与技术有关的交易的竞争时，构成对交易的不合理限制。在特定产品市场相互竞争的企业就生产产品所必需的技术建立专利联营，并从专利联营中获得这些技术的许可，若这些企业共同制定使用技术的产品的价格、产量、产品销售客户，在该行为实质性地限制系争产品交易的竞争时，也可以构成对交易的不合理限制。如果在特定产品市场相互竞争的企业建立专利联营，并由专利联营体作为唯一机构向其他企业授予许可，若该专利联营机构在没有合法理由的情况下拒绝向新的加入方或已加入方授予许可，则构成共同阻碍新的进入或阻止已加入方的商业行为。在该行为实质性地限制系争产品交易的竞争时，构成对交易的不合理限制。

关于多重许可。多重许可是指向多个不同企业授予使用技术的许可的制度。如果多重许可安排对于使用技术生产的产品的技术使用范围、产品销售价格、销售量、销售客户范围等方面进行限制，且许可方和被许可方共同受到这些限制的约束，则构成对企业商业行为的共同限制。如果该限制在实质上限制了与产品有关的市场的竞争，则构成对交易的不合理限制。同时，限制被许可方通过技术研发获得改进技术或实施改进技术（以下简称改进技术）或采用替代性技术，如果实质性地限制了与技术有关的交易领域的竞争，则构成不合理交易限制。

关于交叉许可。一般而言，交叉许可所涉及的企业个数少于参加专利联营或多重许可安排的企业个数。即便交叉许可涉及的企业个数有限，若交叉许可涉及共同确定价格、产量、销售客户或其他事项，且交叉许可的参加方在特定产品市场共同占有较高的份额时，仍可以产生与专利联营类似的反竞争效果。如果该行为实质性地限制了系争产品的交易，则构成对交易的不合理限制。如果交叉许可涉及共同限定每一方的技术使用范围，就相当于限制了使用技术的商业行为的范围,如果该行为实质性地限制了使用该技术产品的交易,则构成对交易的不合理限制。

(3)该指南关于不公正交易行为的观点。

该指南指出,如果与技术使用有关的限制符合一定的标准,并倾向于妨碍公平竞争(妨碍公平竞争的倾向),则将根据《禁止垄断法》中有关规制不公正交易行为的条款进行审查。前述标准包括:一家企业是否会剥夺其竞争对手或其他企业的交易机会,或使竞争对手或其他企业的竞争状况恶化;该限制行为是否会减弱价格、获取客户或其他方面的竞争。另外,在一些案件中还应审查行为对于公平竞争的妨碍,以确定是否构成不公正的竞争方式或对于自由竞争基础的损害。在此类案件中,应综合考虑以下因素作出判断:行为影响被许可方商业行为的具体方式和程度,行为影响的企业个数、持续时间、重复次数等。

第一,关于阻止技术使用。

该指南分析了一些通过不公正交易的方式,达到阻止竞争对手或其他企业使用技术目的的行为。例如,如果某企业自权利人处获得一项技术的权利,并知悉其竞争对手在商业行为中使用该技术且该竞争对手难以用替代性技术更换正在使用的技术,该企业拒绝授予竞争对手许可以阻止该竞争对手使用该技术,这一行为阻止技术使用的目的是阻碍竞争对手的商业行为,因此与知识产权制度的目标相背离。该指南指出,在该行为导致竞争对手的竞争条件恶化并具有妨碍公平竞争的倾向时,将被认为构成不公正交易行为。在原先列举的3种情形之外,2016年修订时增加了第4种情形,涉及标准必要专利的FRAND承诺问题。

第二,关于限定技术使用范围。

该指南指出,尽管授予许可在限定的范围内使用技术,而不是无限地使用技术,从表面上看是一种权利行使行为,但在有些情况下这种行为不能被视为实质上的权利行使行为。有些行为具有妨碍公平竞争的倾向,则有可能构成不公正交易行为。该指南列举了包括部分许可、与生产有关的、与出口有关的、分许可等限定技术使用范围的示例,并分别进行了讨论。例如,与生产有关的对使用技术产品产量或使用技术的次数的限定,原则上,限定被许可方使用技术生产产品必须到达的最低产量将不构成不公正交易行为,只要该最低产量要求不会构成被许可方使用任何其他技术的障碍。但是,如果限定被许可方使用技术生产产品的最高产量和使用技术的最高次数,且该限定对于整个市场的产品供应具有限制产量的效果,则该行为不能被视为权利行使行为。如果该行为具有阻碍公平竞争的倾向,则构成不公正交易行为。

第三,关于施加与技术有关的限制。

在技术的权利人授权其他企业使用技术时,有时会施加与被许可方的技术使用有关的限制,以实现技术的性能和效果,确保安全或防止任何技术秘密或其他秘密泄露或被用于其他用途。为了促进技术的有效利用和技术交易,许多这类限制在一定范围内被认为是合理的。但是,因这类行为限制了被许可方的商业行为,因此在一些情况下具有减弱竞争的倾向。这类行为是否构成阻碍公平竞争的倾向,将根据这类行为是否在达到前述目的所必要的范围之内进行审查。

该指南根据前述分析原则,分别讨论了对原材料和零件的限制、对销售的限制、对销售和转售价格的限制、对生产竞争产品和与竞争者交易的限制、最大努力义务、对技术秘密保密义务、不主张异议义务。例如,关于对原材料和零件的限制,许可方可以对供被许可方使用技术生产的产品的原材料、零件的质量和供应商施加限定(包括对使用服务和其他技术的限定,以下合称原材料和零件)。这类限定可被认为是为确保技术的性能和效果、维护安全、防止秘密泄露所必需的,因而在一定程度内可以被认为是合理的。但是,因为供应含有被许可技术的产品是被许可方的商业行为的一部分,所以对原材料和零件的限制具有限制被许可方的竞争手段,或者说限制被许可方自由选择原材料和零件的质量和供应商的效果。此类行为还具有剥夺其他企业供应原材料和零件的交易机会的性质。如果此类行为超出前述必要的程度,会具有妨碍公平竞争的倾向,则构成不公正交易行为。

第四,关于施加其他限制条件。

该指南指出,许可方在向被许可方授予许可时,除了施加与技术使用有关的限制之外,还会对被许可方的商业行为施加其他限制,如单方解除权条款、与技术使用无关的许可费、权利消灭后的限制、捆绑许可、对技术追加功能、不得主张权利、对研发活动的限制、提交或独占性回授改进技术、非独占性回授改进技术、报告知识和经验等限制。该指南根据前述的原则和分析方法,分别对这些与技术使用无关的限制进行了分析。例如,关于权利消失后的限制,如果许可方限制被许可方使用技术并要求被许可方在技术的权利保护期限届满后继续缴纳许可费用,此类行为一般会妨碍技术的自由使用。如果此类行为妨碍了公平竞争,则构成不公正交易行为。尽管有前述规定,如果权利消除后许可费的支付属于许可费的分期支付或延迟支付,并在可允许的程度范围内,则不被认为是对被许可方商业行为的不合理限制。

四、国际反垄断法律制度及其对知识产权领域垄断行为的规制

(一)国际反垄断法律制度的现状与展望

在有关国际决议、国际条约中,维护自由公平竞争的反垄断法在早期一般被称为管制限制性商业行为的法律,现在通常被称为竞争法或者竞争政策。反垄断法本来是各国的国内法,其所规制的垄断或者限制竞争行为主要是发生在国内市场上的。但是,国内反垄断法的贸易保护主义倾向以及目前国际经济贸易领域竞争的现实情况,使对各国的反垄断法进行协调,形成国际反垄断法律制度成为必要。

首先,反垄断法以维护竞争的自由和公平为己任,其在国际经济贸易中就应成为维护自由竞争、公平贸易的重要手段。各国反垄断法在保护本国利益、维护本国市场竞争秩序的同时,也在一定程度上维护了国际经济贸易中的竞争秩序。但是,各国反垄断法在对内和对外的功能既有一致的一面,也有相反的一面。因此,"从纯粹的国内反托拉斯判决中不可能归纳出适用于国际反托拉斯的原则"。经济上的民族主义往往使反垄断法在国际经济贸易中被当作推行贸易保护主义的手段。这表现为各国反垄断法一方面允许甚至支持、鼓励本国企业对外国市场的垄断,另一方面又严格管制外国企业对本国市场的垄断。[1]

其次,随着乌拉圭回合谈判各项协议的签署和世界贸易组织的建立,官方贸易壁垒在逐步消除,经济全球化和世界市场一体化的进程在加快。但与此同时,国际市场又面临私人厂商限制竞争行为的威胁。一方面,国际市场垄断程度日益加深,跨国公司作为全球市场竞争的主角垄断了世界贸易的60%,国际投资的70%,技术开发与转让的80%,在相关市场限制竞争的倾向更加明显。另一方面,国际竞争企业还以各种形式结成战略联盟,缔结国际卡特尔协议。此外,排他性交易、滥用知识产权许可、滥用市场优势地位等限制商业行为在国际交易中也屡见不鲜。这些限制性商业行为扭曲了国际竞争秩序,侵蚀了多边

〔1〕 王先林:《论我国反垄断立法中的两个基本问题》,载《中外法学》1997年第6期。

贸易体制。[1]

针对这种情况，为了维持与促进国际间的自由公平竞争，就应当有全球适用的反垄断法律规范。但是，这必须具备一定的政治条件，而要具备那些政治条件并非易事。目前的国际反垄断政策是由相互联系的三个层面发展而来。第一是根据国际组织或国际条约对国际卡特尔等限制国际商贸竞争的行为所进行的规制；第二是各国反垄断法的域外适用；第三是各国国内反垄断法的近似化或规范化。这三者相互关联地促进国际间竞争不断的发展，今后也须沿着这一路线前进。尽管国际协调会很困难，但从整体来说应当认识这是前进方向的主流。[2] 不过，从严格意义上的国际反垄断法来说，主要应是指第一个层面的情况。

在世界范围内建立一套对各国普遍适用的关于管制限制性商业行为法规的想法和努力并不是在现在才有的，早在第二次世界大战以前就有体现。当时，国际联盟就曾组织过关于卡特尔问题的调查研究工作，试图通过缔结多边国际条约来控制国际卡特尔，但未获成功。“二战”以后，联合国的有关机构及其他一些国际组织继续在这方面作出努力。1948 年《国际贸易组织宪章》（《哈瓦那宪章》）的目标是建立一个全面处理国际贸易和经济合作事务的国际组织。该宪章第五章对管制限制性商业行为或反竞争行为也作出了若干较为具体的规定。虽然《哈瓦那宪章》中有关管制限制性商业行为（反竞争行为）的规定未能生效，也未被纳入关贸总协定（GATT）的规定之中，但它作为多边框架下首次对反竞争行为进行规范的努力并有较为具体的规定，仍然具有重要的意义。

联合国及其专门组织为促进国际竞争政策的合作与协调作出了长期不懈的努力。联合国经社理事会于 1951 年起草了国际反垄断法协议草案，并为进行反垄断实际调查成立了临时专门委员会。1953 年联合国首次提出“限制性交易国际规范草案”。1974 年联合国大会《建立新的国际经济秩序宣言》《行动纲领》《各国经济权利及义务宪章》都有关于加强对国际限制性行为管制及政策协调的原则宣示。1980 年联合国贸易与发展会议（UNCTAD）草拟通过了《一套多边协议的控制限制性商业惯例的公平原则和规则》，同年由联合国大会通过。该《原则和规则》作为各利益集团相互妥协的产物，其在性质上属于自愿性的指

---

〔1〕 缪剑文、卢少杰：《论多边贸易体系下竞争法的国际协调》，载陈安主编：《国际经济法论丛》（第 1 卷），法律出版社 1998 年版，第 141 ~ 142 页。

〔2〕 [日]伊从宽：《国际反垄断政策的发展态势》，姜姗译，载《外国法译评》1997 年第 3 期。

导原则,而无任何法律上拘束力,但它是到目前为止唯一完全多边协议的原则和竞争规则。此外,联合国贸易与发展会议草拟的《国际技术转让行为守则》(草案)和经社理事会草拟的《跨国公司行动守则》(草案),也分别提出制约技术贸易领域的限制竞争行为和跨国公司限制竞争行为的问题,但它们均未获正式通过。

成立于1961年、主要由发达国家参加的经济合作与发展组织(OECD)较早和较多地关注到成员国之间竞争政策和竞争法的协调问题。OECD不仅是那些有竞争法国家的协商机构,而且也是对许多正在引入或意图引入竞争法和竞争政策国家进行技术援助的一种资源。OECD下设"竞争法与竞争政策委员会",[1]负责编制和研究各成员国的竞争政策和有关问题。该组织在1979年发出了《关于影响国际贸易的限制性商业行为合作的理事会建议》,1982年该组织限制性商业行为专家委员会设立一个"竞争与贸易工作小组",该小组1984年发布了"竞争与贸易政策的互动"的报告。1986年又发出了《理事会关于在成员国间就影响国际贸易的限制性商业行为进行合作的修订建议》。1995年,该组织理事会在修正前三次建议的基础上,又一次公布了《理事会关于在成员国间就影响国际贸易的反竞争行为进行合作的修订建议》。1998年OECD又公布了《理事会关于有效打击核心卡特尔的建议》,建议各成员国确保其竞争法足以有效组织和威慑所谓的"核心卡特尔"[2]行为,建议各成员国相互合作以执行法律,打击这种卡特尔,并明文邀请非成员国参与并执行该建议。自1998年建议书以来,OECD竞争委员会颁布了一系列有关卡特尔对经济的危害性以及进行有效立法、有效调查的必要性和揭露并制止这些典型阴谋的相关措施的报告。同时,自2001年起,OECD开始举办"全球竞争论坛",使30个成员国以及观察员和其他非成员国的高层竞争官员共聚一堂,进行竞争政策和竞争法的对话,并吸收非成员国参加竞争政策的协调活动。OECD还经常在世界各重点地区或国家举办研讨会,推动竞争立法,使各国融入竞争政策的成员。虽然OECD的相关文件在性质上也是自愿性的,非以立法方式制定国际规范,对成员国没有约束力,但是其对竞争政策和竞争法的国际协调来说还是具有重要

---

〔1〕 该委员会2001年10月改为竞争委员会。

〔2〕 核心卡特尔是指固定价格、串通投标、限制产量和数量以及分割市场的反竞争联合行为。根据WTO贸易与竞争相互关系工作组的意见,之所以使用"核心"(hardcore)一词,是为了强调这类卡特尔的危害性。

意义的，甚至被视为在竞争政策和竞争法的活动上占有国际的领导角色。尤其是，OECD 近年来所实施的“管制改革国家审议计划”对促进各国竞争法的协调乃至趋于一致具有重要的意义。

国际竞争网络（ICN）是继 OECD、WTO 和 APEC 之后又一个有关竞争议题多边国际合作的场合，且完全以竞争主管机关为中心，不直接涉及贸易问题。该组织源于美国司法部于 1997 年所成立的“国际竞争政策咨询委员会”（ICPAC）成果报告中所提出的“全球竞争倡议”的概念。该报告经采纳后，美国司法部和联邦贸易委员会于 2001 年 10 月 25 日共同宣布开展“国际竞争网络”。该网络提供一个平台，让发达国家和发展中国家的竞争主管机关共同讨论有关促进反托拉斯执行程序或实体趋于一致的提案，并借由讨论形成共识。基于这种需要，“国际竞争网络”在美国提出后，就得到了包括欧盟、加拿大和墨西哥等在内的许多国家的竞争主管机关的支持与参与。ICN 是各国反托拉斯执法机构的网络，它对所有来自发达国家和发展中国家负责竞争法实施的国内和多国的竞争执法机构开放。

由于在 UNCTAD 和 OECD 框架下对各国竞争政策和竞争法的协调都不具备法律约束力，因此国际上要求在关税与贸易总协定（GATT）框架下解决这一问题的呼声很高。早在 20 世纪 60 年代，GATT 就认识到企业的反竞争行为会阻碍世界贸易的增长和各国经济的发展，使关税减让和数量限制取消的利益落空，并会损害 GATT 的目标。清除这种障碍一直是人们关注的问题，尤其是在政府的障碍已经大大减少的情况下。[1] 但是，作为世界贸易组织（WTO）前身的 GATT 前七个回合的多边谈判中，有关控制限制竞争行为的规则一直未能进入谈判议程，或者虽进入谈判议程，但是却不能达成一致意见或形成实质性内容，直到乌拉圭回合谈判时针对某些具体领域加入了有关反竞争问题的规定。

由于在现在的国际组织中，WTO 的全球性最明显，而且 WTO 规则具有约束力，WTO 的最终目标又是建立一个非歧视竞争的全球市场，这与竞争政策的目标具有一致性，因此在 WTO 框架下进行竞争政策和竞争法的国际协调自然就被认为是最有效和最理想的。但是，由于各国对此存在意见分歧，因此目前远远未能实现。

---

〔1〕 See Maher M. Dabbah. *The Internationalisation of Antitrust Policy*, London: Cambridge University Press, 2003, p. 207.

虽然在1986年开始的GATT乌拉圭回合谈判中,一些发展中国家试图将限制性商业行为列入议程的努力没有成功,目前在WTO框架下还没有专门的、完整的竞争规则,但是在作为该次谈判最终成果的WTO规则中还是包含了若干竞争规则。这除了WTO的基本原则和目标中包含或体现了竞争政策和竞争法的基本要求外,一些WTO协议中也体现了有关具体领域的竞争规则,如《关税与贸易总协定》第11条第1款、第17条,《服务贸易总协定》第8条、第9条以及后来进一步达成的《基础电信协议》和《金融服务协议》,《与贸易有关的知识产权协定》第8条第2款、第40条等。不过,这些规定过于分散,不成系统,只是在缺乏组织性的基础上解决与贸易有关的竞争法律问题。

在1995年WTO成立之后,将竞争问题纳入WTO下一轮谈判议程的呼声日益高涨。在欧盟的推动下,1996年12月WTO新加坡部长级会议决定成立一个竞争政策工作小组,对成员方提出的有关贸易和竞争政策(包括反竞争行为)之间的关系问题进行研究,以确定值得在世界贸易组织框架内进一步考虑的领域。[1] 1997年,WTO贸易与竞争政策相互关系工作组正式建立并开展工作。工作组在向总理事会提交的2000年报告中指出:对滥用支配地位阻碍竞争的行为、影响国际市场的企业合并、进出口卡特尔进行控制,制止某些典型的限制性商业协议被认为是多边国际竞争规则不可缺少的内容。报告还要求发展中国家尽快加强竞争政策领域的法制建设,并特别指出,竞争政策机制的建立将有助于发展中国家反对跨国企业反竞争行为及发达国家竞争法不公正的域外适用行为。

尽管欧盟向1999年在西雅图举行的WTO部长级会议提交了开始关于竞争原则和规则的谈判建议,竞争政策被作为谈判的主题之一,但是部长级会议未能发起谈判。2001年11月在卡塔尔多哈举行的部长级会议上,有关竞争政策谈判的问题再次被讨论,但也没有就竞争政策问题形成任何有实质进展的决议,仍只是在进行一些融合性的准备工作。会议发表的《多哈宣言》里涉及竞争政策的有3段,即第23~25段。根据该宣言,在WTO框架下开展竞争政策问题的谈判需要具备以下条件:第一,必须是在第五届部长会议上对开展竞争政策的谈判另行作成决议;第二,该项决议必须依照明确的共识达成;第三,该项

---

〔1〕 在1996年新加坡召开的WTO部长会议上提出的新议题除竞争政策外,还包括投资政策、政府采购的透明化和贸易便利化。这四个议题统称为新加坡议题。

决议必须就将来谈判的形式进行谈判。

根据《多哈宣言》第23段和第24段的规定,2003年9月在墨西哥坎昆召开的WTO第五届部长级会议上,WTO成员方应围绕竞争政策能否被引入WTO体系以及引入时应采取什么模式等问题进行谈判。但这次会议没有取得任何实质性的成果,甚至这些问题没有被提到议事日程上来。由于在这次会议上各方未能就贸易与竞争政策谈判方式问题达成一致,因此启动WTO贸易与竞争政策谈判的条件还没有具备。但会议宣言还是规定了工作组应集中澄清以下问题:(1)核心原则包括透明度、非歧视和程序公正原则及关于核心卡特尔的规定;(2)处理WTO成员政府之间竞争政策自愿合作的途径;(3)通过增强竞争能力在发展中国家支持进一步加强竞争。宣言指出必须充分考虑发展中国家的需要,包括技术合作和增强竞争能力。

在2004年2月中旬举行的WTO总理事会会议上,各成员并没有指派包括竞争议题在内的三个新加坡议题工作小组的新主席,而工作小组也没有被重新召集,有关这三个议题的实质的非正式磋商也未发生。但新加坡议题仍然可以在总理事会会议上讨论,在总理事会主席的指导下进行非正式磋商。

经过多方面的努力,WTO成员终于在2004年8月1日就多哈回合全球多边贸易谈判的主要议题达成了框架协议,所通过的WTO总理事会《多哈工作议程决定》对新加坡议题的命运也作出了明确的规定。其第1条第7款在决定开始贸易便利化议题的谈判的同时,明确指出:总理事会决定,多哈部长会议宣言第20~26段分别规定的这些议题,不构成宣言工作议程的组成部分。因此,在WTO多哈回合谈判中不存在任何涉及这些议题的谈判工作。这样,除贸易便利化议题外,包括竞争政策在内的另外三个新加坡议题就已从WTO的谈判议程中撤销,至少在多哈工作计划期间被撤销。至此,备受争议的竞争政策问题在WTO多哈回合的谈判中没有取得任何进展。

对于WTO竞争政策谈判的未来发展,有专家分析指出,从法律上来说,只要WTO还没有就竞争政策的多边谈判通过其他新的决议,2001年多哈宣言就仍然是在这方面进一步工作的法律根据。实际上,坎昆会议上通过的部长声明也还是重申了多哈宣言。因此,应该认为欧盟当时放弃竞争政策议题仅仅是为了打破坎昆会议谈判的僵局。在谈判失败后,欧盟的这种放弃不应该对竞争政策有什么重大影响。但是,很明显欧盟应从策略角度重新考虑它的竞争政策的动议,主张不应把这个协议设计成促进市场准入的传统贸易协议,而应设计成一个对跨国市场中的国际竞争加以保护的工具。这种竞争法协议中的原则和规则必须有别于欧盟的动议,尤其应该使发展中国家受益,因为他们目前还没有能力对付国际竞争行为及有效地保护本国国内市场和消费者。从这个角度来说,发展中国家应该是这个 WTO 协议最坚定的支持者。[1] 应该说,这一主张是具有积极意义的。

虽然基于政治的、技术的等多种原因,一度引起广泛关注和激烈争论的在 WTO 框架下进行贸易与竞争政策的谈判最终未能启动,而且现在看来在短期内重新启动正式谈判的可能性也不是很大,但是这并不意味着今后在 WTO 框架下对竞争政策的任何形式的协调活动都会停止,甚至也不能排除将来某个时候在各成员方之间就重新启动谈判达成妥协的可能性。一般认为,WTO 是到目前为止作为国际竞争协议的最优的体制性工具,是进行国际竞争法协议谈判的理想场所;[2] 而且,中国在很大程度上受益于 WTO 所确立的多边贸易体制者,需要继续积极推动多哈回合的多边贸易谈判。[3] 因此,我们应继续关注并积极推动 WTO 框架下的竞争政策谈判场。

与多边贸易谈判处于停滞形成鲜明对照的是区域贸易谈判的大量出现。目前绝大多数的 WTO 成员都参与了一个或者多个区域贸易协定。[4] 美国在奥巴马总统期间进行的《跨太平洋伙伴关系协定》(TPP)和《跨大西洋贸易和投资伙伴关系协定》(TTIP)谈判是其中的典型代表,美国利用其优势地位绕过 WTO 多边框架,实现其贸易利益和制度安排主张,维护其贸易地位和全球贸易规则制定中的主导权。与此同时,越来越多的贸易协定设立了竞争政策章节,规定了成员方有义务实施竞争法律和政策,消除反竞争行为,保持成员方在竞争执法领域的合作。根据 WTO 的官方统计,截至 2020 年 3 月 25 日,WTO 已接收到的区域贸易协定通报中,生效的区域贸易协定有 304 个,其中包含 199

---

〔1〕[德]Josef Drexl:《坎昆会议后的国际竞争政策:新加坡议题多哈发展议程》,中国社会科学院法学研究所于 2004 年 10 月 28 ~29 日在北京主办的第四届竞争法与竞争政策国际研讨会论文。

〔2〕白树强:《全球竞争政策——WTO 框架下竞争政策议题研究》,北京大学出版社 2011 年版,第 287 页。

〔3〕曾令良:《区域贸易协定新趋势下〈跨大西洋伙伴协定〉的负面影响与中国的对策》,载《武汉大学学报》(哲学社会科学版)2015 年第 2 期。

〔4〕这里的区域贸易协定(RTAs)与前文区别于竞争政策双边协调机制、多边协调机制的区域协调机制不同,后者是指按规定向 WTO 通报的所有互惠协定的统称,包括相同或者不同地理区域的国家间签订的双边或者多边协定。

个竞争政策的区域贸易协定。[1] 在目前的区域贸易谈判中影响较大的主要有《跨太平洋伙伴关系协定》(TPP)、[2]《跨大西洋贸易和投资伙伴关系协定》(TTIP)和《区域全面经济伙伴关系协定》(RCEP)。

总之,世界范围内的反垄断法尚未成形,尚处于酝酿阶段。一些决议、条约尚不具有法律效力,但其原则和内容对各国的反垄断立法有一定的促进作用。在一些已生效的多边条约中包含有反对垄断保护竞争的规定,虽还不算典型的、完整的反垄断法律制度,但它对规范特定领域的竞争行为还是有积极意义的。同时,越来越多的区域贸易协定也涉及了竞争政策问题。在将来建立统一的国际反垄断法律制度的可能性是存在的,但需要国际社会继续作出长期不懈的努力。

(二)国际反垄断法律制度对知识产权领域垄断行为的规制

上述对国际反垄断法律制度一般情况的论述中就包含了对知识产权领域垄断行为的规制问题。现在,对这一专门问题做进一步具体的考察。当然,这里的问题并非都是从反垄断法的角度出发的。

1. 世界知识产权组织《技术转让合同管理示范法》

世界知识产权组织在 20 世纪 80 年代初提出的《技术转让合同管理示范法》在第 305 条列出了 17 种限制性贸易条款。如果技术引进合同包含其中任何一款,政府主管机关可要求当事人修改,否则对有关合同不批准登记。

这 17 种条款是:(1)要求受方进口在本国即能够以相同或更低代价取得的技术;(2)要求受方支付过高的使用费;(3)搭卖条款;(4)限制受方选择技术或选择原材料的自由(但为保证许可证产品质量而限制原材料来源的情况除外);

---

[1] 数据来源参见 Regional Trade Agreement Databases, 载 https://rtais.wto.org/UI/PublicSearchByCr.aspx, 最后访问日期:2020 年 3 月 25 日。

[2] 2017 年 1 月 20 日美国新任总统唐纳德·特朗普就职后即宣布从 TPP 中退出。但其余 11 国继续推进 TPP 正式达成一致,于 2018 年 3 月 8 日在智利首都圣地亚哥正式签署了新的自由贸易协定,新名称为"全面与进步跨太平洋伙伴关系协定"(CPTPP, Comprehensive Progressive Trans - Pacific Partnership)。根据联合声明,CPTPP 新架构共识将保留原 TPP 超过 95% 的项目,仅搁置 20 项条款,其中 11 项与知识产权有关。新协定在 2016 年 2 月签署的包含美国的现有协定中,以因美国要求而写入的项目为主,冻结了 20 个项目的效力。CPTPP 与 TPP 在市场准入、贸易便利化、电子商务和服务贸易等方面均无差异,最大区别在于新协定冻结了旧协定中关于知识产权等内容的 20 项条款。

(5)限制受方使用供方无权控制的产品或原料的自由(但为保证产品质量而实行这种限制除外);(6)限制受方把按许可证生产的产品大部或全部出售给供方或供方指定的第三方;(7)条件不对等的反馈条款;(8)限制受方产量;(9)限制受方出口自由(但在供方享有工业产权地区不在此列);(10)要求受方雇用供方指定的、与实施许可证中技术无关的人员;(11)要求受方研究与发展所引进的技术;(12)限制受方使用其他人提供的技术;(13)把许可协议范围扩大到与许可证目标无关的技术,并要求受方为这类技术支付使用费;(14)为受方的产品固定价格;(15)在受方或第三方因供方的技术而造成损害时,免除或减少供方的责任;(16)合同期届满后限制受方使用有关技术的自由(但未到期的专利除外);(17)合同期过长(但只要不超过所提供的专利的有效期,即不能认为是"过长")。[1]

2. 联合国贸易与发展会议的《国际技术转让行为守则》(草案)

联合国贸易与发展会议从1976年开始进行制定有关技术转让行为准则的谈判,但是由于发达国家与发展中国家存在较大的分歧,如发展中国家倾向于设立一个较宽的范围,主张无论有关行为是否会涉及反垄断问题,只要会对接受技术的国家的经济和社会发展产生不利影响,就应当在禁止之列,而发达国家主张只有当有关行为会对正常的竞争机制产生妨碍时,才应当予以禁止;发展中国家主张作出明确的规定,明确列举出各种应当禁止的行为,而发达国家主张需要根据个案情况做具体分析才能得出应当予以禁止的结论。因此,谈判久久不能取得进展,而且随着国际形势的变化,该草案也不可能再出台。

联合国贸易与发展会议在1981年提出的《国际技术转让行为守则》(草案)中列举了20项限制性条款,在1985年的第五届会议上对该草案进行了进一步的协商,各国基本上同意将下列14项限制性条款列入其中。它们是:

(1)单方面回授条款,即要求受让方将其对引进技术作出的改进,无偿地、非互惠地提供给技术转让方使用。

(2)权利不争条款,即不允许受让方对转让方的专利权的有效性提出异议。

(3)排他性使用条款,即不允许受让方使用与进口技术有竞争的其他技术或生产有竞争性的产品。只有由于保密或保证受让方履行销售义务而不能不

---

〔1〕 郑成思:《世界贸易组织与贸易有关的知识产权》,中国人民大学出版社1996年版,第234~235页。

订立这种条款时，它才作为一种例外而有效。

(4)限制受让方利用转让技术进行研究开发。

(5)对受让方使用人员的限制，如规定受让方必须使用转让方指定的人员，或限制使用转让方所在国家的当地人员等(在初期为确保技术效率而需要者例外)。

(6)由转让方对受让方使用转让技术制造出的产品规定价格。

(7)禁止受让方修改引进的技术以适应当地的情况，或禁止在进口技术基础上创新。

(8)专卖权和代表权条款，即转让方强求受让方的产品只能由其专卖或其指定的人专卖，或强求由转让方或者指定的人代表受让方进行贸易活动。

(9)搭卖条款，即规定由转让方独家供给受让方所需的设备和原材料等(为保证质量而非订立这种条款例外)。

(10)出口限制。如禁止出口引进技术制造的产品，限定出口地区或数量，或规定产品的出口和出口价格须经转让方事先同意。

(11)专利权垄断与交叉许可。通过受让方和转让方之间交叉许可而达到双方共同垄断某种专利的实施权目的。除了双方各自研究出的发明专利有主从关系，可互相颁发交叉许可证外，本来不相互影响的双方，不得颁发此种许可。

(12)对受让方广告宣传的限制。在技术转让中如果有转让方的商标、商标使用许可，为了保证转让方的信誉和消费者的利益，为了安全和保密，可以对广告和出版物做某些限制。

(13)在工业产权期满后仍要求受让方付款或承担义务。

(14)在技术转让协议期满后仍对受让方施加各种限制。[1]

对上述14项限制性条款，发达国家和发展中国家仍然存在争议。但在谈判中各方代表一致同意禁止在合同中有以下条款：(1)限制受方从事与转让技术相同的技术，或与供方有竞争可能的技术或产品的研究和生产，以及从其他技术供应人取得与供方有可能竞争的技术；(2)限制受方销售行为，如要求受方把出售技术产品的包销权或代理权给予供方或其指定人；(3)要求受方支付不合理的技术使用费。这三项限制性条款具有明显的违法性，对发达国家和发展中国家均不利。

---

〔1〕 徐明贵等：《技术转让国际惯例》，贵州人民出版社1994年版，第162～165页。

3. 联合国工业发展组织的《合同评价指南》

从20世纪70年代初至80年代初,联合国工业发展组织提出过十多份有关技术转让的文件。其中,1979年的《合同评价指南》集中总结了国际技术转让的一些问题。该指南涉及面广,其中包括专利和技术秘密许可协议谈判中当事人可提出的要求。

专利许可协议谈判中受方可提出的要求有:(1)供方在合同中申明自己已经在合同将履行的地域内,就有关技术获得了专利权;(2)供方开列专利项目,注册各项专利的批准日期;(3)供方写明他还在哪些国家就相同技术取得了专利权;(4)供方写明他准备将哪些专有权授予受方;(5)供方负责制止受方国内及受方产品出口国侵犯专利权的行为,制止侵权的费用由供方负担,或由双方按谈判中商定的份额分担;(6)供方担保受方不会因使用他所提供的技术而侵犯第三方的专有权,如发生这类侵权,则由供方承担一切责任;(7)无论供方的专利因何原因在受方国内失效,受方均可停付使用费;(8)由供方负责维持有关专利的效力,并支付一切有关费用;(9)供方应授权受方在整个专利有效期(包括合同期届满之后)使用其专利;(10)供方应给受方的待遇不低于他的第一个受方;(11)供方将提供的技术改进之后,应在不断提高使用费的前提下继续提供给受方。

技术秘密合同谈判中受方可提出的要求有:(1)在合同中对技术秘密下确切定义;(2)供方应指明,并非一切技术情报都是秘密的,并指明其中哪一部分是秘密的;(3)供方应提供为实施技术秘密的其他必要的辅助情报;(4)供方应为受方达到技术目标提供恰当的、足够的情报;(5)供方应指出所提供的技术系现有的技术;(6)把技术秘密与原料、产品、生产工艺、生产能力等术语相联系,并为这些术语下明确的定义;(7)供方应保证他有权向受方提供技术秘密;(8)供方应证明技术秘密可用于生产阶段;(9)供方应表明所有技术秘密及有关技术情报待合同一旦生效即可开始提供。[1]

4. 世界贸易组织《与贸易有关的知识产权协议》(TRIPs)

TRIPs第二部分(关于知识产权的可获得性、范围和行使的标准)中专门设立了一节,其标题是"对许可合同中限制竞争行为的控制"。该节只包括一条规

---

〔1〕 以上请参见郑成思:《世界贸易组织与贸易有关的知识产权》,中国人民大学出版社1996年版,第238~240页。

定,即 TRIPs 第 40 条,其内容如下:

(1)各成员同意,订立与知识产权有关的许可合同常有的某些限制竞争的做法或者条件,可能对贸易产生不利影响,并可能妨碍技术的转让与传播。

(2)本协议的规定不应阻止各成员方在其国内立法中列举在特定情况下可能构成对知识产权的滥用、在有关市场上对竞争产生不利影响的订立许可合同的做法或者条件。如上文所规定,任何成员方可以在与本协议的其他规定相一致的条件下,根据该成员的有关法律和规章,采取适当的措施制止或者控制这些做法,其中可以包括,如独占性回授条件、禁止对知识产权有效性提出质疑的条件、强迫性"一揽子"许可。

(3)如果任何成员有理由相信,作为另一成员的国民或者居民的知识产权人正在采取的做法违反了前一成员的有关本节内容的法律和规章,前一成员希望在不损害其根据法律的任何行动,也不损害两方成员作出最终决定的完全自由的情况下,确保其有关立法得到知识产权人的遵守,则前一成员提出请求时,后一成员应与前一成员进行协商。后一成员对与前一成员的协商应给予充分和同情的考虑,并且在符合本国法律的规定,以及与前一成员就保障机密问题达成双方满意的协议的情况下,通过提供公开可获得的与该事项有关的非机密信息以及该成员能得到的其他信息给予合作。

(4)任何成员的国民或者居民因在另一成员内有违反另一成员有关本节内容的法律和规章的嫌疑而受到起诉的,后一成员应当根据请求,按照本条第 3 款规定的相同条件,给予与前一成员协商的机会。

联系前述国际社会长期以来为控制技术转让中的限制竞争行为所做的努力,TRIPs 第 40 条的规定具有重要的意义,可以说是国际社会在限制知识产权滥用方面取得进展的一个里程碑,为目前国际上规制在知识产权领域的垄断行为提供了最重要的法律依据。

TRIPs 第 40 条有以下的特点:第一,TRIPs 第二部分第八节的标题以及第 40 条的内容清楚表明,协议所涉及的仅仅是对竞争产生限制作用的行为,这就明确了其较窄的范围,将它更直接地与反垄断法联系起来。第二,TRIPs 第 40 条(2)允许各国在其立法中列举在特定情况下构成对知识产权的滥用、在有关市场上对竞争有不利影响的许可做法或条件,其中明确写明只是在"特定情况下",这表明 TRIPs 采用了合理原则,不包括美国现行体制中采用的将某些行为视为"本身违法"的做法。第三,TRIPs 第 40 条(2)以举例方式给出了独占性回授条件、禁止对知识产权有效性提出质疑的条件、强迫性“一揽子”许可这三种行为,根据美国和欧盟的实践,这三种行为是否违法都是需要根据“特定情况”进行具体分析的,而在美国视为“自身违法”、欧盟列入“黑色清单”的一些性质更为严重的限制竞争行为,如限定价格、瓜分市场等,却没有提及。第四,TRIPs 第 40 条没有规定具体的控制方式。各国对限制竞争行为的控制方式大致有事后处理、事前申报和事前审批三种不同的方式。第五,TRIPs 第 40 条(4)明确规定,当一个成员的国民或者居民违反另一成员的有关法律和规章的规定,后一成员打算对其限制竞争的不当行为进行制裁时,如果前一成员提出请求,应当与前一成员进行协商。这一规定带来外国干预的可能性,大大增加了处理有关案件的困难程度。总之,TRIPs 第 40 条的规定是比较笼统的规定,它与协议中诸多的强化知识产权保护的详细具体的规定相比,形成了鲜明对照。[1] 显然,这在很大程度上体现了发达成员的利益。

五、若干启示与思考

(一)反垄断法是各国发展市场经济共同的内在要求

通过本章前面对美国、欧盟、日本以及国际上反垄断法及其对于知识产权领域垄断行为规制的考察,我们可以从中受到一些启示,思考相关问题。

以 1890 年美国《谢尔曼法》的诞生为标志的一百多年来,现代反垄断法从个别到一般,从简单到逐步完善,从纯国内立法到逐步走向国际合作与协调,经历了一个不断发展、完善的过程。目前,世界上约有 140 个国家和地区制定和实施了自己的反垄断法。尤其是,自 1990 年意大利制定了自己的反垄断法之后,西方主要发达国家已全部有了反垄断法。反垄断法在维护这些国家的市场竞争秩序、保护消费者权益、促进经济发展等方面发挥了非常重要的作用。这种情况的发生并不是偶然的,它体现了各国发展市场经济对反垄断法的共同的内在的要求。

市场经济,其含义可以从不同方面理解,但其最本质的方面就是市场在资源配置中起决定性作用和作为调节经济运行的基本手段。而市场的这种功能只有通过竞争才能得到发挥和实现。有市场就有竞争,没有竞争就没有市场,这是不以人们意志为转移的客观规律。竞争是市场经济中商品内在矛盾运动

[1] 尹新天:《TRIPs 协议与制止知识产权滥用》,载《专利工作动态》2000 年第 11 期。

的产物,商品的使用价值与价值的矛盾以及生产商品的个别劳动时间与社会必要劳动时间的矛盾构成了市场竞争的内因,而商品供求状况及其变化是市场竞争发展的外部原因,商品生产者之间经济利益的差别则构成了市场竞争的客观基础。竞争的基本规律是优胜劣汰。竞争是残酷的,也是神圣的。正如马克思所言:商品生产者或经营者"不承认任何别的权威,只承认竞争的权威"。[1] 因此,竞争构成了市场经济的核心内容和内在的运行机制,是价值规律运动和发挥调节作用的基本形式。恩格斯指出:"只有通过竞争的波动从而通过商品价格的波动,商品生产的价值规律才能得到贯彻,社会必要劳动时间决定商品价值这一点才能成为现实。"[2]竞争的积极作用主要表现为:通过其动力功能刺激市场主体的活力和积极性,通过其创新功能提高企业的技术进步和经济效益,通过其调节功能促进社会资源的优化配置。总之,优胜劣汰的竞争动力和压力的双重作用,促使市场主体不断地改善经营管理,提高技术水平,提高质量,改善服务,从而促进国民经济发展,也使消费者从中得到实惠。没有竞争,市场就没有活力,生产经营者就没有动力,消费者就没有选择,国民经济就停滞不前。这正如联邦德国前总理、著名理论家路德维希·艾哈德所言:"凡没有竞争的地方就没有进步,久而久之就会陷入呆滞状态。每个人只想保持他已有的东西,也就是说,他不想作出更大的努力——这种努力是促进国民经济繁荣的一个极重要的因素。"[3]因此,市场经济必然应当是竞争型经济,自由而公平的竞争则是市场经济正常发展所必不可少的条件。

然而,市场本身并不能保证竞争的自由和公平,相反,却蕴含着破坏自由公平的竞争的种子,竞争在具有不可替代的积极作用的同时,也有其副作用。其中的一个重要方面是,竞争会使生产和资本趋于集中,这种集中可能带来规模经济效益,但超出一定限度也可能造成垄断;尤其是,在竞争过程中会自发产生一种排斥竞争的力量,即对市场竞争进行限制的倾向。因为,竞争虽是个好东西,但并不是任何人都喜欢的,或者在有些情况下喜欢(发生在自己作为买方时的卖方相互之间),在有些情况下却不喜欢(发生在自己作为卖方时与其他卖方之间)。实际情况是,市场主体为了回避竞争的压力和风险,总是千方百计地对竞争加以限制,企图追求或者维持某种垄断地位。同时,"竞争的作用是鼓励竞

---

〔1〕《马克思恩格斯全集》(第23卷),第394页。

〔2〕《马克思恩格斯全集》(第21卷),第215页。

〔3〕[德]路德维希·艾哈德:《来自竞争的繁荣》,祝世康等译,商务印书馆1983年版,第153页。

争者跑得更快,但竞争的优胜者会遥遥领先,从而获得控制市场的地位,破坏竞争而成为竞争最危险的敌人"。[1] 虽然限制竞争或者垄断的企图或过程是在竞争过程中产生的,也有在客观上使竞争更趋激烈的一面,但它破坏了市场竞争秩序,使优胜劣汰的竞争规律不能正常发挥作用,消费者的选择权受到损害,国民经济的发展受到阻碍。因为"谁是市场的优胜者不应由政府来认定,也不应由卡特尔之类的垄断组织来认定,而只应由消费者来决定"。"每种垄断的形式都隐藏着欺骗消费者的危险性,使经济停滞不前。"[2]

作为对竞争进行限制的垄断是市场机制自身所无法克服的,并且正是"市场失灵"的一个表现,而且,随着市场经济的发展,垄断的表现形式及程度也在不断变化。因此,经过了早期市场经济因奉行自由放任政策而造成垄断恶性发展并产生严重后果等深刻教训之后,现代市场经济已不再奉行国家不干预政策,而是伴随国家这只"有形之手"的主动介入,以矫正市场的失灵,克服其局限性。这其中包括了对垄断的抑制,以实现对自由公平竞争的维护。并且,国家的这种介入和干预采取的是法律的形式,即通过制定和执行相应的法律来实现的。但是,控制市场垄断或限制竞争的问题又不是在传统民商法的范围内所能解决的,相反,它正是通过民商法秩序而进行的。例如,卡特尔是根据合同或以无人格的社团形式进行的,大部分卡特尔共同销售机构采取的是商法上的公司形式;托拉斯是依据股份的信托、资本参加以及公司的合并;康采恩是通过持股公司、资本参加、营业租赁、合同以及经营合同而分别形成的。[3] 可以说,它们是契约自由、营业自由的表现和结果。因此,建立在市场经济的基础上的,以反对非法垄断、维护自由公平竞争秩序和经济活力为己任的一种全新的法律制度——反垄断法,便应运而生,并成为现代经济法中最先得到发展的和典型的部分。

反垄断法的产生体现了市场经济内在的要求,是现代市场经济中国家干预及其法治化的产物。反垄断法是现代市场经济得以健康发展的必要法律保障。正因如此,各国在发展市场经济的过程中都十分重视相应的反垄断法律制度的建设,并随着国内、国际经济形势的变化而不断发展完善。由此可见,发展市场经济并不排斥一切形式的国家干预,必要的适度的国家干预是市场经济得以健

---

〔1〕 [德]闵策励:《联邦德国的反垄断法》,载《法学研究》1986 年第 6 期。

〔2〕 [德]路德维希·艾哈德:《来自竞争的繁荣》,祝世康等译,商务印书馆 1983 年版,第 121、123 页。

〔3〕 [日]金泽良雄:《经济法概论》,满达人译,甘肃人民出版社 1995 年版,第 166 页。

康发展的重要条件。只是这种干预与在中国以往计划经济条件下政府对企业经营活动进行事无巨细的管理有很大不同，其出发点和归宿是应该为企业创造一个自由公平的市场竞争环境，防止对竞争的不正当限制。因此，这里的干预不是为了干预而干预，而是为了竞争的自由和公平而干预。可以说，反垄断法通过对在民商法秩序内形成垄断的契约自由和营业自由的限制，实现对竞争的自由和公平的保护。总之，反垄断法通过对竞争行为加以规范，制止非法垄断，维护有效的竞争和合理的市场结构，保证市场机制作用的正常发挥，保护经营者和消费者的合法权益，保障和促进市场经济的健康发展。

由于"世界各国的反垄断法不仅在原则上基本相同，而且细节上也有趋同的倾向"。[1] 因此，美国、欧盟、日本以及国际上的有关反垄断立法及执法实践对于认识中国制定和实施反垄断法的必要性有深刻的启发意义，对于确定中国反垄断法的基本内容有直接的借鉴价值。简单来说，中国实行社会主义市场经济，有市场经济的共同的基本属性，也有对反垄断法的内在要求。同时，在进行中国反垄断立法的过程中，虽然要结合本国的具体情况，但是也要遵循各国反垄断法共同的基本原理和基本的制度框架。其中之一是，中国反垄断法虽然要对本国突出的行政性垄断问题作出必要的规制，但是仍然必须以规制经济性垄断为主。

（二）对知识产权领域的垄断行为进行规制是反垄断法的一项重要任务

反垄断法所确立的不是针对特定领域、特定行为的特殊性规则，而是确立覆盖整个经济活动领域、针对所有市场行为的一般性规则，是市场经济的基本行为规范。当然，反垄断法也有自己的例外或豁免问题。由于知识产权本身具有垄断性，是一种法定垄断权，因此行使知识产权的行为一般被视为反垄断法的豁免范围。但是，这并不是说知识产权领域的任何行为都可豁免适用反垄断法。一旦行为超出了正当行使权利的界限，构成对知识产权的滥用，并且对市场竞争构成实质性限制时，就应该适用反垄断法。前述美国、欧盟、日本以及国际上的有关立法及执法实践充分表明了这一点。

上述实践表明，对知识产权领域的垄断行为进行规制是反垄断法的一项重要任务，以便实现保护知识产权以激励创新与反垄断以维护竞争机制之间的平

---

〔1〕 王晓晔：《竞争法研究》，中国法制出版社1999年版，第485页。

衡。尽管各个国家和地区对知识产权领域的垄断行为进行法律规制的立法时间先后及执行宽严程度不同,立法模式有别,但是其共同的目的在于确保本身合法的知识产权不至于被滥用,确保知识产权领域的正常竞争不被非法限制,从而从反垄断法的角度保证有关主体的权利义务的平衡,兼顾对创新的激励和对竞争的维护,并最终统一于对消费者利益的保护和对经济发展的促进上。

在对知识产权领域的垄断行为进行规制的具体方式上,各国或地区的做法有渐趋同一的倾向。虽然有的在其反垄断法中对知识产权问题没有专门的规定(如美国、欧盟),有的在其反垄断法中对知识产权问题做了笼统的规定,而且其本身仅属于除外性质的规定(如日本),但是各国或地区共同的做法则是由专门执法机构和法院依具体情况将反垄断法的一般规定适用到知识产权领域的具体限制竞争行为中去。尤其是,各个法域专门执法机构制定的为指导执法活动和便于当事人遵守的具体指南,非常集中、完整地体现了各自在一定时期关于在知识产权领域适用反垄断法的基本立场和观点,成为对知识产权领域的垄断行为进行规制的具体规范。在指南的具体规制内容和方式方面,各国也都存在相似的情形。例如,美国的反垄断执法机构所制定的指南中对不同性质的行为分别适用合理原则和本身违法原则,尤其侧重合理分析,欧盟、日本和我国台湾地区的反垄断执法机构所规定的指南中也都将知识产权领域的垄断行为按其性质不同进行了划分,这便于增强规则的可操作性,也便于当事人对规则的遵守。同时,美国司法部和联邦贸易委员会在知识产权领域的反托拉斯法执法中比较注重经济分析方法,对相关行为采用利益和损害权衡比较分析方法,并建立安全区,这些原则和方法在很大程度上被欧盟委员会的相关规章和指南所借鉴、吸收,因为后者也全面采用了以效果分析为中心的经济分析方法,引入了市场支配力、当事人市场结构关系等经济分析要素,同时采用了"安全港规则"。

以上情形对中国建立知识产权领域的反垄断法律制度也是具有重要的借鉴价值的。那就是,由于知识产权的特殊性并且属于具体领域的问题,因此在制定中国反垄断法时就不可能对该问题进行详细、完整的规定,而只能是在反垄断法的基本原则和精神的范围内,由反垄断执法机构对其进行具体的规范。在规范的具体内容方面,也可以在一定程度上借鉴前述的相关规定。当然,这需要在具体的比较、分析的基础上进行,而且最终还必须从中国的实际情况出发。

第三章　知识产权与禁止垄断协议制度

一、反垄断法中禁止垄断协议制度概述

禁止垄断协议制度是反垄断法实体制度的一个非常重要的方面。本来，由于这种制度不需要市场结构的要素，属于完全的行为规制（尽管在实际上参加协议的各方常常具有相当的市场规模，而且在理论上讲，寡头之间更容易发生共谋垄断），因此它不仅与经济学上的垄断概念以及某些国家反垄断法中的禁止垄断状态制度相去甚远，而且也与属于结构性行为规制的禁止滥用市场支配地位制度和控制经营者集中制度有很大的不同。但是，正如本书第一章所分析的，反垄断法所规制的各种行为都统一于对竞争的限制这一垄断概念的最本质的共同点上，禁止垄断协议制度对不当垄断协议行为的禁止和对自由公平竞争的维护使它与反垄断法的其他制度有机统一起来了。而且，正如在本书第四章所提到的，在对某些行为（如搭售）进行规制时还存在禁止垄断协议制度与禁止滥用市场支配地位制度交叉的地方。行为涉及两个或两个以上的主体又使禁止垄断协议制度与控制经营者集中制度有一定的联系。由于垄断协议行为的反竞争性质更明显，因此禁止垄断协议制度一般是反垄断法中最受关注、制裁也最严厉的部分。

（一）垄断协议行为的界定与类型

虽然竞争是推动经济及整个社会发展的巨大力量，但是人们对于竞争的态度往往是矛盾的，一方面希望得到他人之间的竞争带给自己的机会和实惠，而另一方面又力图逃避发生在自己身上的竞争带来的压力和风险，因此竞争中的企业往往有一种限制竞争的倾向。除了已经具有垄断或者支配地位的企业可以利用现有的市场地位限制竞争、尚不具备或者不完全具备垄断或者支配地位的企业可以通过合并等方式企图提高自己限制竞争的能力外，具有或者不具有垄断或者支配地位的企业之间通过协议或者默契来协调自己的市场行为，共同

限制竞争就更是常见的现象。正如古典经济学的代表人物亚当·斯密在其著名的《国富论》中写道:“进行同一种贸易活动的人们甚至为了娱乐或消遣也很少聚集在一起,但他们聚会的结果,往往不是阴谋对付公众便是筹划抬高价格。”[1]这正是属于垄断协议的情形。

1. 垄断协议的概念和构成

“垄断协议”是中国《反垄断法》使用的概念。其他国家和地区以及国际组织中对垄断协议有各自不完全相同的称谓,如欧盟称为“限制竞争协议”,德国称为“卡特尔”(2005 年《反限制竞争法》第七次修订后也称为“限制竞争协议”),法国称为“非法联合行为”,日本称为“不正当交易限制”,韩国称为“不正当的共同行为”。中国《反垄断法》第 13 条第 2 款将垄断协议解释为“排除、限制竞争的协议、决定或者其他协同行为”,这在概念的使用上存在用部分指代整体的问题,因为“协议”只是这类行为表现的一种形式(尽管是主要的和典型的形式),难以涵盖这类行为的全部。因此,用“联合限制竞争”或者“联合行为”“共同行为”“共谋垄断”等概念来表达也许更为合适。[2]

虽然在垄断协议的概念使用上存在差异,但是有关国家或者地区的反垄断法对其所要表达的意思却是基本一致的。例如,德国《反限制竞争法》第 1 条规定,禁止以阻碍、限制或扭曲竞争为目的或者产生阻碍、限制或扭曲竞争后果的企业间协议、企业联合组织的决议以及协同行为。日本《禁止垄断法》第 2 条第 6 款规定,不当交易限制是事业者以契约、协议或者其他名义,与其他事业者共同决定、维持或者提高价格,对数量、技术、产品、设备或者交易对象等加以限制,相互间约束或者完成其事业活动,从而违反公共利益,对一定交易领域内的竞争构成实质性的限制。中国台湾地区“公平交易法”第 14 条第 1 款规定:“本‘法’所称联合行为,指具竞争关系之同一产销阶段事业以契约、协议或其他方式之合意,与有竞争关系之他事业共同决定商品或服务之价格、数量、技术、产品、设备、交易对象、交易地区或其他相互约束事业活动之行为,而足以影响生产、商品交易或服务供需之市场功能者。”

---

〔1〕[英]亚当·斯密:《国民财富的性质和原因的研究》(上卷),郭大力、王亚南译,商务印书馆 1981 年版,第 212~213 页。

〔2〕笔者在以前的研究中一直使用“联合限制竞争”的概念,认为这比“垄断协议”的概念更恰当,但在中国《反垄断法》通过后,为避免因概念使用的不一致而造成混乱,也统一使用“垄断协议”的概念。

根据国内外反垄断法的相关规定,这里对垄断协议做一个大致的概括。所谓垄断协议,就是指两个或者两个以上的经营者,采取协议、决定或者其他协同一致的行为,共同对特定市场的竞争加以排除、限制的行为。

相对于垄断状态而言,垄断协议属于垄断行为;相对于滥用市场支配地位和经营者集中等结构性垄断行为而言,垄断协议属于非结构性垄断行为;相对于滥用市场支配地位在多数情况下由单个经营者所实施,垄断协议则总是由双方或者多方所实施。

从上述垄断协议的含义中可以看出,垄断协议的构成包括三方面的要素,即垄断协议的实施主体是两个以上的独立经营者;垄断协议的表现形式除书面或口头协议、决议外,还包括其他协同一致的行为;垄断协议具有限制竞争的目的或产生限制竞争的效果。

首先,垄断协议的构成要求主体须为两个或者两个以上的经营者,单个经营者无法形成协议或者实施联合一致的行为。但是,以团体形式出现的市场主体的联合组织为媒介很容易产生行为人的一致意见。因此,在许多国家,行业协会和股东会的决定视为经营者间的协议。行业协会是非营利性的经营者自我管理、自我服务的自律性组织,但其成员一般是竞争性、营利性的,经营者很可能通过行业协会或者公会进行通谋以固定价格、限制产量、划分市场等,所以要对其加以控制。德国和欧盟禁止经营者联合组织限制竞争的决议,日本禁止限制竞争的事业者团体的活动。在美国,不仅禁止工业或商业性的行业协会限制竞争,而且自 20 世纪 70 年代以来还禁止律师、会计、工程和医疗等职业协会通过直接或间接的方法限制竞争。[1]

其次,垄断协议的构成要求当事人之间有某种形式的共谋,具体表现为协议、决定或者其他协同一致的行为。其中,“协议”是指两个或者两个以上的经营者通过书面协议或者口头协议的形式,就限制竞争的行为达成一致意见;“决议”是指企业集团、行业协会或者其他形式的企业联合体以决议的形式,要求其成员企业共同实施的限制竞争的行为;“其他协同一致的行为”是指企业之间虽然在市场行为方面并不存在协议或者决议,但相互心照不宣地实施了协调的、

---

〔1〕 [美]马歇尔 · C. 霍华德:《美国反托拉斯法与贸易法规》,孙南申译,中国社会科学出版社 1991 年版,第 108 页。

共同的市场行为,从而达到限制市场竞争的目的。[1] 因此,共谋是指两个或两个以上的经营者关于限制它们活动的有意思联络,并基于这种意思联络而形成的一致性行动,也就是各方基于共同的意思,实施了共同的行为。在这里,共同的意思是共同的行为的前提,这种共同的意思若有明确的书面协议可以直接证明当然比较容易认定,但在经营者之间没有明确的书面协议的情况下,由于缺少直接的证据加以证明,这时共同的意思往往难以认定。考虑到这种实际困难,"为了认定意志联络,只要有一点人为的因素就够了,不一定有事前联络交涉的事实,即使必须有这种事实,也可以从作为结果的行动一致性这种间接证据来认定这种事实"。[2] 欧洲法院在审理"燃料案"时指出:"联合一致行为是指经营者间的一种协调形式,它虽未达成正式协议,然而在实践中有关经营者却有意识地以实际合作来代替竞争的危险。"[3]有些国家的法律还规定了在这种情况下的推定制度。例如,韩国《反垄断法》第 19 条第 5 款就将两个以上经营者,在一定的交易领域作出实质上限制竞争的行为,而在这种行为不存在任何约定进行共同行为的明示合意时,也推定为不正当共同行为。这样的规定有利于堵塞法律上的漏洞,防止行为人钻法律的空子。

最后,垄断协议的构成要求具有限制竞争的目的或者产生限制竞争的效果。垄断协议的实施使参加经营者之间原来的竞争受到限制,或者使参加经营者以外的其他经营者的交易受到限制。这种对竞争的限制性既是垄断协议达成的目的,也是垄断协议实施的必然后果,但作为垄断协议的构成要件,只要有一个即可。垄断协议既可以发生在处于同一经济阶段有直接竞争关系的经营者之间,也可以发生在处于不同经济阶段而有买卖关系的经营者之间,[4]但都表现为各方共同对商品或者服务的价格、数量、地区、对象等进行限制,从而阻

---

〔1〕 国家市场监管总局《禁止垄断协议暂行规定》第 5 条第 3 款规定:"其他协同行为是指经营者之间虽未明确订立协议或者决定,但实质上存在协调一致的行为。"第 6 条规定:"认定其他协同行为,应当考虑下列因素:(一)经营者的市场行为是否具有一致性;(二)经营者之间是否进行过意思联络或者信息交流;(三)经营者能否对行为的一致性作出合理解释;(四)相关市场的市场结构、竞争状况、市场变化等情况。"

〔2〕 [日]丹宗昭信、[日]厚谷襄儿编:《现代经济法入门》,谢次昌译,群众出版社 1985 年版,第 95 ~ 96 页。

〔3〕 国家工商行政管理局条法司:《现代竞争法的理论与实践》,法律出版社 1993 年版,第 115 页。

〔4〕 狭义上的竞争仅包括卖者之间的竞争,广义上的竞争则还包括买者和卖者之间的竞争以及买者之间的竞争。

碍、扭曲了正常的市场竞争和市场交易。与经营者集中不同,经营者之间的联合或者共同行为通常形成于在一定相关市场占有相当份额的经营者之间,在大部分情况下,其内容都会对经营者之间的竞争给予直接的影响,而且约束、限制也正是各种协议的精髓,因此共同行为限制竞争属于一般情况,而不限制竞争则属例外情形。基于此,韩国《反垄断法》在1999年2月的第七次修订中将判断共同行为违法性的标准,从"在一定交易领域实质上限制竞争"修订为"不正当限制竞争",这是有道理的。也就是说,经营者之间的联合或者共同行为对竞争的限制是普遍的,而它要能构成违法则还必须有"不正当"的条件。因此,垄断协议要受到反垄断法的禁止,除少数(如固定价格)属于本身违法的情形外,大多数还需要不正当限制的条件,也就是实行合理原则。

2. 垄断协议中的横向限制与纵向限制

垄断协议可以从不同的角度加以分类。从参与协议企业之间的相互关系来看,可以分为横向垄断协议和纵向垄断协议;从参与协议企业的意思表达形式来看,可以分为协议型垄断协议、决议型垄断协议和默契型垄断协议;从协议的内容来看,可以分为价格型垄断协议和非价格型垄断协议。从有关国家反垄断立法的情况看,第一种分类是最基本的。

横向垄断协议,简称横向限制,是指两个或两个以上因生产或销售同一类型产品或提供同一类服务而处于相互直接竞争中的企业,通过共谋而实施的限制竞争行为。企业之间的横向限制一般又可称为卡特尔(Carte)。关于卡特尔,它是一个可以在不同意义上加以使用的术语。它既可以指企业之间的一种联合行为,也可以指通过这种联合行为建立起来的垄断组织,还可以指限制竞争的协议或决议。[1] 但卡特尔在被用来指代垄断协议的行为时,也存在不同的使用情况。有时仅指横向的垄断协议,如德国《反限制竞争法》第一编"限制竞争行为"之下,第一章就是"卡特尔协议、卡特尔决议及联合一致的行为",第二章则为"纵向协议"。但在一些论著中往往也有使用"纵向卡特尔"或者"垂直卡特尔"的术语的。这时的卡特尔实际上就是指代整个垄断协议的行为,而不仅限于横向的垄断协议行为。不仅如此,有时卡特尔这一术语还有进一步泛化的情况,被用来指代所有的垄断或者限制竞争的行为。典型的如德国的《反限制竞争法》又通常被称为"卡特尔法",其反垄断机构也称为卡特尔局。因此,"卡

---

〔1〕 曹士兵:《反垄断法研究》,法律出版社1996年版,第206页。

特尔”一词可以在不同的意义上使用。本章还是将其限定于横向的垄断协议或者横向限制的意义上加以使用。

从有关国家、地区和国际组织的规定看,横向垄断协议大致有以下主要类型:

(1)固定价格协议,即确定、维持或者变更价格的协议。价格竞争是经营者之间竞争的主要方式,因此固定价格协议对竞争秩序的危害最大,是一种典型的垄断协议。

(2)限制产量协议,即共同限制产品或者服务供应数量的协议。产品或者服务的供应数量减少,必然会导致价格上升,损害消费者利益,因此限制产量协议也是典型的垄断协议。

(3)划分市场协议,即分割地域、客户或者产品市场的协议,以避免相互竞争。

(4)联合抵制协议,又称集体拒绝交易,即协议各方联合起来不与其他竞争对手、供应商或者客户交易的协议。

(5)限制开发协议,即协议各方联合起来限制对特定产品的技术开发或者对新设备的引进,以减少在技术开发方面的竞争。

(6)串通投标协议,即在招标活动中投标人相互串通,排除或者限制其他投标人竞争的协议。但如果在招投标活动中,招标人与投标人串通,达成排除或者限制其他投标人竞争的协议,则属于纵向垄断协议。

参加横向垄断协议的经营者可自愿加入或者退出,各自在法律上、生产上和财务上保持独立性;在经营上,除协议规定的部分受契约限制外,其余部分仍可自主经营。卡特尔维持了分散的、表面上看来似乎是竞争性的市场结构,但由于众多分散的经营者采取协调或者统一行动,因此其社会经济效果实际相当于特定市场上的行业垄断。而行业垄断的结果必然导致产量下降,价格上升,技术进步缓慢,消费者整体利益受损,资源配置无效益。同时,多个经营者的卡特尔行为或者联合行为与单个经营者的垄断不同,它一般不会带来规模经济效益、有利于创新等积极效应。因此,这种行为常常要受到比较严格的管制。在美国,对这类行为中的多数适用本身违法原则,即只要认定通谋或者协同行为的存在,根本无须实际考察其对竞争的危害,即可予以禁止和处罚。在欧盟,对这类行为一般是不予豁免的。

横向的垄断协议,特别是其中的价格卡特尔,不仅在各国都有非常典型的体现，而且随着经济的全球化，这种行为也出现了国际化的趋向。据美国《纽约时报》2001 年 6 月 3 日报道，多年前由炼钢所需的一种重要原材料——石墨电极的主要制造商委派的公司高级经理在伦敦市外的一家机场饭店秘密会晤，最后就建立全球卡特尔达成了一项协议。来自法国、德国、日本和美国的公司高级经理就四个问题取得一致意见：必须迅速提高价格；较小的公司将迅速跟上主要生产厂商的模式；不准提供折扣；市场份额仍然维持现状。此后 5 年中，公司执行官和低层经理在一系列会议中实施了这项计划。他们交换秘密协议，瓜分市场。到 1997 年，石墨电极的价格增加了 60% 以上。直到那一年（1997 年），一家钢铁公司向美国联邦调查人员抱怨石墨电极行业缺乏竞争，一家石墨电极公司利用政府在 1993 年开始实施的特赦法，向政府提供重要线索，以换取免遭起诉的承诺，随后，这个卡特尔集团开始解散。〔1〕 2001 年 5 月，三菱公司被判参与了一项全球价格阴谋垄断。在司法部历史上，这是继一桩有关生产维生素的卡特尔案件后，涉及价格垄断的第二大案件。调查人员破获了一起由美国、德国和日本的山梨酸盐（一种用于从奶酪到烤制食品的食品防腐剂）生产商发起的长达 17 年的价格垄断阴谋。在美国，这起案件涉及 10 亿多美元的销售。此外，调查人员还发现了一个由美国、比利时和荷兰的主要海上建筑公司组成的卡特尔。这个卡特尔在北海和墨西哥海湾等地区建造和移动巨型海上钻井平台。参与者签署了每年 10 亿美元的销售合同，最终造成零售油价的上涨。〔2〕 近些年来包括中国在内的多国反垄断执法机构先后查处了维生素、液晶显示器、汽车等行业的国际卡特尔案件。

而在互联网、大数据和人工智能为核心内容的数字经济条件下，企业之间的合谋行为呈现出更加复杂的情形。例如，算法是大数据的核心技术之一，借助各种算法，企业能够有效采集、整理和分析与消费相关的大量数据，了解竞争对手的商业策略，从而设计和调整商品价格与业务策略。随着大数据技术的引入和市场透明度的提升，企业对其他竞争对手降价行为的反应速度变快，为了匹配竞争对手的报价采取了同样的降价策略，而人工智能和算法技术又加速了策略的制定和实施效率，最终实现价格合谋。数字化卡特尔的表现形式和行为特征较之传统垄断协议发生了很大变化。首先，企业可以通过使用同一特定的

---

〔1〕《法制日报》2001 年 5 月 13 日。

〔2〕《参考消息》2001 年 6 月 11 日。

定价算法和历史定价数据协调定价,达成价格合谋后,企业还可以利用实时数据监控一项卡特尔的实施。其次,企业之间进行数据的选择性共享,即部分共享其各自拥有的大数据,可以向其他经营者传递一种隐性信号,使数据共享后产生市场分割。即便是匿名形式的大数据共享,也可能导致竞争企业间的隐性合谋。最后,企业可能利用人工智能、机器深度学习等实现算法改进,间接促成默示合谋(tacit collusion)。可以预见的是,默示合谋将成为大数据时代垄断协议的主要形式和执法重点。实际上,近些年来与大数据和定价算法有关的合谋案例已经在美欧国家引起关注。

纵向垄断协议,简称纵向协议或者纵向限制,是指两个或两个以上在同一产业中处于不同阶段而有买卖关系的经营者(如生产商与批发商之间、批发商与零售商之间等),通过共谋而实施的限制竞争行为。

从有关国家、地区和国际组织的规定看,纵向垄断协议大致有以下主要类型:

(1)维持转售价格协议,即供应商确定销售商向客户转售商品价格的协议。可以是维持一个固定的价格,也可以是实行一个最高限价、最低限价。由于最高限价对消费者没有损害甚至有利,因此有些国家不禁止最高限价。

(2)独家交易协议,又称为排他性交易协议,通常包括一个或者一系列协议,其中约定供应商同意在特定地区内向销售商独家销售商品,或者销售商同意只从供应商处购买用于转售的商品,或者双方当事人相互承担上述两个方面的约束。独家交易协议的目的是排斥协议一方当事人与协议另一方当事人的竞争对手进行交易。

(3)附加条件协议,即供应商在与销售商进行交易时,要求对方当事人接受与交易无关的附加义务,作为交易的条件。例如,规定特定的销售地区、销售渠道,搭售商品或者技术等。其中,搭售既可以是双方纵向垄断协议的产物,也可以是一方滥用市场支配地位的表现形式。

在涉及技术许可或者转让时,往往还涉及技术应用范围限制、数量限制、不竞争条款、不质疑条款、指定技术来源、“一揽子”许可、回授以及期满后的使用限制等纵向限制内容。同样,在一方具有市场支配地位时,这些也往往成为滥用市场支配地位的表现。

与横向垄断协议不同,纵向垄断协议不是发生在直接竞争者之间,它一般是非竞争者之间达成的协议,对于生产的社会化、经济的协调发展具有一定的积极意义，如保证产品或服务质量、经营者声誉以及消费者安全，消除“搭便车”现象，促进售后服务，增强不同品牌的同类商品间的竞争等，它对竞争的危害相对于横向限制来说较小，因而它在各国受到的管制程度也较小，往往要区分不同的类型而分别对待。一般来说，对大多数纵向垄断协议是采取合理性的具体分析方法的，它们获得豁免的可能性也比较大。但是，其中的维持转售价格行为则受到较多的关注，在一些国家（如美国）对其一般还曾长期适用本身违法的分析方法。

（二）垄断协议行为的法律规制

1. 垄断协议行为法律规制概述

各个国家和地区的反垄断法均对垄断协议采取了比较严格的规制措施；而且，有关反垄断法一般还将禁止垄断协议方面的规范置于其条文中的最突出位置，但作出具体规定的方式有所不同，大致可分为两种模式：

第一种模式是原则规定垄断协议的特征，不对垄断协议的具体类型进行列举，某种行为是否构成垄断协议，依法认定。美国《谢尔曼法》第 1 条就主要对垄断协议进行了规制：“任何契约、以托拉斯形式或其他形式的联合、共谋，用来限制州际间或与外国之间的贸易或商业，是非法的。任何人签订上述契约或从事上述联合或共谋，是严重犯罪。”德国《反限制竞争法》第 1 条规定：“禁止以阻碍、限制或扭曲竞争为目的或者产生阻碍、限制或扭曲竞争后果的企业间协议、企业联合组织的决议以及协同行为。”〔1〕日本《禁止垄断法》第 3 条原则规定，事业者不得进行不正当交易限制。

第二种模式是对垄断协议的特征作出原则规定的同时，对典型的垄断协议进行列举。某种行为只要属于列举的范围，当然构成垄断协议；如果不属于列举的范围，则按照原则规定进行认定。但是，各自具体列举的垄断协议的种类不尽相同。例如，《欧盟运行条约》第 101 条在原则禁止垄断协议的同时，特别列举了五种垄断协议。韩国《规制垄断及公平交易法》第 19 条具体列举了七种垄断协议，并规定有兜底条款。

由于横向的垄断协议和纵向的垄断协议在限制竞争方面的性质和程度方

---

〔1〕 该法在 1998 年的第六次修订，对被禁止的卡特尔取消了过去在民法上“无效”的规定，代之以《欧共体条约》第 81 条第 1 款的方式，明确规定它们是被“禁止”的，从而在措辞上表现得更为严厉。参见王晓晔：《竞争法研究》，中国法制出版社 1999 年版，第 224 页。

面存在明显的差异,因此很多国家和地区的反垄断法都对这两种垄断协议分别加以规制。一般来说,反垄断法对横向的垄断协议都给予严格的规制,而对纵向的垄断协议,除了对涉及价格限制的规制比较严格以外,其余的都比较宽松。有些国家在反垄断法中没有明确规定纵向垄断协议,或者原来有这方面的规定,后来取消了。《欧盟运行条约》第101条第1款并没有明确区分横向的垄断协议和纵向的垄断协议,但是在欧盟委员会和法院的执法和司法实践中对此做了区分,尤其是在有关集体豁免的规定中表现得更为明显。日本《禁止垄断法》第3条明确禁止不当交易限制,但是"日本的不当交易限制只包括卡特尔,而不包括垂直限制竞争,因此范围较美国的贸易限制行为窄。在日本,不当交易限制和卡特尔是通用的"。[1] 德国《反限制竞争法》原来分别规定了横向限制竞争协议和纵向限制竞争协议,但在该法2005年第七次修订时已经将原来的第二章"纵向协议"的内容删去了。

中国《反垄断法》第2章对垄断协议行为做了明确规制。其第13条第1款规定了对横向垄断协议行为的规定:"禁止具有竞争关系的经营者达成下列垄断协议:(一)固定或者变更商品价格;(二)限制商品的生产数量或者销售数量;(三)分割销售市场或者原材料采购市场;(四)限制购买新技术、新设备或者限制开发新技术、新产品;(五)联合抵制交易;(六)国务院反垄断执法机构认定的其他垄断协议。"第14条也对纵向垄断协议行为做了规定:"禁止经营者与交易相对人达成下列垄断协议:(一)固定向第三人转售商品的价格;(二)限定向第三人转售商品的最低价格;(三)国务院反垄断执法机构认定的其他垄断协议。"此外,第16条还明确规定:"行业协会不得组织本行业的经营者从事本章禁止的垄断行为。"

对《反垄断法》第13条规定的具体行为,相关行政规章分别作出了进一步细化的规定,例如,已被废止的《反价格垄断规定》第7条和《工商行政管理机关禁止垄断协议行为的规定》第4~6条的规定。国家市场监管总局《禁止垄断协议暂行规定》(2019年6月26日)第7~13条就此做了统一的细化规定。

---

[1] 郭平:《卡特尔行为规制研究》,载王保树主编:《商事法论集》(第1卷),法律出版社1997年版,第511页。

2. 垄断协议行为的豁免

各国反垄断法都有关于适用除外或豁免[1]的规定，即反垄断法中不仅有禁止或者限制的非法垄断，而且还有得到允许和保护的合法垄断。这是由反垄断法的价值目标的非唯一性所决定的，因为维护竞争的目标是非常重要的，但还必须同时考虑到一个国家或地区其他经济社会目标，在某些情况下，允许限制竞争可能对整体经济或公共利益更有利。适用除外或者豁免的规定在本质上是反垄断法的目标与其他经济、社会目标协调的结果，是法律权衡利弊后的理性选择。在禁止垄断协议行为制度中，针对特定行为的豁免规定是其重要组成部分。不过，近年来一些国家（地区）对原来规定的垄断协议的豁免范围进行了限制。这体现了对垄断协议管制的严格化趋势，与当今各国放宽对企业并购行为管制的趋势形成鲜明的对比。

在垄断协议的豁免的情形和条件方面，有的在反垄断法中对豁免作出了明确规定，有的则主要由执法机构和法院按照合理原则处理。

在美国，其反托拉斯法一般并不直接规定应予豁免的垄断协议，而是由执法机构和法院依据合理原则来确定哪些垄断协议是应予禁止的。

在欧盟，《欧盟运行条约》第 101 条第 3 款规定在同时具备以下 4 个条件（2 个“积极条件”和 2 个“消极条件”）时，有关垄断协议的行为就可获得豁免：有利于改善商品的生产或者销售，或者有利于促进技术或者经济的发展；使消费者能够从由此获得的利益中分享公平的份额；不对有关企业施加并非为达到上述目标所必不可缺少的限制；不向有关企业提供在所涉及产品的相当范围的领域内消除竞争的机会。另外，欧盟还建立了所谓的安全港规则，对于横向协议市场份额不超过 10%，纵向协议市场份额不超过 15%，混合协议市场份额不超过 10% 的，属于安全港内，其对竞争的影响根据最小量原则可忽略不计。核心（恶性）卡特尔属于本身违法行为，则不论市场份额大小。

根据韩国《规制垄断及公平交易法》第 19 条第 2 款的规定，如果共同行为

---

[1] 从严格意义上讲，适用除外和豁免是不同的。适用除外是指在制定反垄断法时就规定对某些行业或领域不适用反垄断法，无须任何机关许可，它又被称为“本来的适用除外”。豁免则是依照法律应当或可以禁止的行为，按照法律的特别规定，不认定其违法，不追究其行为责任。豁免一般需要向特别机关申报并获得批准，它又被标为“后退的适用除外”。但很多学者往往对两者不作严格的区分，而在广义上使用适用除外概念的，包括狭义的适用除外和豁免。禁止垄断协议制度所涉及的一般是豁免。

为的是产业合理化,克服不景气,研究技术和开发,调整产业结构,提高中小经营者竞争力,交易条件的合理化而形成,并经公平交易委员会批准,则被例外认可。

中国《反垄断法》第15条第1款也规定了垄断协议受到反垄断法豁免的情况,采取的是规定豁免类型的方式,即"经营者能够证明所达成的协议属于下列情形之一的,不适用本法第十三条、第十四条的规定:(一)为改进技术、研究开发新产品的;(二)为提高产品质量、降低成本、增进效率,统一产品规格、标准或者实行专业化分工的;(三)为提高中小经营者经营效率,增强中小经营者竞争力的;(四)为实现节约能源、保护环境、救灾救助等社会公共利益的;(五)因经济不景气,为缓解销售量严重下降或者生产明显过剩的;(六)为保障对外贸易和对外经济合作中的正当利益的;(七)法律和国务院规定的其他情形"。该条第2款还规定了在符合上述豁免情形时还需要具备以下条件才能豁免,即"属于前款第一项至第五项情形,不适用本法第十三条、第十四条规定的,经营者还应当证明所达成的协议不会严重限制相关市场的竞争,并且能够使消费者分享由此产生的利益"。

在上述规定豁免情形中,有的是可以提高生产率,有利于经济发展和消费者利益;有的是有利于提高产品质量、降低成本、增进效率、实现规模经济,有利于保护消费者利益;有的是为了提高中小经营者经营效率,增强中小经营者竞争力;有的是为了社会公共利益,促进社会的可持续发展;有的是针对特定经济时期作的特别规定,避免对社会资源造成巨大浪费和造成大量失业;有的是为保障对外贸易和对外经济合作中的正当利益的,有利于一致对外。为了增加规定的灵活性,还规定了兜底条款。而豁免条件的规定,意味着它们不是当然豁免,经营者还要承担相应的举证责任。

对于垄断协议豁免的程序,各个国家和地区反垄断法的规定也不一致。有的规定协议当事人向反垄断执法机构申请获准豁免;有的则无须申请,由经营者自行判断;也有的原来规定了申报程序,但后来取消了。中国《反垄断法》在规定垄断协议豁免时,没有规定经营者的申报程序,而完全由经营者自行判断其协议是否符合豁免条件的规定。

3. 垄断协议的分析方法

经营者之间的协议、决议或者其他协同行为是否构成反垄断法所禁止的垄断协议,应当以该协议是否排除、限制竞争为标准。由于不同类型的垄断协议在限制竞争的性质和程度上存在明显的差异,因此有关国家和地区是要区分不同情况分别作出处理的。在长期经验积累的基础上,一些国家的反垄断执法机构和法院针对垄断协议的性质和对竞争秩序的影响程度形成了认定和处理垄断协议的分析方法。其中,美国联邦最高法院在判例中发展出的"本身违法原则"(*per se* rule)和"合理原则"(rule of reason)不仅影响了美国的反垄断法实践,[1]而且也影响了其他国家和地区的反垄断法实践。

本身违法原则,或称当然违法原则,是指某些行为因其明显的反竞争性而被依法确定为违法,凡发生这些行为就认定其违法,而不再根据具体情况进行分析判断。这是因为,根据实践经验,某些协议一旦达成必然会产生排除或者限制竞争的后果,对这类协议采取本身违法原则进行认定处理,可以节约进行全面调查和复杂经济分析所耗费的大量执法成本。在《谢尔曼法》制定之初,这种分析规则被大量运用到对反垄断案件的分析中,成为对《谢尔曼法》第1条过于原则性规定的主要分析方法。其优势在于:第一,诉讼程序的简便性。适用本身违法原则对垄断案件进行分析,只需对该案件的事实证据进行认定,例如,只要存在固定价格行为,即认定其违法,而不需要对该案的事实进行长时间的后果分析,这缩减了诉讼时间,节约了法官和当事人的时间,节省了大量的诉讼资源。第二,判断标准的确定性,即为市场主体经济活动提供了明确的合法性标准。然而,在实践中这一原则也渐渐显露出其过于僵硬呆板和打击面过大的弊端,也正因此而出现了合理原则。

合理原则,是指对某些行为是否在实质上构成限制竞争并在法律上予以禁止不是一概而论,而需要对经营者的动机、行为方式及其后果加以慎重考察后做出判断,予以认定。其优势在于:第一,灵活方便,适用面广。在美国的判例法上,属于典型的本身违法行为的有横向限制中的固定价格、限定产量、划分市场、联合抵制以及纵向限制中的维持转售价格等,[2]其他则一般适用合理原则。第二,适用合理原则分析作出的判决大部分有其合理性。基于经济学的分析作出的判决,比仅凭存在违法事实或具有特定形式即认定其违法更具有说服力,

---

〔1〕严格来讲,这里分别是"本身违法规则"和"合理规则"。但是,目前我国多数的文献中都将这两者分别翻译成"本身违法原则"和"合理原则"。本书也基于约定俗成的用法,而不是将其真正当作反垄断法的基本原则。

〔2〕但美国最高法院在2007年6月28日就Leegin Creative Leather Products, Inc. v. PSKS, Inc. 一案以5:4作出判决中,不再认为维持最低转售价格为"本身违法",也要适用"合理分析"。

当事人也更易于接受。当然,运用合理原则分析也存在诉讼成本高、诉讼周期长以及结果的不确定性大等不足。

在反垄断法的历史上,人们似乎一直试图界定清楚两种方法各自的边界,但是,美国最高法院的近期审理案件的结论是,“在合理原则和本身违法原则之间没有明显的界限”,执法者正确的努力方向是“在两个极端之间寻求一把滑尺”,[1]即按各种行为的性质分为不同的调查层次,形成类似光谱似的排列。自20世纪70年代以来,美国法院逐渐摒弃将本身违法原则和合理分析原则作为相反的两极的极端处理案件的方式,而是将其看作整体分析的两个部分。单纯适用本身违法原则的范围越来越小。在对某个行为决定适用本身违法原则之前就已经实际上进行过某种识别性的合理的分析,只是经过初步分析,某些行为的反竞争性质非常明显,因而不需要进行进一步的合理分析。本身违法原则和合理分析原则的适用范围有日益模糊的趋势。

考察位于光谱两极的案件,两种原则的区别足够清晰。对左边这一极,我们假设某个企业的创新政策被指控为垄断化行为,适用合理分析原则;在右边这一极,我们假设是一个赤裸裸的价格固定行为,适用本身违法原则。对前一案件,要对被告的市场力量及其行为所产生的竞争效果进行充分的调查;对后一个案件,只要证明发生了价格固定协议。但是,在这两个极端行为之间的空间,灰色区域是相当大的。转售价格维持和搭售安排都是本身违法的,但对它们要进行的基本调查则要复杂得多,而对搭售的分析甚至还要证明存在某种程度的市场力量。相比之下,纵向非价格限制被认为应当适用合理分析原则,但有90%以上的案件中,只需对市场结构进行快速审查就很容易地审理完毕。一个复杂的本身违法的搭售安排所需要进行的调查,比一个简单的合理分析原则纵向限制案件所需要进行的调查可能要详细得多。[2]

在总结长期经验和经济学理论的基础上,美国司法部和联邦贸易委员会于2000年4月共同发布了《竞争者之间协调行为的反托拉斯指南》,其中也分别运用了本身违法原则和合理原则的分析方法,着重体现了合理原则的运用。指南指出,某些类型的协议非常可能对竞争造成损害,并且没有重大的促进竞争

---

[1] [美]盖尔霍恩、[美]科瓦契奇、[美]卡尔金斯:《反垄断法与经济学》,任勇、邓志松、尹建平译,法律出版社2009年版,第166页。

[2] [美]霍温坎普:《联邦反托拉斯政策:竞争法律及其实践》,许光耀、江山、王晨译,法律出版社2009年版,第279页。

的利益,以至于无法保证对其效果进行具体调查所需要的时间和费用。一经认定,这类协议就可能被指控为本身违法。未被指控为本身违法的其他协议都根据合理原则进行评估。合理原则分析主要将存在有关协议的竞争状态同不存在相关协议的竞争状态相比较。适用合理原则的中心问题是,与相关协议不存在时的正常情况相比,该相关协议是否会通过提高能力或增强利益驱动,来提高价格或降低产量、质量、减少服务或创新,从而可能损害竞争。为了提高当事人对一个协议可以适用合理原则的可预见性,指南还规定了竞争者之间协调行为的安全区,即除非特殊情况,如果在受到这个相关垄断协议影响的各个相关市场上,参与协调的竞争者总共的市场份额不超过20%,这个协议一般不会受到执法机构的指控。但是,安全区不适用于本身违法的协议、不进行详细的市场分析就可进行指控的协议以及合并分析所适用的竞争者之间协调行为。

美国在判例中发展出的反垄断分析方法对其他国家和地区分析垄断协议也产生了很大的影响,但在不同的国家、不同的时期,情况并不完全相同。有些以前适用本身违法原则的协议,随着情况的变化而逐步适用合理原则。在适用合理原则方面,《欧盟运行条约》第 101 条第 1 款所禁止的是"与共同市场不相容的""可能影响成员国之间的贸易并具有阻碍、限制或者扭曲共同市场内的竞争目的或者效果的"行为,欧洲法院则一般要根据其市场占有率、市场地位、财务资源、产品范围、贸易量、进入壁垒、行为影响范围等因素进行衡量。

中国《反垄断法》第 15 条关于豁免的规定统一适用于第 13 条的横向限制和第 14 条的纵向限制,因此,中国反垄断执法和司法中就没有严格意义上的所谓"本身违法"问题,都需要进行合理分析,至少要考虑到法定的豁免情况。但是,在具体执法和司法中借鉴本身违法规则和合理分析规则的分析方法,有助于对那些明显具有反竞争性质的垄断协议进行有效规制,慎重适用豁免的规定。

4. 垄断协议的法律责任

由于垄断协议是一种常见的、典型的垄断行为,对市场经济的危害性极大,它不但导致消费者利益和社会公共利益受到损害,而且会破坏了自由公平的市场竞争环境和秩序,因此其历来是世界各国反垄断法严厉打击的对象,各国往往对其处以高额的罚款,有些国家还规定了刑事责任。

很多国家对垄断协议的处罚是非常严厉的。例如,美国司法部指控瑞士的霍夫曼—拉罗歇公司、德国的巴斯夫公司和法国的罗纳—普纳公司结成卡特尔,人为地抬高了维生素价格,极大地损害了美国消费者的利益,1999 年美国法院对霍夫曼—拉罗歇公司处以 5 亿美元罚款,对巴斯夫公司处以 2.5 亿美元罚款,德国的罗纳—普纳公司因积极配合美国司法部对秘密定价的调查才被免予起诉,1999 年 5 月 20 日,瑞、德的两家公司已向美国达拉斯地方法院承认了对它们的指控,并表示愿意支付罚款以了结公司官司。其中瑞士的霍夫曼—拉罗歇公司 1997 年就曾因操纵柠檬酸价格而被罚款 1400 万美元,80 年代曾在欧共体法院因反竞争行为被起诉和制裁。[1] 《纽约时报》指出,在美国的率领下,欧洲和亚洲国家的政府也开始认真对待价格垄断。最近几年中,比利时、英国、加拿大、法国、德国、意大利、墨西哥、荷兰、韩国和瑞士的一些公司经理也被判犯有卡特尔罪。[2]

中国《反垄断法》第 46 条第 1 款规定:"经营者违反本法规定,达成并实施垄断协议的,由反垄断执法机构责令停止违法行为,没收违法所得,并处上一年度销售额百分之一以上百分之十以下的罚款;尚未实施所达成的垄断协议的,可以处五十万元以下的罚款。"相对于中国以往的法律规定(包括《反不正当竞争法》)来说,这里的处罚规定将罚款数额定为上一年度销售额 1% 以上 10% 以下,是比较严厉的处罚。同时,反垄断法不但要制止已发生的垄断行为,更要着眼于防范于未然,在垄断行为发生损害市场竞争的后果之前就制止它。为此,只要有证据证明经营者达成了垄断协议,即使尚未实施,反垄断执法机构也有权根据其违法情节处以 50 万元以下的罚款。

针对垄断协议具有的难以发现和取证的特点,产生于美国的宽大制度就是一种被证明为有效分化瓦解垄断联盟,获取垄断协议证据的重要举措,因而近年来各国在制定、修改反垄断法时纷纷予以引进。美国的宽大措施包括,奖励那些停止操纵价格并首先向政府告发其他价格操纵公司的垄断集团成员,并常常可因此免于罚款。同时,如果美国公司能在内部进行守法教育,或以各种形式进行自我检查并主动报告公司可能犯有的违法行为,它就能获得较轻程度的惩罚。如果该守法教育被确认很有效的话,宽大的程度则会更大。这些奖励措施被证明非常行之有效,一些曾参与操纵价格的垄断集团成员,也就摇身一变成了其他成员的政府证人。因此,有人忠告价格操纵者应该懂得,在美国反垄

[1] 《国际商报》1999 年 5 月 25 日。
[2] 《参考消息》2001 年 6 月 11 日。

断法的奖励政策下,今天密谋操作价格的同伙,明天就可能急于与政府合作。[1] 欧盟委员会也认识到卡特尔形式越来越隐蔽,证据也越来越难以获得,于是自 2002 年起也公布实施了宽大处理政策:对于向欧盟委员会提供重要证据的参与卡特尔的当事人,第一个自首的企业减免 30%~50% 的罚款,第二个自首的企业减免 20%~30% 的罚款,第三个自首的企业减免 20% 以下的罚款。日本也在 2005 年最新修订的《禁止垄断法》中引进了这种宽大制度。

借鉴其他国家和地区的经验,中国《反垄断法》也引入了宽大政策。该法第 46 条第 2 款规定:"经营者主动向反垄断执法机构报告达成垄断协议的有关情况并提供重要证据的,反垄断执法机构可以酌情减轻或者免除对该经营者的处罚。"相关行政规章对其做了细化规定。已被废止的《工商行政管理机关禁止垄断协议行为的规定》第 11 条、第 12 条和《反价格垄断行政执法程序规定》第 14 条曾经分别做过规定。国家市场监管总局《禁止垄断协议暂行规定》(2019 年 6 月 26 日)第 33 条和第 34 条对此做了如下统一规定:参与垄断协议的经营者主动报告达成垄断协议有关情况并提供重要证据的,可以申请依法减轻或者免除处罚。重要证据是指能够对反垄断执法机构启动调查或者对认定垄断协议起到关键性作用的证据,包括参与垄断协议的经营者、涉及的商品范围、达成协议的内容和方式、协议的具体实施等情况。经营者根据本规定第 33 条提出申请的,反垄断执法机构应当根据经营者主动报告的时间顺序、提供证据的重要程度以及达成、实施垄断协议的有关情况,决定是否减轻或者免除处罚。对于第一个申请者,反垄断执法机构可以免除处罚或者按照不低于 80% 的幅度减轻罚款;对于第二个申请者,可以按照 30% 至 50% 的幅度减轻罚款;对于第三个申请者,可以按照 20% 至 30% 的幅度减轻罚款。

由于行业协会的垄断行为在实施主体和表现形式上与一般经营者的垄断行为有差异,因此其承担的责任形式也应有所不同。中国《反垄断法》第 46 条第 3 款规定:"行业协会违反本法规定,组织本行业的经营者达成垄断协议的,反垄断执法机构可以处五十万元以下的罚款;情节严重的,社会团体登记管理机关可以依法撤销登记。"这里明确了行业协会承担责任的方式是行政罚款和依法撤销行业协会的社团资格。撤销登记的行政处罚对行业协会组织垄断行为起到了较为严厉的威慑作用。需要注意的是,经营者参加行业协会组织的垄

---

〔1〕［美］T. A. 杜岩:《反垄断法离中国公司还有多远》,载《法制日报》2001 年 5 月 13 日。

断协议的,仍然要按照规定承担相应的法律责任,不能以行业协会的组织行为为理由要求减轻或者免除处罚。在执法实践中,往往既处罚行业协会,又处罚经营者。

垄断协议行为涉及的范围比较广泛,在分析与知识产权有关的垄断问题时,也必然涉及这种行为。尤其是在知识产权的许可协议中,常常会涉及各种类型的限制条款,这些条款是否合法需要进行具体的分析。

二、知识产权许可与垄断协议的一般分析

在知识产权领域常常会发生许可问题,即由知识产权人在保留所有权的前提下,以一定的条件允许他人使用其知识产权的行为。在这里,许可表示你有权使用别人的知识产权,或者使他人有权使用你的知识产权。这种许可是通过协议的方式实现的,因此通常被称为知识产权许可协议或者许可证协议、授权协议等。授予别人使用其知识产权的一方被称为许可人或者许可证的颁发者、授权人,接受许可使用别人知识产权的一方被称为被许可人或者许可证的接受者、被授权人。正是由于这种使用方式是以许可协议的方式进行的,因此它与反垄断法中的禁止垄断协议的制度有更为密切的联系。

在知识产权领域,许可使用是知识产权人行使其权利的一种重要方式,甚至是某些知识产权(如专利权、著作权)的权利人行使其权利的最主要的方式。通过许可协议实现知识产权的使用,既使知识产权人获得其投资和创新的奖酬,也使他人利用某种知识产权的愿望得以实现,因此对于权利人和他人(社会公众)都具有重要的意义。

在分析知识产权许可协议与反垄断法,尤其是其中的禁止垄断协议制度时,首先要肯定的是它通常是有利于竞争的。这正如美国《知识产权许可的反托拉斯指南》中的第三个原则所集中指出的:反托拉斯部门承认知识产权许可行为让企业将各种生产要素结合起来,因而一般是有利于竞争的。与知识产权人自己直接利用其权利标的相比,与他人订立许可协议,是推进新技术传播、促进知识产权与其他生产要素广泛结合的更有效率的方式。通过许可协议将新技术运用于生产和流通过程,可以大规模地降低生产成本,向市场推出新产品,从而使消费者获益。同时,通过许可协议使知识产权人获得可靠的、较高的投资回报,有利于鼓励创新,刺激对研究和开发的更多投入。此外,在实践中有些技术是相互关联的,使用其中的一项要求同时使用另外一项或几项相关技术;

通过许可协议作出安排,可以更好地协调相关技术的利用关系,取得最佳的技术经济效益。尽管在知识产权的许可协议中经常伴随着一些限制条款,但即使是那些对竞争有一定限制性影响的许可条款,如许可标的使用领域、使用地域或其他方面的限制条款,也可能会产生一些有益的结果。这些形式的排他性限制可以鼓励被许可人更大胆地投资于该技术的商业化生产和销售,并对该技术进行新的应用开发。这些限制还可使许可人不致因担心被许可人的竞争会损害其先期投资回报而从一开始就不愿许可他人使用其新技术。因而,一般来说知识产权的许可行为具有促进竞争,而不是限制竞争的效果。

该指南为说明这一问题还专门举出了假定的例子(例示一)。在该例中,一家计算机公司开发了一种新的、拥有版权的存货管理的软件程序,它广泛应用于医疗领域。该公司在许可协议中具有用途(如医院或医疗诊所团体等不同客户)及地区限制,但不禁止被许可人从事开发或使用其他的类似软件,而被许可人与许可人之间,就销售医疗用存货管理软件系统并无实际的或潜在的竞争关系,此时,反托拉斯机构就不会反对这种许可协议。基于这种事实,无论该技术是受专利权、版权保护还是作为商业秘密受到保护,对其进行反托拉斯分析的结果都是一样的。

但是,从竞争或者反垄断法的观点来看,知识产权由权利人独自利用与通过许可协议允许别人利用毕竟是有重要差别的。因为,在后一情况下涉及双方或者多方的协议,就可能产生如本章前文所述的共谋问题,而且,由于知识产权本身的特点,有些限制在这种协议中又是必不可少的,并有以上多方面的合理根据。这就增加了分析知识产权许可中限制内容的复杂性,并为一些限制竞争的行为提供了掩护和借口。实际上,在知识产权许可协议中所包含的限制情形各有不同,因此需要对其进行具体的分析。在肯定知识产权许可协议通常是有利于竞争的同时,又必须看到有时它确实会对竞争带来严重的影响。比如,在某些情况下,许可协议中的一些限制可以被用作实施卡特尔行为如固定价格、限制产量和瓜分市场的工具。这些行为有害于消费者,并可能被用作从用该许可技术生产产品的市场上或者该技术本身的市场上排除竞争者,这就超出了知识产权所固有的正当限制竞争的范围。正如上例中的情形,如果该许可协议禁止被许可人使用其他的存货管理软件,则明显超出了许可人拥有的知识产权的范围,美国反托拉斯机构关于其对竞争的可能影响的结论就不相同,并要进行干预。

实际上,以上情况是各个国家和地区在推行知识产权许可中都面临的共同性问题。为此,各国或者地区的反垄断法就通过各自的方式寻求对真正的知识产权许可协议与被用作反竞争行为手段的许可协议进行区分,在保护合法的限制竞争的协议的同时,又禁止那些对竞争有严重影响的不合理限制协议。并且,这些不同的法律制度目前在对一些基本问题的处理方面也有一种大致趋同的倾向,这从本书第二章的有关介绍、分析中可以看出。在这方面,存在若干被广泛接受的前提。[1]

第一个前提是,许可人与被许可人之间的关系类型是一个关键的标志。如果这种关系是纵向的,即许可协议的当事人在不同的市场上和在不同的经济活动水平上经营,如发明人与生产商之间或者专门零部件生产商与组装生产商之间,这些协议被认为比横向许可协议(在同一市场的竞争者或者潜在的竞争者之间的协议)对竞争的危险要小得多。这个因素本身仅仅是一个标志,因为处于横向关系当事人之间的知识产权许可协议并非总是反竞争的,事实上,在研究开发和新技术生产方面的联合经常是促进竞争的。然而,横向竞争者之间的协议为反竞争行为提供了肥沃的土壤。这些竞争者之间存在很大的共谋诱惑和机会,他们采取固定产品价格或者瓜分市场的卡特尔形式,旨在从顾客那里榨取更高的利润并阻止其他竞争者的进入。知识产权的许可可以被用来加强这种共谋安排。因此,在诸如交叉许可和专利联营的横向协议中的限制常常被反垄断机构作为主要的审查对象。在纵向关系的情况下,也能发现反竞争的共谋行为,例如在许可人与被许可人都有生产能力时,或者在纵向关系有助于加强横向共谋时。然而,这种危险比在横向关系情况时要低得多。这有四个方面的主要原因:首先,许可的动机常常是补充各个企业的现有生产能力。许可人需要被许可人的生产能力,被许可人需要许可人的研究开发成果。正如一些经济学家经常指出的,只有通过像许可这样的合作关系,才能达到允许创新发生的规模效益和范围效益。当相互关系基本是纵向的时候,常常有这种明显的迹象。例如,在这种关系的开始阶段,许可人(一般是技术的开发者)的生产能力使其在市场上不会显得很活跃,但通过许可协议往往就可以实现这一点。还有一个独立的迹象,即被许可人在合同持续期间是否利用了许可人的商标。没有

---

〔1〕 See Steven D. Anderman, *EC Competition Law and Intellectual Property Rights*, Clarendon Press Oxford 1998, p. 28.

商标的义务并不意味着就存在共谋，但被许可人利用了许可人的商标则是双方产生了纵向关系的有力假定，至少在后一情况下可以在合同期间内维持这样的关系。其次，与横向协议不同，纵向协议向市场引入一个新的竞争者，并且有助于在经济活动中传播被许可的产品或方法。再次，纵向限制允许许可人诱导被许可人投资于新产品或新方法，取得在生产和销售上的效率，并更有效地在新市场上进行竞争，从而有助于提高效率。最后，只要在产品市场上存在不同品牌之间的有活力的竞争，这种“品牌间”(interbrand)的竞争就会对缺乏在每个生产和销售链内部即“品牌内”(intrabrand)竞争时的价格起调节作用。如果在最终产品市场上存在激烈的价格竞争，市场力量就会限制任何一个品牌从消费者那里所能榨取的数量。在这种情况下，品牌内共谋的主要经济后果将会被限制在影响该品牌的总利润的分配以及可能改进品牌间竞争的质量上。基于以上原因，多数反垄断法都有关于横向协议和纵向协议的不同假定。

第二个前提是，纵向协议只在一个很窄的范围内，即在许可人的市场上存在高的集中度，在该市场上有很高比例的被许可人受到类似限制，以及市场进入受到进入壁垒的限制时才具有反竞争的效果。同样，这些因素也只是作为一种标志，即使有很高的市场集中度也不一定是反竞争效果的关键证据。多数要取决于对总体情况的评估。

第三个前提是，在纵向协议中有某些类型的限制条款就很可能是反竞争行为的证据。这主要是维持转售价格、搭售、非竞争条款或者独家交易以及回授。许可协议中的这些限制并不总是反竞争的，但它们是许可协议中需要进行最仔细审查的主要条款类型。

在假定反垄断法对知识产权许可进行规制的这些公认的前提下，多数反垄断法通过集中于某些高危险的类型并使这些类型受到以某些形式的经济效果标准的分析，从而运用了从有利于竞争的许可行为中过滤出那些反竞争行为的方法。这种方式在很大程度上受到美国反托拉斯法的引导，美国在经历了一段由法院和行政机构所采取的形式主义做法之后，现在已转向对一般的合同性限制、特别是在知识产权许可协议的情况下的限制实行合理原则的分析方法。这在美国《知识产权许可的反托拉斯指南》所表述的核心原则中就看得特别明显。该指南为评估特定的许可协议提供了应当考虑的因素。其中指出，有必要首先判定一个知识产权协议在性质上主要是横向的还是纵向的，或者是否具有两者的实质方面。这种判定意味着它只是确定许可协议是否产生反竞争效果的一种帮助。一份横向协议并非自身是反竞争的。而一份纯粹的纵向协议也并不保证没有反竞争的效果。它还指出,市场的集中度越高,对竞争的潜在危害也越大。因此,非常强调确定在产品、技术和研发领域的相关市场,并确定每一市场上的集中情况。在此基础上还建立了安全区制度。

在美国,在大多数的情况下,知识产权许可中的限制将依合理原则来评估。但是,在某些情况下,法院会认为某种限制是自身违法的,而无须仔细审查该限制对竞争的可能影响,如在横向竞争者中的纯粹固定价格、限制产量、划分市场和某些联合抵制。运用合理原则评估协议的经济效果时有两个基本步骤。首先,审查确定该限制是否可能存在反竞争效果。其次,如果存在这种效果,就要评估确定这种限制是否为取得大于那些反竞争效果的有利于竞争的好处所必需的。实际上,这主要是在某种限制对竞争带来的好处和害处之间进行权衡。

美国2007年《反托拉斯执法与知识产权:促进创新和竞争》的报告在前言仍然肯定了以上的做法,指出:因认识到大部分涉及知识产权使用、分销、转让或者交换的商业交易是有利竞争的,执法机构最常使用合理原则对该等交易对竞争的影响进行评价。对于知识产权许可中的限制性条款,这一评价方法意味着须审查"这些限制性条款是否可能具有反竞争的效果,如果有,则看这些限制性条款是否是为了达到超过反竞争效果的有利竞争的益处所必需的"。对于特定限制性许可条款的分析,须审查该限制性条款是否会损害在没有许可的情况下"原本实际是或可能成为竞争者的企业之间的竞争"。鼓励被许可方发展或者推广被许可技术或者减少许可技术的交易成本的限制性条款更有可能被认为是合理的。在评估限制性许可条款时,执法机构不会为该等限制性条款寻求不现实的、限制最少的替代性条款。但是,对于那些被法院认为纯粹反竞争性的条款,如价格固定、横向竞争者之间的市场瓜分等条款,执法机构将作为本身违法条款对待,因为该等条款总是,或者几乎总是倾向于提高价格或降低产出。因此,执法机构今后仍将采取《知识产权许可的反托拉斯指南》所确立的灵活的合理原则和分析模式,评估知识产权许可协议,包括禁止主张异议条款、回授条款和商业回报分享协议。

在欧盟,欧洲法院反复强调,知识产权许可协议本身并不是对竞争的限制,但是当它是以妨碍、限制或者扭曲共同市场内的竞争为目标或者实际表现(exercise)的商业行为的目的、手段或后果时,或者它有助于引起这种商业行为时,就可能属于《欧共体条约》第 81 条(1)的适用范围。[1] 不过,与美国不同的是,《欧共体条约》第 81 条对知识产权许可的规制并不仅仅限于权衡许可的经济危险和好处,它还关注许可对于共同市场的影响,并且对许可协议条款的形式的关注程度高于对它们总体经济效果的关注,也就是更关注对竞争本身的影响。这是与该条约对一体化市场目标的追求分不开的。

在日本,依据其 1999 年《专利和技术秘密许可协议中的反垄断法指南》,在专利许可协议中,那些依专利法行使权利的行为,由于包含了对地域或使用领域的限制,可能成为属于不合理交易限制行为的一部分,或者可用作达到这种反竞争结果的手段。当事人双方达成的专利许可协议,如果被用以相互限制商业行为,那就会引起不合理交易限制的问题,可能会构成对《禁止垄断法》第 3 条的违反。同时,在当事人双方达成的专利许可协议采取交叉许可的形式时,就会容易被用来相互限制商业行为。而且,专利许可协议采取三方或多方当事人之间达成的专利联营协议时,它也会容易被用来相互限制商业行为。同样,这也明显需要从不合理交易限制的观点出发对该协议进行评估。此外,当行业协会组织专利联营以及贸易协会许可联营专利给其成员时,如果特定产品或技术市场的竞争受到实质性的限制,那么它依《禁止垄断法》第 8 条第 1 款就会是有疑问的。虽然这一指南被废止,但是日本 2007 年的《知识产权利用的反垄断法指南》同样有从不合理交易限制的角度对知识产权许可条款进行反垄断审查的规定。

如上文分析,广义上的垄断协议存在协议型、决议型和默契型三种情况,在知识产权许可领域,有关垄断协议也涉及联合的不同形式。例如,作为欧盟禁止垄断协议制度基本依据的《欧盟运行条约》第 101 条(1),就已广泛地适用到知识产权领域的许可协议、涉及许可协议的联合一致行为、知识产权人向第三人的转让以及商标划分(delimitation)协议。[2] 尽管在某些情况下知识产权许可中的限制也存在默契的情形(后文有涉及),但一般来说知识产权许可本身都是通过协议的方式进行的。

在知识产权的许可协议领域与在其他合同领域的情形一样,当事人所处关

---

〔1〕 See Steven D. Anderman, *EC Competition Law and Intellectual Property Rights*, Clarendon Press Oxford 1998, p. 35.

〔2〕 See Steven D. Anderman, *EC Competition Law and Intellectual Property Rights*, Clarendon Press Oxford 1998, p. 34.

系的横向或者纵向性质对于分析其协议对竞争的影响具有重要的意义。日本2007年的《知识产权利用的反垄断法指南》第2章第4条规定了两种"对竞争具有重要影响的限制性行为的情形",其中之一便是"竞争者之间的行为":如果与技术使用有关的限制被施加于竞争者之间的行为,则比较施加于非竞争者之间的行为而言,该限制更有可能导致竞争者之间的竞争被规避,或者更有可能被用于排除其他竞争者。此类限制行为相较而言被认为对竞争具有影响。

在中国,国务院反垄断委员会《关于知识产权领域的反垄断指南》第2章规定了"可能排除、限制竞争的知识产权协议",指出涉及知识产权的协议,特别是联合开发、交叉许可等,通常具有激励创新、促进竞争的效果,不同的协议类型产生的积极影响不同。但是,涉及知识产权的协议也可能对市场竞争产生排除、限制影响,适用《反垄断法》第2章的规定。同时,第7~13条分别对联合研发、交叉许可、排他性回授和独占性回授、不质疑条款、标准制定、其他限制以及安全港规则进行了具体规定。其中,第13条安全港规则是为了提高执法效率,给市场主体提供明确的预期而设立的。安全港规则,是指如果经营者符合下列条件之一,通常不将其达成的涉及知识产权的协议认定为《反垄断法》第13条第1款第6项和第14条第3项规定的垄断协议,但是有相反的证据证明该协议对相关市场竞争产生排除、限制影响的除外。(1)具有竞争关系的经营者在相关市场的市场份额合计不超过20%;(2)经营者与交易相对人在受到涉及知识产权的协议影响的任一相关市场上的市场份额均不超过30%;(3)如果经营者在相关市场的份额难以确定,或者市场份额不能准确反映经营者的市场地位,但在相关市场上除协议各方控制的技术外,存在四个或者四个以上能够以合理成本得到的由其他经营者独立控制的具有替代关系的技术。

以下拟分别从横向垄断协议和纵向垄断协议两方面进行分析。

三、知识产权许可与横向垄断协议

(一)知识产权许可协议中涉及横向限制的一般问题

知识产权许可协议的当事人为许可人和被许可人,他们之间一般是处于纵向关系,但是在很多情况下,这种协议又会直接或者间接地涉及横向关系。

知识产权许可协议中的横向限制,一般简称为横向限制(horizontal restraints),是指在知识产权许可协议中对处于横向关系的当事人产生影响的限制。这种横向限制大致上也可分为两类:一是知识产权许可协议本身包括了明显超出知识产权范围的限制条款,涉及固定价格、限制产量、划分市场等典型的横向限制行为,构成典型的共谋垄断,这一般适用本身违法原则予以认定和处理,这种情况与不涉及知识产权的横向垄断协议没有什么实质差别。经济合作与发展组织(OECD)也认为,虽然知识产权许可行为常常对竞争有益,但若当事人之间另行涉有卡特尔协议,而许可协议仅系作为违法卡特尔协议的掩护(sham),则仍应属于违反竞争法的行为。[1] 二是知识产权许可协议中涉及一些与知识产权的特点密切相关的一些限制条款,如交叉许可和专利联营,既有某些合理的因素,但也可能被滥用来不正当地限制竞争,这一般适用合理原则予以认定和处理。

当许可人和被许可人为销售产品互相竞争时,许可协议的分析就更加复杂。在这样的案件中,美国法院担心这种专利许可被用作卡特尔的掩护。虽然较早的两个案例认为专利权人有权控制被许可人出售专利产品的价格,[2]但后来法院几乎抛弃了该规则。在20世纪中叶的一系列案件中,法院裁决专利权人无权利用联营协议或者许可机制来控制和规定最终产品本身的价格。因此,在United States v. U. S. Gypsum案中,[3]政府指控被告通过协商签订相同的带有在石膏板产品的价格和质量方面消除竞争影响的专利许可协议来固定价格和使石膏板产品标准化。法院判决联合的许可协议构成滥用,即使任何一个许可协议本身没有包含非法的条款:法院不支持一个专利权人与一个产业的所有成员协调一致行动,以颁发实质相同的许可给这个产业的所有成员,根据该许可的条款该产业被完全严格控制,竞争性的非专利产品的生产受到压制,一批销售商被排挤出市场,非专利产品的价格被固定……接下来的结论是,尽管每一个单独的专利许可被推定是合法的,因为当协同一致时,原本合法的行为变成非法的行为,这是众所周知的原则。因为在本案中讨论的许可协议本身对竞争没有损害,该案(以及那些和该案相一致的案件)被认为最能代表这样一种不允许有例外的观点,即当专利许可协议被用于范围广泛的固定价格和其他限制

---

[1] OECD, Competition Policy and Intellectual Property Rights(1989), pp. 7 – 8.

[2] E. Bement & Sons v. National Harrow Co., 186 U. S. 70(1902); United States v. General Elec. Co., 272 U. S. 476(1926). ("一个专利权人,在许可他人制造、使用或出售产品时,可以合法地施加这样的条件,被许可人应该以许可人确定的价格销售产品,并随许可人的决定改变价格。")而比蒙特(Bement)认为专利权人即使在专利商品在商业领域销售之后,仍有权控制其价格,通用电气案稍微缩小了该规则,判决控制商品售后价格是非法的,但专利权人可以通过将它们的出售当作许可轻易地避免这种限制。

[3] 333 U. S. 364(1948).

竞争的行为一部分时,它是非法的。如果没有这种协同的固定价格行为,仅仅颁发相同的许可给该产业不同的成员的行为当然不构成专利权滥用。[1] 在 Timken Roller Bearing Co. v. United States 一案中,[2]最高法院认定美国、英国及法国的关联企业的合资行为及许可协议违法。在该案中,除了当事人对 Timken 有许可协议外,当事人另行协议对于该商标的产品划分销售领域,并固定价格、彼此合作维护各当事人之间的销售领域的划分,以对抗其他竞争者,且其并参与限制轮轴产品输出或输入美国的卡特尔,故法院无法以其有许可协议而将其整套安排合法化。[3]

在《知识产权许可的反托拉斯指南》中,美国反托拉斯机构一般适用合理原则分析和处理横向限制,但是对某些类型的横向限制,包括价格、固定市场划分或消费者划分、降低产量协议和特定联合抵制,则适用本身违法原则。该指南还以假定的例子(例示八)对此加以说明。该例中,两家生产消费性电子产品的主要企业各自拥有涉及该产品的电路设计的专利,它们的专利对消费者来说是可选择的。它们将各自的专利转让给一家完全由它们双方合资设立的企业,由该企业许可他人使用并确定专利许可使用费。这些专利并不互相阻斥(blocking),即各自可以独立使用而不致侵犯他方的专利。在本例中,那两家生产企业在该消费品市场和相关技术市场上是横向的竞争者,它们联合转让专利权所引起的竞争问题就是该行为对竞争的不利影响是否会超过它所带来的好处。作为一般原则,每个专利权人都有权阻止他人使用自己的专利。但是,这种权利并不能延伸到他们联合转让专利权的协议上。对这些可相互替代的专利技术共同确定许可使用费可能会导致比在各自单独确定时更高的使用费和更高的商品价格。由于这种联合转让专利权的反竞争效果非常明显,而其能够提高的整体效率非常小或者与这种限制没有合理的联系,因此反托拉斯机构就有理由认为它们构成横向固定价格,并将其作为本身违法的横向限制贸易而进行追究。

日本 1999 年《专利和技术秘密许可协议中的反垄断法指南》也涉及知识产权许可协议中的横向限制问题。如果专利许可协议被用来相互限制经营活动,

---

〔1〕 Herbert Hovenkamp, Mark D. Janis & Mark A. Lemley, *IP and Antitrust: An Analysis of Antitrust Principles Applied to Intellectual Property Law*, Aspen Publishers, 2004, pp. 3-30-3-32.

〔2〕 341 U.S. 593(1951).

〔3〕 罗昌发:《贸易与竞争之法律互动》,台北,月旦出版股份有限公司 1994 年版,第 208~209 页。

就可能引起不合理贸易限制的问题，尽管它一般不会如此。例如，当专利许可协议限制了双方的专利产品的价格、生产量、销售量、销售渠道、销售地域，或者实质性地限制了特定产品市场上的竞争时，它就会构成《禁止垄断法》上的不合理贸易限制，是非法的。同时，当对技术的研究开发领域、授予许可的当事人以及使用的技术加以这种限制，而且这种限制实质性地限制了产品市场或技术市场的竞争时，那么它也属于不合理贸易限制，是非法的。当专利许可协议采取当事人双方的交叉许可的形式时，它可能很容易地被用来相互限制经营活动。此外，当协议采取三方或者多方的许可协议（相当于专利联营）时，它也可能很容易地被用来相互限制经营活动。同样地，也需要从不合理贸易限制的角度来对它们进行评估。代替该指南的 2007 年《知识产权利用的反垄断法指南》在第三章第 2 条专门规定了“关于不合理交易限制的观点”，指出：如果一家企业“与其他企业合作，相互限制或协同从事商业行为”（《禁止垄断法》第 2 条第 6 款），则与技术使用有关的限制将根据规制不合理交易限制的条款进行审查。以不合理交易限制的观点审查前述行为非常必要，尤其是在与技术有关的限制所涉及的各方之间存在竞争关系的情形下。可能的例子包括竞争者之间的专利联营和交叉许可，以及众多竞争者均是同一专利的被许可方的多重专利许可安排。

德国《反限制竞争法》本来是第 17 条专门规定了属于“纵向协议”的许可合同的禁止和豁免问题的，但是其第 4 款规定：第 1 条至第 12 条规定不受影响。由于该法第 1 条至第 12 条是关于卡特尔行为的禁止、豁免、特许方面的规定，因此这意味着该法那些关于横向垄断协议行为的规定同样是可以适用于许可合同的。

中国台湾地区 2001 年订定、2016 年最新修正的“公平交易委员对于技术授权协议案件之处理原则”第 6 点第 1 项规定，有竞争关系之技术授权协议当事人间以契约、协议或其他方式之合意，共同决定授权商品之价格，或限制数量、交易对象、交易区域、研究开发领域等，相互约束当事人间之事业活动，足以影响相关市场之功能者，授权协议当事人不得为之。否则，违反“公平交易法”第 15 条的规定。这里所称“有竞争关系之技术授权协议”实际上就是横向当事人之间的知识产权许可协议。同时，该处理原则还分别列举了有关可能构成违反和不构成“违反公平交易法”的知识产权许可协议条款，也就是存在依据合理原则进行分析和处理的情形。而且，我国台湾地区也有相关的实际执法例。虽然以下执法例所涉及的问题不限于这里的知识产权许可协议的横向垄断协议问题,但其核心却是在这方面。

据我国台湾地区有关媒体报道,[1]公平交易事务主管部门2001年1月11日认定荷兰商皇家飞利浦电子股份有限公司、日本新力公司及日本太阳诱电公司被检举在我国台湾地区的光盘产品规格专利授权行为,违反"公平交易法"中联合行为的相关规定,处飞利浦公司新台币800万元罚款,日本新力公司新台币400万元罚款,日本太阳诱电公司新台币200万元罚款,合计罚款新台币1400万元,并命令应立即停止前述违法行为。公平交易事务主管部门是在1999年6月接到巨擘科技等五家公司检举而展开调查的。公平交易事务主管部门指出,飞利浦公司、日本新力公司及太阳诱电公司被检举分别拥有数项与可录式光盘产品(CD-R)规格相关专利,为便于向世界各国的可录式光盘制造商进行专利授权,采行包裹授权方式,先由日本新力公司及太阳诱电公司对飞利浦公司授权,再由飞利浦公司整合各项专利权,整批授权予被授权人。飞利浦授权契约中订有"以净销售价格3%或日币10元中的较高者"为给付权利金标准,但因订约时CD-R市价约日币300多元,此二种计算方式差别不大;但后来CD-R市价大跌,若以日币10元计算,则权利金比率高达20%~30%以上,岛内CD-R被授权厂商因此频频要求与飞利浦协商,但屡遭飞利浦拒绝。公平交易事务主管部门表示,上述公司涉案行为,包括联合授权与包裹授权行为、授权金订价方式、概括授权使部分专利时效低于合约期限、概括授权涉及不正当搭售各项专利以及拒绝提供授权协议等重要交易资讯等5项。它们分别违反了"公平交易法"第14条、第10条第2项及第4项规定。其中,这3家公司原为具有水平竞争关系的竞争者,但透过联合授权方式,已足以影响生产、商品交易或服务供需的市场功能,因此违反"公平交易法"第14条对联合行为的禁制规定;当时CD-R所有重要技术专利均为飞利浦等3家公司所有,显示其已为市场独占厂商,在CD-R市场供需已改变的情况下,仍继续维持其授权金的价格,未做有效变更,违反了"公平交易法"第10条第2款有关独占事业禁制行为的规定;飞利浦挟其在CD-R专利技术市场的优势地位,拒绝提供被授权人有关授权专利翔实内容、范围或专利有效期间等重要信息,就直接要求被授权人签订授权合约,并拒绝其更改合约的要求,显然滥用其市场地位,违反"公平交易法"第10条第4项规定。公平交易事务主管部门经考量授权专利技术

[1] 包括《联合报》《明日报》和钜亨网等2001年1月12日新闻。

市场及相关产品市场机能竞争的影响情形，并参酌飞利浦等公司违法的动机、所得利益、事业规模及市场地位显著，依“公平交易法”第41条前段规定，遂作出前述处罚决定。

本案后来的发展是：飞利浦等3家公司不服提起诉愿，经我国台湾地区行政管理机构2001年11月16日“台2001年度诉字第67266号”诉愿决定以公平交易事务主管部门对于相关产品市场认定有瑕疵为理由将原处分撤销。公平交易事务主管部门重新调查，于2002年4月25日作成公处字第091069号处分书，仍维持原先处分。飞利浦等3家公司不服，诉愿经我国台湾地区行政管理机构遭驳回，再向“台北高等行政法院”提起行政诉讼，该院于2005年8月11日作成“2003年度诉字第908号”判决，认定飞利浦等3家公司虽然有诸多违反“公平交易法”第9条（当时的第10条）之情节，但是未违反“公平交易法”第15条（当时的第14条，下同），故公平交易事务主管部门裁定处罚款涉及“公平交易法”第15条部分不应列入裁罚考虑、飞利浦1999年2月5日前（1999年1月15日删除原条文第2项独占事业公告规定）不当行为不得算入“违法行为危害交易秩序持续期间”公平交易事务主管部门以2000年度我国台湾地区厂商预估支付约360亿日元作为“违法行为所得利益”欠缺相关证据，撤销公平交易事务主管部门原处分及我国台湾地区行政管理机构诉愿决定，公平交易事务主管部门不服提起上诉，“最高行政法院”于2007年4月4日以“96年度判字第553号”判决驳回该上诉。公平交易事务主管部门提起再审，仍遭驳回。对此，有学者认为“台北高等行政法院”及“最高行政法院”见解之妥适性有讨论空间。[1]

在中国大陆，国务院反垄断委员会《关于知识产权领域的反垄断指南》第2章“可能排除、限制竞争的知识产权协议”除了规定下面涉及的几种行为外，还明确规定了联合研发和标准制定三种行为。其中，第7条规定了联合研发，联合研发是指经营者共同研发技术、产品等，以及利用研发成果的行为。联合研发通常可以节约研发成本、提高研发效率，但也可能对市场竞争产生排除、限制影响，分析时可以考虑以下因素：(1)是否限制经营者在与联合研发无关的领域独立或者与第三方合作进行研发；(2)是否限制经营者在联合研发完成后进行后续研发；(3)是否限定经营者在与联合研发无关的领域研发的新技术或者新产品所涉知识产权的归属和行使。第11条规定了标准制定，本指南所称标准

---

〔1〕 刘孔中：《解构知识产权法及其与竞争法的冲突与调和》，中国法制出版社2015年版，第84～85页。

制定,是指经营者共同制定或参与制定在一定范围内统一实施的涉及知识产权的标准。标准制定有助于实现不同产品之间的通用性,降低成本,提高效率,保证产品质量。但是,具有竞争关系的经营者共同参与标准制定可能排除、限制竞争,具体分析时可以考虑以下因素:(1)是否没有正当理由,排除其他特定经营者;(2)是否没有正当理由,排斥特定经营者的相关方案;(3)是否约定不实施其他竞争性标准;(4)对行使标准中所包含的知识产权是否有必要、合理的约束机制。这是根据目前中国知识产权领域市场竞争的实际情况而做出的相应指引。

(二)交叉许可、联营协议与多重联营

交叉许可和联营协议是指两个或者多个不同知识产权人之间的一种协议,这种协议规定合同各方可以使用其他方所拥有的知识产权。正如美国《知识产权许可的反托拉斯指南》所指出的,交叉许可与联营协议可能通过整合互补技术、降低交易成本、清除封锁和避免昂贵的侵权诉讼来促进竞争。通过促进技术传播,交叉许可和专利池安排通常是有利于竞争的。但是,这样的协议在某些情况下也可能产生限制竞争的效果,尤其是当这样的协议被用作一种明显的实现固定价格、分配市场和顾客的机制时,就会对竞争产生严重的妨碍作用。该指南还援引两个判例即 NCAA 这个大学美式足球联赛统一分配转播权案与 Broadcast Music 这个音乐著作权“一揽子”许可案进行比较:前者因为在手段与目的之间不具备合理必要的关联,造成减少供给;而后者则为减少个别音乐著作权许可费议价的交易成本所必要。因此,在反托拉斯法上的评价结果相异:前者违法,后者不属于本身违法。

在美国,当交叉许可涉及横向竞争者时,如果损害了作为实际或者潜在的竞争者之间的竞争,就会引起反托拉斯上的问题。一般并不要求联营协议是对外开放型的,亦即任何人希望参加就可以参加;但是,如果具有市场力量的实体之间订立的这种协议排除他人参加,则在下述情况下有可能被认为是触犯了反托拉斯法:协议致使被排除的公司失去在采用被许可技术的产品市场上进行有效竞争的能力;联营的实体经过合作在相关市场上具有市场力量。此外,如果一项联营协议导致削弱参与者进行研究开发的积极性,从而产生妨碍创新的后果,也将被认为是触犯了反托拉斯法。例如,联营协议要求成员以相当低的费用相互许可使用目前已开发及未来可能开发出之技术,这会被认为可能造成相

互搭便车,可能降低联营协议成员各自从事研究开发活动之激励。可见,美国反托拉斯机构相当重视通过促进竞争的执法措施,维护研发的激励。

美国《知识产权许可的反托拉斯指南》还以假定的例子(例示九)对此加以说明。同前述的例示八中的情况一样,两家生产消费性电子产品的主要企业各自拥有涉及该产品的电路设计的专利,它们的专利对消费者来说是可选择的。它们将各自的专利转让给一家完全由它们双方合资设立的企业,由该企业许可他人使用并确定专利许可使用费。但在本例中,它们所转让的这些专利是互相阻斥的,即这些专利不能各自独立使用而不侵犯他方的专利(具有依存性)。在这种情况下,拥有这些专利的生产企业之间就不是处于横向关系,这些专利也就不能相互替代。因此,如果没有在相关产品市场或者其他反托拉斯市场上提高价格、减少产量以及与提高效率没有合理联系的附属(collateral)限制,反托拉斯机构将不会对这种协议进行干预。

专利联营协议是一种常见的涉及横向限制的知识产权许可协议。通过对近些年来发生的这方面的三个实例的比较,我们可以进一步看出美国反托拉斯机构是如何对专利联营协议进行分析和处理的。[1] 前两个专利联营协议是由美国司法部以营业审查书程序(business review letter procedure)进行分析的,按照这一程序,司法部应某一企业的要求对拟议中的交易进行审查并提供咨询意见。第三个专利联营协议涉及 Summit Technology/VISV 强制行动,是由联邦贸易委员会处理的。

1. DVD And MPEG－2 Technology Pools

司法部审查了有关数字化视频光盘(DVD)技术的两个联营协议,第一个联营协议是由 8 家电子企业和哥伦比亚大学提出的。该联营涉及 MPEG－2,一种视频数据存储压缩标准。视频压缩允许数据存储和在传输空间存储,这是一种用 DVD 生产的技术。参加者拟议由众多不同的专利权人拥有的 27 个专利进行联营。该联营协议计划以那些许可人同意的许可使用费来发放"一揽子"、非独占的许可证。第二个联营协议是由飞利浦、索尼和先驱公司提出的,涉及为符合生产 DVD 和 DVD 唱机所必需的专利的联营。在两个案件中,司法部都拒绝依据当事各方提供的专利联营的说明而采取强制行动。导致司法部不采

〔1〕 See Sheila F. Anthony, *Antitrust and Intellectual Property Law: From Adversaries to Partners*, AIPLA Quarterly Journal, Volume 28, Number 1, Winter 2000.

取强制行动的 MPEG－2 专利联营的基本特征在 DVD 专利联营中也同样存在。这样,下面的讨论将集中在 MPEG－2 专利联营上。司法部作出不采取强制行动的结论是基于以下六个方面的因素。

第一,该专利联营只包括互补性的而非竞争性的专利,它们各自被认为是为遵守 MPEG－2 标准所必要的。该联营协议对“必要的”界定是尤其值得注意的,因为它要求:(1)包括在联营中的每一专利没有技术上的替代品;(2)该参加联营的专利只在彼此相结合时才对 MPEG 产品有用。那些专利权人不是以竞争性的技术联营,而是将单个技术组合成互补的技术成分。

第二,该许可是非独占性的。由于参加联营的每一个专利仍然可从单个的许可人那里单独得到,因而该联营不是采取一种要求被许可人接受其不想要的多重许可的机制。要求多重许可在反托拉斯分析中有时被称为“搭售”,在某些情况下搭售许可证是有害于竞争的。

第三,该专利联营利用专家来选择哪些专利是必要的,可以包括在联营中来。该联营因此避免了不适当地将联营中其他专利的竞争性替代专利包括在内的情况。共同的许可人作为独立的实体聘请专家并支付费用。另外,由于每个成员的许可使用费是以其提供的必要专利的数量为依据,因此这种许可使用费的结构会促使联营成员拒绝其他企业非必要的专利。

第四,该专利联营承诺平等进入。这种投资组合将以同样的条件向所有的被许可人提供。这种“平等进入”的要求将会排除任何使联营被用来损害其成员的竞争对手的可能性。

第五,该专利联营允许单方面同该标准进行竞争,这意味着它没有任何内容限制许可人开发替代技术,因此该专利联营协议将不会限制创新。

第六,该专利联营带来了显著的效率。联营协议减少了积累为制造 MPEG－2 产品所需的各种许可证的时间和费用。通过为这些产品的生产提供便利,该联营可能有利于竞争。

2. Summit Technology/VISX

这个专利联营涉及一个由联邦贸易委员会采取强制行动的案件。在 1998 年 3 月,联邦贸易委员宣布对 Summit 技术公司有关光折射角膜切除术(PRK)的专利联营提出指控。PRK 是一种用激光改变角膜的眼外科手术,它使许多人不需要戴眼镜或隐性眼镜。Summit 和 VISX 是经食品药品监督管理局(FDA)批准销售 PRK 设备的仅有的两家公司。Summit 和 VISX 将它们的 PRK 专利的大部分许可给了一家合伙企业。这家合伙企业然后又将这些专利全部许可给 Summit 和 VISX,并只许可给它们。Summit 和 VISX 销售或者出租 PRK 设备给眼科医生,并向那些医生授予实施 PRK 方法的分许可证。该专利联营协议要求 Summit 和 VISX 每实施一次 PRK 方法要向合伙企业支付 250 美元。而 Summit 和 VISX 又向它们各自的分许可证的被许可人每次收取 250 美元。由于专利联营协议要求每个企业支付这笔费用,因此 Summit 和 VISX 都没有减少这种许可费的诱因。委员会首先指控该协议排除了 Summit 和 VISX 之间本来在 PRK 设备市场、专利许可以及有关该方法的技术许可方面的竞争。其次,该协议的排他性质减少了各方许可 PRK 技术给其他企业的刺激,从而限制了其他企业获得该技术。最后,费用条款大大地提高了消费者为 PRK 方法支付的价格。在委员会看来,付给合伙企业的 250 美元许可费有效地成为消费者支付费用的最低标准。在 1998 年 8 月,这些指控以禁止联营协议继续的同意令的方式得到解决。

对 MPEG－2 和 Summit/VISX 专利联营进行比较,有助于揭示权衡促进竞争的利益与反竞争的影响在每一个案件中是如何产生不同效果的。首先,MPEG 联营是限于那些只有与其他专利相结合才对 MPEG－2 产品有用的专利。相反,联邦贸易委员会指控在没有该联营协议的情况下,Summit 和 VISX 本来可以并且也会在 PRK 设备的销售或者出租方面彼此竞争,或者通过相互挑战对方的专利,或者通过避开该专利或者围绕该专利从事发明,或者通过结合运用两种策略。其次,两种联营的排他性不同。MPEG 联营所包括的专利是既可以为单个的成员所获得的,也可以为联营所获得的。而 Summit/VISX 专利联营则禁止为任何当事人单方面许可。最后,无论是 Summit 还是 VISX 都可以单独地否决联营向其他公司许可。这种否决权减少了两家公司任何一家的专利许可给其他 PRK 制造商的可能性。该指控指出,那些专利事实上也没有许可给任何人。而 MPEG 联营是特别用来促使将其所包括的专利以非歧视的条件许可给范围广泛的其他制造商。

美国 2007 年《反托拉斯执法与知识产权:促进创新和竞争》的报告肯定和重申了 1995 年以来的分析方法,在前言部分第 3 章对“专利组合的交叉许可协议与专利联营的反托拉斯法分析”进行了总结。指出:在许多行业,将产品投入商业化生产所需要的专利通常由众多不同的专利权人分别拥有,这种专利分散状态导致的多重许可的谈判交易成本以及许可费用累积,使产品进入市场的成本增加。组合专利交叉许可和专利联营可以消除就单个专利分别谈判的必要性,从而有助于解决由这些专利重叠、专利丛林所带来的问题,降低了被许可方的交易成本。另外,专利联营协议还可以减轻因不同专利权人分别向被许可方索要许可费用而导致的专利许可费用累积和阻却作用。与此同时,组合专利交叉许可和专利联营可以保护对发明人将其现有创新投入商业化以及进行新的、潜在的可专利化的研发的激励。尽管交叉许可协议和专利联营协议均具有产生重要的效率改善的潜在可能性,如果该等协议或者安排导致了竞争者之间的价格固定、联合限制产出、阻碍创新等后果,则该等协议或者安排也可产生反竞争的效果。例如,专利联营许可方之间的横向协作关系,可能导致技术或下游产品之间的价格竞争减弱。而且,专利联营安排要求每个成员以最低的许可费用向其他成员授予许可使用现有及未来的技术,可能会减弱专利联营成员参与研发的激励。因为每个成员均须分享自己的研发成果,而每一成员都可以对其他成员的成果免费搭车。最后,执法机构得出的结论是:

第一,执法机构会继续按照《知识产权许可的反托拉斯指南》的分析框架,根据合理原则来分析交叉许可和专利联营对竞争的影响。如果存在与这两种许可行为相关的可辨别的益处和潜在反竞争效果,执法机构将根据合理原则对两种类型协议进行分析。

第二,由互补性的专利组成的专利联营总体上是有利于竞争的。

第三,将可替代的专利并入专利联营的行为也并不当然具有反竞争的效果,其对于竞争的影响将根据个案的具体情况进行分析。

第四,对于专利联营中许可专利的条款对竞争的影响,将在个案基础上结合有利于竞争的因素和反竞争效果进行分析。

第五,执法机构一般不评估专利联营确定的许可费用收费标准的合理性。执法机构的主要精力将集中于分析专利联营的专利组成以及这样的组成是否使专利联营参加者具有损害竞争的可能性方面。

日本1999年《专利和技术秘密许可协议中的反垄断法指南》也对交叉许可和专利联营做了规定,还规定了多重许可(multiple licensing)问题。替代该指南的日本2007年《知识产权利用的反垄断法指南》在第三章第2条专门也以不合理交易限制的观点对专利联营、多重许可和交叉许可进行了分析。基本内容如下:

关于专利联营。(1)专利联营是指多个对某项技术拥有不同专利的主体将他们的专利权利本身或许可权利集中于特定的合作组织或机构,以便于该组织或机构可以向专利联盟的成员或其他主体提供必要的许可。这种组织或机构的形式可以有多种,既可以为此目的专门成立,也可以指定已有的机构执行这一任务。专利联营有利于促进商业行为所需要的技术的有效利用,建立专利联营不会自动构成对交易的不合理限制。(2)尽管有前述条款,如果在一个特定的技术市场中,拥有替代性技术的各方设定一个专利联盟,共同制定使用该替代技术的许可条件(包括技术的使用范围)并实质性限制与这些技术有关的交易的竞争,则该行为构成对交易的不合理限制。如果这些企业限制联营各方对许可给专利联营的技术的任何改进,或共同限制被许可方,若其实质性地限制了与技术有关的交易的竞争,则构成对交易的不合理限制。(3)如果在特定产品市场相互竞争的企业就生产产品所必要的技术建立专利联营,并从专利联营中获得这些技术的许可,若这些企业共同制定使用技术的产品的价格、产量、产品销售客户,在该行为实质性地限制了系争产品交易的竞争时,则构成对交易的不合理限制。(4)如果在特定产品市场相互竞争的企业建立专利联营,并由联营体作为唯一机构向其他企业授予许可,若该专利联营机构在没有合法理由的情况下拒绝向新的加入方或者已加入方授予许可,则构成共同阻碍新的进入或者阻止现有企业商业行为的行为。在该行为实质性地限制了系争产品交易的竞争时,则构成对交易的不合理限制。

关于多重许可。多重许可是指向多个不同企业授予使用技术的许可的制度。如果多重许可安排对于该技术的使用范围和使用该技术的产品销售价格、销售量、销售客户范围等方面进行限制,且许可方和被许可方相互认识到其受到这些共同限制的约束,则构成对企业商业行为的共同限制。如果该限制在实质上限制了与产品相关的市场竞争时,则构成对交易的不合理限制。限制被许可方通过技术研发获得改进技术或实施改进技术(以下简称改进技术)或采用替代性技术,如果实质性地限制了与技术有关的交易领域的竞争,则构成不合理的交易限制。这方面的引证案例是:某地方公共管理机构采购下水系统的铁盖,采购规格中采用了X公司的实用新型专利,条件是X公司将该实用新型专利许可给其他企业。X公司将实用新型专利许可给其他六家企业,但规定其他六家企业在提交给公共管理机构的铁盖预算价格必须等于或者高于X公司的报价,且X公司及六家企业向建筑商提出的价格、利润率均须固定,而X公司必须先保证20%的销售份额,剩余的份额由X公司与六家企业平分。X公司的上述行为及其他行为被认定为违反《禁止垄断法》第3条。

关于交叉许可。(1)交叉许可是指两家以上拥有自己的技术的企业相互之间许可对方使用技术的权利的商业行为。一般而言,交叉许可所涉及的企业个数少于参加专利联营或者多重许可安排的企业个数。(2)即便交叉许可涉及的企业个数有限,若交叉许可涉及共同确定价格、产量、销售客户或者其他事项,且交叉许可的参加方在特定产品市场上共同占有较高的份额时,仍可以产生与专利联营类似的反竞争效果。因前述专利联营部分所述原因,如果该行为实质性地限制了系争产品交易领域的竞争,则构成对交易的不合理限制。(3)若交叉许可涉及共同限定每一方的技术使用范围,这就相当于限制了使用该技术的商业行为的范围,如果该行为实质性地限制了使用技术或者产品有关的交易领域的竞争,则构成对交易的不合理限制。

对于专利联营,日本公正交易委员会2005年6月29日专门公布了《标准化和专利联营协议指南》(Guidelines on Standardization and Patent Pool Arrangements),[1]对相关问题做了更具体的规定。

(三)著作权集体管理组织的许可行为

在知识产权许可协议中,有一类比较特殊的许可行为,那就是著作权集体管理组织的许可行为。

著作权集体管理是知识产权保护中一种非常特殊的制度。通常,著作权可以由个人直接行使,但在有些情况下,个人无法或者难以直接行使权利,如一名作曲家无法知道谁公开演奏了他的音乐作品,也无法准确地得知哪家广播电台、电视台播放了他的作品,反之,演出组织、广播电视组织往往也难以与每个作者取得联系。在这种情况下,只有通过集体管理的方式才能解决作者和演出单位以及广播电视组织之间如何相互取得联系的问题。著作权集体管理,是指依据著作权人的授权,代表著作权人的集体组织,授权不同的使用人使用该组织成员的作品,并收取报酬分发给著作权人的行为。具体来说,就是由作者授权一家组织,由这家组织同各个演出单位和广播电视组织联系,向他们发放演出和广播的许可证,收取许可使用费,再将收取的费用按照一定的方法分配给各个权利人,对侵权者提出包括诉讼在内的法律交涉等。著作权集体管理组织一般是非营利性质的机构,通常采取会员制,会员就是授予其著作权的作者。

---

〔1〕 http://www.jftc.go.jp/e-page/legislation/ama/Patent_Pool.pdf.

集体管理组织同会员之间是信托性质的关系，或者是信托和代理两种关系。集体管理组织管理的原则上都是作者个人无法实现的权利，也是作者（会员）授予组织的权利。集体管理组织主要管理作者的广播权、公开表演权、制作录音制品权以及法律规定的一些获得报酬权，如出版教科书应付给作者的报酬、复印机制造商或者经销商付给作者的报酬、出租出借版税。迄今很多国家和地区都建立了著作权集体组织，分别负责音乐作品、文学作品和戏剧作品的表演权集体管理工作。在新技术条件下，集体管理组织的管理正向制作多媒体、网络环境下使用文学艺术作品的范围扩大。

1990 年《著作权法》颁布后，1992 年国家版权局就批准成立了第一家著作权集体管理组织——中国音乐著作权协会。后国务院于 2004 年 12 月 28 日发布了《著作权集体管理条例》，自 2005 年 3 月 1 日起施行。[1] 目前，中国已经先后成立了五家著作权集体管理组织：中国音乐著作权协会（音著协）、中国音像著作权集体管理协会（音集协）、中国文字著作权协会（文著协）、中国摄影著作权协会（摄著协）、中国电影著作权协会（影著协），基本覆盖了作品使用的主要领域。五家集体管理组织均依照中国《著作权法》《著作权法实施条例》《著作权集体管理条例》等法律法规，经国家版权局批准，并经民政部核准登记成立，均为国家版权局（国家新闻出版广电总局）主管的非营利性社会团体。这些集体管理组织在推广会员作品、保护著作权人和邻接权人合法权益、促进作品传播、推动产业发展、规范市场版权秩序、推动著作权法律法规的修改完善、提升公众版权意识等方面发挥积极的作用，其信息优势、协调优势以及节约市场交易成本等功能，已经得到了初步的体现和发挥。

中国曾长期缺乏对著作权集体管理的明确法律规定。2001 年修改的《著作权法》第 8 条对著作权集体管理组织做了原则规定。2005 年施行的《著作权集体管理条例》做了进一步的规定。根据规定，著作权人和与著作权有关的权利人可以授权著作权集体管理组织行使著作权或者与著作权有关的权利。著作权集体管理组织被授权后，可以以自己的名义为著作权人和与著作权有关的权利人主张权利，并可以作为当事人进行涉及著作权或者与著作权有关的权利的诉讼、仲裁活动。著作权法规定的表演权、放映权、广播权、出租权、信息网络传

---

〔1〕 根据 2011 年 1 月 8 日《国务院关于废止和修改部分行政法规的决定》第一次修订，根据 2013 年 12 月 7 日《国务院关于修改部分行政法规的决定》第二次修订。

播权、复制权等权利人自己难以有效行使的权利,可以由著作权集体管理组织进行集体管理。

著作权集体管理组织就是指为权利人的利益依法设立,根据权利人授权、对权利人的著作权或者与著作权有关的权利进行集体管理的社会团体。根据中国《著作权集体管理条例》的规定,依法享有著作权或者与著作权有关的权利的中国公民、法人或者其他组织,可以发起设立著作权集体管理组织。著作权集体管理组织会员大会为著作权集体管理组织的权力机构。权利人可以与著作权集体管理组织以书面形式订立著作权集体管理合同,授权该组织对其依法享有的著作权或者与著作权有关的权利进行管理。权利人符合章程规定加入条件的,著作权集体管理组织应当与其订立著作权集体管理合同,不得拒绝。权利人与著作权集体管理组织订立著作权集体管理合同并按照章程规定履行相应手续后,即成为该著作权集体管理组织的会员。权利人与著作权集体管理组织订立著作权集体管理合同后,不得在合同约定期限内自己行使或者许可他人行使合同约定的由著作权集体管理组织行使的权利。著作权集体管理组织许可他人使用其管理的作品、录音录像制品等,应当与使用者以书面形式订立许可使用合同。著作权集体管理组织不得与使用者订立专有许可使用合同。使用者以合理的条件要求与著作权集体管理组织订立许可使用合同,著作权集体管理组织不得拒绝。许可使用合同的期限不得超过 2 年,合同期限届满可以续订。

著作权集体管理组织被授权后,集中行使权利人的有关权利并以自己的名义进行下列活动:与使用者订立许可使用合同;向使用者收取使用费;向权利人转付使用费;进行涉及著作权或者与著作权有关的权利的诉讼、仲裁等。由于在集中大量的著作权后具备了规模效应,一方面,这确实可有效降低个人维权和用户谋求授权的成本,在某种程度上是符合著作权人和用户的共同利益;但另一方面,这种垄断地位又极容易被滥用,从而给著作权人和用户带来损害。

著作权集体管理组织的活动主要是围绕著作权的许可进行的。从形式上看,著作权集体管理组织的建立及其活动类似于上述的专利联营,但由于它有利于单个著作权人行使权利,也有利于著作权使用单位及时合法地使用作品,因此著作权集体管理组织的许可行为本身一般不会违反有关反垄断法的规定,但也有若干限制。例如,德国经 1998 年第六次修订的《反限制竞争法》第 30 条就对著作权保护协会的行为做了规定:该法第 1 条和第 14 条不适用于设立受

《关于行使著作权及邻接权的法律》监督的著作权保护协会,[1]不适用于此类著作权保护协会订立的合同和作出的决议,但以该类合同或决议为行使《关于行使著作权及邻接权的法律》第1条意义上的权利所必需,而且已向监督机关申报为限。依据《关于行使著作权及邻接权的法律》第16条第4款订立的合同,如其内容由州高等法院确定,则仅当合同被滥用时,联邦卡特尔局才享有本法规定的权限。[2]

集体管理组织工作的目标应是最大限度保护权利人的利益,最大限度方便使用者对作品的利用。但是,由于大多数国家,特别是欧洲各国通常采取一类作品只设立一家集体管理组织的模式,著作权集体管理组织事实上处于一种垄断地位。中国《著作权集体管理条例》第7条规定设立著作权集体管理组织应当具备的四个条件之一是"不与已经依法登记的著作权集体管理组织的业务范围交叉、重合",实际上也是这种情况。因此,具有垄断地位的著作权集体管理组织往往容易从事一些反竞争行为(除协议限制竞争以外的其他反竞争行为)。这种反竞争行为常常是双向的,即它们一方面是对权利人(会员)收取过高的代理费或者手续费,甚至还有不正当歧视,另一方面又对使用人开出较高的价码。为了防止集体管理组织滥用职权,欧洲各国一般都规定政府或者某个政府部门是集体管理组织的监督机构,负责审批集体管理组织的设立和撤销、检查集体管理组织理事会会议和日常工作、检查其收费标准的制定和分配方案的实行。中国《著作权集体管理条例》虽然也规定了对著作权集体管理组织的监督,但基本上不是从反垄断角度进行的。因此,由反垄断执法机构对著作权集体管理组织的反竞争行为进行监督仍属必要。

在欧盟,为防止集体组织以共谋等方式妨碍市场竞争,集体组织之间的协议也像其他商业组织之间的协议一样受到欧委会的反垄断审查。通常,集体组织的相互代表协议属豁免范畴,但以不损害消费者利益为限。2000年10月,几个重要的集体组织GEMA(德)、PRS(英)、SACEM(法)、BUMA(荷)和BMI(美)在智利圣地亚哥举行会议并签署了《圣地亚哥协议》(Santiago Agreement)。该协议目的是应对互联网环境下音乐作品使用的跨国使用问题,而允许各集体组织在本国境内发放协议成员所管理的音乐作品的在线使用许可。

---

[1] 分别禁止卡特尔行为和禁止关于价格形成条件或交易条件的纵向协议。

[2] 不过,该法在2005年第七次修订后的第30条规定的不再是这个内容,而是"报纸期刊的价格约束"。

但协议规定只有内容提供者所在地的集体组织才有权发放许可。欧委会在初步评估中认为该协议分割市场以巩固各集体组织的垄断地位,可能限制消费者的选择自由,有违反欧盟竞争法的嫌疑。于是,该协议在2004年有效期届满后各集体组织没有续签,就此终结。[1]

对著作权集体管理组织的反竞争行为进行监督涉及反垄断法的各个方面,而不仅仅限于垄断协议,更不限于横向垄断协议。有学者认为,在利用市场机制限制集体管理组织滥用市场优势地位以外,法律还必须直接对垄断性的著作权集体管理组织的市场行为进行干预。可能的法律干预措施有:(1)要求集体管理组织保障著作权人进入或者退出的自由;(2)禁止歧视不同的著作权人,要求其建立公平、公开、准确、可靠的许可费分配机制;(3)禁止强迫接受"一揽子"许可,要求集体管理组织提供多种类型的许可;(4)从实体及程序上限制其索要高额许可费;(5)充分公开经营信息,接受会员、版权用户及社会的监督;(6)禁止横向或者纵向市场联合,限制竞争对手及版权用户的选择自由,等等。[2]

虽然中国目前的集体管理组织发展还不够充分,但它仍有可能从事滥用垄断地位的行为。例如,对于著作权集体管理非常重要的"收费标准"问题,各国通行做法是由集体组织与使用者或者使用者团体协商确定,其后可能还有备案和公示的要求。但中国相关法律法规忽视了协商环节。《著作权集体管理条例》第13条虽然规定了制定收费标准需要考虑的因素,包括使用时间、方式和地域范围等,但就是没有"使用者意见"。这就容易导致集体组织在收费标准的制定问题上忽略使用者的利益。虽然有的集体组织在章程中有协商确定使用费标准的内容,但没有成为一个普遍的制度性要求。在集体组织享有法定垄断地位的情况下,更应当以反垄断法律规范对其经营行为进行控制和调整,防止发生扭曲市场和有损公共利益的情况。[3]

实际上,在中国近些年起草关于知识产权领域的反垄断执法指南中,一直关注到这个领域的问题,并在不同的版本中都有所涉及。例如,在2009年9月的版本(起草修订第四稿)中,第27条就专门规定了"著作权集体管理组织的行为",内容是:"著作权集体管理组织是指为权利人的利益依法设立,根据权利人

---

〔1〕 刘利:《著作权集体管理制度的欧盟经验及其对我国的启示》,载《中国版权》2013年第6期。

〔2〕 崔国斌:《著作权集体管理组织的反垄断控制》,载《清华法学》2005年第1期。

〔3〕 刘利:《著作权集体管理制度的欧盟经验及其对我国的启示》,载《中国版权》2013年第6期。

授权、对权利人的著作权或者与著作权有关的权利进行集体管理的社会团体。著作权集体管理组织的设立及其活动的开展通常有利于单个著作权人权利的行使,有利于著作权使用单位和个人及时合法的使用作品。”“如果著作权集体管理组织在开展活动过程中,从事符合下列条件之一的行为,国务院反垄断执法机构将运用本指南第二章规定的分析方法进行分析认定:(一)没有正当理由,收取过高的代理费或许可费;(二)没有正当理由对条件相同的著作权人实行歧视性待遇;(三)强迫接受‘一揽子’许可的行为;(四)从事其他可能具有排除、限制相关市场竞争效果的行为。”[1]后来的相关版本虽然表述有所差异,但都保留了这方面的内容。由于种种原因,国家工商总局2015年4月发布的《关于禁止滥用知识产权排除、限制竞争行为的规定》中没有这方面的规定,而国务院反垄断委员会《关于知识产权领域的反垄断指南》第28条就著作权集体管理做了简要的规定,著作权集体管理通常有利于单个著作权人权利的行使,降低个人维权以及用户获得授权的成本,促进作品的传播和著作权保护。但是,著作权集体管理组织在开展活动过程中,有可能滥用知识产权,排除、限制竞争。具体分析时,可以根据行为的特征和表现形式,认定可能构成的垄断行为并分析相关因素。

尽管该条规定在指南的第5章“涉及知识产权的其他情形”(可能构成不同类型的垄断行为,也可能涉及特定主体),但是本书将这部分内容放在此处安排,主要是考虑到著作权集体管理组织系由著作权人共同设立,其性质类似于行业协会,而在许多国家行业协会和股东会的决定视为企业间的协议,其横向限制竞争行为还是主要的。

四、知识产权许可与纵向垄断协议

(一)知识产权许可协议中涉及纵向限制的一般问题

前文已指出,知识产权许可协议的当事人(许可人和被许可人)之间一般是处于纵向关系,因此在协议中涉及纵向限制的情况也是普遍的、大量的。在一定意义上可以说,知识产权许可协议本身的限制就是纵向限制。

在判断知识产权许可的纵向限制是否合理时,一个重要方面是要考虑知识产权的“权利穷竭(耗尽)”原则(Exhaustion Doctrine)或者“首次销售”理论,即

---

[1] 王先林主编:《中国反垄断法实施热点问题研究》,法律出版社2011年版,第387页。

知识产权产品只要被投入市场,权利人就不得限制该产品的转售价格或者作出其他限制。权利穷竭原则源于美国最高法院1873年关于一个专利权案件的判决。被告Burke从波士顿一家享有生产和销售棺木盖专利产品的企业购买了一个产品,在自己所住地区使用。被告住所地的棺木盖专利被许可人即指控Burke侵犯了其专利权。然而,美国最高法院认为,棺木盖虽为专利产品,但被告是通过合法手段买到了产品,专利权人以及其他权利人不得限制该产品的使用和销售。法院的结论是,“如果专利权人或者其他合法权利人销售一台机器的价值在于机器的使用,他得承认其他人有权使用这台机器,从而必须放弃限制这台机器被使用的权利”。在1942年Masonite一案判决中,美国最高法院对权利穷竭原则做了新的解释。一个产品的专利权是否耗尽,取决于该产品是否进行过处置,即专利权人是否从产品的使用中得到了回报。如果专利权人已经从一个产品的第一次销售中得到了合理报酬,他就不应再从第二次、第三次及多次销售中得到好处,即不能对这个产品再享有控制权。[1] 对于知识产权的权利穷竭原则是否具有地域性问题,即权利仅在一国之内穷竭还是在世界范围内穷竭,不同国家或地区的立法和司法实践中采取了不同的观点和态度。为避免本来差距就很大的各成员立法在有关争端中产生更多的矛盾,WTO/TRIPs第6条规定不得利用本协议任何条款处理知识产权穷竭问题,因此对知识产权穷竭问题采取了回避的态度,允许各成员国或成员地区自行解释。[2] 不过,这一原则在一国之内(包括欧盟的各成员国之间)适用应是毫无问题的。对此,日本2007年《知识产权利用的反垄断法指南》中还明确做了规定。该指南的第二章“反垄断法适用的基本原则”第1条第3段规定:“在确定具体行为是否可以被确认为权利行使行为时,须注意权利的穷竭。在技术权利人依法自主决定将使用其技术生产的产品在日本市场分销后,任何其他主体再在日本市场上就其进行交易不构成侵权。换句话说,专利或其他权利已经穷竭。权利人限制其他主体就权利人根据自由意志决定分销后的产品再进行的交易,与供应商在总体上对经销商如何分销供应商的产品进行限制,在反垄断法适用的原则看来,二者没有区别。”

由于在反垄断法中,涉及协议限制竞争行为时,纵向限制一般比横向限制

---

〔1〕 王晓晔:《滥用知识产权限制竞争的法律问题》,载《中国社会科学》2007年第4期。

〔2〕 郑成思:《知识产权论》,法律出版社2003年版,第352页。

对竞争的影响小,因此对纵向限制除少数行为属于本身违法外,大多数情况下则是实行合理原则,有关反垄断法中对于纵向限制的豁免或者例外的情况也比较多。在知识产权许可领域也完全是这样,并且由于知识产权本身的特殊性质,在这一领域的豁免或者例外情况也更多。但是,对于超出知识产权内容的限制,仍然要受到禁止。需要注意的是,知识产权许可协议在涉及许可人与被许可人之间的关系时,如果许可人一方具有市场支配地位,那么在很多情况下就会涉及许可人滥用市场支配地位的问题,相应地,在这一领域的一些行为就常常涉及同时由本书第四章禁止滥用市场支配地位制度的调整问题。

在一些国家的反垄断法中对有关知识产权许可协议中的纵向限制问题作出了明确的规定。例如,德国《反限制竞争法》在第一编第二章"纵向协议"中就对许可合同进行了专门的规定(第 17 条)。该条第 1 款规定:有关让与或许可已经授予的或已经申请的专利或实用新型、半导体拓扑图形或植物品种保护权的合同,如规定取得人或被许可人在商业交易中必须遵循超出工业产权的内容的限制,则该合同是禁止的。有关行使该项保护权的形式、范围、技术适用领域、数量、地域或时间等方面的限制,不超出该项保护权的内容。第 2 款规定:上述第 1 款规定在以下情况下不适用于对取得人或被许可人设定的限制,但以这些限制不超过所取得的或所许可的保护权的期间为限:(1)出让人或许可人对确保保护权标的物在技术上得到完美无缺的使用具有合法的利益;(2)出让人或许可人责成取得人或被许可人交流经验,或者责成其提供改进发明或应用发明的非排他性许可权,但以让与人或许可人承担相应的、同类性质的义务为限;(3)出让人或许可人要求取得人或被许可人承担不对被许可的保护权提出异议的义务;(4)在最小范围内使用被许可的保护权或支付最低费用的义务;(5)出让人或许可人要求取得人或被许可人承担以某种不排除制造人标志的方式标示许可产品的义务。第 3 款规定:应申请,第 1 款所称的合同可以豁免适用该款的禁令,但以取得人或被许可人或其他企业的经济行动自由并未受到不公平的限制,并且市场上的竞争并未因这些限制的规模而受到实质性的损害为限。卡特尔当局在收到申请书后的 3 个月未予以驳回的,这些合同即豁免适用第 1 款的禁令而生效。对这种豁免应附有期限(一般不超过 5 年),可以附加条件和负担,并可以在一定条件下撤回或变更。不过,该法在 2005 年第七次修订时删除的内容中就包括了本条。

多数国家或地区的反垄断法中并没有对知识产权许可协议中的纵向限制

作专门的规定,但只要它超出了知识产权本身的合理限制范围,对它仍然适用反垄断法的相关规定。而且,前述美国、欧盟、日本以及我国台湾地区都有由反垄断执法机构制定的这方面的专门指南,对有关知识产权许可协议中的维持转售价格、销售价格限制、地区限制、搭售、回授以及排他性交易等提出了明确的执法意见。在世界贸易组织《与贸易有关的知识产权协议》(TRIPs)中,其第40条也明确提到三种成员可以采取措施加以制止或者控制的可能构成对知识产权的滥用、在有关市场上对竞争产生不利影响的订立许可合同的做法或者条件,即独占性回授条件、禁止对知识产权有效性提出质疑的条件、强迫性"一揽子"许可。

因此,知识产权许可协议中涉及的纵向限制是比较普遍而多样的,它们在反垄断法上所受到的处理也有较大差别。以下分别从价格限制与非价格限制两方面加以简要分析。

(二)知识产权许可协议中的价格限制

作为纵向关系中的价格限制,一般涉及维持转售价格的问题。维持转售价格,是指产品的制造商或者供应商要求购买方必须按照一定的价格水平转售其产品。在涉及知识产权的场合,典型的维持转售价格应是知识产权人将含有知识产权(特别是专利权)的商品出售后,仍限制购买人转售该商品价格的行为。本来,知识产权许可不是商品销售,也就不存在转售问题,但在许多论著乃至法规、判例(如美国《知识产权许可的反托拉斯指南》及其引述的法院判例)将知识产权许可协议中许可人限制被许可人销售依该知识产权生产的产品的价格视为维持转售价格,这或许主要是因为它们在本质上是一致的,都属于纵向交易关系(合同)中一方对另一方的下一步交易条件(价格)的限制,都属于一方企图将其在具体交易中的具有相对性的权利加以延伸的行为。当然,日本1999年的《专利和技术秘密许可协议中的反垄断法指南》对许可协议中的转售价格限制与销售价格限制是分别规定的,这里的转售价格限制应是指许可人促使被许可人在销售依该被许可的专利或技术秘密所生产的产品时对购买人转售价格的限制,而销售价格限制应是指许可人对被许可人在销售依该被许可的专利或技术秘密所生产的产品时的价格限制。本处所称的知识产权许可协议中的维持转售价格或者价格限制包括了上述两种情形。而取代该指南的2007年《知识产权利用的反垄断法指南》则在第四章第4条(3)中规定了"对销售和转售价格的限制”:如果许可方限制被许可方销售或者转售包含许可技术产品的销售价格,此类限制行为限制了被许可方和从被许可方处购买产品的分销商在商业行为中最基本的竞争手段,其明显地减少了竞争,因此此类行为通常被认为构成不公正交易行为。

与发生在同一市场层面的、互有竞争关系的企业之间的横向联合固定价格协议(价格卡特尔)不同,维持转售价格是由产业上游的企业对下游企业实施,如制造商对批发商或者批发商对零售商实施,这些主体相互之间一般不存在直接竞争关系,属于典型的纵向价格控制。如果它是由协议达成的,则是纵向协议限制价格竞争行为。

维持转售价格,在实践中存在各种不同的情况。既有维持最低转售价格,也有维持最高转售价格;既可能是某一个上游企业的单独实施,也可能是同类产品的几个上游企业的联合实施;既可能是上游企业推动的,也可能是下游企业推动的;既可以采取正式协议形式,也可由单方提出要求,还可通过拒绝供货的威胁这种间接手段来实施。有关国家的法律对这些不同的情况可能有不完全相同的对待。例如,多数国家一般只对维持最低转售价格的行为进行规范,但有的也同时对维持最高转售价格的行为进行规范;有的国家(如美国)只对协议维持转售价格行为予以追究,而有的(如澳大利亚)则对其他形式的维持转售价格行为也予以处罚。而且,维持转售价格行为除基于双方的协议而形成的外,还有纯粹基于市场支配地位而一方强加于另一方的。这里,就知识产权许可中涉及的维持转售价格而言,主要限于其中的协议形式和维持最低转售价格的情况。中国《反垄断法》第 14 条明确禁止经营者与交易相对人达成的垄断协议则包括固定向第三人转售商品的价格和限定向第三人转售商品的最低价格。

对于维持转售价格协议,美国反托拉斯法从 1911 年宣布其为违法,到 20 世纪 30 年代开始许可,后于 1975 年起又将其列为违法,经历了一个圆周运动。在 1911 年的 Dr. Miles Medical Company v. John D. Park & Sons Company 一案中,原告作为专利药品的制造商,要求作为被告的批发商执行其控制最低转售价格的合同条款,美国最高法院支持下级法院的判决,认定此类合同条款依《谢尔曼法》第 1 条属本身违法,故不予强制执行。由于此案是美国反托拉斯法干预厂商纵向市场行为的第一例,不仅在反托拉斯法上确立了一个先例,而且后来引发了广泛激烈的讨论。将控制转售价格的合同或协议视为本身违法行为是很长时期的美国官方政策。欧盟将《欧盟运行条约》第101条适用于维持转售价格,而且除极为特殊的情形之外,对维持转售价格行为一般不予豁免,总的来说还是采取了禁止与豁免相结合的模式。澳大利亚则对其采取宽泛的严格禁止加抗辩的模式。[1]

对知识产权许可协议中涉及的价格限制(维持转售价格),存在不同的见解。肯定者认为知识产权人的法律上的独占权,在其实施许可行为时,已被稀释,若知识产权人无法维持价格水准,则无法确保其向被许可人回收应有的报酬;若法律不许其在许可协议内实施价格的固定,则知识产权人可能根本不愿许可他人。否定者则认为,知识产权人若欲确保其合法的报酬,可以规定适当的许可费条款,而无须实施价格限制。[2]

在美国,前述的1911年的Dr. Miles Medical Company v. John D. Park & Sons Company一案就涉及专利产品,在该案中,法院判决当商品已投入流通并为经销商所拥有时,维持其转售价格是非法的。后来在1940年的Ethyl Gasoline Corp. v. United States和1942年的United States v. Univis Lens Co. ,Inc.案中,法院认为某一产品中的知识产权人固定被许可人对该产品的转售价格是本身违法行为。在后一案件中,最高法院使用"用尽原则"或首次销售原则禁止专利权人就其专利物品初次转移后,仍限制其交易价格。但在1926年的United States v. General Electric Co.一案中,法院认为产品专利的所有人可以要求以确定该专利产品的首次销售价格为许可生产该产品的条件,认为其限制系专利权人确保就其专利获得金钱上报偿的方法。后来的下级法院在一系列案件如1969年的Royal Indus. v. St. Regis Paper Co.案、1956年Newburgh Moire Co. v. Superior Moire Co.案中,采取与GE案不同的态度。例如,第六巡回法院在1943年的Barber – Colman Co. v. National Total Co.一案中,对于利用专利许可协议而就其他非专利物品为转售价格维持的行为,也否定其合法性。不过,GE案涉及专利权人本身也生产该专利产品的限制,而关于专利权人在自己不生产该专利产品时是否可以固定该专利产品

---

〔1〕 王源扩:《控制转售价格:经济分析与竞争法的对策》,载史际春主编:《经济法学评论》(第1卷),中国法制出版社2000年版,第78、82页。但需要注意的是,美国最高法院在2007年6月28日就Leegin Creative Leather Products, Inc. v. PSKS, Inc.一案以5:4作出判决中,不再认为维持最低转售价格为"本身违法",因此也要适用"合理分析"。

〔2〕 罗昌发:《贸易与竞争之法律互动》,台北,月旦出版股份有限公司1994年版,第210页。

价格的问题却未得到解决。[1] 但在 2007 年 6 月 28 日 Leegin Creative Leather Products, Inc. v. PSKS, Inc. 一案的判决后，至少从美国联邦法院层面来说，在知识产权许可协议中维持转售价格行为也不再属本身违法的范围了。这也使美国司法部和联邦贸易委员会在 2017 年 1 月 12 日修订的《知识产权许可的反托拉斯指南》时，将 1995 年指南中许可人限定被许可人的转售价格（尤其是在被许可人自己并不制造所销售产品的情况下）视为本身违法修改为按照合理原则处理。[2] 但是，对这样的许可合同，反托拉斯部门不再适用本身违法原则进行分析，并不等于其就一定合法，只是运用合理分析原则认定行为违法时的门槛相对提高了。

欧共体委员会《240/96 号规章》中所列举的 7 种黑色清单条款之一，就是限制合同一方自由确定许可产品的价格、价格组成或者折扣比例。因此，知识产权许可协议中涉及有关维持转售价格的，不能得到集体豁免。取代它的《772/2004 号规章》在第 4 条核心限制中规定，如果协议当事人是竞争企业，则具有以下目的的协议，无论是在直接或间接、单独或与当事人控制的其他因素相结合的情况下，第 2 条规定的豁免均不予适用，其中包括“（a）限制当事人向第三方销售产品时决定价格的能力”；如果协议当事人不是竞争企业，则具有以下目的的协议，无论是在直接或间接、单独或与当事人控制的其他因素相结合的情况下，第 2 条规定的豁免均不予适用，其中包括“（a）限制当事人向第三方销售产品时确定价格的能力，但不影响施加最高限价或者提出建议价格，只要这不会由于任何一方当事人的压力或者鼓励，而构成固定价格或者最低价格”。这一规定在《316/2014 号规章》中得到保留。《772/2004 号规章》在“鉴于”部分（13）规定：本规章不豁免包含对于改善生产和分销并非不可或缺的限制性条款的技术转让协议，尤其对于包含有严重反竞争性质条款的技术转让协议，例如，固定向第三方所收取的价格，则不得适用本规章所确立的优惠待遇进行成批豁免，且无论该协议当事人市场份额为多少。如果技术转让协议包含有该等核心限制条款，则整个技术转让协议不得适用成批豁免待遇。这一规定在

---

〔1〕 罗昌发：《贸易与竞争之法律互动》，台北，月旦出版股份有限公司 1994 年版，第 211 ~ 212 页；1995 年的美国司法部和联邦贸易委员会的《知识产权许可的反托拉斯指南》在维持转售价格部分的引述。

〔2〕 修订后的指南 § 5.3 的具体规定是：与适用于商品销售的维持转售价格协议一样，执法机构将适用合理原则分析知识产权许可协议中的价格维持。执法机构将在个案基础上分析许可协议中的纵向价格限制，评估此类协议的竞争效益和损害。构成横向卡特尔的协议仍将被认为本身违法。

《316/2014 号规章》也得以保留,但被调整为“鉴于”部分(14)了。

在日本,其 1999 年《专利和技术秘密许可协议中的反垄断法指南》提到,关于价格的限制,企业根据市场情况自主决定其销售价格是企业经营活动中的最基本的问题,只有这样才能确保企业之间的竞争和消费者的选择。如果许可人使被许可人限制该专利产品的转售价格,这种限制可能对市场竞争有不利的影响,因为它导致批发商和零售商之间的有关该专利产品的价格竞争的减少或者消失,因而原则上构成对《禁止垄断法》的违反。同样,在限制被许可人在日本销售该专利产品价格的专利许可协议中,这种对销售价格的限制可能对市场竞争有不利的影响,因为它限制了被许可人的定价自由,并导致有关该专利产品的价格竞争的减少或消失,因而原则上构成对禁止垄断法的违反。以上情况都适用于技术秘密许可协议。如前所述,取代该指南的 2007 年《知识产权利用的反垄断法指南》在第四章第 4 条(3)中规定了“对销售和转售价格的限制”的基本规则。

在中国台湾地区,其 2001 年订定、2016 年最新修订的“公平交易事务主管部门对于技术授权协议案件之处理原则”中的技术授权协议禁制事项例示中就包括“限制被授权人就其制造、生产授权商品销售与第三人之价格”。

由上可见,在各个法域,有关反垄断法不仅禁止一般的维持转售价格行为,而且也禁止在涉及知识产权许可协议中的维持转售价格行为,但所采取的分析方法是有差异的,并且是在变化的。

(三)知识产权许可协议中的非价格限制

在知识产权许可协议中的纵向限制,除涉及价格限制外,还涉及许多非价格限制。这方面的限制可以表现为多种形式,如地区限制、应用范围限制、数量限制、不竞争条款、不质疑条款、指定技术来源、指定进货或销售渠道、“一揽子”许可、搭售、回授、排他性交易以及期满后的使用限制。

与对待价格限制不同,有关反垄断法对知识产权许可协议中的非价格限制往往采取比较宽松、灵活的态度,一般对它适用合理原则或者准予豁免。因为,这些限制各自的情况不完全相同,或者每一种限制本身也是利弊共存的。例如,有的是为充分保护知识产权所必要,使许可人在知识产权方面的投资和努力得到必要的回报;有的是为鼓励被许可技术的应用所必要,一定的竞争限制有助于降低其商业风险从而促使其积极投资运用新技术、开发新产品或开拓新市场;有的可能是为保证产品质量、品牌形象或商标信誉所必要;有的还可能是为充分地实现被许可技术的性能或优势所必要。但是,有些限制又的确会对竞争产生较大的影响,有的会限制被许可人的经营自由,使其无法充分地释放竞争潜能,有的会影响其他企业的竞争自由,使其无法进入某一市场或扩大其业务,有的会导致市场的人为分割,妨碍资源的自由流动和更大范围的自由竞争。当然,这些限制都会直接或者间接损害消费者的利益。

以上限制,有的是在有关知识产权法范围内应得到解决的,这除了某些限制可能在有关知识产权法中有规定以外,还需要在执法、司法实务中正确界定某种限制是否为在有关知识产权的正常行使范围内的限制,或者说,它是否为知识产权效力的合理延伸。当然,有许多限制是超出了知识产权法本身的调整范围的,而需要在反垄断法的框架下解决。这是由它们各自特有的调整角度及其相应的基本功能所决定的。例如,知识产权法的基本任务是确认和保护知识产权人的专有权,以此激励创新,尽管它也要兼顾公众的利益,保护合理的竞争需要,但这在知识产权法的体系内毕竟是有限的,保护竞争的任务终究还是要靠反垄断法来完成。

这种情况可以美国为例。首先,依照美国专利法与著作权法的所谓"用尽原则"或"首次销售原则",知识产权人在拥有知识产权的物品首次销售之后,不得再对其加以限制。其次,纯粹为了被许可人的利用(而非为许可人的利益)所为的限制,在知识产权法之下并无特殊的处理,依美国有关判例,认为此种情形应依一般反托拉斯的原则加以处理。最后,若知识产权人的限制行为延伸至知识产权消灭之后,或限制行为扩及于非知识产权保护下之产品或服务,则仍完全依反托拉斯法加以处理,而无法依知识产权的相关法律作为使它正当化的理由。[1]

在反垄断法的框架内,对有关知识产权许可协议中的纵向非价格限制需要进行具体分析,充分估量某种限制对于保护知识产权的意义和对竞争的影响,就是在对竞争的影响方面也需要考虑到各种不同的情况。日本1999年《专利和技术秘密许可协议中的反垄断法指南》也指出,非价格限制,如限制销售数量、限制顾客、限制销售竞争性产品以及使用商标的义务,它们依许可人和被许可人在市场上的地位而对市场竞争有不同的影响,因此其妨碍公平竞争的程度基本上将依照其对市场竞争的影响逐案加以确定。实际上,就是对有关协议中的

---

〔1〕 罗昌发:《贸易与竞争之法律互动》,台北,月旦出版股份有限公司1994年版,第213~214页。

限制按照其有效保护知识产权的需要与保护自由公平竞争的需要进行权衡。

由于知识产权许可协议中涉及的纵向非价格限制情况比较多,以下仅选择其中若干与反垄断法联系更密切的方面简要加以分析。有的限制如搭售和“一揽子”许可,本来也可在这里分析,但由于它们涉及反垄断法中不同制度之间的交叉问题,本书将在第四章对其进行论述,此处不予赘述。

1. 地区限制条款

地区限制本身是知识产权效力的一部分,在知识产权法范围内的地区限制应是知识产权人的固有权利(inherent right)。因此,只要在某一知识产权的有效地域范围内的限制就不会违反反垄断法。例如,根据欧共体 1996 年《技术转让规章》,以下条款属于可以集体豁免的“白色清单”的范围:要求被许可人不在许可人在共同市场范围内为自己保留的地域内利用被许可标的技术的;要求被许可人不在共同市场范围内已许可给其他被许可人的地域内利用同一标的技术的;要求被许可人不在共同市场范围内已许可给其他被许可人的地域内积极促销利用标的技术生产的产品的,特别是不进行针对该地域的广告宣传、建立任何分支机构或者保持该地域内的分销点;要求被许可人不得根据不经请求而得到的订单将被许可的产品投放到共同市场内许可给其他被许可人的地域范围内。后来的两版规章虽然具体的处理方式不同,但基本立场是相似的。例如,在最新的《316/2014 号规章》中,不适用第 2 条规定的豁免情形包括划分市场或消费者,但不包括:(i)在非互惠协议中,[1]要求许可人且/或被许可人,不得在对方当事人保留的专有区域使用许可技术权利进行生产,且/或不得向为对方当事人保留的专有地域或专有消费者群体从事主动或被动销售;(ii)在非互惠协议中,要求被许可人不得向许可人分配给另一被许可人的专有地域或专有消费者群体从事主动销售,只要后一被许可人订立自己的许可协议时不是许可人的竞争企业。

但是,如果知识产权的许可人将这种限制延伸到不受知识产权保护范围的地区,从而给被许可人加上了超出法律范围的负担,使被许可人失去了在许可人知识产权所不涵盖的、本来可以无须支付任何许可费用的地方从事某一产品生产、销售的机会,那么就有可能违反反垄断法的规定。在中国台湾地区 2016

---

〔1〕 根据该规章第 1 条的定义,“非互惠协议”(non - reciprocal agreement)是指一项技术转让协议中,一方企业给予另一方技术权许可,或者两方企业均给予对方许可,但是这些许可不涉及竞争技术,而且不能够被用于生产竞争产品。

年修订的“公平交易事务主管部门对于技术授权协议案件之处理原则”中，属于“技术授权协议禁制事项之例示”部分所列的情形之一，就是专利授权协议在专利有效期间内，于我国台湾地区内区分授权区域之限制；专门技术授权协议在非可归责于授权人之事由，致使授权之专门技术丧失营业秘密性而被公开前对专门技术所为区域之限制，亦同。日本1999年的《专利和技术秘密许可协议中的反垄断法指南》也指出，如果许可人对被许可人销售含有该专利或技术秘密的产品的地区加以限制，那么这种限制妨碍公平竞争的程度将逐案予以确定。此外，在专利或技术秘密许可协议中，许可人在有些情况下会对被许可人出口的地区施加限制。这种对出口活动的限制按照指南中的相关规定进行审查，该限制妨碍公平竞争的程度将依照其对日本市场竞争的影响逐案加以确定。取代该指南的日本2007年《知识产权利用的反垄断法指南》第4章第4条(2)也规定了对销售的限制：如果许可方对被许可方销售使用许可技术的产品（包括计算机程序拷贝）的销售地域进行限定，则形式上可构成对被许可方商业行为的限制。关于限定技术使用范围的观点（不构成不公正交易行为）基本可以适用于关于使用许可技术的产品的销售地域的限定。但是，如果权利人的权利在日本已经穷竭，在技术秘密许可具有阻碍竞争倾向的情况下，此类行为可以构成不公正交易行为。

此外，一个知识产权许可中的地区限制可能是一个较大的超过知识产权产品范围的卡特尔的掩饰，在这种情况下，将根据调整横向限制的规则来分析地区限制。

2. 不竞争条款

不竞争条款，在美国往往被称为排他性交易条款，是指在知识产权许可协议中限制被许可人在市场上与许可人或与其相关的企业就相互竞争的产品在研究、开发、生产和销售等方面进行竞争。这种限制条款对于竞争的限制是非常明显的，在绝大多数场合都会产生限制被许可人自由竞争的后果，并相应地影响创新。但是，基于知识产权本身的特点，在某些情况下，这种限制又是可容忍的。因此，对它需要进行具体的分析。有关法域的反垄断法也都是这样对待的。

美国司法部与联邦贸易委员会在《知识产权许可的反托拉斯指南》指出，在知识产权领域，排他性交易指某一许可阻止被许可人许可、出售、分销或使用竞争技术。排他交易安排要根据合理原则加以评估。在确定某排他交易安排是否会减少相关市场竞争时，执法机构将考虑：(1)该安排促进许可人技术利用和开发的程度;(2)该安排反竞争地阻止利用和开发竞争技术,或以其他方式限制本应竞争的技术之间相互竞争的程度。排他交易可能产生的反竞争效果与相关市场中的封锁程度、排他交易安排的持续期间以及投入和产出市场的其他特性相关,如集中度、市场进入的困难程度和相关市场中供求关系对价格变化的反应。如果执法机构认定某排他交易安排可能产生反竞争效果,则它们将评估该限制鼓励被许可人的开发和营销许可技术(或该技术的特定应用)、提高许可人开发或优化许可技术动力和以其他方式提高相关市场竞争或提高产出的程度。这里所确立的灵活的合理原则和分析模式在 2007 年《反托拉斯执法与知识产权:促进创新和竞争》的报告中得到了重申。

在实践中,美国反托拉斯机构对于有关知识产权许可协议中的反竞争条款是严格进行控制的。例如,1998 年 12 月,美国联邦贸易委员会对美国第二大普通药制造商迈兰(Mylan)实验室和该行业的其他三家公司提起诉讼,指控它们的纵向排他性供应协议限制贸易、垄断和共谋垄断普通的氯羟安定和氯氮市场。这是两种广泛用于治疗精神焦虑的药物,美国每年就其开出的处方超过 2100 万。1997 年,迈兰实验室与其生产的这两种普通药物的活性药用成分(API)的唯一供应者签订了 10 年的排他性许可协议。该协议阻止迈兰的竞争者得到供应,因而使迈兰很容易提高价格。由于这些协议,迈兰得以提高该药品的价格达 1900% ~3200%,使消费者遭受 1.2 亿美元的损失。很多病人只得削减对该重要药品的需求量。在起诉中,联邦贸易委员寻求一项永久性禁令,并退还、赔偿消费者 1.2 亿美元。[1]

欧共体委员会《240/96 号规章》依据不竞争条款的不同情况分别将其列入"黑色清单"和"白色清单"的。其中,属于"黑色清单"的是:限制合同一方在共同市场上与合同对方或与其相关的企业就相互竞争的产品在研究、开发、生产和销售方面进行竞争,但在此种情况下,许可人解除原合同的排他性和不再许可后续改进技术的除外。属于"白色清单"的是:许可人保留权利,以便当被许可人在研究、开发、生产或销售方面与其竞争时,得不受原订合同排他性的约束,也不再许可后续改进技术,并要求被许可人证明其未将许可标的用于许可领域之外。后来的欧盟《772/2004 号规章》和《316/2014 号规章》将技术转让协议中的不竞争条款纳入了其简化的、引入市场份额门槛总体分析框架之中。例

---

〔1〕 资料来源于美国联邦贸易委员会网站(http://www.ftc.gov),最后访问日期:2001 年 3 月 5 日。

如,后者规定,作为协议当事人的企业不是竞争性企业的情况下,对直接或间接限制被许可人利用其自己技术的能力,或者限制协议任何一方当事人实施研究与开发的能力,不适用第 2 条所规定的豁免,除非后一项限制是防止将被许可的专有技术泄露给第三人所必需的。

日本公平交易委员会 1999 年《专利和技术秘密许可协议中的反垄断法指南》分别对于限制研究开发活动以及限制生产、销售、使用竞争产品和使用竞争技术的情形作了规定。在专利许可协议中,如果许可人限制被许可人的研究开发活动,或者限制与第三人就被许可技术或竞争技术共同进行研究开发,从长期的观点来看,这种限制对竞争有不利影响,因为它们限制了被许可人通过研究开发活动与许可人进行竞争的能力,从而限制了被许可人在未来产品或技术市场上的竞争能力。由于许可人施加这种限制通常不存在正当的理由,因此它们非常可能违反《禁止垄断法》。这也基本适用于技术秘密的许可协议。但是,依赖被许可的技术秘密的内容,很难完全靠保护技术秘密的秘密性或者对使用领域的限制来防止对该被许可的技术秘密的未经授权的利用。在这种情况下,在合理的时间内,在为防止对被许可的技术秘密的未经授权的利用所必要的范围内,限制与第三人就被许可技术或竞争技术共同进行研究开发,这在原则上不构成违法。2007 年《知识产权利用的反垄断法指南》在第 4 章第 4 条(4)就“对生产和销售竞争产品或与竞争者交易的限制”进行了分析:如果任何许可方限制被许可方生产或销售与许可方产品相竞争的产品,或者从许可方竞争对手处获取竞争技术的许可,此类行为具有阻碍被许可方有效使用技术和顺畅进行技术交易的效果,并具有剥夺竞争对手交易机会的根本效果。因此,此类限制如果具有阻碍公平竞争的倾向,则构成不公正交易行为。尽管有前述规定,如果被许可的技术为技术秘密,且在没有其他防止技术秘密泄露或未经许可的使用的情况下,此类限制在保护秘密的必要限度内可能不被认定为具有妨碍公平竞争的倾向性。前述规则对于许可协议到期后在较短的时期内该限制性条款仍然有效的情形同样适用。

在专利许可协议中许可人禁止被许可人生产、销售、使用竞争产品或者利用竞争技术的,如果它通过限制被许可人选择生产何种产品或利用何种技术的自由而对市场竞争有不利的影响,或者阻碍了就专利产品的竞争,或者使许可人的竞争者不能得到被许可人的技术或同它们进行交易的机会,那么这种限制就会违反《禁止垄断法》。尤其是在许可协议期满或终止后仍然进行这方面的限制,就不存在有正当的理由,如许可人依据被许可人的销售情况收取许可费的需要。[1] 在这种情况下,构成违法的可能性非常大。这也基本适用于技术秘密的许可协议。但是,依赖被许可的技术秘密的内容,很难完全靠在许可协议期满或终止后不利用该许可的限制来防止对被许可的技术秘密的未经授权的利用。在这种情况下,在为防止对被许可的技术秘密的未经授权的利用所必要的范围内,限制被许可人在许可协议期满或终止后的一段较短的时间内生产、销售、使用竞争产品或者利用竞争技术,这在原则上不构成违法。

中国台湾地区 2016 年修订的“公平交易事务主管部门对于技术授权协议案件之处理原则”则将“限制被授权人于技术授权协议期间或期满后就竞争商品之研发、制造、使用、销售或采用竞争技术”明确作为“技术授权协议禁制事项例示”的 13 类情形的第 1 类。当然,其前提仍然是“对相关市场具有限制竞争之虞者”。因此,它实际上也是要区分具体情形的。

对这方面的行为,国务院反垄断委员会《关于知识产权领域的反垄断指南》没有专门的条款,但其第 12 条规定的“其他限制”中包含了这方面的内容,基本分析方法与其他法域的思路也大体是一致的。根据该条的规定,经营者许可知识产权,还可能涉及下列限制:(1)限制知识产权的使用领域;(2)限制利用知识产权提供的商品的销售或者传播渠道、范围或者对象;(3)限制经营者利用知识产权提供的商品数量;(4)限制经营者使用具有竞争关系的技术或者提供具有竞争关系的商品。上述限制通常具有商业合理性,能够提高效率,促进知识产权的实施,但是也可能对市场竞争产生排除、限制影响,分析时可以考虑以下因素:(1)限制的内容、程度及实施方式;(2)利用知识产权提供的商品的特点;(3)限制与知识产权许可条件的关系;(4)是否包含多项限制;(5)如果其他经营者拥有的知识产权涉及具有替代关系的技术,其他经营者是否实施相同或者类似的限制。

3. 回授条款

回授,是指在知识产权许可协议中,被许可人同意将其对许可人的技术所做的改进再许可给许可人使用。在实践中,一些知识产权许可协议中常常包含回授条款,如发明浮法玻璃的皮尔金森公司就规定凡是使用该公司专利的厂

---

[1] 这是指在许可费的支付依据为被许可产品的生产量的时候,许可人有必要要求被许可人不生产竞争产品作为促使其充分利用该专利的手段。

家，如果获得技术上的进步，必须向皮尔金森公司报告并把这个专利权首先让渡给它。这种限制具有若干反竞争效果，因为原来的许可人可能会借此更强化其已有的市场力量，并会因为被许可人必须将其对该技术的改进回授给许可人而使其失去进一步发明的动力，还会使原来的许可人减少了竞争者。但它也存在不同的情形，在有些情形下还是有某些积极的意义。因此，对它需要作具体的分析。

一般来说，回授条款可能对竞争既有积极的影响也有消极的影响。回授条款的好处是它们允许许可人和被许可人共担风险，共享收益。另外，在标准化很重要的市场上，回授条款可通过保证所有的原专利的被许可人得到改进技术的好处而有助于竞争，因而该标准不会被以后换代产品的一些不相容的变化而割裂。〔1〕 但是，回授条款对竞争也可能具有消极的影响，它降低了被许可人在生产领域进行技术创新的积极性。一个将其专利许可给整个行业的专利权人可能会利用回授条款来保持对这个行业的控制，这是通过限制改进产品的积极性以及建立包括那些确实产生的改进专利在内的专利集合来实现的。〔2〕

回授条款的反竞争影响的一个重要判断标准是授予权利所要求的独占性。回授条款属于以下三种形式之一：(1)要求被许可人将改进的所有利益反过来转让给专利权人，被许可人自己不保留任何权利的条款；(2)要求被许可人将改进的技术以排他许可的形式授予给专利权人，但允许被许可人本身保留使用改进技术的权利的条款；(3)只要求被许可人授予一种非独占许可给专利权人，允许专利权人使用改进技术，也允许其他人使用改进的技术。非独占许可应该几乎不会产生损害竞争的影响。这种许可不仅不会影响被许可人改进技术的积极性，因为被许可人仍然保留了其改进的权利的大部分，而且非独占许可因为允许其他人使用改进的技术而更可能使市场充满竞争。这并不是说独占许可或转让总是有问题的，但是这种条款存在的必要性应受到更加详细的调查。〔3〕

美国法院有不少处理回授条款的判例，它们依据不同的具体情形而得出不完全相同的结论。例如，在 1947 年 Transpacent – Wrap Machine Corp. v. Stock &

〔1〕 这种作用在计算机软件方面特别重要，当新版的软件频繁地发行时，软件的兼容性特别重要。

〔2〕 See Herbert Hovenkamp, Mark D. Janis & Mark A. Lemley, *IP and Antitrust: An Analysis of Antitrust Principles Applied to Intellectual Property Law*, Aspen Publishers, 2004, pp. 3 – 28.

〔3〕 See Herbert Hovenkamp, Mark D. Janis & Mark A. Lemley, *IP and Antitrust: An Analysis of Antitrust Principles Applied to Intellectual Property Law*, Aspen Publishers, 2004, pp. 3 – 29.

Smith Co. 一案中,美国最高法院不认为回授属于本身违法,并否定将这种条款与违法的搭售类比的见解。不过,法院仍认为这种条款有可能构成违法的垄断或不合理的限制贸易的协议或滥用专利的情形。又如,在 1978 年的 Santa Fe - Pomoroy, Inc. v. P& I Co. 一案中,一种被广泛采用(但非被全面采用)的基墙壁建筑技术的许可协议中设有回授条款,法院给予合法的认定。但在其他案件中,法院也有基于回授对竞争及研究开发的影响给予质疑的。在涉外贸易的情形,回授则常常被以其系属较广泛限制贸易的协议的一部分而被质疑。[1]

美国司法部和联邦贸易委员会的《知识产权许可的反托拉斯指南》指出,回授能够产生有利于竞争的积极效果,特别是非独占性的回授。这种回授条款可以使合同双方共同承担风险,补偿许可方在合同所涉及技术的基础上进一步研究开发的投入,这会刺激首先创新,并对创新成果进行许可。但是,如果回授条款实质上会影响被许可人从事研究开发工作的积极性,从而削弱研发市场中的竞争,可能会对竞争产生负面效果。非独占性的回授允许被许可人自己使用,并允许被许可人向他人许可。与独占性回授相比,非独占性的回授使被许可人有向其他人许可改进技术的自由,因而它很少具有反竞争的效果。反托拉斯机构对回授条款适用合理原则进行评估,按照许可协议的总体结构和相关市场的状况,考虑其可能的影响。反托拉斯机构在评估回授条款时的一个重要因素是许可人在相关技术市场或研发市场上是否有支配力。如果反托拉斯机构确定某一回授条款可能明显地减少对被许可人投资于改进被许可技术的刺激,该机构就要考虑该回授条款对以下方面有利于竞争的影响的抵消程度:促进被许可人对被许可技术所做改进的传播;增加对许可人传播被许可技术的刺激;增强在相关技术或研发市场上的竞争和提高产量。此外,反托拉斯机构还将考虑回授条款在相关市场上增加对许可人首先创新的刺激的程度。这种分析模式也在 2007 年《反托拉斯执法与知识产权:促进创新和竞争》的报告中得到了重申。

欧共体委员会《240/96 号规章》对许可协议中的回授条款是分别对待的。其中,要求被许可人将其就许可标的所做的后续改进技术或新应用方法上的权利全部或部分转让给许可人的被列入"黑色清单",对此不予集体豁免,意在防止许可人获得对新技术的垄断性控制。而要求被许可人就其对许可标的作出的改进和新应用给予许可人非独占性的许可,同时许可人也就其后续改进技术

---

[1] 罗昌发:《贸易与竞争之法律互动》,台北,月旦出版股份有限公司 1994 年版,第 219 ~ 220 页。

给予被许可人许可的被列入“白色清单”。这里的关键就是看这种条款对于市场竞争及创新的影响程度。《772/2004 号规章》将技术转让协议中的回授条款纳入新的总体分析框架的同时,又在第 5 条“应被排除的限制性条款”对此进行了专门的规定。技术转让协议中包含的下列限制性条款,将不适用第 2 条规定的豁免:(a)直接或间接要求被许可方,就被许可方对许可技术所做的可分离的技术改进或许可技术的新的运用方法,向许可方或许可方指定的第三方授予排他性许可;(b)直接或间接要求被许可方,就被许可方对许可技术所做的可分离的技术改进或许可技术的新的运用方法,向许可方或许可方指定的第三方全部或部分转让。《316/2014 号规章》的处理方式与《772/2004 号规章》基本一致,但只保留了上述(a)的内容。鉴于该规章所称的“技术转让”是广义上的,因此两者实际上没有什么不同。

日本公平交易委员会 1999 年《专利和技术秘密许可协议中的反垄断法指南》对改进的发明转让或授予独占性许可和授予非独占性许可分别做了规定。在专利许可协议中,如果许可人要求被许可人将其改进发明的权利转让给许可人或者授予其独占性许可,这种要求可能对市场竞争有不利影响,因为这会加强许可人在相关产品或技术领域的优势地位,并进而阻碍了对被许可人从事研究开发的刺激,因而通过限制被许可人对其新获得的知识、经验或改进的利用或者限制被许可人向第三人授予许可的能力而阻碍了对新技术的开发。而专利许可协议要求被许可人将其改进发明和应用发明非独占性地回授给许可人,这原则上不违反《禁止垄断法》。但是,如果许可人要求被许可人向其授予非独占性许可,并且禁止被许可人向任何第三人就其改进授予许可(只有许可人和被许可人可以利用该专利),如果这种限制通过减少了对被许可人从事研究开发的刺激和阻碍了对新技术的开发,可能对市场竞争有不利影响,那么它就会违反《禁止垄断法》。以上情形同样适用于对技术秘密许可协议的分析。2007 年《知识产权利用的反垄断法指南》在第 4 章第 5 条(8)、(9)就独占性回授和非独占性回授分别做了规定。

首先,关于提交改进技术或就改进技术独占性回授义务的分析。如果许可方设定义务要求被许可方向许可方或许可方指定的任何主体提交被许可方共同开发获得的改进技术,或向许可方授予该技术的独占性使用许可,此类行为加强了许可方在技术市场或产品市场上的地位,并通过妨碍被许可方使用改进的技术减少了对被许可方投入研发工作的激励。此类限制通常不会被认为具有合法的理由。原则上,设定任何此类义务均将构成不公正交易行为。如果设定义务要求被许可方就其发明的改进技术与许可方分享权利,则此义务限制了被许可方就其自己的技术改进和应用研究的成果进行使用和处置的自由,尽管此类义务在减少被许可方对研发活动的激励程度低于前述的限制。如果此类义务具有妨碍公平竞争的倾向,其也可以构成不公正交易行为。但是,如果被许可方创造的改进技术在不使用被许可技术的前提下无法使用,许可方设定义务要求被许可方将改进技术的权利提交给许可方并换取足额的补偿,此类义务被认为对于促进技术交易十分重要。另外,其不被认为对被许可方的研发动力构成妨碍。此类义务在一般情况下被认定不具有妨碍公平竞争的效果。

其次,关于就改进技术非独占性回授义务的分析。如果许可方设定义务要求被许可方就被许可方获得的改进技术授予许可方非独占性的许可,只要被许可方仍然可以自由使用其改进技术,此类义务在原则上不会构成不公正交易行为。此类义务对于被许可方的商业行为影响极小,因此可能不会减少被许可方从事研发活动的激励。但是,如果此项义务伴随着对于被许可方可授权许可使用改进技术的主体的限定,例如,设定义务要求被许可方不得授权给许可方的竞争对手或其他被许可方,则此项义务会减少被许可方从事研发活动的激励,并可能加强许可方在技术或产品市场中的地位。如果此项义务具有妨碍公平竞争的倾向,将构成不公正交易行为。

中国台湾地区 2016 年修订的“公平交易事务主管部门对于技术授权协议案件之处理原则”中也是区分回授条款的不同情形分别作出处理的。其中,技术授权协议约定被授权人应将改良技术或新应用之方法以非专属之方式回馈授权予原授权人被列入“不违反公平交易法事项之例示”中;而强制被授权人应就授权之专利或专门技术所为之改良以专属方式回馈予授权人被列入“技术授权协议禁制事项例示”中。

总之,对于知识产权许可协议中的回授条款是区分其不同情形而分别给予不同对待的。主要的标准是看其对于市场竞争和技术创新的影响程度。

在中国,国务院反垄断委员会《关于知识产权领域的反垄断指南》也遵循了这样的分析方法。该指南第 9 条专门规定了“排他性回授和独占性回授”。具体内容是:回授是指被许可人将其利用被许可的知识产权所做的改进,或者通过使用被许可的知识产权所获得的新成果授权给许可人。回授通常可以推动对新成果的投资和运用,但是排他性回授和独占性回授可能降低被许可人的创新动力,对市场竞争产生排除、限制影响。如果仅有许可人或者其指定的第三方和被许可人有权实施回授的改进或者新成果,这种回授是排他性的。如果仅有许可人或者其指定的第三方有权实施回授的改进或者新成果,这种回授是独占性的。通常情况下,独占性回授比排他性回授排除、限制竞争的可能性更大。分析排他性回授和独占性回授对市场竞争产生的排除、限制影响时可以考虑以下因素:(1)许可人是否就回授提供实质性的对价;(2)许可人与被许可人在交叉许可中是否相互要求独占性回授或者排他性回授;(3)回授是否导致改进或者新成果向单一经营者集中,使其获得或者增强市场控制力;(4)回授是否损害被许可人进行改进的积极性。如果许可人要求被许可人将上述改进或者新成果转让给许可人,或者其指定的第三人,分析该行为是否排除、限制竞争,同样考虑上述因素。

此外,国务院反垄断委员会《关于知识产权领域的反垄断指南》第2章第10条还专门规定了"不质疑条款"。不质疑条款,是指在与知识产权许可相关的协议中,许可人要求被许可人不得对其知识产权有效性提出异议的一类条款。分析不质疑条款对市场竞争产生的排除、限制影响,可以考虑以下因素:(1)许可人是否要求所有的被许可人不质疑其知识产权的有效性;(2)不质疑条款涉及的知识产权许可是否有偿;(3)不质疑条款涉及的知识产权是否可能构成下游市场的进入壁垒;(4)不质疑条款涉及的知识产权是否阻碍其他竞争性知识产权的实施;(5)不质疑条款涉及的知识产权许可是否具有排他性;(6)被许可人质疑许可人知识产权的有效性是否可能因此遭受重大损失。这也是根据中国目前知识产权领域市场竞争的现实需要而作出的指引。

第四章　知识产权与禁止滥用市场支配地位制度

一、反垄断法中禁止滥用市场支配地位制度概述

禁止滥用市场支配地位制度是反垄断法实体制度的基本组成部分之一，在反垄断法中占有非常重要的地位，它对于维护竞争的自由和公平是必不可少的，典型地体现了反垄断法的本质和特点。反垄断法设立禁止滥用市场支配地位制度的宗旨，一是防止占有市场支配地位的企业滥用其支配地位，对其他的、尚未取得支配地位的市场也进行垄断；二是在已经存在支配地位的市场上，禁止有关企业实施滥用支配地位的行为，以使其他现实的竞争者能够享有充分的竞争自由，潜在的竞争者能够自由进入该市场，保证该市场一定程度的开放和自由，而不致进一步被支配或被控制；三是对于与占有市场支配地位的企业之间存在交易关系的市场相对人而言，禁止滥用市场支配地位，是为了保护他们免受其对方当事人的不当剥削，保证他们享有充分的意思自由和公平交易的权利。[1]

经济合作与发展组织（OECD）指出，滥用市场支配地位这个词已经明确纳入许多国家的竞争立法中，如加拿大、欧洲经济共同体和德国，而在美国，相应的规定是那些处理垄断和试图垄断或市场垄断化的条款。[2] 这里，将有关这方面的法律制度通称为禁止滥用市场支配地位制度。它在反垄断法中属于行为规制的范畴，但又是与结构有关的行为规制，即结构性行为规制。由于具有市场支配地位的企业具有滥用这种地位的可能性，其相对于其他企业更容易从事违法行为，因而反垄断法需要对其进行“特别的关照”——监督、控制。正如德

---

〔1〕 邵建东：《论市场支配地位及其滥用》，载《南京大学法律评论》1999 年第 1 期。

〔2〕 经济合作与发展组织编写：《产业组织经济学和竞争法律术语解释》，崔书锋、吴汉洪译，中国经济出版社 2006 年版，第 1 页。

国学者希格费里德·克劳(Siegfried Klaue)指出的:“按照竞争法,具有控制市场地位的企业应该承担特别的义务。譬如,在没有正当理由的前提下不允许不平等对待其他企业……国家对具有控制市场地位的企业掌握着特别的干预权。”[1]为此,反垄断法首先需要对市场支配地位进行认定,以确定行为的主体,而这一般首先需要界定相关市场;同时,市场支配地位本身并不违法,只有在具有市场支配地位的企业有滥用这种市场支配地位的行为或者具有其他违法性时,才受到反垄断法的禁止,因此需要对滥用市场支配地位的行为进行确认,而被指控滥用市场支配地位的行为人应当享有抗辩的权利;被认定为滥用市场支配地位的行为主体应当承担相应的法律责任。由于知识产权本身的特点,涉及知识产权的垄断或者限制竞争行为往往更多地需要适用禁止滥用市场支配地位制度。[2]

(一)对市场支配地位的认定

对市场支配地位进行认定是反垄断法尤其是其中的禁止滥用市场支配地位制度的一项重要和复杂的基础性工作。所谓市场支配地位(dominant market position),有的也译为市场优势地位,是指企业的一种市场状态,一般是指企业在特定市场上所具有的某种程度的支配或者控制力量,即在相关市场上,拥有决定产品产量、价格和销售等方面的控制能力。《联合国竞争法范本》第2章的定义就将“市场支配地位”解释为一企业单独或连同少数其他企业控制某一种或某一类商品或服务的相关市场。[3] 尽管各国反垄断法中不一定都使用市场支配地位的概念,而分别有垄断状态、独占、垄断力、市场支配力等不同的称谓,但它们所指的经济现象却是大致相同的。

对于市场支配地位的界定,西方国家曾经讨论过不同的标准,包括市场结果方案、市场行为方案和市场结构方案等。依市场结果方案,企业的销售价格和生产成本之间的显著差别而产生的非同寻常的盈利可归结为缺乏竞争,从而

---

[1] 转引自曹士兵:《反垄断法研究》,法律出版社1996年版,第140页。

[2] 本来,各国反垄断法(包括我国《反垄断法》)都将禁止垄断协议制度放在反垄断法实体制度中特别突出的地位首先加以禁止。这里考虑到涉及知识产权滥用的垄断或者限制竞争行为主要和典型地表现为滥用市场支配地位,因此将本章内容置于禁止垄断协议制度之前。

[3] 尚明主编:《反垄断——主要国家与国际组织反垄断法律与实践》,中国商务出版社2005年版,第404页。

可得出企业取得了市场支配地位的结论;依市场行为方案,一个企业如果在确定其销售和价格政策的时候,不受其竞争者的销售和价格政策的影响,这个企业就是占支配地位的企业;而依市场结构方案,一个企业在特定市场上占有相当大的市场份额,就决定了该企业具有市场支配地位。在反垄断法实践中,市场结果方案、市场行为方案都不能单独作为确定市场支配地位的基本依据,而市场结构方案则是被优先使用的。尽管市场份额不是决定市场支配地位的唯一标准,还必须同时考虑其他因素,如对新的竞争者进入市场的障碍、企业的财力、企业垂直联合的程度、企业转向生产其他产品的可能性、交易对手转向其他企业的可能性以及市场行为等,但是市场份额在确定市场支配地位中仍然具有决定性的意义。[1]

许多国家(地区)反垄断法试图对市场支配地位本身作出界定,这种界定是从各国自身的实际情况和具体的政策取向出发的,因而各自规定的具体内容就不尽相同,由此也在一定程度上反映出各国反垄断法之间宽严程度的差异。

德国《反限制竞争法》对市场支配地位的规定较具代表性。该法 2013 年第八次修订时重组了禁止滥用市场支配地位的法条结构。其第 18 条第 1 款规定,在相关产品市场与地域市场上,如果作为特定产品或者服务的经营者没有竞争者,或者不存在实质性竞争,或者与其他竞争者相比具有突出的市场优势地位时,该经营者具有市场支配地位。第 2 款规定,本法意义上的相关地域市场可以比本法的空间效力更大。第 3 款规定,在判断经营者具有突出的市场优势地位时,下列因素特别予以注意:市场份额,财力,采购或者销售市场的渠道,与其他经营者之间的联合程度,对其他经营者市场准入法律上或者事实上限制,本法适用范围内外的经营者的现实或者潜在竞争,供应或者需求转换到其他产品或者服务的能力,以及市场相对方转向其他经营者的可能性。第 4 款规定,当市场份额达到至少 40% 时,推定该经营者具有市场支配地位。第 5 款规定,只要就特定的产品或者服务不存在实质竞争,整体上满足了第 1 款的规定,两个或者多个经营者具有市场支配地位。第 6 款规定,多个经营者的整体具有市场支配地位:当其由 3 个或是更少的经营者组成,且共同的市场份额达到 50%;由 5 个或者更少经营者组成,共同的市场份额达到 2/3。第 7 款规定,当

---

[1] [德]P. 贝伦斯:《对于占市场支配地位企业的滥用监督》,载王晓晔编:《反垄断法与市场经济》,法律出版社 1998 年版,第 204 ~ 205 页。

经营者之间的竞争的条件可以期待存在实质性竞争，或者多个经营者的整体与其他竞争者相比没有突出的市场优势地位，则第6款的推定可以推翻。

根据韩国《规制垄断与公平交易法》第2条第7项的规定，“支配市场的事业者”是指作为一定交易领域的供给者或者需求者，拥有能够单独或者与其他事业者一起决定、维持或者变更商品或者劳务的价格、数量、品质及其他交易条件的市场地位的事业者。判断支配市场的事业者时，综合考虑市场占有率、进入市场障碍的存在及程度、竞争事业者的相对规模等。但是，在一定的交易领域内，年销售额或者购买额不满10亿韩元的事业者除外。

中国台湾地区“公平交易法”所称的独占，是指事业在相关市场处于无竞争状态，或具有压倒性地位，可排除竞争之能力者。以上事业，实际上不为价格之竞争，而其全体之对外关系，具有前述规定情形的，视为独占。

经济合作与发展组织（OECD）《竞争法的基本框架》就支配地位所推荐的表述中认为，如果一个厂商能独立地在一段较长的时期内有利可图地、实质性地限制或者减少一个市场中的竞争，则该厂商就是拥有支配地位的。只有当一个厂商在特定市场中所占有的份额超过了35%时，才能被认为是处于支配地位的。根据一个市场中的经济形势，一个占有35%以上市场份额的厂商既可以被判定为支配厂商，也可以被判定为非支配厂商。这类市场形势包括，该厂商的市场份额、与其竞争的厂商的市场份额、它们扩大自己市场份额的能力以及新厂商进入该市场的可能性。

当然，一些国家或地区的反垄断法中对市场支配地位的界定不是来自立法中的明文规定，而是在有关判例中确立的规则，因而这种规则并非连贯的、一致的。美国联邦法院在认定企业在相关市场上是否具有垄断力时，曾经以企业占有的市场份额作为唯一的判断标准。但后来美国最高法院在1956年的杜邦公司案中将垄断力（monopoly power）定义为企业控制价格的力量或者排除竞争的力量，[1]因而市场份额就不是衡量市场支配地位的唯一的指标。欧盟竞争法中的市场支配地位也不是立法明确加以规定的，而是由欧洲法院用判例加以确定的。欧洲法院在1978年的齐奎他（Chiquita）案中指出，市场支配地位是指企业可以不受限制地开展经营活动的能力，且本身构成其他企业进入市场的障

---

〔1〕 See Herbert Hovenkamp, Antitrust, West Publishing Co., 1986, p. 98.

碍。[1] 欧洲法院在1978年United Brands v. Commission案的判决中认为,市场支配地位是指一个企业所享有的经济力的地位,这种经济力能够使该企业无须考虑其竞争者、顾客和最终消费者的反应,而采取显著程度的独立行动,来妨害相关市场内有效竞争的维持。[2] 但是,由于市场支配地位本身含义的不确定性,因此认定一个企业是否具有支配地位是不容易的,对法学家来说尤其如此,欧盟委员会和欧洲法院也都没有作出一个明确的和令人信服的裁决。[3]

总体来说,市场支配地位可概括为经营者在特定市场上具有控制商品价格、排除市场竞争的力量,也就是经营者取得了可以不受竞争压力影响的地位,从而其市场行为可以在较大程度上不必顾及同行竞争者和交易相对人(供应商、顾客和最终消费者)的反应。对此,中国《反垄断法》第17条第2款规定:"本法所称市场支配地位,是指经营者在相关市场内具有能够控制商品价格、数量或者其他交易条件,或者能够阻碍、影响其他经营者进入相关市场能力的市场地位。"这种界定在总体上还是比较准确的,特别是后半部分的规定很有必要,有利于在一定条件下不仅仅依据市场份额来认定市场支配地位。这里的"其他交易条件",是指除商品价格、数量之外能够对市场交易产生实质影响的其他因素,包括商品品种、付款条件、交付方式、售后服务、交易选择和技术约束等;"能够阻碍、影响其他经营者进入相关市场",包括排除其他经营者进入相关市场,或者延缓其他经营者在合理时间内进入相关市场,或者其他经营者虽能够进入该相关市场,但进入成本大幅提高无法与现有经营者开展有效竞争等情形。[4]

依据市场支配地位实质含义的这种集中概括,市场支配地位存在不同的具体情形。这大致上可包括三种情形:首先,经营者在相关市场上完全没有竞争者,这主要是指处于独家经营的垄断状态,它既可以是一种自然垄断,也可以是依法律规定而获得和维持的。其次,经营者在相关市场上虽有竞争者,但由于其居于非常显著的市场地位,其他经营者难以进入该市场,从而不存在实质性竞争的准垄断状态。这一般需要从市场行为和市场结构的结合上去把握。最后,以上都是就单个企业而言的,但除此以外,也还存在两个或两个以上的经营

---

〔1〕 王晓晔:《欧洲共同体竞争法及其新发展》,载《外国法译评》1993年第3期。

〔2〕 See Richard Whish, *Competition Law*, fifth edition, Lexis Nexis Butterworths, 2003, p. 179.

〔3〕 See Valentine Korah, *An Introduction to EC Competition Law and Practice*, sixth edition, 1997, p. 77.

〔4〕 参见国家市场监管总局《禁止滥用市场支配地位行为暂行规定》(2019年6月26日)第5条。

者共同取得市场支配地位的情况。“不仅仅一个企业可以取得一个市场支配地位，经验表明，一个相互间没有实质性竞争的企业集团，也可以在相互不存在卡特尔协议的情况下，共同支配市场。”[1]因此，在相关市场上虽有竞争者，但两个或两个以上的经营者相互之间不存在实质性竞争的情况也是市场支配地位的表现形式，这属于寡占状态。

从上述有关市场支配地位的界定中可以看出，市场支配地位通常是多种因素综合作用的结果，因此在认定市场支配地位时需要考虑多种因素。其中，市场份额无疑也是一个基本的衡量标准。因为，在一般情况下，只有当一家企业独家占有或几家企业共同占有某一市场的相当大的市场份额时，其才有足够的实力排除竞争，控制市场。这正如贝伦斯教授指出的：“一个市场份额达到了50%的企业，仅当根据其他因素可以明确地作结论说，市场上仍然存在强度足够大的残余竞争，方可不被视为占市场支配地位的企业。在另一方面，一个市场份额占25%的企业，仅当其他因素明确地说明，该企业的竞争者及其交易对手仅占有一个相对弱的市场地位的时候，方可被视为占市场支配地位。”[2]

但是，市场份额并非认定市场支配地位的唯一因素，其他相关因素也是很重要的，尤其是新竞争者进入市场的障碍和市场上替代商品的情况。中国《反垄断法》第18条对认定经营者具有市场支配地位的应当考虑的因素做了比较全面的规定，即认定经营者具有市场支配地位应当依据下列因素：“（一）该经营者在相关市场的市场份额，以及相关市场的竞争状况；（二）该经营者控制销售市场或者原材料采购市场的能力；（三）该经营者的财力和技术条件；（四）其他经营者对该经营者在交易上的依赖程度；（五）其他经营者进入相关市场的难易程度；（六）与认定该经营者市场支配地位有关的其他因素。”其中，《反垄断法》明确将“其他经营者对该经营者在交易上的依赖程度”作为认定经营者具有市场支配地位所依据的一个因素，这有利于将那些虽然未必拥有显著的市场份额，但却拥有某些方面的特定优势（如重要的销售渠道或者不可替代的销售平台），以致其他经营者在交易上对其形成明显的依赖关系的经营者，在一定情形下也认定为具有市场支配地位。

---

〔1〕［德］P. 贝伦斯：《对于占市场支配地位企业的滥用监督》，载王晓晔编：《反垄断法与市场经济》，法律出版社1998年版，第205页。

〔2〕［德］P. 贝伦斯：《对于占市场支配地位企业的滥用监督》，载王晓晔编：《反垄断法与市场经济》，法律出版社1998年版，第205页。

相关行政规章对相关内容进行了细化规定。确定经营者在相关市场的市场份额,可以考虑一定时期内经营者的特定商品销售金额、销售数量或者其他指标在相关市场所占的比重。分析相关市场竞争状况,可以考虑相关市场的发展状况、现有竞争者的数量和市场份额、商品差异程度、创新和技术变化、销售和采购模式、潜在竞争者情况等因素。确定经营者控制销售市场或者原材料采购市场的能力,可以考虑该经营者控制产业链上下游市场的能力,控制销售渠道或者采购渠道的能力,影响或者决定价格、数量、合同期限或者其他交易条件的能力,以及优先获得企业生产经营所必需的原料、半成品、零部件、相关设备以及需要投入的其他资源的能力等因素。确定经营者的财力和技术条件,可以考虑该经营者的资产规模、盈利能力、融资能力、研发能力、技术装备、技术创新和应用能力、拥有的知识产权等,以及该财力和技术条件能够以何种方式和程度促进该经营者业务扩张或者巩固、维持市场地位等因素。确定其他经营者对该经营者在交易上的依赖程度,可以考虑其他经营者与该经营者之间的交易关系、交易量、交易持续时间、在合理时间内转向其他交易相对人的难易程度等因素。确定其他经营者进入相关市场的难易程度,可以考虑市场准入、获取必要资源的难度、采购和销售渠道的控制情况、资金投入规模、技术壁垒、品牌依赖、用户转换成本、消费习惯等因素。根据《反垄断法》第 18 条和本规定第 6 ~ 10 条规定认定互联网等新经济业态经营者具有市场支配地位,可以考虑相关行业竞争特点、经营模式、用户数量、网络效应、锁定效应、技术特性、市场创新、掌握和处理相关数据的能力及经营者在关联市场的市场力量等因素。认定知识产权领域经营者具有市场支配地位,可以考虑知识产权的替代性、下游市场对利用知识产权所提供商品的依赖程度、交易相对人对经营者的制衡能力等因素。认定两个以上的经营者具有市场支配地位,除考虑本规定第 6 ~ 12 条规定的因素外,还应当考虑市场结构、相关市场透明度、相关商品同质化程度、经营者行为一致性等因素。[1]

尽管在认定市场支配地位时市场份额不是唯一的因素,但是在多数情况下,市场份额又是最重要和最直观的因素。为增强法律规范的严密性和可操作性,节约执法成本和对经营者实行有效监管,一些国家和地区的反垄断法根据市场份额作出必要的法律推断。例如,前文引用的德国《反限制竞争法》第 19

---

〔1〕 参见国家市场监管总局《禁止滥用市场支配地位行为暂行规定》第 6 ~ 13 条。

条第 5 款规定。韩国《规制垄断与公平交易法》第 4 条也规定,在一定的交易领域中,市场占有率符合以下各项规定之一的事业者,推定为支配市场的事业者:一个事业者的市场占有率在 50% 以上;三个以下的事业者的市场占有率的合计在 75% 以上,但是该情形中市场占有率不满 10% 者除外。

借鉴国外经验,并结合中国的实际情况,《反垄断法》第 19 条也规定了市场支配地位的推定制度。其第 1 款规定,有下列情形之一的,可以推定经营者具有市场支配地位:(1)一个经营者在相关市场的市场份额达到 1/2 的;(2)两个经营者在相关市场的市场份额合计达到 2/3 的;(3)三个经营者在相关市场的市场份额合计达到 3/4 的。同时,该条第 2 款又规定:有前款第 2 项、第 3 项规定的情形,其中有的经营者市场份额不足 1/10 的,不应当推定该经营者具有市场支配地位。这是考虑到市场份额太小的企业是难以确认其取得市场支配地位的。

将多个经营者作为整体推定具有市场支配地位,主要是解决寡头垄断问题。如果若干经营者占据了一个市场主要的份额,其很容易通过实施共同行为控制该市场,但反垄断执法机构却很难掌握其达成垄断协议的证据。为此,将多个经营者的市场份额合并计算来推定其中的每个经营者都具有市场支配地位,这样的制度安排可以有效地对从事相同行为的寡头垄断者(没有达成垄断协议的证据)的行为进行规范和制约。

不过,推定与认定在承担举证责任方面是不同的。推定的举证责任在于被推定者,而认定的举证责任在于作出认定的一方。如果被推定者不提出反证或者反证不为推定方认可,则该推定成立。既然是推定,那就要赋予被推定具有市场支配地位的经营者有进行反驳或者推翻推定的权利,即被推定的经营者可以证明相关市场上仍然存在实质性竞争,潜在竞争者没有进入市场的障碍,现有竞争者扩大产出没有障碍,购买者的市场力量强大等,从而使该推定不能成立。因此,第 19 条第 3 款又规定:"被推定具有市场支配地位的经营者,有证据证明不具有市场支配地位的,不应当认定其具有市场支配地位。"这样做的目的是使对经营者市场支配地位的推定尽可能建立在经济、科学、合理的基础上。当然,如果其提供的证据具有说明力,反垄断执法机构不应当认定其具有市场支配地位。

由于在界定市场支配地位时市场份额是最重要的指标,对市场份额的确定就是非常重要的。而市场份额的确定就涉及相关市场的界定问题。市场支配地位只有置于相关市场上才是有意义的。如果不能首先明确市场的范围,那么市场支配地位也就无从确定。例如,在企业的年销售额确定的情况下,如果将该企业放到一个较小的市场上,它就占有较大的市场份额,而如果将该企业放到一个较大的市场上,它就占有较小的市场份额,相应地,这也影响到市场支配地位能否构成。因此,界定相关市场是确定市场份额并进而确定市场支配地位等的重要前提。[1]

(二)滥用市场支配地位行为的法律规制

1. 滥用市场支配地位行为的确认

禁止滥用市场支配地位制度是一种针对特殊主体的责任制度,市场支配地位是决定企业应否承担某种特殊法律责任的主体条件。在这一制度中,对市场支配地位的确认是前提和基础,它只是为确认滥用市场支配地位行为做准备的,因为在绝大多数国家的反垄断法中,市场支配地位本身并不违法,只有对这种地位加以滥用才是违法的。因此,中国反垄断法在建立禁止滥用市场支配地位制度时,如何确认滥用市场支配地位行为就成为关键的问题。

正是由于市场支配地位本身并不违法,在确认滥用市场支配地位的行为时需要在对市场支配地位的合法利用和违法滥用之间划一条界限。而这往往是很不容易的,各国或地区的反垄断立法一般只是根据其关注的重点列举出滥用市场支配地位行为的若干典型表现,而没有关于"滥用"的一般性定义,司法判例中对此也少有明确的和概括性的表述,一般也只是就个案的具体情形来分别作出认定的。欧洲法院 1979 年在审判霍夫曼公司诉欧共体委员会一案时,曾涉及对滥用市场支配地位行为的解释问题:"滥用优势地位的概念是与具有优势地位的企业的行为相联系的概念。有关企业由于存在这种地位,不仅影响了市场结构,而且通过采取与商业交易中产品和服务的正常竞争所不同的手段,具有妨害现存市场上竞争程度的维持或者竞争发展的作用。"[2]这在一定程度上揭示了滥用市场支配地位行为的性质和特点。

根据滥用市场支配地位行为的性质和特点,这里试图对滥用市场支配地位大致做如下一般性的解释,即它是具有市场支配地位的经营者凭借该地位,在相关市场上不正当地限制竞争,损害其他经营者、消费者利益和社会公共利益

---

〔1〕 这方面的内容在后面结合知识产权问题进行相关的分析。

〔2〕 阮方民:《欧盟竞争法》,中国政法大学出版社 1998 年版,第 195 页。其中,"支配地位"与"优势地位"只是对 dominant position 的不同翻译。

的行为。在这里,滥用行为与市场支配地位之间有明显的因果关系,即经营者之所以能够实施滥用行为,就是因为其具有了市场支配地位,该行为在有效竞争机制运行的市场环境里是不可能实现的。同时,滥用其市场支配地位行为给市场上的有效竞争带来了危害,使同业竞争者和交易相对人的利益受到损害。这也正是要求具有市场支配地位企业负有特殊义务的原因之所在。

任何经营者在参加市场竞争的过程中都要涉及不同的主体,根据这些主体所处的经济阶段,可以将他们分为同一经济阶段的竞争者和不同经济阶段的交易相对人(包括供应者、顾客和最终消费者),后者又可进一步分为前置经济层次的供应人和后置经济层次的购买人。因此,滥用市场支配地位行为也可以分为两种基本类型:一类是针对同业竞争者所实施的滥用行为,另一类则是针对交易相对人所实施的滥用行为。前者主要包括掠夺性定价、独家交易、搭售(兼有前者和后者的两种性质)等;后者主要包括价格歧视等差别待遇、拒绝交易、强制交易和垄断性高价等。针对同业竞争者所实施的滥用行为的构成主要包括无正当理由妨碍了他人的公平竞争,并且产生了实质性的影响。针对交易相对人所实施的滥用行为的构成则主要是其不正当或不公平。也就是说,对滥用市场支配地位行为都是适用所谓"合理原则"的。当然,根据滥用市场支配地位行为的特点和性质,也可以将其分为剥削性滥用和排他性滥用。前者是指拥有市场支配地位的企业可以不受竞争的制约,从而可以向交易相对人提出不合理的交易条件,特别是不合理的价格;后者是指拥有市场支配地位的企业为了排挤竞争对手,或者为了将市场力量不合理地扩大到相邻市场而实施的限制竞争行为。

尽管从本质上认识滥用市场支配地位是非常重要的,但是为了增强法律规定的确定性和可操作性,在确认滥用市场支配地位行为时往往还需要对若干典型行为加以必要的列举,以确定哪些行为是特别应当予以禁止的。例如,《欧盟运行条约》第 102 条第 2 款和德国《反限制竞争法》第 19 条第 4 款等都做了相应的列举。

中国《反垄断法》在第 17 条第 1 款对滥用市场支配地位行为做了若干列举,并设有兜底条款,即禁止具有市场支配地位的经营者从事下列滥用市场支配地位的行为:(1)以不公平的高价销售商品或者以不公平的低价购买商品;(2)没有正当理由,以低于成本的价格销售商品;(3)没有正当理由,拒绝与交易相对人进行交易;(4)没有正当理由,限定交易相对人只能与其进行交易或者只能与其指定的经营者进行交易;(5)没有正当理由搭售商品,或者在交易时附加其他不合理的交易条件;(6)没有正当理由,对条件相同的交易相对人在交易价格等交易条件上实行差别待遇;(7)国务院反垄断执法机构认定的其他滥用市场支配地位的行为。

以上规定涉及禁止超高定价、掠夺性定价、拒绝交易、强制交易、搭售、差别待遇等具体滥用市场支配地位的行为,基本上涵盖了针对同业竞争者和针对交易相对人所实施的滥用行为,是比较完整和全面的。但是,这些规定比较原则,在实际适用时还存在许多具体问题需要解决,需要反垄断执法机构在总结经验的基础上,就相关具体的滥用行为出台若干规章加以细化。国家市场监管总局《禁止滥用市场支配地位行为暂行规定》第14~19条对这些行为分别做了一些细化规定。同时,这里的兜底条款很重要,可以避免具体列举时的挂一漏万。[1]当然,反垄断执法机构在具体列举之外认定滥用市场支配地位行为时必须慎重,且要接受司法审查。《禁止滥用市场支配地位行为暂行规定》第21条就规定,市场监管总局认定其他滥用市场支配地位行为,应当同时符合下列条件:(1)经营者具有市场支配地位;(2)经营者实施了排除、限制竞争行为;(3)经营者实施相关行为不具有正当理由;(4)经营者相关行为对市场竞争具有排除、限制影响。

2. 滥用市场支配地位行为的抗辩与制裁

反垄断法对滥用市场支配地位行为的规制是采取所谓"合理原则"的,也就是说,被指控实施了滥用市场支配地位行为的企业可以对有关指控进行抗辩,为自己的行为进行法律辩护。在欧盟,被委员会认定从事了滥用行为后,如果支配企业能够证明其排斥行为有客观合理的理由,或者能够证明其行为符合效率的要求,其所产生的效率大于其所产生的负面效果,则可以不受《欧盟运行条约》第102条的禁止。其中,客观合理理由的抗辩又包括"客观必要性抗辩"和"应对竞争抗辩"。前者是指滥用行为是外在于当事人,尤其是外在于支配企业的因素所要求的必需的行为;后者是指由于竞争者的行为会使自己蒙受损失,为应对这一竞争,从而使自己的损失最小化而必须采取的措施。效率抗辩则是要证明支配企业的行为虽然产生了排斥效果,但其所产生的效率超过行为可能产生的负面效果以及由此产生的对消费者的损害。[2]

---

[1] 例如,国家工商总局在利乐案中就是运用《反垄断法》第17条第1款明确列举的6种滥用行为之外兜底条款认定"忠诚折扣"构成垄断行为的。

[2] 许光耀:《欧共体竞争法通论》,武汉大学出版社2006年版,第386~387页。

如果处于市场支配地位的经营者能够对自己被指控滥用市场支配地位的行为作出了客观合理的解释,即它所采取的行为是为了维护自己合法利益的恰当手段,并且主观上出于善意,反垄断执法机构和法院就可以对其不以滥用行为认定。比如,拒绝交易是出于购买者本身的不当行为;独家交易所实施的排他性约束可以作为生产商之间开展竞争的合法手段;出于技术上和为使用者安全考虑的搭售是必要的、适当的,等等。但是,在对具体抗辩的审查中,反垄断执法机构和法院还会对相关公共政策进行平衡。

虽然中国《反垄断法》中并没有明确规定对滥用市场支配地位行为的这种抗辩,但从其行为的性质和立法宗旨应当是允许的,这实际上是要在处于市场支配地位经营者的利益与其竞争者的利益之间进行平衡协调,防止明显偏向某一方。实际上,该法的条文结构也隐含了经营者的抗辩空间,因为在第 17 条对相关滥用行为的禁止性规定中,除了第 1 款第 1 项“以不公平的高价销售商品或者以不公平的低价购买商品”和第 7 项兜底条款之外,其余 5 项的规定均有“没有正当理由”的限定。这意味着只有在涉嫌经营者不提供理由,或者提供的理由不能够被证明是正当理由的情况下,才能够对违法行为作出认定。有关的规章中对这种抗辩的理由作出了一些细化的规定。例如,国家市场监管总局《禁止滥用市场支配地位行为暂行规定》第 20 条就规定,反垄断执法机构认定本规定第 14 条所称的“不公平”和第 15 ~ 19 条所称的“正当理由”,还应当考虑下列因素:(1)有关行为是否为法律、法规所规定;(2)有关行为对社会公共利益的影响;(3)有关行为对经济运行效率、经济发展的影响;(4)有关行为是否为经营者正常经营及实现正常效益所必需;(5)有关行为对经营者业务发展、未来投资、创新方面的影响;(6)有关行为是否能够使交易相对人或者消费者获益。

若一个经营者被认定滥用了其市场支配地位,则其就应当受到相应的法律制裁。在任何情况下,这种制裁措施首先应当是由反垄断执法机构责令其停止违法行为。如果行为人在实施滥用行为中有违法所得的,还应没收其违法所得。反垄断执法机构还可以根据行为人实施滥用行为的情节,对其处以一定数额的罚款。如果有关的滥用行为是通过当事人之间的合同形式来表现的,那么这些合同应当被宣告无效。因滥用市场支配地位行为而受到损害的当事人(经营者和消费者)有权要求得到损害赔偿。当然,他们也可以请求行为人停止违法行为。此外,为充分发挥法律的权威,有效制裁严重滥用市场支配地位的违法者,有的国家还规定了刑事制裁条款。

中国《反垄断法》第 47 条对滥用市场支配地位行为的制裁措施也做了规定,即对这种行为,由反垄断执法机构责令停止违法行为,没收违法所得,并处上一年度销售额 1% 以上 10% 以下的罚款。这里的罚款按照上一年度销售额的一定比例计算,而不是以前文本中的具体数额,是借鉴了欧盟竞争法中的相关规定,更为合理,也有利于对那些性质严重的违法行为施以有效的制裁。同时,构成滥用市场支配地位的行为也同样可适用该法第 50 条针对各种垄断行为的民事责任的制度,即"经营者实施垄断行为,给他人造成损失的,依法承担民事责任"。显然,这里的规定太简单,也太原则,需要作出明确、具体的规定,包括针对垄断行为(包括滥用市场支配地位行为)的特点,明确规定有权追究民事责任的主体范围(除竞争者外,是否包括消费者和代表公共利益的机构),私人提起民事诉讼的条件(是否需要由反垄断执法机构认定非法垄断行为成立的前置条件),请求损害赔偿的要件(实行过错责任还是无过错责任原则),损害赔偿的性质(实际赔偿还是惩罚性赔偿)以及赔偿额的确定等问题。

二、知识产权的拥有与市场支配地位

(一)关于知识产权与市场支配地位关系的一般认识

知识产权与市场支配地位的关系比较复杂,人们对它的认识因不同时期、不同国家的法律实践以及不同学者的主张而呈现出不完全一致的情形。

知识产权作为企业的一项重要的无形资产,在企业形成市场支配地位的过程中具有举足轻重的作用。尤其是一些现代高科技企业,其所具有的经济实力往往取决于所拥有的某项知识产权,如微软所形成的巨大经济力量的原动力即为知识产权,主要是其软件著作权。基于这种情况,加上知识产权本身的垄断权性质,在执行反垄断政策比较严厉的时期和国家,人们常常将拥有知识产权等同于拥有市场支配地位本身。

在美国,在 20 世纪六十七年代,美国反托拉斯机构(司法部和联邦贸易委员会,下同)对知识产权及相关的许可证协议进行严格的审查。在 20 世纪 80 年代之前,法院往往推定具有著作权、专利权的产品,便一定具有市场力量。法院认为,由于受到知识产权保护,获得专利及版权的物品所有人就拥有了为相关反托拉斯分析所必不可少的经济力。在 United States v. Loew's 一案中,被告拥有电影故事片的版权,并通过许可证协议发行给电视台放映。该协议规定,流行影片的许可证要以接受不需要的或劣质的影片为条件。法院认为,仅仅被告拥有影片版权的事实就足以说明他们具有市场力量,如果不适当地加以利用就会违反反托拉斯法的原则。这样,知识产权相对于其他财产权就可能要更多地受到反垄断法的控制。但是,随着人们对于知识产权与反垄断法认识的深化以及国家相关政策的考虑,后来这种态度有了变化。根据美国 1988 年《专利权滥用修正法》的规定,不可仅因某项产品为享有专利的产品,便直接推定该项产品在市场上具有一定的支配力量。法院也不再将拥有知识产权等同于拥有市场支配地位本身。

在 20 世纪 80 年代期间,美国法律对知识产权的怀疑戏剧性地消散了,因为反托拉斯机构几乎不进行知识产权的反托拉斯执法。在里根时期,反托拉斯机构将知识产权提供的经济刺激看作从创新中获取全部经济利益的合法手段。法院对知识产权许可采取自由主义的态度。在有关财产获得了专利权或版权时,市场替代品的考虑取代了市场力量的司法假定。按照奥康诺(O'Connor)法官在 Jefferson Parish Hospital District No. 2 v. Hyde 案中的意见,如果专利产品有相近的替代品,那么专利权人在任何相关意义上都不具有市场力量。由于强调了受专利保护产品的市场替代,法院得以认定知识产权人缺少为进行反托拉斯分析时构成市场力量所需要的足够市场份额。事实上,在 20 世纪 80 年代的放任态度鼎盛时期,只有很少的知识产权没有相近的替代品从而被认定拥有市场力量。1995 年《知识产权许可的反托拉斯指南》则是美国司法部和联邦贸易委员会为试图协调前述两个时期极端立场所作的努力。它试图对在知识产权领域实施反托拉斯方面的六七十年代的过度怀疑态度和 80 年代的放任态度之间加以平衡。[1]

《知识产权许可的反托拉斯指南》所阐明的三个核心原则之一,便是反托拉斯部门并不假定知识产权产生反托拉斯意义上的市场力量,即知识产权作为垄断权本身并不能导致其权利所有人具有市场力量的结论。这一原则重申了奥康诺法官在 Jefferson Parish Hospital 案中关于知识产权与市场力量的并存意见(concurring opinion)。[2] 具体来说,反托拉斯部门一般不会仅因某企业拥有知

---

〔1〕 See Thomas L. Hayslett Ⅲ, 1995 *Antitrust Guidelines for the Licensing of Intellectual Property: Harmonizing the Commercial Use of Legal Monopolies with the Prohibitions of Antitrust Law.*

〔2〕 指一个或少数法官所提出的意见,它赞同法庭的判决,但有自己的不同于法庭多数成员对判决所持的理由。

识产权即认定其拥有市场力量,因为很可能存在作为这些知识产权标的的专利、版权作品或技术秘密等的替代物;这类替代技术、替代产品的存在,会使知识产权人难以支配市场。即使某项专利或其他形式的知识产权的确使其权利主体拥有市场力量,这种市场力量的存在本身也并不构成违法。如同在使权利人获得超竞争利益的其他有形或无形财产权领域一样,仅因优质产品、经营才能和历史偶然性而获得的市场力量(甚或是垄断),一般就不会违反反托拉斯法,只要拥有市场力量不具有维持或进行垄断的意图。同时,知识产权的确使其权利主体享有市场力量的这一事实本身,并不要求权利人承担必须许可他人使用其知识产权的义务。但是,如同在其他财产权领域一样,基于知识产权的市场力量,其获得或维持有可能违反反托拉斯法;即使其获得或维持是合法的,也可能会使权利人在涉及知识产权的行为方面具有损害竞争的较强实力。这样,基于某项知识产权而拥有市场力量的企业,其经营和许可行为应当更加谨慎。

在微软垄断案中,虽然美国地区法院法官杰克逊明确地认定微软构成垄断企业,也就是具有市场支配地位,微软的巨大经济力量的原动力也确实是来自其软件著作权,但他认定微软具有该地位的直接依据还主要是其在全球个人电脑操作系统产品上所拥有的95%的市场份额,从而可以阻碍市场有效竞争,而不是直接基于微软所拥有的著作权本身。

在欧盟,法院长期以来使知识产权人确信拥有知识产权并不等于具有市场支配地位。在多切·格曼冯(Deutsche Grammophon)案中,法院指出拥有知识产权并不自动就获得市场支配地位。这意味着,专有权基本上是消极的权利,它们并不自动导致利用受保护产品的积极的权利。商业利用的实际可能性取决于该受保护产品或方法在市场上的需求情况和竞争程度。不过,法院从来没有排除知识产权的拥有和行使确实存在构成市场支配地位的可能性。在有些情况下,排除侵权物品销售的权利可以通过阻碍竞争来产生市场支配地位;同样,在有些情况下,知识产权的拥有会被视为产生事实上的垄断。这多数是取决于用来确立何时会构成支配地位或者垄断的标准。[1]

如本书第二章所述,中国台湾地区"公平交易事务主管部门对于技术授权协议案件之处理原则"第三点规定,公平交易事务主管部门审议技术授权协议案件,

---

〔1〕 See Steven D. Anderman, *EC Competition Law and Intellectual Property Rights*, Clarendon Press Oxford 1998, p. 169.

并不因授权人拥有专利或专门技术即推定其在相关市场具有市场力量(market power)。

(二)知识产权与相关市场的界定

如前所述,行使知识产权这种法定的专有权并不自动导致市场支配地位的成立。在认定知识产权导致的市场支配地位时,必须证明存在该受保护的产品或技术的替代品很少,以致知识产权人有能力在相关市场上阻碍有效竞争维持的事实。如同认定在一般情形下的市场支配地位一样,认定知识产权导致的市场支配地位也必须首先界定相关市场。对知识产权人来说,这一步是特别重要的。如果市场的范围界定得非常窄,那么就因减少了替代品的可能性而限制了知识产权合法行使的领域,就会产生拥有知识产权便符合或导致市场支配地位的后果。这就将知识产权人置于反垄断法中控制滥用市场支配地位制度监督的不利地位。

任何竞争行为(包括具有或者可能具有排除、限制竞争效果的行为)均发生在一定的市场范围内。界定相关市场就是明确经营者竞争的市场范围。中国《反垄断法》第 12 条第 2 款规定:"本法所称相关市场,是指经营者在一定时期内就特定商品或者服务(以下统称商品)进行竞争的商品范围和地域范围。"在反垄断执法实践中,通常需要界定相关商品市场和相关地域市场。相关商品市场,是根据商品的特性、用途及价格等因素,由需求者认为具有较为紧密替代关系的一组或一类商品所构成的市场。这些商品表现出较强的竞争关系,在反垄断执法中可以作为经营者进行竞争的商品范围。相关地域市场,是指需求者获取具有较为紧密替代关系的商品的地理区域。这些地域表现出较强的竞争关系,在反垄断执法中可以作为经营者进行竞争的地域范围。在这里,商品和地域只是界定相关市场过程中的两个维度,并非两个独立的市场,其意味着在确定一个具体案件的相关市场时,必须从不同的角度出发进行界定,这时界定出的相关市场才更加符合实际。此外,在相关市场的界定中有时还需要涉及所谓的相关时间市场,即在相关商品市场和相关地域市场内经营者所能展开竞争的时间范围。由于相关时间市场在很多情况下可以融入相关商品市场的界定之中,即在界定相关商品市场时应当考虑时间因素,因此可不将其作为一个单独的问题。一般来说,当生产周期、使用期限、季节性、流行时尚性或知识产权保护期限等已构成商品不可忽视的特征时,界定相关市场还应考虑时间性。在技术贸易、许可协议等涉及知识产权的反垄断执法工作中,可能还需要界定相关技术市场,考虑知识产权、创新等因素的影响。

在中国,国务院反垄断委员会《关于知识产权领域的反垄断指南》第4条专门规定了相关市场。根据该条,知识产权既可以直接作为交易的标的,也可以被用于提供商品或者服务(以下统称商品)。通常情况下,需依据《关于相关市场界定的指南》界定相关市场。如果仅界定相关商品市场难以全面评估行为的竞争影响,可能需要界定相关技术市场。根据个案情况,还可以考虑行为对创新、研发等因素的影响。相关技术市场是指由需求者认为具有较为紧密替代关系的一组或者一类技术所构成的市场。界定相关技术市场可以考虑以下因素:技术的属性、用途、许可费、兼容程度、所涉知识产权的期限、需求者转向其他具有替代关系技术的可能性及成本等。通常情况下,如果利用不同技术能够提供具有替代关系的商品,这些技术可能具有替代关系。在考虑一项技术与知识产权所涉技术是否具有替代关系时,不仅要考虑该技术目前的应用领域,还需考虑其潜在的应用领域。界定相关市场,需界定相关地域市场并考虑知识产权的地域性。当相关交易涉及多个国家和地区时,还需考虑交易条件对相关地域市场界定的影响。

以下结合相关法域的理论和实践,对涉及知识产权的相关市场界定进行分析。

1. 知识产权与相关商品市场

相关商品市场回答的基本问题是,事实上是哪些商品在市场上相互进行竞争。有时一个反垄断诉讼的结果几乎完全取决于如何确定相关商品市场的定义。在美国1945年对美国铝公司的反垄断判决中,法院仅将纯铝锭作为确定市场的依据,则美国铝公司就占有了该市场90%的份额。而如果将铝废料也包括在市场内,美国铝公司就只占有64%的份额;并且,如果将美国铝公司供应给它自己的制造设备排除在外的话,它的市场份额就仅有33%。在1956年指控杜邦公司的玻璃纸垄断案中,政府认为这家企业连同一个持生产许可证者,占有了该市场100%的份额。然而,法院将这种有关的产品作为灵活的包装材料来对待,这使杜邦公司仅占18%的市场份额,结果政府反而败诉。[1] 从某种程

---

[1] [美]马歇尔·C.霍华德:《美国反托拉斯法与贸易法规》,孙南申译,中国社会科学出版社1991年版,第25页。

度上来说，产品的每一个供应者都会成为垄断者，如果市场规定得相当狭窄的话。〔1〕

根据1997年欧共体委员会《关于相关市场界定的通告》第7条的规定，"相关产品市场是指根据产品的特性、价格及用途，而被消费者视为可互换或可相互替代的所有产品和/或者服务"。〔2〕美国法院的很多判决明确指出了确定相关商品市场的两个因素：一个是合理的可替代性，另一个是需求的交叉弹性。根据美国最高法院在"布朗鞋公司案"中的判决，"一个产品市场的范围取决于对合理交换性的利用或者对产品本身和其替代产品之间的交叉弹性需求"。〔3〕需求的交叉弹性越高，就越难显示供应者处于市场支配地位。因为如果一个产品的价格上涨太多或供应受到限制，购买者将转而购买替代品。如果需求的交叉弹性低则表示购买者不能够或不愿意转而购买替代品，而购买者的这种行为表明供应者比替代品供应者占有更为强大的市场优势。而合理的可替代性与需求的交叉弹性又是密切相关的，从一定意义上讲，合理的可替代性是需求的交叉弹性理论的实际运用，但合理的可替代性不仅涉及价格因素，而且还涉及其他因素；不仅关注需求层面，而且也在一定程度上考虑供给层面。因此，在界定相关商品市场时最主要的是要确定商品的可替代性，而且其中决定性的因素是用户或者消费者的看法。而这里的商品可替代性不是那种因为某种商品市场的价格变化而影响到消费者在其他商品市场购买能力的总体替代性（gross substitution），而是近似替代性（close substitution），即具有相同或相似特性的、能够满足相同或相似需求的商品。在各国的反垄断法实践中，确定商品之间的可替代性主要考虑以下因素：（1）商品的物理性能和使用目的；（2）商品的价格；（3）消费者的偏好；（4）供给的替代可能性。〔4〕

美国反托拉斯部门和法院早期在分析专利等知识产权是否产生市场力量时一般不考虑替代品问题，但后来这种情况发生了改变。美国司法部和联邦贸易委员会于1995年4月6日联合颁布的《知识产权许可的反托拉斯指南》就考

〔1〕［英］约翰·亚格纽：《竞争法》，徐海等译，南京大学出版社1992年版，第56页。

〔2〕《关于相关市场界定的通告》，赵莉译，载许光耀主编：《欧共体竞争立法》，武汉大学出版社2006年版，第421页。

〔3〕［美］马歇尔·C. 霍华德：《美国反托拉斯法与贸易法规》，孙南申译，中国社会科学出版社1991年版，第24～25页。

〔4〕王先林：《论反垄断法实施中的相关市场界定》，载《法律科学》2008年第1期。

虑到了替代品在消费者购买决策中的作用,扩大了相关市场的范围,这在一定程度上减少了因拥有知识产权而获得垄断力的可能性。例如,如果一个发明者拥有订书机专利,那么反托拉斯机构不会机械地假定该发明者拥有很大程度的垄断力,因为纸夹、蝴蝶夹、纸带和其他潜在的替代品与订书机争夺装订纸用具市场的份额。这样,就将订书机专利的相关商品市场扩大到了装订纸用具市场,由于使市场份额变小,因此除了明显的市场进入障碍等其他因素外,一般不容易仅因拥有该专利这种法律垄断而认定其在相关市场上拥有支配地位。

现在,美国反托拉斯机构既不假定知识产权产生市场力量,也不假定知识产权就定义了相关市场。如本书第二章所述,美国《知识产权许可的反托拉斯指南》将有可能受到知识产权许可行为不利影响的市场分为三种类型,即"商品市场""技术市场""研究开发市场(创新市场)"。[1] 知识产权或者许可证协议可能会在商品市场(用知识产权制造的最终或中间商品)、技术市场(若知识产权与用其制造的产品分开销售)和研发市场(如开发新的或改进的产品或方法的研究和开发竞争)上对竞争产生影响。实际上,这里的商品市场是狭义上的,在涉及知识产权时的这三种市场都属于广义上的相关商品市场的范畴。由于狭义的商品市场是最主要和最常见的,因此在分析相关商品市场时往往以这种狭义的商品市场为典型。

为确定一个相关商品市场,必须首先涉及一个特定的商品,即一项物品或服务或者一组相关的物品或服务。某一商品市场不同于某一商品,它首先用一个单一的商品来测定,但其范围通常不止一个单一的产品。美国联邦巡回上诉法院指出,如同炼油的相关市场被描述为通过确定假定的垄断者为能使油价小幅但重要而持久的上涨以获利所必须控制的最小一组精炼厂,为反托拉斯目的的相关技术市场就是"那些技术和产品的假定的垄断者可能对之行使市场力量的最小一组技术和产品"。[2]

由于任何物品或服务都有替代品,对不同企业之间就某一商品的竞争关系的分析通常要对该商品的可能替代品进行认定,而这需要考虑到其功能、满足

---

〔1〕 该指南在2017年的修订后将原来的"研究开发市场(创新市场)"就改称为"研发市场"。

〔2〕 See Debra A. Valentine, *Abuse of Dominance Relation to Intellectual Property: U. S. Perspectives and the Intel Cases*, Before The Israel International Antitrust Conference, November 5, 1999. 资料来源于美国联邦贸易委员会网站(http://www. ftc. gov),最后访问日期:2001年4月6日。

用户需要的适应性以及价格等因素。其具体的市场范围要根据不同案件所涉的具体情况加以界定。在微软垄断案中,美国联邦地区法院法官杰克逊在1999年11月5日的事实认定中指出:当前没有什么商品,而且在可预见的将来也不会有什么商品,可以付出巨大成本而替代英特尔兼容个人电脑操作系统在全球范围的大比例的客户群。更进一步,当前不生产个人电脑操作系统的公司也不可能从现在开始,能够在较短的一段时间内为相当大一部分英特尔兼容个人电脑用户提供有竞争力的可替代的操作系统。由此可以推断,如果一家公司控制了英特尔兼容个人电脑操作系统在全球范围内的许可证,它就可以将它的操作系统的许可价格定得远远高于竞争市场价格条件下的价格,并保持在相当长的时间内不会失去顾客而变得无利可图。因此,在确定微软市场力量的水平时,将相关市场界定为全球范围内英特尔兼容个人电脑操作系统的许可证市场。[1]

在确定替代品时,选择初始产品(initial product)是非常重要的。对知识产权人来说,欧共体1994年的Hilti v. Commission案可以说明选择初始产品步骤的重要性。在该案中,赫尔梯(Hilti)是一家企业,专门生产钉枪、夹头和作为建筑业的动力紧固(PAF)系统的零件的钉子。作为赫尔梯兼容钉的两家独立制造商,尤若菲斯(Eurofix)和波柯(Bauco)向欧共体委员会投诉,称赫尔梯从事夹头的搭售行为,要求顾客在购买夹头时必须购买其钉子,认为这产生了将它们驱逐出市场的效果。赫尔梯答辩认为,它在相关商品市场上没有支配地位,因为该市场是PAF系统市场,由将其钉枪、夹头片和钉子结合在一起的集成产品构成。这种商品与建筑部门的其他类型紧固系统进行竞争。欧共体委员会却认为,赫尔梯兼容夹头片和赫尔梯兼容钉形成了各自独立的商品和商品市场。这个认定成为进一步认定赫尔梯在其兼容夹头片相关市场上具有支配地位的基础。这个认定的显著之处在于赫尔梯拥有的在夹头上专利的存在,这使它合法地排除了竞争。另外,赫尔梯在钉枪市场上的强大经济地位加强了其在夹头片市场上的支配地位。初审法院支持这个范围较窄的相关商品市场界定,指出赫尔梯主张钉枪、夹头片和钉子应被视为形成一个不可分割的整体实际上就是允许钉枪的生产者可以排除除了他们的商品以外的其他消耗品的使用。该法院指出,就欧共体竞争法来说,任何独立的生产者完全可以自由生产用在

---

〔1〕 美国哥伦比亚联邦地区法院法官杰克逊在1999年11月5日就United States v. Microsoft一案作出的Finding of Facts的第18段。资料来源于美国司法部(http://www.usdoj.gov)网站,最后访问日期:2001年4月6日。

别人生产的设备上的消耗品,除非这样做侵犯了他人的专利或其他工业或知识产权。一旦该法院接受钉枪市场作为相关商品市场的界定,那么就可因赫尔梯的70%~80%的高市场份额而认定其具有市场支配地位。初审法院同意欧共体委员会关于夹头片专利的存在一般会加强赫尔梯在其兼容消耗品市场上地位的认定。在上诉中,总法务官(Advocate General)杰克波斯(Jacobs)提出,[1] 如果PAF系统与非PAF系统在范围更广的市场(包括两个系统)上进行竞争,赫尔梯就不具有支配地位。然而,欧洲法院不愿否定初审法院作出的相关市场的法律结论,因为那实际上是要求欧洲法院重新审查在初审法院的证据。作为上诉法院,欧洲法院只愿审查在初审法院关于可替代性的裁决上是否有法律上的错误。然而,正如总法务官杰克波斯提出的,欧洲法院必须考虑到有关初审法院遗漏了相关事实的辩论意见,因为这相当于一个法律错误,并且构成宣布该裁决无效的理由。但为阻止一个错误,欧洲法院不愿在特定案件中干预产品可替代性的确定问题。该案表明,商品市场的界定可以导致将企业行使知识产权的行为定性为试图将一个市场的支配地位扩大到关联的市场的行为。[2] 这也说明相关商品市场的界定在决定企业是否具有市场支配地位中的重要意义。

欧共体委员会在Tetra Pak Ⅱ案中也采用了类似的分析方法。在该案中,欧共体委员会认为存在四种独立的商品和四个独立的商品市场:无菌纸盒机、无菌纸盒、非无菌纸盒机和非无菌纸盒。利乐(Tetra Pak)公司辩称,纸箱机和纸箱在其自己的市场内是一个集成的包装系统,并认为将纸箱机和纸箱分开会引起卫生问题和潜在的信誉损害。欧共体委员会则指出,《欧共体条约》第86条不允许集成产品的生产者阻碍他人生产在其系统中使用的消耗品。欧洲初审法院又支持了欧共体委员会的这一立场,指出:就欧共体竞争法而言,在没有

---

〔1〕 总法务官是欧洲法院审理案件工作班子的成员,其主要职责是协助法官的工作。其具体职责是完全公正和独立地对提交到欧洲法院的诉讼案件作出论证,以协助法院完成其基本职责。此外,像法官一样,总法务官对欧洲法院所有程序事务和行政事务都有平等的表决权,但对判决没有表决权。法官在审理案件并对案件作出判决时不必受总法务官意见的拘束,但在事实上是经常采纳的。欧洲法院现有9名总法务官。欧洲初审法院不设专职总法务官,也并非一切该院所审理的案件都需有总法务官参加。对于需有总法务官参加的案件,欧洲初审法院应指定1名法官以总法务官的身份来履行总法务官的职责。参见邵景春:《欧洲联盟的法律与制度》,人民法院出版社1999年版,第142、143、186页。

〔2〕 See Steven D. Anderman, *EC Competition Law and Intellectual Property Rights*, Clarendon Press Oxford 1998, pp. 154 – 156.

一般的和约束性的标准或规则的情况下，任何独立的生产者都可以自由地生产用在他人生产的设备上的消耗品，除非这样做侵害了竞争者的知识产权。这表明，除某一商品本身受知识产权保护外，其他商品应被视为独立的产品，并且不能同该受知识产权保护的商品一起捆绑销售。欧共体委员会推行这种政策的方法是将每种商品界定为一个独立市场的基础。[1]

欧洲法院在休金（Hugin）案中认为，如果存在对某种商品的单独的需求，就可以说存在一个独立的商品市场。该案判决的意义在于，对知识产权人来说，如果商品的初始选择是按照需求来确定的，那么就几乎不存在商品市场应依据诸如产品包装等供给情况来加以确定的理由。同样地，也几乎不存在不考虑消费者或使用者偏好的知识产权利用策略。但在竞争政策的框架中，初始商品的选择问题取决于消费者或使用者的看法。对欧共体委员会以外延较窄的措辞指定初始商品的唯一有效抗辩，就是表明从需求的观点来看它的范围是过于狭窄。例如，在 Alsatel v. Novasam 案中，欧共体委员会认定相关商品为出租和维修电话设备的服务。在上诉中，电话公司成功地说服了法院，相关市场应是通常包括出售给公众电话机的电话安装市场。法院的观点是，既然消费者在购买设备和租赁带维修服务的设备之间进行选择，那么相关市场就必须界定得更为广泛以考虑到可替换性。对于没有被欧共体委员会扩大商品初始选择范围的知识产权人来说，它会面临双重的不利。首先，这种范围很窄的商品界定会将替代品的可能性减少到零，而这又反过来导致商品市场范围过窄，以致相当于某个单一的商品市场。其次，对商品市场作很窄的认定还会导致知识产权减少替代品，以致知识产权人拥有支配地位，构成事实上的垄断。[2]

一项知识产权是否具有将范围较窄的商品转化成一个单一商品市场的效果是一个重要的事实问题。范围较窄的商品市场并不自动导致知识产权产生市场支配地位。知识产权在减少替代品中的影响取决于是否存在与相关商品有同样功能的替代品。如果在某一案件中，被选定作为相关市场基础的商品依赖于实现其功能的特定形式，并且知识产权排斥该形式的替代品，那么该知识产权就能有效地消灭该市场上的替代品，产生市场支配地位。例如，在沃尔沃

---

[1] See Steven D. Anderman, *EC Competition Law and Intellectual Property Rights*, Clarendon Press Oxford 1998, pp. 156 – 157.

[2] See Steven D. Anderman, *EC Competition Law and Intellectual Property Rights*, Clarendon Press Oxford 1998, pp. 157 – 159.

(Volvo)案中,商品是受外观设计权保护的车身板。如果有关部件是配电器、交流发动机或用别的设计制造的零件,那么该知识产权就不会产生缩小该产品市场的效果。只要执行同样功能的部件能够买到并且能与沃尔沃汽车共同使用,则该外观设计权的存在就不会产生在该商品市场上排除竞争的效果。然而,如果该部件的功能与其外观是不可分的,就像在车身板上,并且知识产权赋予具有该外观的商品以专有权,那么知识产权的存在就有将该商品市场缩小到一个单一商品的效果。这反过来不仅促使作出权利人在该相关市场上具有支配地位的认定,而且还将该支配地位转变成了垄断。[1]

欧共体委员会对市场作出范围较窄界定的做法并非特别针对知识产权人。它的目的之一是规制在相邻市场产生依赖关系的关键设施(essential facility),尤其是为了监督在计算机软件和电信业市场上的有效竞争。在有关市场由作为其他关联市场的关键设施的自然垄断构成时,欧共体委员会监督市场和禁止滥用的要求就尤其强烈。在这种情况下,欧共体委员会就要防止在附属市场上消灭其他竞争者,无论其是否涉及知识产权。知识产权似乎在很大程度上是受到广泛的政策问题考虑的影响。但从知识产权的观点来看,欧共体委员会的做法还需要认真研究。因为在该委员会确定的较窄的市场范围内,它对行使知识产权的范围施加了限制,在有些情况下对知识产权人是不利的。

在确定相关商品市场时,确定可替代的其他产品非常重要,尤其在商品本身界定得很窄的情况下。它不仅需要考察需求的可替代性(需求交叉弹性),而且还需要考察供应的可替代性。在大陆罐头公司诉委员会一案中,欧洲法院认为,尽管委员会考虑了需求替代,即生产鱼肉的企业可以用塑料和玻璃器皿包装,但没有考虑供应替代,圆柱形罐头的制造商转而生产包装鱼肉的(形状较复杂)罐头非常容易。如果大陆罐头公司大幅提价,其他制造商会立即制造包装鱼肉的金属罐头进入这个高利润的市场。委员会在该案中对相关商品市场的界定过窄而夸大了大陆罐头公司的市场力量。因此,欧洲法院否决了委员会关于大陆罐头公司在用于包装鱼肉的金属罐头市场上具有支配地位。[2]

2. 知识产权与相关地域市场

在确定与知识产权有关的相关市场时,界定相关地域市场也是很重要的。

---

〔1〕 See Steven D. Anderman, *EC Competition Law and Intellectual Property Rights*, Clarendon Press Oxford 1998, p. 160.

〔2〕 邵景春:《欧洲联盟的法律与制度》,人民法院出版社 1999 年版,第 429 页。

相关地域市场是指一个有效竞争存在的地理范围。根据1997年欧共体委员会《关于相关市场界定的通告》第8条的规定,"相关地域市场是指所涉企业进行商品或服务供求活动的地区,该地区的竞争条件是充分同质的,并与相邻地区的竞争条件明显不同,因而能将其与相邻地区区分开来"。相关地域市场的范围可能是国内某个或某些地区,也可能遍及全国、若干国家组成的经济区域(如欧盟或其中几个国家)乃至全世界。对于中国这样一个地域辽阔,各地市场情况差异很大,而且又日益融合到世界市场的国家来说,界定相关地域市场在将来实施反垄断法的过程中有更为重要的意义。

从欧美国家的实践来看,同界定相关商品市场的情况类似,界定相关地域市场也是考虑合理的可替代性以及如此密切相关的需求交叉弹性。如果两个地区属于同一个地域市场,一个地区的消费者应当可以非常方便地转向购买另一个地区的商品。如果企业及其竞争对手只在某个有限的地区销售其商品,而消费者无法或者很难从其他渠道购买该商品,则该地区可以构成一个独立的地域市场。但与相关商品市场的界定多以需求替代性为主的情况不同的是,在界定相关地域市场时多从供给替代性的方面加以考虑,即界定相关地域市场主要是关注在该市场中竞争条件的一致性。而所谓市场竞争条件的一致性,包括商品的分销方法、商品是否在同样的保护消费者法律条件下销售、消费者受到的售前或售后服务是否一致,等等。[1] 如果市场竞争条件大相径庭,那么即使商品功能相同或相似,也应该按照市场条件的不同将其归入不同的地域市场。一般来说,在界定相关地域市场时应当考虑的因素主要涉及以下几个方面:(1)运输成本和商品特性;(2)商品价格;(3)消费者偏好;(4)市场进入的障碍。[2]

确定地域市场的一个重要方法是考察企业的销售范围。在某种意义上,企业的销售范围等同于地域市场范围。另外,消费者是否能方便地选择竞争产品也可作为考察地域市场范围的补充。影响地域市场范围的主要因素是运输成本和产品特性。此外,还受到消费者偏好和政府管制的影响(如对某种产品进入国内市场的限制)。与产品价值有关的产品运输成本使企业将其销售活动限定在国内某一地区,甚至更小的地方。例如,几乎所有的水泥都是在其出产地的附近销售和使用,因为其既笨重体积又大,单位价值又低;而鞋子就可以在全

---

〔1〕 阮方民:《欧盟竞争法》,中国政法大学出版社1998年版,第119页。

〔2〕 王先林:《论反垄断法实施中的相关市场界定》,载《法律科学》2008年第1期。

国销售,因为其价值高,重量轻。一般来说,易腐烂的产品,其市场的地区范围就受到限制。如普通面包的销售范围就很有限。而一些高科技产品,尤其是软件产品,其市场范围往往就是世界范围的。例如,在微软垄断案中,美国联邦地区法院法官杰克逊在 1999 年 11 月 5 日的事实认定中,是以全球范围作为确定微软的英特尔兼容个人电脑操作系统许可证这种产品的相关地域市场的。

在确定相关地域市场时,一个代表性的问题是如果国内生产的产品价格上涨,客户是否从其他国家进口替代品。如果竞争条件足够类似,允许对有关企业的经济力进行评估,那么地域市场一般是依据产品的销售地域来确定。在欧共体联合商标(United Brand)案中,在英国、法国和意大利存在进口和销售安排的特殊管制就导致将它们从香蕉的相关地域市场上加以排除,而粗略考虑了运输成本就包括了 6 个其他成员国。在后来的案例中,在确定相关地域市场时就明显地同时包括了经济因素(如运输成本和生产设施的位置)和管制因素。

从知识产权的观点来看,有关控制滥用市场支配地位中的相关市场的一般标准常常被选定为授予国家垄断的地区(如在电信领域),或者企业享有知识产权保护的地区。在有些案件中,地域市场被限定为滥用行为所发生的地区。在有些依赖性和关键设施案件中,地域市场甚至仅由单个的港口组成。在这个问题上,欧共体委员会并不能总是得到法院的支持。虽然在有些案件中得到了支持,但一些案件却表明法院对该委员会忽视竞争压力的、范围很窄的市场确定方法提出了疑问。总之,如果地域市场的界定低估了可替代性,那么它就容易导致作出具有市场支配地位的结论。[1]

中国是一个幅员辽阔的国家,各地市场差异较大,这与西方一些国家国土面积不大、经济发达、交通便利的情况有所不同,因而在中国确定相关地域市场时也需要考虑这些因素。有些地域市场可能仅是一个省甚至一个或者几个县市。当然,这主要还是取决于上述商品本身的性质。

此外,在确定了相关市场的产品因素和地域因素后,有时还有一个时间因素的问题。这是由于某些产品因有季节性、时尚性或过多为技术发展所左右,其相关市场只是暂时存在,或者长期连续供应的产品在消费者选用前,它与其

---

〔1〕 See Steven D. Anderman, *EC Competition Law and Intellectual Property Rights*, Clarendon Press Oxford 1998, pp. 165 – 167.

他类别产品的需求交叉弹性很高,消费者一旦选用后,其与他类商品的交叉替代性因安装费用高而大大降低。一般来说,时间因素不像产品因素和地域因素那样具有普遍性,但在涉及知识产权的情况下往往还是有意义的,因为知识产权常常与技术因素有关,并且都存在一个时间的问题。

(三)知识产权与市场支配地位的认定

在相关市场界定后,就要进一步确定一个企业是否拥有在相关市场上的支配地位。如前所述,无论在欧盟还是在美国或其他国家,反垄断机构和法院现在一般都不认为拥有知识产权就等于拥有市场支配地位。例如,欧洲法院在多切·格曼冯(Deutsche Grammophon)案中指出:拥有版权邻接权的录音制品生产者并不仅仅通过行使其发行受保护的制品而取得在《欧共体条约》第 82 条意义上的支配地位;该条还进一步要求生产者在相关市场的相当部分拥有妨碍维持有效竞争的实力。[1] 在中国,国务院反垄断委员会《关于知识产权领域的反垄断指南》既在第 2 条"分析原则"中明确规定"不因经营者拥有知识产权而推定其在相关市场具有市场支配地位",又在第 14 条"知识产权与市场支配地位的认定"中专门规定,经营者拥有知识产权,并不意味着其必然具有市场支配地位。认定拥有知识产权的经营者在相关市场上是否具有支配地位,应依据《反垄断法》第 18 条、第 19 条规定的认定或者推定市场支配地位的因素和情形进行分析,结合知识产权的特点,还可具体考虑以下因素:(1)交易相对人转向具有替代关系的技术或者商品等的可能性及转换成本;(2)下游市场对利用知识产权所提供的商品的依赖程度;(3)交易相对人对经营者的制衡能力。

对知识产权人来说,认识到存在具有不同法律后果的不同程度的市场支配地位情形是很重要的。首先是一般类型的市场支配地位,它适用于具有市场优势地位的企业,但该市场上仍然存在某种有效的竞争。其次是特殊的市场支配地位,它是市场支配地位的极端形式——实际的垄断。如果一项知识产权构成垄断,并且该垄断正好属于或者成为在相关市场上其他企业依赖其存在的关键设施,反垄断法就会对该知识产权的行使施加更为严格的限制,要求该企业提供或允许利用该关键设施。

---

〔1〕 See Steven D. Anderman, *EC Competition Law and Intellectual Property Rights*, Clarendon Press Oxford 1998, p. 169.

1. 知识产权与界定市场支配地位的主要标准

由于知识产权本身不等于市场支配地位,因此在认定涉及拥有和行使某项知识产权的企业是否拥有市场支配地位时,往往也是要遵循界定市场支配地位的一般标准。知识产权是其中的一个方面,并存在某些特殊的因素。虽然中国《反垄断法》第 18 条规定的认定经营者具有市场支配地位应当依据的因素(五项列举加上兜底条款)中没有明确提到知识产权,但是知识产权与其中的多数情况都直接相关。知识产权不仅在形成特定的市场份额和市场竞争状况、控制市场的能力、财力和技术条件、依赖关系方面是一个重要的因素,而且与形成进入市场的障碍方面直接相关,因此相关的分析往往都要涉及知识产权问题,在一些方面知识产权因素也可能起到关键的作用。

市场支配地位一般取决于企业能否不顾及市场上其他企业而作出定价和其他决策,即为提高价格并从市场上获取高出竞争水平的利润而限制产量的能力。这是从纯粹经济标准来衡量的。对知识产权人来说,还必须同时考虑到自然垄断或关键设施的特殊问题。

美国《知识产权许可的反托拉斯指南》将市场力量界定为“(在相关市场上)将价格维持在竞争水平以上或者将产量维持在竞争水平以下达一个较长时期而仍能盈利的能力”。在确定市场力量时,美国反托拉斯机构和法院通常要考虑多种因素,其中市场份额即特定企业所控制的某一相关市场的百分比通常是一个决定性的因素。在微软垄断案中,美国联邦地区法院法官杰克逊在认定微软为具有市场支配地位的企业时,三个主要因素中的第一个就是微软的市场份额。他指出:微软的英特尔兼容 PC 操作系统在全球范围居于市场支配地位,而且市场份额还在稳定地持续上升。在过去 10 年中的每一年,微软在英特尔兼容 PC 操作系统市场中的份额都超过了 90%。在最近几年中,这一数字则超过了 95%,而且分析人士估计在接下来几年中这一份额还会升得更高。即使将苹果的 Mac OS 操作系统也包括到相关市场中,微软的市场份额依然在 80% 以上。

欧盟委员会在评估市场支配地位时也是从分析企业的市场份额开始的。正如法院在 Hoffman La Roche v. Commission 案中指出的:尽管市场份额的重要性可能因不同的市场而异,但是应采取的合理观点是,除特定情形外,高市场份额本身构成市场支配地位的证据。一个拥有很高的市场份额并依靠其所代表的产量和供应规模来维持该份额达一定期间的企业,是因该份额而使其处于无法回避的贸易伙伴的地位。在涉及拥有知识产权的企业时,范围足够窄的市场界定会导致一个相当高的市场份额。例如,在 Tetra Pak Ⅱ 案中,利乐(Tetra Pak)公司被认定拥有非无菌奶纸盒市场的 92% 的份额。

然而,高市场份额本身往往尚不足以形成市场支配地位。如果单独使用,它只提供了在某时某点的相对份额的静止图景。因此,市场份额不一定是确定市场力量的充分因素。市场份额的大小是否实际反映了市场力量,这往往还要取决于企业在市场上所面对的实际竞争的情形和竞争者进入市场的难易程度等多种因素。

市场上实际竞争程度的一个重要衡量标准是市场份额和竞争者的实力。例如,在米切林(Michelin)案中,欧洲法院确认欧共体委员会有权依据以下事实来认定米切林的市场支配地位,即在主要竞争者的市场份额只有 4% ~8% 时,米切林拥有重型车新替换胎市场 57% ~65% 的市场份额。相反,在 Rhone Poulenc/SNIA 案中,欧共体委员会则认定,在另一企业杜邦公司(美国实力强大的跨国公司)拥有 20% 的市场份额和掌握了可进行相当侵略性竞争的资源的情况下,一个合资企业拥有 53% 的尼龙纤维的市场份额并不妨碍该市场上的竞争。

另一个与高市场份额结合在一起作为判断市场支配地位的行为因素是对价格的控制。在 AKZO v. Commission 案中,企业在普遍萧条时期通过经常提高价格和增加产量来维持其总利润水平的能力是认定其拥有市场支配地位的一个因素。在 Hoffman La Roche 案中,法院指出,一个企业受到其竞争者降价的压力而被迫降价的事实一般是与作为市场支配地位标志的独立行为不相符的。但这不是说在一定期间的降价(即使伴随市场份额的下降)当然构成了对市场支配地位的抗辩。在 Hoffman La Roche 案中,法院认为维他命因产量和成本的变化而降价与因受竞争的压力而被迫降价是不同的。[1]

在美国微软垄断案中,地区法院法官杰克逊在认定微软为具有市场支配地位的企业时,在市场份额外的另两个主要因素是:微软的市场份额受到进入操作系统时的高壁垒的保护;作为高壁垒的后果,微软用户没有商业上的可行的替代品来取代视窗操作系统。在杰克逊公布事实认定书后,美国联邦司法部在法律结论建议中明确提出:至少在没有相反证据的情况下,只要市场份额足够

〔1〕 See Steven D. Anderman, *EC Competition Law and Intellectual Property Rights*, Clarendon Press Oxford 1998, pp. 170 – 171.

高且有足够的障碍阻止其他产品进入市场或得以发展,被告因此不会由于定价过高而丧失太多顾客以致无法盈利,就可以说明已存在垄断力了。

即使在市场上几乎不存在实际的竞争,但仍然可能存在真正潜在的竞争。只要在市场外存在准备进入该市场的真正潜在的竞争者,就会促使拥有高市场份额的企业为了阻止其他企业的进入而采取如同在竞争性市场上的行为。因此,进入市场的障碍在决定企业是否拥有市场支配地位中也具有重要的意义。试图进入市场的企业所遭遇的进入障碍主要是高市场份额企业所拥有的相关资源,这些资源被用来或者能够被用来提高成本或以其他方式阻碍潜在竞争者作出在该市场投资的决策。广告费用的高低、最小的资本投入量、转移投资的成本与难易程度以及纵向一体化的程度等都可影响竞争者的进入。其中,被反垄断执法机构普遍视为加强支配地位的一种资源是企业拥有相对于其竞争者的技术优势。在这方面,欧洲法院有很多判例。例如,在 Hoffman La Roche 案中,尽管 Roche 生产维他命的专利已经失效,但法院还是接受了欧共体委员会的意见,即该公司拥有大量的技术秘密是使它领先于其竞争者的一个因素,妨碍他人进入市场的专有权并非为认定技术上的优势所必不可少的。

此外,知识产权尤其是商标导致的产品需求交叉弹性的降低也可能成为加强权利人市场支配地位的一个因素。比如,在英国,许多生产者都努力提高商标信誉,从而降低对他们产品需求的交叉弹性。他们在这方面做得越成功则表明他们越有可能处于市场支配地位,从而也越有可能受到垄断与兼并委员会的调查。通过促进和提高商标信誉,购买者可能更愿意付更高的价钱而不愿意转而购买替代品。[1]

2. 知识产权与进入障碍和关键设施

由于市场进入障碍是决定企业是否具有市场支配地位的一个重要因素,因此在分析知识产权与市场支配地位的界定问题时就必须进一步分析知识产权与市场进入障碍问题。在欧盟有关竞争执法中特别注重这方面的分析。

一般认为,知识产权保护所产生的专有性是一个加强市场支配地位的进入障碍。在前述的欧盟 1994 年的赫尔梯(Hilti)案中,企业的夹头片受到除希腊和德国以外的所有欧盟成员国的专利保护,并且该企业还要求英国的版权保护,这被认为是加强市场力量的一个重要因素。在 1990 年的 Tetra Pak Ⅰ 案中,

---

〔1〕[英]约翰·亚格纽:《竞争法》,徐海等译,南京大学出版社 1992 年版,第 56 页。

排他专利许可的获得也被认为是进入市场的障碍,因为它不允许潜在的竞争者得到该技术。

对知识产权人来说,如果将产品市场界定得非常窄,以致形成一个单一的产品市场,就会有被认定为具有市场支配地位的危险。在哈金(Hugin)案中,法院认定哈金是有关哈金备用零件的唯一供应商,利普顿(Lipton)和与其类似的其他企业的生存依赖于这种备用零件的供应,因而包含在该零件中的知识产权就是一个进入障碍,并因此成为加强市场支配地位的一个因素。专门从事哈金现金出纳机修理业务的维修公司为了开展竞争就必须得到哈金的备用零件,这导致了哈金具有市场支配地位的认定。在后来的案例中,总法务官指出,当相关市场被缩至为一项知识产权所覆盖的一种产品时,该知识产权排除替代品的事实本身就必然导致作出该企业具有市场支配地位的认定。这意味着,仅仅拥有知识产权就可能等于市场支配地位,因为制造商实施其权利就使得消费者不可能得到替代品。更重要的是,在这种情况下,单一的产品市场不仅促成了市场支配地位,而且也导致对关键设施的实际垄断的认定。[1]

将单独的市场作为判定支配地位并控制其在相关市场上的溢出(spill - over)效应,是欧盟委员会用来控制那些拥有巨大市场力量而试图将其力量延伸到相邻市场的企业的方法。在 1984 年的 IBM 案中,[2]欧共体委员会将 IBM 的 370 中央处理单元系统和操作系统业务看成属于三个独立的市场:IBM 的 370 中央处理单元系统大型机市场是一个产品;附属于 IBM 的 370 中央处理单元系统的主存储器市场和能用在 IBM 的 370 中央处理单元系统的软件市场是两个独立的市场。将后两者视作各自独立市场的主要因素是,一旦消费者选择购买和使用 IBM 的 370 中央处理单元系统,他们就不轻易地转向大型机市场的其他竞争者。这成为控制 IBM 的一些商业活动尤其是搭售存储器和软件、迟延向其他制造商供应存储器和带接口信息的软件行为的基础。如果 IBM 不具有市场支配地位,那么这些行为完全是合法的,但是由于它被认定具有市场支配地位,因此这些行为依据《欧共体条约》第 82 条被定性为滥用行为。通过在狭窄的范围内来界定市场,欧共体委员会指控 IBM 在供应主存储器和 IBM 的 370 系统基本软件市场上具有支配地位,并滥用其地位在销售大型机时搭售存

---

〔1〕 See Steven D. Anderman, *EC Competition Law and Intellectual Property Rights*, Clarendon Press Oxford, 1998, p. 173.

〔2〕 IBM Corp. v. Commission [1981] ECR 2639.

储器和软件。

在欧盟 1994 年微软案中也运用了上述方法。[1] 1993 年 7 月,欧盟委员会接到 Novell 的投诉,指控微软的许可行为依据《欧共体条约》第 82 条的规定是滥用行为,因为它在个人电脑操作系统软件市场上排挤竞争者。经过调查,欧盟委员会认定可以安装在个人电脑中的三层软件构成单独的市场:磁盘操作系统(DOS)、图形用户界面(GUI)和应用软件(如 Word)。同时,该委员会据此认定微软在 DOS 市场上具有支配地位,并在 GUI 和应用软件市场上从事搭售、价格歧视和许可行为。

上述方法并非仅限于大规模经营,它也可用于区分不同的市场以控制小型基础设施所有人本身在附属市场从事活动的情况。欧盟委员会认为,拥有市场支配地位的企业提供关键设施,同时自己又利用该设施(如不利用该设施竞争者就不能向其顾客提供服务)的,应当负有特别的责任。当包含知识产权的产品所有人拥有相对于传统支配地位的自然垄断时,这种关键设施的分析方法也可适用于知识产权这种无形设施。对知识产权人来说的复杂因素是,在某些情况下,权利本身就可能有产生实际垄断的效果。在这种情况下,《欧共体条约》第 82 条可以用作超越知识产权基本性质的基础,该权利至少排除了在派生二级市场上的竞争对手。在这一点上,竞争法并不试图使欧共体竞争法与知识产权保持平衡,而是使它们受制于关键设施的分析。在这种情况下,有人主张拥有知识产权并不能被视为加强支配地位的进入障碍,因为拥有知识产权等同于知识产权的存在。然而,早在 1975 年,在 GM/Continental 案中,法院就裁决成员国授予的垄断权可能产生市场支配地位,至少是当它与决定价格的实力相结合时是如此。在 1985 年的另一案件中,法院重申由法律规定所导致的缺乏竞争的事实并不妨碍《欧共体条约》第 82 条的适用和作出具有市场支配地位的认定。[2]

在迈吉尔(Magill)案中,[3]若因范围较窄的市场界定而使知识产权导致了“一种事实上的垄断”,则法院看来不让上述问题阻碍关键设施的分析范式适用于那种情况。欧盟委员会认为,电视公司由于其对各自的每周节目预告表拥

---

〔1〕 欧共体委员会第 24 次竞争政策报告,(1994)443 – 5。

〔2〕 See Steven D. Anderman, *EC Competition Law and Intellectual Property Rights*, Clarendon Press Oxford, 1998, pp. 176 – 177.

〔3〕 本章后面关于知识产权与拒绝许可问题的论述中将对其作具体的介绍。

有事实上的垄断,这使愿意出版电视指南周刊的第三方处于经济上的依附地位,因而该公司依照《欧共体条约》第 82 条的规定拥有市场支配地位。欧盟委员会进一步指出,通过主张对其电视节目预告表的版权保护,电视公司将其事实上的垄断加强到法律上的垄断,产生在相关市场上不允许任何第三方竞争的情况。欧洲初审法院接受了欧盟委员会关于相关产品市场的界定和以下认定:电视节目预告表的版权以及电视公司对其节目预告表的事实上的垄断使电视公司在电视节目预告表市场上拥有市场支配地位,使诸如迈吉尔等第三方处于经济上的依附地位。这又成为以下认定的基础,即迈吉尔是电视公司拥有关键设施的电视指南市场的一个参与者,而该市场与电视节目预告表市场是虽不相同但却相关的。法院明显意识到了知识产权人对于市场支配地位的敏感性。法院首先排除了市场支配地位的认定建立在"仅仅拥有一项知识产权"的基础上的可能性。然后指出,电视公司的市场支配地位是建立在它们因掌握用来汇编电视节目预告表的信息而拥有的实际垄断的基础上的。作为对于像迈吉尔这样的企业来说的唯一节目预告表资源,电视公司处于一个在电视周刊市场上排除有效竞争的地位。尽管欧洲法院同意初审法院和欧盟委员会关于电视公司拥有市场支配地位的结论,但它并没有提到它们关于电视公司的市场支配地位受其以电视节目预告表的版权保护为基础的合法垄断所加强的认定。初审法院强调本案中知识产权的存在对支配地位的认定仅是次要的。欧洲法院则强调市场支配地位的真正衡量标准是市场上经济实力(如不受竞争者和消费者影响而行事的能力)的拥有,这种衡量标准是以事先分析市场力量为必要条件。[1]

然而,如果"仅仅拥有"知识产权与市场上实际的垄断同时发生,并且这足以证明支配地位认定的正当性,那么存在知识产权就在很大程度上导致市场支配地位。当然,支配地位的认定并不等于是对非法行为的认定,支配地位自身并不违法,只有在企业滥用其市场支配地位时才可能存在违反反垄断法的问题。因此,关键的问题是具有市场支配地位的企业在什么情况下将其知识产权用作滥用支配地位的工具。

---

〔1〕 See Steven D. Anderman, *EC Competition Law and Intellectual Property Rights*, Clarendon Press Oxford 1998, pp. 177 – 178.

三、知识产权的行使与滥用市场支配地位行为

(一)滥用市场支配地位行为的主要特点

在反垄断法中控制滥用市场支配地位制度的必然逻辑是,如果一个企业(即使拥有某项知识产权)尚不具有市场支配地位,那么就不存在市场支配地位的滥用问题(当然,不排除它可能存在其他方面的违反反垄断法的行为,如卡特尔等垄断协议行为)。而按照有关禁止滥用市场支配地位制度,企业虽然具有市场支配地位,但这种地位本身并不违法,构成违法的是其对这种地位加以滥用的行为。例如,根据美国《谢尔曼法》第2条的规定,其所禁止的“垄断”是指“垄断化”(monopolizing),即故意取得或者维持垄断力的行为,而不是指垄断力即垄断状态本身;德国《反限制竞争法》第19条并不禁止企业占有市场支配地位本身,而仅是禁止其实施滥用市场支配地位的行为;中国台湾地区“公平交易法”也不禁止事业之独占状态,而只是禁止独占之事业从事滥用其独占地位的行为。

因此,接下来的关键问题便是对滥用市场支配地位行为的认定。如前所述,对“滥用”是很难有一个完全准确的一般性定义的。但一般来说,滥用市场支配地位的行为具有以下特征。首先,有关企业实施滥用行为,与其具有市场支配地位之间存在内在的联系。企业之所以能够实施滥用行为,是因为其占有市场支配地位;如果企业不占有此种地位,它就不会实施滥用行为。其次,企业从事滥用市场支配地位的行为,不合理地妨碍了其他企业的竞争可能性,损害了市场相对人的合同自由及公平交易权。最后,如果市场上存在有效的竞争,其他企业以及市场相对人就不会遭受这种损害。[1] 对“滥用”的认定实际上是运用“合理原则”对具体案件进行权衡、分析的结果,因而同样的事实因不同的执法机构和法院的判断可能有不完全相同的结论。在中国,《反垄断法》第17条第1款规定的各种具体的滥用市场支配地位行为都规定了“不公平”或者“没有正当理由”的限制条件,因此在认定中的自由裁量权比较大。在涉及知识产权的场合,对滥用行为的认定可能更加复杂。

在微软垄断案中,美国联邦地区法院杰克逊法官作出的判决可以在一定程度上说明滥用市场支配地位行为的特点。杰克逊法官在判决微软违反《谢尔曼

---

〔1〕 邵建东:《论市场支配地位及其滥用》,载《南京大学法律评论》1999年第1期。

法》第2条时，首先依据先前公布的事实认定书，从市场份额、进入障碍以及由此导致的缺乏替代品三个方面认定微软在全球英特尔兼容PC操作系统市场上已经拥有垄断力量。法院确认微软在世界范围内对PC操作系统发放许可证的权利(占全球市场份额的95%)构成在相关市场的垄断，使其得以持久地维持远远超出竞争水平的价格而无新的市场进入或竞争对手之虑。这属于对微软公司市场支配地位本身的认定，是后面认定构成滥用的前提。然后，法官对微软的滥用市场支配地位行为进行了认定：微软非法利用了自己在操作系统市场上的垄断力量，来排挤竞争对手，排除自己面临的潜在竞争，以继续维持自己的垄断；这些做法构成了对消费者的严重损害，使"一些真正有益于消费者的创新从未出现，只因为这些创新不符合微软的利益要求"。就具有规制滥用市场支配地位性质的《谢尔曼法》第2条来说，法院具体裁判结论如下：(1)微软以反竞争的手段维持其垄断力。微软使用了反竞争的手段以维持其垄断地位，具体体现在：微软通过合同及技术限制迫使PC制造商预装微软视窗和互联网浏览器，限制其使用竞争对手的产品以及对视窗95和视窗98加以改进的权利，从而实现所有PC系统均须采用微软操作系统；以优惠的交易条件诱使网络供应商推销微软浏览器从而使其竞争对手的浏览器从市场上消失；通过实物交易和各种手段限制开发商协助开发其竞争对手网景公司等的平台应用软件。微软的行为并非出于任何合理的商业上的考虑(利润最大化)，其目的纯粹是阻碍潜在的竞争者进入PC操作系统市场，这种行为具有明显的掠夺性，违反了《谢尔曼法》第2条。(2)微软1995年6月提出的要求网景公司放弃视窗浏览技术市场的建议具有明显的垄断浏览器市场的意图，在该建议遭到网景公司拒绝后微软的一系列反竞争的行为导致了微软垄断二级浏览器市场的"危险的可能性"，这种垄断企图同样违反了《谢尔曼法》第2条的规定。对于微软将网络浏览器与视窗捆绑销售(搭售)的行为，虽然杰克逊法官在判决中认定其违反了《谢尔曼法》第1条关于禁止合谋限制贸易行为的规定，但实际上这个问题存在垄断协议行为与滥用市场支配地位行为的交叉，也就是说，它在本案中也是滥用市场支配地位的表现。正如法院指出的，操作系统与浏览器是两种不同的产品，市场上存在不同的消费需求，微软作为唯一一家拒绝不附购买浏览器条件地许可销售操作系统的公司，迫使PC制造商和消费者在购买视窗软件时不得不同时购买所搭售的浏览器，微软的捆绑销售行为并无技术或商业上的必要性，而仅仅是旨在扼杀竞争，导致网景公司的浏览器市场份额急剧下降。而微软之所以能够这样做,正是利用其在视窗操作系统上的强大经济实力。此外,微软与康柏、美国在线、苹果公司等主要供应商之间的排他性交易安排构成纵向限制,尽管尚不足以完全剥夺网景公司在世界浏览器市场的供货机会,不构成对《谢尔曼法》第1条的违反,但仍属违反了《谢尔曼法》第2条的行为。因此,在认定滥用市场支配地位行为时主要应对企业的行为对市场竞争和消费者利益的影响以及这种行为与其所拥有的市场支配地位的关系进行评估。

(二)区分知识产权行使与市场支配地位滥用的有关做法

由于知识产权本身的专有性质,在认定涉及知识产权的市场支配地位滥用时就需要正确区分知识产权的合法行使(利用)行为与知识产权的非法滥用行为(这里仅涉及其反竞争的方面从而将其限定在反垄断法的范围内)之间的界限。

在美国,即使企业因其受到知识产权保护的财产没有相近的替代品而拥有市场力量,但如果市场力量是"优质产品、经营才能或历史偶然性"的结果,那么拥有该市场力量也是不违反反托拉斯法的。通过公开地接受合法获得的垄断力,《知识产权许可的反托拉斯指南》为反托拉斯与知识产权的共存提供充分的空间。基于知识产权的专有权性质,尽管反托拉斯法禁止某些排他性行为,但是它们"并不否定专利权人排除他人使用其专利的权利"。根据该指南,即使知识产权人被认定具有市场力量,只要没有其他方面的违法行为,并不强制其将该知识产权许可他人使用。根据其专利法,专利权人单方面拒绝许可或使用其专利也不构成滥用。作为这一原则的必然结果,无论是知识产权滥用方面的法律还是反托拉斯法都不禁止仅仅为获得实施其专有权所作的努力或者仅仅要求以超出竞争水平的费用作为知识产权许可的条件。[1]

但同时,"无论知识产权法的目的还是反垄断法,都不能使垄断者依靠借口的商业理由来掩盖反竞争行为"。正如在本书导论部分所引证分析的,在微软垄断案中,对于微软主张的著作权抗辩,杰克逊法官在判决中通过引述其先前作出的事实认定和有关判例、法典的有关条款指出:这种抗辩既不能解释也不能豁免微软违反谢尔曼法的行为。视窗95和视窗98确实是受到著作权注册

---

〔1〕 See Debra A. Valentine, *Abuse of Dominance Relation to Intellectual Property*: *U. S. Perspectives and the Intel Cases*, Before The Israel International Antitrust Conference, November 5, 1999. 资料来源于美国联邦贸易委员会网站(http://www.ftc.gov),最后访问日期:2001年4月6日。

保护的，这"构成著作权有效性的表面证据"，但是微软著作权的有效性是从未受到质疑的，问题是这种著作权所保护的究竟是什么。微软没有提出任何证据证明其施加于原始设备制造厂家的改变视窗能力的种种协议性的（或者技术性的）限制，来自著作权法明确列举授予著作权人的权利。著作权人并不能依据著作权以直接威胁竞争的方式获取派生利益；如果销售商利用著作权之类自然的和法律上的优势，将其在某一市场上的支配地位扩展到另一市场上，就会引起法律责任；在著作权被用作垄断阴谋的一部分时，著作权并不能使权利人免受反托拉斯调查。

在欧盟，欧洲法院在知识产权领域适用《欧共体条约》第 82 条时也运用权利存在和权利行使的二分法。这意味着伴随知识产权而来的垄断力本身并不违反《欧共体条约》第 82 条，否则该条会使一切知识产权都丧失法律的保障。CICRA 一案清楚地表现了《欧共体条约》第 82 条适用于知识产权的过程：一家意大利商社 CICRA 的成员生产汽车外壳的配件。由于雷诺汽车公司（Renault）拥有汽车外壳配件的装饰性设计的权利，CICRA 的成员就不能生产汽车的非原创配件。因此，CICRA 要求宣布雷诺汽车公司的权利违反欧共体法律而无效。欧洲法院作出如下分析：首先，在当前的欧共体法律环境下，由于缺乏统一的标准和法律协调，授予外观设计和实用新型保护的条件和程序将取决于国内法律。即使某种产品构成已经受保护产品的一部分，仍然要由国内法律来决定该产品能否受到保护。其次，装饰性实用新型的权利人有权反对第三方为了在内部市场销售而制造结合了受保护设计的产品，也有权阻止未经其许可在其他成员国制造同种产品并进口到内部市场。因此，在这种情况下阻止国内法律的适用等于挑战上述权利的存在。国内法院希望确定的关键点是取得关于汽车外壳配件的外观设计和行使由此而来的排他性权利是否构成《欧共体条约》第 82 条规定的滥用支配地位。需要强调的是，仅有保护法律赋予的权利的利益，其效果是防止未经授权的第三方制造和销售受保护产品，这样的事实不能被视为一种削减竞争的权利滥用。但是，如果占支配地位的企业行使排他性权利构成一定的滥用行为，并且只要这样的行为会影响成员国之间的贸易，就有可能受到《欧共体条约》第 82 条的禁止。这些滥用行为包括：任意拒绝向无关联的修配厂提供配件；规定不公平的配件价格；或者在某类汽车仍然大量流通的情况下决定停止生产该类汽车的配件等。考虑制造商销售的零配件与独立生产商销售的零配件之间的价格差别，必须重申欧洲法院在 Park Davis 一案中的观点:由于装饰性设计的权利人可以合法地要求收回它为优化设计而付出的投资,前者比后者的价格更高并不必然构成权利滥用。因此,阻止未经授权销售汽车外壳配件的权利构成知识产权的特定内容,并不违反《欧共体条约》第82条;只有当权利人的行为构成该判决上述所指的权利滥用时,才适用该条。[1]

到1981年的IBM v. Commission案时,欧共体委员会开始形成这样一种观点,即在某些情况下,具有市场支配地位的企业负有两方面的积极义务:确保在相关市场和其具有支配地位的市场上的竞争不被减少,同时允许新竞争者进入该市场。在Vovol UK v. Veng AB案中,欧洲法院指出,拒绝授予许可证本身并不构成市场支配地位的滥用。在Keurkoop v. Nancy Kean Gifts案中,欧洲法院也适用了前一个判决的理由,但同时指出,在下列三种情况下,关于车身板的注册外观设计所有人的排他性权利的行使依《欧共体条约》第82条可能被视为滥用行为而受到禁止:(1)如果知识产权人任意拒绝向独立的修理商提供零配件;(2)如果知识产权人将零配件的价格订得不公平或者过高;(3)如果知识产权人决定不再生产某种特定型号的零配件,而仍有许多该种型号的汽车在使用。同样地,具有市场支配地位的企业以歧视性许可或要求不合理的高额许可费也可构成《欧共体条约》第82条规定的滥用行为。[2]而迈吉尔(Magill)案更为我们提供了两方面的指导原则。首先,如果知识产权人由于该知识产权而拥有市场支配地位,其行使知识产权的行为就要受到《欧共体条约》第82条的禁止规定的限制。其次,如果知识产权人以关键设施的形式拥有市场支配地位,那么它对竞争者负有积极的义务。这些原则通常不会对在主要市场甚至附属市场上知识产权排他性的行使形成冲击,但将会存在依赖性和排他性的拒绝供应或许可的情况,依据《欧共体条约》第82条这会被认为是滥用行为,因此对该种知识产权的排他性利用加以限制,尤其是在附属市场上。

但在实际中,《欧共体条约》第82条在规制技术性知识产权中的作用被认为给知识产权人带来了特殊的困难,因为在保护有效竞争的名义下它对知识产权人获得对其发明的奖酬施加了限制。有人批评说欧共体竞争规则走得太远。通过对知识产权人合法特权的侵犯,它们破坏了建立在知识产权立法基础上的奖酬制度,并因此威胁到在欧共体的投资和创新。但有人又反驳了这种批评,

---

〔1〕 邵景春:《欧洲联盟的法律与制度》,人民法院出版社1999年版,第550~551页。

〔2〕 See Steven D. Anderman, *EC Competition Law and Intellectual Property Rights*, Clarendon Press Oxford 1998, pp. 195–199.

认为情况并非如此。首先,由于两个重要的平衡机制,竞争法只在例外情况下才对知识产权的利用加以限制。一方面,在评估拥有知识产权是否符合或接近垄断的市场力量时是谨慎的,并不预先假设授予专有权就授予了经济垄断。只要受保护产品或方法存在替代品,《欧共体条约》第 82 条对知识产权的影响就是微不足道的。从这个意义上看,《欧共体条约》第 82 条为知识产权的正常利用留下了相当大的余地。另一方面,法院对滥用的界定承认,有助于获得支配地位的效率和创新即使被市场支配地位的企业利用也仍然是竞争的合法形式。因此,正如法院在沃尔沃(Volvo)案中指出的,知识产权的排他性利用在产品受保护的主要市场上是可以接受的,它是对发明的奖酬和对创新的刺激。知识产权人可以利用法院的禁令来防止竞争者进入该市场。法院施加的限制主要发生在一项知识产权与实际的市场力量相吻合时,因为这时权利人享有一种相当于事实上的垄断的支配地位。在这种情况下,知识产权并不被认为是一种特殊的情况。它们被作为与所有其他的"关键设施"的物质财产一样来对待。知识产权人必须与下游经营者进行交易,即使它们自己也在附属市场上从事经营活动。它们不得通过将其在附属市场上的产品或服务与在其在主要市场上的知识产权进行搭售而在自己的经营者与派生市场上的竞争者之间实行区别对待。在竞争法或反垄断法看来,在这种情况下,知识产权被视为同有形财产权相类似。在这种情况下,它们如同构成垄断的任何其他财产一样地受到规制。其次,将关键设施理论运用于知识产权并不必然导致对在研究开发上投资的减少。这部分是由于在这种特殊的公平对待中,竞争规则未必减少奖酬。对在附属市场上排他性利用的控制在对回报和刺激方面的影响上不同于对在主要市场上的控制。附属市场是最初发明活动的副产品,奖酬和刺激已经在主要市场获得了。再次,欧共体竞争法所确立的限制不一定阻碍对价值的完全占有。这种限制是用来防止对市场力量进行不当利用(滥用)的。虽然知识产权立法本身已经包含了一定程度的自我调节形式,以对市场进入和奖励发明进行平衡,但不能指望知识产权立法自身全面调节知识产权的行使,以使其满足一般的公共政策目标和关于市场的特殊的竞争政策目标。知识产权立法假定发明人有权占有"市场能够容忍的东西",是预先假设实际存在一个对知识产权人的回报进行调节的市场。这种理论是,应当存在一个与发明有关的价值占有,而不是与发明无关的市场力量的奖酬。但是,即使按照知识产权立法的假定,所提取的回报往往也是过高的。不能指望知识产权立法能够承担起竞争法的责任,确保市场力量在任何一个市场上实际起作用。最后,平衡市场进入与排他性是促进创新的经济政策所保持的更广泛平衡的一部分。[1]

(三)判定知识产权行使与市场支配地位滥用的一般规则

一般认为,知识产权的定价本身就包括了一个高于正常竞争性市场上的奖酬因素。专有权的内在逻辑就要允许其权利人排除来自该受保护产品的未经授权的生产者和销售者的竞争。原则上,知识产权的排他性利用在包含该知识产权的特定产品市场上是可以接受的。而企图将知识产权的排他性利用方法扩展到相邻市场或相关产品上则是违反反垄断法的。换句话说,知识产权的排他性利用依其在主要市场上的法律意义可能是合法的竞争,但在某些例外情况下在派生二级市场上却可能构成滥用。当知识产权人在商品市场上享有准垄断地位,并且知识产权的利用伴随企图在派生市场上阻止新竞争者或者排挤现有竞争者的行为时,如果知识产权的行使与反垄断法中禁止市场支配地位滥用制度相悖,那么就应会限制其行使。知识产权行使的事实本身并不能对反竞争滥用的指控提供有效的抗辩。

作为不同政策和利益之间的平衡,只要排他性利用只限于受保护产品的主要市场上,反垄断法并不过度限制知识产权的利用。但是,有些行为如歧视和搭售是可以适用于主要市场的,甚至适用于知识产权;但后者一般只限于将不受保护的产品与受保护的产品结合在一起的情况。然而,一旦知识产权的排他性利用延伸到次级市场,尤其是依附性市场,或者延伸到不受该权利保护的次级产品,则由于滥用的结构规则的适用而在对合法利用与排挤竞争者进行平衡时往往不利于知识产权人。在这种所谓的次级市场上维持有效竞争的政策可能在特定情形下超过通过奖励发明者来鼓励创新方法的政策。

但是,在这样的两个市场之间必须存在一定的联系。一般的规则是,由于具有市场支配地位的企业的存在,市场竞争本已受到削弱,行为必须是威胁到该市场上剩余竞争的程度。其前提是在市场支配地位和在次级市场上剩余竞争程度之间存在足够的联系。欧洲法院和欧共体委员会在界定这种联系的性质和方式上是很不确定的,它依滥用的性质的不同而不同。在有关的判例中,

---

〔1〕 See Steven D. Anderman, *EC Competition Law and Intellectual Property Rights*, Clarendon Press Oxford, 1998, pp. 246 – 250.

市场之间存在纵向的关系,拥有支配地位的企业由于其在上游市场上的支配或垄断地位而控制了向下游市场的供应。在这些判例中,由于在主要市场上的支配地位明显是控制下游市场的力量的来源,因此在支配地位和次级市场之间就确立了足够的联系。而在另一些判例中,两个市场之间的关系也是纵向的,但拥有支配地位的企业在次级市场上活动是为了加强其在主要市场上的支配地位。因此,在评估滥用的定义对知识产权的合法行使所施加的限制时,有必要考虑滥用的类型和市场的情况。

在企业具有支配地位的主要市场上,禁止市场支配地位滥用制度的主要管制拒绝许可、搭售、歧视性定价、掠夺性定价以及过高定价等比较典型的滥用行为。这些行为有的是针对处于同一经济阶段的竞争者的,有的是针对处于不同经济阶段的供应者和顾客(消费者)的,它们都属于利用性滥用行为,但不同的时期、不同的国家对它们所采取的态度并不完全相同。这些将在本章下文中进行较为详细的论述。此外,还有所谓结构性滥用行为,这与本书第五章的分析内容有关。

总之,在认定涉及知识产权的滥用市场支配地位行为时,虽然要充分考虑其特点,但仍然应当遵循反垄断法的一般适用原则和分析方法。这正如美国司法部和联邦贸易委员会在《知识产权许可的反托拉斯指南》中所采取的态度:在确认是否触犯反托拉斯法时,反托拉斯部门将知识产权与其他财产同样对待。知识产权既不特别地免于反托拉斯法的审查,也不特别地受到怀疑,而是应适用统一的标准和法律原则;知识产权易受侵害性的特点以及不同形式知识产权法律保护的目的、程度及期限方面的特点,只需在实践中结合具体案情和特定市场情况予以考虑,这些特点并不要求对知识产权适用根本不同于适用于其他财产权的反托拉斯法原则。因此,既不能因为知识产权本身的专有性质而使在行使知识产权过程中的那些超越权利的合法界限、破坏公平竞争的行为受到放纵,也不能因为行使知识产权容易导致限制竞争的特点而对其加以更严格的限制,从而使知识产权的正常行使受到不必要的影响。这实际上是在保护有效竞争与鼓励创新之间进行适当的平衡、协调。

在中国,国务院反垄断委员会《关于知识产权领域的反垄断指南》第 3 章就规定了"涉及知识产权的滥用市场支配地位行为",明确提出认定涉及知识产权的滥用市场支配地位行为,适用《反垄断法》第 3 章规定。通常情况下,首先界定相关市场,认定经营者在相关市场是否具有市场支配地位,再根据个案情况,具体分析行为是否构成滥用知识产权,排除、限制竞争的行为。该章第 14 ~ 19

条分别对知识产权与市场支配地位的认定、以不公平的高价许可知识产权、拒绝许可知识产权、涉及知识产权的搭售、涉及知识产权的附加不合理交易条件以及涉及知识产权的差别待遇进行了具体规定。

以下,结合其他法域的理论和做法分析涉及知识产权的若干典型的滥用市场支配地位行为。

四、知识产权行使与若干典型的滥用市场支配地位行为

(一)知识产权行使与拒绝许可

拒绝许可是拒绝交易在知识产权领域的一种具体表现形式。拒绝交易是指具有支配地位的经营者没有正当理由,拒绝与交易相对人进行交易。在一般商品交易领域适用合同自愿原则,当事人完全可以根据意思自治原则,自由选择自己的相对交易方,不存在拒绝交易权行使的限制问题。但对于具有市场支配地位经营者来讲,其市场实力过于强大,交易相对人和消费者除了与其交易并没有更多的选择余地,因为这些交易相对人从其他渠道难以获得该产品,替代性产品的获得也比较困难。具有市场支配地位经营者由于本身市场力量的强大或提供产品的独特性(尤其是在拥有关键设施时)在没有正当理由的情形下是不能拒绝与交易相对人进行交易的,以防止其阻碍潜在的竞争者进入市场,或者意图从其自己经营业务的市场上将现有的企业加以排除。

中国《反垄断法》第 17 条规定禁止具有市场支配地位的经营者从事的滥用市场支配地位的行为中包括"没有正当理由,拒绝与交易相对人进行交易"。国家市场监管总局《禁止滥用市场支配地位行为暂行规定》第 16 条规定,禁止具有市场支配地位的经营者没有正当理由,通过下列方式拒绝与交易相对人进行交易:(1)实质性削减与交易相对人的现有交易数量;(2)拖延、中断与交易相对人的现有交易;(3)拒绝与交易相对人进行新的交易;(4)设置限制性条件,使交易相对人难以与其进行交易;(5)拒绝交易相对人在生产经营活动中,以合理条件使用其必需设施。同时规定,在依据前款第 5 项认定经营者滥用市场支配地位时,应当综合考虑以合理的投入另行投资建设或者另行开发建造该设施的可行性、交易相对人有效开展生产经营活动对该设施的依赖程度、该经营者提供该设施的可能性以及对自身生产经营活动造成的影响等因素。此外,还规定本条所称"正当理由"包括:(1)因不可抗力等客观原因无法进行交易;(2)交易相对人有不良信用记录或者出现经营状况恶化等情况,影响交易安全;(3)与

交易相对人进行交易将使经营者利益发生不当减损;(4)能够证明行为具有正当性的其他理由。

拒绝交易既然在多数情况下是合理、合法的,那么对其在特定情况下违法性的判断无疑就是适用合理原则,需要对其行为的目的和后果进行具体的分析。不令人满意的绩效、资金困难、不遵守质量标准都是认定拒绝交易合法的正当理由。以美国政府为例,其已很少对拒绝交易提起诉讼,至少在近几十年是如此,当然私人还是在不断提起诉讼。[1] 美国在禁止拒绝交易方面的判例中强调对拒绝交易行为进行判断的意图标准(intent test)。在 1927 年的 Eastman Kodak Co. v. Southern Photo Materials Co.[2]案中,Kodak 公司试图统一其照相用品的销售,拒绝向其没有收购的一家零售商批发该用品,最高法院认定其构成非法的垄断化,因为 Kodak 公司为追求垄断目的而拒绝交易。在 1951 年的 Lorain Journal Co. v. United States 案中,[3]一家具有垄断地位的报社拒绝接受同时又在当地广播电台作广告的人的广告,该拒绝行为就是非法的,因为其意图是通过排斥竞争,维持报社的独占地位。在 1992 年的 Eastman Kodak Co. v. Image Tech. Servs 案中,[4]最高法院重申了在 1985 年 Aspen Highlands Skiing Corp. v. Aspen Skiing Co. 案中的观点,[5]即垄断者"只有在其拒绝具有合法的竞争原因时"才可以拒绝与竞争对手交易。

拒绝许可是指知识产权人利用自己对知识产权所拥有的专有权,拒绝授予其竞争对手合理的使用许可,从而排除其他人的竞争,巩固和加强自己的垄断地位的行为。拒绝许可行为可以根据不同的标准对其进行分类,如拒绝许可知识产权本身和拒绝出售包含特定知识产权的产品,横向拒绝许可和纵向拒绝许可,自始的拒绝许可和中止正在进行的许可协议,单方拒绝许可和联合拒绝许可。由知识产权的私权性质所决定,在一般情况下,拒绝许可如同许可一样,都应是知识产权权利人行使自己权利的方式之一,是权利人享有的一种自由。但是,如同有形财产的拒绝交易一样,知识产权的拒绝许可在特定情况下又可能构成对反垄断法的违反,尽管这种特定的情况是很少见的。在这方面,一些国

---

〔1〕 孔祥俊:《反垄断法原理》,中国法制出版社 2001 年版,第 575 页。

〔2〕 Eastman Kodak Co. v. Southern Photo Materials Co. ,273 U. S. 359(1927).

〔3〕 Lorain Journal Co. v. United States,342 U. S. 143(1951).

〔4〕 Eastman Kodak Co. v. Image Tech. Servs. ,504 U. S. 451(1992).

〔5〕 Aspen Highlands Skiing Corp. v. Aspen Skiing Co. ,472 U. S. 585(1985).

家和地区在实施反垄断法的过程中作出了自己的探索。

在美国,《专利法》第271条(d)款(4)规定专利权人在没有许可或使用专利权时不必负专利权滥用的责任。即使在1988年修正案之前,有一点已很明确,即专利权人可以自由阻止发明的使用,专利权人本身不使用专利发明,也不许可任何其他人使用该发明。因此,在Continent Paper Bag Co. v. Eastern Paper Bag Co. 案中,[1]法院确立了专利权人没有义务实施专利或授权许可他人实施专利的一般规则。联邦巡回法院在无数的审判解释中重申了该规则,虽然经常是在法官附带意见中。正如法院所解释的,"市场很可能表明一项专利的最佳使用是排除侵权产品,而不是将专利在市场上出售"。[2]《版权法》虽然包含有在有限情形下的要求强制许可的条款,但是没有施加强制许可的一般义务。总的来说,单方拒绝许可依反托拉斯法被认为是合法的,但也有若干例外;而联合的拒绝许可在很多情形下是被认为是违法的,有时还是属于本身违法的。[3]

司法部和联邦贸易委员会在《知识产权许可的反托拉斯指南》中指出,知识产权的确使其权利主体享有市场力量的这一事实本身,并不要求权利人承担必须许可他人使用其知识产权的义务。但也不排除知识产权的拒绝许可构成滥用行为从而受到反托拉斯法规制的可能性。20世纪末,美国反垄断机构也在为协调保护知识产权与反垄断的关系而作出新的探索,但往往更加强调对知识产权人的保护。在知识产权的拒绝许可方面,联邦贸易委员会在1998年对英特尔公司的指控和裁决就是一个例子。委员会指控英特尔公司在微处理器市场是一个垄断者(这无疑是受到相应知识产权保护的),并且拒绝向那些因知识产权争议而向英特尔或其客户提起或威胁提起诉讼的公司提供关键技术信息和新微处理器的样品,企图以此来维持其在市场上的支配地位。英特尔的目的是强迫其他公司不要向法院起诉,而以优惠的条件向其许可知识产权。英特尔以前向许多客户或客户的竞争者提供信息和样品,但对与其存在知识产权争议的公司则取消了这些好处。委员会指控英特尔的反竞争效果包括阻碍微处理器技术的潜在竞争者的创新努力。在解决这一案件的过程中,英特尔同意不基于与知识产权争议有关的原因而拒绝或威胁拒绝提供产品或技术信息。而委员

---

〔1〕 210 U. S. 405(1908).

〔2〕 King Instruments Corp. v. Perego, 65 F. 3d 941, 950 – 951(Fed. Cir. 1995).

〔3〕 See ABA Section of Antitrust Law, *Antitrust Law Developments*(*Sixth*), American Bar Association, 2007, p. 1123.

会同意将这一条件具体化,承认知识产权人包括像英特尔公司这样的垄断者,有权首先不许可他人使用其产品和信息,但是不应在客户通过寻求法定的和衡平的救济措施来维护自己的知识产权时就削减供应(许可)。在顾客或竞争者寻求对英特尔销售其微处理器的禁令时,英特尔可以停止许可。这个裁定给竞争者一个选择,或者放弃赔偿,或者在不放弃赔偿时允许英特尔停止提供信息或产品。这一裁决的目的是避免强制许可的适用,即使是对一个所谓的垄断者,因为适用强制许可有时对创新有不利的影响。这一裁决意在允许英特尔和它的竞争者在法院维护它们的权利,而不是实行自助(英特尔公司),这种情况几乎总是强者战胜弱者;也不是求助于那种禁令(英特尔的竞争者),那会威胁英特尔经营业务的能力。这一裁决被认为是联邦贸易委员会努力适应"新经济"时代需要所作努力的一个实例,它在继续实施传统的反垄断法的同时,又在指控和裁决方面作出一些调整,以免破坏对最先创新的刺激。[1]

在有关单方拒绝许可行为方面,20 世纪末美国联邦上诉法院有两个结果截然相反的判例,即 1997 年美国第九巡回法院上诉法院判决的 Image Technical Services, Inc. v. Eastman Kodak Co. 案(以下简称柯达案)和 2000 年联邦巡回上诉法院判决的 In re Independent Service Organizations Antitrust Litigation 案(以下简称 CSU 案)。[2]

柯达(Kodak)公司是一家生产复印及微缩设备的厂商,其产品与其他制造商的产品兼容性较差,其除了生产和销售设备外,还向客户提供维修保养零件和维修服务。20 世纪 80 年代早期,一些独立服务商(ISO)开始进入柯达产品的服务市场,他们销售零配件并提供维修服务。由于 ISO 的价格低于 Kodak 公司,因此一些客户自己购买柯达的零配件然后请 ISO 维修,还有一些客户甚至零配件和维修服务都由 ISO 提供。柯达公司为了夺回渐失的服务市场于 1985 年采取了一系列新的经营政策,包括:只向那些自己维修或请柯达维修的客户提供零配件;原始设备制造商(OEM)将生产的零件必须销售给柯达公司;设法阻止一些购买柯达设备的客户向 ISO 销售零配件,并阻止一些独立零配件分销

---

[1] See Robert Pitofsky, Antitrust and Intellectual Property: Unresolved Issues at the Heart of the New Economy, March 2, 2001. 资料来源于美国联邦贸易委员会网站(http://www.ftc.gov),最后访问日期:2001 年 5 月 5 日。

[2] 具体内容可参见本书第二章第一部分对美国 2007 年《反托拉斯执法与知识产权:促进创新和竞争》的评价。

商向 ISO 销售零配件。这些新的经营政策实质上是拒绝向 ISO 出售具有专利和著作权的零部件以及拒绝许可专利权和著作权。柯达公司的新政策致使一些 ISO 由于无法获得零配件而只得退出市场,于是以 Image Technical Services, Inc 为代表的众多独立维修服务商向法院提起诉讼,指控柯达公司垄断该公司产品维修保养服务市场的行为违反《谢尔曼法》第 2 条。地区法院判决柯达公司作为设备生产商单方面拒绝销售零配件给 ISO 并不违反《谢尔曼法》第 2 条。第九巡回上诉法院推翻了地区法院的判决,认定柯达公司的新经营政策造成了妨碍竞争的结果。柯达公司辩称拒绝出售零配件是为了保护其专利权和著作权,但是法院通过分析柯达公司的证词认定其具有限制竞争的主观意图,而柯达公司主张的正当利用知识产权只不过是一个借口,其拒绝交易构成搭售违反了反托拉斯法。上诉法院的判决要旨包括:第一,柯达公司在复印及微缩设备市场中处于重要地位,专利配件是影响柯达产品的维修服务市场这一下游市场的重要因素;第二,由于兼容性较差,柯达公司的专利配件在柯达公司产品的维修服务市场上构成了一种关键设施,具有足够的市场支配力,众多 ISO 被拒绝售予该配件时即客观上无法继续开展柯达产品的维修业务;第三,柯达公司拒绝出售专利配件产品给 ISO 没有合适正当的理由;第四,柯达公司具有妨碍竞争,维持垄断地位的主观意图。

联邦巡回上诉法院在 CSU 案的判决中指出,专利权或版权的合法拥有人可以拒绝向任何人作出许可,而不管其意图如何或者对竞争的影响,这种拒绝可以豁免反托拉斯法,除非知识产权是以欺骗获得的,侵权诉讼是用来掩盖损害竞争者的意图的虚假诉讼,或者拒绝构成了搭售策略的一部分。有评论认为,联邦巡回法院从知识产权人不必首先(in the first instance)作出许可的公认前提跳跃到这样一个不合理的结论,即知识产权人可以选择被许可人来达到其反竞争的目的,或者以许可的条件来达到其反竞争的目的(例如,你只有同意不与我的竞争者进行交易才能获得我的许可)。这就在知识产权与反垄断法的权衡中不适当地偏向了前者。[1]

在美国反托拉斯执法机构举行的听证会上,听证会成员认为无论是柯达案还是 CSU 案均未能就拒绝授予许可而追究反托拉斯法责任的可能性提供足够

---

[1] See Robert Pitofsky, Antitrust and Intellectual Property: Unresolved Issues at the Heart of the New Economy, March 2, 2001. 资料来源于美国联邦贸易委员会网站(http://www.ftc.gov)。

的指引。大部分听证会成员反对第九巡回上诉法院在柯达案中的分析方法，认为其不切实际地关注拒绝授予专利许可的专利持有人的主观意图。正如一位听证会成员所评论的，柯达案所表现出的标准，背离了关注行为的客观经济效果的现代反托拉斯法分析方法。听证会成员同时也对联邦巡回上诉法院对CSU案做出的判决予以批评，认为其在附带意见中关于可能招致反托拉斯法责任的拒绝许可情形的界定过于狭窄。这些情形——非法搭售、对美国专利商标局的文件存在欺诈、恶意诉讼——根据听证会成员的意见，几乎不能对拒绝许可的反托拉斯法责任提供指引，因为这些情形本身各自均可成为招致反托拉斯法责任的原因。其他听证会成员担心CSU案的判决会被过于宽泛地解释，从而将单方拒绝许可之外的行为包括专利权人就许可附加条件的行为纳入单方拒绝许可之中。大多数听证会成员与《知识产权许可的反托拉斯指南》所持观点一致，认为反托拉斯法应以与适用于其他财产权利相同的方式适用于知识产权。但是对其他问题，如是否应认为拒绝许可对创新激励具有严重的阻却效果、拒绝许可是否具有的竞争性效果以及强制许可是否可以作为针对违反反托拉斯法行为的有效救济等，听证会成员持有不同的意见。尽管部分听证会成员赞同在少数情形下对拒绝许可追究反托拉斯法责任的可能性，其他听证会成员则赞同对单方且无条件地拒绝许可给予类型化的豁免。听证会成员同意对于具有造成竞争损害潜在可能性的有条件地拒绝许可，在适当的情形下可以并应当作为违反反托拉斯法行为对待。而两执法机构对此得出的结论是：第一，《专利法》第271条d(4)并未为单方拒绝许可专利行为创设一个反托拉斯法免责情形。第二，最高法院有关判决的法理阐述支持传统的理解，即单方拒绝授予专利许可的权利是专利权的核心部分。第三，在专利权与反托拉斯法保护之间的相互关系中，对单纯的单方且无条件拒绝许可专利行为追究反托拉斯责任将不会具有多少意义。而对拒绝授予竞争对手许可追究反托拉斯法责任将迫使企业去帮助竞争对手，这一结果“与反垄断法的内在目的相冲突”。此外，反托拉斯责任将限制专利权人行使专利权的核心部分——排他权利。第四，导致竞争损害的有条件地拒绝许可行为将追究反托拉斯法责任。[1]

在欧盟，拒绝许可在很大程度上是将《欧共体条约》第82条不得拒绝供应

〔1〕 U. S. Department of Justice & Federal Trade Commission, *Antitrust Enforcement and Intellectual Property Rights: Promoting Innovation and Competition* (2007), Preface.

产品的义务延伸到知识产权领域的。只要具有支配地位的企业在附属市场从事了排他性行为,该支配地位是否与知识产权相联系是无关紧要的。欧共体委员会主要关注的是规制拥有关键设施的支配地位企业的行为,该关键设施使它能够控制供应兼容产品的下游市场。这种支配地位是通过知识产权获得的或者为知识产权所加强的事实并不排除《欧共体条约》第 82 条的适用。如果具有市场支配地位的企业阻碍潜在的竞争者进入市场,或者运用了企图从其自己经营业务的市场上将现有的企业加以排除的方法,这就违反了《欧共体条约》第 82 条。例如,在 1984 年的 IBM 案中,欧共体委员会认为 IBM 不必要地将两种软件产品搭售到主机产品上是滥用行为。通过拒绝为非 IBM 的主机供应软件,IBM 被认为非法地使销售非 IBM 主机的竞争者处于不利地位。欧共体委员会认为,通过迟延披露 IBM 新产品上的接口信息,IBM 形成了人为的优势,并拒绝为竞争者提供使其产品适合 IBM 新产品的机会。[1]

1988 年的 Volvo 案,[2]到 1995 年的 Magill 案,[3]和 2004 年的 IMS 案,[4]反映了欧洲共同体对知识产权拒绝许可行为的态度发展历程。Volvo 案强调对知识产权的保护,使知识产权拒绝许可行为豁免于欧盟的反垄断审查,因为欧盟的知识产权保护主要由各成员国的国内法完成,而维护竞争秩序则主要由欧盟竞争法完成,因此这在一定程度上反映出当时各成员国国内法的强势。而到了 Magill 案和 IMS 案,欧盟法院则承认阻碍竞争的知识产权拒绝许可行为可能构成垄断这样一个事实。在 Magill 和 IMS 两案中,法院都认为知识产权拒绝许可行为本身不能构成滥用市场支配地位的垄断行为,但是在"例外情形"下,这种拒绝许可行为可以被认定为违法。到 Magill 案时,欧盟委员会要求在市场上拥有关键设施的企业使这种设施能够在非歧视的基础上可以进入,以使竞争者能够在相同或相关市场上进行竞争。欧盟竞争政策执行的这一发展适用于范围广泛的商业活动,如航空、港口设施、铁路、电信和能源。它并非专门适用于知识产权的,但若知识产权的拥有相当于关键设施或者与关键设施有联系,并且未得到许可的竞争者不能进入市场,则在欧盟委员会看来,知识产权的强制

---

〔1〕 U. S. Department of Justice & Federal Trade Commission, *Antitrust Enforcement and Intellectual Property Rights: Promoting Innovation and Competition* (2007), pp. 199 – 200.

〔2〕 Case 238/87, Volvo [1988] ECR 6211.

〔3〕 Joint Cases C – 241 – 242/91P, RTE v. Commission, [1995] ECR I – 0743.

〔4〕 Case C – 418 /01, *IMS Health*, [2004] ECR I – 5039.

许可就是一个合适的补救措施。

在因知识产权人拒绝许可而被判定构成对有关反垄断法的违反的判例不是很多,而1995年欧盟的Magill案就是这样的一个案件。鉴于该案对分析知识产权与反垄断法尤其是知识产权与禁止滥用市场支配地位制度方面具有非常重要的和典型的意义,它向我们展示了分析知识产权与拒绝许可的基本原则和方法,特别是对中国在立法和司法中如何处理类似问题具有重要的借鉴意义,[1]因此,以下根据该案案情和有关材料对它进行较为详细的介绍和分析。[2]

在Magill案中,在爱尔兰和北爱尔兰地区的三家电视公司RTE、BBC和ITP,拒绝将包含在它们节目预告表上的信息许可给一家新的综合性电视指南周刊刊登。电视节目预告表只是作为节目频道、日期和时间的节目安排的副产品的信息。每家电视公司都拥有对这些信息的事实上的垄断,因为它们是这些信息的唯一来源。尽管在这种材料中没有任何艺术价值,但电视公司却能在爱尔兰和英国法院主张它们拥有在电视节目预告表中的版权。但它们没有能在欧盟其他成员国中成功地主张这种权利。这些电视公司坚持认为,依照它们的版权,它们有权保留该版权以便在它们各自的频道指南周刊上刊登每周电视节目预告表。但它们对报纸做了特许。报纸可以在平日的前24小时或者在周末的前48小时刊登全部6个频道的节目预告表,周末报可以刊登全部6个频道节目概览。但是,这些特许协议要受到严格的检查,以确保该地区的观众只有通过购买三本单独的杂志才能得到6个频道的未来一周电视节目的全面信息。当Magill电视指南公司开始出版所有广播和电视节目的综合性指南周刊时,那三家出版者获得了爱尔兰高等法院的阻止其出版的禁令,理由是它构成了对享有版权的文学作品的未经许可的复制。爱尔兰高等法院认为,依爱尔兰版权法,电视公司有权获得对其节目预告表的版权保护。

同时,Magill向欧盟委员会投诉,那三家出版者拒绝许可是滥用其市场支

---

〔1〕 中国广西合山市人民法院1991年一审、柳州地区中级人民法院1994年二审的"广西广播电视报诉广西煤矿工人报电视节目预告表使用权纠纷案"与Magill案有某些类似的地方,但判决结果完全不同。中国民法学界和知识产权法学界对该案的评论也存在很大差异。

〔2〕 该案的情况具体可参见Patrick Massey and Paula O'Hare, *Competition Law and Policy in Ireland*, Oak Tree Press Ireland, 1996, pp. 271–275; Steven D. Anderman, *EC Competition Law and Intellectual Property Rights*, Clarendon Press Oxford, 1998, pp. 204–210; Jan Corbet, *Copyright and Competition Law: Difficult Neighbours*, Intellectual Property and Information Law, Kluwer Law International, 1998。

配地位的行为,违反了《欧共体条约》第 82 条。欧盟委员会认为这种拒绝依《欧共体条约》第 82 条是对市场支配地位的滥用,因为它阻止一种新产品的进入,该产品——综合性电视指南周刊有着巨大的消费者需求。该委员会拒绝了该行为可因受到版权保护而具有正当性的辩护,指出该版权被电视公司用作以超出知识产权特定内容范围的方式进行滥用的工具。该委员会进而责令三家电视公司停止其滥用,允许第三人按要求并在非歧视的基础上刊登其每周节目预告表,因为那是停止侵权的唯一方式。该委员会还认定电视公司的行为构成滥用,因为通过利用它们的支配地位来阻止新产品(综合性电视指南周刊)进入市场,并且为自己保留了指南周刊的派生市场,它们是依《欧共体条约》第 82 条(b)要受到禁止的"限制生产、销售或技术开发,损害消费者利益"的行为。

构成欧盟委员会在 Magill 案中所持立场的基础有两点。第一点是担心,如果欧洲初审法院在沃尔沃(Volvo)案中的判决允许排他性权利能够豁免于《欧共体条约》第 82 条,那就意味着版权可以被用作不受惩罚的滥用工具。第二点是担心,欧盟委员会认为电视公司在电视节目预告表上的版权是电视指南市场的关键设施,并且电视公司正在利用该关键设施阻止一家公司为该市场的消费者带来一种新的、改进的产品。欧盟委员会的观点是,在一个企业拥有构成另一市场关键设施的市场支配地位的情况下,该企业就有义务在非歧视基础上允许竞争者进入和向竞争者供应该关键设施,尤其是在电信、能源传输、交通和信息技术领域。

电视公司向欧洲初审法院起诉,该法院在最重要问题上确认了欧盟委员会的裁决。法院认定 RTE、BBC 和 ITP 因其对节目赖以存在的信息的事实上的垄断和其由于版权保护的法定垄断,拥有在电视节目预告表和电视指南市场上的支配地位。在这种情况下,电视公司拒绝向迈吉尔授予许可证,依《欧共体条约》第 82 条是一种滥用行为。法院认为,原则上对版权客体的保护使版权人有权保留复制其受保护作品的排他权利,并且这种排他权利的行使本身并非滥用。然而,如果在特定情况下,版权被以明显有悖于《欧共体条约》第 82 条的目的的方式行使,特别是如果它涉及滥用行为的证据,那么该排他性权利就不能这样行使。欧洲初审法院进一步指出,在本案中,电视公司在电视节目预告表上享有的版权垄断被不当利用来阻止一个有相当的潜在消费者需求的新产品(综合性电视指南周刊)的出现,并且排斥在相关市场(电视指南市场)的竞争者。它认为,正如欧盟委员会所指出的,出版者拒绝应要求并在非歧视的基础上授权任何第三人刊登其节目预告表,类似于汽车制造商任意拒绝供应零部件给在相关汽车维修市场上进行竞争的独立维修商。法院还认为,在沃尔沃案中的第三种情况同电视公司压制综合性电视指南周刊的出现的情况类似,因为它不考虑消费者的需求。

三家电视公司中的两家即 RTE 和 ITP 向欧洲法院提起上诉。它们受到了总部在美国的信息技术领域的组织——工业产权组织的支持。在上诉中,总法务官格尔曼(Gulman)建议欧洲法院撤销欧洲初审法院的判决并废止欧盟委员会的决定。他承认《欧共体条约》第 82 条能适用于调整和限制知识产权的行使行为,但在本案中必须存在这样一种与拒绝许可相关联的特殊情况,以致它能够不再被视为拒绝许可本身。他的观点是,如果该新产品与版权人的产品竞争,拒绝许可导致一种新产品(综合性电视指南)受挫的事实并不是一种特殊情况,因为拒绝许可权必须被看作对创造性进行奖酬所必要的,即使它的产品没有其竞争者的产品质量好。他说,只有当新产品不与版权人的产品竞争时拒绝许可才是滥用。他还认为产品属于派生市场的事实不是证明有理由适用《欧共体条约》第 82 条的特殊情况,因为对版权人来说,利用派生市场是正常的。

欧洲法院并没有被总法务官关于特殊情况的看法所说服,维持了欧洲初审法院的判决和欧盟委员会关于滥用的裁定,确认欧盟委员会有权作出因违反《欧共体条约》第 82 条的强制许可的补救措施。在滥用问题上,欧洲法院首先强调,依国内法为合法的版权行使的各种形式都不受《欧共体条约》第 82 条审查的预先假定是错误的。它重申,在没有欧盟协调的情况下,知识产权的授权保护的条件和程序的确定是国内法的问题。它也承认,复制的排他性权利是作者权的一部分,因此拒绝授予许可,即使是处于市场支配地位企业的拒绝授予许可都不会本身构成市场支配地位的滥用。但是,它认为在特定情况下,知识产权人对这种排他权利的行使可能会构成滥用行为。

欧洲法院愿意维持欧洲初审法院的判决,即"特殊情况"使电视公司拒绝向迈吉尔许可电视节目预告表构成滥用行为,这特别地建立在三种情形的基础上。第一种情形是,提前一周提供综合节目预告表的指南周刊没有实际的和潜在的替代品,而这种产品存在巨大的潜在的消费者需求。这意味着电视公司通过依赖其版权拒绝提供基本的节目预告表信息(它们是其唯一来源),防止一种新的产品的出现,况且这是它们自己并不提供的。其结果使观众别无选择,只得从三家电视公司分别购买指南周刊,从而依据《欧共体条约》第 82 条(b)款构成滥用行为。第二种情形是,欧洲法院认为无论在电视播送活动中还是在出版电视杂志活动中,都不存在电视公司拒绝向 Magill 许可电视节目预告表的正当理由。其含义是,面对违反《欧共体条约》第 82 条(b)款的指控,仅拥有知识产权并不是排他性行为的正当理由。必须存在某些其他客观的、能证明其为正当的因素(如不值得信任、不安全等)的证据。第三种情形是,电视公司通过排除在电视指南周刊市场上的所有竞争来为自己保留该附属市场,因为他们拒绝让他人得到为出版这种指南所必不可少的基本信息。实际上,它们运用在一个市场上的事实上的垄断地位(构成了一种关键设施)来维持在次生附属市场上的垄断。欧洲法院赞同欧洲初审法院在这一点上的认定,认可了由欧盟委员会提出的"关键设施"原则的基础,尽管是在某些情况下的。首先,在最初市场上的设施不仅仅是具有优势的,而且是一种事实上的垄断。其次,它必须是附属市场所必不可少的,不存在其他的供应来源。最后,拒绝使他人得到该关键设施的直接后果是维持该企业在附属市场上的垄断。

但是,欧洲法院的判决也表明,滥用包括排除在附属市场上的新产品——这种产品是具有市场支配地位的企业自己所不提供的,而不包括阻止一种已经提供到该市场上产品的所有竞争。这显示,欧洲法院所做的第一个和第三个认定可以是累积的而不是单独的前提,结果,判决的范围受到相当的限制。

最后,欧洲法院确认,欧盟委员会有权依据 17 号条例第 3 条对成员国授予的知识产权施以强制性许可。[1] 其基础是,为确保这一判决是有效的,欧盟委员会有权依据 17 号条例第 3 条要求电视公司提供信息。Magill 案的事实是不同寻常的。强迫接受许可的义务(受合理使用费的约束)是停止侵权的唯一方式。其理由在于,简单的命令提供信息可能尚不足以让 Magill 刊登该信息,因此要求这种强制许可。在其他案件中,责令以合理的条件提供信息也许就够了,因为均衡原则在几乎不可避免的情况下都可以排除强制性许可的补救措施。

本案判决的直接后果是,法院对"商业溶剂"案的认可会促使欧共体委员会在有关设施受到知识产权的排他性支持或加强的情况下继续适用其关键设施的分析方法。了解了这一点也会对竞争者在与知识产权人谈判、向欧盟委员会投诉以及可能在成员国起诉中起鼓励作用。该判决意味着《欧共体条约》第 82

---

〔1〕 第 17/62 号条例已被 1/2003 号条例所取代。

条更广泛地涉及知识产权的行使领域。

本案中包含两个规则。首先是新产品规则。如果一项知识产权的所有人拥有一个有明显消费者需求的新产品所必不可少的原材料,并且(1)该原材料是一种事实上的垄断,即它没有任何现有的或潜在的替代品,(2)该知识产权人没有客观的正当理由利用该原材料阻止新产品的出现,(3)新产品是该知识产权人本身所不提供的,那么拒绝供应或许可该原材料构成市场支配地位的滥用。禁止这种滥用所保护的利益显然是消费者的需求。在这种情况下,这三个限制条件是累积的。例如,一家公司拥有一项用于治疗临床肥胖症的独特生物技术,但限制提供来作为一般的减肥药,另一公司能否援用迈吉尔案的第一项认定作为取得强制许可的依据?这里可以争辩的是,限制技术的应用领域是企业利用知识产权商业策略的一部分,而反垄断法的逻辑则表明有更好的理由,即三个条件中的一个并没有满足,或者存在原材料的替代品,或者存在不许可其作为一般的减肥药的安全上的理由。

其次是关键设施规则。这一规则若作为滥用的单独衡量标准,则必须:(1)拥有在附属市场上不可缺少的原材料的企业;(2)存在事实上的垄断;(3)拒绝许可的后果是使知识产权人通过排除附属市场的所有竞争来为自己保留该市场。如何使这些规则适用于计算机软件、电信和其他传媒业等特殊领域时有难以避免的困难,在这种情况下版权被授予信息而不是艺术或文学作品。如何在产品开发的不同阶段确定要求许可给竞争者的附属市场?如何区分改进产品和完全的新产品?这些答案往往需要取决于对反垄断法在适用于特定领域时的逻辑的理解。例如,在信息技术法律领域,在产品作为产业标准特别是软件操作系统的情况下,适用于20世纪80年代的IBM案和20世纪90年代的微软案的原则可以适用于有关应用软件、外围设备和硬件等其他附属产品等接口信息使用权。

Magill案的意义是很明显的,它确认了依成员国知识产权法行使知识产权的行为(拒绝许可)若构成了滥用市场支配地位,就要受到欧盟竞争法的规制。不过,对于本案也存在不同的看法。例如,欧盟竞争法学者克里斯托弗·哈丁就认为:该案是一个敏感的话题,因为它涉及为了保护竞争而限制了知识产权的范围。知识产权的律师和立法者对此问题已有过交锋和争执。但是,很难预料这个判决的准确影响,特别是由于这个案件中涉及的对节目表的保护问题在许多其他成员国尚未成为知识产权的保护范围。一些律师坚决希望和主张,法院所确立的原则只限于像 Magill 这种特定的案件。[1] 一些评论者认为,该案判决的原则不会经常适用,尤其是在传统的版权领域,而主要适用于软件或接口程序方面的版权案件中。然而,这些评论者也许过于乐观了:就在 1996 年,欧盟委员会和布鲁塞尔上诉法院依据迈吉尔案的原则作出了裁决,尽管它涉及的是文学、音乐和艺术这些传统作品。[2]

也许更为重要的是,就在有些人把这个案件中对《欧共体条约》第 82 条(b)款的引用解释为是对这个条款的广泛解释的时候,法院在其 2004 年关于 IMS Health 案判决中再次提及 Magill 一案中的三个"并存"条件。法院指出:"判例法明确表明,一个版权所有权人如果拒绝他人取得一个从事特定商业必不可少的产品或者服务,如果以下三个并列条件得到满足,即这个拒绝第一是阻止出现一个有消费者潜在需求的新产品,第二是这个拒绝没有正当理由,第三是这个拒绝会排除二级市场上的任何竞争,这个拒绝许可就可以被视为滥用。"最后,法院将 IMS Health 一案退还德国法院,即由德国法院决定,是否原告并不仅"意图限制自己实质性地复制知识产权所有人提供给二级市场的商品或服务,而且还期望生产权利人没有提供但消费者有潜在需求的新的商品或服务"。[3]

这个案件中的原告 IMS Health 根据一种"砖块结构"(brick structure)的数据模式专门提供有关区域医药产品销售情况的数据。在德国,这种"砖块结构"由 1860 块"砖块"组成,每个"砖块"对应一个区域,这些区域是根据目标市场的市政区划、邮编、人口密度、交通枢纽、医药产品的分销和医疗诊所的分布等标准来划分的。许多制药公司都购买这些数据,以此为根据制订和调整自己的生产与销售策略。NDC Health 是另一家制作该种数据的公司。但是,当其向客户推出自己的"2201 砖块结构"时,发现根本不被接受,因为人们已经习惯了 IMS Health 的"1860 砖块结构",除非使用他们的砖块结构制作数据,否则根本无法进入该市场。因此,NDC Health 请求 IMS Health 授予其"1860 砖块结构"的使用许可,但遭到拒绝,于是,NDC Health 就采用与 IMS Health 极其相似的砖块结构来重组并销售他们的数据,争议由此产生。IMS Health 认为 NDC Health

---

〔1〕 阮方民:《欧盟竞争法》,中国政法大学出版社 1998 年版,第 394 页。

〔2〕 See Jan Corbet, *Copyright and Competition Law: Difficult Neighbours*, Intellectual Property and Information Law, Kluwer Law International, 1998.

〔3〕 [德]约瑟夫·德雷克舍:《市场支配地位的滥用与知识产权法——欧洲最新发展》,吴玉岭译,载《环球法律评论》2007 年第 6 期。

的上述行为侵犯了其知识产权；而 NDC Health 则提出抗辩，认为 IMS Health 拒绝许可的行为违反了《欧共体条约》第 82 条，构成市场支配地位的滥用。在本案中，欧洲法院对第三条标准中“二级市场”以及“上游市场”和“下游市场”的解释是具有突破性的。按照以往的标准，本案中争议的“砖块结构”作为一种数据制作模式，其本身不是一个独立市场，只是数据制作和销售市场中一个必要的“关键设施”。在欧洲法院看来，所谓的相关市场可以是潜在的甚至是假定的市场，它不需要真实且目前存在，不一定要独立存在，哪怕是一个生产过程的两个不同阶段也可以被识别为“两个市场”，只要其中一个阶段（上游市场）的供应对另一个阶段（下游市场）来说是不可或缺的即可。于是，原先的“两个市场”演变为现在的“两个阶段”。这样宽泛的识别标准是受到了“关键设施理论”的影响——当某个企业掌控了对进入该市场来说是必不可少的关键性设施（如服务网络、行业标准）从而在该市场上占据支配地位的时候，如果其他竞争者要求其给予基础设施的使用许可（通常是有偿的），那么该企业就必须给予这种许可（即使该企业对这种基础设施享有知识产权保护）。[1]

IMS Health 案在争论中确立了共同体层面的判例法。当然，它仍留下了一些问题：第 82 条适用于与知识产权相关的案件是否仅限于那些阻止新产品的案件？是否也可以适用于以上游市场的知识产权为杠杆撬动下游产品市场的案件？这些疑问特别为成员国近来的判例法所关注。总的来说，欧共体 Magill 案和 IMS Health 案的判决对于合理协调知识产权的行使与反垄断法的冲突问题是有重要意义的，特别是其对竞争的强调、对知识产权滥用的关注以及分析、解决问题的方法。

在欧盟成员国方面，2003 年法国竞争理事会在 Messagèries 案中下令一家全国性的报纸大发行商容许其小的竞争者使用其“Presse 2000”软件，理由是这个能让报刊经销商追踪报纸发行情况的软件是竞争者开展此项业务所必要的基础设施。这一决定为巴黎上诉法院所支持，但在欧洲法院作出 IMS Health 案判决后，又被法国最高法院所推翻，理由是后者没有充分证明“Presse 2000”软件对竞争者从事报纸发行业务具有实质性的不可替代性。在另一案件中，Virgin Mega 要求使用苹果公司的 Fair Play DRM 系统，该系统可以控制使用苹

〔1〕 王宏：《知识产权保护与维护自由竞争——由欧洲法院的 IMS 案为探讨基点》，载《知识产权》2006 年第 3 期。

果公司的“iPod”MP3 播放器,以便在互联网平台上经销 Virgin Mega 的音乐作品。但法国竞争理事会不能排除苹果公司在音乐下载的 DRM 系统、播放器和下载服务三个市场上的支配地位,它裁决苹果公司的 iPod 对 Virgin Mega 而言,并非是“不可缺少的”基础设施,苹果公司的拒绝许可也就不构成滥用市场支配地位。意大利的竞争执法机构在一项临时决定中,要求一家名为 Merck 的医药公司将其生产抗生素的专利许可给国内另一家非专利药品生产商 Dobfar。这一决定的法律背景是意大利在 1991 年引入了欧盟关于药品补充保护证书的条例,该条例为药品专利提供更长的保护期,即截止专利期限届满后的第 18 年年底。意大利的立法机构试图通过一项协调方案,让获得延长保护期的专利在执行欧盟条例之前,先进行自愿许可。这一许可意味着允许竞争者在专利不再受到保护的第三国市场生产非专利药品。Merck 拒绝在此协调方案框架许可 Dobfar。通过界定专利产品的相关市场和论证使用 Merck 专利对 Dobfar 进入这一市场是“必不可少的”,意大利竞争当局根据第 82 条认定有正当理由对 Merck 实施强制许可。2006 年,拉齐奥区地区行政法院支持这一行政决定。同年 11 月,Merck 就许可作出承诺,执行当局也于 2007 年 3 月 21 日终止了强制执行程序。[1]

本书导论中所述的欧盟微软案也再次明确了欧盟对知识产权拒绝许可行为的态度和欧盟竞争法判定知识产权拒绝许可行为的分析思路。在欧盟微软案中,欧盟委员会对微软公司的知识产权拒绝许可行为进行反垄断审查时主要分析了四个方面:第一,微软公司在个人电脑操作系统领域的市场支配地位。第二,微软公司拒绝许可的相关知识产权构成了关键设施。电脑软件市场是一个有极强网络效应的市场。微软公司的“视窗”操作系统具有不可替代性。微软公司拒绝提供兼容性信息,使其竞争者在服务器操作系统市场处于极为不利的地位,客观上构成了关键设施。第三,微软公司实施了拒绝向其竞争对手许可相关知识产权的行为,具体是拒绝向其他软件开发商提供其操作系统的兼容性信息。第四,微软公司的知识产权拒绝许可行为有消灭创新,消除竞争的危险。欧盟委员会认为,微软公司的做法具有消除竞争的危险,对技术发展和消费者福利产生了不利影响,是对其市场支配地位的滥用。从 2007 年的判决结

---

〔1〕 [德]约瑟夫·德雷克舍:《市场支配地位的滥用与知识产权法——欧洲最新发展》,吴玉岭译,载《环球法律评论》2007 年第 6 期。

果来看,欧盟委员会的认定也得到了欧洲初审法院的支持。

日本公正交易委员会《知识产权利用的反垄断法指南》第3章第1条对阻止技术使用是否构成"私人垄断"进行了分析。技术权利人不授予某一企业使用技术的许可(包括要求的许可费用过高,以至于许可方的行为在效果上等同于拒绝许可)或对未经授权而使用技术的企业提起诉讼要求禁令的行为被视为权利行使行为,在一般情况下不构成违法。但是,如果任何限制被认定与知识产权制度的目标相偏离或相冲突,则该限制不能视为行使权利的行为。如果这种限制行为实质性地限制了特定领域中的竞争,则构成私人垄断。[1]

(1)在某一案例中,某一加入专利联营的企业在没有合法理由的情况下拒绝向新的加入方或现有的特定联营方授予许可,阻止该方使用技术,该限制行为可以构成对前述企业商业行为的排除行为。相关引证案例是:X公司与其他九家从事pachinko游戏机制造的企业以及Y协会拥有与制造pachinko游戏机有关的专利和其他权利。如果未获得它们的许可,制造该等游戏机十分困难。这十家企业委托Y协会管理这些专利权利,并通过拒绝授予许可的方式使任何其他企业难以进入市场。该行为被认定违反《禁止垄断法》第3条。

(2)在一项技术在特定产品市场被认定具有影响力且被众多企业在商业行为中使用的情况下,如果其中一家企业自权利人处获得技术的权利并拒绝向其他企业许可该技术,以阻止其他企业使用,则该限制行为可以构成对其他企业商业行为的排除(中途截取行为)。例如,众多企业加入专利联营,并获得许可使用对其商业行为所必需的技术,如果专利联营中的某一方从联营的管理方处购买了联营的技术,并阻止联营的参与方在商业行为中使用该技术,就可能属于这种情况。

(3)如果经营某一特定技术或产品的企业收购了所有可能被该企业实际的或潜在的竞争者使用的技术,并拒绝许可,以阻止竞争者使用这些技术,则该行为可以构成对其他企业商业行为的排除(权利集中行为)。例如,技术A的权利人和技术B的权利人具有相互竞争关系,均力争使自己的技术成为行业的事实标准,技术A的权利人购买了一项为使用技术B所必需的但不为使用技术A所必需的技术权利,然后在产品市场上拒绝向任何使用技术B的企业许可该项

---

〔1〕 这里的分析框架不同于单纯的禁止滥用市场支配地位制度。下面的四种情形不仅仅涉及中国《反垄断法》的禁止滥用市场支配地位制度,也涉及禁止垄断协议制度和控制经营者集中制度。

技术,就可能属于这种情形。

(4)在产品标准由数家企业联合制定的情况下,如果权利人通过欺诈手段,例如,伪造适用于技术加入标准的许可条件,推动使用其技术的标准的确立,以使其他企业必须获得许可使用该技术,若此时权利人拒绝授予许可以致阻碍了适应该技术标准的产品开发或制造,则该行为可以构成对其他企业商业行为的排除。

前述观点也适用于以下情形,即如果一家拥有一项技术权利的企业在公共机构招标采购的过程中,以欺骗的方式使负责招标的公共机构制定的采购产品的规格必须使用该技术才能满足要求,使参与投标的企业在无法获得该项技术许可的情况下无法制造出符合招标要求的产品,而该企业拒绝许可,以阻止其他企业参加投标。

《知识产权利用的反垄断法指南》第 4 章第 2 条则对阻止技术使用是否构成"不公正交易行为"进行了分析。技术权利人不向其他方授予使用技术的许可,或提起诉讼要求禁止任何商业行为以防止侵权行为,这种行为一般被视为行使权利的行为。但下列行为不能被认定为行使权利的行为,而需要审查是否构成不公正交易行为。

(1)如果某企业自权利人处获得一项技术的权利,并知悉其竞争对手在商业行为中使用该技术且该竞争对手难以用替代性技术更换正在使用的技术,该企业拒绝授予竞争对手许可以阻止竞争对手使用该技术,这一行为阻止技术使用的目的是阻碍竞争对手的商业行为。该行为与知识产权制度的目的相背离或相冲突。在该行为导致竞争对手的竞争条件恶化并具有阻碍公平竞争的倾向时,将被认为构成不公正交易行为。

(2)在技术权利人先通过伪造许可合同条件等欺诈的方式促使其他企业使用权利人的技术,并使其他企业难以改换使用其他技术的情况下,如果技术权利人随后再拒绝许可其他企业以阻止其使用该技术,则该行为不合理地使其他企业处于侵权使用技术的境地,将被视为与知识产权制度相背离或相冲突。在该行为导致其他企业的竞争条件恶化并具有妨碍公平竞争的倾向时,将构成不公正交易行为。可能构成不公正交易行为的一个简单案例,如一方与其他方共同制定行业标准,并宣称将以非常优惠的条件许可其技术,以使该技术成为标准的基础。随后,该方在明知标准已经设立,因而其他方更换其他技术非常困难的情况下,拒绝向其他方许可使用该技术。

(3)如果一项技术为特定产品市场中商业行为的基础技术,且多家企业获得使用技术的许可从而得以开展商业行为,权利人在没有合法理由的情况下歧视性地拒绝许可给特定的主体,则将与知识产权制度的目标相背离或相冲突。如果该行为通过恶化相关主体在产品市场中的竞争地位而有妨碍公平竞争的倾向时,则构成不公正交易行为。

可见,由于不同的国家、不同的处理机关以及在不同的时期所强调的重点可能不完全相同,因此关于知识产权人拒绝许可是合理地行使知识产权的行为还是构成不正当地限制竞争(垄断)行为,这方面并没有一个固定的答案,需要依具体情况而定。总体来说,单方拒绝许可是知识产权人权利内容的一部分,一般不会构成对反垄断法的违反,但在严重限制竞争时也会受到反垄断法的规制。

中国虽然还没有拒绝许可方面的行政执法和司法案例,但在《反垄断法》出台前几年就有相关的争议。例如,中国一些 DVD 生产企业就曾质疑并且在美国起诉 4C 等专利权人联盟在包括知识产权拒绝许可在内的知识产权滥用行为,特别是在 2003 年美国思科公司与中国华为公司的知识产权争议中的"私有协议"问题就明显反映出思科公司涉嫌知识产权拒绝许可。[1]

2015 年 4 月 7 日,国家工商总局公布的《关于禁止滥用知识产权排除、限制竞争行为的规定》第 7 条对拒绝许可做了规定:"具有市场支配地位的经营者没有正当理由,不得在其知识产权构成生产经营活动必需设施的情况下,拒绝许可其他经营者以合理条件使用该知识产权,排除、限制竞争。认定前款行为需要同时考虑下列因素:(一)该项知识产权在相关市场上不能被合理替代,为其他经营者参与相关市场的竞争所必需;(二)拒绝许可该知识产权将会导致相关市场上的竞争或者创新受到不利影响,损害消费者利益或者公共利益;(三)许可该知识产权对该经营者不会造成不合理的损害。"

该规定中是否应该涉及拒绝许可是在征求意见过程中讨论激烈的问题之一,一些国家的政府和企业代表强烈建议删除这方面的规定,但是规定最终保留了关于拒绝许可的内容,但是将其限制在比较窄的范围内。一方面,拒绝许可是拒绝交易在知识产权领域的一种具体表现形式,既然《反垄断法》规定拒绝交易有可能违法,那么拒绝许可同样有可能违法;另一方面,由于知识产权本身

---

〔1〕 王先林等:《知识产权滥用及其法律规制》,中国法制出版社 2008 年版,第 3 章。

具有排他性,而且还涉及维护竞争与促进创新之间的平衡,因此在认定拒绝许可构成违法时的标准确实应该更严格一些。

在总结实践经验的基础上,国务院反垄断委员会《关于知识产权领域的反垄断指南》第16条规定了“拒绝许可知识产权”的分析指引:拒绝许可是经营者行使知识产权的一种表现形式,一般情况下,经营者不承担与竞争对手或者交易相对人进行交易的义务。但是,具有市场支配地位的经营者,没有正当理由拒绝许可知识产权,可能构成滥用市场支配地位行为,排除、限制竞争。具体分析时,可以考虑以下因素:(1)经营者对该知识产权许可作出的承诺;(2)其他经营者进入相关市场是否必须获得该知识产权的许可;(3)拒绝许可相关知识产权对市场竞争和经营者进行创新的影响及程度;(4)被拒绝方是否缺乏支付合理许可费的意愿和能力等;(5)经营者是否曾对被拒绝方提出过合理要约;(6)拒绝许可相关知识产权是否会损害消费者利益或者社会公共利益。相较于上述的规定第7条,指南第16条没有涉及“必需设施”的内容,主要是考虑到国内外在必需设施原则能否适用到知识产权领域存在很大的争议。但是,不管在条文中是否包含了必需设施的内容,在具体认定时都需要按照滥用市场支配地位行为的一般要件并结合这里的相关因素去进行分析。

(二)知识产权行使与搭售行为

搭售是将两种或两种以上产品捆绑成一种产品进行销售,[1]以致购买者为得到其所想要的产品就必须购买其他产品的商业行为。前一种产品为搭售的产品(tying product),有的称为“结卖品”,后一种产品为被搭售的产品(tied product),有的称为“搭卖品”。美国司法部和联邦贸易委员会2007年《反托拉斯执法与知识产权:促进创新和竞争》的报告中对搭售和捆绑销售进行了区分:搭售(tying)是指卖方或出租方通过合同条款或技术条件,要求购买或租赁产品或服务的买方或承租方同时购买或租赁另外的(在购买时往往无须固定搭配)产品或服务,如打印机和墨盒;而捆绑(bundling)是指产品只以固定搭配的方式进行的销售,如鞋和鞋带、有许多版面的报纸。不过,该报告的有关分析仍然将两者放在一起进行。

搭售在实践中的表现形式多样,大致可以做如下分类:(1)显性搭售和隐性

---

〔1〕 这里的产品应当是广义上的,均包括服务和知识产权在内。

搭售。前者指卖方在销售某种商品时要求买方须同时购买另一种商品；后者指卖方在销售一种商品时，虽没有直接要求买方须同时购买另一种商品，但规定买方将不从其他任何供应商那里购买那种商品，这种搭售安排较隐蔽，但效果却与前者相同。(2)契约式搭售和事实搭售。前者指明确以契约方式固定下来的搭售安排；后者指虽没有搭售契约，但通过一系列事实可推定搭售存在。[1]

一般来说，从事搭售行为的企业在市场上具有支配地位，否则搭售是难以实行的。“一旦法院习惯了把搭售视为某一个市场垄断者用作杠杆为自己在另一个市场获取支配地位的工具，再要求证明第一个市场的垄断力似乎就成了多此一举，理由是，如果不存在这种垄断力，怎么可能实施搭售呢?”[2]搭售是滥用市场支配地位的重要形式，尽管它也是纵向垄断协议的重要形式。[3] 搭售在概念上与拒绝交易和价格歧视等滥用行为有重合的地方。因为，若购买者不同意接受搭卖品，则很可能被拒绝供应其所需要的结卖品，或者需要付出更高代价才能得到。

尽管某些情况下的搭售行为有一些合理的因素，如产生最佳经济技术效益、确保产品质量和消费者安全等，但是，具有市场支配地位的企业从事搭售的危害是很明显的。它一方面限制了顾客和消费者的选择自由，另一方面又排除了结卖品市场上的竞争者。因此，美国《克莱顿法》第3条对此做了专门规定，而且《谢尔曼法》第1条和第2条的规定也适用于它。《欧盟运行条约》第102条第2款(d)将其规定为“要求对方当事人接受在性质或者商业惯例上与合同涉及的项目无关的附加义务作为签订合同的条件”而予以特别禁止。

中国《反不正当竞争法》第12条也规定：“经营者销售商品，不得违背购买者的意愿搭售商品或者附加其他不合理的条件。”但它没有明确限定具有市场支配地位的主体条件，而且，随着我国《反不正当竞争法》2017年的修订，这一规定也失去了效力。《反垄断法》第17条第1款规定禁止具有市场支配地位的经营者从事的滥用市场支配地位的行为中包括“(五)没有正当理由搭售商品，或者在交易时附加其他不合理的交易条件”。国家市场监管总局《禁止滥用市

---

〔1〕 王健：《搭售法律问题研究——兼评美国微软公司的搭售行为》，载《法学评论》2003年第2期。

〔2〕 [美]理查德·A.波斯纳：《反托拉斯法》，孙秋宁译，中国政法大学出版社2003年版，第231页。

〔3〕 在搭售问题上存在明显的法律适用的竞合现象，既可适用反垄断法中的禁止滥用市场支配地位制度的规定，也可能适用反垄断法中禁止垄断协议制度的规定，只要能够满足适用这些制度各自的构成要件。

场支配地位行为暂行规定》第 18 条进一步规定,禁止具有市场支配地位的经营者没有正当理由搭售商品,或者在交易时附加其他不合理的交易条件:(1)违背交易惯例、消费习惯或者无视商品的功能,将不同商品捆绑销售或者组合销售;(2)对合同期限、支付方式、商品的运输及交付方式或者服务的提供方式等附加不合理的限制;(3)对商品的销售地域、销售对象、售后服务等附加不合理的限制;(4)交易时在价格之外附加不合理费用;(5)附加与交易标的无关的交易条件。同时规定,本条所称"正当理由"包括:(1)符合正当的行业惯例和交易习惯;(2)为满足产品安全要求所必需;(3)为实现特定技术所必需;(4)能够证明行为具有正当性的其他理由。

一般来说,构成反垄断法上的搭售行为必须要具备如下要件:结卖品与搭卖品是两个独立的产品;实施搭售行为的主体在结卖品市场上存在市场力量;搭售行为对被搭售的产品市场有实质性的影响,将竞争优势从一个市场转到另一个市场。尽管当两种或两种以上产品搭售或捆绑,且至少其中一种产品涉及知识产权时,经济学理论可以辨别出其同时具有有利竞争的效果和不利竞争的效果,但是根据美国目前的反托拉斯判例法,搭售安排,包括涉及知识产权的搭售安排,如果卖方的搭售品具有市场支配力且其他条件满足,则仍然为本身违法行为。不过,本身违法原则在对搭售安排适用时已经不断进化,包含了市场分析的要素。[1]美国的判例经验对搭售行为大多采用本身违法原则来进行判断。古典搭售规则尽管在经济学理论上没有完整而清晰的基础,但因为符合人们在现实生活中的一些实际的感受,因而对司法实践影响巨大;芝加哥学派和后芝加哥学派通过构建各种理论模型,推翻了搭售一定有损竞争的古典规则,使对搭售行为本质的认识更为深入,然而目前对司法的影响还有限。这种理论发展与实践的偏差可能主要在于理论研究和应用之间的时间迟延。[2]

在卖方能够搭售的情况下,它的结卖品必须具有某种独特的性质,并能产生对它的特殊需求和一定的市场力量,否则,不愿购买搭卖品的买主就会从其他渠道得到其所需要的搭卖品。产品中包含有某种知识产权是形成卖方市场力量的一个重要因素。在美国有一段时期,只要结卖品具有专利权或版权,最

---

〔1〕 Nat'l Collegiate Athletic Ass'n v. Bd. of Regents of the Univ. of Okla. ,468 U. S. 85 ,104 n. 26(1984).("法院在提到适用于搭售安排的'本身违法'原则时,同时也确认搭售可能具有有利竞争的正当性,因而对其不结合一定的市场分析而直接加以谴责是不适当的。")

〔2〕 李剑:《搭售理论的经济学和法学回顾》,载《云南大学学报》(法学版)2005 年第 2 期。

高法院就足以推定存在必需的经济力量。[1] 国际商业机器公司曾要求它的承租人在租用其具有专利权的自动钻孔卡片制表机时以向该公司购买制表卡为条件,这就可以利用其具有专利权的机器的垄断实力来搭售无专利权的卡片。[2] 在实践中,一些企业利用其拥有的某方面的专利等知识产权而非法搭售非知识产权产品。例如,国际盐业公司曾在出租其具有专利权的化盐机和撒盐机时非法搭售盐;美国罐头公司也曾非法地要求它的承租人在租用其具有专利权的封罐机时,以向该公司购买罐头为条件。此外,搭售在美国电影业中经常被采用,这被称为整套订购(block booking),它反复受到《谢尔曼法》的有效追究。[3]

在美国,涉及知识产权的搭售有三种情形:专利权人要求对方购买非专利产品作为专利许可条件的搭售,专利权人试图行使其权利以反对辅助侵权而施加的搭售,专利权人要求一个专利以上的"一揽子"许可的搭售。[4] 这里主要是指第一种情形。

美国最高法院在 1992 年柯达(Kodak)案中也确立了企业不得利用拥有某产品的专利权而搭售维修服务。在该案中,独立维修机构(ISOs)指控柯达意图限制它们得到其零配件,并使它们在维修柯达设备时难以与其相竞争的策略。最高法院认为柯达只出售其机器的零配件给那些利用其维修服务的设备购买者,这种策略是垄断或者企图垄断维修和零配件市场,同时也是一种非法搭售,因此将案件发还下级法院就这些问题重审。在重审中,柯达首次提出其零配件享有专利和版权保护,但第九巡回法院驳回了这种抗辩。[5]

美国司法部和联邦贸易委员会在《知识产权许可的反托拉斯指南》中对知识产权许可的搭售协议(tying arrangement)做了专门分析。这种搭售协议是

---

〔1〕 在 2006 年的 Illinois Tool Works v. Independent Ink, Inc. 案的判决中,最高法院正式放弃了知识产权授予市场力量或垄断力的推定。

〔2〕 该公司被判违反《克莱顿法》第 3 条,因为适用该条比适用《谢尔曼法》相对容易,只要证明该行为实质上减少了竞争或者旨在形成商业垄断。

〔3〕 [美]马歇尔 · C. 霍华德:《美国反托拉斯法与贸易法规》,孙南申译,中国社会科学出版社 1991 年版,第 214 页。

〔4〕 See Herbert Hovenkamp, Mark D. Janis & Mark A. Lemley, *IP and Antitrust: An Analysis of Antitrust Principles Applied to Intellectual Property Law*, Aspen Publishers, 2004, pp. 3 – 12.

〔5〕 See Robert Pitofsky, Challenges of the New Economy: Issues at the Intersection of Antitrust and Intellectual Property, June 15, 2001. 资料来源于美国联邦贸易委员会网站(http://www.ftc.gov),最后访问日期:2001 年 7 月 9 日。

指,在许可合同中规定,被许可方获得一项知识产权许可的条件是接受它所不需要的其他知识产权、货物或者服务项目。该指南指出,尽管搭售协议在许多情况下都被认为是违法的,但是在某些情况下,搭售协议也具有其正面价值。搭售协议触犯反托拉斯法的条件是:第一,销售者对于搭售的产品具有足够的市场力量;第二,搭售协议对被搭售的产品市场中的竞争产生负面影响;第三,协议的正面效应不足以抵消其限制竞争的负面影响。该指南还将"一揽子"许可包括在这一类限制性条件之中。"一揽子"许可是指一方在一项或一组相关的许可协议中,许可他方同时使用其多项知识产权标的。如果"一揽子"许可是强制性的,即接受其中一项标的的许可须以同时接受其他标的的许可为条件,则视为搭售,适用与其他搭售行为同样的处理规则。指南的这些分析方法在2007 年《反托拉斯执法与知识产权:促进创新和竞争》的报告中又得到了重申和继续坚持。

在认定搭售行为时,结卖品和搭卖品之间的联系是一个非常重要的因素。例如,汽车是一种产品,而附在上面的轮胎就不算一种可以与汽车分离的独立产品。这里就不存在搭售问题。但在实际的案件中,对于两种产品之间是否存在必然的联系从而是否可构成一种产品往往是有争议的,而对此作出认定是处理案件的关键。在微软垄断案中,对微软在其视窗操作系统中捆绑销售互联网浏览器 IE 的行为的性质,司法部认为它构成搭售,而微软则坚持认为 IE 是视窗 98 不可分割的组成部分。联邦地区法院法官杰克逊指出,操作系统与浏览器是两种不同的产品,IE 浏览器并非不能从视窗操作系统中脱离。市场上存在不同的消费需求,微软是唯一一家拒绝不附购买浏览器条件地许可销售操作系统的公司,微软利用其经济实力迫使 PC 制造商和消费者在购买视窗软件时不得不同时购买所搭售的浏览器,微软的捆绑销售行为并无技术或商业上的必要性,而仅仅是旨在扼杀竞争,导致网景公司的浏览器市场份额急剧下降。杰克逊法官表示,虽然证据表明,IE 在改善浏览器软件质量、降低销售价格、增加使用量,进而使用户受益方面颇有建树,但该行为仍属违反联邦反托拉斯法,并在市场份额上最终击败了网景的浏览器。最后认定,微软将网络浏览器与视窗捆绑销售(搭售)违反了《谢尔曼法》第 1 条关于禁止合谋限制贸易行为的规定。如前所述,它实际上也属于滥用市场支配地位的行为。当然,按照 2001 年 6 月 28 日联邦上诉法院的裁决,此点已发回地区法院重审,但由于后来因双方达成了和解协议,法院就没有机会进一步就此作出明确的判决结论。

近年来,美国法院仍然不断有涉及知识产权的搭售案件。在“2005 年美国最高法院十大专利案件”之一便是 Illinois 专利权市场支配力案。Illinois Tool Works 附属公司 Trident 公司生产打印机头并对该技术拥有专利,该公司要求购买者在购买打印机头时必须购买其生产的未申请专利的墨。打印机墨制造商 Independent Ink 根据反托拉斯法向加利福尼亚州联邦地方法院起诉,指控 Trident 公司在其专利产品打印机头上捆绑销售非专利产品墨的行为违法。联邦地方法院以原告 Independent Ink 未提供 Trident 拥有专利权市场支配力的证据为由驳回诉求。原告提起上诉,上诉法院推翻原判,裁定 Independent Ink 无须证明专利权市场支配力的存在。Trident 诉至最高法院,最高法院已经作出裁判,推翻上诉法院的判决,裁定专利权并不必然能为权利人带来市场支配力,Independent Ink 有义务提供 Trident 拥有市场支配力的证据。[1] 在此案中,虽然法官拒绝从被告方拥有专利这一事实中直接推定其结卖品具有市场支配力,但专利权仍是证明其市场支配力的有力证据之一。

在欧盟,搭售作为一种排他性的手段出现在商业溶剂案和 Telemarketing 案中。在 1984 年欧共体委员会与 IBM 的和解中,《欧共体条约》第 82 条(d)被用作有关处理规定的一部分,这导致 IBM 同意停止将其主存储器功能同 370 系统中央处理单元的销售捆绑在一起的做法。这种捆绑是通过将主存储器功能的价格包括在其中央处理单元的价格中并拒绝单独供应中央处理单元的方式进行的。在前述的赫尔梯(Hilti)案中,对尤若菲斯(Eurofix)和波柯(Bauco)投诉赫尔梯在其夹头片的销售中搭售其钉子,欧共体委员会认为赫尔梯通过收取过高的专利许可费来阻碍独立的钉子制造商获得夹头片的专利许可而加强了其搭售,裁决这些行为因阻止或限制了独立生产者进入这些市场而构成滥用,并处以 600 万欧洲货币单位的罚款。也就是说,由于夹头片市场和钉子市场是两个独立的市场,只有夹头片是专利产品,其搭卖非专利产品钉子是试图将专利保护扩大到该专利权以外。这构成对市场支配地位的滥用。此外,欧共体委员会可调查赫尔梯收取的专利许可费的高低来确定其是否因定价过高而构成间接拒绝供应。

赫尔梯上诉到欧洲初审法院,理由是夹头片、钉子和钉枪是一个集成产品,

---

〔1〕《2005 年度美国联邦最高法院十大专利案件评介》,载 http://www.sipo.gov.cn/sipo/xwdt/gwzscqxx/2006/200608/t20060804_105670.htm,最后访问日期:2008 年 3 月 9 日。

即动力紧固(PAF)系统,它们不是独立的产品市场。欧洲初审法院拒绝了赫尔梯的辩解,支持了欧共体委员会关于存在三个独立的市场和赫尔梯在夹头市场上的具有支配地位的观点。它承认独立的钉子生产者的存在就证明了存在独立的市场,并指出,就欧共体竞争法而言,在没有一般的具有约束力的标准和规则时,任何独立的生产者都可完全自由地生产打算用于他人生产的设备上的消耗品,除非这样做侵害了他人的工业或知识产权。赫尔梯对夹头片拥有专利而对钉子没有专利,这是认定该企业企图将他人排挤出赫尔梯兼容钉市场从而构成滥用的主要考虑因素。《欧共体条约》第 82 条(d)被有效地利用来防止赫尔梯将其独占使用权的范围超出专利产品而延及非专利产品。相关商品市场的界定将专利产品和非专利产品分成两个独立的市场,这起到了强化这一认定的作用。同时,它也成为构成滥用的判决的基础。原则上,《欧共体条约》第 82 条(d)仍然适用于企图将专利产品和非专利产品捆绑在同一产品市场的行为,除非这种搭售具有客观必要性或者与合同标的有联系。在赫尔梯案中,具有市场支配地位企业关于安全方面的考虑使捆绑有客观必要性的辩解并没有为初审法院所接受。法院指出,为其他法律和公共机构所强调的产品安全性的考虑并不能超越共同体竞争规则。一个具有市场支配地位企业显然无权自行采取措施排除其认为是危险的或至少是质量上不如自己的产品,无论这种认识是正确的还是错误的。

在 Tetra Pak Ⅱ 案中,欧共体委员会认定利乐(Tetra Pak)公司在销售消毒和灌装无菌液体食品纸盒的机器时搭售纸盒、机器的维修和零配件的行为,在其成为排挤在纸盒生产市场、维修和零配件市场上现有竞争者的故意策略的一部分时构成滥用。该公司向欧共体委员会承诺不再将零配件和维修服务搭售到机器的销售中去。然而,它对委员会关于在机器和纸盒之间的搭售构成滥用的裁决进行抗辩。它先后上诉到欧洲初审法院和欧洲法院,理由是在这两种产品之间存在天然的联系并且它们的集成符合商业惯例,而《欧共体条约》第 82 条(d)要求的条件是在附加服务和合同的主题之间没有任何天然的联系。由于专门生产用于由他人机器上的非无菌纸盒的独立制造商早已存在,并且它们自己并不生产机器,因而欧洲初审法院拒绝了有关商业惯例支持生产包装产品的机器同纸盒是不可分的结论。对于无菌纸盒市场,初审法院认定,就欧共体竞争法而言,任何独立的生产者都可完全自由地生产用于他人设备上的消耗品,除非这样做侵害了竞争者的知识产权。这重申了法院关于一项知识产权保护一个特定产品的事实是获得生产和销售的独占权的必要条件的观点。如果在销售受知识产权保护的产品(机器)时捆绑销售不受保护的产品(纸盒),就会因为其排他的和利用性的效果而构成滥用,除非存在客观的理由。初审法院也拒绝了该公司起诉的第二个理由,即基于对其他生产者的卫生标准的考虑,其捆绑存在客观合理性。法院指出,这不是主动基于技术上的考虑、产品责任、保护公共健康或其声誉而采取的措施。法院认定,利乐不是唯一一家能为其机器生产纸盒的企业。在上诉中,欧洲法院认可了初审法院在这些问题上的认定。[1]

欧共体委员会《240/96 号规章》第 4 条特别列举的两项灰色条款之一,就是要求被许可人接受与许可产品技术指标或产品质量无关的技术限制、其他技术许可或某种产品或服务。这意味着它既不像白色清单那样当然能得到集体豁免,也不像黑色清单那样当然不能得到豁免,而适用通知异议程序,即当事人可将合同内容及有关情况通知欧共体委员会,如后者在 4 个月内未提出异议的,即视为已获得豁免;如果欧共体委员会提出异议并予禁止的,对当事人在通知期间依合同进行的行为一般也不予处罚。不过,这一规章已被废止。

在欧盟微软垄断案中,微软公司在"视窗"操作系统中捆绑销售媒体播放器就涉及搭售问题。欧盟委员会认为,媒体播放器是一个独立存在的市场,驳回了微软关于它已经与操作系统融合为一体的主张,认为由于搭售行为有排挤竞争者的危险,消费者是否被强制购买或使用 WMP 已没有实质意义,因为任何其他媒体播放器厂商都无法向软件开发商提供和 Windows 一样的市场效率如此之高的平台。对于微软商业行为的积极作用,即"客观合理性"问题,欧委会则认为微软负举证义务却没能证明,并且任何积极作用都被搭售带来的消极后果所掩盖。微软通过捆绑销售的行为将其他服务器软件生产商拒之门外,破坏了公平竞争的市场环境,限制了企业的创新,同时使消费者丧失选择权,损害了消费者的利益。2004 年 3 月 24 日欧盟委员会认定微软公司滥用了自己在个人电脑操作系统市场上的支配地位,其处罚措施之一便是要求微软公司在 90 天内提供不带自身媒体播放器的"视窗"操作系统版本。2007 年 9 月 17 日,欧洲初审法院维持了欧盟委员会对微软公司作出的决定,判决微软公司搭售行为成立。

---

〔1〕 See Steven D. Anderman, *EC Competition Law and Intellectual Property Rights*, Clarendon Press Oxford 1998, p. 222.

日本公正交易委员会2007年《知识产权利用的反垄断法指南》第4章第4条(1)中就对原材料和零件的限制是否构成“不公正交易行为”进行了分析。许可方可以对供被许可方使用的技术生产产品的原材料、零件的质量和供应商施加限定(包括对使用服务和其他技术的限定,合称为“原材料和零件”)。这类限定可被认为是为确保技术的性能和效果、维护安全、防止秘密泄露所必需的,因而在一定程度范围内可以被认为是合理的。但是,因为含有被许可技术的产品的提供是被许可方的商业行为的一部分,所以对原材料和零件的限制具有限制被许可方使用的竞争手段或者说被许可方自由选择原材料和零件的质量和供应商的效果。此类行为还具有剥夺其他企业供应原材料和零件的交易机会的性质。如果此类行为超出前述必要的程度,并可能具有妨碍公平竞争的倾向,则构成不公正交易行为。

该指南第4章第5条(4)中对捆绑许可是否构成“不公正交易行为”进行了分析。如果许可方设定义务要求被许可方获取捆绑的技术许可,使被许可方得到除了希望使用的技术之外的其他技术,[1]若此类限制对于被许可方达到使用技术的效果十分必要,或者在其他方面被认定为具有一定程度的合理性,则此类行为将根据对原材料和零件的限制的观点进行审查。但是,如果此类限制对于确保被许可的技术发挥效果并不重要,或被许可方被迫获取超过必要限度的技术许可,被许可方选择技术的自由将受限制,而技术的竞争也最终将被排除。如果此类行为具有阻碍公平竞争的倾向,则构成不公正交易行为。相关引证案例是:X公司向与该公司交易的个人电脑制造商和销售商设定义务要求其(1)根据许可对已提前预装或已捆绑电子制表软件的个人电脑在组装时额外提前预装或捆绑不需要的文字处理软件;(2)根据许可对已提前预装或已捆绑电子制表软件和文字处理软件的个人电脑在组装时不合理地预装或捆绑程序管理软件。X公司被认定违反了《禁止垄断法》第19条(《不公正的交易方法》第10条)。

在中国台湾地区2016年修订的“公平交易事务主管部门对于技术授权协议案件之处理原则”中,分别将不同情况下的搭售条款列入“不违反公平交易法事项之例示”和“技术授权协议禁制事项之例示”。列入前者的是,为使授权技

---

〔1〕 确定许可方是否施加了此项义务,将取决于被许可方在选择许可方指定的技术之外的其他任何技术是否存在实际困难。如果被许可方被迫接受多重专利或其他权利的捆绑许可协议,但仅就其实际使用的专利或其他权利支付许可费,则本章讨论的关于捆绑许可的观点将不适用。

术达到一定效用,维持授权商品一定品质之必要范围内,授权人要求被授权人就授权技术之商品、原材料、零件等应维持一定品质之义务。而列入后者的是:强制被授权人购买、接受或使用其不需要之专利或专门技术。此外,技术授权协议授权人要求被授权人向授权人或其所指定之人购买原材料、零件等,而非为使授权技术达到一定效用,维持授权商品之商标信誉或维护专门技术秘密性之合理必要范围内,如在相关市场具有限制竞争之虞者,授权协议当事人不得为之。

总之,有关反垄断法对于知识产权许可协议中的搭售不是一概而论,而是依其具体情形分别对待的。虽然美国近期的判例仍有适用本身违法原则的,但总的趋势应该是适用合理原则。中国《反垄断法》对搭售明确规定的是合理原则,这当然适用于涉及知识产权的搭售。《反垄断法》虽然在 2008 年 8 月 1 日才实施,但早在几年前就有涉及非法搭售行为的争议,而且还与知识产权直接有关。例如,微软在美国、欧盟受到指控的行为在中国也同样存在,甚至有过之而无不及。另据《中国知识产权报》2004 年 8 月 14 日援引有关媒体的报道,微软曾有意在其"视窗"系统中捆绑杀毒软件。如果这一消息属实,那么微软此举就有滥用知识产权进行非法搭售的嫌疑,会对其他杀毒软件开发企业形成不公平竞争,阻碍创新。特别是四川德先公司与日本索尼公司垄断纠纷案,直接凸显了涉及知识产权的搭售问题。[1]

中国《反垄断法》实施以来,已经有了搭售方面的案例,而且有的与知识产权直接相关。例如,在华为技术有限公司诉美国交互数字技术公司、交互数字通信有限公司、交互数字公司垄断案中,[2]原告提出被告要求原告将其全球所有的专利无偿许可给被告,这属于附加不合理交易条件的行为;被告提出将其标准必要专利和非标准必要专利、2G、3G 和 4G 标准必要专利、全球专利打包许可,这属于搭售行为。法院认定:被告利用其必要专利授权许可市场条件下的支配地位,将必要专利与非必要专利搭售,属于滥用市场支配地位的行为;而原告指控被告将 2G、3G 和 4G 标准必要专利、全球专利打包许可属于搭售行为,缺乏依据,不予采纳。又如,在国家发改委查处美国高通公司滥用市场支配

〔1〕 王先林等:《知识产权滥用及其法律规制》,中国法制出版社 2008 年版,第 3 章。

〔2〕 资料来源:广东省高级人民法院民事判决书(2013)粤高法民三终字第 306 号,原文可参见 http://www.gdcourts.gov.cn/ecdomain/framework/gdcourt/jndbijapddnebboelcfapbecpepdnhbe.jsp? wsid=LM43000000201404170309021586898&sfcz=0&ajlb=5,最后访问日期:2018 年 5 月 9 日。

地位案中,[1]经调查取证和分析论证,高通公司在 CDMA、WCDMA、LTE 无线通信标准必要专利许可市场和基带芯片市场实施的滥用市场支配地位的行为就包括:没有正当理由搭售非无线通信标准必要专利许可。在专利许可中,高通公司不将性质不同的无线通信标准必要专利与非无线通信标准必要专利进行区分并分别对外许可,而是利用在无线通信标准必要专利许可市场的支配地位,没有正当理由将非无线通信标准必要专利许可进行搭售,中国部分被许可人被迫从高通公司获得非无线通信标准必要专利许可。同时,在基带芯片销售中附加不合理条件。高通公司将签订和不挑战专利许可协议作为中国被许可人获得其基带芯片供应的条件。如果潜在被许可人未签订包含了以上不合理条款的专利许可协议,或者被许可人就专利许可协议产生争议并提起诉讼,高通公司均拒绝供应基带芯片。由于高通公司在基带芯片市场具有市场支配地位,中国被许可人对其基带芯片高度依赖,高通公司在基带芯片销售时附加不合理条件,使中国被许可人被迫接受不公平、不合理的专利许可条件。相应地,在高通公司主动提出了"一揽子"整改措施中就包括:不要求中国被许可人将专利进行免费反向许可;在进行无线标准必要专利许可时,不得没有正当理由搭售非无线通信标准必要专利许可;销售基带芯片时不要求中国被许可人签订包含不合理条件的许可协议,不将不挑战专利许可协议作为向中国被许可人供应基带芯片的条件。

2015 年 4 月 7 日,国家工商总局公布的《关于禁止滥用知识产权排除、限制竞争行为的规定》第 9 条规定:"具有市场支配地位的经营者没有正当理由,不得在行使知识产权的过程中,实施同时符合下列条件的搭售行为,排除、限制竞争:(一)违背交易惯例、消费习惯等或者无视商品的功能,将不同商品强制捆绑销售或者组合销售;(二)实施搭售行为使该经营者将其在搭售品市场的支配地位延伸到被搭售品市场,排除、限制了其他经营者在搭售品或者被搭售品市场上的竞争。"第 10 条规定:"具有市场支配地位的经营者没有正当理由,不得在行使知识产权的过程中,实施下列附加不合理限制条件的行为,排除、限制竞争:(一)要求交易相对人将其改进的技术进行独占性的回授;(二)禁止交易相对人对其知识产权的有效性提出质疑;(三)限制交易相对人在许可协议期限届

---

[1] 资料来源:国家发展和改革委员会行政处罚决定书[发改办价监处罚(2015)1 号]。参见国家发改委价格监督检查与反垄断局网站:http://jjs.ndrc.gov.cn/fjgld/201503/t20150302_666170.html,最后访问日期:2018 年 5 月 9 日。

满后,在不侵犯知识产权的情况下利用竞争性的商品或者技术;(四)对保护期已经届满或者被认定无效的知识产权继续行使权利;(五)禁止交易相对人与第三方进行交易;(六)对交易相对人附加其他不合理的限制条件。”

在进一步总结实践经验的基础上,国务院反垄断委员会《关于知识产权领域的反垄断指南》第17条规定了“涉及知识产权的搭售”的指引:涉及知识产权的搭售,是指知识产权的许可、转让,以经营者接受其他知识产权的许可、转让,或者接受其他商品为条件。知识产权的“一揽子”许可也可能是搭售的一种形式。具有市场支配地位的经营者,没有正当理由,可能通过上述搭售行为,排除、限制竞争。分析涉及知识产权的搭售是否构成滥用市场支配地位行为,可以考虑以下因素:(1)是否违背交易相对人的意愿;(2)是否符合交易惯例或者消费习惯;(3)是否无视相关知识产权或者商品的性质差异及相互关系;(4)是否具有合理性和必要性,如为实现技术兼容、产品安全、产品性能等所必不可少的措施等;(5)是否排除、限制其他经营者的交易机会;(6)是否限制消费者的选择权。第18条规定了“涉及知识产权的附加不合理交易条件”的指引:具有市场支配地位的经营者,没有正当理由,在涉及知识产权的交易中可能附加下列交易条件,可能产生排除、限制竞争效果:(1)要求进行独占性回授或者排他性回授;(2)禁止交易相对人对其知识产权的有效性提出质疑,或者禁止交易相对人对其提起知识产权侵权诉讼;(3)限制交易相对人实施自有知识产权,限制交易相对人利用或者研发具有竞争关系的技术或者商品;(4)对期限届满或者被宣告无效的知识产权主张权利;(5)在不提供合理对价的情况下要求交易相对人与其进行交叉许可;(6)迫使或者禁止交易相对人与第三方进行交易,或者限制交易相对人与第三方进行交易的条件。

(三)知识产权行使与差别待遇

差别待遇,又称为歧视待遇,是指具有支配地位的经营者没有正当理由而对条件相同的交易相对人提供不同的价格或者其他交易条件,致使有的交易相对人处于不利的竞争地位。由于价格是交易条件的最主要和最典型的方面,因此价格歧视或者歧视性定价是差别待遇的一种主要和典型的表现形式。

中国《反垄断法》第17条第1款规定禁止具有市场支配地位的经营者从事的滥用市场支配地位的行为中包括“(六)没有正当理由,对条件相同的交易相对人在交易价格等交易条件上实行差别待遇”。国家市场监管总局《禁止滥用市场支配地位行为暂行规定》第19条进一步规定,禁止具有市场支配地位的经营者没有正当理由,对条件相同的交易相对人在交易条件上实行下列差别待遇:(1)实行不同的交易价格、数量、品种、品质等级;(2)实行不同的数量折扣等优惠条件;(3)实行不同的付款条件、交付方式;(4)实行不同的保修内容和期限、维修内容和时间、零配件供应、技术指导等售后服务条件。同时规定,条件相同是指交易相对人之间在交易安全、交易成本、规模和能力、信用状况、所处交易环节、交易持续时间等方面不存在实质性影响交易的差别。此外还规定,本条所称"正当理由"包括:(1)根据交易相对人实际需求且符合正当的交易习惯和行业惯例,实行不同交易条件;(2)针对新用户的首次交易在合理期限内开展的优惠活动;(3)能够证明行为具有正当性的其他理由。

就差别待遇的主要和典型的形式来说,价格歧视是指经营者在提供或接受产品或服务时,对不同的客户实行与成本无关的价格上的差别待遇。卖方对购买相同等级、相同质量的产品或服务的买方要求支付不同的价格,或者买方对提供相同等级、相同质量的产品或服务的卖方支付不同的价格,如果它们是不正常的、与成本无关的,就会构成价格歧视。它是具有市场支配地位经营者滥用行为的一种形式。价格歧视使提供或接受相同产品或服务的经营者的交易机会不同,尤其不利于中小企业获得公平竞争的机会,并可能成为阻碍制造商层次或零售商层次市场进入的障碍。因此,价格歧视对竞争的损害包括对行为人同行竞争对手之间竞争的损害,即所谓对一线竞争的损害(Primary Line Injury),也包括对行为人交易对方的竞争的损害,即所谓对二线竞争的损害(Secondary Line Injury)。

原则上,具有市场支配地位的经营者也可以在产品在不同市场上做不同的用途时对同一产品实行不同的价格。实际上,不同的用途可以作为区别不同交易的一个客观因素,它允许具有市场支配地位的经营者在定价行为中考虑不同产品市场上的不同市场条件。价格歧视与合理的价格差别的界线往往并不是很明确的,价格歧视对市场竞争的损害也并不是绝对的,因此在认定价格歧视时需要把握其违法的构成要件。一般来说,违法的价格歧视行为需要具备以下构成要件:(1)行为人占支配地位;(2)存在价格歧视行为;(3)价格歧视不具有合理性;(4)价格歧视损害竞争。[1] 基于这种要件,一些具有价格歧视的外观

[1] 王晓晔:《竞争法学》,社会科学文献出版社2007年版,第311~312页。

的行为（价格差异），如适应竞争、成本差别、交易数量差别、条件变化，就不应当被认定为价格歧视。

在美国，对价格歧视行为主要适用1936年《罗宾逊—帕特曼法》（该法是对1914年的《克莱顿法》第2条的修改），同时还可适用《谢尔曼法》第2条（企图垄断）和联邦贸易委员会法第5条（不正当的竞争方法）。《罗宾逊—帕特曼法》的制定和实施，受到了经济学家的广泛批评，因为该法的通过被认为是为了保护小型零售商免受大型连锁店的冲击而不是为了增进经济效率，该法更注重于保护竞争者而非保护竞争。由于饱受非议，该法的执行也受到冷落，美国联邦贸易委员会调查处理的价格歧视案件越来越少，有时一年只有几件。特别是2007年4月2日公布的“反托拉斯现代化委员会报告和建议”还明确建议国会废除该法，认为该法与反托拉斯法的核心原则相悖。实际上，早在1955年、1969年和1977年的三份报告就建议对该法加以废除或者进行实质性修改。

美国学者认为，价格歧视的经济学比较复杂。被一个纯粹的垄断者所实施的价格歧视常常被认为是对社会有利的，因为一个纯粹的价格歧视的垄断者将会扩大生产，使其回到竞争的水平上。但价格歧视在极少数情况下可以被用来支持掠夺性价格策略或提高竞争对手的成本。另外，阻止套利交易的费用可能会减少价格歧视的社会收益。价格歧视本身是一套复杂的和有争议的规则所规范的对象。《罗宾逊—帕特曼法》没有涉及无形产品如专利的许可，相反，专利产品价格的歧视不会引起反托拉斯的关注。价格歧视的诉讼请求在法院也无一例外地被驳回了，无论这些以什么形式出现。例如，在 Akzo v. International Trade Commission 案中，[1]专利权人将一种使用领域的限制当作实行价格歧视安排的一种方式。杜邦（Du Pont）拥有关于制造高强度的人工合成聚酰胺纤维的制造方法的专利，并且依据顾客将纤维最终用于生产的产品不同来收取不同的价格。它通过利用专利许可来禁止这种纤维被出售到明确规定的使用范围之外来防止套利交易。法院驳回了有关这种“依据使用确定价值”的价格安排本身是反竞争的诉讼请求。实际上，法院判决这种安排最终是对竞争有利的，因为它导致扩大生产。与该案具有相似效果的是 Carter - Wallace, Inc. v. United States，[2]在该案中法院支持了一个专利权人完全按照常规价格出售产

---

〔1〕 808 F. 2d 1471 (Fed. Cir. 1986).

〔2〕 449 F. 2d 1374 (Ct. Cl. 1971).

品,但在特定的企业联合体中给予一定折扣的价格安排。滥用规则的一般陈述是波斯纳法官在 USM Corp. v. SPS Technology 案中的观点,[1]专利权人有权使自己的专利所带来的收入最大化,并且价格歧视仅仅是达到该目的的途径之一。[2]

在欧盟,价格歧视行为受到《欧盟运行条约》第 102 条第 2 款(c)的禁止。但判例法表明,这种禁止规范调整多种行为。它可以扩展到有将竞争者排挤出市场效果的价格差别,如掠夺性定价和许可费折扣,也包括直接造成顾客和消费者损害的定价行为,还包括在不同产品市场和地域市场上的差别定价行为。原则上,价格歧视是在产品本身相同或可替代时的交易价格差别。欧盟有不少关于价格歧视的判例。例如,在前述的联合商标案中,欧洲法院认为,在相同质量的香蕉以相同的销售条件、支付条件和卸货费用卖给不同的经销商时,其销售价格却迥异,并且这种差别不存在客观正当的理由,它就构成一种价格歧视。法院特别指出,由于这一价格歧视,使各成员国市场被人为分割了,并且也使一部分经销商处于不利的竞争地位,因而在经销商之间的竞争就被扭曲了。因此,尽管法院否定了欧共体委员会关于联合商标公司过高定价的认定,但还是支持了其关于实行价格歧视的认定,从而最终维持了欧共体委员会认定该公司滥用市场支配地位行为的处理决定。欧盟委员会和欧洲法院长期将具有市场支配地位企业的某些折扣策略视为滥用,因为它们是以排除竞争者为目标的。但法院在很早就认为,若折扣因所订购的数量不同而异,则其不构成滥用。尽管在数量折扣中也可能存在歧视因素,即针对小企业的少量订购的歧视,但是允许具有市场支配地位的经营者对不同的交易以不同的条件,只有其将交易当事人置于明显的不利竞争地位时才构成价格歧视。原则上,具有市场支配地位的经营者也可以在产品在不同市场上做不同的用途时对同一产品实行不同的价格。实际上,不同的用途可以作为区别不同交易的一个客观因素,它允许具有市场支配地位的经营者在定价行为中考虑不同产品市场上的不同市场条件。

在具有市场支配地位的企业享有知识产权保护时,该权利人可以通过界定受保护产品的技术应用领域来形成能够以不同条件提供产品的单独市场。例如,知识产权人的商业许可策略可以包括将同一专利许可到不同的应用领域中

---

〔1〕 694 F. 2d 505(7th Cir. 1982).

〔2〕 See Herbert Hovenkamp, Mark D. Janis & Mark A. Lemley, *IP and Antitrust: An Analysis of Antitrust Principles Applied to Intellectual Property Law*, Aspen Publishers, 2004, pp. 3-34-3-35.

并收取不同的许可使用费。只要这种不同对待适用于不同的交易,那么它就是非歧视的,也不构成滥用。在评估定价行为是否构成滥用时,知识产权人必须考虑界定不同产品市场的基本法律原则。在知识产权人被认定拥有关键设施时往往就要承担更严格的责任。在特定市场上存在歧视性效果的情况下,关键设施的所有人就不能证明仅因涉及知识产权而依习惯这些要价是合理的。

当知识产权人对知识产权的具体应用领域进行划分时,每一部分被看作一个不同的产品,这使该所有人能够适用不同的条件。但当试图在销售产品中捆绑服务并对这种捆绑在一起的产品而不是对单一的产品收费时,这种分割知识产权的权利要受到限制。同时,知识产权人的这种划分和单独定价的斟酌决定权并不能延伸到试图捆绑搭售独立产品的行为上。在某些情况下,对相同产品提供不同的条件是违反《欧共体条约》第 82 条(c)的。例如,在赫尔梯(Hilti)案中,具有市场支配地位的企业对选择性定价政策的运用包括两种歧视类型。首先,它对竞争者的目标顾客给予特别优惠的折扣,这些顾客愿意转向赫尔梯。这是针对竞争者的滥用行为。其次,它减少给那些只买了赫尔梯的夹片头而没有买其钉子的顾客的折扣,这样实际上就向从其竞争者那里购买钉子的顾客索取了高价。这种行为被认为对顾客的歧视。由于后一滥用是源于对赫尔梯试图将夹片头的销售和钉子销售进行捆绑的商业策略,它表明《欧共体条约》第 82 条(c)对具有市场支配地位企业的建立在产品捆绑基础上的商业定价策略施以限制。

对知识产权人定价策略的进一步限制是判例法将《欧共体条约》第 82 条(c)适用到在不同地域市场上的不同定价行为。如果具有市场支配地位的企业(不管其是否拥有知识产权)试图通过在不同的地域市场上确定不同的价格来使其回报最大化,那么它就会被作为分割市场的行为而受到禁止。欧洲法院也承认成本(如运输、税收、进口税、工资、营销条件和竞争程度)的差异会导致零售价格的差异。在原则上,法院在联合商标案中的判决表明至少在当地水平上存在应付竞争的抗辩。这种抗辩将适用于具有市场支配地位的企业,使其能够保护自己以免受到竞争者低价的损害。法院并不反对每个经销商的定价差异,如同不反对一个知识产权人的不同被许可人或附属机构的定价差异一样,只要这种不同的价格反映了与市场条件相连的风险差异。联合商标案中的滥用包括拥有支配地位的生产者即联合商标公司将其市场力量延伸到销售市场上。该案的判决并不表明具有市场支配地位的知识产权人不能在共同体不同的地域市场上确定不同的价格。[1]

总体来看,在涉及知识产权时,反垄断法关于禁止价格歧视的制度和原理仍然是适用的,尽管在一些情况下认定价格歧视的构成时要考虑到知识产权本身的特点。2015 年 4 月 7 日,国家工商总局公布的《关于禁止滥用知识产权排除、限制竞争行为的规定》第 11 条规定:"具有市场支配地位的经营者没有正当理由,不得在行使知识产权的过程中,对条件相同的交易相对人实行差别待遇,排除、限制竞争。"

在中国市场上,价格歧视行为也是存在的,有些也是基于知识产权而发生的。例如,中国媒体上经常提到的就是微软在中国从事价格歧视:中文版的 Windows 98 开始在中国发行,其销售价格定为 1998 元,而在美国的价格是 109 美元(折合 1000 元人民币),在日本的价格也不过折合人民币 1200 元。据保守估计,中国消费者因为微软公司的差别价格一年就要多支出 10 亿元。由于中国长期缺少这方面的有效法律规范,或者已有的相关规范没有得到有效实施,因而这些行为往往难以得到有效的规制。

中国《反垄断法》实施以来,涉及差别待遇方面的案例不多,与知识产权直接相关更少,但有些案件也涉及。例如,在华为技术有限公司诉美国交互数字技术公司、交互数字通信有限公司、交互数字公司垄断案中,[2] 原告提出被告的滥用市场支配地位行为中就包括歧视性定价行为,法院也认为将被告授权给苹果、三星等公司的专利许可条件,与被告向原告发出的要约条件进行比较,无论是按照一次性支付专利许可使用费为标准,还是按照专利许可使用费率为标准,被告拟授权给原告的专利使用费均远远高于苹果、三星等公司。但是,这种情形最后被作为认定被告过高定价的依据。

在总结实践经验的基础上,国务院反垄断委员会《关于知识产权领域的反垄断指南》第 19 条规定了"涉及知识产权的差别待遇"的指引:在涉及知识产权的交易中,具有市场支配地位的经营者,没有正当理由,可能对条件实质相同的交易相对人实施不同的许可条件,排除、限制竞争。分析经营者实行的差别待

---

[1] See Steven D. Anderman, *EC Competition Law and Intellectual Property Rights*, Clarendon Press Oxford 1998, p. 239.

[2] 资料来源:广东省高级人民法院民事判决书(2013)粤高法民三终字第 306 号,原文可参见 http://www.gdcourts.gov.cn/ecdomain/framework/gdcourt/jndbijapddnebboelcfapbecpepdnhbe.jsp? wsid = LM4300000020140417030902158689&sfcz = 0&ajlb = 5,最后访问日期:2018 年 5 月 9 日。

遇是否构成滥用市场支配地位行为,可以考虑以下因素:(1)交易相对人的条件是否实质相同,包括相关知识产权的使用范围、不同交易相对人利用相关知识产权提供的商品是否存在替代关系等;(2)许可条件是否实质不同,包括许可数量、地域和期限等。除分析许可协议条款外,还需综合考虑许可人和被许可人之间达成的其他商业安排对许可条件的影响;(3)该差别待遇是否对被许可人参与市场竞争产生显著不利影响。

(四)知识产权行使与掠夺性定价

掠夺性定价,在中国有不少人甚至官方往往称之为低价倾销,[1]是价格歧视的一种。它也是反垄断法所禁止的滥用市场支配地位行为的一种重要的和典型的表现形式。在中国,它是《反不正当竞争法》(2017 年修订前)和《价格法》所明确规定的经营者不得从事的不正当价格(竞争)行为之一,是指经营者在依法降价处理商品之外,为排挤竞争对手或者独占市场,以低于成本的价格销售商品,扰乱正常生产经营秩序,损害国家利益或者其他经营者的合法权益的行为。中国《反垄断法》第 17 条规定禁止具有市场支配地位的经营者从事的滥用市场支配地位的行为中,包括:“没有正当理由,以低于成本的价格销售商品。”国家市场监管总局《禁止滥用市场支配地位行为暂行规定》第 15 条除了重申禁止具有市场支配地位的经营者没有正当理由,以低于成本的价格销售商品外,还规定认定低于成本的价格销售商品,应当重点考虑价格是否低于平均可变成本。平均可变成本是指随着生产的商品数量变化而变动的每单位成本。涉及互联网等新经济业态中的免费模式,应当综合考虑经营者提供的免费商品以及相关收费商品等情况。并指出本条所称“正当理由”包括:(1)降价处理鲜活商品、季节性商品、有效期限即将到期的商品和积压商品的;(2)因清偿债务、转产、歇业降价销售商品的;(3)在合理期限内为推广新商品进行促销的;(4)能够证明行为具有正当性的其他理由。

掠夺性定价一般包括两种类型。一种是在某一地区以低于成本的价格销售产品而在另一地区以正常价格销售的地区性掠夺性定价行为。比如,某企业

---

〔1〕 当然,也有学者反对使用低价倾销的概念,认为低价不等于倾销,竞争法上的这种行为应当称为不当的低价或贱价销售(不当贱卖)。而且,倾销的概念应当严格限定在国际进出口贸易中使用,由反倾销法来调整。参见史际春、吴炯:《关于贱价竞争和人为限价的法律思考》,载史际春主编:《经济法学评论》(第 1 卷),中国法制出版社 2000 年版。

在需要为其在某地新设立的分支机构打开当地市场时,采用将产品价格降到成本以下的办法,企图以此挤垮竞争对手,进而垄断该地市场。另一种是将某一产品以低于成本的价格销售而将其他产品以正常价格销售的产品性掠夺性定价行为。比如,企业滥用其市场支配地位,就其经营的众多商品中的某种或某类商品在成本价以下进行销售,以排挤经营同种或同类商品的企业。但无论哪种形式,在反垄断法中,掠夺性定价行为的构成需要以企业具有市场支配地位为前提,其成立条件比较严格,而在《反不正当竞争法》和《价格法》中则没有明确要求这样的主体条件。

掠夺性定价行为是一种严重危害市场竞争的行为,它会给同类企业造成实质性损害或者损害威胁,阻碍或威胁竞争对手的建立、生存和发展。如果经营者持续以低于成本的非正常价格销售商品,通常会导致竞争者的经营额显著下降,给其生存带来严重困难,同时还会使购买者对其竞争对手的商业信誉与商业道德产生误解,虽然会造成自身短时期的亏损,而从长远看,则必然会给竞争对手带来经营上的危害,并使自己取得长久利益。尽管掠夺性定价行为不同于过高定价的暴利行为,它似乎没有给消费者造成直接的危害,反而因大幅度降价而给消费者带来暂时的利益,但是在企业达到了其挤垮竞争对手或者独占市场的目的后,价格便会大大上升,而此时消费者却没有选择的余地。因此,掠夺性定价行为不仅直接损害竞争对手的利益,造成对竞争的破坏,而且从长远看,也必然损害消费者的利益。

构成掠夺性定价行为,首先要有经营者存在低于成本销售商品的事实。在作这种认定时,又必须首先确定价格所依附的产品是相同等级和质量的,这是指产品在物质上的相同,即化学性质的相同,而不是产品标签或包装上相同。然后,要确认低于成本价格的事实,这是证明低价倾销行为的关键。在这里,对成本的确定很重要。对于产品的成本,在经济学中有不同的分析方法,因而也就有不同的成本。美国法院在司法实践中先后采用过平均可变成本和平均总成本作为判案的依据。可变成本是相对于固定成本而言的,是指随着产品产量而变化的成本,一般包括材料费、能源费、直接劳力、管理人员费用、修理维护费用等。这里的成本是指生产成本和经营成本。生产成本包括制造成本和管理费用、财务费用、销售费用构成的期间费用,经营成本包括购进商品进货成本和由经营费用、管理费用、财务费用构成的流通成本。低于成本是指企业低于其所经营商品的合理的个别成本;在个别成本无法确认时,由政府价格主管部门按该商品行业平均成本及其下浮幅度认定。这里的行业平均成本只能作为参考而不能作为界定的依据,以免在实际执行中将原本属于市场调节价的商品变相地转为实行政府指导价;从反垄断法的角度看,按照行业平均成本认定低价倾销,往往会造成对价格竞争的限制和对落后的保护,与反垄断法所追求的降低价格、提高质量的目标相悖。

在认定掠夺性定价行为时,除了要证明企业定价低于成本外,还要证明企业排挤竞争对手或者独占市场的目的。确定个案中某企业的产品成本就已不容易,而要证明某企业有消灭竞争者的意图就有更大的难度,因为主观的东西比客观的东西更难证明。对于这种定价意图的确认,除了文字材料等直接证据外,一般还可通过低于成本的定价事实本身来加以确认,即用事实来推定其意图。当然,低于成本的定价依法属于正当的情况除外。这主要是指依法处理积压商品、过季或者临近换季的商品、临近保质期限、有效期限的商品、临近保质期限的鲜活商品以及因依法清偿债务、破产、转产、歇业等原因需要以低于成本的价格销售的商品。

在美国微软垄断案中,联邦地区法院在判决中不仅认定微软在视窗 98 操作系统中捆绑 IE 浏览器构成非法搭售,而且还认定微软公司所称消费者仅仅支付视窗 98 的单一价格而免费使用其浏览器的抗辩不成立,因为被许可方包括消费者被迫按整个软件的价格付款,网络浏览器的价格事实上包含在单一价格之内,并非“免费”服务。实际上,微软的这种行为也明显构成掠夺性定价,因为它大大低于成本(表面上还是“免费”的),并且具有非常明显的排挤竞争对手(网景公司的导航者浏览器)的目的。

欧洲法院在 AKZO v. Commission 案中用两种基本的分析方法来确定企业是否实行掠夺性定价。第一种方法是,低于平均可变成本定价不必证明其主观意图就构成自身滥用。如果企业以低于可变成本的价格销售产品,则意味着每生产和销售一件产品就会使该企业蒙受一份损失,任何经营者都不会希望这样,这除了为消灭竞争者外无法理解其经济目的,即对这种情况的唯一合理解释就是从长远的角度看,是为了排除竞争对手后,巩固其优势地位并提高产品价格以弥补亏损。第二种方法是,将价格定在平均总成本之下平均可变成本之上的,[1]只有在能证明其消灭竞争者的意图时才可考虑构成滥用。在本案中,

---

〔1〕 平均总成本一般是指固定成本与可变成本的总和除以产品产量的数值。

欧共体委员会认为具有市场支配地位的企业 AKZO 为了破坏 ECS 的生存机会,许诺以低于成本的价格并低于向自己顾客要价的价格向其供应产品。AKZO 的价格低于平均总成本而高于平均可变成本,但同时具有获得 ECS 顾客的明显意图,因此认定其构成掠夺性定价行为。

在 Tetra Pak Ⅱ案中,欧共体委员会认定利乐(Tetra Pak)的非无菌纸盒从 1976 年至 1981 年在意大利的定价明显低于平均可变成本,尽管没有证据表明其有消灭竞争者的意图。这一认定得到了欧洲初审法院自己的事实审查的支持。1982 年,欧共体委员会认定纸盒价格在平均可变成本与平均总成本之间,欧洲初审法院强调要找到消灭竞争者意图的证据。利乐辩称,掠夺性定价的证据不足,因为欧共体委员会没有证明利乐在其一旦消灭了有关的竞争者后有弥补损失的现实可能性。这种辩解的原因在于掠夺性定价发生在两个阶段的模式:具有市场支配地位的企业首先在成本以下定价,企图将竞争者赶出市场;然后企图通过在超竞争水平上定价来弥补其在前一阶段所受到的损失。借助于美国经济学家的理论和美国最高法院的有关判例,利乐主张没有希望弥补损失就没有掠夺性定价的意图。欧洲初审法院认为,没有必要特别说明有关企业有弥补损失的合理理由。在上诉中,欧洲法院同意这种意见,指出:在本案中要求利乐有弥补损失的现实可能性的额外证据是不适当的。只要存在竞争者会被排除的可能性就能够对掠夺性定价进行惩罚。

上述欧共体的判例中的有关产品是涉及知识产权的。这表明,如果包含一项知识产权的产品以低于成本的价格出售,那么一项知识产权的拥有并没有依《欧共体条约》第 82 条授予任何特别的地位,而可能构成滥用市场支配地位的形式。

在中国市场上,一些跨国公司涉嫌滥用知识产权实施掠夺性定价行为也时有表现,以图挤垮中国的竞争者。例如,微软公司为了剿灭中国国产软件 WPS 97,在 WPS 97 发布前夕,匆忙推出 97 元超低价格的 Word 97 版本。这与其在中国通常表现出的垄断高价和价格歧视形成了鲜明的对比。又如,美国诺顿杀毒软件在中国市场的每套价格是 280 元。这家公司为了迅速占有市场,采用的促销手段是用户只要用其他公司任何品牌的杀毒软件,另加 59 元就可换取最新的诺顿软件产品,对国内众多的杀毒软件研制企业产生了重大影响和损害。[1]

---

〔1〕《经济日报》2004 年 11 月 12 日。

当然,在确认和处理掠夺性定价行为时,必须正确评估一种定价行为是掠夺性的还是在以质量为基础的竞争范围内的,注意不能妨碍正常的价格竞争。如果企业因为效率和创新而取得了支配地位,应当允许它们将这种好处带给消费者,即使这会对竞争者带来一定的损害。中国目前在这方面的立法比较原则,相关的案例也很少,在今后的行政执法和司法活动中需要借鉴其他国家和地区有代表性和权威性的裁决或判例。

国务院反垄断委员会《关于知识产权领域的反垄断指南》没有关于涉及知识产权的掠夺性定价行为的具体指引。

(五)知识产权行使与超高定价

超高定价,又称不公平高价或者垄断高价,通常是指经营者在正常竞争条件下所不可能获得的远远超出公平标准的价格,也就是以经营者具有市场支配地位为前提的过高价格。超高定价实际上是经营者利用支配地位对消费者和用户进行剥削的行为,因此往往相对于掠夺性定价、独家交易等排他性滥用行为而被作为剥削性滥用行为的典型。但是,对超高定价是否应当作为反垄断法所禁止的滥用市场支配地位的一种表现形式,在各国理论上和制度实践上都是存在争议的。其中,美国和欧盟在这方面的分歧最具有代表性。

美国反托拉斯法中没有关于超高定价的规定,理论上也认为没有必要对超高定价进行规制,因为超高定价是价格机制正常发挥作用所需要的,而且价格机制本身就具有修复超高定价的能力。美国最高法院在 2004 年的 Verizon Communication v. law Offices of Curtis V Trinko 中的分析就非常具有代表性:“仅仅因为拥有垄断势力并由此索取了垄断价格,这不能被视为违法,因为这是自由市场经济的一个重要机制。可以索取垄断价格,或至少可以在一个短时期内索取垄断价格,这对企业来说首先是一个激励机制,另一方面它还可以降低企业在创新和研发中的风险。为了保护对企业创新的激励机制,拥有市场势力不能被视为违法,除非它同时实施了反竞争的行为。”这说明,美国最高法院认为超高定价非但不具有反竞争性,反而是促进竞争的,因为超高定价及其所代表的垄断利润可以激励企业创新并吸引新的竞争者进入市场。[1]

而在欧盟,为了消除或者减少超高定价对消费者或者资源配置的不利影

---

〔1〕 王晓晔:《剥削性滥用行为的反垄断管制》,载《价格理论与实践》2008 年第 10 期。

响,其竞争法对超高定价作出了明确的规定。《欧盟运行条约》第 102 条所列举的禁止滥用市场支配地位行为的第 1 项即为“直接或者间接地限定购买或销售价格或者任何其他贸易条件”。在欧盟也有关于超高定价问题的有关判例。其中,在 1978 年的联合商标(United Brands)案中,虽然欧洲法院否定了欧共体委员会关于联合商标公司实行过高定价的事实认定,但它同时支持该委员会关于过高定价是滥用市场支配地位的一种形式的观点和比较价格的方法。它将过高定价定义为“索取因与所提供产品的经济价值没有任何合理联系而显得过高的价格”。欧洲法院也认为,原则上,不能为任何客观标准证明为正当的特别高价构成市场支配地位的滥用。法院在一个时期将滥用描述为企业试图获得高于在市场上存在正常和充分有效竞争情况下将获得的贸易利益的行为。

除欧盟外,还有一些国家和地区在其反垄断法中也有规制超高定价的规定。作为欧盟成员国的德国、英国等都有关于超高定价的规定。例如,德国《反限制竞争法》第 19 条第 4 款第 2 项规定,具有市场支配地位的经营者作为商品或者服务的供应者或者购买者,如果提出在有效竞争条件下不可能的报酬或者其他交易条件,就是滥用市场支配地位的行为。[1] 英国《竞争法》第 18 条第 2 款第 1 项的规定与前述《欧盟运行条约》第 102 条第 1 项的规定相同。韩国《限制垄断与公平交易法》第 3 条之二禁止的滥用市场支配地位行为的第 1 项,即为“不正当地确定、维持或者变更商品或者服务的价格”。波兰《反垄断法》第 7 条规定的具有垄断地位的经营者不得从事的行为中第 3 项为“索取过高的价格”。日本《禁止垄断法》第 2 条第 7 款所规定的“垄断状态”的构成要件之一即是超高定价。俄罗斯《保护竞争法》第 10 条规定的禁止占支配地位的经营主体导致或可能导致禁止、限制、消除竞争和(或)损害他方利益的行为(不作为)中,第 1 项就是“制定、维持商品垄断高价或垄断低价”。南非《竞争法》第 8 条禁止具有支配地位的企业从事的五种滥用行为中,第 1 项就是“收取过高的价格损害消费者”。巴西《反垄断法》第 21 条规定的 24 种垄断行为中,也包括“制定价格或者不合理提高产品或服务价格”。

---

〔1〕 该法在 2007 年 12 月增加了一条新的规定,即第 29 条。该条提出了几种措施以便于联邦卡特尔局查办电力部门和燃气部门超高定价的案件。但该规定包含一个“日落条款”,即只在 2012 年年底以前有效。参见[德]本哈德·海策尔:《德国禁止滥用市场支配地位的基本原则和案例》,叶高芬译,载王晓晔主编:《反垄断法实施中的重大问题》,社会科学文献出版社 2010 年版,第 138 ~ 139 页。

即使是在美国,虽然过高定价一般并没有被明确作为滥用市场支配地位的一种独立形式,但是它在认定有关滥用市场支配地位行为时也还是有意义的。例如,在1998年的微软垄断案中,微软利用其在操作系统上所拥有的垄断实力,使消费者在产品的价格上受到了不公正对待,而且使消费者没有其他选择。联邦地区法院杰克逊法官认定,微软在制定视窗98升级版的价格时感到自己有很大的决断权,本来可以对视窗98升级版收取49美元就足以有利可图,但该产品的价格从来没有低于89美元。这实际上既是微软具有垄断实力的证明,也是微软滥用垄断实力的表现。而且,自1999年11月起,已有多起消费者向微软公司提出集体诉讼,控告微软利用其垄断优势高价出售视窗95和视窗98,赚取消费者过高利润。另外,在1999年1月,美国消费者协会等机构发表了一份调查报告,认为微软在1996~1998年仅在操作系统市场上就因过高定价而强加给了公众的超额费用总计在100亿美元左右。该调查报告的题目就是《微软掠夺用户100亿美元》。[1]

中国原来没有从反垄断法角度对具有市场支配地位经营者的超高定价行为的明确规范,只是在《价格法》等法律、法规中主要从维护消费者利益出发禁止"违反法律、法规的规定牟取暴利"。国家发展和改革委员会2003年6月发布的《制止价格垄断行为暂行规定》(已失效)第6条规定:"经营者不得凭借市场支配地位,违反法律、法规的规定牟取暴利。"在中国反垄断立法过程中,对于是否应当规定超高定价问题进行了反复的讨论。有关外国专家反复提出,北美竞争法不认为超高定价是滥用市场支配地位,因为它几乎不可能决定什么是"太高",并且因为在一个竞争的市场,可以设想支配力是能通过发明创造取得的且可能因新竞争者的进入而失去。西欧国家通常认为超高定价可能是市场支配力的滥用,但是所有或几乎所有这样的案子均败诉了,因为没有哪一个政府能够证明价格是超高定价。因此,这些法律通常不被执行而且正考虑予以废除。总之,他们认为反垄断法若禁止超高定价就会延缓其他经营者(潜在的竞争对手)进入这一领域,从长远来看,这与其说是在帮助消费者,毋宁说更多地损害消费者的利益,认为那应由专门的价格法律来解决,而不宜由反垄断法来解决。

---

〔1〕《微软罪状——美国政府诉微软一案事实认定》,方兴东主译,中国友谊出版公司2000年版,第291页。

上述意见是有一定道理的,但并不全面。第一,超高定价是滥用市场支配地位的比较普遍的和典型的表现形式,是具有市场支配地位的经营者剥削消费者、获取垄断利润的形式之一。理论和实践都表明,处于市场支配地位的经营者非常可能向市场提供比其实际可能的生产数量少得多的产品,而索要与其生产成本相比不合理的高价。尤其是在中国目前的市场上,一些具有市场支配地位的经营者大肆盘剥消费者,严重扭曲了市场竞争机制,如任其泛滥,则消费者利益将会受到更大的危害。而现代反垄断法恰恰特别强调对消费者利益的保护。虽然市场机制也可以调节这一问题(它吸引新的竞争者加入这一行业),但是这一过程可能很漫长。而且,可以实行超高定价的市场往往存在进入障碍(事实上的或者法律上的),潜在竞争者的进入要么不可能,要么成本太高、时间太长。第二,虽然超高定价可以受到专门价格法律的管制,但是反垄断法在规制滥用市场支配地位的过程中,对作为这种滥用表现之一的超高定价行为进行规制也有其必要,有时也可能更有效。“因为反垄断法的任务是要代替缺少了的竞争机制,这就使合同活动与竞争下的交易条件相一致。”[1]反垄断法规制超高定价就是要使被垄断行为扭曲了的交易条件得以矫正。第三,虽然证明超高定价并不容易,但是在反垄断法中这种情况是比较普遍的,这正是反垄断法本身的基本特点。市场支配地位的认定就不容易,但不能就因此放弃或者取消这一制度。事实上,通过时间比较、空间比较以及成本与利润比较等方法也还是可以在一定程度上判定出超高定价的。

中国《反垄断法》最终也还是对超高定价作出了规定。该法第 17 条规定,禁止具有市场支配地位的经营者从事的滥用行为中,包括“以不公平的高价销售商品或者以不公平的低价购买商品”。这里包括以不公平的高价销售商品(垄断高价)和以不公平的低价购买商品(垄断低价)两种情况,其实质都是具有支配地位的经营者凭借该地位索取不公平的价格,也就是经营者在正常竞争条件下所不可能获得的远远超出公平标准的价格,可统称为不公平要价,一般仍然可从卖者的角度称为超高定价。国家市场监管总局《禁止滥用市场支配地位行为暂行规定》(2019 年 6 月 26 日)第 14 条规定,除了重申禁止具有市场支配地位的经营者以不公平的高价销售商品或者以不公平的低价购买商品外,还

---

〔1〕 [德]P. 贝伦斯:《对于占市场支配地位企业的滥用监督》,载王晓晔编:《反垄断法与市场经济》,法律出版社 1998 年版,第 209 页。

规定了认定"不公平的高价"或者"不公平的低价"可以考虑的因素:(1)销售价格或者购买价格是否明显高于或者明显低于其他经营者在相同或者相似市场条件下销售或者购买同种商品或者可比较商品的价格;(2)销售价格或者购买价格是否明显高于或者明显低于同一经营者在其他相同或者相似市场条件区域销售或者购买商品的价格;(3)在成本基本稳定的情况下,是否超过正常幅度提高销售价格或者降低购买价格;(4)销售商品的提价幅度是否明显高于成本增长幅度,或者购买商品的降价幅度是否明显高于交易相对人成本降低幅度;(5)需要考虑的其他相关因素。认定市场条件相同或者相似,应当考虑销售渠道、销售模式、供求状况、监管环境、交易环节、成本结构、交易情况等因素。

有关国家和地区在实施超高定价规制制度中一般采取比较谨慎和温和的态度。这方面形成的基本共识是,禁止具有市场支配地位经营者超高定价的规定只适用于非常特殊的情形(in exceptional circumstances),这些情形包括:(1)存在重大和持久的进入和扩张的障碍;(2)这种障碍不可能消除掉;(3)市场上的投资和创新受到抑制。有些国家和地区仅仅将调查超高定价限定于那些拥有排他权或者法定垄断权的部门。[1] 之所以如此,除了对超高定价的规制面临着反垄断执法机构和法院都极力避免成为价格管制机构的角色定位难题之外,最主要的还在于超高定价的标准不易确定,即究竟该怎样去判断特定的价格是否为超高定价。

超高定价问题在涉及知识产权时仍然存在,并且可能更为复杂。欧洲法院认为,原则上不能为任何客观标准证明为正当的特别高价构成市场支配地位的滥用。法院在一个时期将滥用描述为企业试图获得高于在市场上存在正常和充分有效竞争情况下将获得的贸易利益的行为。当它适用于知识产权时,这似乎是对知识产权人源于其独占权而获得公平报偿资格的怀疑或否定。正如经济学家经常指出的,受保护产品的高于竞争性价格的定价能力和限制竞争的能力正是专利权的本质所在。因此,对知识产权定价的规制实际上是知识产权与反垄断之间进行协调的关键所在。

在前述联合商标(United Brands)案中,欧洲法院强调在分析生产成本基础上进行价格评估的重要性,即确定某种定价是否超出产品的经济价值的方法是

---

〔1〕 See Geradin, Damien, *The Necessary Limits to the Control of "Excessive" Prices by Competition Authorities – A View from Europe*, Tilburg University Legal Studies Working Paper, Available at SSRN: http://ssrn.com/abstract=1022678,最后访问日期:2014 年 1 月 9 日。

将售价与生产成本进行比较。既包括将产品价格与竞争产品的售价进行比较,也包括将其自己在不同市场上的成本进行比较,尽管后者意味着需要仔细考虑成本结构和在当地市场上可能影响利润率的其他条件。当然,这种比较认定存在一定的困难。首先,执法机构和法院不一定能够对具有市场支配地位企业的行为效率低下和不公平定价的证据进行有效评估;其次,在评估过高定价时还必须对因提高效率和降低成本而增长的企业的合法奖酬进行界定。如果以成本和定价之间的差额作为标准,就可能导致对高效率企业的惩罚。在市场支配地位作为受知识产权保护的创新的结果时,这种情况会更加突出。

在确定软件等信息产品的价格时还必须考虑到这些产品自己的特殊性。同传统产品相比较,电脑软件等信息产品的一个非常显著的特征是固定成本很高,而边际成本却很低。开发一个如"视窗"操作系统这样的软件需要巨额研发投入,而一旦产品开发出来后,生产每一单位的产品的边际成本主要是复制一张光盘的成本,它几乎为零。如果迫使软件企业制定一个较低的、接近于边际成本的价格,尽管从社会的角度看,这个价格将是最有效率的,但由于这样做企业的研究和开发投入得不到补偿,其结果将是这种产品根本不能被开发出来。但这也不能成为这种产品收取垄断高价的正当理由。这种产品的价格还是存在一个公平与合理的问题,而微软产品在中国的过高定价也是人们指责微软在中国垄断的一个重要方面。据中国工程院院士倪光南分析,1992 年中国联想、长城、浪潮、长江等主要计算机公司与微软经多轮谈判,达成以每份 10 美元购买 10 万份 DOS 操作系统。当时一台高档微机约为 1.5 万元,操作系统的价格仅为整机的 0.5%,到 1998 年,一台高档微机降到 1 万元,但每份视窗操作系统的价格却大大增加了。从 1992 年至 1998 年,微机的硬件性能提高了 10 倍以上,价格却下降了 50%,但在同一时间内操作系统的性能并没有像硬件那样大幅度提高,价格却上升了许多倍。中国电脑产业一年到头辛辛苦苦,赚的钱还不足以向微软支付软件使用费。他据此呼吁中国尽快制定反垄断法。[1]

在评估创新者利用其知识产权的合理回报时,确定不公平定价的难度的确更大。在帕克·达维斯(Parke Davis)案中,欧洲法院认为相对于非专利产品来说,专利产品的高售价不一定构成滥用。这意味着,原则上,在涉及知识产权时存在高于竞争条件下的回报是合理的。这在一定程度上是由于接受了创新的

---

〔1〕《法制日报》1999 年 11 月 19 日,第 3 版。

成本，包括需要对企业在研究开发上的投资进行奖酬。发明者不仅有权获得其在严格意义上的生产成本和合理利润的补偿，而且有权获得其研究开发支出的补偿。同时，还应当允许在评估不同类型的知识产权时存在某些灵活性。例如，在涉及外观设计权、专利权和信息版权等知识产权时，研究开发成本就占重要地位；而在涉及商标等其他知识产权时，成本就包括在推销、广告和质量控制体系中的有关支出。不过，建立在公平收回成本基础上的公平定价观念并没有对授予知识产权的奖酬功能予以完全承认。事实上，对受知识产权保护的产品或方法的较高回报不只是对个人发明者的奖酬，而且也是为了对其他发明人或原创人投资的刺激，是对创新的刺激。从知识产权的观点看，公平奖酬的这种刺激功能导致一个消费者和顾客愿意支付的额外价值的数额，该额外价值是知识产权赋予一种产品的，它是相对于不包含该权利的另一种产品而言的，换句话说，是市场所忍受的价值。

但是，欧洲法院认为，《欧共体条约》第 82 条(a)要求在具有和不具有市场支配地位的企业(包括该地位与拥有知识产权相重合或者为其所加强的企业)之间作出区分。不具有市场支配地位的企业可以确定市场所能容忍的价格。但具有市场支配地位的企业只能按照公平回报定价，而不能过高定价。《欧共体条约》第 82 条(a)可能用于对知识产权的定价施加限制。然而，实际上，这不可能影响知识产权人的定价行为，除非其行为是过分的，并且依照其自己以往的行为很容易被确定为过高。而且，对知识产权人来说，存在很大的空间在高水平上定价以获取对其知识产权投资的回报。由于这种回报权，他们将价格定得高于竞争市场的水平未必就构成滥用。如果高定价的效果是对竞争者的排除，就会导致对知识产权的公平奖酬与防止削弱在附属市场上的竞争之间的冲突。因此，在过高定价产生了排除在附属市场上需求的效果时，它也可能构成滥用。[1]

总之，超高定价在反垄断法上就是一个有争议的问题，将其适用于知识产权领域争议会更多。但是，在涉及知识产权领域时，同样还存在一个不公平的过高定价问题，尽管在确定时需要考虑更多的因素，不能影响到知识产权通过奖酬权利人的激励功能的正常发挥。在这个问题上还需要注意发展中国家与

---

〔1〕 See Steven D. Anderman, *EC Competition Law and Intellectual Property Rights*, Clarendon Press Oxford 1998, p. 230.

发达国家之间的差异。基于自身知识产权实力和消费者承受能力的考虑,一些发展中国家在有关法律中对涉及知识产权产品特别是专利药品的高价作为具有反竞争意义的知识产权滥用的一个方面加以规制。例如,阿根廷《专利法》第44条将专利产品的过高定价作为反竞争行为之一。巴西竞争法和南非竞争法中也将高价作为反竞争行为。南非竞争委员会还裁定 Glaxo Smith Kline 和 Boehringer Ingelheim 在南非销售治疗艾滋病的药物中从事了反竞争行为,指出这两家制药公司对治疗艾滋病的药物收取过高的价格。[1] 这些发展中国家的做法虽然受到某些发达国家学者的批评,但是还是值得同样作为发展中国家的中国加以借鉴,以维护市场的正当竞争和消费者利益。

在中国,《反垄断法》实施以来已经有了这方面的案例,而且还集中在与知识产权相关的领域,主要涉及标准必要专利的问题。例如,在华为技术有限公司诉美国交互数字技术公司、交互数字通信有限公司、交互数字公司垄断案中,[2] 原告提出,与苹果、三星等公司相比,被告对其标准必要专利的许可使用费存在过高定价行为。法院也认为,将被告授权给苹果、三星等公司的专利许可条件,与被告向原告发出的要约条件进行比较,无论是按照一次性支付专利许可使用费为标准,还是按照专利许可使用费率为标准,被告拟授权给原告的专利使用费均远远高于苹果、三星等公司;被告还强迫原告方给予其所有专利的免费许可,使之可以获得额外的利益,这表明被告存在过高定价的行为。又如,在国家发改委查处美国高通公司滥用市场支配地位案中,[3]经调查取证和分析论证,高通公司在 CDMA、WCDMA、LTE 无线通信标准必要专利许可市场和基带芯片市场实施的滥用市场支配地位的行为就包括:收取不公平的高价专利许可费。高通公司对中国企业进行专利许可时拒绝提供专利清单,过期专利一直包含在专利组合中并收取许可费。同时,高通公司要求中国被许可人将持有的相关专

---

〔1〕 See Daya Shanker, Competition Policy and Prevention of Abuses in the TRIPS Agreement, in Roberto Cellini and Guido Cozi (ed.), *Intellectual Property, Competition and Growth*, Palgrave Macmillan, 2007, pp. 217, 220.

〔2〕 资料来源:广东省高级人民法院民事判决书(2013)粤高法民三终字第306号,原文可参见 http://www.gdcourts.gov.cn/ecdomain/framework/gdcourt/jndbijapddnebboelcfapbecpepdnhbe.jsp? wsid=LM4300000020140417030902158689&sfcz=0&ajlb=5,最后访问日期:2018年5月9日。

〔3〕 资料来源:国家发展和改革委员会行政处罚决定书[发改办价监处罚(2015)1号]。参见国家发改委价格监督检查与反垄断局网站:http://jjs.ndrc.gov.cn/fjgld/201503/t20150302_666170.html,最后访问日期:2018年5月9日。

利向其进行免费反向许可,拒绝在许可费中抵扣反向许可的专利价值或提供其他对价。此外,对于曾被迫接受非标准必要专利"一揽子"许可的中国被许可人,高通公司在坚持较高许可费率的同时,按整机批发净售价收取专利许可费。这些因素的结合导致许可费过高。相应地,在高通公司主动提出的"一揽子"整改措施中就包括:对为在中国境内使用而销售的手机,按整机批发净售价的65%收取专利许可费。

在总结实践经验的基础上,国务院反垄断委员会《关于知识产权领域的反垄断指南》第15条规定了"以不公平的高价许可知识产权"的指引:具有市场支配地位的经营者,可能滥用其市场支配地位,以不公平的高价许可知识产权,排除、限制竞争。分析其是否构成滥用市场支配地位行为,可以考虑以下因素:(1)许可费的计算方法,及知识产权对相关商品价值的贡献;(2)经营者对知识产权许可作出的承诺;(3)知识产权的许可历史或者可比照的许可费标准;(4)导致不公平高价的许可条件,包括超出知识产权的地域范围或者覆盖的商品范围收取许可费等;(5)在"一揽子"许可时是否就过期或者无效的知识产权收取许可费。分析经营者是否以不公平的高价许可标准必要专利,还可考虑符合相关标准的商品所承担的整体许可费情况及其对相关产业正常发展的影响。

第五章 知识产权与控制经营者集中制度

一、反垄断法中控制经营者集中制度概述

控制经营者集中制度作为反垄断法实体制度的三大支柱之一，在反垄断法中也占有非常重要的地位。它与其他两个制度有密切的联系。首先，如果说禁止滥用市场支配地位制度是对已经形成的现实的市场力量（垄断力）的事后监督、控制，那么控制经营者集中制度就是对企图形成或加强潜在的市场力量的事前预防、控制，旨在维护合理的市场结构，防止市场力量的过度集中。正如美国 1992 年《横向合并指南》指出的，该指南反映了国会的意图，即应将合并引起的限制竞争问题扼制在其萌芽状态。这两种制度本身都属于行为规制，但又都与市场结构密切相关，即结构性行为规制，它们分别从企业所处的不同经济阶段和市场环境入手，共同维护自由公平的市场竞争秩序。其次，禁止垄断协议行为制度是对企业之间的共谋进行的规制，与市场结构并没有直接的联系，但如果没有控制经营者集中制度相配合，企业之间就可以采取直接消灭竞争者的方式达到限制竞争的目的。正如德国联邦卡特尔局局长 D. 沃尔夫针对这种情况所指出的："因为一方面严格禁止卡特尔，另一方面又缺少合并控制的规定，其结果就是企业往往采取限制竞争性的经济集中策略。"〔1〕因此，控制经营者集中制度与禁止垄断协议制度的联系也是非常密切的，它们相互配合，分别从不同角度共同担负起维护自由公平的市场竞争秩序的重任。

控制经营者集中制度的目的是保持市场的竞争性，防止经济力量的过度集中。而控制经济力过度集中制度的范围并不限于控制经营者集中。因为，经济力量的集中有两种情形，一是经济力量向国民经济或具有广泛范围的整个产业部门中居领先地位的少数企业集中，二是经济力量向特定的个别市场或产业中

---

〔1〕［德］D. 沃尔夫：《德国竞争法的经验》，载王晓晔编：《反垄断法与市场经济》，法律出版社 1998 年版，第 259 页。

居领先地位的少数企业集中。两者分别被日本学者称为一般集中和市场集中。[1] 前者在日本禁止垄断法中表现为企业控股规制,包括控股公司的禁止、大规模非金融公司股份保有的限制和金融公司股份保有的限制;[2]后者表现为经营者集中规制,通常包括股份保有、干部兼任、合并、营业转让、取得他企业的资产、受让或承租他企业全部或主要部分的营业或财产、与他企业经常共同经营或受他企业委托而经营等。多数国家的反垄断法中控制经济力过度集中的制度只表现为控制经营者集中的制度。[3] 本书也仅涉及作为"市场集中"的控制经营者集中制度,而不涉及"一般集中"的问题。这就需要从法律上确定经营者集中的概念、界定市场、确定市场支配地位的标准,此外,还需要确定控制经营者集中的程序,如规定达到一定规模的企业合并必须事先申报等。

(一)经营者集中的概念、影响和类型

1. 经营者集中的概念

中国《反垄断法》第 4 章规定了"经营者集中",这对应于日本所用的"企业结合"概念。在中国反垄断法的研究中,人们往往还使用其他一些术语来表示"市场集中"的现象,如企业合并、企业兼并、企业并购和企业聚合。其中,关于企业合并与企业兼并,有的认为企业兼并只是企业合并中的一种,即其中的吸收合并,如中国《关于企业兼并的暂行办法》第 1 条规定的企业兼并是作为企业合并的一种特殊形式,即吸收式合并;有的则认为反垄断法中的企业兼并不同于企业法或公司法中的企业兼并,将企业兼并与企业合并互换使用,甚至将企业合并作为企业兼并的一种。由于企业法、公司法对企业兼并或公司合并进行调整是为了维护公司或企业债权人和股东的合法权益,确保交易的安全和稳定,而反垄断法对有关企业合并或企业兼并的调整是为了规范企业合并对市场

---

[1] [日]丹宗昭信、[日]厚谷襄儿编:《现代经济法入门》,谢次昌译,群众出版社 1985 年版,第 107 页。

[2] 日本国会于 1997 年 6 月修改了大型公司持有股份总额的限制。

[3] 在韩国现行反垄断法上,禁止限制竞争的企业结合与限制经济力的集中是并列的,即采取双重结构。前者是从竞争秩序角度进行规范的,包括取得股份、董事兼任、合并、经营转让、参与公司设立;后者是在 1986 年修订时增加的,是从防止经济力过度集中的角度进行规范的,分为限制持股公司设立和限制大规模集团的两种。而在限制大规模集团中又分为限制出资、限制相互保证债务和禁止不正当支援行为三种。韩国首尔大学的权五乘教授认为,从长远角度来说,在反垄断法只限制在个别市场限制竞争的行为,对此以外的事项,由商法、税法等相关法律来控制较为妥当。也就是说,他主张反垄断法只规定经营者集中制度。

竞争关系的影响;同时,反垄断法所关注的又不仅限于一般经济学上所讲的合并或兼并,因此在反垄断法中创设一个有自身特定含义、包容范围更广的专用术语是必要的。中国《反垄断法》最终采用“经营者集中”的概念,这相较于以前的有关起草文本中使用的“企业合并”“企业兼并”等概念要更为准确一些。

有关国家和地区的反垄断法一般没有对经营者集中进行明确定义,而是通过列举其所包括的具体情形来对经营者集中进行界定。例如,根据欧共体理事会《关于企业集中控制的第139/2004号条例》(以下简称《集中条例》)规定,下列情形属于集中:两个或两个以上的独立企业之间的合并;企业或者对企业有控制权的人,通过购买证券或资产、签订合同等手段,获得对其他企业的控制权的行为。中国台湾地区“公平交易法”第10条规定:“本‘法’所称结合,谓事业有下列情形之一者而言:一、与他事业合并。二、持有或取得他事业之股份或出资额,达到他事业有表决权股份总数或资本总额三分之一以上。三、受让或承租他事业全部或主要部分之营业或财产。四、与他事业经常共同经营或受他事业委托经营。五、直接或间接控制他事业之业务经营或人事任免。计算前项第二款之股份或出资额时,应将与该事业具有控制与从属关系之事业及与该事业受同一事业或数事业控制之从属关系事业所持有或取得他事业之股份或出资额一并计入。”

中国《反垄断法》对经营者集中的界定也是采取列举的方式,并且其内容也与其他国家和地区的规定基本一致。根据该法第20条的规定,经营者集中是指下列情形:(1)经营者合并;(2)经营者通过取得股权或者资产的方式取得对其他经营者的控制权;(3)经营者通过合同等方式取得对其他经营者的控制权或者能够对其他经营者施加决定性影响。

根据商务部反垄断局于2014年6月修订的《关于经营者集中申报的指导意见》第3条的规定,经营者集中所指的控制权,包括单独控制权和共同控制权。判断经营者是否通过交易取得对其他经营者的控制权或者能够对其他经营者施加决定性影响(控制权和决定性影响统称为“控制权”),取决于大量法律和事实因素。集中协议和其他经营者的章程是重要判断依据,但不是唯一的依据。虽然从集中协议和章程中无法判断取得控制权,但由于其他股权分散等原因,实际上赋予了该经营者事实上的控制权,也属于经营者集中所指的控制权取得。判断经营者是否通过交易取得其他经营者的控制权,通常考虑包括但不限于下列因素:(1)交易的目的和未来的计划;(2)交易前后其他经营者的股权结构及其变化;(3)其他经营者股东大会的表决事项及其表决机制,以及其历史出席率和表决情况;(4)其他经营者董事会或监事会的组成及其表决机制;(5)其他经营者高级管理人员的任免等;(6)其他经营者股东、董事之间的关系,是否存在委托行使投票权、一致行动人等;(7)该经营者与其他经营者是否存在重大商业关系、合作协议等。控制权取得,可由经营者直接取得,也可通过其已控制的经营者间接取得。该意见第 4 条规定,对于新设合营企业,如果至少有两个经营者共同控制该合营企业,则构成经营者集中;如果仅有一个经营者单独控制该合营企业,其他的经营者没有控制权,则不构成经营者集中。

概括地说,经营者集中是指为了达到特定的经济目的,通过一定方式和程序对经营者之间的资产、人员等因素进行融合的行为。具体来说,经营者集中是指两个或两个以上的经营者进行合并,或者一个或多个经营者通过收购、合同等方式对其他经营者进行实质性控制,从而导致相互关系上的持久变迁的行为。

在经营者集中的各种形式中,合并是最主要、最典型的形式,因此成为反垄断法的首先和主要的关注对象。在今天,企业合并形式仍然是反垄断法控制经营者集中制度的主要规制对象,甚至在一些国家,反垄断法所规制的经营者集中也还基本上限于传统的企业合并。但是,反垄断法所规制的经营者集中形式有逐步扩大的趋势,这在日本、韩国等国家有关反垄断法中都有体现。现在,经营者集中通常包括企业合并、取得股份、合同关系控制以及对其他企业施加实质性影响的其他方式。其中,企业合并包括吸收合并和新设合并两种形式,它会直接导致在市场上至少减少一个竞争者。取得股份与企业合并的主要不同之处在于前者双方法律人格不变。合同关系控制,如通过承包经营、租赁经营、授权经营以及联营协议、合作协议、许可协议等使一个企业获得对另一个企业的实际控制权。对其他企业施加实质性影响的其他方式,主要是人事方面的连锁董事制、控制人事任免以及因知识产权发生的联系等。它们的共同特点是使一个企业能够从实质上对另一个企业的决策施加影响,进而对市场竞争带来影响。

鉴于合并是经营者集中的最典型和最主要的形式,其他形式的经营者集中也是基于其与合并的类似作用才受到相应规制的,为方便起见,后面在分析经营者集中的相关问题时往往以合并为例。

2. 经营者集中对竞争的影响

不管是哪一种形式的经营者集中,它们对竞争的影响都是双重的。就作为其典型形式的合并来说,尽管人们对其具体的评价可能存在差异,但是一般都承认企业合并对社会具有积极作用和消极作用的两面性。就连最极力倡导企业合并、主张尽可能少进行干预的芝加哥学派的代表人物波斯纳也承认,企业合并存在效益型和非效益型之分。[1]

一般来说,企业合并的积极方面主要表现在:企业合并是扩大企业规模的最迅速、最有效的方法,有利于实现规模经济效益,增强企业的实力和发展后劲,促进大企业间激烈的竞争;企业合并使企业的存量资产及生产要素得以调整或重新组合,有利于实现资源的优化配置,促进产业结构、产品结构和企业结构的合理化;有利于在实现优胜劣汰的过程中减少对社会的冲击;有利于增强本国企业的国际竞争力等。正是基于经营者集中的这种积极意义,中国《反垄断法》第5条原则规定,经营者可以通过公平竞争、自愿联合,依法实施集中,扩大经营规模,提高市场竞争能力。根据中国当前的情况,经营者集中在一定程度上是有利于经济发展的,可以改善中国的企业规模过小的情况,提高企业的生产效率和市场竞争力。特别是在经济全球化的条件下,鼓励国内企业通过合并等方式集中做大、做强,对提高国际竞争力有重要的意义。

但从反垄断法的角度看,企业合并完全可能存在对社会的消极影响,主要表现在:企业合并直接带来市场竞争者的消灭、减少,这会形成或加强合并后企业的市场支配力量,并可以迅速推动经济的集中,甚至可以导致少数企业独占或寡占市场的情况,有可能破坏有效竞争的市场结构,形成市场竞争的障碍,带来垄断所固有的弊端,尤其是可能会损害消费者的利益,使消费者在对产品样式的选择、产品价格的选择以及产品本身种类的选择等很多方面受到很大的影响。其他类型的经营者集中也都存在类似的情况。

基于经营者集中行为影响的双重性,从反垄断法的角度看,虽然经营者集中行为较之于经营者之间的垄断协议来说,一般不会存在"自身违法"的问题,但若不对它进行适当的控制,任其泛滥,就会对市场竞争造成危害;而且,与垄断协议相比,经营者集中行为会直接导致竞争者数目的减少,经营者在集中之后有了统一决策中心,集中形成后限制竞争的持续时间也会更长。正如在1986

---

[1] 张乃根:《经济学分析法学》,三联书店1995年版,第231~232页。

年美国联邦贸易委员会诉PPG公司一案中哥伦比亚地区上诉法院在判决中指出的："如果市场上的竞争者太少，竞争者之间就易于通过公开的合同或者默契就市场关系达成某种协议，限制生产的数量或者通过垄断价格实现高利润。"[1]虽然在经济全球化的背景下，各国为了增强自己的国际竞争力，有逐步放松对经营者集中限制的趋势，但是作为反垄断法一个有机组成部分的控制经营者集中制度不会也不可能完全被取消，可能改变的只是其对经营者集中规制的具体方式和宽严程度。

当然，经营者集中除了受到反垄断法的规制外，还要符合其他有关法律、法规的规定。例如，以公司合并的形式实施集中的，应当符合《公司法》关于公司合并的规定。有的行业监管法律要求特定行业的经营者的重大事项变更应当经过审批，如2014年《证券法》第129条规定，证券公司设立、收购或者撤销分支机构，变更业务范围或者注册资本，变更持有5%以上股权的股东、实际控制人，变更公司章程中的重要条款，合并、分立、停业、解散、破产，必须经国务院证券监督管理机构批准。证券公司在实施集中时，应依照证券法的上述规定履行审批手续。其他有关法律、法规对集中所作的相关规定，经营者在实施集中时也都要严格遵守。

3. 经营者集中的类型

在许多国家和地区，经营者集中以其影响市场的效果和程度为标准，可以分为横向集中、纵向集中和混合集中。为叙述方便，这里还是以作为经营者集中典型形式的合并来加以说明。20世纪80年代以来，美国为了突出对横向合并的关注，而更直接将企业合并划分为横向合并和非横向合并。[2] 非横向合并实际上包括了纵向合并和混合合并。欧盟也采取这样的分类。

所谓横向合并，又称水平合并，是指因生产或销售同类产品，或者提供同种服务而处于相互直接竞争中的企业之间的合并。由于它是直接竞争者间的合并，可以迅速扩大合并企业的规模，增加市场份额，带来的规模经济效益最明显；但同时，由于它直接减少了市场上独立经营者（竞争者）的数量，它通常会直

〔1〕 转引自王晓晔：《竞争法研究》，中国法制出版社2000年版，第422页。

〔2〕 美国司法部分别在1968年、1982年和1984年单独发布了企业合并指南，1982年联邦贸易委员会发布了关于横向合并指南的陈述。美国司法部和联邦贸易委员会于1992年联合发布并于1997年和2010年两次修订了《横向合并指南》。2020年6月30日，美国司法部和联邦贸易委员会发布了新的《纵向合并指南》。

接影响市场结构,对市场竞争的危害也更直接,因此各国反垄断法对企业合并的控制主要集中在对横向合并的控制上。当然,这主要是指具有市场支配地位企业之间的合并,若是中小企业之间的合并,它们还能起到加强其市场竞争力,以更有效地参加到与具有市场支配地位企业的竞争中去的作用。

所谓纵向合并,又称垂直合并,是指同一产业中处于不同阶段而实际上有买卖关系的企业之间的合并,亦即某种产品的卖方和买方之间的合并或上游经营者与下游经营者间的合并。它可以使合并企业在销售和供应上减少了外部竞争的压力,节约交易成本,提高生产效率,并且一般不妨碍不同品牌的同类产品间的竞争,因此它对市场竞争的影响比横向合并要小,且是间接的。但当纵向合并涉及的范围过广,也可能对竞争性的市场结构产生一定的影响,它有可能加强甚至扩大合并一方原有的市场优势,促进某一市场的集中化。如同亚格纽所分析的:一个制造商兼并了它的原料供应者,这就在两个方面影响了竞争:原料供应者被要求只能为它的母公司提供原料,而母公司将来也只能从它的新的下属单位中获得原料供应,在这样的整体中,这种情形就有助于内部的系列产品的生产,但却是以丧失同类产品竞争者为代价的。[1] 所以,对这种合并也应予以一定的控制。

所谓混合合并,一般是指既不存在竞争关系也不存在买卖关系的企业之间的合并,即跨行业的企业合并。它具有三种类型:一是纯粹的混合性合并,即没有任何生产上或经营上联系的企业之间的合并;二是产品扩张型合并,即一种产品的生产者与一个相关产品的生产者的合并;三是市场扩张型合并,即一个企业为扩大其竞争范围而与它尚未渗透的地域市场同类产品的企业进行的合并。混合合并可以使生产不同产品的企业使用共同的销售渠道,共同研制和开发新产品,减少市场风险,从而使合并各方从中获得益处,适应了现代企业多角化经营的需要,有利于实现范围经济效益。[2]相对于横向合并和纵向合并来说,混合合并对市场结构影响较小,从而对市场竞争影响不大,因此各国反垄断法对于混合合并的控制较为宽松。但由于它可能间接地传导、放大大企业的优势,影响其他市场的竞争,因而仍应加以一定的控制。

---

[1] [英]约翰·亚格纽:《竞争法》,徐海等译,南京大学出版社 1992 年版,第 104 页。

[2] 所谓范围经济,是指企业在一定规模下生产多种不同产品的成本优势,即由于增加相关产品种类而获得的成本节约。一家企业同时生产数种产品的成本小于多家企业分别专业化地生产一种产品的成本的总和。

可见,不同类型的企业合并有不同的特点,它们对竞争的影响方式和程度不同,因而受反垄断法控制的程度也不尽相同。其中,横向合并虽然在不同国家、不同时期的合并总数中所占的比例不同,但其所受到的控制却是最严格的。例如,德国在1973年至1988年间,向联邦卡特尔局申报或登记过的企业合并共有9434起,其中横向合并6303起,占合并总数的66.8%。从1973年引入企业合并控制到1989年年底,德国发生的企业合并共计10 848起,其中仅90起遭到联邦卡特尔局的禁止。这些被禁止的合并绝大部分为横向合并。[1] 在美国"二战"后几十年的企业合并中,混合合并占的比例最大(1948~1978年占73%),横向合并所占的比例很小(1948~1978年不到13%),但它却是反托拉斯法所追究的主要对象。在1951年至1966年期间,所有采掘业和制造业的大型合并都受到联邦贸易委员会和司法部的指控,其中有一半以上在性质上是横向合并。在1974年至1976年期间司法部所提起的18个有关合并的诉讼案件中就有16个案件是关于横向合并的。[2]

(二)经营者集中的法律控制

1. 经营者集中的法律规制方式

虽然对于经营者集中的法律控制是反垄断法实体制度的非常重要的部分,但在许多国家的反垄断法中并不像对滥用市场支配地位行为和垄断协议行为那样,一开始就对其有明确规定的,而是有一个逐步发展的过程。例如,在美国,1890年《谢尔曼法》虽然经解释可以适用于企业合并,但毕竟因为没有明确规定而难以操作。1914年《克莱顿法》是对《谢尔曼法》的补充,其第7条至今仍是美国控制企业合并的最重要的法律依据。但它开始只是禁止通过股票买卖所实现的合并,而不禁止通过资产取得所进行的合并与获得。1950年的《塞勒—凯弗维尔修正法》修正了《克莱顿法》的这一缺陷,使其可以控制各种形式的企业合并。1976年的《哈特—斯科特—诺迪罗反托拉斯改进法》又对《克莱顿法》第7条补充了第7A条,要求涉及大企业的合并在合并前须向反托拉斯机

---

〔1〕 王晓晔:《竞争法研究》,中国法制出版社2000年版,第190、201页。德国的横向合并中包括了在美国属于产品扩张型的混合合并部分。

〔2〕 [美]马歇尔·C.霍华德:《美国反托拉斯法与贸易法规》,孙南申译,中国社会科学出版社1991年版,第149~150页。

构申报,在规定的期限内没有异议的才可以实施合并。[1] 1980 年通过的《反托拉斯诉讼程序改进法》还将《克莱顿法》第 7 条的“公司”扩大到“人”,将“在任何商业部门”扩大到“在任何商业部门和/或在任何影响商业的活动中”,从而进一步扩大了该法的适用范围。此外,司法部于 1968 年、1982 年和 1984 年发布的《企业合并指南》,以及司法部和联邦贸易委员会于 1992 年联合发布的《横向合并指南》,[2]2006 年 3 月又公布了长达 71 页的对该指南的解释(Commentary on the Horizontal Merger Guidelines),尽管不具有法律的拘束力,但也体现了美国反托拉斯机构的企业合并控制政策。

在德国,尽管 1957 年颁布了《反限制竞争法》,但该法一开始并没有作出企业合并监督的规定,仅规定了一定规模的企业合并应履行登记手续,以使政府及时了解市场的集中状况,进而监督大企业,防止其滥用支配地位。直到 1973 年修改《反限制竞争法》,才加入了企业合并控制的条款,真正形成了反垄断法意义上的企业合并控制制度。在此之前,德国对企业合并采取的是一种较为放任的态度。以后,德国又分别于 1976 年、1980 年、1989 年、1998 年、2005 年、2011 年、2013 年和 2017 年修改《反限制竞争法》,使企业合并控制制度更为完善。

在法国,虽然其于 1953 年 8 月 9 日出台了以保持充分、有效的竞争为目的的第一部法律文件——关于“保持与重建工商业自由竞争”的法规,但直到 1977 年立法者才建立了对企业兼并行为的控制机制,以防止形成易于导致反竞争行为的庞大经济单位。[3]

在欧盟,原先的《罗马条约》也没有对企业集中控制的规定,其控制集中的主要依据是欧共体理事会于 1989 年 12 月 21 日通过的并于次年 9 月 21 日发生法律效力的第 4064/89 号条例,该条例成为欧共体竞争法上对企业集中行为进行规制的基本规则。该条例规定,欧共体委员会只能针对第 3 条定义的“集中行为”行使干预的权力。根据第 3 条的规定,“集中”包括一切有决定性影响或者一方取得了对另外一方的控制权的交易行为,涵盖了大多数的企业间的合并、获得控制权、建立联营企业、持有少数股份的共同控制,此外,还适用于拥有一个企业的知识产权和全部或部分财产的使用收益权、签订管理合同等从而能

---

〔1〕 2000 年国会的一项法律修正案又对《克莱顿法》第 7A 条进行了实质性修改。

〔2〕 1997 年对 1992 年的《横向合并指南》第四节“效率”部分作了修订,2010 年对其进行了重大修订。

〔3〕 [法]罗歇·布特:《法国竞争法概要》,陈鹏译,载《法学家》1999 年第 3 期。

够对该企业的活动施加决定性影响的行为。1997 年 6 月 30 日,欧共体理事会通过了 1997 年第 1310 号条例,对该条例进行了重要修订,自 1998 年 3 月 1 日生效。但这一条例后又被理事会 2004 年第 139 号条例所修改,同时欧共体委员会还颁布了《横向合并评估指南》和《合并调查最佳做法指南》,均自 2004 年 5 月 1 日开始执行。欧共体委员会于 2007 年 11 月 28 日又颁布了《非横向合并指南》。它们共同构成了现在欧盟范围内控制企业集中的完整体系。

从各国或地区反垄断法对经营者集中的管制形式来看,有事后监督审查制和事前申报审查制。事后监督审查制,是指在经营者集中后,由反垄断主管机构(有的结合须事先向该机构登记)或者私人对集中的企业提起诉讼时,司法机构才予以审查,若判定违反,则取消该结合,并可能对有关企业进行处罚。事前申报审查制则是经营者集中须向有关主管机关申报,经审查许可后方可进行集中,若审查后未经许可而擅自集中,则会被命令取消,并要受到相应的处罚。一般是根据一定的市场份额标准、交易额标准等要求达到该标准的企业之间的集中才需要申报。在早期,有关国家的反垄断立法一般是实行事后监督审查制,而目前则有很多国家和地区的反垄断立法将事后监督审查与事前申报审查结合起来,这样有利于反垄断主管机构更及时、更主动地控制经营者集中。例如,在 1976 年以前,美国反托拉斯机构不得不通过有关的商业和金融报刊来了解有关合并的情况。《哈特—斯科特—诺迪罗反托拉斯改进法》则建立了申报制度,要求达到一定规模的公司(1987 年后还包括未经注册登记的社团)合并需要事前申报。在法国,只要合并方案较为重大,也就是说,达到了一定的数额标准,合并方案就必须通知经济部。经济部在就该方案向竞争委员会咨询后将自主地作出决定:它可以禁止合并方案的实施,可以要求合并方案各方对方案作出修改、补充,也可以要求它们采取任何其他措施以保证重建正常的竞争秩序。[1] 在德国,《反限制竞争法》在 1998 年第六次修改时,将原来根据企业合并的规模分别实行的事先登记和事后申报两种制度改变为单一的事先申报制度。在欧盟,根据经理事会 1997 年第 1310 号条例修订了的条例第 10 条,对共同体具有影响的合并须在宣告合并或在订立合并协议后的一周,向欧洲共同体委员会申报。申请合并的企业既不得在申报前实施合并,也不得在委员会对申报审查的过程中实施合并。但根据 2004 年修改后的新条例,合并申报的时间

---

〔1〕 [法]罗歇·布特:《法国竞争法概要》,陈鹏译,载《法学家》1999 年第 3 期。

提前了,以前需要有约束力的协议,现在只需要意向书和当事人完成交易的诚信(Good Faith)即可。这样给予当事人更多的灵活性来选择什么时候将交易提交委员会或竞争当局审查,但未经批准不得实施合并交易的限制依然未变。[1]正如王晓晔教授所言,大企业合并的事先申报制度虽然只是一个程序上的规则,但它是反垄断机构进行实质干预的基础和前提条件。[2]

对经营者集中实行事前申报审查制的,又可进一步分为申请许可制和申报异议制的不同情形。在这方面,有关国家和地区的反垄断法也是根据需要不断进行调整的。例如,中国台湾地区的"公平交易法"在经营者集中管制方面就经历了从1991年2月制定时"申请许可制"到2002年1月的第三次修订后的"申报异议制"的重大变革。经过2017年修订的该"法"第11条规定:"事业结合时,有下列情形之一者,应先向主管机关提出申报:……""事业自主管机关受理其提出完整申报资料之日起算三十日内,不得为结合。但主管机关认为必要时,得将该期间缩短或延长,并以书面通知申报事业。""主管机关依前项但书延长之期间,不得逾六十日;对于延长期间之申报案件,应依第十三条规定作成决定。""主管机关届期未为第七项但书之延长通知或前项之决定者,事业得径行结合。但有下列情形之一者,不得径行结合:一、经申报之事业同意再延长期间者;二、事业之申报事项有虚伪不实者。"

在中国《反垄断法》早期的起草文本和有关的行政规章中,[3]一般都是采取申请许可制,但是最终通过的《反垄断法》采取了申报异议制。《反垄断法》规定经营者集中达到国务院规定的申报标准的,经营者应当事先向国务院反垄断执法机构申报,未申报的不得实施集中。同时规定,国务院反垄断执法机构应当自收到经营者提交的符合该法规定的文件、资料之日起30日内,对申报的经营者集中进行初步审查,作出是否实施进一步审查的决定,并书面通知经营者。国务院反垄断执法机构作出决定前,经营者不得实施集中。国务院反垄断

---

[1] 合并审查各阶段的具体时间限制也有了一些变化。第一阶段从收到完整的申报资料之日起算。在欧盟委员会收到提交案件或当事方作出修改承诺的情况下,可以延长10日。第二阶段从欧盟委员会作出进一步审查的决定之日起算。在当事人请求或委员会要求并经当事人同意的情况下,可以延长15日;在开始进一步审查54日后当事人作出修改承诺的,可延长20日。

[2] 王晓晔:《竞争法研究》,中国法制出版社2000年版,第382页。

[3] 2003年3月由原外经贸部等四部门发布的《外国投资者并购境内企业暂行规定》第19条、第20条的规定以及取代该规章的2006年8月由商务部等六部门发布的《关于外国投资者并购境内企业的规定》第五章(第51~54条)的规定。

执法机构作出不实施进一步审查的决定或者逾期未作出决定的,经营者可以实施集中。这种体现事前申报且实行异议制精神的经营者集中规制方式是比较符合中国实际需要的,既能达到控制经营者集中行为的目的,又能节约成本,提高效率。

2. 经营者集中的申报标准和内容

对经营者集中实行申报制度,由反垄断机构审查决定是否允许实施集中,是许多国家和地区监管经营者集中的主要手段。由于经营者集中一般是有利于提高效率的,大多数的经营者集中无须进行审查,只有那些对竞争产生不利影响的经营者集中才会受到反垄断法的规制;同时,经营者集中是大量的、频繁发生的,反垄断执法机构也不可能对所有的集中行为进行审查,因此在反垄断法中确定一个适当的申报标准非常重要。这一标准既要使那些有较大限制竞争可能性的经营者集中得到必要的审查和有效的控制,又要使那些基本上不会限制竞争的经营者集中能够及时、顺利地进行,防止政府的不必要干预,减少交易和行政行为的成本。在这方面,有关国家和地区根据不同时期的情况作出各自的规定,大致有以下几种类型:

有的以参与集中的经营者的销售额为标准。欧盟集中条例规定,参与集中的所有相关经营者在世界范围内的合计销售额超过 50 亿欧元,并且相关经营者中至少有两个经营者在欧盟范围内各自的销售额超过 2.5 亿欧元的,应当向欧盟申报;或者相关经营者在世界范围内的合计销售额超过 25 亿欧元,在至少三个成员国中的合计销售额均超过 1 亿欧元,并且相关经营者中至少有两个经营者在至少三个成员国中各自的销售额均超过 2500 万欧元,在欧盟范围内各自的销售额超过 1 亿欧元的,也应当向欧盟申报,除非参与集中的各经营者在欧盟销售额的 2/3 来自同一个成员国。德国《反限制竞争法》第 35 条第 1 款规定,参与经营者集中的经营者上一年度全球的销售额超过 5 亿欧元,并且当中至少一个经营者的销售额达到 2500 万欧元,另一个经营者销售额达到 500 万欧元,经营者集中控制的规定得以适用。

有的以参与合并的经营者的总资产额为标准。日本《禁止垄断法》规定,准备实施合并的公司,其中一家公司的总资产额超过 100 亿日元,另一家公司的总资产额超过 10 亿日元的,在合并前必须向公平交易委员会申报合并计划。

有的以交易金额以及参与合并企业总资产或净销售额为标准。美国《克莱顿法》规定,有下列情形的企业合并需要申报:一是交易规模超过 5000 万美元但低于2亿美元,且拥有1000万美元以上总资产或净销售额的一方与拥有1亿美元以上总资产或净销售额的另一方合并;二是交易规模超过2亿美元的。

有的以市场占有率或销售额为标准。中国台湾地区"公平交易法"第11条规定:"事业结合时,有下列情形之一者,应先向主管机关提出申报:一、事业因结合而使其市场占有率达三分之一。二、参与结合之一事业,其市场占有率达四分之一。三、参与结合之一事业,其上一会计年度之销售金额,超过中央主管机关所公告之金额。""前项第三款之销售金额,应将与参与结合之事业具有控制与从属关系之事业及与参与结合之事业受同一事业或数事业控制之从属关系事业之销售金额一并计入,其计算方法由主管机关公告之。"同时,对相关概念的含义或范围进行了解释。

就申报标准问题,中国《反垄断法》没有直接规定,而授权国务院规定。2008年8月1日国务院第20次常务会议通过了《关于经营者集中申报标准的规定》,并在2008年8月3日公布施行(2018年9月18日修正)。根据该规定,经营者集中达到下列标准之一的,经营者应当事先向国务院反垄断执法机构申报,未申报的不得实施集中:(1)参与集中的所有经营者上一会计年度在全球范围内的营业额合计超过100亿元人民币,并且其中至少两个经营者上一会计年度在中国境内的营业额均超过4亿元人民币;(2)参与集中的所有经营者上一会计年度在中国境内的营业额合计超过20亿元人民币,并且其中至少两个经营者上一会计年度在中国境内的营业额均超过4亿元人民币。营业额的计算,应当考虑银行、保险、证券、期货等特殊行业、领域的实际情况,具体办法由国务院反垄断执法机构会同国务院有关部门制定。经营者集中未达到本规定第3条规定的申报标准,但按照规定程序收集的事实和证据表明该经营者集中具有或者可能具有排除、限制竞争效果的,国务院反垄断执法机构应当依法进行调查。

2009年7月15日,商务部、中国人民银行、中国银行业监督管理委员会、中国证券监督管理委员会、中国保险监督管理委员会发布了《金融业经营者集中申报营业额计算办法》,自公布之日起30日后施行。该办法分别规定了银行业金融机构、证券公司、期货公司、基金管理公司的营业额要素包括的项目,并规定上述经营者集中申报营业额的计算公式为:营业额 =(营业额要素累加 - 营业税金及附加)×10%;保险公司集中申报营业额的计算公式为:营业额 =(保费收入 - 营业税金及附加)×10%,其中,保费收入 = 原保险合同保费收入 + 分入保费－分出保费。

根据《经营者集中申报办法》和《国务院关于经营者集中申报的指导意见》(2018 年 9 月 28 日修订),营业额包括相关经营者上一会计年度内销售产品和提供服务所获得的收入,扣除相关税金及其附加。“在中国境内”是指经营者提供产品或服务的买方所在地在中国境内。参与集中的单个经营者的营业额应当为下述经营者的营业额总和:(1)该单个经营者;(2)第(1)项所指经营者直接或间接控制的其他经营者;(3)直接或间接控制第(1)项所指经营者的其他经营者;(4)第(3)项所指经营者直接或间接控制的其他经营者;(5)第(1)至(4)项所指经营者中两个或两个以上经营者共同控制的其他经营者。参与集中的单个经营者的营业额不包括上述第(1)至(5)项所列经营者之间发生的营业额,也不包括其在上一会计年度或之前已出售或不再具有控制权的经营者的营业额。参与集中的单个经营者之间或者参与集中的经营者和未参与集中的经营者之间有共同控制的其他经营者,参与集中的单个经营者的营业额应当包括被共同控制的经营者与第三方经营者之间的营业额,且此营业额只计算一次。如果参与集中的单个经营者之间有共同控制的其他经营者,则参与集中的所有经营者的合计营业额不应包括被共同控制的经营者与任何一个共同控制他的参与集中的经营者,或与后者有控制关系的经营者之间发生的营业额。如果参与集中的经营者被两个或两个以上经营者共同控制,其营业额应包括所有控制方的营业额。在一项经营者集中包括收购一个或多个经营者的一部分时,如果卖方在交易后对被出售部分不再拥有控制权时,则对于卖方而言,只计算集中涉及部分的营业额。这主要包括两种情形:一是在出售资产的情况下,卖方对被出售的资产不再拥有控制权,则只计算该资产所产生的营业额;二是在出售目标公司全部或部分股权的情况下,卖方在交易完成后对目标公司不再拥有控制权,则只计算该目标公司的营业额。相同经营者之间在两年内多次实施的未达申报标准的经营者集中,应当视为一次集中交易,集中发生时间从最后一次交易算起,该经营者集中的营业额应当将多次交易合并计算。经营者通过与其有控制关系的其他经营者实施的上述行为,依照本条款处理。

经营者集中达到国务院规定的申报标准的,经营者应当事先向国务院反垄断机构申报,未申报的不得实施集中。这是一条强制性规范,实施集中的经营者不得违反,否则要承担相应的法律责任。但是,在下列两种情况下,经营者集中即使达到申报标准,也不必向反垄断执法机构申报。

第一种情况是,参与集中的一个经营者拥有其他每个经营者50%以上有表决权的股份或者资产的。参与集中的一个经营者是其他每个经营者的控股股东或实际控制人,这类情况通常是母子公司、集团公司内部以母公司或集团公司牵头进行的股份或资产的一种重新组合,其所在的市场竞争状况并未发生质的变化,不对市场竞争状况发生重大影响或不发生实质性的影响。

第二种情况是,参与集中的每个经营者50%以上有表决权的股份或者资产被同一个未参与集中的经营者拥有的。这类情况同样也是母子公司和集团公司的内部重新组合,母公司或集团公司的股份或财产不参与经营者集中,而子公司之间或成员公司彼此之间进行股份和资产的重新组合,不影响或不严重影响市场总体的竞争状态,因此规定不需要申报审查。

依据《反垄断法》和《国务院关于经营者集中申报标准的规定》(2018年9月18日修正),达到申报标准的集中,经营者应当事先向国务院反垄断执法机构申报。这涉及申报的方式和内容等问题。各个国家或地区的反垄断法在这方面的做法大同小异。中国《反垄断法》第23条、第24条对此进行了原则规定,《关于经营者集中申报的指导意见》(2018年9月28日修订)、《关于经营者集中申报文件资料的指导意见》(2018年9月28日修订),对相关规则进一步进行细化。

3. 经营者集中的审查程序、标准和决定

一些国家和组织的反垄断法规定,经营者集中的审查分为初审和主审两个阶段。初审期一般为主管机关收到申报材料之日起的较短期间,如美国、德国、日本为30天,欧盟为25个工作日。主管机关应当在该期间内对经营者集中进行初步审查,如果认为合并对市场竞争没有严重影响,应当在期满前作出批准合并的决定;主管机关逾期没有作出决定的,视为批准。如果认为合并对市场竞争有严重影响,主管机关应当在初审期内作出实施进一步审查的决定,由此该合并申报进入时间较长的主审期。中国《反垄断法》第25条、第26条分别规定了国务院反垄断执法机构对申报的经营者集中进行初步审查和进一步审查的程序。

反垄断执法机构在对经营者集中进行审查时,其基本任务就是根据一定的标准判断该集中是否会在相关交易领域内实质性地限制竞争,或者权衡它给竞争带来的消极影响是否会超过它给社会带来的积极影响。为此,首先必须确定经营者集中所涉及的一定的交易领域,即相关市场(商品市场和地域市场);然后，必须根据若干相关因素确定拟集中的经营者在相关市场上对竞争带来的影响，从而决定对该经营者集中是否给予许可。在这一过程中，反垄断执法机构需要考虑各种相关的因素，如市场集中度、市场份额、市场进入障碍、经济效率、对消费者利益的影响、破产危险以及国际竞争力。这些因素是非常复杂的，既有较为清晰的量化标准，如市场份额与集中度，又有较为模糊的政策标准，如社会公益、经济效益，彼此相互制衡。在不同的国家（地区）、不同的时期，反垄断执法机构在确定经营者集中的审查标准和内容时所要考虑的侧重点是不同的，对类似问题的判断结果及采取的具体措施也可能不尽一致。

在美国，作为控制企业合并最主要依据的《克莱顿法》第 7 条，其干预企业合并的主要标准就是“其结果……可能实质性地削弱竞争或有助于在任何商业部门形成垄断”。根据美国司法部和联邦贸易委员会《横向合并指南》的基本政策，合并不得产生或者扩大或者推动行使市场力量。反托拉斯机构在对不利于竞争的合并进行干预时，要尽量避免干预那些有利于竞争或者对竞争既无利也无害的合并（即中性合并）。

在欧盟，2004 年集中条例第 2 条规定：“集中如果在共同市场或其大部分将严重妨碍有效竞争，特别是通过产生或加强市场支配地位的形式，将被宣布与共同市场不相容。”与修改前“产生或加强市场支配地位，以至于严重妨碍有效竞争”相比，新条例将一切严重妨碍有效竞争的合并交易纳入规制范围，产生或加强市场支配地位只是其中的一种形式。这意味着欧盟委员会更加强调合并对竞争的影响，而非市场支配地位本身，这与美国的标准也趋于一致。根据该条例，如果参与集中的经营者的市场份额不大，集中不会影响市场的有效竞争，集中就可以在第一阶段得到通过；如果参与集中的经营者在欧盟市场的份额不超过 25%，在不影响适用《欧共体条约》第 81 条、第 82 条的前提下，集中可以通过审查；如果集中后经营者的市场份额在 25%～40%，除非特殊情况，一般也认为不可能产生市场支配地位。在欧共体委员会的实践中，绝大多数的市场支配地位产生于合并后经营者的市场份额达到 40%～75%。如果超过 75%，虽然不是绝对垄断，但一般会被认为产生或者加强市场支配地位。除了根据市场份额评估集中对竞争的影响外，还要结合消费者的需求、产品供应、潜在的竞争对手、市场进入障碍等因素作出分析。

在德国，2013 年《反限制竞争法》第 8 次修订最显著的变化是经营者集中控制制度的进一步欧盟化，这尤其反映在禁止集中的标准上。第 36 条第 1 款规定,经营者集中明显地阻碍竞争,尤其是可能形成或者加强市场支配地位时,德国联邦卡特尔局可以否决集中。该条同时规定了三种情形下的例外。进一步需要证明的是,集中实施前,没有出现其他的购买者,该购买者的出现能确保一个与竞争相容的解决方案。

在英国,2002年以前审查企业合并是以违反公共利益为判断标准,尽管有关法律对公共利益的含义进行了说明,但这一概念仍较模糊宽泛,很难准确界定并用于实际操作。2002年《企业法》则明确地提出要以是否削弱竞争为判断标准,除某些特定情况外,所有合并行为都以纯粹的竞争效果作为检验标准。当然,其最终的标准确定为是否有利于经济效率和消费者整体福利的提高。

中国台湾地区"公平交易法"第13条规定,对企业结合的申报,如其结合对整体经济利益大于限制竞争之不利益者,主管机关不得禁止其结合。因此,对企业结合的法律控制主要是在其所能带来的"整体经济利益"与"限制竞争之不利益"之间进行权衡、取舍。

总之,各个国家和地区对经营者集中的控制无论是宽还是严,也无论是优先考虑效率还是优先考虑公平和秩序,它们的基本宗旨都是一致的,即通过对经营者集中进行各自所认为的适当控制来达到保护有效竞争、促进国家整体经济利益的目的。

中国《反垄断法》也明确将是否排除、限制竞争作为经营者集中审查的标准,并进行相关的利弊权衡。该法第28条规定:"经营者集中具有或者可能具有排除、限制竞争效果的,国务院反垄断执法机构应当作出禁止经营者集中的决定。但是,经营者能够证明该集中对竞争产生的有利影响明显大于不利影响,或者符合社会公共利益的,国务院反垄断执法机构可以作出对经营者集中不予禁止的决定。"在这里,利弊的权衡不仅涉及集中对竞争的影响本身,而且涉及集中对社会公共利益的影响。当然,举证责任由经营者承担。

由于合并审查的标准通常较为原则,因此有的国家和地区对合并审查需要考虑的因素作出了进一步规定,以便于反垄断执法机构对经营者集中排除、限制竞争的效果进行科学的分析和正确的定性。

在美国,根据1992年版《横向合并指南》,合并审查应当考虑的因素有:市场的集中度,合并所产生的潜在的反竞争后果,其他企业进入市场的难易程度,分析合并给企业带来的效率,参与合并企业中是否有濒临破产企业。而2010

年版的《横向合并指南》则需要考虑更多的因素，包括反竞争效果证据、目标消费者与价格歧视、市场界定、市场参与者与市场份额及市场集中度、单边效应、协同效应、强势买方、市场进入、效率、破产、竞争性买方合并以及部分收购等。[1] 2020 年 6 月 30 日，美国司法部和联邦贸易委员会发布了新的《纵向合并指南》，概述了美国联邦反垄断监管机构将如何评估企业开展纵向合并可能产生的竞争影响，以及这些合并是否遵循了美国反垄断法。2020 年的《纵向合并指南》更准确地体现了反垄断机构的合并审查过程。

在欧盟，根据新的集中条例从是否与共同市场相容的角度对集中行为进行认定时，应当考虑下列因素：第一，在共同市场内，特别是从所有相关市场结构和企业所处的欧盟内部或外部市场的实际或潜在竞争的角度，维持和发展有效竞争的需要。第二，相关企业的市场地位及其经济和资金影响力，供应商和用户的选择权及市场进入的障碍，相关产品或服务的供求趋势，中间商和最终消费者的利益，技术和经济的进步给消费者带来的实惠等。

中国《反垄断法》对于经营者集中审查中应当考虑的因素也做了明确的规定。根据该法第 27 条的规定，审查经营者集中，应当考虑下列因素：(1)参与集中的经营者在相关市场的市场份额及其对市场的控制力；(2)相关市场的市场集中度；(3)经营者集中对市场进入、技术进步的影响；(4)经营者集中对消费者和其他有关经营者的影响；(5)经营者集中对国民经济发展的影响；(6)国务院反垄断执法机构认为应当考虑的影响市场竞争的其他因素。这些因素与其他国家和地区反垄断执法机构所要审查的内容基本上是一致的。不过，这方面的问题更多的还是在实际的审查过程中如何具体的把握。

在进行经营者集中的反垄断审查中，市场份额和市场集中度往往是首先要考虑的因素。市场份额、市场集中度与市场支配地位、竞争的状况有密切的联系。市场份额、市场集中度越高，产生或者加强市场支配地位的可能性也就越大，具有排除或者限制竞争效果的可能性也会越大。市场份额是指一个企业的销售量(或销售额)在市场同类产品中所占的比重，其计算相对比较简单，但其不能反映市场结构的全部情况。市场集中度是对整个行业的市场结构集中程度的测量指标，它用来衡量企业的数目和相对规模的差异，是市场力量的重要量化指标。与市场份额相比，市场集中度比较全面、精确地分析了市场结构，可

---

[1] 韩伟：《美国〈横向合并指南〉的最新修订及启示》，载《现代法学》2011 年第 3 期。

以更加科学、合理地反映经营者集中对市场竞争的影响。因此,美国和其他一些国家和地区的反垄断执法机构将市场集中度作为审查经营者集中最为重要的标准之一。

总体来说,反垄断法对经营者集中行为的控制是一个权衡利弊的结果,而这种权衡的过程也就是进行政策选择的过程,因而其灵活性和不确定性比较明显,并往往具有技术性的特点。这集中和典型地体现了反垄断法的基本特点。

在中国,《关于评估经营者集中竞争影响的暂行规定》(2011 年)对经营者集中审查中竞争影响的相关因素做了较为明确的规定。根据该规定,评估经营者集中对竞争产生不利影响的可能性时,首先考察集中是否产生或加强了某一经营者单独排除、限制竞争的能力、动机及其可能性。当集中所涉及的相关市场中有少数几家经营者时,还应考察集中是否产生或加强了相关经营者共同排除、限制竞争的能力、动机及其可能性。当参与集中的经营者不属于同一相关市场的实际或潜在竞争者时,重点考察集中在上下游市场或关联市场是否具有或可能具有排除、限制竞争效果。

反垄断执法机构在按照法定的程序和标准对申报的经营者集中进行了审查之后,需要在法定的期限内做出审查的结论。根据有关国家和地区的法律规定和实际做法,审查结论可以采取三种形式,即批准、禁止以及批准但附加限制。反垄断执法机构对于明显利大于弊和弊大于利的经营者集中,会直接作出批准和禁止的决定。在有些情况下,申报的经营者集中在总体上利大于弊,应当予以批准,但其仍然会对竞争产生不利的影响。为了使集中对竞争产生的不利影响降低到最小的程度,充分地保护和促进市场竞争,反垄断执法机构对不予禁止的经营者集中,往往决定附加减少集中对竞争产生不利影响的限制性条件。经营者接受附加的限制性条件是反垄断执法机构批准集中的前提。但是,为了防止反垄断执法机构滥用权力,这些限制性条件应当是与竞争因素紧密相关的,即为了减少集中对竞争产生的不利影响,不能无限扩大限制性条件的范围。从其他国家和地区获得批准的经营者集中案例来看,减少集中对竞争产生不利影响的限制性条件主要是资产剥离。除了资产剥离外,实践中比较常见的限制性条件还包括要求集中后的经营者允许竞争者有偿使用其重要设施或知识产权、采取措施保障竞争者的独立性、退出部分经营的领域等。对于涉及知识产权的合并,欧盟委员会在审查中有权坚持许可或者交叉许可作为批准合并的前提条件。[1]

根据中国《反垄断法》第28条、第29条的规定,国务院反垄断执法机构对于经营者集中进行审查后作出的结论也有上述三种形式。具体来说,经营者集中具有或者可能具有排除、限制竞争效果的,国务院反垄断执法机构应当作出禁止经营者集中的决定。但是,经营者能够证明该集中对竞争产生的有利影响明显大于不利影响,或者符合社会公共利益的,国务院反垄断执法机构可以作出对经营者集中不予禁止的决定。对不予禁止的经营者集中,国务院反垄断执法机构可以决定附加减少集中对竞争产生不利影响的限制性条件。

为了保护申报集中的经营者的合法权益,帮助上下游或者同行业的其他经营者理解、把握反垄断执法机构的集中审查标准和竞争政策,从而提高反垄断执法机构的行政效率,增强反垄断执法的透明度,中国《反垄断法》第30条还规定,国务院反垄断执法机构应当将禁止经营者集中的决定或者对经营者集中附加限制性条件的决定,及时向社会公布。这是由于这两种决定不仅涉及参与集中的经营者的利益,而且对消费者和其他经营者的利益有重要影响。而对于那些无条件批准的经营者集中案件,国务院反垄断执法机构也在2012年11月16日公布了2008年8月1日至2012年9月30日审结的458件无条件批准案件的统计信息,公开内容包括案件名称、参与集中的经营者等。此后将按季度汇总公开无条件批准案件相关信息。

为规范经营者集中附加限制性条件执法工作,减少集中对竞争产生的不利影响,维护相关经营者的合法权益,《关于经营者集中附加限制性条件的规定(试行)》(2014年),对不予禁止的经营者集中附加限制性条件的情况进行了规范。

虽然反垄断法对经营者集中行为的规制主要是事前的控制,但是如果企业违反了经营者集中的相关规定,仍然要承担受到相应的制裁,而且既包括结构性的制裁措施,也包括行为性的制裁措施。中国《反垄断法》第48条规定:“经营者违反本法规定实施集中的,由国务院反垄断执法机构责令停止实施集中、限期处分股份或者资产、限期转让营业以及采取其他必要措施恢复到集中前的状态,可以处五十万元以下的罚款。”

---

〔1〕 See Steven D. Anderman (ed), *The Interface Between Intellectual Property Rights and Competition Policy*, Cambridge University Press, 2007, p. 105.

上述分析框架在涉及知识产权的经营者集中时也应是适用的。美国的法院将版权和专利权看作需要进行合并审查的资产,也没有理由认为其他的知识产权要作不同的对待。[1] 美国司法部和联邦贸易委员会联合在1995年发布的《知识产权许可的反托拉斯指南》,其最初由司法部在1994年8月公布供讨论的草案中,标题中原来不仅包括"许可",而且包括"取得"(acquisition),后来将"取得"从标题中删除,目的是说明美国司法部和联邦贸易委员会的合并准则,仍然是对取得(包括知识产权转让)进行反托拉斯分析的有效准则。[2] 后来发布的该指南也涉及关于知识产权的取得。

由于横向集中与非横向集中(包括纵向集中和混合集中)对市场竞争的影响方式和程度不同,因此在分析有关知识产权问题时也分别从这两个方面进行。

进入21世纪以来,美国司法部对研发的兴趣增加了。商业合并和收购的知识产权方面常常是司法部和联邦贸易委员会对拟议中合并进行事先审查的焦点。即使交易只限于知识产权的转让,如果当事人双方规模达到一定程度(销售额或资产分别达到一定规模),交易为拥有一定资产以上的规模的法定的转让(在某些情况下包括长期许可),那么就要遵守《哈特—斯科特—诺迪罗反托拉斯改进法》规定的合并前申报规则。[3]

---

〔1〕 See Steven D. Anderman (ed), *The Interface Between Intellectual Property Rights and Competition Policy*, Cambridge University Press, 2007, p. 218.

〔2〕 See Richard J. Gilbert, *The Antitrust Guidelines for the Licensing of Intellectual Property: New Signposts for the Intersection of Intellectual Property and the Antitrust Laws*, April 6 1995. 资料来源于美国司法部网站(http://www.usdoj.gov),最后访问日期:2001年3月9日。

〔3〕 根据2000年修订的《克莱顿法》第7A条(a)(2)规定,获取投票权证券和资产符合以下条件的,必须事前申报制度:(A)交易总额超过2亿美元;(B)交易总额超过5000万美元,不足2亿美元,且属于以下三种情况之一:(1)取得者总资产或年度纯销售额在1亿美元以上,被取得者从事制造业、年度纯销售额或总资产在1000万美元以上;(2)取得者总资产或年度纯销售额在1亿美元以上,被取得者不从事制造业、总资产在1000万美元以上;(3)取得者总资产或年度纯销售额在1000万美元以上,被取得者总资产或年度纯销售额在1亿美元以上。根据2000年修正案的要求,在2004年9月30日以后的每个财政年度,联邦贸易委员会都要根据国民经济发展情况,修订事前申报的规模要件。2005年联邦贸易委员会第一次对规模要件作出调整,2005年3月1日以后,前述规模标准已被提高。

二、知识产权取得与横向集中[1]

横向集中是最典型的经营者集中，由于它直接导致竞争者数量的减少，对市场竞争的影响最为直接，因而成为各国对经营者集中进行控制的重点。在对涉及知识产权的经营者集中进行分析时，自然也是以横向集中为重点。

在一些国家，反垄断执法机构对于大企业的合并或其他集中行为保持密切的关注，以防止它们对市场竞争带来过大的影响。例如，美国司法部不仅对微软的垄断协议行为和滥用市场支配地位行为进行控制，而且还对其有关集中行为进行控制。据美国《华尔街日报》报道，2001 年 1 月，在微软准备对联邦地区法院判定其违反反托拉斯法进行上诉时，美国司法部开始了对微软一项新的反托拉斯调查。此次调查集中在微软同加拿大 Corel 软件公司的合作是否旨在减少竞争。Corel 公司出版的 Word Perfect 文字编辑软件是微软视窗系统使用的文字处理软件 Word 仅有的几个竞争者之一。Word Perfect 软件不仅能在视窗系统中使用，也可在 Linux 操作系统上使用。而 Linux 是视窗系统的竞争对手。微软在 Corel 的投资额是 1.35 亿美元。司法部为调查微软是否有垄断市场的嫌疑，要求微软提供所有有关其同 Corel 公司联盟的内部文件。[2] 如果微软通过收购或以其他方式控制了 Corel 公司，构成了横向集中，那么完全可以想象微软的 Word 将在文字处理软件产品市场上处于更明显的支配地位，这一市场的竞争将更加困难。而它们在这种市场上的力量正是基于各自的知识产权（软件著作权）保护而获得的。

由于知识产权的取得可能导致市场产业结构的变化和企业市场力量的形成，因此美国《知识产权许可的反托拉斯指南》指出，知识产权的某些转让非常适合运用分析企业合并的原则和标准，尤其是《横向合并指南》中的原则和标准进行分析。反托拉斯机构会将合并的分析方法运用到知识产权人对其所有的知识产权的完全销售中，也将其运用到一个人通过让与、出售或其他形式的转让而获得知识产权的独占性许可（即排除所有其他人包括许可人使用该知识产权的许可）的交易中。对这种交易可以依据《克莱顿法》第 7 条、《谢尔曼法》第

〔1〕 本章所说的“知识产权取得”是指在发生经营者集中时，知识产权作为企业的一种重要资产在不同主体之间发生转移或重新组合的意义上来说的，与发明人等主体如何通过申请或注册而获得相应的知识产权（原始取得）的情况不同。

〔2〕 资料来源于中国日报网站 2001 年 2 月 15 日新闻。

1 条和第 2 条以及《联邦贸易委员会法》第 5 条进行评估。该指南还以假定的例子(例示十)进行说明。在该例中,欧玛伽(Omega)开发了一种新的、享有专利权的治疗一种特殊疾病的药品。在已被批准用来治疗该疾病的市场上的唯一一种药由德尔他(Delta)出售。欧玛伽的享有专利权的药品差不多已完成了食品药品监督管理局的批准。欧玛伽已在产品开发和市场实验方面投入了大量的资金。初步的结果表明,欧玛伽将是德尔他的重要竞争者。然而,欧玛伽不是作为德尔他的直接竞争者进入市场,而是授予德尔他制造和销售其专利产品的权利。与德尔他的协议名义上是非独占的,但欧玛伽拒绝其他企业获得许可制造和销售其专利产品的权利的所有要求,尽管那些企业提出的条件与德尔他的许可相比是合理的。反托拉斯机构认为,本例中的事实表明,在没有许可协议的情况下,欧玛伽可能是德尔他的潜在的竞争者,因而它们在包括治疗这种特殊疾病的药品的相关产品市场上处于横向关系。由于这个交易涉及对可能的潜在竞争者的取得控制,因此反托拉斯机构就对其运用合并的分析方法。

依据日本 1999 年的《专利和技术秘密许可协议中的反垄断法指南》,当合营公司是建立来达成专利联营,并将联营专利许可给其投资的公司,如果特定产品或技术市场的竞争受到实质性的限制,那么它依《禁止垄断法》第 10 条第 1 款就会是有疑问的。而该款正是规定有关企业结合问题的,其内容是:因公司取得或持有国内公司的股份,将导致在一定交易领域实质上限制竞争时,不得取得或持有该股份。可见,在日本,涉及知识产权取得的问题也可能受到反垄断机构运用经营者集中规则所进行的分析。2007 年《知识产权利用的反垄断法指南》中仍然有专利联营的规定,但主要是从不合理交易限制的角度进行的。

在对横向合并进行控制时,主要是确定该合并能否导致市场支配地位,从而能否以及在多大程度上实质性地限制了竞争。按照美国《横向合并指南》,就是审查某一合并是否产生或增强市场力量及在多大程度上推动行使市场力量。为此,该指南的分析过程是:首先,反垄断机构应评估合并是否显著提高了市场集中度和导致出现集中化的市场,而这需要对市场进行界定和度量。其次,反垄断机构应根据市场集中度和其他一些可以反映市场特征的因素,评估合并对竞争有潜在不利影响的后果。再次,反垄断机构应评估市场进入是否及时、可能和充分地阻止或者抵销合并给竞争带来的后果。复次,反垄断机构应评估合并带来的当事人不能通过其他方法所合理取得的效率收益。最后,反垄断机构应评估如果没有合并,参与交易的某一方当事人是否有可能破产,导致其财产退出该市场。该指南特别指出,那些不会显著提高市场集中度或者不会导致集中化市场的合并,无须对其进行进一步的分析。

在知识产权与相关市场的界定及知识产权与市场支配地位的确定方面,同样适用本书第四章中相应问题的分析,即一般不假定知识产权就定义了相关市场,也不假定知识产权必然产生市场支配地位,但知识产权确实是其中一个很重要的因素,在某些情况下甚至起着关键性的作用。由于第四章已做了较为具体的分析,这里只是结合经营者集中的情况进行简要的论述。

(一)知识产权取得与横向集中的相关市场界定

只有界定了相关市场(产品市场和地域市场),确定谁是竞争者,才能弄清市场的范围,也才能进一步确定参与集中的经营者在该市场上是否具有支配地位,在多大程度上能够限制竞争。因此,界定相关市场一般是对经营者集中进行法律控制的第一步。

在横向合并中界定相关市场,美国自 1982 年发布《企业合并指南》起,从减少对企业合并进行不必要的干预的立场出发,对以往的市场界定标准做了重大改革,提出了一个较为严格的测度方法。反垄断机构在界定相关市场时,要充分考虑新的企业或者其他行业的企业进入市场的可能性,从而可以比较合理地测度市场的集中度和比较准确地分析合并对竞争的影响。按照其 1992 年的《横向合并指南》,界定市场只考虑需求的替代因素,即消费者的可能反应。而供应的替代因素,即生产者的可能反应,则在指南中认定参与到相关市场的企业和分析市场进入时考虑。不过,美国 2010 年 8 月的《横向合并指南》降低了市场界定的重要性,指出:执法部门的分析不需要从市场界定开始,市场界定只是执法部门在评估竞争效果时可能运用的一系列工具中的一种,当能够获取反映竞争效果的直接证据时,执法部门将更倚重那些直接证据而非市场界定。新指南强调,有关竞争效果的证据也能够支撑对相关市场的界定。比如,如果能够证明因提供一组产品的许多重要竞争者的减少而导致这一组产品价格的大幅上升,这本身就能够说明这组产品构成了一个相关市场。

日本 2007 年《知识产权利用的反垄断法指南》指出,界定一般产品或服务市场的方法同样适用于界定技术交易的市场(以下简称技术市场)和任何含有技术的产品交易的市场(以下简称产品市场)。从根本上讲,每一案件中的市场将根据对于消费者的可替代性来界定。技术交易通常不受运输的限制。技术非常可能从现有的商业应用领域转移到其他商业应用领域。考虑到这些可能性,界定的技术市场可以包括那些技术没有实际进行交易的领域。但在其他情况下,如果该技术被大量的企业应用于特定的领域,且很难通过其他技术达到商业应用目的或进行替代,则技术市场被界定为该技术的商业应用领域。与技术有关的限制会影响技术开发的竞争。但是,就技术开发的商业行为本身而言,没有市场或交易可以界定。因此对于技术开发竞争的影响,应通过考察限制对于从这种开发活动中产生的未来技术的竞争或者含有该技术的未来产品的竞争的影响来评价。

关于知识产权与相关产品市场的界定问题,其关键是确定某一涉及知识产权的特定产品的替代品的存在。在存在替代品的情况下,如果一个产品的价格上涨太多或供给受到限制,购买者将转而购买替代品,生产该产品的企业就难以维持其市场的支配地位。在美国,反垄断机构从每个合并企业所生产或销售的每一种产品(狭义的)开始入手,考察在其他所有产品的销售条件不变时,如果该产品的假定的垄断者将其价格进行“小幅但显著且为期不短”的涨价,将会产生什么结果。在一般情况下,反垄断机构以在可预见的将来持续涨价5%作为标准,但依具体的产业性质而有所不同。这在分析某项知识产权是否产生市场力量时也是适用的,其实质是也要考虑到替代品在消费者购买决策中的作用,这实际上就扩大了相关市场的范围,在一定程度上减少了参与合并的企业因拥有知识产权而获得垄断力的可能性。当然,由于参加合并企业的市场支配地位是以企业的全部财产和整体的实力来衡量的,因此一般较少单独以知识产权来界定特定的产品市场,除非该产品市场的存在主要系于某项知识产权,如软件产品主要取决于著作权保护。在分析某些企业的涨价能力时,其拥有的知识产权也将是一个重要的因素。

关于知识产权与相关地域市场的界定问题,也存在一个考虑相关替代因素问题。在美国,在界定受合并影响的地域市场时,反垄断机构从每个合并企业(或多种经营企业的每个工厂)的特定区域开始入手,考察在所有其他地域产品的销售条件不变时,如果在该地相关产品的假定的垄断者将其价格进行“小幅但显著且为期不短”的涨价,将会产生什么结果。这里也是适用上述产品市场的标准。不过,从知识产权的观点来看,通常用在有关控制企业合并中相关市场的标准与用来作为有关禁止滥用市场支配地位中的相关市场的一般标准并不一定是完全相同的。例如，在欧盟，在确定有关控制企业合并中相关地域市场的标准时往往更多地考虑了经济方法，同时考虑贸易渗透的程度，地域市场常常是西欧或欧盟，这取决于实际的贸易量或供应类型；而有关禁止滥用市场支配地位中的相关地域市场的一般标准常常被选定为授予国家垄断的地区（如在电信领域），或者企业享有知识产权保护的地区，而不进一步对贸易渗透进行分析。这部分是因为，选择国家作为相关地域市场更多的是基于法律规定，而不是基于经济标准。[1] 因此，在企业合并中界定涉及知识产权的相关地域市场时，一般不单独考虑知识产权问题，而主要是考虑实际的交易情况，知识产权只是其中一个应予考虑的因素。

（二）知识产权取得与对横向集中影响竞争的分析

在确定了相关市场后，便要进一步确定横向集中对竞争的影响，在有些国家就是确定横向集中是否形成集中经营者的市场支配地位。关于知识产权与市场支配地位的确定，本书第四章的分析表明，知识产权本身不等于市场支配地位，即使在某些情况下拥有一项知识产权构成了在相关市场上的支配地位，但只要其没有滥用行为也无须干预。在涉及对拥有知识产权的经营者集中进行控制时，情况更应如此。因此，在认定涉及拥有某项知识产权的经营者参与集中是否可能导致产生或者加强市场力量或者推动行使市场力量从而构成对竞争的限制时，也要遵循界定市场支配地位或者限制竞争的一般标准，同时考虑知识产权的某些特殊因素。

在分析横向合并可能导致的限制竞争的影响时，有关反垄断机构需要考虑多种因素，一般包括市场集中度、市场份额、市场进入障碍、经济效率、对消费者利益的影响、破产危险以及国际竞争力等。知识产权对这些因素的分析都有着某种程度的影响，尤其是与市场进入障碍的分析关系密切。

在分析横向合并可能导致的限制竞争的影响中，市场份额和市场集中度往往是首先要考虑的因素。市场份额、市场集中度与市场支配地位、竞争的状况有着密切的联系。市场份额、市场集中度越高，产生或者加强市场支配地位的可能性也就越大，具有排除或者限制竞争效果的可能性也会越大。市场份额是

---

[1] See Steven D. Anderman, *EC Competition Law and Intellectual Property Rights*, Clarendon Press Oxford, 1998, p. 167.

指一个企业的销售量(或销售额)在市场同类产品中所占的比重,其计算相对比较简单,但其不能反映市场结构的全部情况。市场集中度是对整个行业的市场结构集中程度的测量指标,它用来衡量企业的数目和相对规模的差异,是市场力量的重要量化指标。与市场份额相比,市场集中度比较全面、精确地分析了市场结构,可以更加科学、合理地反映经营者集中对市场竞争的影响。因此,美国和其他一些国家和地区的反垄断执法机构将市场集中度作为审查经营者集中最为重要的标准之一。

市场集中度的计量指标有多种,在反垄断经济分析中经常被运用的两个指标是行业集中率(CRn)和赫尔芬达尔—赫希曼指数(Herfindahl – Hirschman Index,HHI,以下简称赫希曼指数)。其中,行业集中率是指该行业的相关市场内前N家最大的企业所占市场份额的总和。例如,CR4是指四个最大的企业占有该相关市场份额。但是,集中率的缺点是它没有指出这个行业相关市场中正在运营和竞争的企业的总数。例如,具有同样高达75%的CR4在两个行业份额却可能是不相同的,因为一个行业可能仅有几个企业而另一个行业则可能有许多企业。赫希曼指数是指基于该行业中企业的总数和规模分布,即将相关市场上的所有企业的市场份额的平方后再相加的总和。赫希曼指数具有数学上绝对法和相对法的优点使它成为较理想的市场集中度计量指标,它可以衡量企业的市场份额对市场集中度产生的影响,成为政府审查企业并购的一个重要行政性标准。根据这种测算方法,美国司法部和联邦贸易委员会2010年版《横向合并指南》将相关市场的市场集中度分为三种状态:第一,赫希曼指数不足1500点为没有形成集中的市场,在该市场上的集中不具有排除、限制竞争的效果。第二,集中后的赫希曼指数在1500点和2500点之间,该市场为中度集中的市场;在该市场上,如果集中使市场的赫希曼指数较集中前提高了不足100点,集中不具有排除、限制竞争的效果;反之,集中可能会严重地影响有效竞争。第三,集中后的赫希曼指数达到2500点以上,该市场为高度集中的市场;在该市场上,如果集中使市场的赫希曼指数较集中前提高了不足100点,该集中不具有排除、限制竞争的效果;如果集中使市场的赫希曼指数较集中前提高了100~200点,可能导致严重的竞争关注;如果集中使市场的赫希曼指数较集中前提高了200点,可能产生或强化市场力量或者巩固、推动行使市场力量。而在欧盟,认为赫希曼指数提高超过2000点时,才属于高度集中市场,且并购后较并购前的赫希曼指数提高低于150个点,一般不具有反竞争效果,但有例外;但如果并购后较并购前的赫希曼指数提高了 150 个点或以上,则可能具有反竞争效果,需要做进一步分析。当然,赫希曼指数标准仅供参考,不能在经营者集中的反垄断执法决策中起决定性作用,实际执法决策时要综合考虑市场集中度、市场份额、市场进入障碍、单边效应、协调效应与效率等因素,还要考虑是否有予以除外或豁免的事由等。

德国在对横向合并进行审查时,也是主要依据合并企业的市场份额同时结合其他因素来判断市场支配地位。同时,以下情形可以推定为具有市场支配地位:一个企业至少占有 1/3 的市场份额的,推定其具有市场支配地位;3 个或 3 个以下的企业共同占有 1/2 的市场份额,或者 5 个或 5 个以下的企业共同占有 2/3 的市场份额,推定这些企业组成的整体具有市场支配地位,除非这些企业能够证明它们之间存在实质上的竞争,或者它们作为一个整体相对于其他竞争者不具有突出的市场地位。

韩国反垄断法在控制企业合并中为了解决限制竞争的取证困难,于 1996 年的修订中规定了限制竞争的合并的推定制度。根据该法第 7 条第 4 款的规定,参与横向合并的主(本)公司市场份额(指累计系列公司市场份额的份额)的累计,当具有下列各要件则推定为限制竞争:市场份额累计符合支配市场企业的推定要件;[1]市场份额累计在交易领域占第一位;市场份额累计与市场份额占第二位企业(指除主公司外,占第一位的公司)之差超过其市场份额累计的 25% 以上。[2]

除市场集中度与市场份额以外,其他因素在决定企业合并是否导致市场支配地位中也会产生重要的影响。如上述美国,在合并企业的市场集中度与市场份额均高的情况下,也可依指南中的其他因素而推翻关于合并可能产生或者强化市场力量或者推动行使市场力量的推定。德国在判断合并是否产生或加强

[1] 一个占有 50% 以上市场份额的企业,或者三个以下共同占有 70% 以上市场份额的企业,但其中所占市场份额不足 10% 的企业除外。

[2] 若对上述推定要件从字面上解释的话,参与企业合并的公司之市场份额累计限于同时具备该三个要件,才推定为限制竞争。但韩国学者认为这是不妥当的,因为在市场上,假如存在支配市场的企业,那就可以说这里已经不存在竞争机制,即意味着竞争在实质上被限制,而反垄断法作为推断实质上限制竞争的要件,要求市场份额累计,不仅符合支配市场地位企业之要件,而且还要求市场份额累计在该交易领域占第一位,并与第 2 位之差超过 25%,这是不合理的。因此,主张将上述规定不从字面上解释,而只要符合第 1 个要件就推定为限制竞争,而第 2 个要件和第 3 个要件同时具备时才推定为限制竞争。

市场支配地位时,除了考虑市场份额外,往往同时考虑其他竞争者之间的差距以及其他企业进入市场的障碍等因素。在韩国,某些企业合并尽管在一定交易领域实质上限制竞争,但经公平交易委员会认定,为提高效率而形成的企业合并或者为救济破产企业而形成的企业合并,则不予禁止,这里的举证责任由该企业来承担。总之,反垄断机构一般要综合分析各种因素才能决定是否需要对某一合并进行干预。例如,美国司法部在1997年处理两家文具超级市场的合并时,这两家市场份额虽然只达到6%,但由于其超级市场货色齐全的优势,它们商品的价格普遍比别人高5%,说明普通文具店并没有力量阻止文具超级市场的涨价。基于此,该合并被否决了。而在波音公司和麦道公司的合并中,虽然合并后把世界的竞争者从三家减少到两家,波音的市场份额将增加5%,但经过调查,麦道公司这个5%的份额都是已被淘汰出局的老式飞机,而麦道的资金不足,并没有开发新型号的能力,因此这个合并被批准了。当然,这里的国际竞争因素是非常明显的。在国际竞争日趋激烈的今天,任何国家当局在考虑本国反垄断法的时候,都不能忽视国际经济力的因素,特别是在对测定市场份额和市场集中度以及由此而决定的市场支配地位时就不会仅仅是以本国经济为标准。

在分析这些因素时,市场进入障碍更具有重要的意义。美国2010年《横向合并指南》明确指出,作为对竞争效果进行完整评估的一部分,执法部门会考虑相关市场的进入。只有市场进入能阻碍或者抵消那些被关注的竞争效果,从而使合并不会实质性地损害消费者时,相关市场进入的预期才会减少执法部门对反竞争效果的关注。如果市场进入非常容易,使合并后的企业及市场中留存的竞争对手无法单方面或者共同去实施有利可图的涨价行为,或者无法降低合并前的市场竞争水平,则一项合并就不太可能增强市场力量。如果市场进入是及时的、可能的,并且规模、特性与范围足以阻碍或抵消反竞争效果,则市场进入就是容易的。

实际上,市场进入障碍的分析与知识产权的关系最为直接,因为在参与合并的一方或各方拥有某项知识产权或者独占性许可证的情况下,其他企业进入该市场无疑要受到合并后企业的限制。因此,有时在拥有关键的知识产权的企业之间合并可能提高了其他企业进入市场的障碍,从而限制了相关市场上的竞争。当然,在这方面控制企业合并制度与禁止滥用市场支配地位制度(结构性滥用规制)之间可能存在一定的联系或交叉。

欧盟 Tetra Pak Ⅰ 案可以用来说明上述问题。在该案中,利乐(Tetra Pak)占有无菌纸盒及其消毒和灌装机器市场份额的91.8%。埃洛帕克(Elopak)是利奎帕克(Liquipak)的被许可人,正试图利用利奎帕克从英国技术集团(BTG)获得的独占专利许可证开发一种在消毒剂市场上进行竞争的产品。在开发开始阶段,利乐取得了利奎帕克的整个公司集团,终止了埃洛帕克/利奎帕克的产品进入相关市场。埃洛帕克向欧共体委员会投诉,当欧共体委员会开始提起侵权诉讼时,利乐放弃了独占许可证,同意保留非独占许可证。欧共体委员会继续进行诉讼,认为利乐通过收购利奎帕克集团在获得独占许可证方面有滥用行为,因为它加强了其垄断,并阻挠潜在竞争者试图进入该领域。在该案中,总法务官柯尔斯切纳(Kirschner)认为,根据《罗马条约》第86条的规定,初始权利的正常利用应当区别于通过收购而取得的权利。这意味着工业产权所有人在《罗马条约》第86条范围内所享有的特殊地位不应延伸到被许可人。该总法务官认为,独占许可证的取得不仅消除了来自利奎帕克的潜在竞争的威胁,而且也消除了任何其他潜在竞争者使用替代消毒方法进入市场的可能性。欧洲初审法院认为,仅有具有市场支配地位的企业获得独占性许可的事实本身并不构成《罗马条约》第86条意义上的滥用。为适用该条,必须考虑到围绕取得的情况,尤其是其对相关市场上竞争结构的影响。该院同意欧共体委员会的意见,即并不是取得构成滥用,但取得使利乐拥有在市场上的支配地位。许可证的独占性加强了利乐已经很显著的支配地位。它还阻碍或极大地延缓了竞争者进入市场,在该市场上几乎不存在竞争,因为仅仅能够运用受BTG许可证保护的方法就可以为企业提供在牛奶无菌灌装领域与利乐进行有效竞争的工具。根据这些情况,独占许可证的取得构成滥用。[1]

虽然保护知识产权与反垄断法都以促进创新为目标,但具体的方式却不同,因此在具体的案件中是许可还是禁止一项横向合并就需要在两者之中进行权衡。在美国,控制重叠的或互补的知识产权的企业,经常以集中后的经营者将能够更迅速、更有效地创新或者引进创新的产品来为拟议的横向合并或合营企业辩解。在市场集中度或进入障碍比较低的时候,联邦贸易委员会通常会允许这种合并或合营企业。例如,在 Lilly - Sepracor 中,一种轰动药普罗赛克

〔1〕 See Steven D. Anderman, *EC Competition Law and Intellectual Property Rights*, Clarendon Press Oxford 1998, pp. 188 - 190.

(Prozac)的生产商里利(Lilly)试图获取一种后续的且据称是优质的产品(一种新药R-fluoxetine)的知识产权的独占性许可。前者的专利在2004年到期,而后者在2015年到期。该案反映了反垄断机构在知识产权环境下所遇到的技术性和预见性的困难。后续药物是否会获得食品及药物管理局的批准?这种药物需要多长时间才能上市?里利在普罗赛克上的专利能否及在多大程度上会妨碍后续药品的销售?它是否代表了对普罗赛克的有意义的进步?这些都是不确定的。联邦贸易委员会主席罗伯特·皮托福斯克(Robert Pitofsky)认为他个人选择不干预这种安排,因为普罗赛克面临着若干其他的竞争者,一旦它失去了专利就会有许多其他的普通生产商准备与普罗赛克进行竞争,并且里利的销售资源和专门技术使其能够比其他企业更为迅速地将这种新药推向市场。后来,经过彻底的调查并经过复杂的知识产权与反托拉斯法的权衡,委员会投票结束了调查,允许该交易继续进行。另外,如果市场份额和集中度又很高,合并就可能导致一种产品只有一两个来源,效率(包括对创新的影响)就不能证明这种合并的正当性。例如,在1996年12月,委员会作出一个涉及两个主要的基因药品商业开发商瑟巴—格基(Ciba-Geigy)与桑多兹(Sandoz)之间合并的同意令。为保证该合并不致减缓基因药品的研究开发和提高其价格,同意令要求基因治疗技术、技术秘密和专利权"一揽子"许可给第三方,以便其能够与合并的企业相竞争。[1] 以下是对该案的进一步分析。

1996年3月,瑟巴和桑多兹协议合并成立诺瓦尔提斯(Novartis)AG。联邦贸易委员会与当事人达成了同意协议,解决影响基因疗法的创新竞争问题。在合并当时,市场上还没有基因产品,但作为潜在的治疗方法已在临床试验中。委员会确定了与基因治疗有关的5个相关的产品市场,它们都在美国。第一个相关市场包含全部基因治疗的技术以及研究发展。其余的市场分别为癌、GVHD、血友病和药物抗性的特定类型的基因治疗的研究开发、生产和销售。对于第一个市场,委员会指控瑟巴和桑多兹控制了为使基因治疗产品商业化所必需的关键知识产权。对那4个特定的基因治疗市场,委员会认定每个相关市场都是高度集中的市场,并且瑟巴和桑多兹是基因治疗产品的主要商业开发者。同时,进入基因治疗产品市场是很困难和费时间的,因为任何进入者需要

---

〔1〕 See Robert Pitofsky, Antitrust and Intellectual Property: Unresolved Issues at the Heart of the New Economy, March 2, 2001. 资料来源于美国联邦贸易委员会网站(http://www.ftc.gov)。

专利权、大量的人力和资本投入,并要得到药物及食品管理局的批准。在单独的陈述中,委员会中的多数人认为该案揭示了潜在挽救生命的疗法在合并后的情形,该疗法的竞争性发展可能因合并后企业控制了为基因治疗产品商业化所必需的全部专有权而受到阻碍。保持在这种情况下的创新是很关键的。毫不奇怪,这些药物以那些知识产权为中心。那家新公司必须就某些对基因治疗产品的开发和商业化所必不可少的专利技术向所有请求者授予非独占许可。基于该专利,诺瓦尔提斯可以收取 10,000 美元的前期付款和净销售额 1%~3% 的许可使用费。诺瓦尔提斯还必须就有关癌、GVHD 和血友病的特定疗法的某些技术和专利权向委员会认可的人授予非独占许可。诺瓦尔提斯可以向被许可人要求以许可使用费形式的补偿或者(并且)相应的交叉许可。此外,合并后的公司不能获得与药物抗性基因疗法有关的某些知识产权和技术的专有权。委员会认为这可以保证至少有一家其他公司能够得到所需的基因序列。在引起反托拉斯问题的许多合并中,委员会裁定剥夺财产和权利。在瑟巴—格基案中,委员会则选择了补救性的许可。对于一般性的基因治疗产品的开发和商业化,不同程度的竞争者已经拥有了那些稳定的资产,如生产设备、研究人员和技术秘密等。竞争者所缺少的是互补技术的专利权,它们以前可从瑟巴或者桑多兹得到这些技术,但在合并后若没有委员会的裁定,这些技术就要被合并后的公司所垄断了。关于癌、GVHD 和血友病的特效疗法,需要有一家新的竞争者去代替因合并而失去的竞争。剥夺稳定的资产和(或者)正在进行的业务而不仅仅是知识产权,就可能会干扰合并各方在那些不受合并威胁的大量其他产品方面正在进行的研究开发努力。这种剥夺就可能有害于而不是有助于竞争。[1]

美国联邦贸易委员会处理的 Glaxo/Wellcome 合并案也涉及药物的研究开发。1995 年哥雷索(Glaxo)要收购威尔康(Wellcome)。委员会关注到,这两家公司是在一种治疗偏头疼的特效改进药的高度集中的市场上是竞争者。委员会指控这种收购会排除在研究开发偏头疼药物的两家公司之间的实际竞争。委员会还指控这种收购会减少研究和开发这些偏头疼药物的途径,而增加哥雷索单方面减少这些药物的研究和开发的能力。哥雷索和威尔康与委员会达成

---

[1] See Sheila F. Anthony, *Antitrust and intellectual property Law*: *From Adversaries to Partners*, AIPLA Quarterly Journal, Volume 28, Number 1, Winter 2000.

了一项允许它们继续进行合并的同意协议。该协议要求合并后的公司放弃威尔康的与偏头疼药物的研究开发有关的资产。这些资产包括专利、技术、制造信息、实验数据、研究资料和客户名单,还包括要求完成需要食品药品监督管理局批准的全部实验和研究的清单。获得者泽尼卡(Zeneca)必须经委员会批准。委员会要求这种剥离的目的是确保威尔康的潜在产品的后续研究开发将以没有发生合并时的相同方式进行。委员会认为这种补救措施会减少该合并的反竞争效果。这种补救措施是成功的。在委员会批准了哥雷索申请将其偏头疼药的资产分离给泽尼卡的 15 个月内,泽尼卡获得了食品药品监督管理局对其偏头疼药的批准,以唑米格(Zomig)的名称进行销售。[1]

同时,欧盟委员会也在 1995 年处理了 Glaxo/Wellcome 合并案。这个合并被认为会影响三个市场:止吐药市场、内吸抗生素市场和抗偏头痛药市场。欧盟委员会认定仅对最后一个市场的有效竞争有威胁,因为哥雷索(Glaxo)和威尔康(Wellcome)都有几种产品在这个市场上相互竞争。而且,两家公司都在从事广泛的市场调查。由于特殊的功效,哥雷索对其抗偏头痛药"Imigran"的一种有近乎垄断的地位。威尔康对一种相似的药物一直在进行临床试验,成功后会在市场上对 Imigran 形成激烈的竞争。因此,欧盟委员会要求哥雷索在与威尔康合并时将威尔康的 3IIC 或者哥雷索 Naratripan 许可给第三方。[2]

三、知识产权取得与非横向集中

(一)审查非横向集中一般应考虑的问题

非横向集中包括纵向集中和混合集中。由于非横向集中不是直接竞争者之间的集中,一般不会改变企业的市场份额,对市场竞争没有严重的损害,而且企业通过这些集中可以开拓采购或者销售的渠道,从而可以降低成本,提高经济效益,因此各国反垄断法对这类集中的控制有越来越宽容的趋势。美国自 1984 年以来对于纵向合并和混合合并基本上较少进行干预,1992 年和 2010 年的《横向合并指南》都明确指出它不涉及非横向合并的横向影响。德国在 1998 年第六次修订《反限制竞争法》时取消了过去第 23a 条第 1 款关于"突出市场地

---

[1] See Sheila F. Anthony, *Antitrust and Intellectual Property Law: From Adversaries to Partners*, AIPLA Quarterly Journal, Volume 28, Number 1, Winter 2000.

[2] See Steven D. Anderman (ed), *The Interface Between Intellectual Property Rights and Competition Policy*, Cambridge University Press, 2007, p. 107.

位”的法定推断,表明德国联邦卡特尔局在禁止或者批准一个合并的时候,基本上不再考虑企业的绝对规模和财力。但是,放松对非横向合并的干预并不等于不对其进行任何形式的干预。美国《横向合并指南》不涉及非横向合并不等于非横向合并不存在其他形式的法律规范;德国取消了关于“突出市场地位”的法定推断也不表明它对非横向合并放弃了任何其他方面的控制。正如美国《非横向合并指南》指出的:“虽然非横向合并较之横向合并引起竞争问题的可能性比较小,但是它们并非总是无害的。”[1]既然它在一定条件下还会对竞争产生一定危害,就需要对其给予相应的规范,而不是完全的放任。事实上,一些国家还是通过某种形式对非横向合并进行一定程度的干预、控制的。

例如,1999 年美国最大的图书零售商巴恩斯·诺布尔(Barnes & Noble)公司计划与美国最大的图书批发商英格拉姆(Ingram)图书公司合并。在联邦贸易委员会经过广泛的调查并发表了将寻求法院禁令的报告后,当事各方后来放弃了合并计划。委员会认为,尽管该拟议的合并主要是一个纵向案件,但它也可引起与发行和销售有关的横向问题。巴恩斯·诺布尔有自己的销售中心,因此它在一定程度上也是一个批发商。它自己就曾宣布考虑向其他书店提供批发服务,因此它是英格拉姆的一个直接的潜在竞争者。显然,英格拉姆想阻止巴恩斯·诺布尔发展其批发业务,而英格拉姆的客户(包括独立的书店)却可以从这种竞争中得到好处。英格拉姆是一家拥有支配地位的批发商,它与第二大批发商的差距很大,它与巴恩斯·诺布尔的内部销售中心的集中会进一步提高图书批发市场上本已很高的集中度,其结果是提高零售竞争者的成本。本案中主要的纵向理论就是“提高竞争对手的成本”(raise rivals’ costs)。这一理论认为,在合并之后,巴恩斯·诺布尔可能会提高独立书店和因特网零售商所负担的成本。通过这一收购,巴恩斯·诺布尔就可获得从一家重要的上游供应者处排斥其零售竞争者的实力。[2]

在对非横向合并进行审查时,往往也需要考虑到多种因素。在美国,在审查垂直合并是否给予合并的生产商有竞争关系的企业带来不利影响时,合并对

[1] Non – horizontal Merger Guidelines,即司法部 1984 年企业合并指南的第四节。资料来源于美国司法部网站(http://www. usdoj. gov),最后访问日期:2001 年 3 月 10 日。

[2] See Sheila F. Anthony,Vertical Issues:The Federal View,Remark Before ALI – ABA Product Distribution and Marketing Meeting on March 9,2000. 资料来源于美国联邦贸易委员会网站(http://www. ftc. gov),最后访问日期:2001 年 3 月 10 日。

生产商的竞争者所关闭的市场份额曾被看作最重要的因素。在布朗鞋公司一案中,金奈公司在全国的皮鞋零售市场上虽然仅占1.6%的市场份额,然而,美国最高法院认为:布朗鞋公司兼并金奈公司后,布朗公司的竞争者就不能再向金奈公司销售大约800万双鞋。因为布朗公司在美国是生产鞋的主要厂家,金奈公司是全国最大的鞋店,拥有350多个连锁店,最高法院认为这个行业中任何制造商和零售商的合并都不会像这个合并对其他企业关闭了如此大的市场。[1] 根据美国《非横向合并指南》,反垄断机构主要从市场集中、总体的进入条件、并购企业(潜在进入企业)的进入优势、被并购企业(市场上现有企业)的市场份额、效率等方面分析非横向合并排除特定的潜在进入者问题,还特别分析纵向合并的竞争问题。尤其是当纵向合并导致增加进入市场的障碍、推动共谋、逃避价格管制时,反垄断机构就要考虑对该合并进行干预。但即使存在进入障碍,如果受该合并影响的一个或多个市场上的集中度不是很高(HHI不超过1800),反垄断机构也不干预。[2] 在德国,对非横向合并的审查主要根据《反限制竞争法》第19条第2款第2项,着重考虑企业合并后相对于其竞争者的突出市场地位,特别考虑市场份额、财力、进入采购或销售市场的渠道、与其他企业的联合、其他企业进入市场面临的法律上或事实上所受到的限制、事实上或潜在的在国内外存在的竞争、将其供应或需求转向其他商品或者服务的能力以及市场交易相对人转向其他企业的可能性。

在控制经营者集中的实践中,经常会出现因不能查出经营者集中实质上限制竞争的证据而无法对其进行控制的情况,这在纵向集中或者混合集中中显得尤为突出。因此,前述韩国反垄断法在1996年修订中关于企业合并限制竞争的推定制度,规定了适用于纵向合并与混合合并的情形:大规模公司,即资本总额或销售额的规模(指累计系列公司的资产总额或销售额的规模)2兆以上的公司,将通过直接或者特殊关系建立的企业合并,具有下列要件,则推定为限制竞争:该合并在(依中小企业基本法设立的)中小企业的市场份额超过2/3以上的交易领域所形成;该企业合并占有5%以上的市场份额。反垄断法引用此项推定要件,解决了关于"限制性"方面的举证困难,主要是为了有效地控制纵向合并与混合合并。但对大规模企业间的合并及大规模集团所属系列公司与其

---

〔1〕 王晓晔:《竞争法研究》,中国法制出版社2000年版,第392页。

〔2〕 See Herbert Hovenkamp, *Antitrust*, West Publishing Co., 1986, pp. 138 - 139.

他企业的合并没有规定有关推定制度。一些学者还建议补上这方面的推定。[1]

（二）知识产权取得对分析非横向集中的影响

知识产权取得与各种影响非横向集中的因素之间都存在一定的联系，但关系最为密切的也还是与市场进入障碍的分析方面。一项知识产权的取得，尤其是软件著作权的取得，有时不仅是一个企业经济实力和市场份额的基础，而且还有可能对其他企业进入市场形成了难以克服的障碍。这不仅适用于前述的横向集中，而且也适用于非横向集中，主要是纵向集中。这主要是可能给予集中的生产商有竞争关系的经营者带来不利的影响，使生产商的竞争者往往被关闭相当规模的市场。当然，由于知识产权往往会带来重大的创新效率，反垄断机构就要在维持竞争的利益与促进创新的利益之间进行平衡。下面美国联邦贸易委员会在处理涉及知识产权取得的纵向合并案可以说明这一问题。

1995 年美国联邦贸易委员会与硅制图公司（SGI）达成一项同意令协议，允许两项收购继续进行，但同时提出对其威胁创新竞争的垂直排斥的关注。按照委员会的指控，作为拥有 90% 的市场份额、具有支配地位的娱乐图形工作站的供应商，SGI 计划收购艾拉斯（Alias）和维沃弗朗特（Wavefront），它们是在这些工作站上操作的、基于 Unix 的娱乐图形和动画软件的三家主要的开发商中的两家。委员会关注在两个方向上的垂直排斥：如果艾拉斯和维沃弗朗特只设计与 SGI 的工作站兼容的软件，那么竞争性的工作站生产商就不能有效地进行竞争；如果 SGI 关闭了其原来的公开软件接口，以致只有艾拉斯和维沃弗朗特能够设计兼容软件，那么竞争的娱乐图形软件生产商就被排除了 90% 的市场。委员会还关注，如果 SGI 不允许艾拉斯和维沃弗朗特继续与竞争的工作站生产商合作开发互补的产品，那么它就可以利用其在这种努力过程中获得的信息来获取相对于那些工作站竞争者的不公平竞争优势。另外，有明显的迹象表明，SGI、艾拉斯和维沃弗朗特的互补能力的结合能够产生具有重要意义的创新。为了维持竞争，同时允许取得这些潜在的效率，委员会经过协商达成了同意令协议，允许合并在三个条件下继续进行。首先，为保持工作站的竞争，委员会要求结合的实体应当与工作站竞争者达成一项经委员会认可的协议，依照该协议，SGI 应当尽力保证艾拉斯的主要软件程序与竞争者的工作站进行最佳的配

---

〔1〕 据韩国首尔大学权五乘教授的演讲。

合。其次,为维持竞争的公平,该同意令包括一个防火墙条款,禁止工作站竞争者的信息转让给 SGI。最后,为维持软件的竞争,该同意令要求 SGI 维持一个公开的体系结构并公布工作站的应用程序接口,还阻止其对艾拉斯和维沃弗朗特的外界软件竞争对手进行歧视。[1] 当然,有人对此有不同看法,认为该收购是横向集中,补救措施应是只允许 SGI 收购两家娱乐图形软件公司中的一家,这既解决了纵向排斥问题,也解决了横向交迭问题。[2]

在 ZF 对通用汽车的阿利森(Allison)分公司的计划收购案中,通用汽车和 ZF 在欧洲就供应大卡车和公共汽车的自动变速器进行竞争,并在美国的某些而非所有的相关商品市场上进行竞争。该收购有可能影响世界市场上新型变速器的开发,特别是会影响通用汽车和 ZF 在美国销售的几种变速器型号的开发,即使它们在相关的商品市场上既不是实际的也不是可能的潜在竞争者。司法部指控该收购可能会对通用汽车和 ZF 在美国竞争的商品市场上的竞争产生不利的影响,还可能对设计和开发新型的、改进的卡车和公共汽车的重型变速器的世界创新市场上的竞争产生不利的影响。[3]

总之,知识产权的取得是在分析经营者集中时应当考虑的多种因素之一,而且它有时还是一个非常重要的方面,尤其是在涉及技术开发和技术创新领域。这既适用于经营者的横向集中,也适用于经营者的纵向集中。不过,相对于前面两章,即禁止垄断协议制度和禁止滥用市场支配地位制度来说,本章控制经营者集中制度在涉及知识产权时的分析要更为困难复杂一些,有关成例也更少一些。

四、中国涉及知识产权的经营者集中的分析要点

借鉴其他法域的理论和实践,并总结中国十多年涉及知识产权的经营者集

---

〔1〕 See Robert Pitofsky, Antitrust and Intellectual Property: Unresolved Issues at the Heart of the New Economy, March 2, 2001. 资料来源于美国联邦贸易委员会网站(http://www.ftc.gov),最后访问日期:2001 年 3 月 10 日。

〔2〕 See Mary L. Azcuenaga, *The Intersection of Antitrust and Intellectual Property: Adaptations, Aphorisms and Advancing the Debate*, January 25, 1996. 资料来源于美国联邦贸易委员会网站(http://www.ftc.gov)。

〔3〕 See Richard J. Gilbert, *The Antitrust Guidelines for the Licensing of Intellectual Property: New Signposts for the Intersection of Intellectual Property and the Antitrust Laws*, April 6, 1995. 资料来源于美国司法部网站(http://www.usdoj.gov)。

中审查的实践经验，国务院反垄断委员会《关于知识产权领域的反垄断指南》第4章专门规定了“涉及知识产权的经营者集中”的相关指引。

该指南第4章首先指出，涉及知识产权的经营者集中有一定特殊性，主要体现在构成经营者集中的情形、审查的考虑因素和附加限制性条件等方面。审查涉及知识产权的经营者集中，适用《反垄断法》第4章关于经营者集中的规定。该章第20～25条分别对涉及知识产权的交易可能构成经营者集中的情形、涉及知识产权的经营者集中审查、涉及知识产权的限制性条件类型、涉及知识产权的结构性条件、涉及知识产权的行为性条件以及涉及知识产权的综合性条件进行了具体规定。

涉及知识产权的交易可能构成经营者集中的情形，该指南第20条规定，经营者通过知识产权的交易取得对其他经营者的控制权或者能够对其他经营者施加决定性影响，可能构成经营者集中。其中，分析知识产权转让或许可构成经营者集中时，可以考虑以下因素：(1)知识产权是否构成独立业务；(2)知识产在上一会计年度是否产生了独立且可计算的营业额；(3)知识产权许可的方式和期限。

涉及知识产权的经营者集中审查，该指南第21条规定，如果涉及知识产权的安排是集中交易的实质性组成部分或者对交易目的的实现具有重要意义，在经营者集中审查过程中，考虑《反垄断法》第27条规定的因素，同时考虑知识产权的特点。

涉及知识产权的限制性条件类型，该指南第22条规定，涉及知识产权的限制性条件包括结构性条件、行为性条件和综合性条件。附加涉及知识产权的限制性条件，通常根据个案情况，针对经营者集中具有或可能具有排除、限制竞争效果，对限制性条件建议进行评估后确定。

涉及知识产权的结构性条件，该指南第23条规定，经营者可以提出剥离知识产权或者知识产权所涉业务的限制性条件建议。经营者通常需确保知识产权受让方拥有必要的资源、能力并有意愿通过使用被剥离的知识产权或者从事所涉业务参与市场竞争。剥离应有效、可行、及时，以避免市场的竞争状况受到影响。

涉及知识产权的行为性条件，该指南第24条规定，涉及知识产权的行为性条件根据个案情况确定，限制性条件建议可能涉及以下内容：(1)知识产权许可；(2)保持知识产权相关业务的独立运营，相关业务应具备在一定期间内进行有效竞争的条件;(3)对知识产权许可条件进行约束,包括要求经营者在实施专利许可时遵守公平、合理、无歧视义务,不进行搭售等,经营者通常需通过具体安排确保其遵守该义务;(4)收取合理的许可使用费,经营者通常应详细说明许可费率的计算方法、许可费的支付方式、公平的谈判条件和机会等。

涉及知识产权的综合性条件,该指南第25条规定,经营者可将结构性条件和行为性条件相结合,提出涉及知识产权的综合性限制性条件建议。

第六章　中国知识产权领域的反垄断问题

一、中国反垄断法的制定和实施情况

（一）《反垄断法》出台前的相关反垄断立法

反垄断法以反对非法垄断、保护自由公平竞争为己任，因此它要以市场经济为其存在的基础。中国在实行计划经济时期，由于否定甚至排斥市场竞争，没有反垄断法产生的土壤。只有在实行以市场为取向的经济体制改革以后，随着市场竞争机制的引入并发挥越来越重要的作用，中国才相应地产生了从法律上反对垄断、保护竞争的要求，并逐步形成了若干反垄断法律规范。

早在1980年10月，国务院就颁布了《关于开展和保护社会主义竞争的暂行规定》（已失效），首次提出了反垄断的任务，明确提出了“在经济活动中，除国家指定由有关部门和单位专门经营的产品以外，其余的不得进行垄断、搞独家经营”的基本原则，并要求“任何地区、任何部门都不准封锁市场，不得禁止外地商品在本地区、本部门销售，对本地区生产的原材料必须按照国家计划调出，不准进行封锁”。该“暂行规定”还宣布采取行政手段保护落后、抑制先进、妨碍商品正常流通的做法是不合法的，应当予以废止。

此后，国家有关法规、法规性文件和规章中又对相应领域内的反垄断问题做了一些规定。1982年4月国务院《关于在工业品购销中禁止封锁的通知》要求各地、各部门一律废止限制向外地、外部门采购工业产品的规定和其他类似规定，一律撤销所有审批外购工业品的机构。1987年9月《价格管理条例》规定企业之间或行业组织商定垄断价格属于价格违法行为，应进行处罚。1987年10月《广告管理条例》规定，在广告经营活动中禁止垄断和不正当竞争行为。1987年12月原国家体改委、原国家经委《关于组建和发展企业集团的几点意见》（已失效）中指出，组建企业集团必须遵循鼓励竞争、防止垄断的原则，并指出在一个行业内一般不搞全国性的独家垄断企业集团，鼓励同行业集团间的竞争,促进技术进步,提高经济效益;集团内部要引入竞争机制,成员间既要加强协同合作,也要开展有益的竞争,不保护落后。1988 年 1 月国务院发布的《重要生产资料和交通运输价格管理暂行规定》指出,国家禁止企业、行业垄断市场价格;凡是凭借垄断地位违反国家规定,哄抬市场价格,牟取暴利的,企业之间或者行业协会、联合会以及其他经济组织串通商定垄断价格的,均属违法行为,必须严格查处。1989 年国家体改委、国家计委等联合发布的《关于企业兼并的暂行办法》(已失效)也指出,企业兼并一方面要有利于规模经济,另一方面也不得损害企业间的竞争。1990 年 11 月国务院《关于打破地区间市场封锁进一步搞活商品流通的通知》规定,企业有权在全国范围内自行选购所需要的商品,任何地区和部门不得设置障碍,加以干涉,特别是不得在承包经营责任制中硬性规定只准购销或硬性搭配本地商品;不得将用户不欢迎的产品,强行压给流通企业;各地区、各部门不得擅自设置关卡,阻碍商品的正常运输;不得违反国家财政、税收、金融、物价等规定,变相封锁市场。

以 1992 年党的十四大确立建立社会主义市场经济体制的改革目标为标志,中国的经济体制改革进入了一个新的阶段,市场竞争机制的地位和作用更为重要,从法律上反对垄断、保护竞争的要求也更为迫切。相应地,在新的基础上也出现了相关的反垄断法律规范。

1993 年 12 月 1 日起实施的《反不正当竞争法》,其第 2 章规定的 11 种应予禁止的不正当竞争行为,其中有 5 种行为通常被视为垄断行为。它们是:(1)公用企业或者其他依法具有独占地位的经营者,不得限定他人购买其指定的经营者的商品,以排挤其他经营者的公平竞争。(2)政府及其所属部门不得滥用行政权力,限定他人购买其指定的经营者的商品,限制其他经营者正当的经营活动。政府及其所属部门不得滥用行政权力,限制外地商品进入本地市场,或者本地商品流向外地市场。(3)经营者不得以排挤竞争对手为目的,以低于成本的价格销售商品。但有下列情形之一的,不属于不正当竞争行为:销售鲜活商品;处理有效期限即将到期的商品或者其他积压的商品;季节性降价;因清偿债务、转产、歇业降价销售商品。(4)经营者销售商品,不得违背购买者的意愿搭售商品或者附加其他不合理的条件。(5)投标者不得串通投标,抬高标价或者压低标价。投标者和招标者不得相互勾结,以排挤竞争对手的公平竞争。为了增强《反不正当竞争法》的可操作性,该法主要执法机关的最高领导机关——国家工商行政管理局先后发布了一系列行政规章,使该法的规定进一步细化和具体化。这其中就包括《关于禁止公用企业限制竞争行为的若干规定》(已失效)和《关于禁止串通招标投标行为的暂行规定》(已失效)。但是,该法在 2017 年 11 月 5 日的修订中将这五种垄断行为全部删去了。

1998 年 5 月 1 日起实施的《价格法》第 14 条规定的不正当价格行为中,就包括:相互串通,操纵市场价格,损害其他经营者或者消费者的合法权益;在依法降价处理鲜活商品、季节性商品、积压商品等商品外,为了排挤竞争对手或者独占市场,以低于成本的价格倾销,扰乱正常的生产经营秩序,损害国家利益或者其他经营者的合法权益;提供相同商品或者服务,对具有同等交易条件的其他经营者实行价格歧视。这些行为实际上也属于垄断行为。为制止价格垄断行为,促进公平竞争,保护经营者和消费者的合法权益,国家发展和改革委员会根据《价格法》于 2003 年 6 月制定了《制止价格垄断行为暂行规定》(已失效),自 2003 年 11 月 1 日起施行。该规定对价格垄断行为进行了界定,即经营者通过相互串通或者滥用市场支配地位,操纵市场调节价,扰乱正常的生产经营秩序,损害其他经营者或者消费者合法权益,或者危害社会公共利益的行为。该“暂行规定”还规定了市场支配地位的判定依据,并分别规定了禁止经营者的串通性价格垄断行为(价格卡特尔)、限定转售价格的行为、垄断暴利行为、低价倾销行为、价格上的差别待遇行为等。这实际上涉及反垄断法中的若干最典型、最基本的垄断行为类型。

2000 年 1 月 1 日起实施的《招标投标法》也包含有相关的反垄断条款。例如:“依法必须进行招标的项目,其招标投标活动不受地区或者部门的限制。任何单位和个人不得违法限制或者排斥本地区、本系统以外的法人或者其他组织参加投标,不得以任何方式非法干涉招标投标活动。”“招标人不得以不合理的条件限制或者排斥潜在投标人,不得对潜在投标人实行歧视待遇。”“招标人不得强制投标人组成联合体共同投标,不得限制投标人之间的竞争。”“投标人不得相互串通投标报价,不得排挤其他投标人的公平竞争,损害招标人或者其他投标人的合法权益。”“投标人不得与招标人串通投标,损害国家利益、社会公共利益或者他人的合法权益。”

上述法律还分别规定了行政执法机关和法律制裁措施,尤其是行政执法措施。受损的消费者或者其他经营者还可以提起民事诉讼要求损害赔偿。

此外,为了建立和完善全国统一、公平竞争、规范有序的市场体系,禁止市场经济活动中的地区封锁行为,破除地方保护,维护社会主义市场经济秩序,国务院于2001年4月21日发布施行了《关于禁止在市场经济活动中实行地区封锁的规定》。该“规定”重申,禁止各种形式的地区封锁行为,禁止任何单位或者个人违反法律、行政法规和国务院的规定,以任何方式阻挠、干预外地产品或者工程建设类服务(以下简称服务)进入本地市场,或者对阻挠、干预外地产品或者服务进入本地市场的行为纵容、包庇,限制公平竞争。并且,该“规定”还具体规定地方各级人民政府及其所属部门(包括被授权或者委托行使行政权的组织,下同)不得违反法律、行政法规和国务院的规定,实行下列地区封锁行为:(1)以任何方式限定、变相限定单位或者个人只能经营、购买、使用本地生产的产品或者只能接受本地企业、指定企业、其他经济组织或者个人提供的服务;(2)在道路、车站、港口、航空港或者本行政区域边界设置关卡,阻碍外地产品进入或者本地产品运出;(3)对外地产品或者服务设定歧视性收费项目、规定歧视性价格,或者实行歧视性收费标准;(4)对外地产品或者服务采取与本地同类产品或者服务不同的技术要求、检验标准,或者对外地产品或者服务采取重复检验、重复认证等歧视性技术措施,限制外地产品或者服务进入本地市场;(5)采取专门针对外地产品或者服务的专营、专卖、审批、许可等手段,实行歧视性待遇,限制外地产品或者服务进入本地市场;(6)通过设定歧视性资质要求、评审标准或者不依法发布信息等方式限制或者排斥外地企业、其他经济组织或者个人参加本地的招投标活动;(7)以采取同本地企业、其他经济组织或者个人不平等的待遇等方式,限制或者排斥外地企业、其他经济组织或者个人在本地投资或者设立分支机构,或者对外地企业、其他经济组织或者个人在本地的投资或者设立的分支机构实行歧视性待遇,侵害其合法权益;(8)实行地区封锁的其他行为。该“规定”还明确要求,任何地方不得制定实行地区封锁或者含有地区封锁内容的规定,妨碍建立和完善全国统一、公平竞争、规范有序的市场体系,损害公平竞争环境。此外,该“规定”还对改变或撤销有关的规定以及对有关的纠正、处理、处罚等都作了明确的规定。这是中国目前关于地区封锁这种典型的行政垄断行为的比较集中、具体的规定。

2004年4月6日修订、于2004年7月1日起实施的《对外贸易法》在第6章即“对外贸易秩序”专章中规定了对外贸易领域的竞争法律规范。其中,该法第32条规定:“在对外贸易经营活动中,不得违反有关反垄断的法律、行政法规的规定实施垄断行为。在对外贸易经营活动中实施垄断行为,危害市场公平竞争的,依照有关反垄断的法律、行政法规的规定处理。有前款违法行为,并危害对外贸易秩序的,国务院对外贸易主管部门可以采取必要的措施消除危害。"第33条规定:"在对外贸易经营活动中,不得实施以不正当的低价销售商品、串通投标、发布虚假广告、进行商业贿赂等不正当竞争行为。在对外贸易经营活动中实施不正当竞争行为的,依照有关反不正当竞争的法律、行政法规的规定处理。有前款违法行为,并危害对外贸易秩序的,国务院对外贸易主管部门可以采取禁止该经营者有关货物、技术进出口等措施消除危害。"此外,该法第30条关于禁止知识产权滥用的规定也是属于从反垄断角度规制知识产权滥用的情形。当然,这里关于对外贸易领域反垄断和反不正当竞争的规定及其实施在很大程度上是依赖于国家统一的反垄断法和反不正当竞争法的。

为控制外商在中国市场上的并购行为,2003年3月原外经贸部(现为商务部)等六部门颁布了《外国投资者并购境内企业暂行规定》(已失效)。该暂行规定第3条规定:"外国投资者并购境内企业应遵守中国的法律、行政法规和部门规章,遵循公平合理、等价有偿、诚实信用的原则,不得造成过度集中、排除或限制竞争,不得扰乱社会经济秩序和损害社会公共利益。"第20条规定:"外国投资者并购境内企业涉及本规定第19条所述情形之一,外经贸部和国家工商行政管理总局认为可能造成过度集中,妨害正当竞争、损害消费者利益的,应自收到规定报送的全部文件之日起90日内,共同或经协商单独召集有关部门、机构、企业以及其他利害关系方举行听证会,并依法决定批准或不批准。"2006年8月六部门又将该暂行规定修订为《关于外国投资者并购境内企业的规定》,其第五章专章规定了"反垄断审查"。第51条规定:"外国投资者并购境内企业有下列情形之一的,投资者应就所涉情形向商务部和国家工商行政管理总局报告:(一)并购一方当事人当年在中国市场营业额超过15亿元人民币;(二)1年内并购国内关联行业的企业累计超过10个;(三)并购一方当事人在中国的市场占有率已经达到20%;(四)并购导致并购一方当事人在中国的市场占有率达到25%。虽未达到前款所述条件,但是应有竞争关系的境内企业、有关职能部门或者行业协会的请求,商务部或国家工商行政管理总局认为外国投资者并购涉及市场份额巨大,或者存在其他严重影响市场竞争等重要因素的,也可以要求外国投资者作出报告。上述并购一方当事人包括与外国投资者有关联关系的企业。"第52条规定:"外国投资者并购境内企业涉及本规定第五十一条所述情形之一,商务部和国家工商行政管理总局认为可能造成过度集中,妨害正当竞争、损害消费者利益的,应自收到规定报送的全部文件之日起90日内,共同或经协商单独召集有关部门、机构、企业以及其他利害关系方举行听证会,并依法决定批准或不批准。"第53条规定:"境外并购有下列情形之一的,并购方应在对外公布并购方案之前或者报所在国主管机构的同时,向商务部和国家工商行政管理总局报送并购方案。商务部和国家工商行政管理总局应审查是否存在造成境内市场过度集中,妨害境内正当竞争、损害境内消费者利益的情形,并做出是否同意的决定:(一)境外并购一方当事人在我国境内拥有资产30亿元人民币以上;(二)境外并购一方当事人当年在中国市场上的营业额15亿元人民币以上;(三)境外并购一方当事人及与其有关联关系的企业在中国市场占有率已经达到20%;(四)由于境外并购,境外并购一方当事人及与其有关联关系的企业在中国的市场占有率达到25%;(五)由于境外并购,境外并购一方当事人直接或间接参股境内相关行业的外商投资企业将超过15家。"第54条规定:"有下列情况之一的并购,并购一方当事人可以向商务部和国家工商行政管理总局申请审查豁免:(一)可以改善市场公平竞争条件的;(二)重组亏损企业并保障就业的;(三)引进先进技术和管理人才并能提高企业国际竞争力的;(四)可以改善环境的。"

因此,中国虽然长期没有法典意义上的反垄断法,但是原有的相关法律、法规中已有对一些垄断行为的禁止性规定。这些规定在一定程度上起到了控制非法垄断、保护自由公平竞争的积极作用。但是,原有的这些反垄断法律规范的缺陷是非常明显的,主要表现为:经济体制改革初期有关规定的法律效力层次低,并且主要集中在解决体制转轨过程中的行政性垄断问题,而没有(事实上也不可能)主要立足于解决市场经济中的经济性垄断问题;在确立建立社会主义市场经济体制的改革目标以后,前述问题虽有改变,但有关法律规定还是零散、不系统,对市场经济中的一些典型的垄断行为尚缺乏规范,已有的规定原则性强,可操作性不足,缺乏对垄断行为的具体定义和规范,尤其是缺乏权威、独立的反垄断执法机构,有关违法处理措施也远远不能满足有效制止非法垄断行为的实际需要。总之,中国原有的反垄断法律规范尚不足以有效防止和制裁垄断行为,维护自由公平的市场竞争。

基于这种状况,中国必须进一步建立和完善适应社会主义市场经济要求的反垄断法律制度,特别是制定一部完整的反垄断法。因为,在市场经济条件下,反对垄断、保护竞争是一种经常性的工作,必须形成稳定的、统一的法律制度,而不是某种暂时性、间歇性的运动。尤其是,随着中国已经加入世界贸易组织和社会主义市场经济的渐趋成熟,市场经济中的各种典型的垄断现象可能会越来越多,其表现也可能越来越充分,对反垄断法的要求也越来越迫切。关于中国制定和实施反垄断法的必要性和意义,本书在导论部分已经做了分析论述。这里再强调两点:首先,是出于维护经济安全的需要。随着经济开放程度的提高,已经出现了跨国公司在中国市场上的垄断行为。“入世”后,市场准入更宽松,跨国垄断对中国市场的危害更为直接,如两个或者多个国外的竞争对手划分中国市场,跨国公司利用不正当手段挤压中国国内竞争者等,此时必须依据反垄断法予以制裁。其次,反垄断法不单单是国内经营者所需要的,也是外来投资者所希望的。外来投资者要在国内市场上与中国企业和其他外国企业进行竞争,也需要公平的竞争环境。而反垄断法是市场经济的基本法之一,没有它良好的市场秩序将难以得到保证。此外,世贸规则中有一些保护竞争、反对垄断的条款,中国有承诺,必须将它反映在国内法中,这也是一种义务。如果不在这方面及时做好相应的法律准备,这些垄断行为将会严重地破坏市场秩序,妨碍竞争,阻碍技术进步,损害消费者利益。因此,中国制定专门的反垄断法已是大势所趋,势在必行。

(二)《反垄断法》的制定过程和主要内容

在中国,《反垄断法》的制定经历了一个漫长的过程。早在 1987 年 8 月,按照国务院的指示,在国务院法制局下成立了反垄断法规起草小组,负责起草禁止垄断和不正当竞争法规。到 1988 年,该小组草拟了《禁止垄断和不正当竞争暂行条例(草案)》(第四稿)。后因指导思想发生变化,1989 年草拟的第五稿仅规定禁止不正当竞争,改称《禁止不正当竞争暂行条例(草案)》。此后,立法工作陷入停顿,直到 1991 年,全国人大常委会重新强调加快经济立法步伐,以适应改革开放的需要,反垄断立法的问题重新提上了议事日程。虽然后来于 1993 年 9 月 2 日先出台了《反不正当竞争法》,但如前所述,该法实际上也包含了部分反垄断的内容,并且这些条款构成了中国目前反垄断法律规范的重要方面。与此同时,制定《反垄断法》的必要性并没有因为《反不正当竞争法》的出台而失去。事实上,就在 1993 年,为了适应改革开放和建立社会主义市场经济体制的要求,八届全国人大将《反垄断法》列入了全国人大常委会立法规划。受全国人大的委托,国家经贸委和国家工商局联合成立了反垄断法起草小组,完成了《反垄断法》的征求意见稿。九届全国人大常委会继续将该法列入了立法规划,有关方面为此做了大量工作。十届全国人大常委会继续将该法列入本届立法规划,并加快了立法步伐。2004 年 2 月,商务部将与国家工商总局共同起草的《反垄断法(送审稿)》报送国务院。国务院法制办公室组织有关部门、专家在进一步调查研究的基础上,对送审稿进行了反复研究、论证和修改,形成了反垄断法(草案),报请国务院常务会议讨论通过。2006 年 6 月 16 日,温家宝总理签署议案,将草案提请全国人大常委会审议。在分别于 2006 年 6 月和 2007 年 6 月、8 月召开的第十届全国人大常委会第二十二次、第二十八次和第二十九次会议上,常委会组成人员对草案进行了三次审议。全国人大法律委员会和全国人大常委会法制工作委员会将草案印发各地、各有关部门和研究机构征求意见,多次召开座谈会,并到一些地方调研,广泛听取地方、部门、行业协会、企业和专家学者的意见,根据全国人大常委会组成人员的审议意见和各有关方面的意见,对草案进行了反复研究修改。在 2007 年 8 月 30 日举行的第十届全国人大常委会第二十九次会议的全体会议上,出席会议的 153 位常委会组成人员,以 150 票赞成的表决结果,高票通过了这部重要法律。这样,经过 13 年的千呼万唤和反复酝酿,《反垄断法》终于出台了,自 2008 年 8 月 1 日起施行。这是中国经济生活和法律生活中的一件大事。其有效实施将会对维护自由公平的竞争机制和促进经济的活力,实现资源有效配置,增进消费者的福利,维护社会公共利益具有非常重要的意义。

《反垄断法》共 8 章 57 条。尽管条文还是比较粗线条的,但是它具有了各国反垄断法所共同具有的基本内容,即在总则之外,第 2 ~ 4 章分别规定了禁止垄断协议、禁止滥用市场支配地位和控制经营者集中这三个基本方面的实体制度。这就是我们通常所说的各国反垄断法普遍具有的经济性垄断的规制制度。这些内容在前面第 3 ~ 5 章已经涉及,不再赘述。

《反垄断法》在实体内容上不仅明确规制上述经济性垄断,而且也规制在中国经济转型时期比较突出的行政性垄断。其第 5 章专门规定了禁止行政性垄断("滥用行政权力排除、限制竞争")的内容。该章规定行政机关和法律、法规授权的具有管理公共事务职能的组织不得滥用行政权力,限定或者变相限定单位或者个人经营、购买、使用其指定的经营者提供的商品,妨碍商品在地区之间的自由流通,排斥或者限制外地经营者参加本地的招标投标活动,排斥或者限制外地经营者在本地投资或者设立分支机构,强制经营者从事本法规定的垄断行为。同时,该法也规定行政机关不得滥用行政权力,制定含有排除、限制竞争内容的规定。不过,对于行政性垄断法律责任的追究,《反垄断法》基本上还是维持现行《反不正当竞争法》所规定的体制，但是增加规定反垄断执法机构可以向有关上级机关提出依法处理的建议。

在程序制度和其他相关问题上，《反垄断法》在许多方面也是值得关注的。以下选取其中几个方面略加分析。

在反垄断执法机构方面，《反垄断法》所建立的是在国务院设立反垄断委员会负责领导、组织、协调反垄断工作，又由国务院规定具体的反垄断执法机构负责反垄断执法工作的体制。该法第 9 条规定："国务院设立反垄断委员会，负责组织、协调、指导反垄断工作，履行下列职责：（一）研究拟订有关竞争政策；（二）组织调查、评估市场总体竞争状况，发布评估报告；（三）制定、发布反垄断指南；（四）协调反垄断行政执法工作；（五）国务院规定的其他职责。国务院反垄断委员会的组成和工作规则由国务院规定。"第 10 条规定："国务院规定的承担反垄断执法职责的机构（以下统称国务院反垄断执法机构）依照本法规定，负责反垄断执法工作。国务院反垄断执法机构根据工作需要，可以授权省、自治区、直辖市人民政府相应的机构，依照本法规定负责有关反垄断执法工作。"根据 2008 年 7 月和 8 月先后公布的国务院有关机构的"三定"方案，国家工商总局、国家发改委和商务部分别负责相关的反垄断执法工作。其中，国家工商总局负责垄断协议、滥用市场支配地位、滥用行政权力排除限制竞争的反垄断执法（价格垄断行为除外）等方面的工作；[1]国家发改委依法查处价格垄断行为；商务部依法对经营者集中行为进行反垄断审查。[2]但是，在《反垄断法》实施了十年之后，中国反垄断执法体制发生了重大变化，结束了原来由三个机构分别进行反垄断执法的状况。根据中共中央印发的《深化党和国家机构改革方案》和十三届全国人大一次会议通过的《国务院机构改革方案》，2018 年上半年将国家工商行政管理总局的职责，国家质量监督检验检疫总局的职责，国家食品药品监督管理总局的职责，国家发展和改革委员会的价格监督检查与反垄断执法职责，商务部的经营者集中反垄断执法以及国务院反垄断委员会办公室等职责整合，组建国家市场监督管理总局，作为国务院直属机构，其主要职责中就包括承担反垄断统一执法，相应地，在国家市场监督管理总局的内设机构中就包括了反垄断局。

---

〔1〕 同时还负责依法查处不正当竞争、商业贿赂、走私贩私等经济违法行为。

〔2〕 商务部同时还负责指导企业在国外的反垄断应诉工作，开展多双边竞争政策交流与合作。此外，还承担《反垄断法》规定的国务院反垄断委员会具体工作。

在对涉嫌垄断行为的调查方面,《反垄断法》除了规定执法机构在提出情况下的反垄断调查程序外,为了减少执法成本,提高执法效率,还借鉴美国、日本、欧盟等的有关规定,建立了反垄断案件调查中的非正式的协商和解程序规则。这就是该法第45条的规定:对反垄断执法机构调查的涉嫌垄断行为,被调查的经营者承诺在反垄断执法机构认可的期限内采取具体措施消除该行为后果的,反垄断执法机构可以决定中止调查。中止调查的决定应当载明被调查的经营者承诺的具体内容。反垄断执法机构决定中止调查的,应当对经营者履行承诺的情况进行监督。经营者履行承诺的,反垄断执法机构可以决定终止调查。该法并规定了反垄断执法机构应当恢复调查的三种情形。

在法律责任方面,《反垄断法》分别规定了各类垄断行为的行政责任,并笼统规定了民事责任,但没有规定垄断行为的刑事责任。其中,对于达成和实施垄断协议的还特别规定,“经营者主动向反垄断执法机构报告达成垄断协议的有关情况并提供重要证据的,反垄断执法机构可以酌情减轻或者免除对该经营者的处罚”(第46条第2款)。这是借鉴有关国家做法建立对垄断协议(垄断协议)行为的“宽大”制度。这是由于企业之间通过协议、决定或其他一致做法实施垄断协议行为往往是秘密进行的,反垄断执法机构很难获取必要的证据,对于主动自首、告发的参与者规定相应的宽大处理原则,这对有效瓦解为实施垄断协议行为所结成的联盟是非常必要的。此外,还规定行业协会违法组织本行业的经营者达成垄断协议的,反垄断执法机构可以处50万元以下的罚款;情节严重的,社会团体登记管理机关可以依法撤销登记。

在附则中,《反垄断法》除了规定农业生产者及农村经济组织在农产品生产、加工、销售、运输、储存等经营活动中实施的联合或者协同行为,不适用该法外,第55条还规定,“经营者依照有关知识产权的法律、行政法规规定行使知识产权的行为,不适用本法;但是,经营者滥用知识产权,排除、限制竞争的行为,适用本法”。这就从原则上明确了反垄断法与知识产权之间的关系,一方面明确经营者正当行使知识产权的行为不适用反垄断法,另一方面又明确经营者滥用知识产权实施排除、限制竞争的行为也应适用反垄断法,这对于在尊重和保护知识产权的同时,有效规制知识产权的滥用具有非常重要的意义。后文将对此进行进一步分析。

(三)《反垄断法》实施的总体情况

尽管《反垄断法》是在争议声中艰难出台的,其制度内容也与理想中的状态有较大的差距，但是人们仍然对该法的实施充满了强烈的期待。这种期待是多方面的，特别是期盼该法的实施能够打破一些行业的国企垄断地位，促进民营企业进入这些行业，并促使原有垄断行业改进服务，降低价格；[1]期盼该法的实施能够限制跨国公司在中国境内实施的垄断行为或者在境外实施但对境内市场竞争产生排除、限制影响的垄断行为，促进境内外企业的公平竞争；期盼该法的实施能够约束行政机关和法律、法规授权的具有管理公共事务职能的组织滥用行政权力排除、限制竞争的行为，为各类市场主体提供公平竞争的环境。

应该说，这些期待大多是合理的，是反垄断法实施的题中应有之义，也是判断反垄断法实施是否实现其目标的标准。但是，也有一些期待过于理想化或者超出了《反垄断法》所规定的范围。其中，期盼《反垄断法》能打破铁路、烟草、食盐等领域的垄断局面实际上是这部法律实施所不能承受之重，因为反垄断法并不反对垄断地位或者市场支配地位本身，而且《反垄断法》第 7 条还专门规定“国有经济占控制地位的关系国民经济命脉和国家安全的行业以及依法实行专营专卖的行业，国家对其经营者的合法经营活动予以保护”，因此这主要是国家的产业政策或者其他经济政策所解决的问题，需要通过深化垄断行业改革来解决；期待通过反垄断法的实施能让中石化、中石油降低成品油价和国家电网降低电价等也是不切实际的，因为这些产品或者服务目前是实行国家定价的，不是经营者自主的市场定价行为，因此执行这种国家定价行为本身也不受反垄断法调整。[2]

不管怎样，中国反垄断法的实施就是在这样的强烈期待中艰难起步，在摸索中前行。在该法实施以来，不同的人站在不同的角度对其实施的效果有不同的回答，可谓见仁见智。这除了观察角度和评判立场的差异外，还有一个重要的客观原因。这主要表现在反垄断法实施的方式和途径有多种，既涉及专门的行政执法即反垄断法的公共实施，也涉及当事人的民事诉讼即反垄断法的私人实施；进一步说，反垄断法的实施不仅体现为反垄断行政执法和反垄断司法，而且还表现为经营者和行政主体自觉遵守反垄断法。而在中国，一方面，相关的

---

〔1〕 例如，在《反垄断法》通过后，一些媒体反映了不少百姓呼声，期盼该法的实施能够降低与民生直接相关的油价、电价和火车票价等。

〔2〕 虽然进行价格调控和反价格垄断行为在 2018 年机构改革前都是国家发改委的职能，但是在其内部也是由不同的部门即价格司和价格监督检查与反垄断局分别承担的。

反垄断执法机构有多个,每个机构的执法特点和进展情况是不一致的,难以进行总体的概括和总结;另一方面,人民法院受理的反垄断民事诉讼数量有限,有的还很不典型,并且原告胜诉的案件也很少。至于有关主体自觉守法的情形,则更是难以对其作出准确的评估和判断的。

权威资料显示,10 年来我国反垄断法律规则体系逐步完善,促进公平竞争的制度建设迈出重大步伐,反垄断执法成效显著,企业发展环境不断优化,反垄断国际交流与合作深入开展,竞争文化广泛传播,反垄断法实施取得了诸多开创性的成就。首先,建立了中国特色反垄断制度规则体系。通过有效实施反垄断法,逐步确立了竞争政策在我国经济政策体系中的基础性地位;着力完善中国特色的反垄断法律规则体系,推动反垄断工作全面纳入法治轨道;建立并组织实施了公平竞争审查制度,从源头上防止滥用行政权力排除、限制竞争。其次,推动建立统一开放、竞争有序的市场体系。10 年来,查处垄断协议案 163 件和滥用市场支配地位案 54 件,累计罚款金额超过 110 亿元人民币,查处滥用行政权力排除、限制竞争案 183 件,震慑了违法者,净化了市场环境;审结经营者集中 2283 件,查处未依法申报案件 22 件,有效预防市场垄断,维护市场公平竞争。再次,维护消费者权益。围绕企业和消费者反映强烈的突出问题,严厉查处燃气、供电、供水、电信、黄金饰品、乳粉等民生领域价格垄断行为,深入开展公用事业限制竞争和垄断行为专项整治,保障和改善民生,增强人民群众获得感。最后,服务构建开放型经济新体制。深入开展竞争政策和反垄断执法国际交流与合作,与美国、欧盟、澳大利亚等 28 个国家和地区执法机构商签 55 个竞争政策与反垄断执法合作文件。在中国—瑞士等 8 个自贸协定中设立竞争政策与反垄断执法合作专章,实质性完成多个自贸协定竞争政策议题谈判,保障我国高水平双向开放顺利推进。积极增强竞争领域制度性话语权,推动金砖国家等开展竞争合作。[1]

在反垄断的私人实施方面,10 年来人民法院垄断民事审判工作在诉讼制度

---

〔1〕 参见张茅:《保护公平竞争促进社会主义市场经济健康发展》,载《人民日报》2018 年 8 月 1 日,第 10 版。另外,截至 2019 年年底的反垄断执法数据是:共查处垄断协议案件 183 件,累计罚款金额超过 44.7 亿元;查处滥用市场支配地位案件 62 件,累计罚款金额超过 69 亿元;查处滥用行政权力排除限制竞争案件 235 件;审结经营者集中案件 2998 件,其中禁止 2 件,附加限制性条件批准 45 件,无条件批准 2951 件,审结的经营者集中交易总额超过 50 万亿元,对 48 起经营者集中未依法申报案件和 3 起违反公告义务案件作出行政处罚。参见国家市场监督管理总局反垄断局:《中国反垄断立法与执法实践》,中国工商出版社 2020 年版,第 23 页。

建设、案件审理经验积累和裁判规则明确等方面均取得了重要进展。首先，建立了独具特色的反垄断民事诉讼制度。2012年5月，最高人民法院发布《关于审理因垄断行为引发的民事纠纷案件应用法律若干问题的规定》，这是我国反垄断审判领域第一部司法解释，确立了我国反垄断民事诉讼的基本框架和制度规则。其次，审理了大量反垄断民事诉讼案件。自反垄断法实施以来至2017年年底，全国法院共受理垄断民事一审案件700件，审结630件。垄断民事案件数量总体呈现出增长趋势，呈现如下特点：一是所涉行业或者领域广泛，涵盖交通、保险、医药、食品、家用电器、供电、信息网络等领域，尤其是互联网领域的垄断纠纷案件频频出现；二是案件类型呈现出多样化，滥用市场支配地位案件和垄断协议案件并存，其中滥用市场支配地位案件占全部垄断民事案件的90%以上；三是案件的影响力和社会关注度很高，如奇虎公司诉腾讯公司滥用市场支配地位案、华为公司诉IDC公司标准必要专利滥用纠纷案等成为业界关注焦点；四是原告胜诉率很低，几乎所有原告败诉的案件均与证据不足有关，这也反映了反垄断私人执行的最大困难所在。最后，有力推进了反垄断法的正确实施。人民法院通过案件审理，有效制止了相关垄断行为，明确了反垄断法实体条文的含义或者垄断行为分析方法，确立了相关领域的竞争规则和行为标准，推进了反垄断法的正确实施。[1]

从反垄断法实施方式多元化的视角来看，判断我国反垄断法的实施效果除了这些“有形的实施”外，还需要看那些“无形的实施”，即经营者和其他主体主动遵守的情况。在这方面虽然没有很具体的量化指标，但是从一些披露出来的消息和企业合规的实践来看，也是有明显变化的，即在《反垄断法》实施后很多企业（包括外国企业）改变了原先的合同条款和内部文件与该法精神不符的内容，如今越来越多的企业将反垄断法作为合规审查的一个非常重要的内容。这说明，随着反垄断法的宣传普及和反垄断执法的有效推进，经营者的反垄断法律意识和全社会的竞争文化有了很大的提升，市场主体对反垄断法的主动遵守情况有了很大的改进。

总体来看，我国反垄断法在实施中已经初步发挥了其规范市场竞争行为，维护自由公平的市场竞争秩序方面的积极作用，促进了我国的经济改革和发展。尤其是在2013年以来，我国的反垄断法实施的力度不断加大，一些典型案

---

〔1〕 参见朱理：《反垄断民事诉讼十年：回顾与展望》，载《中国知识产权报》2018年8月28日。

件得到了有效处理。例如,深圳市中级人民法院和广东省高级人民法院对中国华为公司诉美国交互数字公司案的判决,国家发改委对美国高通公司高达60多亿元的反垄断罚款,国家工商总局对利乐公司6.77亿元的反垄断罚款并正式启动对美国微软公司的反垄断调查等。此外,商务部也审查处理了微软收购诺基亚设备和服务业务案和马士基、地中海航运、达飞设立网络中心案等一大批有影响的经营者集中案件。我国的反垄断行动受到了国内外的广泛关注,我国也成为世界上最重要的反垄断管辖区之一。可以说,我国反垄断法在实施以来已经取得了初步的成效,为进一步有效实施奠定了良好的基础。

(四)《反垄断法》修订完善的主要方向

《反垄断法》实施十多年来在取得明显成效的同时,也反映出其存在的一些问题,这除了在实施过程中的一些问题外,主要涉及法律本身的修订完善问题。目前该法的修订工作已经列入全国人大常委会的立法计划,国家市场监管总局和国务院反垄断委员会在加紧组织修订方案的研究和草拟工作。2020年1月2日国家市场监管总局就其起草的《〈反垄断法〉修订草案(公开征求意见稿)》在官网上面向社会公开征求意见。[1]

我国《反垄断法》修订完善涉及的问题很多,可以从多种不同的角度进行讨论,如果基于宏观的视角,可以从竞争政策、法律实践和数字经济三个维度进行思考。其中,竞争政策的维度使《反垄断法》从确立纯粹狭义竞争政策即竞争法的基本制度规则扩展到确立广义竞争政策的基本原则理念,从而真正成为竞争政策的核心;法律实践的维度使《反垄断法》的制度规则由最初主要基于理论逻辑和域外经验转变到主要基于本土的实践经验,这样其基础更加扎实巩固;知识经济的维度使《反垄断法》的制度规则能够适应经济技术发展提出的新要求,以便增强其科学性和前瞻性。这三者之间有密切的联系,第一个维度具有宏观性,对后两个维度具有指导作用;第二个维度和第三个维度都要受到第一个维度的影响,而且这两者之间还存在某些交叉重叠之处,关系更为密切。这也反映出反垄断法的丰富性、复杂性和变动性。[2]

---

〔1〕 参见 http://www.samr.gov.cn/hd/zjdc/202001/t20200102_310120.html。

〔2〕 参见王先林:《我国反垄断法修订完善的三个维度》,载《华东政法大学学报》2020年第2期。

二、中国在知识产权领域反垄断的法律依据和相关实践

（一）中国其他法律法规中涉及知识产权的反垄断法律规范

中国虽然长期没有完整的基本的反垄断法，更没有专门的涉及知识产权领域的反垄断法律制度，但是在有关的法律法规中还是有一些涉及规制知识产权滥用的法律规范。除了知识产权专门法律中所体现的限制知识产权范围的制度（如“强制许可”或“合理使用”等规范）以及《民法通则》（已废止）等法律中禁止权利滥用等基本原则外，主要体现在有关法律法规中的含有反垄断性质的规范。

按照1983年9月20日国务院发布的《中外合资经营企业法实施条例》（2019年修订）第43条的规定，合营企业订立的技术转让协议，应经企业主管部门审查同意，并报审批机构批准。技术转让协议必须符合以下规定：（1）技术使用费应公平合理。一般应采取提成方式支付。采取提成方式支付技术使用费时，提成率不得高于国际上通常的水平，提成率应按由技术所生产产品的净销售额或双方协议的其他方式计算；（2）除双方另有协议外，技术输出方不得限制技术输入方出口其产品的地区、数量和价格；（3）技术转让协议的期限一般不超过10年；（4）技术转让协议期满后，技术输入方有权继续使用该项技术；（5）订立技术转让协议双方，相互交换改进技术的条件应对等；（6）技术输入方有权按自己认为合适的来源购买需要的机器设备、零部件和原材料；（7）不得含有为中国的法律、法规所禁止的不合理的限制性条款。

根据国务院2001年12月10日发布的《技术进出口管理条例》（2011年修订）第29条的规定，[1]技术进口合同中，不得含有下列限制性条款：（1）要求受让人接受并非技术进口必不可少的附带条件，包括购买非必需的技术、原材料、产品、设备或者服务；（2）要求受让人为专利权有效期限届满或者专利权被宣布无效的技术支付使用费或者承担相关义务；（3）限制受让人改进让与人提供的技术或者限制受让人使用所改进的技术；（4）限制受让人从其他来源获得与让与人提供的技术类似的技术或者与其竞争的技术；（5）不合理地限制受让人购买原材料、零部件、产品或者设备的渠道或者来源；（6）不合理地限制受让人产

---

〔1〕 被该条例所取代的《技术引进合同管理条例》（1985年）第9条以及该条例的《实施细则》（1988年）第14条也有相关的规定。

品的生产数量、品种或者销售价格;(7)不合理地限制受让人利用进口的技术生产产品的出口渠道。而且,与以前的规定不同,这里不得包含的限制性条款是强制性规定,是不许变通的。

1999 年制定、实施的《合同法》(已废止)第 329 条规定:“非法垄断技术、妨碍技术进步或者侵害他人技术成果的技术合同无效。”[1]第 343 条规定:“技术转让合同可以约定让与人和受让人实施专利或者使用技术秘密的范围,但不得限制技术竞争和技术发展。”这就使原《技术合同法》(已废止)的相关规定得以保留。该法第 355 条规定:“法律、行政法规对技术进出口合同或者专利、专利申请合同另有规定的,依照其规定。”这又使前述有关技术进口合同中不得含有的限制性条款的规定在《合同法》(已废止)实施后仍然得以适用。

另外,1993 年制定、实施的《反不正当竞争法》的有关条款虽然不是专门针对知识产权领域行为的,但同样也可适用于涉及知识产权的有关行为。该法第 12 条规定,经营者销售商品,不得违背购买者的意愿搭售商品或者附加其它不合理的条件。该法第 15 条规定,投标者不得串通投标,抬高标价或者压低标价。投标者和招标者不得相互勾结,以排挤竞争对手的公平竞争。这种关于搭售和串通招标投标行为的法律规范一般理解为可适用于与知识产权有关的方面。不过,这些规定在该法 2017 年修订时已被删去。

此外,根据 1994 年制定、实施的《对外贸易法》第 27 条的规定,对外贸易经营者在对外贸易经营活动中,[2]应当依法经营,公平竞争,不得有下列行为:(1)伪造、变造或者买卖进出口原产地证明、进出口许可证;(2)侵害中华人民共和国法律保护的知识产权;(3)以不正当竞争手段排挤竞争对手;(4)骗取国家的出口退税;(5)违反法律、行政法规规定的其他行为。其中,不得“以不正当竞争手段排挤竞争对手”也应理解为包括涉及滥用知识产权的限制竞争行为。而 2004 年 4 月 6 日修订、2004 年 7 月 1 日起实施的《对外贸易法》在增加的“与对外贸易有关的知识产权保护”专章(第 6 章)除了重申知识产权保护问题外,还特别规定了控制知识产权滥用的内容。该法第 30 条规定:“知识产权权利人有阻止被许可人对许可合同中的知识产权的有效性提出质疑、进行强制性‘一揽子’许可、在许可合同中规定排他性返授条件等行为之一,并危害对外贸易公

---

〔1〕 被该法所取代的《技术合同法》(1987 年)第 21 条、第 35 条以及该法《实施条例》(1989 年)第 25 条第 2 项也有相关的规定。

〔2〕 该法所称的对外贸易,是指货物进出口、技术进出口和国际服务贸易。

平竞争秩序的,国务院对外贸易主管部门可以采取必要的措施消除危害。”这有利于在对外贸易领域对知识产权滥用行为进行法律规制,可以在一定程度上弥补中国在这方面总体上的不足。

从上述中国有关法律法规中涉及的知识产权领域的反垄断法律规范来看,它们虽然对涉及知识产权的垄断或者限制竞争行为做了一些直接或间接的规定,但是这些规定极为零散、不完整、不明确,主要表现为散见于相关的法律、行政法规之中,不是专门从反垄断法的角度对此作出规范的;而且多数法律规范是适用于有关对外经济贸易活动中的行为,而不是普遍适用于中国市场上的与知识产权有关的垄断或者限制竞争行为,因而其适用范围还极为有限;从其内容来看,它也需要根据目前国际上通行的做法加以更新、完善。为适应社会主义市场经济发展要求和知识经济时代的需要,中国需要从根本上建立起知识产权领域的反垄断法律制度,这首先是制定一部比较完整的、作为法典的《反垄断法》。这一基础性的任务终于在 2007 年 8 月完成。

(二)《反垄断法》第 55 条的理解和适用

1.《反垄断法》第 55 条的必要性和功能定位

中国目前关于知识产权领域反垄断的主要依据是《反垄断法》。该法在附则第 55 条明确规定:“经营者依照有关知识产权的法律、行政法规规定行使知识产权的行为,不适用本法;但是,经营者滥用知识产权,排除、限制竞争的行为,适用本法。”这就在中国建立起了基本的反垄断法律制度的同时,也确立了对知识产权行使行为进行反垄断法规制的基本原则和制度,其具有非常重要的意义。

对于这一规定,中国学界也是有不同看法的。多数学者是从正面对该条的含义进行解读,认为该条文虽然比较原则但却是有必要的,确立了在中国对知识产权行使行为进行反垄断法规制的基本原则和立场;但也有一些学者对于该条规定的必要性和合理性提出异议,甚至持强烈的质疑和激烈的批评态度。例如,有学者认为“这个规定既是画蛇添足,又是作茧自缚”,在《反垄断法》通过前,呼吁对此条予以废除或者修改;在《反垄断法》通过后,鉴于“立法刚刚通过,这个缺陷不可能通过修改法律来弥补”,于是主张通过对该条文的合理解释来回答国际上的质疑,也为将来该条文的适用提供明确的依据。[1] 也有学者认为,从理论上讲,该规定是对反垄断法与知识产权行使行为关系的一种错误解读;而从司法、执法实践上讲,该规定的表述方式也容易造成理解和适用上的困惑和争议,并大大削弱了在知识产权领域适用反垄断法的可操作性,并认为,知识产权制度并不需要反垄断法作出原则性的除外规定,只需要在具体将反垄断法适用于知识产权案件时给出细节上的特殊规定,由此,《反垄断法》第 55 条在立法方向上发生了偏差,而日后的修改和完善应该向着删除除外条款和制定反垄断法在知识产权案件上的实施细则的方向发展。[2]

如果仅从《反垄断法》第 55 条的字面逻辑和有些国家的立法和判例来看,那么这些学者的质疑和批评不是没有道理的,这也促使我们进一步思考知识产权法和反垄断法的关系以及在立法上进行协调的技术。但是,在肯定这些学者理论勇气的同时,也要看到这些基于片面观察和简单比较而进行的质疑和批评又似乎太过偏激和值得商榷,由此而得出的结论就显得比较草率,无助于解决中国反垄断法在知识产权领域适用的现实问题。实际上,理解《反垄断法》第 55 条,需要结合其出台背景、立法意图以及《反垄断法》的整体逻辑来进行,而不仅仅是进行字面上的逻辑推理,也不仅仅是依据某些国家的特定立法体例和判例规则以及在经历过多次反复后最终得出的某个结论。

如本书第一章所述,反垄断法与知识产权法分处两个完全不同的领域,但都属于各国的基本经济政策和法律制度,两者之间的关系是非常复杂的。一方面,反垄断法和知识产权法在促进竞争、推动创新和保护消费者方面存在一致性,可谓殊途同归;另一方面,反垄断法和知识产权法在具体方面又表现出明显的差异,存在某种现实的或者潜在的矛盾和冲突,主要表现为知识产权权利人在行使其权利的过程中可能超出法律允许的范围或者正当的界限,不正当地排除、限制市场竞争。因此,保护知识产权与执行反垄断法(对滥用知识产权排除、限制竞争进行规制)在本质上是一致的,两者是相辅相成,实现共同的目的,即鼓励创新和保护市场公平竞争,维护消费者利益和社会公共利益。正如英国

---

〔1〕 张伟君:《滥用知识产权:违反反垄断法的前提还是结果?》,载张乃根主编:《技术转移与公平竞争》,上海交通大学出版社 2008 年版,第 274 ~ 283 页;张伟君:《滥用知识产权:违反〈反垄断法〉的前提还是结果?》,载 http://law. tongji. edu. cn/index. php? classid = 2447&newsid = 3151&t = show,最后访问日期:2015 年 6 月 2 日。

〔2〕 赵启杉:《对我国〈反垄断法〉知识产权除外条款的质疑》,载《东方法学》2011 年第 1 期。

知识产权委员会的报告所指出的，在发达国家，人们普遍认为，只有当知识产权制度得到有效竞争政策体制的补充时，它才能达到预计的目标。[1] 这要求在立法和执法中注意寻求两者之间的平衡，“在竞争法与知识产权之间建立适当的平衡，是一个永恒的主题；即便是在成熟的法律体系中，也是如此”。[2]

但是，如何认识和处理两者的关系，主要是反垄断法如何对待知识产权问题，不同国家、不同时期的分析和处理原则差异很大，甚至完全不同。西方发达国家和地区在这方面有一个曲折的、不断调整的发展过程。在美国，反托拉斯部门和法院在根据谢尔曼法对知识产权行使行为进行规制时，在不同时期的宽严程度差异很大。在谢尔曼法实施的早期，法院的判决认可“依据美国专利法享有在使用权或者销售权方面的绝对自由”，因为“这些法律的目的就是垄断”。基于这个原则，最高法院允许知识产权人横向固定价格和维持最低转售价格，而在涉及有形财产时这些行为是被作为本身违法的。而从 20 世纪 30 年代至 70 年代，情况发生了相反的变化。法院继续将知识产权尤其是专利权看作授予了一种“垄断”，但是判决倾向于集中在知识产权人的行为是否“在法定的排他权的范围之内”。而对专利法和版权法授予的权利又做严格的解释。联邦反托拉斯执法人员也向被其认定为非常扩张专利权的行为按照违反《谢尔曼法》第 1 条的本身违法原则进行打击。但是，从 20 世纪 80 年代开始，受芝加哥学派的影响，联邦执法机构和部分法院开始不再强调知识产权与反托拉斯之间的明显冲突，而认为两者是互补的，拥有共同的基本目标。特别是美国司法部和联邦贸易委员会于 1995 年 4 月 6 日联合发布的《知识产权许可的反托拉斯指南》，集中表达了其在反垄断执法中对知识产权所持的基本立场，正式确立了三个基本原则，即在确认是否触犯反托拉斯法时将知识产权与其他财产同样对待，不假定知识产权产生反托拉斯意义上的市场力量，承认知识产权许可行为一般是有利于竞争的。这些原则在该指南 2017 年修订后仍然予以保留在 2006 年的 Illinois Tool Works v. Independent Ink, Inc. 案的判决中，最高法院也正式放弃了

---

〔1〕 英国知识产权委员会：《知识产权与发展政策相结合》，2002 年 9 月。该报告的中文版本的网址是：http://www.iprcommission.org/papers/pdfs/Multi_Lingual_Documents/Multi_Lingual_Main_Report/DFID_Main_Report_Chinese_RR.pdf. 其英文版本“Integrating Intellectual Property Rights and Development Policy”的网址是：http://www.iprcommission.org/papers/pdfs/final_report/CIPR-fullfinal.pdf，最后访问日期：2015 年 6 月 2 日。

〔2〕 高木善幸、拉瑞·奥尔曼、姆拉泽·西尼拉主编：《知识产权教学原则与方法》，郭寿康、万勇等译，知识产权出版社 2011 年版，第 138 页。

知识产权授予市场力量或者垄断力的推定,否定了涉及知识产权的搭售协议应受到比涉及有形财产的搭售更为严苛对待的观点。[1] 在欧盟和日本等法域,在不同时期的反垄断执法中也存在对于知识产权的不同态度。总体来说,欧美发达国家一般都经历了"注重知识产权—强调反垄断法—重视知识产权—二者并重(20 世纪末)"的演变轨迹,也即在完成了两次"螺旋"式上升后,对知识产权领域反垄断问题的认识才走上了正轨。[2]

在中国,长期以来法学界和实务部门对于反垄断法与知识产权法的关系,尤其是反垄断法应当如何对待知识产权的行使行为有不同的看法。在中国反垄断立法过程中,有的基于知识产权本身的合法垄断权的性质,主张反垄断法不应该规定知识产权问题,有人断言知识产权的垄断"是任何形式的反垄断法都不能干预的",甚至将知识产权领域也存在反垄断问题的说法斥之为"无知",[3]或者仅仅明确知识产权是反垄断法的适用除外领域;有的则认为反垄断法中不仅要规定知识产权问题,而且还要具体规定,甚至要设置知识产权反垄断的专章,明确知识产权反垄断的严格规则,以便为行政执法和司法提供明确的依据,以利于对知识产权特别是跨国公司的"知识霸权"进行限制和约束。在《反垄断法》通过后,也有人(甚至包括全国人大代表和政协委员)公开呼吁制定专门的知识产权反垄断法,将知识产权垄断作为单独一种垄断行为进行特殊的规制。

以上情况正是《反垄断法》第 55 条出台时的背景和目前所面临的现实情况。对该条必要性和功能定位的理解就不应脱离这种背景和现实情况。可以说,该条的规定正是《反垄断法》基于国内外在反垄断法和知识产权法关系上曾经和现实存在的不同看法和做法而作出的明确宣示和必要澄清,以免产生错误的认识和极端的做法。在中国第一次制定反垄断法就恰逢知识产权的重要性日益凸显和相关争议备受关注的背景下,该条作出这样的宣示和澄清是非常必要的,哪怕所表述的在一些国家目前已是不言自明的(但在历史上也是经历过

---

[1] See ABA Section of Antitrust Law, *Antitrust Law Developments (Sixth)*, American Bar Association, 2007, pp. 1080 – 1082.

[2] 王晓晔、吴玉岭:《与知识产权相关的限制竞争问题研究》,载王晓晔主编:《反垄断法实施中的重大问题》,社会科学文献出版社 2010 年版,第 542 页。

[3] 杨继绳:《知识必须通过法制渠道进入经济——二谈知识经济》,载《经济参考报》1998 年 7 月 7 日。

曲折和反复的)。一方面,基于保护知识产权与反垄断的一致性,反垄断法应当尊重和保护正当的知识产权行使行为,这时对竞争的某种限制就应当视为国家实施知识产权制度以鼓励创新的必要代价,应当受到反垄断法的宽容,因此"经营者依照有关知识产权的法律、行政法规规定行使知识产权的行为",不适用该法;另一方面,又要区分知识产权的拥有和知识产权的行使以及知识产权的正当行使与不正当行使,因此"经营者滥用知识产权,排除、限制竞争的行为",适用该法。这既体现了对知识产权的尊重和保护,又使这种权利的行使受到必要的限制。反垄断法适用于知识产权的不正当行使行为,并不意味着对知识产权本身作为法定垄断权的基本性质的否定,而是在承认和保护这种权利的同时,防止和控制其被滥用。可以说,这个规定使中国在继续加强知识产权保护的同时,也借鉴各国的普遍做法初步建立起了对知识产权行使行为的约束机制。

对于这条规定的必要性和立法意图,原国务院法制办主任曹康泰在《关于〈中华人民共和国反垄断法(草案)〉的说明》中也有明确的阐述:"在保护知识产权的同时,也必须防止和制止滥用知识产权排除、限制竞争的行为,这是目前各国普遍面临的问题。随着知识产权问题越来越趋于国际化,有的国家一方面非常强调保护知识产权,特别是要求其他国家承担保护知识产权的国际义务;另一方面又将滥用知识产权排除、限制竞争的行为纳入反垄断执法范围,或者直接规定反垄断法适用于滥用知识产权排除、限制竞争的行为。考虑到在我国也不同程度地存在这类问题,特别是考虑到滥用知识产权已经成为大公司、大企业谋求垄断地位的重要手段,因此,我国反垄断法应当将滥用知识产权排除、限制竞争的行为纳入适用范围,为防止和制止滥用知识产权排除、限制竞争提供法律依据。"[1]

对于反垄断法适用于知识产权行使行为,有些国家或地区(如美国、欧盟)没有在反垄断法律中明确规定,而是在实施条例或者执法指南中作出具体规定;有些国家或者地区(如日本)在反垄断法中原则规定依法行使知识产权的行为不适用反垄断法,并在相关条例或者执法指南中对知识产权许可协议中的限制性条款能否豁免适用反垄断法作出具体规定。例如,日本《禁止垄断法》第21条(原第23条)规定:"本法规定,不适用于被认为是行使著作权法、专利法、

〔1〕 曹康泰主编:《中华人民共和国反垄断法解读——理念、制度、机制、措施》,中国法制出版社2007年版,第256页。

实用新型法、外观设计法或商标法规定的权利的行为。”类似地，中国台湾地区“公平交易法”也在第45条规定：“依照著作权法、商标法或专利法行使权利之正当行为，不适用本法之规定。”该条并没有直接规定它适用于滥用知识产权的限制竞争行为，这里的关键就在于对“正当”二字的理解。一般认为，行使有关知识产权的正当行为当然不受公平交易法的规制，但如果有关行为超出了“正当”的范围或者知识产权本身的界限，那么就不存在“不适用”公平交易法的问题了。而《反垄断法》第55条既规定依法行使知识产权的正当行为不适用反垄断法，又规定对滥用知识产权排除、限制竞争的行为进行反垄断法规制。相对于日本和中国台湾地区等需要对相关条文做所谓的“反面理解”才能得出后一方面的结论来，《反垄断法》第55条则直接作出了正、反两方面的规定，这相对来说是一种更为明确的规定。实际上，“保护权利”的完整含义就是“保护权利的正当行使”“保护与防止滥用知识产权”是从积极和消极的两个角度同时描述知识产权的保护范围，这不是两个分离的问题，而是同一个问题的两个方面。[1]

在对《反垄断法》第55条进行解读时，一个关键问题是如何解释该条规定的性质和功能定位，尤其是，该条是不是认定某个知识产权行使行为违法性的依据(违法构成要件)？如果是，那就确实存在滥用知识产权是违反《反垄断法》的前提还是结果的问题。这个当然可以有不同的解读。例如，就中国台湾地区“公平交易法”第45条而言，其在调和“公平法”与“智慧财产法”间的规范功能上也存在四种不同的见解，即适用除外说、权利滥用说、违背立法意旨说和训示或确认说。[2] 笔者认为，基于反垄断法与知识产权法的关系以及在反垄断法上认定知识产权行使行为违法的实际情况，《反垄断法》第55条的主要功能是宣示性和说明性的，即它表明反垄断法既不否定知识产权法授予的权利，也不将知识产权作为除外适用领域或者豁免，而是不适用于依法行使知识产权的行为，而适用于不正当行使(滥用)知识产权排除、限制竞争的行为。对此，有学者做了正确的分析：《反垄断法》第55条对反垄断法与知识产权法间的协调予以一般性规定，构成了协调两法冲突之外部体系的核心，为中国知识产权反垄断规制的实施奠定了制度基础。第55条虽具除外条款之外观，但不应被解释为限制性法条；而应被解释为说明性法条，是关于不违反反垄断法之知识产权

〔1〕 本书编委会：《〈国家知识产权战略纲要〉辅导读本》，知识产权出版社2008年版，第87页。

〔2〕 黄铭杰：《竞争法与智慧财产法之交会——相生与相克之间》，台北，元照出版股份有限公司2006年版，第210页。

行使与违反反垄断法之知识产权行使的类型描述。第 55 条并无构成要件，处理个案的实体性问题时，不应直接适用第 55 条，而是应适用反垄断法的其他规定认定某知识产权行使的违法性。第 55 条明确了衡平两法的理念，并将此衡平任务授权给反垄断执行机构。[1]

这意味着，知识产权的不正当行使行为即使构成垄断行为，它也不是一种单独的垄断行为，而是需要依据《反垄断法》第 2 ~4 章分别去分析判断，即经营者滥用知识产权，排除、限制竞争的行为，根据行为的性质和表现形式，分别或者同时构成《反垄断法》所规定的垄断协议、滥用市场支配地位和排除、限制竞争的经营者集中。

2. 关于"滥用知识产权"的含义及其与垄断行为的关系

在《反垄断法》适用于知识产权领域时，除了需要明确该法第 55 条的必要性和主要功能之外，还需要进一步合理解读该条中"滥用知识产权"的含义以及其与违反反垄断法的"垄断行为"的关系。实际上，前文提到的围绕《反垄断法》第 55 条的争议在很大程度上是与对"滥用知识产权"含义的理解有关的。

虽然不得滥用权利（和权力）的原则和制度在中国以往的立法中很早就有，但是"滥用知识产权"这一概念是在《反垄断法》第 55 条中首次使用的，而该法并没有对其含义作出解释。中国参加的有关国际公约如世界贸易组织《与贸易有关的知识产权协议》（WTO/TRIPs）虽然提到了滥用知识产权，但是同样也没有对其给予解释，而是留给各成员的国内法律去规定。在国内法律和国际条约都没有规定滥用知识产权的含义时，我们需要从学理分析、比较法考察和法律解释方法等方面对其进行合理的解读。

从一般法理学的视角来看，滥用知识产权应该属于滥用权利的范畴，因而应该受到禁止权利滥用这一民法原则乃至一般法律原则的限制。[2] 总的来看，禁止权利滥用经历了从法律观念到判例再到成文法规定的发展演变过程。在现代社会，它既是一种普遍的、基本的法律观念，也是各国法律乃至宪法所普遍

---

〔1〕 董笃笃：《中国〈反垄断法〉第 55 条的解释与适用》，载《重庆理工大学学报》（社会科学版）2012 年第 5 期。

〔2〕 虽然有学者从立法和判例的角度不承认滥用知识产权与禁止权利滥用的民法原则有什么关联，但是其在分析了英国滥用专利垄断权的理念和理由后，也认为知识产权滥用确实又与权利滥用原则有内在的关联和一致。参见张伟君：《规制知识产权滥用法律制度研究》，知识产权出版社 2008 年版，第 46、58 页。

规定的基本法律原则。《宪法》第51条、《民法通则》(已废止)第7条和第58条等法律规定也同样包含了禁止权利滥用原则。尤其是2017年《民法总则》(已废止)第132条明确规定:"民事主体不得滥用民事权利损害国家利益、社会公共利益或者他人合法权益。"任何权利都有被滥用的可能性,而其实际的表现和后果则要取决于多种因素。从理论上来说,由于知识产权在性质上属于民事权利,因此其与任何其他民事权利一样,也有被滥用的可能。而且,知识产权客体的无形性特点使权利的范围和侵权行为的认定相对于有形财产权要更为复杂,知识产权在法律上还具有更强的排他性,这使权利人在行使权利的过程中越出其应有边界或者违背法律设定这种权利的目的的可能性要更大;同时,知识产权在性质上与社会公共利益的关系更为密切,特别是知识产权在以经济全球化和知识经济为特征的现代社会的地位和作用又显得越来越重要,因此,虽然知识产权相对于其他财产权利来说产生较晚,其滥用问题也相应地产生较晚,但是知识产权滥用一旦出现,所带来的影响和后果比其他财产权滥用所带来的影响和后果要更大,也因此其更加受到关注。一般来说,"权利滥用,是指权利人违反权利设置的目的、以不正当的方式行使权利,损害他人利益或社会公共利益",[1]这样从广泛意义上可以说,"滥用知识产权"就是指知识产权的权利人在行使其权利时超出了法律允许的范围或者正当的界限,导致对该权利的不正当利用,损害他人利益和社会公共利益的行为。在这里,知识产权的获得与知识产权的行使是两个问题,不能因为知识产权是合法获得的权利就忽视甚至否认其也有滥用的问题,就如同在行使合法的所有权或者其他权利的过程中也可能存在滥用一样。显然,这里的滥用就是相对于权利的正当行使而言的。

从比较法的视角来看,"滥用知识产权"在不同的国家和地区、不同的法律制度中是有不同含义的,有些国家和地区在法律和理论上甚至没有这一概念,而且,除了在个别国家是一个具有特定含义的法律概念外,其实并不是一个被广泛使用的法律概念。据学者考证,"滥用知识产权"(abuse of intellectual property rights)的概念源于英国专利法。基于专利制度是为了促进本国技术进步的公共利益考虑,专利权人不实施专利在英国被视为对垄断权利的滥用(abuse of monopoly),滥用专利因此成为专利强制许可的依据。这个概念和制度被《巴黎

---

[1] 本书编委会:《〈国家知识产权战略纲要〉辅导读本》,知识产权出版社2008年版,第87页。

公约》所采纳。这里的滥用垄断权(专利权)主要是指不实施专利或者不充分实施专利的行为。美国法受到了英国法的影响,对专利权人的"搭售"行为,可以依据衡平法的"不洁之手"原则作为专利侵权的抗辩,由此创立了美国专利法中特殊的专利滥用(patent misuse)抗辩制度;随着判例的不断丰富,"专利滥用"的含义也不断扩充,而且,衡平法的抗辩进一步扩展为版权滥用和商标滥用等知识产权滥用的抗辩,形成美国一项独有的制度。因此,在分析各国关于知识产权滥用的概念和制度时,我们要严格把握各国特定的"滥用"概念,不能用英国的滥用概念去解释美国的知识产权滥用原则,也不能把美国的知识产权滥用原则与反托拉斯法对知识产权滥用的规制混为一谈。[1] 这个观点无疑是正确的,在这种情况下,我们显然不必也不应该拿某个特定国家特定语境下的"滥用知识产权"含义(如仅作为判例法上侵权抗辩的理由)去解释《反垄断法》第 55 条中的"滥用知识产权",而应从一般意义以及该法的立法意图和整体的逻辑上去解释。

从法律解释学的视角来看,法律解释方法有多种,包括文义解释、论理解释、比较法解释、社会学解释,而论理解释又包括体系解释、法意解释、扩张解释、限缩解释、当然解释、目的解释和合宪性解释。其中,文义解释要求按照法律条文用语之文义及通常使用方式,以阐释法律之意义内容;体系解释要求以法律条文在法律体系上的关联探求其规范意义,并维护法律体系及概念用语之统一性;法意解释要求探求立法者或准立法者于制定法律时所做的价值判断及其所欲实现的目的,以推知立法者的意思。[2] 就解释《反垄断法》第 55 条中的"滥用知识产权"的含义来说,这三种解释显得非常重要。根据文义解释,滥用(abuse)在英文原意是指辜负、虐待等,延伸到对权利的肆意利用,在汉语中是指过度、无节制的利用状态,权利滥用意味着权利人的行为逾越了权利设立的目的,其表现出与立法目的的相违背。[3] 因此,滥用知识产权的基本含义也就在于权利人对其知识产权的不正当利用或者行使。根据体系解释,一方面,《反垄断法》中多次提到"滥用市场支配地位""滥用行政权力",第 55 条"滥用知识产权"中的"滥用"也应具有相同的意义,都具有"不正当利用"的意思,而不能单独赋予其特定构成要件的含义,除非有专门的规定。根据法意解释,从《反垄

[1] 张伟君:《知识产权滥用的概念、表现和规制措施》,载《电子知识产权》2007 年第 12 期。

[2] 梁慧星:《民法解释学》,中国政法大学出版社 1995 年版,第 214 ~219 页。

[3] 费安玲主编:《防止知识产权滥用法律机制研究》,中国政法大学出版社 2009 年版,第 4 ~5 页。

断法》第55条的立法意图来看,原国务院法制办主任曹康泰在《关于〈中华人民共和国反垄断法(草案)〉的说明》中就此指出:"各国反垄断法一般都规定正当行使知识产权的行为不适用反垄断法,这是保护知识产权所必须的。但知识产权也存在权利行使不正当的问题。实践中,掌握知识产权的大公司常常通过强制性一揽子许可、在许可合同中附加不合理条件、利用市场支配地位收取不合理许可费等手段,限制竞争、谋求垄断,妨碍技术创新和技术进步,损害消费者权益。"[1]在这里,显然也没有将"滥用知识产权"局限于某些国家的特定含义上,而是将其定位于对权利的不正当利用或行使这一广泛和一般的意义上。因此,《反垄断法》第55条中的"滥用知识产权"没有特殊的含义,更不存在所谓的构成要件问题,而只是表明对权利的不正当行使的情形。因此,完全可以将该法第55条中的后半句换成"经营者不正当行使知识产权,排除、限制竞争的行为,适用本法"。在这里,对"不正当"的理解就如同该法其他地方的"没有正当理由""不公平"等一样,结合行为本身的具体情形来加以判断,具体是结合《反垄断法》第2~4章的规定去判断。

总之,对《反垄断法》第55条中的"滥用知识产权"这一概念的理解不应限定于某些国家判例法中的比较狭隘的范围,而应当从一般的意义上去理解,即将滥用知识产权视为与正当行使知识产权相对的一个概念。这样,凡是知识产权的权利人在行使其权利时超出了法律允许的范围或者正当的界限,导致对该权利的不正当利用,损害他人利益和社会公共利益的行为,都可以视为滥用知识产权。例如,在知识产权行使的过程中,权利人利用许可方式,不正当地扩张其所享有的知识产权,或者利用知识产权所带来的优势,不正当地排除、限制市场竞争,以此谋取不正当的利益。

基于这样的理解,滥用知识产权就是一个非常广泛的概念,虽然它涉及反垄断法的问题,但它又不限于甚至也不首先是反垄断法方面的问题,因为滥用知识产权首先是与知识产权法本身维护社会公共利益的目标相抵触的,同时也与民法上的公平、诚实信用和权利不得滥用等基本原则相违背。即使是滥用知识产权违反竞争法,其也不仅涉及反垄断法,而且也涉及反不正当竞争法。例如,知识产权权利人滥发警告函或者滥用诉权,在商誉和经济上给竞争对方造

---

[1] 曹康泰主编:《中华人民共和国反垄断法解读——理念、制度、机制、措施》,中国法制出版社2007年版,第256页。

成很大损失,对正常的市场竞争也会造成扭曲和妨碍,这可能构成滥用知识产权,但主要是涉及违反反不正当竞争法和其他法律的问题。

一般认为,当知识产权的行使违反反垄断法构成垄断行为时,必然存在知识产权的滥用,但是,反过来并不一定成立,即有些(甚至多数)滥用并不违反反垄断法。在合法地利用知识产权和违反反垄断法之间还有许多行为,它们虽然不足以构成违反反垄断法的垄断行为,但却可能构成滥用知识产权的行为。不过,由于反垄断法是各国基本的公共政策,而且知识产权本身的垄断性决定了其滥用行为往往容易造成对反垄断法所维护的竞争秩序的破坏,因此滥用知识产权构成对反垄断法的违反往往表现得更为突出,也特别受到关注,从而也使反垄断法是对滥用知识产权的最基本的和最主要的法律规制。

基于对滥用知识产权与垄断行为之间关系的这种认识,在理解《反垄断法》第 55 条的规定,认定"经营者滥用知识产权,排除、限制竞争的行为"时,就不需要采取"两阶段或者两要件认定法",即首先认定出经营者实施了一个有特定含义和构成要件的所谓"滥用知识产权",然后再去认定其同时排除、限制了竞争,而是直接按照《反垄断法》的规定认定经营者在行使知识产权的过程中实施了某种垄断行为,其分别或者同时表现为经营者达成垄断协议,经营者滥用市场支配地位,具有或者可能具有排除、限制竞争效果的经营者集中。由于这些行为同时违反了有关知识产权法律、行政法规规定的界限和目的,是不正当行使知识产权的一种表现,因而也就属于滥用知识产权的范畴。这样,滥用知识产权与违反反垄断法也就很难截然分清哪是前提、哪是结果了。

(三)对《关于禁止滥用知识产权排除、限制竞争行为的规定》的解读

经过多年的研究论证和反复征求各方面的意见,2015 年 4 月 7 日,原国家工商总局公布了《关于禁止滥用知识产权排除、限制竞争行为的规定》,自 2015 年 8 月 1 日起施行。该规定共 19 条,主要包括六方面内容:一是明确了制定该"规定"的目的和依据,根据职责,对涉及非价格的滥用知识产权排除、限制竞争行为和相关市场等概念做了必要解释。二是禁止经营者之间利用行使知识产权的方式达成垄断协议,同时规定了安全港规则。三是禁止具有市场支配地位的经营者在行使知识产权的过程中滥用市场支配地位,明确了相关认定和推定规则,对具体滥用行为做了禁止性规定。四是明确界定了专利联营、标准中行使知识产权行为可能构成垄断行为的具体情形。五是明确了工商机关在知识

产权领域反垄断执法的分析原则和框架。六是依据《反垄断法》对滥用知识产权排除、限制竞争行为的处罚做了规定。以下就其中涉及的若干重要问题进行初步的解读。

1. 反垄断和保护知识产权的关系

反垄断法在知识产权领域实施首先就应明确反垄断与保护知识产权之间的关系,因为对这种关系认识的偏颇可能导致在实践中过分偏向某一方面的情况。由于反垄断是反垄断法的基本任务,保护知识产权是知识产权法的基本任务,因此反垄断与保护知识产权的关系也可以说是反垄断法与知识产权法之间的关系。

如前所述,知识产权法和反垄断法在促进竞争、推动创新和保护消费者方面存在一致性,两者殊途同归。但同时,两者在具体实施的过程中会存在明显的差异,甚至可能形成某种冲突。因此,反垄断(对滥用知识产权排除、限制竞争进行规制)与保护知识产权在本质上是一致的,两者是相辅相成,实现共同的目的,即鼓励创新和保护市场公平竞争,维护消费者利益和社会公共利益。正如英国知识产权委员会的报告所指出的,在发达国家,人们普遍认为,只有当知识产权制度得到有效竞争政策体制的补充时,它才能达到预计的目标。不过,两者在达到上述共同目的时的方式和途径是有差异的,其中,执行反垄断法是通过保护市场公平竞争来实现推动创新、促进技术传播和利用的目的的。

2. 滥用知识产权排除、限制竞争行为的界定和理解

该规定第 2 条第 2 款重申了《反垄断法》第 55 条的规定,即经营者依照有关知识产权的法律、行政法规规定行使知识产权的行为,不适用《反垄断法》;但是,经营者滥用知识产权,排除、限制竞争的行为,适用《反垄断法》。这就明确了滥用知识产权排除、限制竞争行为的性质。

基于前文对反垄断与保护知识产权关系的认识以及在反垄断法上认定知识产权行使行为违法的实际情况,《反垄断法》第 55 条的主要功能是宣示性和说明性的,处理个案的实体性问题时,不应直接适用该条,而是应适用反垄断法的其他规定认定某知识产权行使的违法性。这意味着,知识产权的不正当行使行为即使构成垄断行为,它也不是一种单独的垄断行为,而是需要依据《反垄断法》第 2 ~ 4 章分别去分析判断,即经营者滥用知识产权,排除、限制竞争的行为,根据行为的性质和表现形式,分别或者同时构成《反垄断法》所规定的垄断协议、滥用市场支配地位和排除、限制竞争的经营者集中。基于当时工商行政

管理机关在反垄断方面的职责分工,该规定第3条第1款规定,“本规定所称滥用知识产权排除、限制竞争行为,是指经营者违反《反垄断法》的规定行使知识产权,实施垄断协议、滥用市场支配地位等垄断行为(价格垄断行为除外)”。

因此,滥用知识产权不等于垄断,更不等于滥用市场支配地位。滥用知识产权可能违反了知识产权法本身,可能违反了反不正当竞争法,当然也可能违反了反垄断法。即使是滥用知识产权排除、限制竞争行为构成了垄断行为,其也不仅仅是滥用市场支配地位行为,也有可能是垄断协议行为或者排除、限制竞争的经营者集中行为。

3. 涉及知识产权的相关市场

该规定第3条第2款规定:“本规定所称相关市场,包括相关商品市场和相关地域市场,依据《反垄断法》和《国务院反垄断委员会关于相关市场界定的指南》进行界定,并考虑知识产权、创新等因素的影响。在涉及知识产权许可等反垄断执法工作中,相关商品市场可以是技术市场,也可以是含有特定知识产权的产品市场。相关技术市场是指由行使知识产权所涉及的技术和可以相互替代的同类技术之间相互竞争所构成的市场。”这就明确了在涉及知识产权时应如何界定相关市场的基本原则和方法。

首先,在涉及知识产权时,相关市场的界定仍然适用一般情况下的原则和方法,即仍然包括相关商品市场和相关地域市场两个基本的维度,具体的可依据《反垄断法》和《国务院反垄断委员会关于相关市场界定的指南》进行界定,但同时需要考虑知识产权、创新等因素的影响。

其次,在涉及知识产权许可等反垄断执法工作中,相关商品市场可以是技术市场,也可以是含有特定知识产权的产品市场。这意味着,相关技术市场与相关商品市场不是并列的关系,相关技术市场只是相关商品市场的一种特定情形,其与产品市场一样都是对应于地域市场的维度的。

最后,虽然在涉及知识产权时的相关市场可能还涉及研发市场即创新市场,但是由于研发市场的概念和界定方法在国内外的学界和实务上都存在争议,因此该规定没有涉及单独的研发市场,而只是强调在相关市场界定时需要考虑创新的因素。[1]

---

〔1〕 这方面的具体论述参见王先林:《知识产权领域反垄断中相关市场界定的特殊问题》,载《价格理论与实践》2016年第2期。

4. 安全港规则的理解和适用

该规定第5条规定:“经营者行使知识产权的行为有下列情形之一的,可以不被认定为《反垄断法》第十三条第一款第六项和《反垄断法》第十四条第三项所禁止的垄断协议,但是有相反的证据证明该协议具有排除、限制竞争效果的除外:(一)具有竞争关系的经营者在受其行为影响的相关市场上的市场份额合计不超过百分之二十,或者在相关市场上存在至少四个可以以合理成本得到的其他独立控制的替代性技术;(二)经营者与交易相对人在相关市场上的市场份额均不超过百分之三十,或者在相关市场上存在至少两个可以以合理成本得到的其他独立控制的替代性技术。”这实际上就是建立了所谓的安全港规则。

关于安全港的规则在《反垄断法》中没有明确规定,以往的执法细则中也没有出现过,但是这一规定既符合《立法法》的规定,而且也大大加强了中国在知识产权领域执行《反垄断法》的透明度和确定性,并且也符合国际反垄断实践的大势所趋。

首先,从《立法法》的角度而言,该规定中设置安全港规则的立法基础应当是《反垄断法》第13条和第14条的兜底条款,即“国务院反垄断执法机构认定的其他垄断协议”。虽然《反垄断法》第15条有豁免条款,但是该条款建立在涉案行为已经被认定是垄断协议的基础之上,否则不产生豁免问题。而符合安全港的协议依据该规定不被认为是垄断协议;由此可以推断出安全港规则的立法基础应当为第13条和第14条。而这一规则的建立也没有超越《反垄断法》第13条和第14条给予国务院反垄断执法机构的立法权限。其一,从立法主体而言,国家工商总局是那个时期国务院指定的反垄断执法机构之一;其二,从立法内容而言,国家工商总局当时负责处理非价格相关的垄断协议和滥用市场支配地位的行为,而该规定中涉及的滥用知识产权排除、限制竞争的行为也均为非价格相关的行为;其三,从立法程序来看,国家工商总局在起草该规定的过程多次召开座谈会、论证会等,大量听取多方机构、团体的意见,该规定中的条文也经历了多次修改。因此,该规定中确立安全港规则完全符合《立法法》第80条的要求。

其次,传统意义上的反垄断法主要有三大块内容,即垄断协议、滥用市场支配地位和经营者集中。对于后两项内容,《反垄断法》当然不是禁止所有经营者的滥用行为和集中行为。其中第19条以市场份额为基础的市场支配地位的推定以及《国务院关于经营者集中申报标准的规定》中以营业额为基础的申报标准,从实质意义上来说都是基本排除了滥用和集中对于中小企业的适用。从这个角度而言,二者的规定也都达到了类似于该规定中第 5 条的“安全港”的效果。因此,安全港的设置并没有突破以往的法律则。

最后,建立安全港规则与垄断协议的立法目的也是相符的。

对于纵向垄断协议而言,中国《反垄断法》中明示禁止的主要是转售价格维持(包括限制最低转售价格)。根据上海高级人民法院在强生案中确立的法律要件,只有涉案企业在相关市场“具有很强的市场地位”才可能被认定为构成转售价格维持。以市场份额作为认定市场地位的表见证据已经在《反垄断法》对于市场支配地位的推定中得以体现。安全港规则有相似的原理。以 30% 的市场份额作为标准也是合适的。其一,欧美纵向垄断协议安全港的设置也都以 30% 作为判断标准;其二,该 30% 的设置也并非不可反驳的推定。该规定指出,如果“有相反的证据证明该协议具有排除、限制竞争效果”则上述安全港不适用。

对于横向协议而言,情况比较复杂。一些横向限制竞争的行为完全违背竞争的基础,必须明令禁止。比如,横向固定价格的协议在绝大多数情况下会完全消除经营者之间的竞争,从而使反垄断促进竞争目的无法实现。因此,无论是美国还是欧盟都对此类行为进行严格规定。美国称之为“本身违法”(*perse* illegal)的行为,欧盟称之为“核心限制”(hardcore restriction)的行为。对于这些行为,无论涉案经营者市场地位如何都一律禁止,安全港的规定在此不予适用。但是,对于其他横向行为(如联合开发),由于其限制竞争的效果并不是特别明显,一般认为只有在涉案经营者具备一定的市场地位之后才可能会产生限制竞争的效果(欧美一般也以 20% 的市场份额作为判断标准)。而该规定明确指出安全港规则的适用仅限于《反垄断法》中未明示禁止的横向垄断协议。这种设置暗含两层意思:第一,其他明示的垄断协议属于本身违法或者核心限制竞争的行为,不适用安全港的规则;第二,《反垄断法》未予以明示禁止的横向协议属于限制竞争效果相对较弱的行为,因此得以适用安全港规则。这种立法考量完全符合国际惯例。

综上所述,该规定中对于安全港规则的建立不但契合国际反垄断实践的成熟经验,而且也符合中国的现实国情。该规定的实施必然会对今后中国在知识产权领域处理垄断问题提供重要指引,更会促进国内外高科技的企业之间的良性竞争,并最终实现中国科技强国的目标。

5. 知识产权与市场支配地位的关系

该规定第6条第2款规定:"市场支配地位根据《反垄断法》第十八条和第十九条的规定进行认定和推定。经营者拥有知识产权可以构成认定其市场支配地位的因素之一,但不能仅根据经营者拥有知识产权推定其在相关市场上具有市场支配地位。"这是对知识产权与市场支配地位之间关系的正确理解。

对知识产权与市场支配地位之间关系的理解直接涉及在反垄断法上如何看待知识产权的特殊性,进而对相关行为是从严还是从宽适用反垄断法的问题。而如前文所述,这在不同的国家、不同的时期是有不同的分析和处理原则的。在执行反垄断政策比较严厉的时期和国家,人们往往强调知识产权的特殊性,常常将拥有知识产权等同于拥有市场支配地位本身。但在20世纪80年代以后,情况逐步有所改变,尤其是1995年的美国司法部和联邦贸易委员会联合发布《知识产权许可的反托拉斯指南》以来,各国反垄断执法机构在这一问题上的立场发生了重大的变化。该指南所阐明的三个核心原则之一便是在确认是否触犯反托拉斯法时,反托拉斯部门将知识产权与其他财产同样对待,认为尽管知识产权与其他形式的有形或无形财产相比具有重要的不同特性,但是在涉及反托拉斯的问题上,知识产权与其他任何有形和无形财产一样适用相同的原则。知识产权既不特别地免于反托拉斯法的审查,也不特别地受到怀疑,而是应适用统一的标准和法律原则;至于知识产权易受侵害性的特点,以及不同形式知识产权法律保护的目的、程度及期限方面的特点,只需在实践中结合具体案情和特定市场情况予以考虑,这些特点并不要求对知识产权适用根本不同于适用于其他财产权的反托拉斯法原则;这种处理方式,与反托拉斯法实践对具体案件中各种有形财产之间的差别也予以考虑一样。与此直接相关,该指南的另一个核心原则是反托拉斯部门并不假定知识产权产生反托拉斯意义上的市场支配力,即知识产权作为垄断权本身并不能导致其权利所有人具有市场支配力的结论。

虽然拥有知识产权本身不等于具有市场支配地位,但是,如同其他财产权一样,知识产权有时又确实是企业获得市场支配地位的一个重要的甚至是关键的因素。这时需要服从关于市场支配地位的一般分析。总体来看,有关国家和地区在将反垄断法适用于知识产权领域时,仍然是将相关行为纳入反垄断法通常的框架下进行分析的,既不因为知识产权固有的垄断性而对知识产权行使加以特别的约束,也不因为法律保护知识产权而对知识产权行使行为网开一面。

6. 该规定关于拒绝许可的规定

该规定第7条是关于拒绝许可的规定:“具有市场支配地位的经营者没有正当理由,不得在其知识产权构成生产经营活动必需设施的情况下,拒绝许可其他经营者以合理条件使用该知识产权,排除、限制竞争。认定前款行为需要同时考虑下列因素:(一)该项知识产权在相关市场上不能被合理替代,为其他经营者参与相关市场的竞争所必需;(二)拒绝许可该知识产权将会导致相关市场上的竞争或者创新受到不利影响,损害消费者利益或者公共利益;(三)许可该知识产权对该经营者不会造成不合理的损害。”

该规定中是否应该涉及拒绝许可是在征求意见过程中讨论激烈的问题之一,一些国家的政府和企业代表强烈建议删除这方面的规定,但是该规定最终保留了关于拒绝许可的规定,但是将其限制在比较窄的范围内。一方面,拒绝许可是拒绝交易在知识产权领域的一种具体表现形式,既然《反垄断法》规定拒绝交易有可能违法,那么拒绝许可同样有可能违法;另一方面,由于知识产权本身具有排他性,而且还涉及维护竞争与促进创新之间的平衡,因此在认定拒绝许可构成违法时的标准确实应该更严格一些。

本来,拒绝许可是知识产权权利人自由行使知识产权的一种表现形式。在一般情况下,反垄断执法机构不应要求知识产权权利人承担与竞争对手或者交易相对人进行交易的义务。但是,也应有例外。由于不同的国家、不同的处理机关以及在不同的时期所强调的重点可能不完全相同,关于知识产权人拒绝许可是合理地行使知识产权的行为还是构成不正当地限制竞争(垄断)行为,这方面并没有一个固定的答案,需要依具体情况而定。总体来说,对于经营者在行使知识产权过程中无条件地或者非歧视性地单方拒绝许可,反垄断执法机构一般不应认为该行为违反反垄断法。但是,具有市场支配地位的经营者没有正当理由,在其知识产权构成生产经营活动必需设施的情况下,拒绝许可其他经营者以合理条件使用该知识产权,则有可能构成滥用市场支配地位行为。

认定拒绝许可构成垄断行为需要掌握比较严格的条件,需要同时考虑下列因素:该项知识产权在相关市场上不能被合理替代,为其他经营者参与相关市场的竞争所必需;拒绝许可该知识产权将会导致相关市场上的竞争或者创新受到不利影响,损害消费者利益或公共利益;许可该知识产权对该经营者不会造成不合理的损害等。

还应看到,拒绝许可知识产权也可能作为经营者实施其他限制性条件或搭售的手段,对此反垄断执法机构应结合相关限制性条件或者搭售,就其对竞争的影响进行具体分析。

7. 关于专利联营的规定

该规定第 12 条是关于专利联营的规定:“经营者不得在行使知识产权的过程中,利用专利联营从事排除、限制竞争的行为。专利联营的成员不得利用专利联营交换产量、市场划分等有关竞争的敏感信息,达成《反垄断法》第十三条、第十四条所禁止的垄断协议。但是,经营者能够证明所达成的协议符合《反垄断法》第十五条规定的除外。具有市场支配地位的专利联营管理组织没有正当理由,不得利用专利联营实施下列滥用市场支配地位的行为,排除、限制竞争:(一)限制联营成员在联营之外作为独立许可人许可专利;(二)限制联营成员或者被许可人独立或者与第三方联合研发与联营专利相竞争的技术;(三)强迫被许可人将其改进或者研发的技术独占性地回授给专利联营管理组织或者联营成员;(四)禁止被许可人质疑联营专利的有效性;(五)对条件相同的联营成员或者同一相关市场的被许可人在交易条件上实行差别待遇;(六)国家市场监督管理总局认定的其他滥用市场支配地位行为。本规定所称专利联营,是指两个或者两个以上的专利权人通过某种形式将各自拥有的专利共同许可给第三方的协议安排。其形式可以是为此目的成立的专门合资公司,也可以是委托某一联营成员或者某独立的第三方进行管理。”

专利联营,又称专利池,是指两个或两个以上的专利权人通过某种形式将各自拥有的专利共同许可给第三方的协议安排。这种组织可以采取不同的形式:既可以是为此目的专门成立的合资公司,也可以是受委托的某一联营成员或者某独立的第三方实体组织。

对专利联营设立行为性质的认定是专利联营反垄断法实施中首先需要解决的一个基本问题,因为这直接关系到专利联营本身存在的合法与否。而这在不同的国家(地区)、不同的时期是有不同的分析和处理原则的。目前各国既承认和重视专利联营的积极作用,又注意防范其潜在的反竞争效果,即运用反垄断法禁止经营者利用专利联营从事排除、限制竞争的行为。专利联营在促进互补性技术的一体化、降低交易成本、消除障碍性专利、减少侵权诉讼及其不确定性等方面具有一定的积极作用,但是在某些情况下,专利联营也可能具有排除、限制竞争的效果,因此需要对其进行反垄断的分析认定。根据不同的情况,这种分析认定可能分别或者同时适用反垄断法中关于垄断协议、滥用市场支配地位和经营者集中的规定。

反垄断执法机构分析专利联营对相关市场竞争产生的影响时，除遵循知识产权领域反垄断执法的一般原则外，还应当考虑以下因素：(1)参与专利联营主体是否具有市场支配地位；(2)参与专利联营主体的一方具有市场支配地位时，专利联营是不是开放的和非歧视性的；(3)专利联营是否不合理地封锁第三方的技术或者限制替代性专利联营的建立。一般来说，仅由互补性专利组成的联营不会对竞争产生不利的影响，而包含有替代性专利的联营对相关市场竞争的影响需要由反垄断执法机构根据个案的具体特点进行分析。

专利联营有可能被其成员利用来达成垄断协议。专利联营可被用来交换价格、产量、市场划分等有关竞争的敏感信息，进而实施相关垄断行为。专利联营也有可能被具有市场支配地位的经营者利用来达成实施滥用该地位的行为。例如，限制联营成员在联营之外作为独立许可人许可专利；限制联营成员或者被许可人独立或者与第三方联合研发与联营专利相竞争的技术；强迫被许可人将其改进或者研发的技术独占性地回授给专利联营管理组织或者联营成员；禁止被许可人质疑联营专利的有效性；对条件相同的联营成员或者同一相关市场的被许可人在交易条件上实行差别待遇。

8. 关于标准滥用问题的规定

该规定第 13 条是关于涉及专利的标准制定和实施的规定："经营者不得在行使知识产权的过程中，利用标准（含国家技术规范的强制性要求，下同）的制定和实施从事排除、限制竞争的行为。具有市场支配地位的经营者没有正当理由，不得在标准的制定和实施过程中实施下列排除、限制竞争行为：（一）在参与标准制定的过程中，故意不向标准制定组织披露其权利信息，或者明确放弃其权利，但是在某项标准涉及该专利后却对该标准的实施者主张其专利权。（二）在其专利成为标准必要专利后，违背公平、合理和无歧视原则，实施拒绝许可、搭售商品或者在交易时附加其他的不合理交易条件等排除、限制竞争的行为。本规定所称标准必要专利，是指实施该项标准所必不可少的专利。"

在现阶段市场竞争中的一个引人关注的现象是标准与专利的紧密结合，其中涉及反垄断的复杂问题。通常，标准的制定和实施有利于统一技术规范、促进技术创新、维护消费者利益和社会公共利益。但是，如果一项标准包含专利技术并得到广泛实施，将会提高其他可替代技术进入该标准的成本，可能会产生专利阻碍效应。如果专利权人在标准制定和实施过程中行使专利权的行为产生或者可能产生排除、限制竞争的效果,反垄断执法机构应进行反垄断的分析认定。

在涉及专利的标准制定和实施过程中就不可避免地会发生排除、限制市场竞争的问题。这方面的问题有不同的表现形式,违反专利披露义务和虚假承诺可能引起的反垄断问题以及违反公平合理无歧视原则可能引起的反垄断问题是其中两个最为典型和突出的表现。这两方面都需要在反垄断法禁止滥用市场支配地位制度的框架下进行分析,着重把握其所涉及的特殊之处。[1]

9. 对滥用知识产权排除、限制竞争行为的分析框架

在知识产权领域适用反垄断法,即对涉嫌滥用知识产权排除、限制竞争行为进行反垄断执法时,需要综合运用法学、经济学等方法就该行为产生或者可能产生的排除、限制竞争效果进行分析。这是对滥用知识产权行为进行反垄断法规制不同于其他法律(如专门的知识产权法)规制的重要方面。

在知识产权领域进行反垄断执法时需要按照一定的步骤进行反垄断分析。一般来说,分析认定经营者涉嫌滥用知识产权排除、限制竞争行为,可以采取以下步骤:(1)确定经营者行使知识产权行为的性质和表现形式;(2)确定行使知识产权的经营者之间相互关系的性质;(3)界定行使知识产权所涉及的相关市场;(4)认定行使知识产权的经营者的市场地位;(5)分析经营者行使知识产权的行为对相关市场竞争的影响。

分析认定经营者之间关系的性质需要考虑行使知识产权行为本身的特点。在涉及知识产权许可的情况下,原本具有竞争关系的经营者之间在许可合同中是交易关系,而在许可人和被许可人都利用该知识产权生产产品的市场上则又是竞争关系。但是,如果当事人之间在订立许可协议时不是竞争关系,在协议订立之后才产生竞争关系的,则仍然不视为竞争者之间的协议,除非原协议发生实质性的变更。

在知识产权领域进行反垄断执法时需要明确行使知识产权行为对竞争影响的分析因素。一般来说,分析认定经营者行使知识产权的行为对竞争的影响,应当考虑下列因素:(1)经营者与交易相对人的市场地位;(2)相关市场的

---

[1] 这方面的具体分析请参见王先林:《涉及专利的标准制定和实施中的反垄断问题》,载《法学家》2015年第4期。

市场集中度;(3)进入相关市场的难易程度;(4)产业惯例与产业的发展阶段;(5)在产量、区域、消费者等方面进行限制的时间和效力范围;(6)对促进创新和技术推广的影响;(7)经营者的创新能力和技术变化的速度;(8)与认定行使知识产权的行为对竞争影响有关的其他因素。

在知识产权领域进行反垄断执法时还需要针对行使知识产权行为对竞争的影响进行评价。一般来说,行使知识产权行为对竞争产生或者可能产生的不利影响,可以表现为对既有竞争的排除、限制,例如,通过知识产权的取得或者独占性许可减少相关市场竞争者的数量,或者通过知识产权交叉许可协议消除经营者之间原本存在的竞争;也可以表现为对潜在市场竞争的排除、限制,例如,通过拒绝许可知识产权行为,控制关键技术等资源,设置或者提高相关市场的进入障碍,使其他经营者不能以合理的条件获得该资源,阻止潜在竞争者的进入。行使知识产权行为对竞争产生或者可能产生的有利影响,可以表现为通过创新或者技术的传播利用,提高生产或者资源利用的效率等,但是这种效率必须同时满足以下条件:(1)效率的提高是客观的和可以证明的;(2)知识产权权利人的限制性行为是效率产生所必不可少的;(3)产生的效率必须能够为消费者所分享;(4)知识产权权利人的限制性行为不会严重限制相关市场的竞争。如果行使知识产权行为对竞争产生或者可能产生不利影响,但经营者能够证明该行使知识产权行为同时也产生或者可能产生有利影响,且有利影响大于不利影响,则国务院反垄断执法机构可以对其不予禁止。

鉴于经营者相互关系的性质和市场地位对竞争影响程度的差异,为提高效率,节约执法资源,反垄断执法机构在分析行使知识产权行为对竞争的影响时着重关注具有竞争关系的经营者和具有或者共同具有较高市场份额的经营者。

(四)中国知识产权领域反垄断的司法和行政执法案例

在中国,反垄断法实施的时间还比较短,在涉及知识产权的领域实施反垄断法的案件还不是很多,但是无论是在反垄断民事诉讼中还是在反垄断行政执法中,都已经出现了这样的案件,而且其调查和处理都受到了国内外的广泛关注。以下简要介绍目前这方面的主要案例。

1. 华为技术有限公司诉美国交互数字技术公司、交互数字通信有限公司、

交互数字公司垄断案[1]

2011 年 12 月 6 日,华为技术有限公司(以下简称华为公司)向深圳市中级人民法院提起诉讼称:根据中国《反垄断法》的规定,被告交互数字技术公司、交互数字通信有限公司、交互数字公司(统称为交互数字,以下简称 IDC)在 3G 无线通信标准必要专利许可市场中具有市场支配地位。与苹果、三星等公司相比,被告对其标准必要专利的许可使用费存在过高定价和歧视性定价行为;被告还要求原告将其全球所有的专利无偿许可给被告,这属于附加不合理交易条件的行为;被告提出将其标准必要专利和非标准必要专利、2G、3G 和 4G 标准必要专利、全球专利打包许可,这属于搭售行为;在双方谈判过程中,被告突然在美国联邦法院和美国国际贸易委员会同时起诉原告,本质上是拒绝与原告进行交易的行为。据此,原告诉请三被告立即停止过高定价、差别定价、搭售、附加不合理交易条件以及拒绝交易等垄断民事侵权行为,并连带赔偿原告经济损失人民币 2000 万元。

被告交互数字答辩称:第一,IDC 公司不认可华为公司所主张的相关市场的划分,仅凭 IDC 公司自身的必要专利涵盖的技术不可能制造任何终端产品。本案当中相关的地域市场应该是全球市场,而不是华为公司所划分的中国市场和美国市场。第二,IDC 公司在相关市场中不具有市场支配地位,以及排除或限制竞争的能力。第三,IDC 公司没有实施任何违反《反垄断法》,从事限制竞争的行为。第四,IDC 公司没有给华为公司造成任何实际损害。

一审法院经审理认为,原告华为公司主张相关市场的范围是:相关地域市场是中国市场和美国市场,相关商品市场为被告交互数字在 3G 无线通信技术中的 WCDMA、CDMA2000、TD - SCDMA 标准下的每一个必要专利许可市场构成的集合束,被告在中国和美国的 3G 无线通信技术标准(WCDMA、CDMA2000、TD - SCDMA)中的每一个必要专利许可市场,均构成一个独立的相关市场,本案的相关市场是该一个个独立相关市场的集合束。对原告界定的相关市场的范围,予以确认。基于 3G 标准中每一个必要专利的唯一性和不可替代性,被告在 3G 标准中的每一个必要专利许可市场均拥有完全的份额,具有阻碍或影响其他经营者进入相关市场的能力。因此,法院认定被告在原告界定的

---

[1] 资料来源:广东省高级人民法院民事判决书(2013)粤高法民三终字第 306 号,原文可参见 http://www.gdcourts.gov.cn/ecdomain/framework/gdcourt/jndbijapddnebboelcfapbecpepdnhbe.jsp? wsid = LM43000000201404170309021 58689&sfcz = 0&ajlb = 5,最后访问日期:2016 年 6 月 6 日。

相关市场中具有市场支配地位。

在进行必要专利的授权许可谈判时,必要专利权人掌握其必要专利达成许可条件的信息,而谈判的对方不掌握这些交易信息,由于双方信息不对称,故必要专利许可合同交易的实现,依赖于必要专利权人在合同签订、履行时均应遵循公平、合理、无歧视(FRAND)的原则。将被告授权给苹果、三星等公司的专利许可条件,与被告向原告发出的要约条件进行比较,无论是按照一次性支付专利许可使用费为标准,还是按照专利许可使用费率为标准,被告拟授权给原告的专利使用费均远远高于苹果、三星等公司。被告还强迫原告方给予其所有专利的免费许可,使之可以获得额外的利益,这表明被告存在过高定价和歧视性定价的行为。由于原告在与被告的谈判中一直处于善意状态,被告在美国提起诉讼的目的,在于逼迫原告接受过高专利许可交易条件,这在性质上不属于拒绝交易行为,而属于逼迫原告接受过高专利许可交易条件之手段的行为。被告利用其必要专利授权许可市场条件下的支配地位,将必要专利与非必要专利搭售,属于滥用市场支配地位的行为。原告指控被告将2G、3G和4G标准必要专利、全球专利打包许可属于搭售行为,缺乏依据,不予采纳。

据此,一审法院依法认定三被告共同实施了垄断民事侵权行为,应承担共同实施垄断民事侵权行为的法律责任,判决三被告立即停止针对原告实施的过高定价和搭售的垄断民事侵权行为,并连带赔偿原告经济损失人民币2000万元,驳回原告的其他诉讼请求。宣判后,原、被告双方均不服一审判决,提起上诉。2013年10月21日,广东省高级人民法院作出终审判决:驳回上诉,维持原判。

本案是中国首例原告完全胜诉的反垄断民事诉讼案,也是中国法院受理的首例由标准必要专利许可引发的垄断纠纷案件,涉及知识产权领域反垄断的最前沿的疑难法律问题,广受国内外关注,最高人民法院将其列入"2013年度全国法院十大热点案件"。本案尝试在专利权保护与反垄断之间进行合理的平衡,并探讨了在涉及标准必要专利时相关市场的界定以及如何认定过高定价和搭售等疑难问题。尽管有些结论在学术上还可以讨论,但是该案的判决在世界上树立了标准必要专利领域垄断纠纷的审判标准,具有重要的意义。

2. 国家发改委查处美国高通公司滥用市场支配地位案[1]

2013年11月,国家发改委根据举报启动了对美国高通公司的反垄断调查。

---

〔1〕资料来源:国家发展和改革委员会行政处罚决定书[发改办价监处罚(2015)1号]。参见国家发改委价格监督检查与反垄断局网站:http://jjs. ndrc. gov. cn/fjgld/201503/t20150302_666170. html,最后访问日期:2016年6月6日。

在调查过程中,国家发改委对数十家国内外手机生产企业和基带芯片制造企业进行了深入调查,获取了高通公司实施价格垄断等行为的相关证据,充分听取了高通公司的陈述和申辩意见,并就高通公司相关行为构成中国《反垄断法》禁止的滥用市场支配地位行为进行了研究论证。

经调查取证和分析论证,高通公司在 CDMA、WCDMA、LTE 无线通信标准必要专利许可市场和基带芯片市场具有市场支配地位,并实施了以下滥用市场支配地位的行为:第一,收取不公平的高价专利许可费。高通公司对中国企业进行专利许可时拒绝提供专利清单,过期专利一直包含在专利组合中并收取许可费。同时,高通公司要求中国被许可人将持有的相关专利向其进行免费反向许可,拒绝在许可费中抵扣反向许可的专利价值或提供其他对价。此外,对于曾被迫接受非标准必要专利"一揽子"许可的中国被许可人,高通公司在坚持较高许可费率的同时,按整机批发净售价收取专利许可费。这些因素的结合导致许可费过高。第二,没有正当理由搭售非无线通信标准必要专利许可。在专利许可中,高通公司不将性质不同的无线通信标准必要专利与非无线通信标准必要专利进行区分并分别对外许可,而是利用在无线通信标准必要专利许可市场的支配地位,没有正当理由将非无线通信标准必要专利许可进行搭售,中国部分被许可人被迫从高通公司获得非无线通信标准必要专利许可。第三,在基带芯片销售中附加不合理条件。高通公司将签订和不挑战专利许可协议作为中国被许可人获得其基带芯片供应的条件。如果潜在被许可人未签订包含了以上不合理条款的专利许可协议,或者被许可人就专利许可协议产生争议并提起诉讼,高通公司均拒绝供应基带芯片。由于高通公司在基带芯片市场具有市场支配地位,中国被许可人对其基带芯片高度依赖,高通公司在基带芯片销售时附加不合理条件,使中国被许可人被迫接受不公平、不合理的专利许可条件。

高通公司的上述行为,排除、限制了市场竞争,阻碍和抑制了技术创新和发展,损害了消费者利益,违反了中国《反垄断法》关于禁止具有市场支配地位的经营者以不公平的高价销售商品、没有正当理由搭售商品和在交易时附加不合理交易条件的规定。

在反垄断调查过程中,高通公司配合调查,主动提出了"一揽子"整改措施。这些整改措施针对高通对某些无线标准必要专利的许可,包括:(1)对为在中国境内使用而销售的手机,按整机批发净售价的65%收取专利许可费;(2)向中国被许可人进行专利许可时，将提供专利清单，不得对过期专利收取许可费；(3)不要求中国被许可人将专利进行免费反向许可；(4)在进行无线标准必要专利许可时，不得没有正当理由搭售非无线通信标准必要专利许可；(5)销售基带芯片时不要求中国被许可人签订包含不合理条件的许可协议，不将不挑战专利许可协议作为向中国被许可人供应基带芯片的条件。高通提交的整改措施满足了国家发改委决定和整改的要求。

由于高通公司滥用市场支配地位实施垄断行为的性质严重，程度深，持续时间长，国家发改委在责令高通公司停止违法行为的同时，依法对高通公司处以2013年度在中国市场销售额8%的罚款，计60.88亿元人民币。

本案是中国《反垄断法》2008年8月1日实施以来，罚款数额最高、受到国内外关注度也最高的案件，在中国反垄断执法中具有里程碑意义。本案也涉及标准必要专利的问题，处理结果修正了高通在无线通信行业某些长期的垄断行为，对同类企业起到了警示作用，有效促进该行业的公平竞争，维护了消费者的利益。而对于全球范围内的反垄断执法而言，中国执法机构也在本案中展现了决心和能力，表明中国在重视知识产权保护的同时，也坚决反对任何滥用知识产权排除、限制竞争的行为。

3. 商务部经营者集中反垄断审查中的知识产权问题

从《反垄断法》2008年8月实施至2019年12月底前商务部反垄断局和现国家市场监管总局反垄断局共附加限制性条件批准经营者集中45件。在附条件批准的案件中，有半数以上涉及知识产权。其中，2012年的谷歌收购摩托罗拉案、2014年的微软收购诺基亚案和2015年的诺基亚收购阿尔卡特朗讯股权案相对更为典型。

在谷歌收购摩托罗拉手机案中，谷歌的Android(安卓)系统和摩托罗拉的智能手机之间可能存在纵向整合，同时排除下游市场的竞争。案件最后达成救济措施，其中之一即要求谷歌继续遵守摩托罗拉移动在摩托罗拉移动专利方面现有的公平、合理和非歧视(FRAND)义务，谷歌将在免费和开放的基础上许可安卓平台。

在微软收购诺基亚案中，微软在安卓手机专利许可市场拥有81项专利和235项非标准必要专利，手机生产企业对安卓系统存在高度依赖，微软因此具有通过专利许可限制下游智能手机市场的能力。而诺基亚拥有与智能手机相关的1713项标准必要专利和5467项非标准必要专利。收购完成后，诺基亚将不再从事智能手机的生产业务,变成纯粹的专利持有者,不再需要取得其他专利授权人的交叉许可,后者也是一种重要的制约力量。商务部在审查后,最终的救济措施是微软和诺基亚均确认继续履行向标准制定组织作出的承诺,以FRAND条款许可其标准必要专利。同时,对专利许可费率也进行了限制。

在诺基亚收购阿尔卡特朗讯股权案中,也涉及知识产权的救济措施。在该案中,商务部在审查时,分析了集中双方在无线网络接入设备、核心网络系统设备、网络基础设施服务市场上存在的横向重叠,考察了集中之后诺基亚持有的通信标准必要专利可能引发的竞争问题。审查结果表明,诺基亚有可能凭借其掌握的标准必要专利排除、限制市场竞争。这两家企业都参加了多个国际标准制定组织,并参与制定了主要的通信标准,包括2G、3G和4G标准。集中后,诺基亚在2G、3G通信标准必要专利许可市场持有的比例达到第一位。这项集中可能导致中国移动终端制造市场和无线通信网络设备市场的竞争格局发生变化,最终可能损害消费者的利益。根据并购双方提供的承诺方案,商务部附条件批准了该案,要求诺基亚就标准必要专利许可继续遵循FRAND原则,并就执行基于SEPs的禁令、SEPs转让等问题作出承诺。商务部对该承诺继续监督。

商务部附加与知识产权相关的限制性条件主要包括以下种类:一是坚持FRAND原则。要求专利许可人遵守其在标准组织作出的公平、合理、非歧视的许可承诺。二是对禁令使用限制。要求专利许可人在标准必要专利的许可中对善意的潜在被许可人不寻求禁令救济。三是禁止搭售行为。要求标准必要专利许可人在许可专利时不以被许可人是否接受其非标准必要专利为前提。四是对第三方受让人的约束。标准必要专利持有人在转让标准必要专利时,应当要求第三方受让人继续履行其向标准制定组织和向商务部作出的承诺,否则,不得进行转让。

三、《关于知识产权领域的反垄断指南》的制定问题

(一)《关于知识产权领域的反垄断指南》制定的必要性和可行性

1. 必要性

《反垄断法》实施以来,中国反垄断执法的力度在不断加大,特别是近年来的一系列执法行动取得了令国内外瞩目的成绩,积累了初步的执法经验。但同时,中国反垄断执法也面临着许多挑战,其中的一个重要方面就是如何认识和处理反垄断与保护知识产权之间的复杂关系。

如前所述，长期以来，中国的法学界和实务部门对于反垄断法应当如何对待知识产权的行使行为存在不同甚至相反的看法。最终，《反垄断法》第 55 条作出相对合理的规定："经营者依照有关知识产权的法律、行政法规规定行使知识产权的行为，不适用本法；但是，经营者滥用知识产权，排除、限制竞争的行为，适用本法。"虽然该条确立了中国反垄断法适用于知识产权领域的基本原则，但是如何对该条进行合理解释和正确适用，保证反垄断法在涉及知识产权的领域有效实施还有很多具体问题需要解决。

本来，反垄断法的实施就是一个非常复杂的问题，因为反垄断法条文的原则性和规则的不确定性是各国反垄断法的普遍特征。现实中的竞争问题充满复杂性，往往需要执法机构根据每一个案件的具体情况进行具体分析，而不能依靠立法机构制定出普遍适用又能在适用中确保正当性的具有可操作性的法律规范；另外，立法条文往往只能反映各个利益团体之间博弈的结果，因而立法机构"既缺乏智慧，又缺乏能力和必要的一致，制定出能够解决现实竞争问题的具体条文"。在一些国家和地区，一方面依靠执法机构和法院在具体的案例中通过法律适用来明确和统一执法的尺度，另一方面执法机构也在总结实践经验的基础上，针对不同领域的情况，制定具有法律性质的规章或具有指导性文件性质的指南，为反垄断执法机构的执法活动和经营者的市场竞争行为提供指引。

反垄断法在涉及知识产权的领域实施无疑会更为复杂和敏感。保护知识产权以激励创新和反垄断以维护竞争都是现代各国重要的公共政策，但是这两种政策之间有一个协调的问题。本来，知识产权作为一种合法的垄断，其拥有本身和正当行使是作为反垄断法的适用除外而存在的，此时对竞争的限制应被视为国家建立和实施知识产权制度的必要代价，因而应当得到反垄断法的容忍；但是，知识产权也可能被滥用来排除、限制竞争，这就违背了国家建立和实施知识产权制度的基本宗旨，也为反垄断法所不容。这需要把握好在涉及知识产权的领域进行反垄断执法时"度"的界限。

在中国，反垄断法实施的时间还比较短，在涉及知识产权的领域实施反垄断法的案件还不是很多，但是无论是在反垄断行政执法中，还是在反垄断民事诉讼中，都已经出现了这样的案件，而且其调查和处理都受到了国内外的广泛关注。这里同样面临需要在激励创新与维护竞争之间取得合理平衡这样一个复杂和敏感的问题。由于《反垄断法》第 55 条的规定过于原则，对何种行为能够被视为正当的权利行使行为,何种行为将被视为滥用知识产权排除、限制竞争的行为,缺乏明确具体的界定,因此需要尽快制定中国滥用知识产权的反垄断指南来解决这一问题,既在涉及知识产权的反垄断执法活动中为执法者提供指引,也为在涉及知识产权的市场竞争活动中为经营者提供准则。

虽然原国家工商总局在 2015 年 4 月发布并在 8 月实施了《关于禁止滥用知识产权排除、限制竞争行为的规定》,但是该规定的出台不能取代中国滥用知识产权反垄断指南的制定。一方面,该规定只是作为中国当时的三家反垄断执法机构之一的国家工商总局出台的部门规章,其效力有限,适用范围也仅限于工商行政管理机关的反垄断执法活动,而不包括国家发改委及其授权机构的反价格垄断执法活动和商务部的经营者集中反垄断审查活动;另一方面,囿于部门规章的立法权限和体例,该规定涉及的内容还比较有限,而且很多问题也未能充分展开分析,对执法机构和经营者的指引仍然有限。

基于此,中国迫切需要制定关于滥用知识产权的反垄断指南。

2. 可行性

中国制定《关于知识产权领域的反垄断指南》不仅具有必要性,而且也具有可行性。

首先,一些国家和地区在这方面有比较成熟的经验可资借鉴。一些较早制定和实施反垄断法的国家和地区也更早地面临协调保护知识产权和反垄断的难题,并在探索的过程中制定和实施了各自的滥用知识产权反垄断指南。[1] 这些国家和地区的相关指南虽然制定时间先后不同,背景各异,内容和体例也不尽相同,但是都有值得中国予以借鉴吸收的地方。其中,美国、欧盟和日本分别从合理原则、豁免制度以及除外适用三种不同路径展开反垄断法对涉及知识产权行使行为的规制,鲜明地体现出法律制度演进时对于路径的依赖以及三者在立法思想上的不同特点。可以说,中国在这方面具有明显的“后发优势”,有利于吸收各方的长处。

其次,中国相关的反垄断执法和司法实践为制定《关于知识产权领域的反垄断指南》提供了本国的实践经验。如前所述,中国反垄断法的实施时间虽然不长,涉及知识产权的反垄断案件不算多,但是毕竟已经有了,而且无论是深圳中院和广东高院判决的华为诉 IDC 案还是国家发改委查处的高通案,都在国际

---

〔1〕 具体情况可参见本书第二章。

前沿领域作出了中国的回答，在国内外产生了极大的关注和广泛的影响，还受到了一些发达国家和地区反垄断执法和司法的效仿。这无疑为制定《关于知识产权领域的反垄断指南》积累了宝贵的经验，也提出了需要进一步解决的重点和难点问题。

最后，中国相关滥用知识产权反垄断规章的出台为制定《关于滥用知识产权领域的反垄断指南》提供了重要的立法经验。虽然原国家工商总局发布的《关于禁止滥用知识产权排除、限制竞争行为的规定》不能取代相关指南的制定，但是该规章在这一领域进行了初步的探索，其内容虽然不够全面和具体，但还是为制定指南打下了坚实的基础，积累了有益的经验。实际上，该规定原本就是作为指南来制定的，在进行了四五年的研究和起草之后，基于多方面的考量才作为指南出台前的一种尝试和初步成果而推出的，其下一步就是要在总结规章制定经验教训的基础上进一步制定更为全面、更为具体的《关于知识产权领域的反垄断指南》。

总之，中国目前制定《关于知识产权领域的反垄断指南》已经有了相关的国际经验可资借鉴，并且自身也积累了一定的执法和立法经验，条件已经成熟。而且，立法本来就是一个不断丰富和完善的过程，在制定这一指南的过程中，有些目前尚未看准的问题可以暂时不涉及，有些将来被证明为不合适的内容也可以及时加以修订完善。

(二)《关于知识产权领域的反垄断指南》制定的主体、体例和结构

1. 制定主体

作为细化相关领域反垄断规则的立法性文件，其在形式上可以有多种选择，除了最高人民法院的司法解释外，主要包括行政法规、行政规章和指南等。其中，国务院制定的行政法规具有效力较高的特点，但是其规定的事项往往比较原则和刚性，较难对涉及知识产权领域的反垄断执法事宜作出非常明确、具体的规定；部门行政规章包括单个部门制定的规章和几个部门联合制定的规章，前者的局限性已如前所述，只能作为过渡性和应急性的措施采用，后者（如两家或者三家反垄断执法机构共同制定的反垄断规章）虽可解决适用范围的问题，但仍然存在体例和内容上的局限性，也不能完全适应需要。[1] 只有《反垄

〔1〕 在原来的三个反垄断执法机构整合为一个的情况下，则只有单个部门制定行政规章的问题。

断法》特别规定的“反垄断指南”才最适合作为这方面立法文件的形式。这是由于反垄断执法工作是一项专业性很强的工作,对经营者的行为是否排除、限制竞争,构成垄断行为,需要根据实际的市场竞争状况,运用经济分析等方法进行判断。从其他许多国家和有关国际组织的实际做法来看,反垄断法只能是构建起反垄断的基本制度框架,具体的、可操作性的内容还要依靠权威机构制定的反垄断指南来解决。

根据《反垄断法》第9条的规定,“制定、发布反垄断指南”是国务院反垄断委员会的职责之一,因此,《关于知识产权领域的反垄断指南》也应由国务院反垄断委员会来制定和发布。虽然“反垄断指南”不属于中国《立法法》所规定的任何一种法律规范形式,但由于其发布机构的权威性和内容的实用性,其在实际上的影响力往往要大于同类的部门规章。

由于国务院反垄断委员会只是负责组织、协调、指导反垄断工作,而不负责具体的反垄断执法工作,因此相关指南的具体起草工作就由国务院反垄断执法机构负责。在原来存在三个反垄断执法机构的情况下,无论是一个执法机构牵头起草还是三个反垄断执法机构分别或者共同起草,都需要进行必要的协调,至少要在国务院三个反垄断执法机构取得一致意见后才能形成正式的文本,由国务院反垄断委员会审议通过。

2. 行文体例

在行文体例上,反垄断指南和相关行政法规、行政规章有很大的不同。反垄断指南一般不采取行政法规和行政规章那样直接规定行为人具体权利义务的方式(多为禁止性规范),而是着重阐明对于相关行为的态度,对其进行反垄断分析的原则和方法等。有的还在这样的指南中提供假设性的案例,用以例示说明在何种情况下某种行为被视为合法或者非法,以给经营者对相关行为更好的法律预期。例如,美国司法部和美国联邦贸易委员会于1995年联合发布、2017年修订的《知识产权许可的反托拉斯指南》中就提供了10个相关的具有典型意义的假设性案例。

在制定《关于知识产权领域的反垄断指南》时,需要注意其在行文体例上与行政法规和行政规章等正式立法文件的不同,而应采取相对柔性的、灵活性比较大的行文方式,着重阐述反垄断执法机构在涉及知识产权领域的反垄断执法的基本态度,进行相关分析的原则和方法,包括对一些典型行为的比较系统和专门的分析意见。不过,考虑到中国在涉及知识产权领域的反垄断执法经验还非常有限,对一些前沿性问题的分析带有探索性和过渡性,并且公众对带有立法性文件的行文体例创新也有一个接受度的问题,因此暂时不宜采取假设性案例的方式。当然,在今后实践经验积累到比较充分的时候,可以通过修改指南的方式增补一些具有典型性和指导意义的假设性案例。

3. 结构选择

制定《关于知识产权领域的反垄断指南》的主要任务在于,阐明保护知识产权与反垄断之间的基本关系和在涉及知识产权的领域进行反垄断执法的基本原则和立场,并对行使知识产权涉及的相关行为进行反垄断分析,以此明确具体行为的合法与违法的界线。为此,就需要对所涉及的行为进行类型化处理,选择合理的逻辑结构。

对滥用知识产权排除、限制竞争行为可以从不同的角度进行类型化分析,从而形成不同的指南文本结构。

首先,可以从不同种类的知识产权的角度着手,即从专利权、著作权、商标权和商业秘密等不同种类的知识产权各自的特点出发,分别分析在行使这些知识产权的过程中应当注意的问题。这种分析角度具有很强的针对性,尤其是可以将反垄断法对滥用知识产权行为的规制与有关知识产权法自身对于滥用知识产权行为的规制相衔接,有利于全面展示对各类知识产权的法律规制,也有利于当事人对于相关法律规则的了解和遵守。

其次,可以从滥用知识产权排除、限制竞争的不同方面和环节的角度着手,即从知识产权的反竞争性获得、拒绝使用或许可(包括为阻碍权利人所在市场上的竞争和为阻碍相邻市场上的竞争)、许可过程中(如不质疑条款、单方独家回授条款和"一揽子"许可)以及争议解决中的限制竞争行为等不同方面和环节分别进行分析。这种分析角度有利于把握滥用知识产权排除、限制竞争行为的主要特点,并针对这些特点制定出对行使各类知识产权共同适用的规则。

最后,可以从反垄断法规制的不同类型的垄断行为的角度着手,即从垄断协议、滥用市场支配地位和经营者集中的不同类型出发分别进行分析。这种分析角度完全从反垄断法自身的特点和内容出发,将行使知识产权过程中的行为按其不同的形式分别归入不同类型的垄断行为中进行分析,充分体现出从反垄断法的角度规制滥用知识产权行为的特点,并与《反垄断法》所规定的基本实体制度相对应。

虽然上述三种分析角度和形成的文本结构各有其优点,而且不同的方式并非完全孤立的,而往往是交织在一起的,但是《关于知识产权领域的反垄断指南》更适合从反垄断法规制的不同类型的垄断行为的角度进行分析,进而形成与《反垄断法》规定的三种垄断行为相对应的指南结构。当然,在这种结构中也可在每一类垄断行为的分析中根据不同种类知识产权的特点以及排除、限制竞争的不同方面和环节分别作出进一步的分析。

(三)《关于知识产权领域的反垄断指南》制定的主要过程

早在2009年,国家工商总局就已率先启动了《关于知识产权领域的反垄断执法指南》的制定工作,并在当年9月就已经形成了该"指南"(起草修订第四稿)。[1] 后通过多年来的系统研究、实地调研、走访等工作,系统了解和掌握了中国现阶段滥用知识产权排除、限制竞争行为的总体状况及表现形式,几经征求意见和修订,在2012年形成了该指南(第五稿),并于2015年4月立足执法需要,先行出台了《关于禁止滥用知识产权排除、限制竞争行为的规定》。在该指南起草过程中,国家工商总局以前期起草的该指南(第五稿)的总体框架为基础,并结合国内外知识产权领域的最新发展,于2015年继续进行指南的起草工作。

2015年上半年国务院反垄断委员会启动了知识产权领域的反垄断指南的起草工作,并且确定先由三个反垄断执法机构和国家知识产权局根据各自的职责,分别起草文本,然后由该委员会进行整合、修改并发布。2015年下半年,国家发改委、商务部、国家工商总局和国家知识产权局都起草了各自的版本,并通过不同方式征求各方面的意见。根据国务院反垄断委员会的安排,2016年年初,以上4个机构分别提交了各自的指南草案。

国家发改委《关于滥用知识产权的反垄断指南》(2015年12月31日征求意见稿)包括"序言""基本问题""可能排除、限制竞争的知识产权协议""涉及知识产权的滥用市场支配地位行为""涉及知识产权的经营者集中"(略)等几个部分。[2]

商务部《关于禁止滥用知识产权排除、限制竞争行为的指南》经营者集中反垄

---

〔1〕 该稿的全文参见王先林主编:《中国反垄断法实施热点问题研究》(附录),法律出版社2011年版,第378~388页。

〔2〕 该征求意见稿的全文可在国家发改委价格监督检查与反垄断局网站查阅:http://jjs.ndrc.gov.cn/fjgld/201512/t20151231_770233.html,最后访问日期:2016年8月9日。

断审查部分包括“定义”“经营者集中审查引发竞争关注的涉及知识产权的情形”“经营者集中涉及知识产权的竞争影响评估”“采取的相应救济措施”等内容。

国家工商总局《关于滥用知识产权反垄断执法指南》(第七稿)于2016年2月4日公开征求意见。[1] 根据各方面反馈意见的基础上,国家工商总局于2016年4月向国务院反垄断委员会办公室提交了《关于滥用知识产权反垄断执法指南》(第八稿)。其主要包括以下内容:一是序言阐述制定指南的必要性。二是第一章总则,包括澄清反垄断与保护知识产权的关系、滥用知识产权与垄断行为、滥用知识产权排除、限制竞争行为的界定、知识产权领域反垄断执法的基本原则、分析方法和步骤、分析因素、适用范围等。三是第二章相关市场界定,包括总体原则、相关商品生产、相关技术市场和相关创新市场等。四是第三章涉及知识产权的垄断协议,包括涉及知识产权垄断协议的总体规定、竞争者之间的价格限制、竞争者之间的产量限制、竞争者之间的市场分割、竞争者之间的研发限制、竞争者之间的联合抵制、独占性回授、非竞争者之间的定价限制、非竞争者之间的地域和客户限制、涉及知识产权垄断协议的安全港规则等。五是第四章涉及知识产权的滥用市场支配地位,包括滥用市场支配地位的认定和推定、以不公平的高价许可知识产权、拒绝许可知识产权、涉及知识产权的搭售、涉及知识产权的不合理交易条件、涉及知识产权的差别待遇等。六是第五章涉及知识产权的经营者集中(具体内容略)。七是第六章涉及知识产权的若干特定行为的反垄断分析,包括涉及标准制定和实施的垄断行为、专利联营、著作权集体管理组织的行为。八是第七章附则,涉及法律责任和救济。

国家知识产权局也在2016年3月向国务院反垄断委员会办公室提交了《知识产权领域反垄断执法指南》(2016年3月建议草案)。其内容包括“序言”“知识产权领域反垄断执法的基本原则和步骤”“知识产权行使行为的反垄断分析”“附则”。

从2016年6月起,国务院反垄断委员会办公室在组织国务院反垄断委员会专家咨询组部分专家对以上四个建议稿进行整合和修改,并进一步征求了相关方面的意见。在此基础上,《国务院反垄断委员会关于滥用知识产权的反垄

---

〔1〕 该稿全文当时可在国家工商总局网站查阅并可在2016年2月23日前反馈意见,参见新华网网站:http://news.xinhuanet.com/fortune/2016-02/04/c_1117995860.htm。

断指南(公开征求意见稿)》(以下简称《征求意见稿》)于 2017 年 3 月 23 日在网上发布,公开征求各方面的意见。[1]

《征求意见稿》由前言、五章共 27 条组成。五章的标题分别是一般问题、涉及知识产权的垄断协议、涉及知识产权的滥用市场支配地位行为、涉及知识产权的经营者集中以及涉及知识产权的其他情形。总体来说,其实质内容没有超出四部门提交的建议稿所涉及的范围,尤其是国家发改委和国家工商总局此前公开征求意见的版本中所涉及的内容范围,但表述更为简洁,内容取舍时主要考虑已有共识的部分以及本身的合理程度。由于《征求意见稿》是国务院反垄断委员会办公室在整合四个部门草案建议稿的基础上形成的,因此相对更为成熟,既吸收了美欧的相关原则和规则,又体现了我国的实际和特色。《征求意见稿》在形式上基本符合指南的体例,区别于法规和规章,但相对仍然比较简略,很多地方没有展开分析。

在各方面反馈意见的基础上,国务院反垄断委员会办公室后来又在三个反垄断执法机构中进行了进一步的沟通、协调,对《征求意见稿》做了必要的修改和调整。2018 年 8 月,国务院反垄断委员会办公室根据国务院机构改革情况对指南草案部分内容做了进一步的修改完善。2018 年 11 月,指南提交国务院反垄断委员会全体会议审议。2019 年 1 月,经委员会主任批准,《关于知识产权领域的反垄断指南》正式发布。[2] 该指南共五章 28 条。

四、《关于知识产权领域的反垄断指南》的主要内容

《国务院反垄断委员会关于知识产权领域的反垄断指南》包括五章,共 28 条。由于其基本内容与前述《关于禁止滥用知识产权排除、限制竞争行为的规定》是一致的,并且是在经过多年的讨论和广泛征求意见的基础上形成的,加之其所涉及的基本问题在本书前面的相关部分都已经有所论述,因此这里仅做简要介绍。

(一)该指南确立的基本分析原则和分析思路

该指南第 1 条简要说明了其制定的目的和依据,反垄断与保护知识产权具

---

〔1〕 参见 http://fldj. mofcom. gov. cn/article/zcfb/201703/20170302539418. shtml,最后访问日期:2018 年 8 月 20 日。

〔2〕 全文载于国家市场监督管理总局反垄断局编:《2019 年反垄断规章和指南汇编》,中国工商出版社 2020 年版,第 30~42 页。

有共同的目标,即保护竞争和激励创新,提高经济运行效率,维护消费者利益和社会公共利益。根据《反垄断法》,经营者依照有关知识产权的法律、行政法规规定行使知识产权的行为,不适用《反垄断法》;但是,经营者滥用知识产权,排除、限制竞争的行为,适用《反垄断法》。

经营者滥用知识产权,排除、限制竞争的行为不是一种独立的垄断行为。经营者在行使知识产权或者从事相关行为时,达成或者实施垄断协议,滥用市场支配地位,或者实施具有或者可能具有排除、限制竞争效果的经营者集中,可能构成滥用知识产权排除、限制竞争的行为。为对滥用知识产权行为适用《反垄断法》提供指引,提高反垄断执法工作的透明度,根据《反垄断法》《国务院反垄断委员会关于相关市场界定的指南》等法律法规,制定本指南。

该指南在第一章接着分别规定了分析原则、分析思路、相关市场、分析排除、限制影响的考虑因素以及积极影响需要满足的条件。

1. 关于分析原则

该指南第 2 条规定了分析原则,指出:分析经营者是否滥用知识产权排除、限制竞争,遵循以下基本原则:(1)采用与其他财产性权利相同的规制标准,遵循《反垄断法》的相关规定;(2)考虑知识产权的特点;(3)不因经营者拥有知识产权而推定其在相关市场具有市场支配地位;(4)根据个案情况考虑相关行为对效率和创新的积极影响。

2. 关于分析思路

该指南第 3 条规定了分析思路,指出:分析经营者是否滥用知识产权排除、限制竞争,通常遵循以下思路:

(1)分析行为的特征和表现形式。经营者滥用知识产权,排除、限制竞争的行为,可能是行使知识产权的行为,也可能是与行使知识产权相关的行为。通常根据经营者行为的特征和表现形式,分析可能构成的垄断行为。

(2)界定相关市场。界定相关市场,通常遵循相关市场界定的基本依据和一般方法,同时考虑知识产权的特殊性。

(3)分析行为对市场竞争产生的排除、限制影响。分析行为对相关市场竞争产生的排除、限制影响,通常需要结合市场竞争状况,对具体行为进行分析。

(4)分析行为对创新和效率的积极影响。经营者行为对创新和效率可能产生积极影响,包括促进技术的传播利用、提高资源的利用效率等。分析上述积极影响,需考虑其是否满足本指南第 5 条规定的条件。

3.关于相关市场

该指南第4条规定了相关市场,指出:知识产权既可以直接作为交易的标的,也可以被用于提供商品或者服务(以下统称商品)。通常情况下,需依据《关于相关市场界定的指南》界定相关市场。如果仅界定相关商品市场难以全面评估行为的竞争影响,可能需要界定相关技术市场。根据个案情况,还可以考虑行为对创新、研发等因素的影响。

相关技术市场是指由需求者认为具有较为紧密替代关系的一组或者一类技术所构成的市场。界定相关技术市场可以考虑以下因素:技术的属性、用途、许可费、兼容程度、所涉知识产权的期限、需求者转向其他具有替代关系技术的可能性及成本等。通常情况下,如果利用不同技术能够提供具有替代关系的商品,这些技术可能具有替代关系。在考虑一项技术与知识产权所涉技术是否具有替代关系时,不仅要考虑该技术目前的应用领域,还需考虑其潜在的应用领域。

界定相关市场,需界定相关地域市场并考虑知识产权的地域性。当相关交易涉及多个国家和地区时,还需考虑交易条件对相关地域市场界定的影响。

4.关于分析排除、限制竞争影响的考虑因素

《关于知识产权领域的反垄断指南》第5条规定了分析排除、限制影响的考虑因素,包括以下两个基本方面:

(1)评估相关市场的竞争状况,可以考虑以下因素:行业特点与行业发展状况;主要竞争者及其市场份额;市场集中度;市场进入的难易程度;交易相对人的市场地位及对相关知识产权的依赖程度;相关技术更新、发展趋势及研发情况等。

计算经营者在相关技术市场的市场份额,可根据个案情况,考虑利用该技术生产的商品在相关市场的份额、该技术的许可费收入占相关技术市场总许可费收入的比重、具有替代关系技术的数量等。

(2)对具体行为进行分析,可以考虑以下因素:经营者之间的竞争关系;经营者的市场份额及其对市场的控制力;行为对产量、区域、消费者等方面产生限制的时间、范围和程度;行为设置或者提高相关市场进入壁垒的可能性;行为对技术创新、传播和发展的阻碍;行为对行业发展的阻碍;行为对潜在竞争的影响等。

判断经营者之间的竞争关系,根据个案情况,可以考虑在没有该行为的情

况下，经营者是否具有实际或者潜在的竞争关系。通常情况下，如果经营者之间具有竞争关系，其行为对相关市场竞争产生排除、限制影响的可能性更大。

5. 关于竞争积极影响需要满足的条件

该指南第 6 条规定了积极影响需要满足的条件，指出：通常情况下，经营者行为对创新和效率的积极影响需同时满足下列条件：

（1）该行为与促进创新、提高效率具有因果关系；

（2）相对于其他促进创新、提高效率的行为，在经营者合理商业选择范围内，该行为对市场竞争产生的排除、限制影响更小；

（3）该行为不会排除、严重限制相关市场的竞争；

（4）该行为不会严重阻碍其他经营者的创新；

（5）消费者能够分享促进创新、提高效率所产生的利益。

（二）该指南确立的涉及知识产权的垄断行为认定规则

在具体的规则方面，指南对知识产权领域的排除、限制竞争行为的反垄断规制进行了相应的规定，既有分别涉及与知识产权有关的垄断协议、滥用市场支配地位和经营者集中方面的规则，也有同时涉及知识产权的不同类型的垄断行为或者涉及特定主体的规则，在不少方面有亮点和突破。以下分为四个方面进行简要评介。

1. 关于可能排除、限制竞争的知识产权协议

根据指南第 2 章，涉及知识产权的协议，特别是联合开发、交叉许可等，通常具有激励创新、促进竞争的效果，不同的协议类型产生的积极影响不同。但是，涉及知识产权的协议也可能对市场竞争产生排除、限制影响，适用《反垄断法》第 2 章的规定。

该章第 7 ~ 13 条分别对联合研发、交叉许可、排他性回授和独占性回授、不质疑条款、标准制定、其他限制以及安全港规则进行了规定，对可能影响竞争的知识产权协议行为进行了明确界定，详细列举了对这五种涉及知识产权的协议进行竞争分析时可以考虑的因素。安全港规则的设立有利于提高执法效率，给市场主体提供明确的预期。

2. 关于涉及知识产权的滥用市场支配地位行为

根据指南第 3 章，认定涉及知识产权的滥用市场支配地位行为，适用《反垄断法》第 3 章规定。通常情况下，首先界定相关市场，认定经营者在相关市场是

否具有市场支配地位,再根据个案情况,具体分析行为是否构成滥用知识产权,排除、限制竞争的行为。

该章第 14 条进一步澄清了知识产权与市场支配地位的关系,明确提出经营者拥有知识产权不意味着其必然具有市场支配地位,应当依据《反垄断法》有关规定进行分析,同时结合知识产权的特点,对知识产权相关的市场支配地位认定的其他考虑因素进行了阐述。该章第 15 ~ 19 条分别对以不公平的高价许可知识产权、拒绝许可知识产权、涉及知识产权的搭售、涉及知识产权的附加不合理交易条件以及涉及知识产权的差别待遇这五种行为的内涵进行了简要分析,并详细列举了这五种行为是否构成滥用市场支配地位排除、限制竞争可以考虑的分析因素。

3. 关于涉及知识产权的经营者集中

根据指南第 4 章,涉及知识产权的经营者集中有一定特殊性,主要体现在构成经营者集中的情形、审查的考虑因素和附加限制性条件等方面。审查涉及知识产权的经营者集中,适用《反垄断法》第 4 章规定。

该章第 20 ~ 25 条分别对涉及知识产权的交易可能构成经营者集中的情形、涉及知识产权的经营者集中审查、涉及知识产权的限制性条件类型、涉及知识产权的结构性条件、涉及知识产权的行为性条件以及涉及知识产权的综合性条件进行了具体规定。这里明确了对涉及知识产权的经营者集中进行反垄断审查时,既要考虑《反垄断法》第 27 条规定的因素,也要充分考虑知识产权的特点;阐述了如果一项涉及知识产权的经营者集中需要附加限制性条件时,既可以附加结构性条件,也可以附加行为性条件,或者附加综合性条件;还明确了涉及知识产权的结构性条件、行为性条件和综合性条件的具体内容,如剥离知识产权或者知识产权所涉业务、保持知识产权相关业务的独立运行、收取合理的许可使用费等,为经营者提出救济方案提供有效参考。

4. 关于涉及知识产权的其他情形

根据指南第 5 章,一些涉及知识产权的情形可能构成不同类型的垄断行为,也可能涉及特定主体,可根据个案情况进行分析,适用《反垄断法》的相关规定。

该章第 26 ~ 28 条分别对专利联营、标准必要专利涉及的特殊问题和著作权集体管理进行了具体规定。其中,对专利联营和著作权集体管理的指引在本书第 3 章已有介绍。关于标准必要专利涉及的特殊问题,指南第 27 条规定了如下具体的指引：

标准必要专利是指实施该项标准必不可少的专利。认定拥有标准必要专利的经营者是否具有市场支配地位，应根据本指南第 14 条进行分析，同时还需考虑以下因素：(1)标准的市场价值、应用范围和程度；(2)是否存在具有替代关系的标准或者技术，包括使用具有替代关系标准或者技术的可能性和转换成本；(3)行业对相关标准的依赖程度；(4)相关标准的演进情况与兼容性；(5)纳入标准的相关技术被替换的可能性。

拥有市场支配地位的标准必要专利权利人通过请求法院或者相关部门作出或者颁发禁止使用相关知识产权的判决、裁定或者决定，迫使被许可人接受其提出的不公平的高价许可费或者其他不合理的许可条件，可能排除、限制竞争。具体分析时，可以考虑以下因素：(1)谈判双方在谈判过程中的行为表现及其体现出的真实意愿；(2)相关标准必要专利所负担的有关承诺；(3)谈判双方在谈判过程中所提出的许可条件；(4)请求法院或者相关部门作出或者颁发禁止使用相关知识产权的判决、裁定或者决定对许可谈判的影响；(5)请求法院或者相关部门作出或者颁发禁止使用相关知识产权的判决、裁定或者决定对下游市场竞争和消费者利益的影响。

五、对《关于知识产权领域的反垄断指南》的简要评论和展望

指南是我国已经出台的五个反垄断指南中最受关注也最为复杂的一个。该指南是国务院反垄断委员会办公室在整合四个部门草案建议稿的基础上形成的，相对更为成熟。

指南在形式上基本符合反垄断指南的体例，并具有中国现阶段的特色。反垄断指南在行文体例和规范内容等方面具有不同于行政法规、行政规章的特点，其一般不采取行政法规和行政规章那样直接规定行为人具体权利义务的方式(多为禁止性规范)，而是着重阐明对于相关行为的态度，对其进行反垄断分析的原则和方法等。有的还在这样的指南中提供假设性的案例，用以例示说明在何种情况下某种行为被视为合法或者非法，以给经营者对相关行为更好的法律预期。例如，美国司法部与美国联邦贸易委员会于 1995 年联合发布的《知识产权许可的反托拉斯指南》中就提供了 10 个相关的具有典型意义的假设性案例。指南也采取了相对柔性的、灵活性比较大的行文方式，着重阐述反垄断执法机构在涉及知识产权领域的反垄断执法的基本态度，进行相关分析的原则和

方法,包括对一些典型行为的比较系统和专门的分析意见。当然,考虑到我国在涉及知识产权领域的反垄断执法经验还非常有限,对一些前沿性问题的分析带有探索性和过渡性,并且公众对带有立法性文件的行文体例创新也有一个接受度的问题,因此目前的指南没有采取假设性案例的方式。

指南在内容上比较全面、具体,既吸收了美欧的相关原则和规则,又体现了中国自身的实际情况和特色。该指南是经过长期讨论、反复斟酌的,有些条款改来改去(如是否需要写入创新市场或者研发市场等条款),虽不能说尽善尽美,但总体上比较成熟,与2017年3月公布的《征求意见稿》相比的变化也比较大。其内容既确立了知识产权领域的反垄断分析原则和分析思路,又明确了涉及具体知识产权的垄断行为的认定规则,而且较之于《反垄断法》及其配套规章,这些规定比较具体,具有较强的可操作性。当然,其在总体上仍然还是比较简略的,很多地方没有展开分析。

指南在2018年审议通过时正值中国反垄断法实施十周年,同时,反垄断执法机构实现了"三合一"的改革,这意味着中国反垄断执法机构和知识产权机构不仅均实现了各自的统一(版权除外),而且实现了两者之间在整个大的市场监管体制中某种程度上的统一,这将更利于实现知识产权保护与反垄断执法之间的协调发展。而指南的制定和实施将会进一步促进中国一方面会继续加强知识产权保护以激励创新,另一方面要不断加强反垄断执法以维护和促进公平竞争,正确处理知识产权领域的垄断行为,以更好地实现创新与竞争的平衡。

主要参考文献

一、中文著作

刘大椿、何立松主编:《现代科技导论》,中国人民大学出版社 1998 年版。

李京文:《知识经济:21 世纪的新经济形态》,社会科学文献出版社 1998 年版。

马洪主编:《什么是社会主义市场经济》,中国发展出版社 1993 年版。

张文显:《法学基本范畴研究》,中国政法大学出版社 1993 年版。

孙国华主编:《法理学教程》,中国人民大学出版社 1994 年版。

杨春福:《权利法哲学研究导论》,南京大学出版社 2000 年版。

邵景春:《欧洲联盟的法律与制度》,人民法院出版社 1999 年版。

王利明等:《民法新论》(上、下),中国政法大学出版社 1988 年版。

梁慧星:《民法总论》,法律出版社 1996 年版。

徐国栋:《民法基本原则解释——成文法局限性之克服》,中国政法大学出版社 1992 年版。

郑玉波:《民法总则》,台北,三民书局 1979 年版。

林诚二:《民法理论与问题研究》,中国政法大学出版社 2000 年版。

史际春、邓峰:《经济法总论》,法律出版社 1998 年版。

史际春主编:《经济法总论》(教学参考资料),法律出版社 2000 年版。

史际春主编:《经济法学评论》(第 1 卷),中国法制出版社 2000 年版。

潘静成、刘文华主编:《经济法》,中国人民大学出版社 1999 年版。

王保树主编:《经济法原理》,社会科学文献出版社 1999 年版。

杨紫烜主编:《经济法研究》(第 1 卷),北京大学出版社 2000 年版。

李昌麒:《经济法——国家干预经济的基本法律形式》(修订本),四川人民出版社 1997 年版。

张守文、于雷:《市场经济与新经济法》,北京大学出版社 1993 年版。

王先林等:《经济法学专题研究》,法律出版社 2013 年版。

漆多俊主编:《经济法论丛》(第 1 卷),中国方正出版社 1999 年版。

苏永钦:《经济法的挑战》,台北,五南图书出版有限公司 1994 年版。

高德步:《产权与增长:论法律制度的效率》,中国人民大学出版社 1999 年版。

季晓南主编:《中国反垄断法研究》,人民法院出版社 2001 年版。

《各国反垄断法汇编》编选组编:《各国反垄断法汇编》,人民法院出版社 2001 年版。

王晓晔编:《反垄断法与市场经济》,法律出版社 1998 年版。

吴炯主编:《维护公平竞争法》,中国人事出版社 1991 年版。

戴奎生、邵建东、陈立虎:《竞争法研究》,中国大百科全书出版社 1993 年版。

王晓晔:《企业合并中的反垄断问题》,法律出版社 1996 年版。

王晓晔、[日]伊从宽主编:《竞争法与经济发展》,社会科学文献出版社 2003 年版。

王晓晔主编:《经济全球化下竞争法的新发展》,社会科学文献出版社 2005 年版。

王晓晔主编:《反垄断法实施中的重大问题》,社会科学文献出版社 2010 年版。

王晓晔:《论反垄断法》,社会科学文献出版社 2010 年版。

王先林主编:《中国反垄断法实施热点问题研究》,法律出版社 2011 年版。

国家工商行政管理局条法司:《现代竞争法的理论与实践》,法律出版社 1993 年版。

曹士兵:《反垄断法研究》,法律出版社 1996 年版。

阮方民:《欧盟竞争法》,中国政法大学出版社 1998 年版。

王存学主编:《竞争法与市场经济》,工商出版社 1995 年版。

王晓晔:《竞争法研究》,中国法制出版社 1999 年版。

王晓晔:《竞争法学》,社会科学文献出版社 2007 年版。

王先林:《竞争法学》,中国人民大学出版社 2015 年版。

许光耀:《欧共体竞争法通论》,武汉大学出版社 2006 年版。

方小敏:《竞争法视野中的欧洲法律统一》,中国大百科全书出版社 2010

年版。

戴龙:《日本反垄断法研究》,中国政法大学出版社 2014 年版。

韩伟主编:《美欧反垄断新规选编》,法律出版社 2016 年版。

韩伟主编:《OECD 竞争政策圆桌论坛报告选译》,法律出版社 2015 年版。

王先林:《WTO 竞争政策与中国反垄断立法》,北京大学出版社 2005 年版。

白树强:《全球竞争政策——WTO 框架下竞争政策议题研究》,北京大学出版社 2011 年版。

郭建安:《微软讼案》,法律出版社 2000 年版。

尚明主编:《主要国家(地区)反垄断法律汇编》,法律出版社 2004 年版。

尚明主编:《反垄断——主要国家与国际组织反垄断法律与实践》,中国商务出版社 2005 年版。

吕明瑜:《知识产权垄断的法律控制》,法律出版社 2013 年版。

王健、朱宏文:《反垄断法实施问题研究》,法律出版社 2013 年版。

赖源河编审:《公平交易法新论》,台北,月旦出版股份有限公司 1997 年版。

罗昌发:《贸易与竞争之法律互动》,台北,月旦出版股份有限公司 1994 年版。

陈家骏、罗怡德:《公平交易法与智慧财产权——以专利追索为中心》,台北,五南图书出版有限公司 1999 年版。

黄铭杰:《竞争法与智慧财产法之交会——相生与相克之间》,元照出版有限公司 2006 年版。

刘孔中:《解构知识产权法及其与竞争法的冲突与调和》,中国法制出版社 2015 年版。

陈秀山:《现代竞争理论与竞争政策》,商务印书馆 1998 年版。

吴汉洪:《西方寡头市场理论与中国市场竞争立法》,经济科学出版社 1998 年版。

戚聿东:《中国现代垄断经济研究》,经济科学出版社 1999 年版。

谢次昌主编:《消费者保护法通论》,中国法制出版社 1994 年版。

马建堂:《结构与行为——中国产业组织研究》,中国人民大学出版社 1993 年版。

于立、吴绪亮:《产业组织与反垄断法》,东北财经大学出版社 2008 年版。

薛兆丰:《商业无边界:反垄断法的经济学革命》,法律出版社 2008 年版。

张杰军:《反垄断、创新与经济发展》,知识产权出版社 2008 年版。

李晓蓉:《市场界定与反托拉斯政策研究》,南京大学出版社 2010 年版。

李虹:《相关市场理论与实践——反垄断中相关市场界定的经济学分析》,商务印书馆 2011 年版。

郑成思:《知识产权论》,法律出版社 2003 年版。

郑成思:《知识产权法:新世纪初的若干研究重点》,法律出版社 2004 年版。

刘春田主编:《知识产权法》,中国人民大学出版社 2000 年版。

吴汉东:《著作权合理使用制度研究》,中国政法大学出版社 1996 年版。

郑成思:《世界贸易组织与贸易有关的知识产权》,中国人民大学出版社 1996 年版。

郑成思等主编:《知己知彼　打赢知识产权之战》,知识产权出版社 2000 年版。

刘茂林:《知识产权法的经济分析》,法律出版社 1996 年版。

史际春主编:《香港知识产权法》,河南人民出版社 1997 年版。

陈传夫:《高新技术与知识产权法》,武汉大学出版社 2000 年版。

薛虹:《网络时代的知识产权法》,法律出版社 2000 年版。

张今:《知识产权新视野》,中国政法大学出版社 2000 年版。

尹新天:《专利权的保护》,专利文献出版社 1998 年版。

张乃根、陆飞主编:《知识经济与知识产权法》,复旦大学出版社 2000 年版。

国家知识产权局知识产权发展研究中心组织编写:《规制知识产权的权利行使》,知识产权出版社 2004 年版。

冯震宇:《智慧财产权发展趋势与重要问题研究》,元照出版有限公司 2004 年版。

张平、马骁:《标准化与知识产权战略》,知识产权出版社 2005 年版。

张平主编:《冲突与共赢:技术标准中的私权保护》,北京大学出版社 2011 年版。

费安玲主编:《防止知识产权滥用法律机制研究》,中国政法大学出版社 2009 年版。

张伟君:《规制知识产权滥用法律制度研究》,知识产权出版社 2008 年版。

王先林等:《知识产权滥用及其法律规制》,中国法制出版社 2008 年版。

吴广海:《专利权行使的反垄断法规制》,知识产权出版社 2012 年版。

马海生:《专利许可的原则:公平、合理、无歧视许可研究》,法律出版社2010年版。

吴太轩:《技术标准化的反垄断法规制》,法律出版社2011年版。

郑友德:《知识产权与公平竞争的博弈:以多维创新为坐标》,法律出版社2011年版。

二、译著

《马克思恩格斯全集》第1卷、第21卷、第23卷。

[美]E. 博登海默:《法理学:法律哲学与法律方法》,邓正来译,中国政法大学出版社1999年版。

[美]埃尔曼:《比较法律文化》,贺卫方、高鸿钧译,三联书店1990年版。

[美]波斯纳:《法理学问题》,苏力译,中国政法大学出版社1994年版。

[美]弗里德曼:《法律制度》,李琼英、林欣译,中国政法大学出版社1994年版。

[英]弗里德利希·冯·哈耶克:《自由秩序原理》(上、下),邓正来译,生活·读书·新知三联书店1997年版。

[美]詹姆斯·M. 布坎南:《自由、市场与国家》,平新乔、莫扶民译,上海三联书店1989年版。

[美]Y. 巴泽尔:《产权的经济分析》,费方域、段毅才译,上海三联书店、上海人民出版社1997年版。

[美]A. 爱伦·斯密德:《财产、权力和公共选择》,黄祖辉等译,上海三联书店、上海人民出版社1999年版。

[美]理查德·A. 波斯纳:《法律的经济分析》(上、下),蒋兆康译,中国大百科全书出版社1997年版。

[美]罗伯特·考特、[美]托马斯·尤伦:《法和经济学》,张平等译,上海三联书店、上海人民出版社1994年版。

[美]罗宾·保罗·麦乐怡:《法与经济学》,孙潮译,浙江人民出版社1999年版。

[美]保罗·A. 萨缪尔森:《经济学》(上、中、下),商务印书馆1982年版。

[美]大卫·D. 弗里德曼:《经济学语境下的法律规则》,杨欣欣译,法律出版社2004年版。

[美]奥利弗·E.威廉姆森:《反托拉斯经济学——兼并、协约和策略行为》,张群群、黄涛等译,经济科学出版社1999年版。

[美]理查德·A.波斯纳:《反托拉斯法》(第2版),孙秋宁译,中国政法大学出版社2003年版。

[美]菲利普·阿瑞达、[美]路易斯·卡普洛:《反垄断法精析》,中信出版社2003年版。

[德]曼弗里德·诺伊曼:《竞争政策——历史、理论及实践》,谷爱俊译,北京大学出版社2003年版。

[美]格伯尔:《20世纪欧洲的竞争与法律》,冯克利等译,中国社会科学出版社2004年版。

[美]戴维·格伯尔:《全球竞争:法律、市场和全球化》,陈若鸿译,中国法制出版社2012年版。

[美]欧内斯特·盖尔霍恩、[美]威廉姆·科瓦契奇、[美]斯蒂芬·卡尔金斯:《反垄断法与经济学》,任勇等译,法律出版社2009年版。

[日]丹宗昭信、[日]厚谷襄儿编:《现代经济法入门》,谢次昌译,群众出版社1985年版。

[日]金泽良雄:《经济法概论》,满达人译,甘肃人民出版社1995年版。

[美]道格拉斯·C.诺思:《经济史上的结构和变革》,厉以平译,商务印书馆1999年版。

[德]路德维希·艾哈德:《来自竞争的繁荣》,祝世康等译,商务印书馆1983年版。

[美]约翰·理查兹等:《产品进入美国市场的法律问题》,侯国云等译,中国政法大学出版社1991年版。

[美]马歇尔·C.霍华德:《美国反托拉斯法与贸易法规》,孙南申译,中国社会科学出版社1991年版。

[英]约翰·亚格纽:《竞争法》,徐海等译,南京大学出版社1992年版。

[美]查尔斯·R.麦克马尼斯:《不公平贸易行为概论》,陈宗胜等译,中国社会科学出版社1997年版。

[日]富田彻男:《市场竞争中的知识产权》,廖正衡等译,商务印书馆2000年版。

[日]田村善之:《日本知识产权法》,李雨峰、周超、李希同译,知识产权出

版社 2011 年版。

《日本禁止垄断法》,王长河、周永胜、刘风景译,法律出版社 1999 年版。

《微软罪状——美国政府诉微软一案事实认定》,方兴东主译,中国友谊出版公司 2000 年版。

世界知识产权组织编:《知识产权纵横谈》,张寅虎等译,世界知识出版社 1992 年版。

《法国知识产权法典》(法律部分),黄晖译、郑成思审校,商务印书馆 1999 年版。

英国知识产权委员会:《知识产权与发展政策相结合》,2002 年 9 月。

三、英文著作

Richard A. Posner, *Economic Analysis of Law* (*Fourth Edition*), Little, Brown and Company Law Book Division, 1992.

E. Allan Farnswoth, *An Introduction to the Legal System of the United States* (3rd), Oceana Publications, Inc., 1996.

Ernest Gellhorn, *Antitrust Law and Economics* (*Second Edition*), West Publishing Co., 1981.

Lawrence Anthony Sullivan, *Antitrust*, West Publishing Co., 1977.

Patrick Massey and Paula O'Hare, *Competition Law and Policy in Ireland*, Oak Tree Press Ireland, 1996.

Valentine Korah, *An Introduction guide to EC Competition Law and Practice*, Hart Publishing Oxford UK, 1997.

Herbert Hovenkamp, *Antitrust*, West Publishing Co., 1986.

D. G. Goyder, *EC Competition Law* (*Third Edition*), Clarendon Press Oxford, 1998.

Inns of Court School of Law, *EC Competition Law in Practice*, Blackstone Press Limited, 1999.

William C. Holmes, *Intellectual Property and Antitrust Law*, Clark Boardman Callghan, 1996.

Herbert Hovenkamp, Mark D. Janis & Mark A. Lemley, *IP and Antitrust: An Analysis of Antitrust Principles Applied to Intellectual Property Law*, Aspen Publishers,2004.

John O. Haley, *Antitrust: A New International Trade Remedy?*, Pacific Rim Law & Policy Association, 1995.

Steven D. Anderman, *EC Competition Law and Intellectual Property Rights*, Clarendon Press Oxford, 1998.

Dr Inge Govaere, *The Use and Abuse of Intellectual Property Rights in E. C. Law*, Sweet & Maxwell Limited, 1996.

Anthony D' Amato and Doris Estelle Long (ed), *International Intellectual Property Law*, Kluwer Law International, 1997.

Arthur R. Miller & Michael H. Davis, *Intellectual Property*, West Publishing Co., 1990.

Carlos M. Correa and Abdulquawi A. Yusuf (ed), *Intellectual Property and International Trade: The TRIPs Agreement*, Kluwer Law International, 1998.

Peter Drahos, *A Philosophy of Intellectual Property*, Dartmouth Publishing Company Limited, 1996.

Baker & McKenzie, *Guide to Intellectual Property in the I. T. Industry*, Sweet & Maxwell, 1998.

Daniel Gervais, *The TRIPS Agreement: Drafting History and Analysis*, Sweet & Maxwell, 1998.

Anthony D' amato and Doris Estelle Long (ed), *International Intellectual Property Law*, Kluwer Law International, 1997.

Paul Goldstein, Edmund W. Kitch and Harvey S. Perlman (ed), *Unfair Competition, Trademark, Copyright and Patent*, The Foundation Press, Inc., 1996.

ABA Section of Antitrust Law, *Intellectual Property Misuse: Licensing and Litigation*, 2000.

Gustavo Ghidini, *Intellectual Property and Competition Law: The Innovation Nexus*, Edward Elgar, 2006.

Shahid Alikhan and Raghunath Mashelkar, *Intellectual Property and Competitive Strategies in the 21st Century*, Kluwer Law International, 2004.

Steven D. Anderman (ed), *The Interface Between Intellectual Property Rights and Competition Polic*, Cambridge University Press, 2007.

Charles R. McManis, *Intellectual Property and Unfair Competition in a Uutshell (Fourth Edition)*, West Group, 2000.

Francois Leveque and Howard Shel (ed), *Antitrust, Patents, and Copyright: EU and US Perspectives*, Edward Elgar, 2005.

Jung Wook Cho, *Innovation and Competition in the Digital Network Economy: A Legal and Economic Assessment on Multi - tying Practice and Network Effects*, Kluwer Law International, 2007.

Martyn D. Taylor, *International Competition Law: A New Dimension for the WTO?*, Cambridge University Press, 2006.

Peter Morici, *Antitrust in the Global Trading System: Reconciling U. S., Japanese, and EU Approaches*, Economic Strategy Institute, 2000.

Kevin C. Kennedy, *Competition Law and the World Trade Organisation: The Limits of Multilateralism*, Sweet & Maxwell, 2001.

Fred S. McChesney, and William F. Shughart II (ed), *The Causes and Consequences of Antitrust: The Public Choice Perspective*, University of Chicago Press, 1995.

ABA Section of Antitrust Law, *Antitrust Law Developments (Fifth)*, American Bar Association, 2002.

ABA Section of Antitrust Law, *Antitrust Law Developments (Sixth)*, American Bar Association, 2007.

Dina Kallay, *The Law and Economics of Antitrust and Intellectual Property: A Austrian Approach*, Edward Elgar, 2004.

Antitrust Modernization Commission, *Report and Recommendations*, Washington, DC., 2007.

Roberto Cellini and Guido Cozzi (ed.), *Intellectual Property, Competition and Growth*, Palgrave Macmillan, 2007.

Whish & Balley, *Competition Law*, Oxford, 2012.

Gerber, *Global Competition: Law, Markets and Globalization*, Oxford, 2012.

Ezrachi, *EU Competition Law: An Analytical Guide to the Leading Cases*, Hart, 2014.

Ashish Bharadwaj, Vishwas H. Devaiah and Indranath Gupta (ed.), *Multi-dimensional Approaches Towards New Technology*: *Insights on Innovation*, *Patents and Competition*, Springer Open, 2018.

后　记

本书是对我在中国人民大学法学院攻读经济法学专业的博士学位论文《知识产权领域的反垄断问题研究》修改而成的。

我将知识产权与反垄断法作为自己的博士论文选题，首先，是出于自己多年来对知识产权与反垄断法两个领域的兴趣。我自攻读硕士学位以来就一直保持着对竞争法尤其是反垄断法的兴趣。对知识产权法，我也怀有非常浓厚的兴趣，选择这个题目就可以将知识产权与反垄断法这两个有兴趣的问题都包括进去了。其次，我选这个题目还是由于知识产权领域的反垄断问题在国际上日益受到关注而在我国目前尚未受到应有的重视，我有意在这一新兴领域尝试做些有意义的工作。然而，兴趣归兴趣，愿望与实际毕竟也有差距，真正要动手对这两者的结合点进行深入、系统研究时，所遇到的困难超出了我原来的想象。由于本选题横跨两个相对独立的法律领域，对它们进行全面驾驭和把握的确有一定的难度，在一些方面超过了我的学力所及。尽管我已尽了最大努力，也顺利通过了博士学位论文答辩，但是我对这一复杂问题的研究还是很有限的。我将以此为起点，今后继续对本课题做深入的研究。

这里，我结合写作过程做两点说明。

首先，是关于资料方面的问题。单纯的知识产权问题或者单纯的反垄断法问题的资料还是比较丰富的，而在这两者的结合点上的资料就比较少了，尤其是在国内，目前既没有这方面的立法，也没有相关的行政执法和司法实例，更没有系统的学术论著，只是近年来有若干零星的论文，且多半属翻译、介绍国外的做法。于是，我只能将收集资料的主要目标放到其他国家和地区的相关理论和法律实践上了。而在这方面依赖传统的书刊的比例也比较小，多数还是靠互联网获得，尤其是近几年的资料。因此，如果不是借助了互联网这一新的便捷的信息工具，我在这方面的研究工作可能难以进行下去。它保证了我在这方面资料占有的相对广泛和及时。在有关立法文件方面，不仅包括了美国 1995 年的

《知识产权许可的反托拉斯指南》、欧共体1996年的《技术转让规章》(EC No. 240/96),而且还包括了日本1999年的《专利和技术秘密许可协议中的反垄断法指南》和我国台湾地区2001年的"审理技术授权协议案件处理原则"等。在有关执法、司法实践方面的做法和有关理论文章方面也涉及许多国家和地区,并且一般截至2001年3月。当然,关于日本的最新资料,由于我的日文水平不足以支持我从日文版本直接获得,因此只能从其英文版本中间接得到。这样,对日本更多新资料的占有受到一定限制。

其次,是关于写作思路的确定问题。对本选题可以确定不同的写作思路,至少可以分别从以知识产权为主的角度和以反垄断法为主的角度来展开。前者主要从专利权、著作权、商标权和商业秘密等不同种类的知识产权的角度着手,分别探讨各自在反垄断法上合法与非法的界限;后者则主要从反垄断法规制的不同类型的实体制度(如禁止滥用市场支配地位制度、禁止垄断协议制度和控制经营者集中制度)的角度着手,分别分析知识产权在各自制度中的地位和规制问题。这两条思路的侧重点有所不同。按照前一条思路,有关分析将更多地涉及各种具体的知识产权问题,将会更为细致、具体地分析哪些知识产权的行使行为构成滥用,并要受到反垄断法的控制;而后一条思路则更强调和突出了反垄断法的内容,将有关知识产权的行使行为完全置于反垄断法的框架体系中进行分析。我原来是打算按前一条思路写,但在开题时各位老师指出经济法学专业的学位论文应当从经济法的角度来把握这个问题,我觉得这很有道理,再加上我对反垄断法相对更熟悉一些,于是就选择了后一条思路。显然,这样写的结果是反垄断法方面的内容多于知识产权方面的内容。

如果说本书还有一些价值的话,首先要感谢我的导师史际春教授。我不仅有幸在十几年前作为安徽大学法学专业的本科生听他讲授民法学课程,而且有幸在3年前作为中国人民大学法学院经济法学专业的博士生再次师从于他。实际上,就是在这中间的十多年里,无论我在攻读硕士学位还是任教于法学院,也一直得到他在学术上的教诲和提携。这次博士论文,更是从选题到定稿都得益于他的指导。可以说,自从我走上了法学专业的学习和研究之路,我的每一点进步都与他的关怀、指导分不开。

我也应当以同样的敬意感谢刘文华教授和徐孟洲教授。刘老师在我1990年赴京进行硕士论文调研和答辩时就给了许多有益的帮助和指导。在人大这三年的学习期间,刘老师像对自己的博士生一样对我进行严格要求和热情指导。在我的论文开题和写作过程中徐老师对我进行了耐心细致的指导。

感谢刘春田教授对我在知识产权方面的启发。我不仅于1996年在美国巴尔的摩大学法学院进行知识产权的学习、交流时听过他的精彩报告,而且在人大法学院博士生法学前沿课上听到他关于知识产权的很有新意的讲解。

感谢我在攻读硕士学位期间的导师王镕教授,他虽早已离休,但仍然关心我的学业。感谢在我攻读硕士学位期间为我们授课的周枏教授,他已90多岁的高龄,仍然坚持学习、写作的精神令世人仰慕。感谢中国政法大学的徐杰教授等,他们为我硕士学位论文答辩提供了便利,给予了支持。特别要感谢安徽大学法学院的王源扩教授,他拥有在澳洲攻读第二硕士学位(两年)和在英国做高级访问学者(一年)的丰富经历和在本领域有分量的研究成果,对我在确定论文的写作思路上给予了有益的指导。

我在写作过程中广泛参考了郑成思教授、王保树教授、王利明教授、王晓晔教授、邵建东教授等的学术成果,虽然在书中已经注明,但有必要在此表示谢意。

非常感谢郑成思教授同意将我的这篇拙作纳入他主编的"知识产权专题研究丛书"中。郑老师还在百忙中审阅了我的书稿。能得到这位我虽未曾谋面但敬仰已久的大家的支持与指教,实乃幸事! 同时,也非常感谢法律出版社的领导以及编辑谭臻先生、戴伟先生为出版本书所给予的大力支持和所付出的辛勤劳动。

感谢美国巴尔的摩大学(University of Baltimore)法学院的英睿可(Eric B. Easton)教授,在我1996年访美期间,他为我提供了很多宝贵的资料。感谢韩国东国大学(Dongguk University)法学院的朴荣吉(Young - Gil Park)教授,在2000年南京的一次研讨会上,他看到我提交的论文的英文摘要,回国后不久就非常热情地用电子邮件为我提供了十几篇英文材料。

感谢人大法学院邓峰、朱永扬、王忠、宋彪、韩长印、孟雁北、程虎、李洪江、吴兆祥、金海军、管仁林和社会学系郭玉锦等诸位同学以及安徽大学法学院李明发教授、储育明教授等在我三年学习期间和论文写作中所给予的帮助。

借用西方学者经常在后记中所说的,"最后但并非最不重要的",我要感谢我的家人。我深切怀念已在20余年前去世的父亲! 感谢已80岁高龄母亲的养育之恩! 感谢在皖西山区农村自身没有上过多少学但很善良的哥嫂在最艰难时期供养和支持我上学! 感谢岳父、岳母对我学习的一贯支持! 感谢我爱人杜榴霞女士,多年来她承担了绝大部分的家务,为我创造了很好的求学环境。我还要提及在上小学的女儿,在我论文写作有所松懈时,她就以其特有的方式提醒和催促着我。家人的支持和关爱始终是我学习的重要条件和力量源泉。

任何列举都是有限的。对于所有未被列举的人的关怀和友谊,在此一并致谢。

王先林

2001 年 5 月论文定稿于中国人民大学

2001 年 7 月出版修改于安徽大学

图书在版编目(CIP)数据

知识产权与反垄断法：知识产权滥用的反垄断问题研究 / 王先林著. -- 3 版. -- 北京：法律出版社，2020

ISBN 978-7-5197-0444-5

Ⅰ. ①知… Ⅱ. ①王… Ⅲ. ①知识产权法－研究－中国②反垄断法－研究－中国 Ⅳ. ①D923.404 ②D922.294.4

中国版本图书馆 CIP 数据核字(2017)第 000837 号

知识产权与反垄断法

——知识产权滥用的反垄断问题研究(第三版)

ZHISHI CHANQUAN YU FANLONGDUANFA

—ZHISHI CHANQUAN LANYONG DE FANLONGDUAN WENTI YANJIU(DI-SAN BAN)

王先林 著

责任编辑 周 洁
装帧设计 汪奇峰

编辑统筹 司法实务出版分社

出版 法律出版社
总发行 中国法律图书有限公司
经销 新华书店
印刷 永清县金鑫印刷有限公司
责任印制 胡晓雅

开本 710 毫米×1000 毫米 1/16
印张 29.25
字数 476 千
版本 2020 年 12 月第 3 版
印次 2020 年 12 月第 1 次印刷

法律出版社/北京市丰台区莲花池西里 7 号(100073)
网址/www.lawpress.com.cn
投稿邮箱/info@lawpress.com.cn
举报维权邮箱/jbwq@lawpress.com.cn
销售热线/400-660-8393
咨询电话/010-63939796

中国法律图书有限公司/北京市丰台区莲花池西里 7 号(100073)
全国各地中法图分、子公司销售电话：
统一销售客服/400-660-8393/6393
第一法律书店/010-83938432/8433
西安分公司/029-85330678
重庆分公司/023-67453036
上海分公司/021-62071639/1636
深圳分公司/0755-83072995

书号:ISBN 978-7-5197-0444-5
定价:98.00 元